中国产业研究报告·物流与采购

·中国物流与采购联合会系列报告·

中国物流与采购信息化优秀案例集

2017

主 编 崔忠付 副主编 晏庆华

Zhongguo Wuliu Yu Caigou Xinxihua Youxiu Anliji (2017)

中国财富出版社

China Fortune Press

图书在版编目（CIP）数据

中国物流与采购信息化优秀案例集．2017／崔忠付主编．—北京：中国财富出版社，2017.5

ISBN 978－7－5047－6485－0

Ⅰ．①中…　Ⅱ．①崔…　Ⅲ．①物流—信息化—案例—汇编—中国—2017 ②采购—信息化—案例—汇编—中国—2017　Ⅳ．①F259.22－39

中国版本图书馆 CIP 数据核字（2017）第 125182 号

策划编辑 禹　冰　　**责任编辑** 禹　冰　徐　宁

责任印制 石　雷　　**责任校对** 孙丽丽　　**责任发行** 敬　东

出版发行 中国财富出版社

社　　址 北京市丰台区南四环西路 188 号 5 区 20 楼　　**邮政编码** 100070

电　　话 010－52227588 转 2048/2028（发行部）　010－52227588 转 307（总编室）

010－68589540（读者服务部）　010－52227588 转 305（质检部）

网　　址 http：//www.cfpress.com.cn

经　　销 新华书店

印　　刷 中国农业出版社印刷厂

书　　号 ISBN 978－7－5047－6485－0/F·2763

开　　本 787mm×1092mm　1/16　　**版　　次** 2017 年 6 月第 1 版

印　　张 36.5　　**印　　次** 2017 年 6 月第 1 次印刷

字　　数 888 千字　　**定　　价** 260.00 元

版权所有·侵权必究·印装差错·负责调换

前　言

《中国物流与采购信息化优秀案例集（2017）》跟大家见面了。我会已经连续九年开展“中国物流与采购信息化优秀案例”评介活动。回顾过去九年征集活动所取得的成果，助力了物流行业的信息化建设从初级阶段向高级阶段迈进，从传统物流向“互联网+”高效物流转型。物流企业信息化水平的提升对物流企业降本增能起到了巨大的作用。今年参与案例征集活动的企业数量及申报的案例数量都比往年有大幅度上升。本书共收录了77篇案例，其中物流供应链信息化案例21篇，物流企业信息化案例11篇，物流信息平台案例19篇，无车承运人案例19篇，智能物流装备、智能车辆及车联网技术在物流领域的应用案例7篇。大体上反应出一年来物流与采购领域信息化的发展情况。以案例的形式记录发展的历史，力求真实，尽量包括各个方面，这始终是我们坚持的宗旨。

近年来，我国政府在政策层面大力推动物流产业智慧升级，消费理念的转变、市场模式的变革等倒逼智慧物流创新发展，信息技术迅猛发展为物流产业的智慧发展和升级创造了条件。党的十八大提出实施创新驱动发展战略，强调科技创新是提高社会生产力和综合国力的战略支撑。2015年7月，国务院出台《关于积极推进“互联网+”行动的指导意见》，提出了“互联网+高效物流”等11项重点行动。2016年7月20日，李克强总理主持召开国务院常务会议，从国家层面部署推进“互联网+高效物流”。2017年3月，李克强总理在政府工作报告中提出，加快大数据、云计算、物联网应用，以新技术、新业态、新模式推动传统产业生产、管理和营销模式变革。

中国不断崛起，世界经济发展格局也在不断变化，同时物流的市场需求、营商环境、技术装备、经营思维也在变化，这些变化对物流企业而言，既是新的挑战也是难得的机遇。“无车承运人”“车联网”“智能装备”“物流平台”“物流企业”及“物流供应链”等创新领域已经与互联网深度融合，新技术、新模式、新业态不断涌现，未来智慧物流将成为物流业发展新的增长点和提质增效的新路径。随着新零售爆发式增长，消费者服务需求、消费体验升级等驱动物流的智慧升级，智慧物流的创新发展已到关键时期。

但是，现阶段我国发展智慧物流还存在一定的现实障碍，传统物流企业运营互联网的意识和能力不足，而新兴高科技企业对物流产业的理解和把握又不深，新技术、新业态、新模式受传统监管模式和体制机制制约进展缓慢。所有这些问题都需要政府、企业和行业协会予以重视和解决。《中国物流与采购信息化优秀案例集（2017）》收录五大类物流创新领域案例，希望能为企业在智慧物流的发展中提供帮助，给读者带来思想的启发，为物流信息化提供一些借鉴。

中国物流与采购联合会副会长兼秘书长

2017 年 6 月

目　录

物流企业信息化案例

物流信息平台案例

智能物流装备、智能车辆及车联网技术在物流领域的应用案例

物流供应链信息化案例

无车承运人

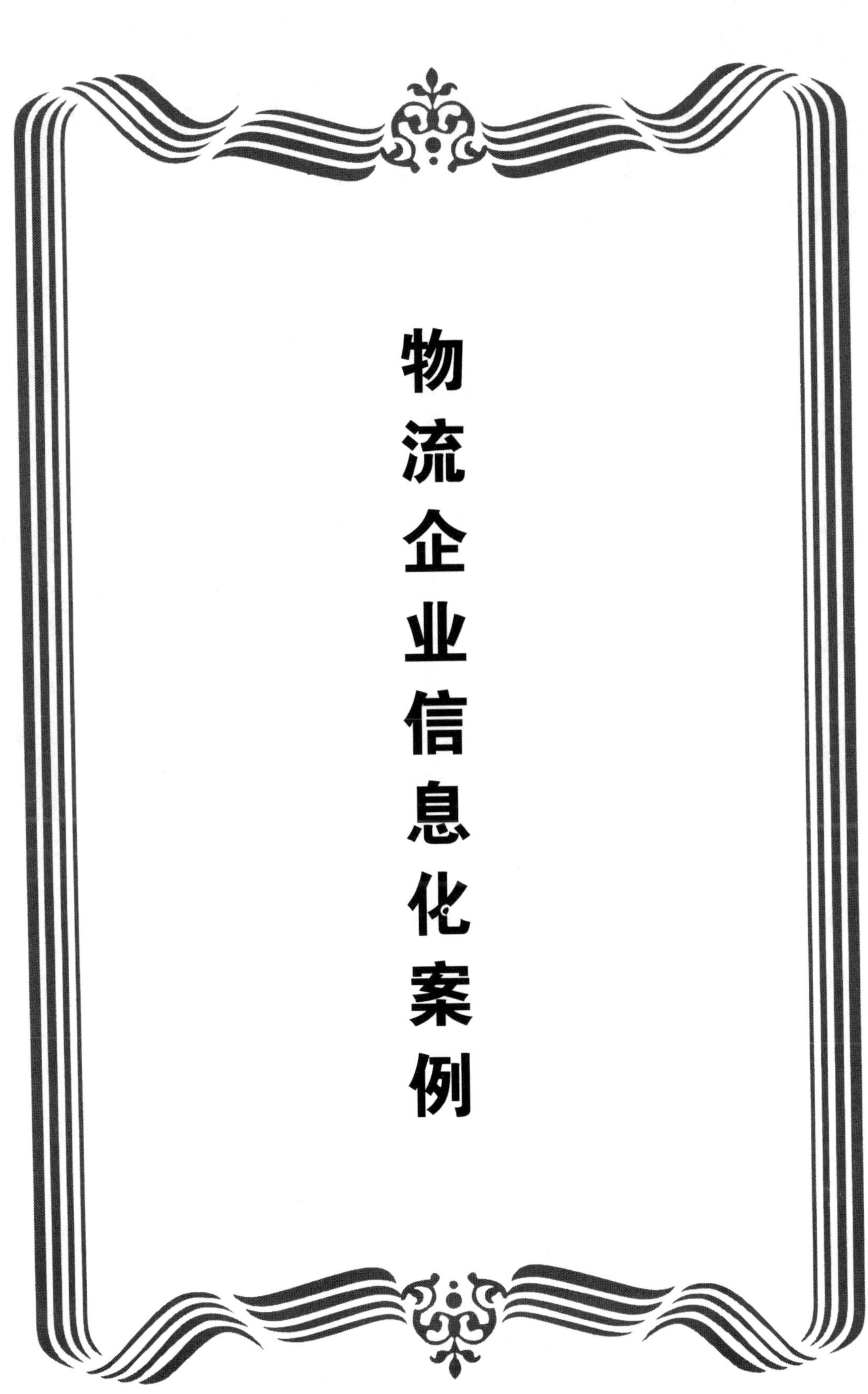

物流企业信息化案例

北京长久物流股份有限公司：微信平台综合服务系统

一、企业简况

北京长久物流股份有限公司（以下简称“长久物流”）注册资本4.0001亿元，系吉林省长久实业集团有限公司核心子公司，总部设立在北京。公司涵盖汽车供应链中的整车物流、零部件物流、国际物流、二手车物流及仓储物流；提供汽车行业专业的物流规划、运输、仓储、配送等相关服务，长久物流在全国设有多家全资、控股子公司，业务网点40余处，形成以东北、华北、华东、华中、华南、西南为基地的全国大循环汽车物流资源网络布局；乘用车和商用车综合运输能力超过260万辆，服务团队数千人，年产值超过30亿元。长久物流还先后与长安民生物流、奇瑞汽车、大连港、哈尔滨铁路局等多家国内知名外企成立合资公司，建立了深层战略合作关系。经过20多年的专业积累，长久物流通过一整套严谨、科学的物流管理体系和运营流程，在业内赢得了广大客户的高度赞誉。

长久物流是中国物流与采购联合会汽车物流分会理事长单位，是国内最大的第三方汽车物流供应链企业。通过了ISO 9001：2000标准质量管理体系认证、ISO 14001：2004环境管理体系认证、OHSAS 18001：2007职业健康安全管理体系认证；被中国物流与采购联合会评为“5A级综合物流企业”“3A级信用企业”；2008年2月，长久物流以绝对优势中标“奥运火炬传递”核心车辆承运项目，成为奥运火炬传递全程物流服务唯一承运商，为奥运火炬在中国境内113个城市的传递提供汽车物流运输服务。整个活动历时3个多月，运输里程560000km，全程无延迟、无事故，用实际行动履行了对百年奥运的庄严承诺。

长久物流始终恪守“至诚、志专、致远”的核心价值观，锐意创新、不断进取！

二、企业在实施信息化之前存在的问题，即通过信息化要解决的生产管理、经营管理等方面的突出问题

功能性：增加微客服通道（微信客服），增加系统的移动互联特性，符合目前主流服务形态。

稳定性：提升系统登录加载、降低系统断线率、提升弹屏响应速度及实时在线明细查询速度。

扩展性：在原有PC（个人计算机）端客户服务、电话服务基础上，另辟客服微信入

口端，增强客户黏性，增进与客户互动，增进客户体验。

协同性：在传统电话服务的基础上，通过短信、邮箱、微信入口等多渠道与客户建立连接，提高沟通效率，协同工作，提高客服的工作效率，使客户以更简单的方式访问所需要的信息和资源。

承运商：交车签完运单后，微信端及时发送经销商服务满意度调查，紧跟业务流程，完善客户服务。

经销店：轿运车发运在途时，短信、微信通知客户；轿运车运抵预到达或者触碰围栏时，短信、微信通知客户，实现主动服务客户。

满足经销店微信端在途信息查询、到店交车回访、压/拆板协调、质损处理协调、在途信息报告、预计交车提示、延误预警、投诉处理。

潜在客户：通过微信端给长久提交的意见、建议以及相关投诉诉求，与电脑端系统保持意见同步跟踪处理。

增加接入二手车业务订单引流入口，使客服中心保持客户服务的同时，加入业务推广。

实现客户在线沟通，支持与客服系统同样的分配规则，支持聊天记录的查询和分析。

其他：分流客户频繁电话查询对于语音网络的过度依赖，提高客户访问体验。

主动触发、推送业务工单处理进度通知、重要事项通知、客服工作时间通知、专项客户服务等。

三、信息化进程，实施中遇到的主要困难、问题与解决措施，企业信息化是如何推进、组织，一步一步深入的

系统的建设，早期的架构发生了一次次的变更以及优化。

系统拓扑搭建通过一条数字中继线路连接语音交换机，透过公司防火墙连接各地分支网关，网关一头连接网络交换机，另一头连接坐席话机，应用服务器、数据库部署在公司 IDC（互联网数据中心）机房，语音服务器、CTI（计算机电话集成）服务器及 IVR（互动式语音应答）导航均部署在一起，物理上分部部署，应用集中访问。

本系统是一个开放式系统，将客服质量监控管理系统、GPS（全球定位系统）车辆智能监控系统、OTM（运输管理系统）、多媒体 Call Center（客户服务中心）系统整合在一起，成为具备客户管理、业务咨询、业务受理、业务查询、客户投诉、客户回访、数据分析七大功能一体化的处理平台，是升级、扩展和扩容能力都很强的体系。本系统不拘泥于传统的人和人的沟通，而是连接客服、客户和车辆物流的一个链条，既有网页版登录模式供客服随时随地使用，也有客户端快捷登录入口，运行速度快、通信效率高，避免了浏览器依附网络所带来的影响。本系统将多项功能整合在一个框架内，可进行总部—分部式的坐席部署和管理方式，分为虚拟坐席和在线坐席，各部门分工协作，实现“一站式”服务。

各业务中心通过总部服务器访问本系统，弱网络环境下也能实现客服系统各项基本功能。在互联网大数据时代，充分利用现有资源，大量使用软件实现各项功能，大大节

省了投资成本，进一步优化了系统处理流程。作为一个人性化的系统，我们也根据坐席实际操作中遇到的问题和需求，不断设计和定制出日趋完善的系统，使系统不仅为客户服务，也为员工服务。

系统提供丰富的 API（应用程序编程接口）接口，支持客户原有业务软件的无缝衔接、第三方 CRM（客户关系管理）和电子商务的集成。不仅支持电话、短信、E-mail（电子邮件）、Web（网页）多媒体沟通渠道的统一接入和管理，还具有强大的业务整合接口，能够帮助企业实现呼叫中心与企业其他信息系统，如 OA（办公自动化）、ERP（企业资源计划）、财务等系统的接口和工作流程整合。

目前，客户服务管理系统将客服质量监控系统、GPS 系统、OTM 系统整合在一起，实现互联互通，能够快速查询客户信息，锁定车辆在途情况，交付回访后自动回写交付时间至 OTM 系统，实现数据实时交互，系统深度耦合，及时更新。

信息化的进程，是业务模式的一步步转变，业务模式逐渐规范化、流程化、标准化的过程，其中的不合作、不适应、不满意、不完善、不强大，一步步困扰着技术团队、信息团队。只有通过一次次专业培训、专业的引导、标准化精细化的操作，才能得以慢慢缓和。

四、信息化主要效益分析与评估

1. 经济效益

（1）提高员工的生产力，降低人力成本。通过本系统智能排队技术，客户第一次通话就能找到适当的人，一次通话全程服务，迅速得到所需要的服务，信息准确性提高，减少重复浪费和人员接转，提高工作效率。

（2）本系统将多项功能整合在一个框架内。本系统可进行总部—分部式的坐席部署和管理，分为虚拟坐席和在线坐席，各部门分工协作，实现“一站式”服务。充分利用各业务中心现有的客服坐席资源，使用软件实现各项功能，大大节省了投资成本，同时也降低了总体客服中心的人力成本。

（3）本系统有效提高企业的服务质量。自使用本系统以后，大大提升了客户满意度，受到客户对于企业服务的赞扬和认可。通过对客户提供个性化、全天候的服务，系统第一时间采集客户需求，保持对市场的敏感度，不断优化和完善产品及服务，更快地适应市场变化，从而拓展市场份额，提高企业的盈利能力。

（4）降低管理成本。由总部客服中心对全国客服坐席进行统一管理，改变原有各业务中心各自管理的局面，管理成本大大降低。

（5）巩固企业及品牌形象，降低营销成本。随着多媒体和互联网的广泛应用，全国统一的 400 服务热线，使得客户能在任何时间、任何地点、采用任何方法进行联络。客户服务中心逐步从成本中心到效益中心再到增值服务中心，成为物流企业和客户的桥梁、纽带，有利于客户了解企业，提高企业的口碑，宣传效果显现，为物流企业带来更多更大的收益。

2. 管理效益

（1）通过客户服务管理系统，全国的客服人员形成一支统一管理的专业团队，全国客户服务品质一致化、标准化。

（2）实施车辆在途及客服质量的全程监控，对产能数据进行分析，通过多元化管理工具，改善服务质量，降低运营成本。

（3）客服质量监控管理系统帮助总部管理人员实现对各业务中心客户服务的有效跟踪和管理，具有录音质检、满意度评价、管理报表和专业话术等多种监管机制，及时获取每一位客服坐席的 KPI（关键绩效指标）量化绩效水平。

（4）提供专业的培训，提高客服人员的技能素质和业务水平；根据质检结果，有针对性地对客服坐席进行督促辅导，使客服人员的服务更加专业化和标准化。

（5）该系统的客户信息维护、客户管理及客户历史信息采集，最大限度实现信息共享，通过数据挖掘可以准确把握客户需求，提供各类管理报表，为管理决策提供数据支持。

3. 社会效益

（1）本项目所采用的技术趋于业内领先地位，为提高物流专业化、规范化、国际化水平，推进现代物流结构升级和发展改造起到积极的示范带头及推动作用。

（2）可以为企业带来新的利润增长点，实现与其他相关产业信息共享，共同节省成本。

（3）本项目契合了现代物流的智能化、自动化、网络化、可视化、实时化的发展趋势，对物流业的影响是全方位的。

（4）获取具有全球实施的呼叫中心相关案例及丰富的物流行业经验，值得物流行业借鉴的先进客服运营管理及信息化咨询经验。

长久微信端综合客户服务系统的实施，不仅对于长久客户服务的流程更加规范和标准化，更为对接国际化客户服务理念铺平了道路。

系统的实施上线，提高了长久原有客服的作业规范、主动服务客户的意识、积极性，提高了服务意识的标准化、规范化、国际化和流程化。改造了原有客户服务以语音接听为主的被动服务，在此功能完善的基础上，引入“互联网 +”的社交环境下的集中体现，借助长久微信服务号，利用微信端强大的社交能力和传播能力，集中服务长久上下游主机厂经销店客户、承运商等，满足 360°全方位的服务能力，变被动服务为主动服务，全面提升长久物流服务质量。在行业物流的服务竞争中，位于极具竞争力的优势。为以后开辟国际市场的服务及更广阔的服务市场打下了坚实的基础。

本系统的“自助查询”及“在线客服”等功能，在服务全方位客户及合作伙伴方面提供了很好的便利性，系统底层的多个数据源的整合也是信息化数据整合一个成功案例，在同行业竞争中处于领先位置。

五、信息化实施过程中的主要体会、经验与教训、推广意义

1. 主要体会

信息化的设计、开发、实施、运行、升级改造是一个漫长的过程，每个阶段都有不同程度的风险、意外及异常产生，只有通过严格的项目管理、项目管控、风险评估预警、严密的项目进度计划等要素，才能保证每个阶段健康完善地开展。

公司微信平台客户服务平台的最大经验，就是在紧密围绕现有汽车物流行业现状下，完美结合长久在该行业的实际角色，属于纯粹第三方的物流服务平台，整合上下游各方资源，结合自身多年的经验及社会资源，在强大的信息化专业团队的技术支撑下，才得以成功实施上线。并且在实施开发过程中，处处要以客户体验、服务至上的理念为主要追求目标，这样的互联网产品才会更快更准地被长久体系内的各方客户、主机厂、经销店、承运商及第三方潜在客户所接受，更便于日后长远的推广。

其中也有教训，每个小的阶段、每个里程碑均要和一线坐席、一线客户保持紧密的沟通，才能保证系统本身不偏离方向，不偏离主线，处处从使用者的角度考虑问题。

2. 推广意义

综合客户服务系统在物流行业的应用是物流企业提升客户服务水平的必然。客户服务的提升不仅仅需要在企业观念上转变，还需要运用技术上的提升来完成。同时，在当今日新月异的发展中，传统的物流作业形式所带来的价值已无法满足企业要求，本次的升级就是长久物流向“互联网＋”方向迈进的一次尝试。

客服的存在是网络推广与销售的中间环节，客服的一言一行都影响着最终销售情况。可见，客服的作用不容小觑。客户服务管理系统是给客户增值所购买的产品，一套完善的客户服务管理系统可以帮助企业解决服务问题，塑造品牌形象。通过规范标准的管理办法，定期对客服人员进行检查、监督、改进，从而更进一步提高服务质量，同时，通过系统维护客户信息、客户关系管理，实现信息共享，而通过强大的数据分析，又为管理者的决策提供了强有力的支持，最终为企业带来更多的潜在客户以及更高的利益，进而全面提升企业的核心竞争力。

六、本系统下一步的改进方案、设想、对物流信息化的建议

本系统下一步的改进方案，将在原有以工作为导向的软件产品下，增强更多的趣味性、互动性、主动性，从而增加用户黏性、增强用户的互动，共同努力不断完善更新产品。下一次大的版本的升级将纳入零部件业务、商用车业务、国际业务等多业务领域，并且更多地向“互联网＋”迈进，整合更多的业务资源、社会资源，更多地考虑用小程序、微博等方式增强系统，做大做强。

未来物流信息化的方向，应该是结合自身企业实际情况发展的同时，借助外来更多的互联网因素，提升自身信息化水平，提升自身信息化规范标准，在原有实体业务不断完善的同时，更多投入信息化的资源，彻底整合自身数据信息、共享外围行业资源数据，构建基于企业自身的大数据平台，以便日后更好地对接行业大数据、国家宏观大数据平台，最终实现整个行业的信息共享、信息交换、信息增长，实现共赢。

河南省烟草公司信阳市公司：物流设备精益运维管理信息系统

一、河南省烟草公司信阳市公司卷烟配送中心简介

河南省烟草公司信阳市公司卷烟配送中心是隶属于信阳市烟草公司的正科级直属单位。1983 年 9 月河南省烟草公司信阳分公司正式成立，对信阳地区烟草行业实行产供销和人财物的集中统一管理。信阳市烟草公司主要负责信阳市卷烟的物流、配售、市场管理等，执行国家烟草专卖局、省局（公司）的调控政策，维护“统一领导、垂直管理、专卖专营”的烟草专卖管理体制，宣传贯彻烟草专卖法律法规，组织对辖区内烟草专卖品的生产经营活动进行专卖管理和执法监督，查处违法违规经营烟草专卖品的案件，打击烟草制品的制假售假、走私贩私等不法行为，维护良好的市场秩序，依据国家法律法规及行业政策，进行卷烟购销和烟叶生产经营。信阳市烟草公司机关设 14 个科室和信阳市烟草公司卷烟营销中心、信阳市烟草公司卷烟配送中心两个直属单位，下辖浉河、平桥、罗山、息县、淮滨、潢川、光山、商城、新县、固始 10 个县级局分公司。2016 年信阳市烟草公司全年销售卷烟 18.64 万箱，实现销售收入 56.27 亿元（含税），共上缴利税 13.17 亿元。

信阳市烟草公司卷烟物流配送中心现有职工 161 人，下设综合部、安保部、财务部、储配部、送货部、技术部 6 个机关职能部门和光山、固始 2 个中转站。主要承担全市卷烟仓储、分拣、配送、中转对接等任务，保障卷烟商品在物流环节的安全生产工作。截至 2016 年，卷烟物流中心共有送货线路 72 条，送货车辆 103 辆，年配送卷烟 20.13 万箱，年服务卷烟商户 91.8 万户次。

中心占地面积 50 余亩、建筑面积为 1.49 万平方米，其主体包括一栋联合工房和一栋五层结构辅助办公楼。其中，联合工房主要承担全市卷烟商品的仓储、分拣等功能，可以满足年销量能力为 25 万箱卷烟的需求。

二、物流设备精益运维管理信息系统建设解决的历史问题

“卷烟上水平”作为烟草行业的基本方针和战略任务，其最终目标是实现烟草行业经济增长方式的转变，以及发展方式的转变。整个行业现在靠外延式扩大的增长模式已经受到制约。而作为物流配送则是影响“卷烟上水平”的关键一环。在过去十年中，中国烟草积极推进传统商业向现代流通转变，现代物流建设成为改革的重要内容之一。现代化的物流设备用机械传动和电子控制使人们体力和脑力得到高度解放，越来越多的人工作业逐渐被机械作业所取代，作业效率也大大提升。

此时，我们不得不直面设备管理问题，它是保证生产运营能否顺利运行的前提。传

统的设备管理模式，关注的重点是设备出现问题后的维修，目前烟草商业企业甚至是我国大部分企业运用的都是传统的设备管理模式。在启用本案例的系统之前，信阳市烟草公司卷烟配送中心就是依靠传统的设备管理模式对设备进行管理的。这种管理模式有两大弊端：对设备可能出现的问题没有准备，出现一个处理一个，就“问题”解决问题，这就会造成分拣线因突发的故障造成随时停机，影响配送效率。此外，“无准备”状态下的维护使得问题解决不彻底，没有分析整理出设备产生问题的根源，无法保证设备始终处于最佳的运行状态；设备管理流程烦琐，需要填写各类纸质表格，例如设备维修申请表、设备维修费用审批表、设备维修结果记录清单等，不易保存与管理；设备精密复杂，传动部位多，无法有针对性地开展设备保养，设备维修成本居高不下；备品备件品种繁多、数量巨大，管理领用收发混乱，无法很好地分析备件的使用情况；人工采集机器设备故障点速度慢，巡检烦琐。

面临烟草物流装备升级的转型期，一个个新的问题渐渐显现。正是基于这些原因，我们提出了符合自身实际的设想与规划——构建物流设备精益运维管理信息系统。物流设备精益运维管理信息系统应用到了两个理念，一是预防性医学，即设备如果处于“亚健康”状态，就会显现出相应的症状。若能在疾病发作之前找到病源，然后解决好源头性问题，将会大幅降低维修成本，提高设备运行效率。二是精益管理的概念。精益，就是用更少的资源实现更大的产出，它是这些年烟草行业实现“卷烟上水平”的必经之路，也是烟草物流未来的必然选择。

三、信息化进程

（一）实施信息化过程中遇到的主要困难、问题与解决措施

1. 机器型号庞杂，维保标准繁多，细化难度大，耗时长

解决措施：细节决定成败。在建立系统的过程中，信阳烟草物流中心前期进行了认真的调研与分析，确立了信阳烟草设备管理信息系统建设总体思路，以全面提高设备综合利用率为目标，建立实用的项目推进绩效考评体系，优化推进流程，提高作业效率，运用现代项目管理技术手段，促进项目推进优质高效。

在确立了信阳烟草设备管理信息化建设总体思路的基础上，急需解决的问题就是如何开展建设工作，由谁去落实推进工作。为此，信阳烟草物流中心成立了以“一把手”为组长的卷烟物流设备管理信息化建设领导小组，首先对物流中心内部组织机构进行了调整，成立了项目推进办公室，承担整个项目的推进与落实；其次完善了绩效考评评价的标准和制度，将项目推进的节点、责任人、主管部门、配合部门、承担的内容，全部以图表的形式下发文件，优化了项目整体的考核流程，采取 KPI 关键因素评价法对参与项目的每位员工进行评价考核。建立了督察督办管理机制，设立了工作任务督办单位，督办部门严格按照完成时限和质量要求督促检查，形成高效的执行力。建立项目考核督办管理机制，实施三级考核，由个人或项目推进办公室每天进行自检、部门负责人巡检、考核小组抽查，保证严格按照程序运行。

优先建立设备 BOM，即设备的组成结构。设备 BOM 的建立，有助于迅速明确设备的

整体架构，有助于项目实施人员补充完善内容。在建设中，信烟物流提出了建设思路：根据设备机型、部位、部件、零件的层级关系以树状的方式展示。可上传和查看机型、部位的外观图片以及用户手册。设备 BOM 展现内容包括设备机型 BOM 列表、部位 BOM 列表、部件 BOM 列表以及零件 BOM 列表，并可对各层级 BOM 信息进行修改维护。BOM 信息包括 BOM 名称、BOM 编码、规格型号、BOM 类型、BOM 外观及用户手册等内容。

2. 部分环节初始设计方案与理念在实际运用中效果不好

解决措施：例如在初始设计时，计划用 PDA（掌上电脑）对设备进行管理，但实际运行中发现 PDA 价值高、携带不方便、员工使用中需频繁充电，导致使用的积极性下降。发现这一问题后，中心迅速与厂家联系，要求必须解约运行中出现的问题，最后改由使用手机 App（应用程序）对设备进行管理。

为了全面解决设计有悖实际使用方便的问题，项目推进办公室引入了 QC（质量控制）管理分析工具，对影响使用的要因逐一分析，制定改进对策。按照 5W1H（Why 目标、What 对策、Who 执行者、Where 地点、When 时间、How 措施）的分析方法进行分析与方案制订，在制作对策实施计划表时将措施与对策进行了区分。对策是针对具体要因采取的方案，是改进的计划；措施是如何实施该对策的具体方法。在改进完善过程中，明确了各项措施的具体实施计划，责任到人，同时动态跟踪对策实施效果。

3. 系统上线初期时，由于基层员工文化层次偏低，误操作情况时有发生，点检操作人员使用系统不习惯，无法有效执行点检

解决措施：实践证明，仅仅把设备管理信息化建设当作计算机技术层面的问题，或是一次性的工程行为，不从机制入手，无论对于解决一时一事的问题多么有效，终归是“头痛医头、脚痛医脚”。因此，建立和完善设备管理信息化的支撑体系，形成与信息化进程相适应的机制，才是信息化建设的关键所在。

设备管理系统建设不能没有标准。设备管理信息化系统的本质是标准化问题，而标准化问题的本质是长效机制，统一规划和管理要以标准为依据，只有建立标准体系才能适应各方面工作要求。要依照标准规范，由仓库现场专业部门实施管理，使信息系统过程中的许多问题在标准的框框内得到有效解决。

系统应用往往会涉及物流中心的各个部门，需要多部门协同工作，设备管理系统不仅涉及设备管理部门而且涉及设备使用、操作的部门，因此，首先需要建立健全人员操作设备、使用系统的相关标准、制度。在这些方面，信烟物流着手健全了设备状态监护机制及标准。按照价值分类，对关键设备建立了设备操作人员、监护人员（由修理工为第一监护人，操作工为第二监护人）、监护组长（修理组长担任）、专职检查人员（设备管理部门人员）组成的四级监护制度。

其次，对设备管理活动、流程进行系统梳理和分析，将生产加工设备作为重点管理对象，整合设备管理文件，制定了设备管理的统领性文件——《设备使用和运行监督管理办法》《设备故障和维修管理办法》，将制定好的巡点检标准、各岗位职责录入系统。

实现维保过程规范化：固化系统流程，使系统按照统一的格式创建工单，自动以任务的形式派发到各岗位。维修人员按工单上的具体任务描述完成相应的维修工作，并录入设备运维信息。

此外，加强培训也是解决问题的一个重要方面。由于物流一线员工素质参差不齐，有的难以适应信息化建设要求。因此，信烟物流举办了多期设备管理系统知识培训班，有效提高了物流中心职工的整体素质，成为推进企业信息化的关键。

4. 对设备备件的成本分析存在疏漏，不能很好地指导决策，也不能细致地对备件的成本进行有效分析

解决措施：首先对备件进行分级分类管理，按照主机设备、子系统、功能部位将相关设备备件分为三类，设备主管部门通过各类设备对物流作业、分拣质量、维修费用等多个维度的影响程度进行个性化打分，定出相关备品备件 ABC 三个等级。设备管理信息系统将这三类备件按照不同识别程度进行标识，制定相应管理策略。

加入关键工序模块，依靠信息系统加强维修作业流程事前、事中、事后全程跟踪控制。实施备件使用过程考核及监管机制，加入备件费用及总体维修费用申报模块，加强关键工序控制，引导各车间做好设备监护、保养及维修的同时，最大限度降低备件费用。

完善相关备件指标的输入及采集，例如系统通过计算备件资金年度占用率、备件资金周转率等指标来分析备件资金占用；通过加入年度备件数量周转率、年度备件项数周转率、备件计划、呆料率、冗余率等指标来分析备件计划的准确性；通过加入年度采购计划完成率、质量（数量）合格率等指标帮助管理人员提高供货速度和保障备件质量。

（二）信息化的组织与推进

1. 成立组织和健全保障机制

成立信阳烟草卷烟物流中心物流设备精益运维管理信息系统推进领导小组。领导小组下设项目推进办公室，办公室设在技术部，办公室主任由技术部主任担任。具体负责组织协调各部门工作，监督和督促各部门进度，负责记录、收集、上报各种报表、材料，组织推进会议等。确保推进计划各项目标按时完成。

制定了《物流设备精益运维管理信息系统项目推进计划》，按照“谁主管、谁负责”的原则，落实责任，责任到人。明确了责任部门和配合部门工作职责，规定了部门负责人是该项工作的第一责任人，对该项工作负全责。责任部门主要负责人要按照时间节点、工作任务抓好落实，要求配合部门要按照责任部门的要求做好沟通、协调提出书面需求，按时完成目标任务。

领导小组办公室召集各相关部门召开每周一次的项目推进例会，各责任部门负责人要就推进情况进行汇报说明，提出意见和建议以及下一步的工作措施。领导小组办公室主任在例会上要对各部门完成推进目标情况进行通报，绘制张贴进度图表。领导小组办公室主任是该推进项目的直接责任人，对主管领导负责。

2. 推进过程

推进过程共分为三个阶段，第一阶段为需求调研、基础开发阶段，第二阶段为开发测试阶段，第三阶段为试用完善阶段。

3. 项目建设具体内容

（1）设备管控工作台。

以图表形式展现设备的停机原因、故障分类等统计信息，提示系统待办信息滚动提

醒。待办任务中包含点检、保养、维修和盘点等工单任务的提醒；停机原因分为操作不当、维护不当、设备失修、润滑不合格和超负荷等的饼状图统计显示；故障分类占比分为操作不当、维护不当、设备失修、润滑不合格和超负荷等的饼状图统计显示；设备停机次数柱形图是对近一年每个月设备停机次数的统计显示；设备故障次数对近一年每个月设备故障次数的统计显示，支持按时间段查询最多 12 个月的统计显示。

（2）设备管控看板。

现场看板是设备可视化管理的重要手段，它是通过一个统一的界面来完成日常的工作，不需要多方寻找操作菜单和内容。系统会根据不同的岗位设置专用的信息看板，简化用户操作。

看板包括点检人员看板、维保人员看板、设备运行看板、点检路线看板和备件看板。

点检工单如图 1 所示。

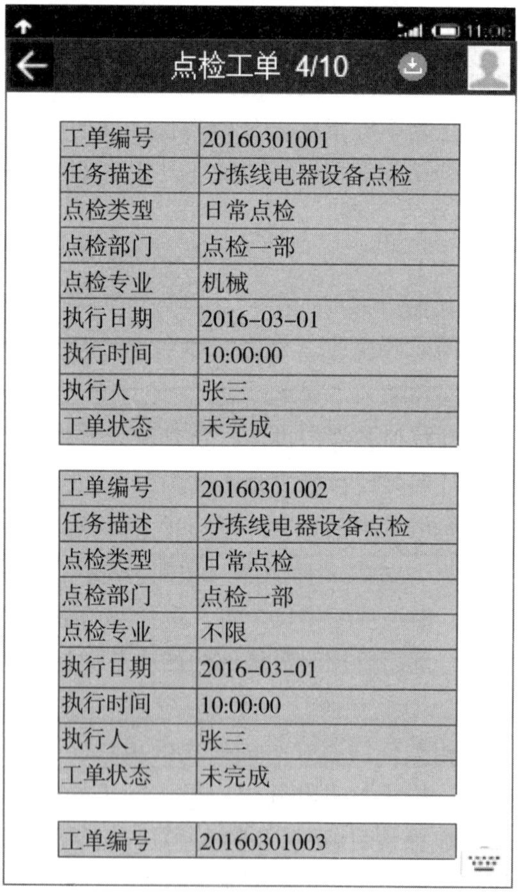

点检工单 4/10

工单编号	20160301001
任务描述	分拣线电器设备点检
点检类型	日常点检
点检部门	点检一部
点检专业	机械
执行日期	2016-03-01
执行时间	10:00:00
执行人	张三
工单状态	未完成

工单编号	20160301002
任务描述	分拣线电器设备点检
点检类型	日常点检
点检部门	点检一部
点检专业	不限
执行日期	2016-03-01
执行时间	10:00:00
执行人	张三
工单状态	未完成

工单编号	20160301003

图 1　点检工单

点检人员看板：把点检人员的工作集成在一个页面里，直接提示给用户，并且可以直接操作，比如待执行点检工单、待确认点检工单、点检路线、点检计划。对于未按时执行的工单提供预警提示。

维保人员看板：把维保人员的工作集成在一个页面里，直接提示给用户，并且可以直接操作，比如需要处理的待执行保养工单、待执行维修工单、待确认保养工单、待确认维修工单、保养计划、报修记录。对于未按时执行的工单提供预警提示。

设备运行看板：监控设备运行情况，当前只对分拣线运行情况进行监控。可以直观地看到各设备的运行情况、状态、开机时间、停机时间、分拣总量、分拣效率、已分拣量、未分拣量、完成率、故障停机次数以及故障停机累计时间等。同时也可以看到最近出现的故障、提交的异常，并能通过平面图形式展现设备运行状态。

点检路线看板：点检看板是对点检路线以及各个路线下点检执行状态的展现，并提供点检点信息查看。

备件看板：备件看板是把备件管理员的工作集成在一个页面里，直接提示给用户，并可以直接操作。包括备件库存预警、备件入库记录、备件出库记录、备件盘点记录等。

（3）技术管理平台。

设备档案：维护实际业务应用的设备信息，使之与设备 BOM 机型进行关联，生成该设备的组成清单，并提供该设备生命周期内点检、保养、维护等记录查询，形成该设备的档案。设备档案包括设备的新增、修改和删除，以及查看某个设备机型、部位的保养、维修等历史记录，维护设备机型和部位的二维码标识信息等。

备件档案：维护实际业务应用中设备备件信息，使之与 BOM 进行关联，并提供备件出入库、备件标识信息查询，形成该备件的档案。备件档案包括备件的新增、修改和删除，以及对备件信息的查看、备件领用记录，维护备件的二维码标识信息等。

技术标准：建立设备业务的技术标准，用于指导、规范设备各业务标准化作业。包括点检标准、保养标准、维修作业标准以及安全标准，规定企业设备点检、保养、维修作业、安全的内容和要求，以保证设备得到有效维护，确保正常运行。

点检标准：用以维护设备点检标准，作为形成点检路线、生成点检工单的数据基础；点检标准与设备 BOM 关联，包括设备 BOM 名称、部位 BOM 名称、运行状态、点检对象、点检内容、点检标准、点检周期、计量单位、点检类型（日常点检和专业点检等）、点检方式（目测、耳听和听针等）、点检专业等信息。支持对设备点检标准信息的查询、新增、编辑以及删除。

保养标准：用以维护设备保养标准（含润滑标准和清扫标准等），作为保养工单生成的数据基础；保养标准与设备 BOM 关联，包括设备 BOM 名称、部位 BOM 名称、运行状态、保养对象、保养内容、保养标准、保养周期、计量单位、保养类型（日常保养、一级保养和二级保养等）、保养类别（润滑和清扫等）、保养专业等信息。支持对设备保养标准信息的查询、新增、编辑以及删除。

维修标准：用以维护设备维修标准，形成维修作业标准库，可以被工单引用。维修作业标准与设备 BOM 关联，包括设备 BOM 名称、部位 BOM 名称、运行状态、维修对象、维修内容、维修标准、维修类型（计划维修、紧急维修和应急维修等）、维修内容和维修专业等信息。支持对设备维修标准信息的查询、新增、编辑以及删除。

安全标准：用以维护设备安全标准，为各类作业人员提供安全作业指导，包括危险及预控措施，隔离措施与安全标记等，可以被工单引用。安全标准信息包括设备 BOM 编码、设备 BOM 名称、规格型号、部位 BOM 编码、部位 BOM 名称和安全标准内容等。支持对设备安全标准信息的查询、新增、编辑以及删除。

点检路线：在实际的业务操作中各类标准都是针对单台设备或部件，实际工作中需要把分散的标准整合成一个整体，构成一个全面的视图，形成点检路线，在点检路线中定义检查的步骤、点巡检的顺序和过程，在路线上可以看到每个步骤执行的点检标准。点检路线定义支持用户进行任意的挂接和维护，它可以直接控制系统内巡检过程的顺序以及维修过程的任务生成顺序。保证员工规范的检查和维护。

设备知识管理：设备技术文档。设备管理电子手册，就是把有关设备的技术资料、关键参数、图纸等静态信息以及维修经验、检修路线、维修履历、故障案例、单点课、改善提案等动态知识全部汇编成电子化的技术手册，实现设备维修的全生命周期管理。通过文字、图片、视频、音频等直观的方式精确地将技术手册及资料展现在使用者前。文字类资料以 PDF（便携式文件格式）格式直接查看，其他格式如视频、音频、图片，支持下载播放。主要功能包括电子手册的上传、编辑、删除、下载以及查看等。

经验知识管理。包含知识搜索、知识共享等功能。管理员可对用户共享的知识进行审核后生成经验知识库。经验知识信息包括设备 BOM 编码、设备 BOM 名称、规格型号、经验类型（维修和保养等）、经验概述、审核状态等。审批分为通过和不通过两种，只有审核通过的知识经验才能入知识库进行共享查看。

（4）业务处理平台。

设备巡检管理：提供人工录入方式对空压机房温度、压力等监控值进行记录，出现超过合理值（阈值）时系统提示异常并预警。对历史记录提供趋势图展现作为分析依据。

设备点检管理：根据点检路线生成点检计划，并根据计划周期生成点检工单下发给相应点检部门。功能包括点检的计划制订、点检工单的执行、审核确认等。

设备保养管理：根据保养标准生产保养计划，并根据计划周期生成保养工单下发给相应保养部门。功能包括保养的计划制订、保养工单的执行、审核确认等。

设备维修管理：相关人员根据实际情况制订维修工单并进行下发，同时可查看、处理维修工单的执行情况及执行结果。对需要更换备件的工单进行备件申请。

设备备件管理：设备备件管理模块包括备件的领用、采购入库、盘点工单的制订以及下发、盘点执行情况的查询、审核等，支持备件预警。

（5）综合统计。

综合统计提供对设备停机、设备故障、点检异常进行统计查询。

（6）移动应用。

通过手持终端设备进行设备管理相关操作。支持盘点工单、点巡检工单、保养工单、维修工单、备件出入库确认等移动应用。

设备点检：采用手持终端（手机），可以使管理系统的管理应用延伸到工作现场，可以实现将工作任务直接发送至移动作业人员手持设备上，提醒其尽快进行业务处理工作，并控制按时按点完成，针对发现的异常问题可以及时上报，由管理系统跟进后续处理。

设备保养：使用手持设备可以实现将运维相关工作任务通过 WiFi（无线）、4G（第 4 代通信技术）等无线技术直接发送至调度人员或保养作业人员手持设备之上，提醒其尽快进行业务安排与业务处理，并将工作结果在现场通过手持设备记录，自动转入管理系统。此方案将工作从固定模式到移动模式进行贯穿，实现工作流程的全过程信息化应用。

设备报修：使用手持设备可以实现将设备故障报修工作任务通过 WiFi、4G 等无线技术直接发送至服务器端，提醒其尽快进行业务安排与业务处理。此方案将工作从固定模式到移动模式进行贯穿，实现工作流程的全过程信息化应用。

设备维修：使用手持设备可以实现将运维相关工作任务通过 WiFi、4G 等无线技术直接发送至调度人员或维修作业人员手持设备之上，提醒其尽快进行业务安排与业务处理，并将工作结果在现场通过手持设备记录，自动转入管理系统。此方案将工作从固定模式到移动模式进行贯穿，实现工作流程的全过程信息化应用。

备件盘点：使用手持终端进行盘点，可在盘点现场进行结果登记录入，同时可以将盘点结果及时上传。这样取代了打印纸制盘点单上的手写标记，以及人工核对盘点结果的工作流程。可以有效地提高工作效率，减少盘点结果出现错漏现象。

备件入库：通过手持终端，对已关联入库工单的备件进行入库扫描确认。

备件出库：通过手持终端，对关联工单的出库备件进行出库扫描确认。

应急维修出库：对于应急维修的备件出库，即无工单关联的备件出库时，通过手持终端，对未关联工单的备件进行应急维修出库扫描确认，确保对备件出库业务进行记录留痕。

设备知识管理：包括设备技术手册和设备知识管理两部分，使用手持终端进行设备知识手册查看、经验共享提交等；通过手持终端，可下载选择的相关设备或部位的知识手册；在手持终端上记录经验共享内容，可通过有线或无线方式回传给服务端。

四、效益分析

（1）通过该信息化手段基本构建起卷烟物流设备状态管理体系、形成了电子化的卷烟物流设备点检标准步骤、卷烟物流设备维护电子查询保养手册、卷烟物流典型设备故障诊断经验案例智能查询与共享等具体指导的设备经验类模块文件，设备系统性维护管理机制得到落实，实现了关键设备的预防性维护。设备故障率降到 0.91%，达到并超过预定 1% 的目标（见图 2）。

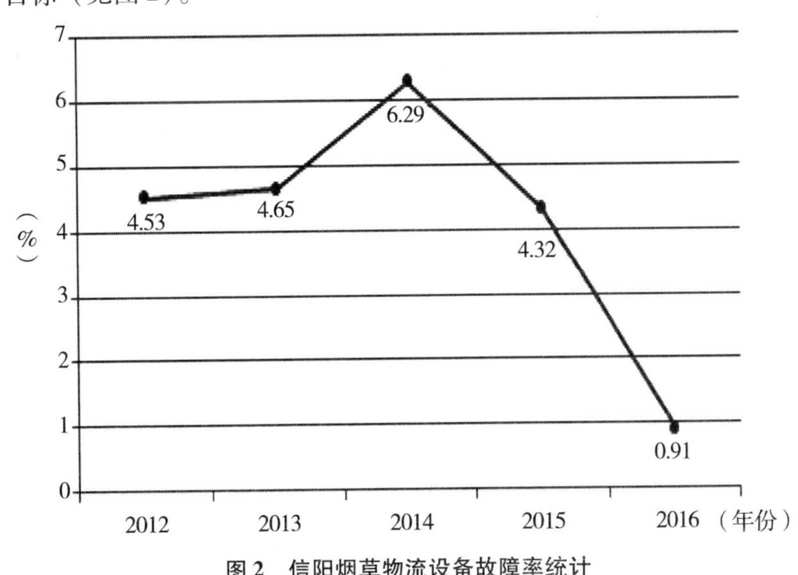

图 2　信阳烟草物流设备故障率统计

（2）设备年维护、运行费用由2015年的181万元降低至2016年的147万元，降幅达到18.8%，完成并超过预定下降10%的目标。

随着设备故障处理时间的大幅缩短，以及由设备效率原因造成的工作量的减少，设备管理人员每日工作耗时由8.8小时降低至8.2小时，操作人员及保管员每日工作耗时由8.2小时降低至7.9小时，人工费用得以降低。其中涉及：设备管理人员共计8人，时薪36元；操作人员共计144人，时薪20元；保管员共计12人，时薪32元。

全年可节约人工成本费用：年均工作日 × 日均减少工作时长 × 时薪 × 工作人数 = 288000元

（3）设备使用寿命延长，备件耗损大幅下降。由于备件封切刀、波纹吸盘等7种常用消耗类备件使用周期得到有效延长，更换频率降低至合理范围内。消耗费用由2015年的341620元降至2016年的132012元（见表1），降幅达到61%，节约费用共计209608元。

表1　　7种常用备件年度消耗费用

常用消耗类备件	平均单价（元）	在用总数量	2015年实际消耗数量	2015年实际消耗费用	2016年实际消耗数量	2016年实际消耗费用	2016年实际节约费用（与2015年相比较）
封切刀	5000	8	15	75000	6	30000	45000
波纹吸盘	200	24	148	29600	28	5600	24000
电刷	950	96	93	88350	43	40850	47500
网格袋	1900	8	27	51300	9	17100	34200
伞齿轮	200	16	32	6400	14	2800	3600
织绒加厚齿形带	460	81	165	75900	77	35420	40480
托盘防滑垫	11	1800	1370	15070	22	242	14828
合计				341620	199	132012	209608

部分设备通过信息化管理后，设备备件寿命均得到延长，备件更换频率大幅下降，低于理论预测消耗数量，取得良好的效益（见表2），共可节约128850元。

表2　　非常用备件年度消耗费用

备件名称	单价（元）	在用总量	2015年实际消耗	2015年实际消耗费用	2016年实际消耗数量	2016年实际消耗费用	环比节约费用
真空阀	3500	12	9	31500	2	7000	24500
光电开关	300	2700	66	19800	12	3600	16200
变频器	6000	103	5	30000	1	6000	24000
气缸	1500	900	24	36000	6	9000	27000

续 表

备件名称	单价（元）	在用总量	2015 年实际消耗	2015 年实际消耗费用	2016 年实际消耗数量	2016 年实际消耗费用	环比节约费用
光纤检测放大器	850	40	12	10200	1	850	9350
链板	2300	200	6	13800	0	0	13800
减速电机	3500	1960	4	14000	0	0	14000
合计				155300	22	26450	128850

全年节约维修和备件费用 = 209608 + 128850 = 338458 元。

（4）综上所述，预计全年累计创造经济效益可达：

338458 + 288000 = 626458 元

节约维修和备件费用 338458 元

节约人工成本费用 288000 元

五、经验体会与推广意义

（一）经验体会

设备运维管理系统是信息管理的延伸，也是企业管理的延伸，信阳市卷烟物流配送中心将不断以精益设备运维管理系统推动企业制度和企业文化的建设，完善公司的知识资产和激励机制，加强对知识管理的重视并鼓励员工积极共享和学习知识；建立企业共享文化、团队文化和学习文化，帮助员工破除传统独占观念，加强协作和学习。信阳烟草物流人对设备运维的精益化管理是真正立足岗位和工作需要提出的创新而有效的管理方式，它全面严谨、实际有效，在这个机械化迅猛发展的时代，只有让物流人员不断加强学习，熟练掌握操作技能，才能从根本上与时俱进，只有不断开展创造性的学习工作，才能为物流企业发展提供不竭的动力。

设备运维管理要紧紧围绕以“提高效率，降低成本，保证质量，节约资源”为根本，树立精益思想，营造精益氛围，建立良好的设备运维精益化工作机制，持续改善、追求卓越，不断推进设备管理上水平。

要实现精益管理就要以信息化为支撑，维护保养是基本、状态预测是手段、设备修理是关键、成本控制是环节、人才队伍是保障。具体来说重点采取六方面措施，即：设备全生命周期的精细管理、运行状态的精确预测、设备故障的精准修理、设备日常的精心保养、运行成本的精实控制、运维队伍的精干高效等工作；不断提升设备运行效率、降低故障停机、保证产品质量、降低材料耗损、控制运行费用、提升队伍素质。同时通过信息化应用和数据积累，将设备运行过程中的一些信息记录和统计分析出来，在设备预防性维修和故障检修、维修等方面形成系统、完整的经验，共享应用这些规律、经验和结论，形成“知识管理体系”。通过设备管理绩效、对标和创优等工作的目标、过程和结果与绩效管理充分结合，把设备管理绩效的持续提升和改善落到实处，建立“绩效评价体系”。

总之，物流行业要进一步强化设备管理精益化，加强设备健康管理，通过最少的设备管理投入获得最大的生产产出。要结合实际，厘清需要精益的环节和流程，以设备效率最大化为目标，按照行业相关要求，加快信息集成化、策略多级化、效益价值化、现场精细化、响应敏捷化，进一步提升企业精益化生产和设备管理精益化水平，为早日实现中国梦做贡献。

（二）推广价值

1. 极大地提高了物流设备管理水平

通过建立支持设备全生命周期管理的设备管理平台，改变以前传统的经验型管理模式，提高资产效率，优化资源配置。可以使设备管理人员及时了解设备的运行状况，指导决策者能够准确做出决策，进而实现企业快速进行数据上报。为企业整体决策提供技术支持。

通过建立支持设备全生命周期管理的设备管理平台，将管理、技术、信息化很好地进行了融合，并引入了精益思想管理理念，实现了以价值驱动的设备资产管理、设备运维管理，以及全员改善管理，使各项管理工作更加规范，大大提高了工作效率。在此基础上，为企业资产设备管理经验的积累、先进管理技术的使用、管理流程的优化和管理的持续改进提供技术途径，保证企业的设备管理工作随着企业管理的发展而同步发展。有效提高商业卷烟物流设备的精细化管理，有效推进了烟草行业精益物流建设的步伐。

2. 实现设备资源的合理配置，降低物流设备运营成本

系统通过对设备、运维标准、运维计划、备品备件、人员等资源的管理，建立预防性资产管理体系，有效地促进设备管理的标准化、规范化运作，通过对数据进行有序的挖掘、整理和加工，形成信息。实现了精确的设备状态预测、精准的设备维修、静心的设备保养机制。从而实现了提高设备作业率，达到降低设备运行成本的目的。通过分析、判断、汇总得出有价值的基础资料，从而得出各种直观的分析图表、曲线。为科学决策提供有效的支持和帮助，保证各种考核指标的及时、准确和有效性。

3. 信息化与设备管理业务的深度融合，大幅提高作业效率及精准度

在实际业务处理过程中，利用移动互联、二维码等技术实现各种计划周转的无纸化和实时的反馈机制，以电子信息的存储代替纸质文件信息的存储，优化和改善了设备管理业务流程，规范用户的维修、保养等业务的操作行为，提高了设备资产数据采集的准确性、及时性，极大地提高设备管理与使用部门的工作效率，改善业务部门之间的协同作用，进而提高了用户的作业效率及精准度。

4. 信息化的设备管理，提高了员工素质

实施信息化设备管理，提高了全体人员对新的管理理念的认识，对实施现代物流建设做了思想上和技术上的准备。

六、改进设想与信息化建议

（一）改进设想

1. 优化操作流程，使用更加便捷

目前，阶段的设备管理系统虽然具有图形化的界面，但是操作仍显费时、耗力，希

望以后能更为便捷、简单直观。现阶段数据采集基本靠人工完成录入，录入量加大，后续的改进可以增加智能传感器，对设备的温度、震感进行自动采集。达到用户对系统的操作只需要鼠标和少量的输入，即使是计算机基础很弱的用户经过简单的培训也能很快地熟练操作。充分考虑人性化设计，通过简单的操作步骤、交流的界面设计，体现以人为本的设计理念。

2. 设备各管理维度高度融合，高效实用

增加柔性设计，提高系统的适应能力、便捷的实现能力，能够随机根据业务需要增加或删改一些管理模块，将分散的设备数据信息进行统一、集中、规范的集成管理，建立分类编号管理，达到系统的使用用时短、信息量大，既高效又实用。系统要考虑与多种数据源的数据信息交互，提供预留接口，充分实现企业业务各种信息的流转、交互与共享，为企业决策提供全面、及时、准确的信息依据，能够充分满足后期业务扩展、设备增加的功能扩展需求。

3. 建立预警机制，提高安全稳定

系统能够具备错误识别警报机制，当用户操作出现错误或其他异情时，系统将自动发出警告。

系统内部自设检验机制，对登录的用户实施核查，提高系统的安全性，同时设置系统防病毒侵入机制或其他系统崩溃危险防控机制。

（二）物流信息化建议

（1）与国外物流运营水平较高的国家相比，我国物流企业现代化装备应用较晚，高自动化、智能化装备应用较少，进而造成设备管理信息化建设起步较晚。各物流企业信息化管理水平差异较大，很多企业对于设备管理的重要性认识不足，对于设备管理信息化建设了解甚少，今后应加强对设备管理信息化的宣传、推广力度。

（2）目前，国内物流装备制造能力与国外企业相差甚远，现有大部分设备管理系统缺乏先进综合设备管理模式和管理方法的指导，系统开发商水平参差不齐，只是将现有设备管理流程计算机化，而缺乏对企业设备管理特点与要求的了解与研究，难以真正提升企业设备管理的水平。面对这种情况，可以先“请进来”，学习国外的先进技术与经验，转化为自己的能力，再另起炉灶，创新发展。

（3）我国企业所应用的软件系统基本上是各自为政。管理不规范、标准不统一，系统数据不能共享，往往形成了功能单一的信息孤岛，限制了设备管理信息化功能的发挥。同时，由于各管理系统缺少统一的设备编码体系、规范的数据结构，各系统间难以实现数据共享，各企业、各部门、各层次间难以实现统一管理。在企业实施设备管理信息化的过程中，要树立全局一盘棋的思想，由主管信息化的部门牵头，统筹安排各信息系统的对接，达到数据的共享，形成有机统一的整体。

京东物流：京东物流仓储管理玄武系统

随着电子商务行业不断发展，如何提高物流的运行效率和用户体验已成为全行业关注的重要问题。京东作为中国领先的自营式电商企业，自建物流体系毫无疑问是京东的核心竞争力之一。京东商城日处理数百万订单，大促销期间上千万单，数十万操作人员在这个物流网络中服务，信息化智慧化物流系统已经成为迫切需求。京东物流仓储系统即玄武系统，从2009年开始启动1.0开发，到2016年规划的集多种自动化物流设备一体的智慧物流仓储5.0系统，京东打造了一套兼容并蓄、融会贯通的电商仓储物流信息系统——玄武系统。强大的物流系统为京东商城这个巨人的发展时时刻刻提供着动力。

一、京东物流背景概述

京东拥有中国电商领域规模最大的物流基础设施；通过完善布局，京东将成为全球唯一拥有中小件、大件、冷藏冷冻仓配一体化物流设施的电商企业。

截至2016年9月30日，京东物流在全国54座城市运营254个大型仓库，超过550万平方米仓储设施。京东物流实现了全国2646个区县覆盖，其中，中小件区县覆盖率为93%，大件大陆省级行政区100%覆盖，七地生鲜仓覆盖全国核心区域，全国超1800家服务中心，1600+京东帮服务店，1300+个京东派校园店，6780个配送站/自提点。图1为京东物流仓配一体全供应链解析。

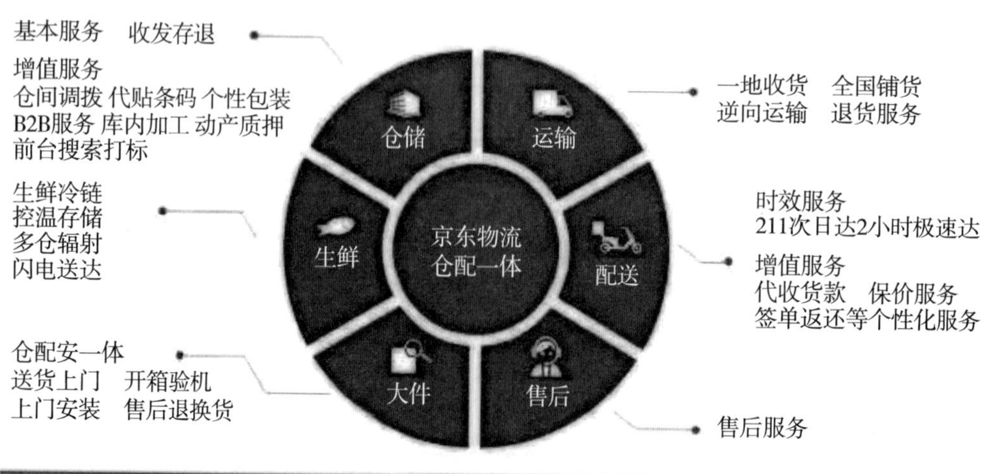

图1　京东物流仓配一体全供应链解析

京东物流致力为商家打造线上线下、多平台、全渠道、全生命周期、全供应链一体化物流解决方案，实现商家B2B、B2C、B2B2C（供应商对企业、企业对消费者的电子商务平台模式）模式下库存共享和订单集成处理；可为商家提供总分仓及平行分仓的多仓运营服务；开通海外仓、国际运输、国内保税仓为商家提供跨境物流服务；开放大件运营能力，为大件商品卖到全国向商家提供解决方案。使用大数据为商家提供库存健康分析；结合金融服务产品开展仓单质押等金融服务。

二、京东玄武系统演进过程

京东物流仓储系统即玄武系统，其发展历程如下（见图2）。

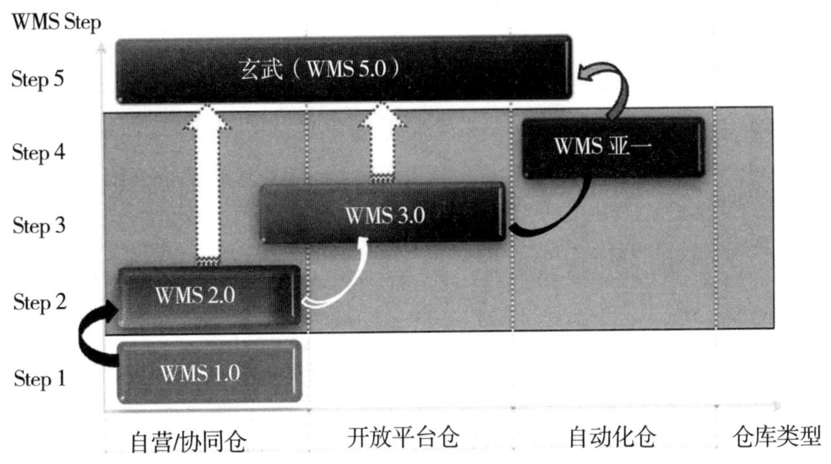

图2 玄武系统发展历程

1. 玄武1.0时代

2009年电商时代开始崭露头角，京东结合自身业务发展需要，仓储业务负责人清醒地认识到仓储作业环节的痛点，拣货效率低、打包错误率高等缺点，积极协调研发资源进行封闭开发，并于2010年2月开发完成上线，上线之初虽然功能仍然相对简单，但已经初具雏形，能支持简单的硬件设备，代替原有全仓纸单作业的操作，且大大提升了仓储作业效率，为京东仓储物流的发展翻开了新的篇章。

2. 玄武2.0时代

筑基修已，日臻完善。2.0时代起始于2010年下半年，公司业务发展迅猛，1.0时代系统已满足不了公司发展要求，单量成指数级增长，急需进行突破改善，在仓储负责人带领下积极调研分析，学习国内外先进成熟的仓储作业理念，进行重新规划改善，在研发部门的大力支持下，于2010年下半年进行改造升级，由原有的B/S架构彻底改进，启用C/S架构进行开发并上线，到2011年3月全国升级切换成功，引入了电子标签复核、输送线合流等设备提升库内作业效率；经过4年的不断升级，通过JIT（准时制生产）、拣货路径优化、离线生产、离线发票打印、新内配、入库预约、库内盘点、移库、无纸化等功能上线更新，圆满支撑公司业务发展需要，伴随着全国开仓布点，京东仓储实力一跃成为业界龙头。

3. 玄武3.0时代

积极探索，寻求突破：2.0时代系统虽然功能比较健全，能适应业务发展，但在系统运行过程中，由于架构的局限性，2.0分仓部署导致的维护工作量大、开仓成本高、数据存储分散不利于数据抽取等弊端开始显露，需要进一步优化。公司领导及架构师们高瞻远瞩，开始打造3.0。经过一年的修整及研发，全新的系统（WMS3.0）于2012年12月登陆北京测试仓。经过架构师、产品经理、UI（用户界面）、研发的层层雕琢，既继承了2.0的业务模式，在外观和架构上也远胜2.0的.net系统架构，3.0架构上采用了国际主流的SOA（面向服务的架构）服务化架构设计思想，采用SOA服务化、功能定制化，任务引擎处理模块间消息，支持集中/分仓部署双重模式，业务上不仅支持京东自营模式，并且首次接入物流开放平台外单，为京东的物流开放业务提供了强有力的保障。

4. 玄武亚一时代

自动化设备无缝对接：亚一时代始于2013年，亚一项目作为公司战略级项目，在结合3.0系统架构的基础上，根据自身业务发展需要，于2014年6月在上海亚一成功上线，引入提升机、堆垛机、分拣机、输送线等高度智能化自动化设备，同时加入了WCS（仓库设备控制系统）子系统，可根据系统策略灵活调动自动化设备，高度智能化，充分减轻人力成本。亚一系统的上线，标志着京东仓储实力在自动化方面迈进了一大步，成为业界的标杆型示范企业。

5. 玄武5.0时代

兼容并蓄，融会贯通，全面开放，快速开仓：随着李克强总理提出的“互联网+”、智慧物流时代发展趋势，2014年年底高层领导深思熟虑后作出一个重要决定：再次升级WMS（仓库管理系统），全面覆盖WMS2.0、WMS3.0、亚一的所有功能，并全面推广替换WMS2.0、WMS3.0，于是WMS5.0应运而生，重装打造兼容自动化设备与非设备、自营与开放业务、单货主与多货主、人工与机器人的百变系统。图3为玄武系统功能发展历程。

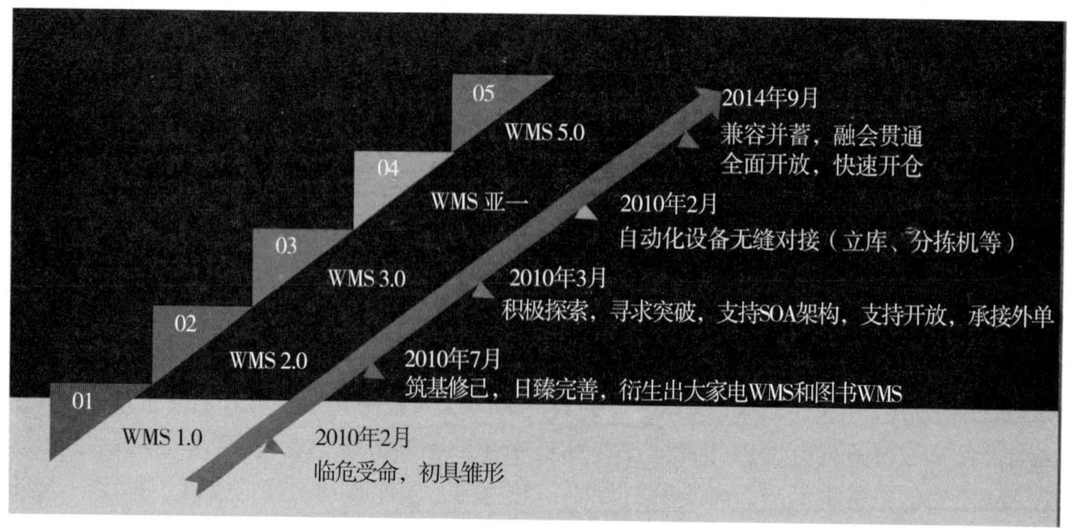

图3　玄武系统功能发展历程

经过五代的发展，玄武系统日臻完善，已包含生鲜、医药、保税、加工、图书、食品、服装、3C（计算机、通信、消费类电子产品三者结合，也称信息家电）、B2B大宗、总代等不同业态作业要求，结合机器人、提升机、货到人、分拣机、AS/RS（自动存取系统）等自动化设备，圆满承接自营订单生产需要，同时有力支撑了开发业务的引入，构建了完善的电商仓储物流作业系统。

三、京东玄武系统主要优势

京东玄武系统，以大数据处理技术作为基础，利用软件系统把人和设备更好地结合起来，让人和设备能够发挥各自的优势，达到系统最佳的状态，服务于物流仓储、配送，降低物流成本，提高物流效率。京东玄武系统主要的优势有以下几个方面。

1. 分布广、部署快、可扩展、抗干扰

京东在全国50多个城市进行仓储布点，每年有大量的新仓投入，通过自动化部署方式实现快速开仓部署，满足业务要求，同时由于分布式部署方式不同，仓库之间互不干扰，将风险降到最低；应用服务实例的水平扩展，应用服务全部为无状态，只需增加实例配置路由策略即可；数据库实例的垂直扩展：按服务组/模块拆分；数据库实例的水平扩展：由于单次服务请求必然只属于单个仓库，这种策略可以避免出现分布式事务带来的系统性能急剧下降。

应用服务至少保证有两个实例，其中一个实例故障，也不会导致系统失效，采用分组方式管理应用服务器，即使某个分组内的机器安全不可用，通过切换分组也能在1分钟内迅速恢复生产，数据库使用MySQL（关系型数据库管理系统）主从机制，主库故障时，从库提升为主，确保业务正常运营；例如：2016年全年仓储共开关仓200多个，平均工作日期间每天部署一个仓，且同一园区存在多个仓同时部署，按原有部署方式需要耗费大量的研发和运维资源，结合玄武系统特点采用自动化部署方式，做到1天可以部署5个以上的仓库部署操作，大大降低了研发和运维资源，同时确保业务正常运营操作。

2. 多业态、多系统、低耦合、高配置

京东作为综合性电商平台，涉及生鲜、医药、保税、图书、食品、服装等各种业态不同作业模式，玄武系统结合不同业态进行不同模式操作，同时做到系统间不同操作要求的可配置管理。

例如：如保质期商品生鲜和食品要求的时效管理是不一样的，生鲜商品保质期时效很短，普通食品保质期时间相对较长，如何保证商品在有效时间内发给客户并不被投诉，玄武系统根据不同商品进行不同策略的配置做到有效库存管理操作，并可根据不同单据类型做到先进先出或后进先出的配置化管理。

如根据订单结构进行不同的作业模式操作，小批量订单通过集中拣选模式进行分播，大批量订单通过单一拣选模式操作，有效提高订单出库效率。再如玄武系统外围对接京东其他业务上千个系统，玄武通过不同的消息路由有效地将相应信息传递给不同业务系统，做到有的放矢。

3. 更加高效、智能

玄武系统从商品入库开始进行全流程跟踪，精细化管理，不断优化每一个作业动作，并结合大数据销售预测进行库存分布管理，如库内智能补货，根据历史出库情况预测未来每天的出库销量，将拣货位库存进行合理动态管理，当低于安全库存时进行补货操作；当高于最大库存时将商品移至高架或偏远区域进行管理，使出库效率更高。

4. 高性能、多线程高并发处理

Clover 灵活配置主机个数、线程数量、处理任务数量，同时 Clover 自带分片机制，防止多线程之间重复处理相同的业务数据。

全国各库房每天入库总量上百万件，如何确保商品快速入库，玄武系统通过储位对照、库存分配策略等信息将不同商品进行分开上架及存储，指引作业人员快速上架到指定货位，确保在库库存结构的合理性。图 4 为京东预分拣系统说明。

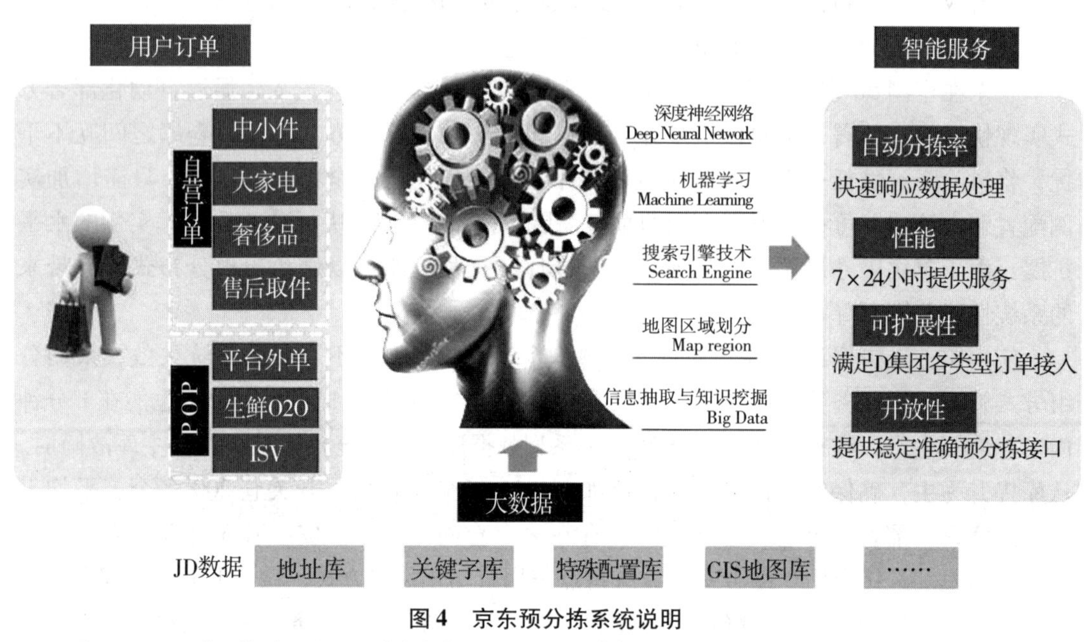

图 4　京东预分拣系统说明

注：O2O——线上线下；POP——卖点广告；ISV——独立软件开发商；GIS——地理信息系统

目前，每天全国日均出库量在 500 万单以上，订单时效要求高，如何有效地将这些订单快速出库，玄武系统结合储位库存分配策略，将订单给予合理的定位，确保路径最短，同时在组建拣货任务时根据不同订单的路径分布情况，选择路径最优的订单集合到一起，在最短路径前提下能够拣选更多的订单。

针对每天大量的订单出库，各种差异必不可少，玄武系统结合不同环节差异，通过差异处理中心进行统一管控，并将不同差异类型主动分发到相应处理人员中，及时处理，确保订单正常出库，如拣货或复核环节出现差异，差异中心接收差异信息后，及时将差异信息进行下发追加拣货任务，拣货员第一时间获取追加信息进行操作处理，确保订单快速出库。

5. 数据异步处理并确保一致性

每天都会产生大量的实时数据，如何将这些数据交互做到影响最低，玄武系统通过不同模块间部分数据异步处理操作，将事务分解为大事务和小事务，任何一个事务只在本模块/服务组内，跨模块处理异步执行，如拣货下架、入库上架的更新库存均为异步处理，大大缓解了各系统间的压力，同时确保数据的一致性，在单一事务内完成本模块/服务组的业务，同时写入待执行任务（待更新其他模块/服务组的任务），工人定时扫描待执行任务并调用外部服务。

6. 完整的监控体系

通过不同监控机制，及时监控各业务间是否正常预测，如方法监控、JVM（Java 虚拟机）监控、URL（统一资源定位符）、端口、流量监控、自定义监控等，京东任何一个库房任一环节系统出现异常都可以进行监控，并及时通知研发进行处理。

四、京东仓储物流信息化未来发展方向

在未来的 12 年，京东将构建一个以云计算、人工智能、机器人技术为核心的智能化商业体，京东物流的信息化已经向智能化升级，京东物流的智能化表现在三个层次，包括自动化作业、数据化运营、智慧化布局，同时在这三个层面之上，还有管理层面的智能分析决策。

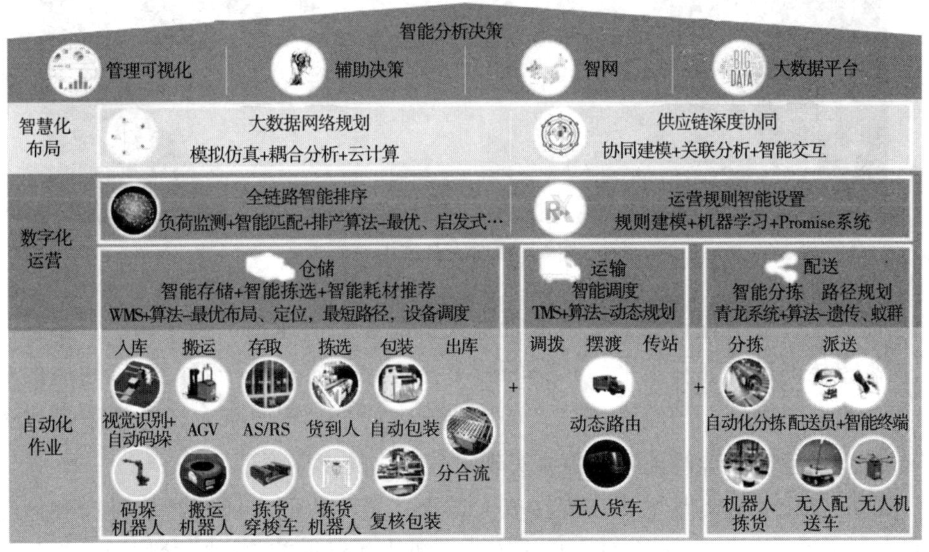

图 5 京东智能物流蓝图

基础层面的自动化运作，主要靠硬件设备、软件系统和数据、算法实现。在硬件设备的自动化实践中，京东引领了前沿物流技术——无人机、无人车、无人仓的研发和应用，在局部自动化、整体自动化方面也有较大建树，包括亚洲一号、机器人仓库等。

自动化的设备和系统存在于仓储、运输、配送等各个环节，包括视觉识别、自动码垛设备、搬运机器人、AGV（自动导引运输车）、AS/RS、货架穿梭机、货到人、自动包装、复核打包设备等，在运输和配送环节，包括无人货车、无人机和分拣机器人。“亚洲一号”现代化物流中心是当今中国最大、最先进的电商物流中心之一，目前已有 7 个“亚洲一号”项目投入使用。2016 年“双 11”期间，无人机在四地农村完成送货，无人车也在北京执行了配送任务，无人仓智慧物流设备原型落地，智慧物流项目将全面提升

京东运营效率。

京东探索的无人化和解决就业问题并不矛盾，智能物流不是纯粹地减少人，而是让人更体面地工作，提高一线员工的工作体验。2016 年“双 11”期间，在北京固安的京东机器人仓里面只有 10 个人，24 小时运行，每天出库近万单，京东在广东的机器人分拣中心“双 11”期间累计分拣超过 10 万单。图 6 为机器人分拣中心。

图 6　机器人分拣中心

京东需要通过数字化运营，把一流管理人员的经验快速拓展到全国、全系统、全流程中，提高整体的运营管理水平。京东的数字化运营横向分布于仓配安客售后的业务全流程，纵向贯穿于决策、预测、评估、可视化管理的全过程。京东还总结了最优秀的采销采购经理、供应链管理经理的经验，实现了数字化的库存管理。

京东的数字化运营实践主要表现在五大方面：全流程的全链路智能排产和运营规则智能设置；仓储环节的 WMS 系统、智能拣选、智能耗材推荐等；运输层面的智能调度和运输管理系统 TMS；配送环节的智能分拣、路径规划和青龙系统等。

目前，京东物流的数字化运营基本实现，下一步目标是打造智慧化布局，包括大数据网络规划和供应链的深度协同。让京东供应链有自我学习、自我迭代、自我决策的能力。京东应该是行业里最有条件实现智慧化供应链的。智慧化离不开数据，京东的大数据是一手的、没有被修饰的，是全品类、全流程的，也是最贴近客户的。

智能分析决策属于管理层面的智能化，以大数据和云计算技术为支撑，包括管理可视化、辅助决策、智网和大数据平台。

京东仓储物流在信息化建设过程中也在不断摸索、不断学习、不断优化，并结合公司发展方向和公司战略要求进行迭代升级，探索出适合电商仓储作业业务要求的一条信息化之路。

虽然在规划之初利用社会行业经验及先进的信息技术将不同层面的业务需求进行最

大的融合，但困难之处在于，物流业务模式不断变化，在没有基本确定的情况下，很难做出一个成熟的信息平台。这要求京东不断加强信息化建设，以满足市场不断增长的需求。

未来物流信息化建设结合公司发展方向、依托先进的物流信息技术、自动化物流设备，来提高物流作业效率，降低物流成本。

深圳市海格物流股份有限公司：海格物流 LLP“云链管家”服务

一、应用企业简况

（一）公司概况

深圳市海格物流股份有限公司成立于 2001 年，2012 年获批国家级高新技术企业，2014 年 1 月成功登陆全国中小企业股份转让系统（“新三板”），成为新三板首批挂牌的首家物流企业，股票简称：海格物流，股票代码：430377。

（二）公司主营业务

深圳市海格物流股份有限公司是国内领先的供应链管理服务企业，主要为国际采购商及其制造商、大型零售商及其供货商、品牌商及其分销商等客户提供国际国内、线上线下的供应链管理服务。包括全链全渠道的物流管理、领先物流服务（LLP）、商业数据服务、贸易代理服务、供应链金融服务等，是集物流、商流、信息流、资金流于一体的综合性供应链管理服务企业。海格物流以“持续为客户创造更高价值”为经营哲学，多年来服务于众多国内国际知名客户，获得诸多客户奖项。

在国内资源上，海格网络连接全国 23 个主要城市，基本覆盖全国前 10 名电商与前 20 名零售商超过 95% 以上的配送中心，并在全国建立了 1000 个收货点，连接超过 20000 家供货商，辐射华南、华东、华北、东北、西南、华中等重点区域；在国外网络资源上，海格物流拥有遍及 72 个国家、250 多家合作代理的庞大的全球服务网络。2014 年 7 月，海格与美国最大的物流承运商之一 Werner 企业签订战略合作协议，双方资源共享，构建全球供应链平台。

二、问题与缘起

中国物流较之国际起步较晚，但随着国民经济的飞速发展，尤其是近年来电子商务崛起带动了自动化物流仓储市场的蓬勃发展，物流行业的市场需求迅速扩大，客户除了需要节约不断上涨的人工成本，对于提高处理速度、管理效率和用户体验的需求也在急剧上升。物流市场整合步伐加快，中国物流产业进入更高层次的发展阶段。在国外已经被广泛接受并且拥有成熟服务模式的 LLP（Leader Logistics Provider）服务由此进入中国。

目前，国内许多物流服务商普遍不能提供全程掌控的一站式服务，也不具备物流一体化规划能力与供应链整合能力，且服务多受地域限制，很少具备全国性及全球性的服务网络。海格物流结合自身专业与业务基础，开创了针对国内客户特性的属于海格物流的 LLP 服务。

三、信息化进程

物流业在我国的发展一直是粗放式的发展模式，成本的追逐导致服务水平良莠不齐，总体来说，我国物流业综合服务水平低，区域覆盖能力尤其是国际网络比较缺乏。同时，整个中国市场的物流外包率相对较低，物流服务更趋向配备自有物流资源进行操作，造成整体物流市场操作成本高、效率低，无法达到规模化效益，而其延伸出来的供应链协同效益则更无从谈起。

（一）面临的主要问题

（1）LLP 在中国的认知度不高，这与我国物流外包服务的发展和整个物流行业的发展都有很大关系，中国物流外包比例远低于欧美国家。

（2）随着市场的变化节奏加快，客户的供应链链条和销售渠道都在快速发生变化，客户需要更专注于自己的核心产品，因此出现了越来越多有多种物流业务需求、多种营销及采购渠道、迫切需要对供应链进行优化的客户。

（3）LLP 的实施烦琐而复杂，由前期的客户需求调研到后期的全流程信息管控，不仅需要对物流与供应链有着专业而深入的了解，还要求强大的信息管控能力，投入高，实施难度大。

（二）LLP 基本服务介绍

LLP（Lead Logistic Provider）即领先物流服务，是指通过对客户订单的管理、资源整合及供应链全链信息控制，为客户提供集成综合的专业化供应链物流服务，从而达到提高客户供应链整体运作效率的目的。运用 LLP 可以优化流程、降低客户成本，实现服务可视化及一体化。下图为 LLP 信息系统。

以先进的信息系统为基础、对客户进行订单管理是 LLP 服务的核心。通过 EDI（电子数据交换）、批量导入、手工录入等手段将客户的销售订单、采购订单导入系统，比对订单信息、审核异常情况，在订单审核确认后根据订单情况生成物流计划，将物流计划转化为标准的运输指令后，进行物流执行和执行状态的跟踪，并通过对订单的集成管理和分析，优化运输、仓储计划，从而达到提高供应链整体运作效率的目的。比如一个国际采购商客户，需要从全国上千家工厂采购商品，与工厂签订了采购合同后把数据通过 EDI 集成到系统，LLP 供应商开始跟进采购订单，包括交货时间、交货数量、交货方式、交货地点。当把所有的数据都汇总以后，可以根据不同区域的货量和运输线路做优化，提供更准确的货量预估。当 LLP 供应商为不止一家同类型的国际采购商服务时，运输和存储量的增加使得物流供应商能够提供成本更优的资源，这样也能同时降低客户的成本。

总体来看，LLP 通过物流计划和资源整合，形成全链信息控制系统，利用 OTM 系统和 GIS、运输 App、Sales Force、WMS 以及客户系统等的对接，对订单的状态、运输的过程进行追踪，整个过程信息透明化，可以大幅提升客户体验感。全流程的 LLP 服务涉及

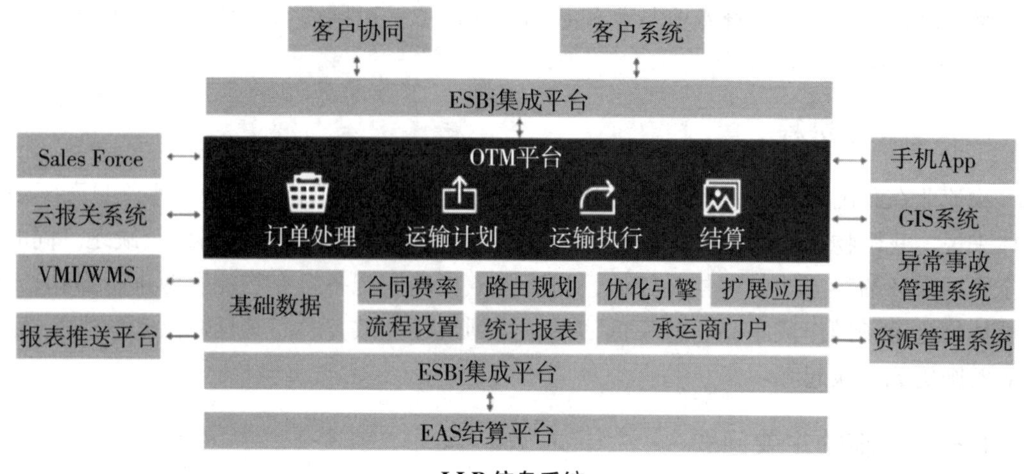

LLP 信息系统

注：Sales Force：客户关系管理软件服务提供商；EAS：企业应用软件

客户的整个供应链管理，就像客户供应链的管家，一人对接供应链上下游多家企业，让客户省心、省时、省力。因此，LLP 服务在海格还有一个自己的名字叫“云链管家”——供应链方案定制专家。

（三）信息化建设的组织、推进和深入

LLP 是由客户的需求催生的一种高端物流服务，替客户整合、控制订单的理念必然使得业务运作高度依赖信息系统。为构建全程供应链管理系统以支撑境内及跨境物流业务的执行与管理，提升服务质量及操作能力，公司引入 OTM 运输管理系统（Oracle Transportation Management System），用于支撑 LLP 业务的顺利开展。在我司的 LLP 系统中，客户订单如同进入一个生产车间，被自动分离送往各生产线进行处理，LLP 控制塔就像生产线的眼睛，无时无刻控制生产全过程，直至服务交付。通过监控系统 KPI，我们不断优化物流服务，从而为客户提供高效、专业、个性化的物流服务，替客户管理订单、降低物流成本。

OTM 系统连续多年全球排名第一，历经 15 年不断完善，满足复杂物流业务要求，覆盖供应链订单处理、整车、零担、快递、海空运、铁路、库存等诸多物流业务领域。对比起其他的系统，OTM 系统具备高效运输管理优化、全球运输管理协作与执行、具备例外管理的物流管理自动化、完整的物流网络可视性等优势，可实现全球化、本地化和集中化物流管理。

为确保 OTM 系统更好地搭建，海格物流委托全球技术解决方案领导者之一，同时也是 Oracle（甲骨文公司）钻石级合作伙伴的日立咨询公司承担该系统的建设。日立咨询独有的 H－Fusion 方法论可以帮助实现解决方案和满足企业在战略、人才、流程和技术各方面的需求。

海格物流 OTM 系统的成功搭建，满足了上述 LLP 服务的各类需求。OTM 系统中的 LLP 服务模块依据 LLP 普遍业务需求进行系统构建，同时可以依据单个客户业务需求进行系统优化与改造。对于单个订单来说，OTM 系统可根据订单地点和商品信息匹配路线

类型（点到点、多点、多段）、地点及每段路段上设定的运输模式、运输设备等信息，得出多套运输方案；根据路线中服务时效的设定，得出其中可用的多套运输方案；根据路线中每段路段上费用计划的设定，得出相对成本较低的运输方案。支持各种交付的货运方式，可多订单集拼、多点提货/卸货、HUB（多端口的转发器）中转、Cross - docking（交叉停泊）、连续运输、多式联运等。

在 OTM 系统中，LLP 服务模块处于 Control Tower（控制塔）的位置，统筹海格物流旗下所有的业务模式，是 OTM 系统里的主域。如果客户属于 LLP 客户的所有订单，都将先进入 LLP 系统，然后再由 LLP 自动进行订单分流，推送至各业务类型、各区域的承运商（如果是由海格物流承运，将直接推送至海格物流各操作系统）处理具体业务流程操作。

如果客户对信息的交互性与实时性要求很高，我们可以帮助客户进行系统对接，将客户系统直接对接至海格物流 OTM 系统。一旦客户与海格系统进行系统对接，客户可以及时把需要操作的信息通过系统实时触发至 OTM 系统，OTM 系统也将实时将推送反馈给客户。客户可以在自己的系统上自行查询到 LLP 服务的全套订单报告和监控数据，以及从规划到执行的相关方的合作信息和所需要的任何关键节点信息。

海格 OTM 运输管理系统根据海格物流的业务体系架构，各种物流服务形成物流业务委托的来源，信息系统在逻辑上形成集中的业务服务中心与物流资源计划中心，将各种物流操作进行有机的整合，形成一体化集成物流服务平台，以满足不同业务独立与协同运营的需要。

四、信息化主要效益分析与评估

（一）信息化实施前后的效益指标对比分析

以海格长期合作伙伴 S 为例，客户 S 在使用 LLP 服务前物流管理渠道和链条繁多而复杂，多个窗口，面对不同的承运商；缺乏规范，应对异常能力差；单纯执行运输，缺少规划性；现有物流部人员结构臃肿、效率低下，物流质量难以保证，物流杂费多，总体物流成本高；在使用 LLP 服务后，通过对接海格的信息系统，客户只需提供订单信息，从采购到销售的全程物流只需对接 LLP 客服便可处理，并可在客户的信息系统中实时查询所有的订单状态。在这个过程中，LLP 提供供应链管家服务（一站式全链全渠道的物流服务），派驻 LLP 服务团队入驻客户物流部，提供人力支持，降低人力成本；完善 VMI 管理，提升库内操作水平；整合全球的物流资源，提高物流效率和降低物流成本；可视化的报表服务，为客户提供决策依据。

（二）信息化的实施对提高企业竞争力的作用

LLP 通过订单管理和信息控制来整合资源、制订物流计划，一方面可以帮助客户提高物流效率、降低物流费用、实现信息可视化；另一方面又可以优化物流企业的产业结构，实现物流企业的转型升级。海格物流通过不断的自我创新，积极发挥自身优势，不断提升 LLP 的服务水平，为客户提供高效、专业、个性化的物流服务，为客户创造更高的价值，成为客户的战略合作伙伴，赢得客户长久信赖。

五、信息化实施过程中的主要体会、经验教训及推广意义

随着我司 LLP 服务的业务拓展，越来越多的客户开始接受并尝试 LLP 服务，尤其是近年来电子商务崛起带动了自动化物流仓储市场的蓬勃发展，物流行业的市场需求迅速扩大，客户除了需要节约不断上涨的人工成本，对于处理速度、管理效率和用户体验的需求也在急剧上升。在这种情况下，客户需要简化物流与供应链，集中精力聚焦于自己的研发、生产和销售，LLP 就是一种值得选择的服务模式。

LLP 的实施有以下推广意义。

1. 提升物流服务质量，促进物流产业的发展

随着我国社会主义市场经济的发展以及电子商务的不断推动，使得我国物流产业得到良好的发展环境，同时对物流行业也提出了更高的要求，物流的本质是服务，如何实现高效、快捷、准确、安全、经济的物流服务，直接影响物流企业的生存和发展。海格物流 LLP 服务可以根据客户多种业务需求，为客户制订一站式的供应链解决方案，帮助客户监控整个端到端的供应链链条，满足客户的需求，降本增效，提升物流服务质量，对于促进物流行业的健康发展有积极的作用。

2. 响应国家“互联网+”行动计划，促进企业供应链效率的提升

海格物流积极响应国家“互联网+”行动计划，结合自身专业与业务基础，开创了针对国内客户特性的属于海格物流的 LLP 服务，提升企业的核心竞争力，增强供应链上下游的协同和信息共享，带动供应链上下游整体效率的提升及成本的降低，为国家推动“互联网+”做出了积极的贡献。

3. 践行社会责任，构建环境友好

LLP 服务项目通过整合各类物流资源使得各种服务资源实现优势互补，使各种物流设备设施的利用率得到了全面提高。尤其是整个采购—库存—销售的信息实现同步后，信息的准确性大大提高，特别是运输车辆的使用率得到了全面的提升，有效减缓了经济发展对道路的压力、对环境的压力和对能源的压力。

六、本项目下一步的设想与发展方向

根据我国供应链管理服务市场规模预测，2017 年我国的供应链管理服务市场将超过 1.5 万亿美元，2020 年将达到 3.1 万亿美元，按照我国 2015 年 GDP（国内生产总值）67.67 万亿人民币计算，供应链管理服务在我国未来将拥有巨大的市场前景。这些外部环境的变化为 LLP 发展提供了前所未有的契机。依托巨大的外部市场前景，以及我司在信息化、网络布局、管理水平提升等方面的不断投入，我司 LLP 的业务在未来 3 年将有很大突破。

在 LLP 业务的顺利开展和支撑下，未来海格物流将全面发展成为涵盖从原材料采购、生产、产成品分销等环节的全程供应链服务提供商，并配套供应链金融服务，为上下游企业提供全方位的供应链服务。

苏宁云仓

一、应用企业介绍

苏宁1990年创立于南京，是中国商业领先者，中国最大的商业零售企业。截至目前，苏宁连锁网络已覆盖海内外600多个城市，销售规模达3500亿元，位列中国民营企业前三强。苏宁以商业为主业，顺势切入综合地产开发，同步带动酒店服务等行业发展，形成了商业零售、综合地产、酒店服务、投资多产业协同发展的格局。苏宁物流集团作为苏宁控股旗下重要的业务板块之一，是苏宁互联网转型的主要聚焦点。

二、面临的战略挑战

随着苏宁业务的增长，线上线下（O2O）融合，现有仓库网络和能力已经无法满足苏宁业务需求，为此，苏宁需要建设多个超大型仓储配送中心，同时还要满足极高的顾客响应速度需求。

在国内物流行业劳动密集型的现状下，人效低下，电商物流的生产效率和整体产能并没有有效的提升手段。苏宁云商集团是中国最大的互联网零售企业，也是“互联网+”的提倡者与推动者。集团在建设互联网零售的过程中对于物流运营模式提出了更高的要求。集团将物流建设作为战略核心之一，目的是要寻求解决当前物流产业劳动密集型状态的有效途径。以作业效率为把手，聚焦仓库之间的作业能力协同、聚焦配送中心的自动化作业能力、聚焦新技术在仓库作业方面的应用和实践；快速实现能力的建设和拓展，为物流集团向社会开放服务能力打好基础。

三、应对策略：建设拥有自主知识产权的智能仓库控制系统，突破物流行业困境

近10年，苏宁一直在自动化仓库建设方面进行探索和创新，不断尝试更加切实有效的自动化仓储运营解决方案。

苏宁的自动化仓库建设步伐始于2008年，是以第三方集成的方式开始的。第三方集成具有很大限制性，不能充分理解苏宁的业务，业务发生调整时其响应时效又无法跟上。苏宁自主研发仓库控制系统（Warehouse Control System，WCS），成为首个自主研发并成功实施的电商企业。

苏宁WCS指南针系统创新性地采用了模块化的设计及部署方案，可根据自动化仓库

实际情况灵活选择适配的模块，同时模块间保持独立，不仅充分保障整个系统的安全，更能充分利用系统的后台资源。图 1 为指南针系统模块化（第一级）。

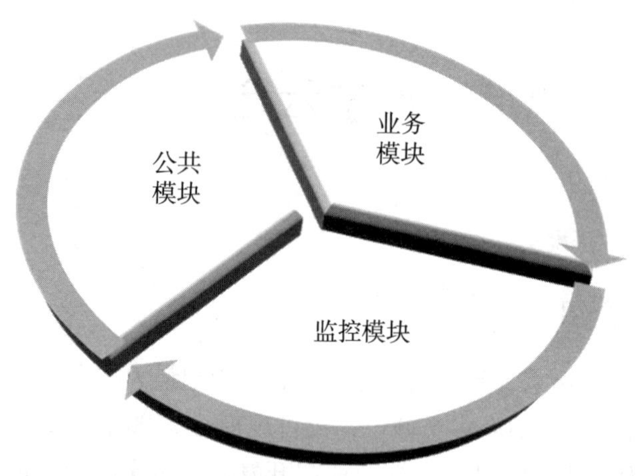

图 1　指南针系统模块化（第一级）

另外，WCS 系统因其与设备通信的特殊性要求，必须进行本地化部署。指南针系统打破行业规律，实施平台化架构（见图 2），架设云端中心服务集中监控所有本地化部署（含运营或测试）的指南针系统。云端中心服务可以随时接管本地化系统，结合监控模块的机制可以将运营风险降到最低。

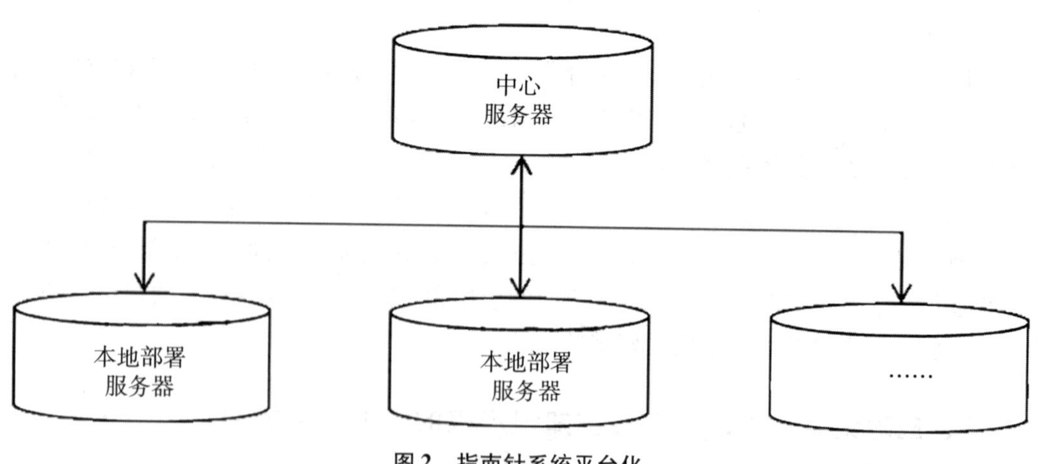

图 2　指南针系统平台化

指南针系统在广州、南京等仓库实施以来，无论是系统的整体性能还是对仓库作业的支撑能力，都实现了质的提升，表现出了新平台、新架构的巨大优势。指南针系统的研发突破了行业自动化仓库建设目前"重硬件、轻软件"的合作模式，改写了行业中甲方依赖购买 WCS 系统的既定规则。自研 WCS 系统一方面使苏宁摆脱了对集成商的依赖，更重要的一方面是能够灵活自主地进行软硬件协同设计和匹配苏宁的物流业务，并可快速完成国内乃至国际领先设备与技术的不断导入和集成。图 3 为苏宁指南针系统界面。

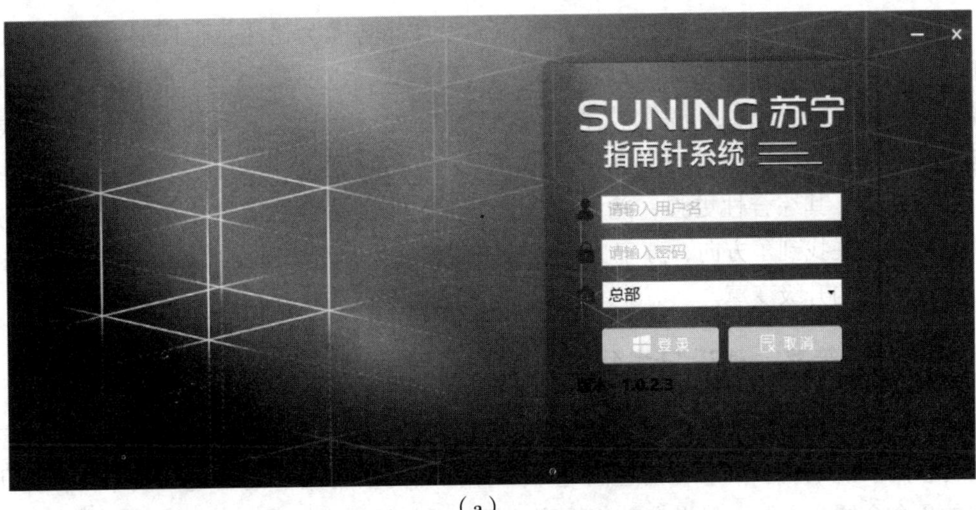

（a）

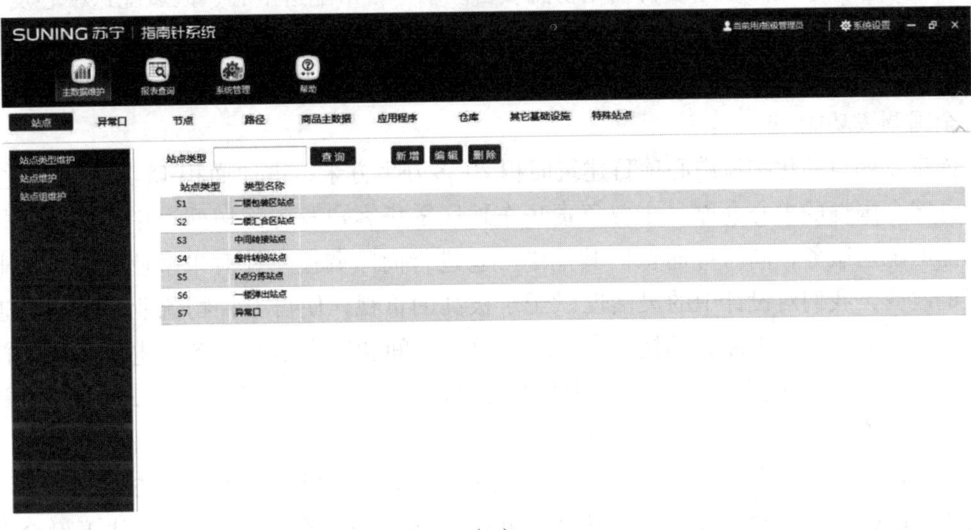

（b）

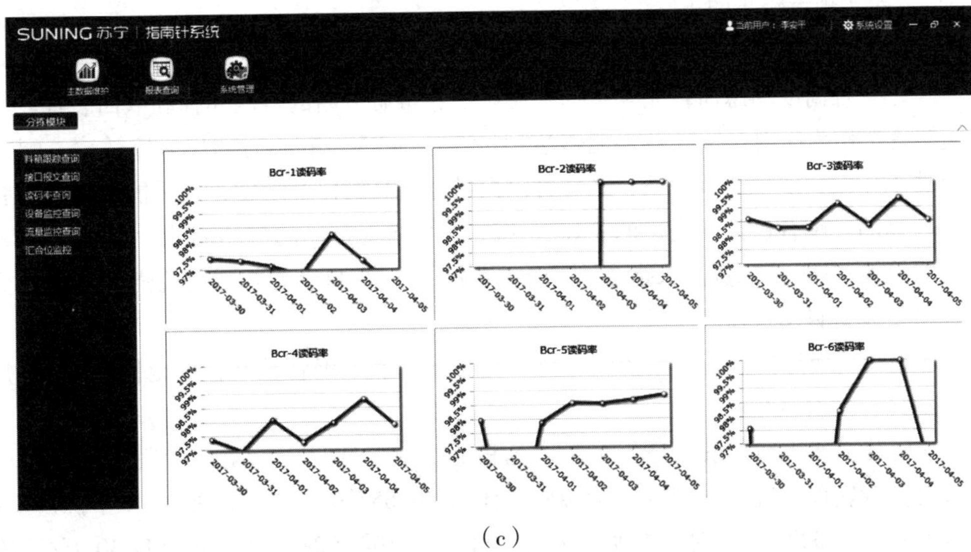

（c）

图 3　苏宁指南针系统界面

国内物流正处于高速发展期，电商物流的发展态势尤为迅猛，但同时其运作模式也处于动荡期。各大电商都在不断调整自己的运作模式，试图找到一个平衡。苏宁在电商物流领域集成各个方面的知识和技术，与自身业务结合，通过实践的方式探索，找寻对行业生产水平起指导性作用的信息化解决方案。电商物流与已经发展成熟的制造业物流有极大的差别，其综合性更强，差异性更大。苏宁通过自身的信息化探索，已经为未来物流行业的发展找到了方向，苏宁也将坚持并持续探索，未来苏宁将会对社会提供服务，助力国内物流的升级变革。

四、应对策略：建设日发货量 200 万的新一代配送中心作为示范基地

南京雨花小件仓库物流中心项目是集团重点规划建设项目，建成后将成为国内最先进的物联网、互联网、信息化的包含电子商务性质的多功能示范基地。该项目作为集团确定的 8 个全国仓之一，建设自动化物流项目。承担城市配送中心、区域配送中心及 B2C 配送中心的功能。辐射全国范围内的干线调拨，江苏省境内二、三级市场长途调拨业务及南京门店短拨、同城零售配送和快递等业务，同时也将承担起网购小件商品的集中存储与全国调拨功能。

南京二期自动化物流中心项目建筑面积 20 多万平方米，占地面积 15 万平方米左右。作为苏宁全国性的中心仓库，主要负责华东地区零售客户及各区域配送中心和门店快递点商品的配送服务，同时可向全国其他中心仓进行商品调拨。针对未来业务增长和业务模式的改变，我们对设计中的灵活度赋予了极高的重视，使得五种物流业务功能（退货给供应商、零售订单出库、调拨、中转、快递）之间和四大市场业务（电商 B2C、门店 B2B、平台 C2C、快递）之间的比例分配足够灵活。苏宁未来业务增长与发展将不会被设计所局限，而会被系统的强大性能所驱动。

苏宁这一新配送中心在规模、解决方案和采用的技术以及能力水平方面，将属于全球领先的配送中心。它将使苏宁在电商 B2C 及平台 C2C 领域以及线上、线下融合业务（O2O）方面实现大跨步的飞跃。

分系统介绍 1：SCS 旋转库系统用于高速拣选

SCS 是一种高度动态而且完全自动仓储系统，带有分离的自动储存和取回装置。通过 SCS 旋转货架作为库内存拣设备，能够达到每个单体 250 箱/小时的出入库效率，配合货到人拣选工作站，实现高效拣选，SCS 可以提供非常高的储存密度，几乎能够处理所有类型的小件物品。配合供应商先进的 WCS 系统，可实现对产品的自动追踪、监控，WMS 系统只需要给 WCS 下传拣货需求指令，WCS 控制系统就会自动寻找到货物送到拣选人员面前，完全是设备自动操作。

SCS 旋转货架特性：高存储密度、自动化程度高、准确管理和检查范围广泛的物品、监控到期日、批次追踪。

SCS 旋转货架货到人系统是整个系统的核心之一，南京二期第一阶段包含 7 组 SCS 货到人拣选旋转库系统（每组 6 个旋转库单体），共 65520 存储位，配合 14 个拣选工位，拣选效率高达 15000 件/小时。按照一天两个班次，只需要 28 个人，可处理 30 万/天的拣选作业量；如果使用传统人工库，同样的量每天需要 300 个人进行作业。假设人员年薪 5

万元，相当于节省了 1360 万/年的成本。

分系统介绍 2：AS/RS 自动托盘堆垛系统

南京二期利用高架库的高密度存储特性，作为中件整拖以及小件大批量商品的主要存储系统，配合先进的 WCS 控制系统，利用自动堆垛机进行托盘出入库操作，从而实现整托盘、大批量商品的自动化存储、出库以及商品管理，具有高可靠性、高灵活性、最短的运送和完成时间表、节能、高效的空间利用率的特点。

南京二期自动托盘堆垛系统包含 3 个巷道，共 10608 个存储位，3 台高速自动托盘堆垛机，含双深位载货台，高度为 22m 双深位存储位，技术能力可达到双循环 90 个托盘/小时（单循环可达到 150 托盘/小时左右）。传统仓库主要利用横梁托盘货架配合高位叉车，效率低下，AS/RS 托盘堆垛系统中每一台堆垛机的效率是传统仓库高位叉车的 4～5 倍，而且不需要人员操作，准确率高，人员成本接近为零。

分系统介绍 3：Miniload 高密度自动箱式堆垛机

类似 AS/RS 自动托盘堆垛系统，Miniload 自动箱式堆垛系统也是一个高密度自动存储系统，主要用于小件料箱和硬纸箱的存储、补货。配合 WCS 控制系统，实现 Miniload 系统内商品的自动化存取，整个系统不需要人工操作，完全由系统进行控制，极大地降低了人工成本且减少商品出错率。

南京二期第一阶段包括 12 台自动化箱式堆垛机，338400 个料箱存储位，整个货架高 22m，能够实现双循环 1400 箱/小时的能力（单循环 1800 箱/小时左右），能够实现每天 60 万件商品的补货出库功能。相比传统仓库，横梁托盘货架配合高位叉车，Miniload 系统极大提高了货物存取的准确率，且不需要人员。高叉每次存取货物效率大约 10 托，假如每托只有一箱货物符合要求，该情况下 Miniload 堆垛机单台效率能达到高叉的 15 倍。

分系统介绍 4：A－frame 自动拣选设备

A－frame 是一种自动拣货系统，具有高速的物品处理能力（每小时能够拣选 1600 箱小件商品）。A－frame 设有通道，通道安装在收集皮带的左侧和右侧，A－frame 通道采用串行控制，即每层（左侧或右侧）只有一个分配器可以在一次操作中被激活。当需分配产品时，相应的通道将被激活，从而使产品掉落到集料皮带上。南京二期项目内 A－frame 会配置两个自动化填充点，集料皮带上的产品会自动输送到填充点位置预先自动补给好的带订单周转箱，并掉落到料箱内，料箱自动输送到其他区域进行下一步处理。

A－frame 的整个过程为自动化系统控制处理，由于消除了耗时的人工拣选活动从而获得高收益，并且持续的高质量和可靠性使得它即使在峰值时也能确保高产量。

分系统介绍 5：包裹分拣机

可理解为快递点分拣，用于快递揽件来的包裹以及二楼顾客包装工作站做好顾客包裹的小件拆零产品（特指运输料箱装载率不高的）的分拣。通过 12 个人工供件台，将包裹投放到分拣机上，分拣机自动扫描包裹上的条码识别目的地，并自动在相应目的地道口弹出，进行运输料箱装箱操作后，通过输送线送到下一个区域进行下一步操作。

南京二期包裹分拣机能够实现 1.8 万包裹/小时的分拣能力，利用分拣机系统取代了传统的人工投快递点操作，极大地降低人工成本并提升了分拣效率，可以根据每个人的工作效率，合理安排其装箱负责区域，有助于提高人员灵活性和作业积极性。另外，包裹分拣机配备了600个道口，未来可根据业务量合理安排道口数量，甚至对于业务量大的快递点，可以按照快递员分配道口，有助于提升末端快递点的作业效率。

分系统介绍6：AGV 机器人

在苏宁全面自动化仓库进程中，不断探索和创新仓储运营解决方案。在解决小件仓储空间利用效率方面，积极采用高密度存储的方式；在提高人员拣选效率方面，积极变革流程推行实时优化拣选路径和订单结构优化作业；在仓库投资成本及回收效率提高方面，积极应用先进设备设施。苏宁积极基于 AGV 智能设备的仓储应用，AGV 可实现货到人、自动化分拣等多种高效运作模式。

可调可移动可多楼层多场地的布局的货架结构及机器部署方式，实现大型高密度型设备空间解决方案，同时又降低仓储投资成本及提高回收时效；基于大数据和算法的支撑，AGV 智能机器人能够高效移动货架或包裹到指定位置，取代人力搬运工作，能够大幅提高作业人员单位效率及节约人力成本。苏宁应用 AGV 的仓库综合人效比传统仓库提高4倍以上。

五、核心收益

（1）应对电商物流行业层出不同的创新，可以快速进行调整和设计；比原有依赖集成商进行调整的工期平均缩短60%，例如，因仓库运营品类变化，需要调整包裹运行路径。未实施指南针系统的仓库需要从商务谈判开始，评估实施完成需要45天，而实施指南针的自动化仓库仅需12天。

（2）保障顾客体验，确保发货；仓库作业对系统有极高的可靠性要求，针对偶发时间的处理从原有12小时响应处理时间，提高到目前的30分钟，极大地确保了仓库的生产运作。

（3）每个自动化仓库售后运营阶段，平均支付给集成商的软件维护费用约80万元，目前有8个自动化仓库；采用自研发则可直接节省费用640万元，同时也解决了集成商软件人员能力不足的问题。

（4）通过自动化仓库建设，整体发货及时率提高到99.98%；拣选平均效率提高到254件/人/小时。2016年“双11”单个自动化物流仓库作业能力突破100万件/天；同时仓库单件成本下降0.30元/件，按年发货1.15亿件计算，总共节省3450万元。

西安驭思软件科技有限公司：铁 e 达接取送达信息管理系统

一、应用企业简况

接取送达业务是中国铁路总公司自 2013 年起为加快铁路货运组织改革而开展的一项业务，旨在从传统的“站到站”运输向“门到门”服务进行转变，重点解决铁路干线运输“最先一公里”和“最后一公里”的服务短板，为客户提供更优质的全程物流服务，也是铁路货运努力向现代物流服务转变的一项重大改革。

西安铁路局所开展的接取送达业务是由其下属企业陕西铁易达物流有限责任公司（曾用名：陕西恒顺物流有限责任公司）进行运营。陕西铁易达物流有限责任公司成立于 1999 年，公司长期从事铁路物流经营，是国家综合服务型 AAAA 级物流企业、AAA 级物流信用企业、西安铁路局文明单位、安全生产先进单位、陕西省物联行业先进单位，并跻身于陕西骨干龙头物流企业行列。公司注册资金 5000 万元，拥有 18 家分、子公司，公司在陕西省境内铁路沿线投资建有大中型物流基地 11 个，设经营服务点 58 处，具有完善的仓储设施和物流接取送达能力。截至 2016 年 3 季度末，公司总资产 30257 万元，营业收入 7973 万元，物流服务收入 4256 万元，年物流服务总量 1030 万吨，缴纳税款 348.89 万元。

目前，陕西铁易达物流有限责任公司所运营的铁路接取送达业务以零散快运业务为主，经营区域遍及陕西全境和四川、甘肃部分地区，覆盖西安铁路局 64 个零散快运办理站。与此同时，公司正积极与货运处、货运站点对接，准备承接 30 余个货运站点的整车、集装箱业务。

陕西铁易达物流有限责任公司依托于西安铁路局，积极响应国家交通运输部倡导的无车承运人试点工作，以铁路接取送达业务为试点基础，申报并通过了陕西省无车承运人试点企业审核，成为陕西省首批 14 家无车承运人试点企业之一。

作为试点企业，铁易达物流借助铁 e 达接取送达信息管理系统，有效利用铁路货运资源，积极整合社会运力，为无车承运人在公铁联运、多式联运等试点方向探索创新。

二、企业应用信息化之前的突出问题

自铁路总局开展接取送达业务以来，各铁路局由货运处牵头积极响应并探索适合本路局业务发展的方向和道路，统一使用铁总集中开发的接取送达系统和 App。但由于长期以来管理体制、思想转变、业务宣传、运力组织、价格脱节、信息化水平、系统支撑等各种原因，导致接取送达业务发展困难重重，且很难盈利甚至长期处于亏损状态，突出问题如下：

（1）业务管理、运行、监管、考核机制不够合理和健全；

（2）市场宣传及开放程度不够，业务发展较慢，铁路货运优势未能发挥；

（3）运力不足，黏度低，未能形成健康合理的运力池；

（4）没有形成合理、科学的运力价格体系；

（5）车站及司机作业质量低、时效差；

（6）客户满意度低、体验差；

（7）车辆调度、车货匹配难度大、猫腻多，无法合理地降低配送成本；

（8）信息系统支撑力度不够，无法满足各路局的业务发展；

（9）数据采集、报表统计、数据分析工作量大，数据准确度没有保障。

三、信息化实施过程中的突出问题及解决措施

（1）自建的铁 e 达接取送达信息管理系统与铁总的业务系统数据无法对接。经过西安铁路局领导与铁总领导及铁总相关信息部门、业务部门的多次沟通与协商后，铁总接取送达系统首次向路局开放数据接口，使得铁总接取送达系统与路局铁 e 达系统实现了数据的互联互通。

（2）铁 e 达接取送达信息管理系统与铁总接取送达系统的共存和使用关系。在西安局建设铁 e 达系统之前，西安局包括其他 17 个铁路局是使用铁总的接取送达系统和 App 来完成接取送达业务。西安局自建铁 e 达系统后，如何与铁总接取送达系统共存，西安局各货运站如何使用系统，是个很大的问题。

经过西安局货运处/信息处、铁易达物流与铁总运输局信息化部/营运部共同协商研讨后，制订了系统建设方案和具体使用方案，有效解决了系统共存、共用的问题，其中包括铁 e 达 App 与铁总接取送达 App 的融合和切换使用问题。

（3）系统试点运行期间，如何改变老的作业习惯和作业流程，优化简化新的作业流程，加强管控，提高时效，改善客户体验，降本增效，是铁 e 达信息管理系统后续推广的关键。

系统上线后，首先在宝鸡东站进行试运行，试运行两个月后，全西安局 11 个车务段 100 多个货运站点同步上线实施。

系统试运行过程中，老的业务流程和新系统的业务流程衔接经历了很长的一段磨合期，在运力组织、车辆调度、货物车站交接、单据交接、客户交接、作业效率、作业质量、司机培训等环节都或多或少出现了一些问题，经过管理部门、业务部门、信息部门与厂家的积极研讨和协商后，问题一一得到解决，为后续的全面推广和实施铺平了道路。

（4）运力组织与运力保障是接取送达业务开展的基础和核心。如何有效发展社会运力，加强运力资质审核，组建强大的运力池是前期工作实施的核心。

系统上线前，运力部门制订运力采集管理办法和准入规则，对准入的运力进行严格的资质审核，签订合同，并将运力信息录入系统进行审核、管理和维护，同时跟服务站点建立服务关系，为站点车辆调度提供依据。每个站点根据货量、品类的分析和统计，组织不同的车型组建该站点的运力池，保证每个进入运力池的车辆都有活干，并通过建立信用评价体系和考核机制，奖罚分明，保持运力池活度。

（5）每个货运站点每个车型的运费定价各不相同，如何考虑当地市场因素制定合理的价格并有效推广和实施是非常关键的。

西安铁路局100多个货运站点，每个站点的地理环境、市场运价都不相同，铁易达物流运力部门安排运力采购人员到各地站点进行实地调研，经过3个多月的分析和调研，制订了一套符合各站点各车型的市场运价体系，并在试点运行期间，根据市场反馈及时对运价进行了优化和调整。

（6）通过信息管理系统逐步实现科学合理的智能车辆调度、智能车货匹配，改变旧的效率低下的人工调度，达到降本增效的目的。

系统实施之前，各车务段及货运站点各自进行车辆调度，调度方式采用原始的电话沟通方式，效率低下，回扣猫腻多，车货匹配度低。系统运行后，将车辆调度全部收回到统一的调度中心来负责，由调度中心统一对每个站点的车辆、货物进行智能车货匹配，实现车货匹配效率的最大化，从而降低配送成本，提高调度效率，提高盈利能力。

（7）原来司机与车站的业务流程、货物交接比较粗放，系统监管不到位，作业环节不透明，如何通过系统提高监管能力，完善作业流程，做到作业过程可视化、透明化，是系统推广实施的一个重要过程。

系统通过优化作业流程，增加签收验证、App定位、拍照上传、作业跟踪全视图、作业节点时间监控、超时预警等方式来加强作业管控，提高作业质量和工作时效。

（8）将原来由传统的线下统计和结算转到线上进行结算，逐步完成结算的电子化。

大力推广线上结算，逐步抛弃老旧的纸质线下结算方式，将运营方、站点/车务段、运力商之间的运费结算由线下转到线上，公开、透明、高效。

（9）司机接单由原来的手工接单变为语音提醒自动接单，由人工派单向公开竞单发展，激活运力池活力，降低运输成本。

（10）原来业务、费用及运营数据的统计比较落后，无法通过系统直接生成统计报表和分析报告，数据采集、加工、汇总难度大，效率低，给运营方、货运处、站点、财务等部门造成了很大的障碍。

系统上线后，根据各业务部门及管理部门的需求和要求，积极推广和优化系统统计分析功能，逐步完善系统，为各部门提供专业的统计分析数据，逐步抛弃老旧的手工统计方法，大大提高了工作效率和数据准确度。

（11）项目在实施推进过程中，也得到了西安局各级领导及铁总领导的大力支持，克服了种种困难，也使得系统的推广取得了很大的进展和成果。

四、信息化实施的效益分析及价值

铁e达接取送达信息管理系统于2016年7月5日完成宝鸡东的试点上线，于2016年9—10月完成除西安西站外10个车务段的上线，并于2017年3月完成西安西站的整体上线。图1为铁e达接取送达信息管理系统首页。

（一）宝鸡东站试点运行2个月所带来的效益分析

（1）组建公路运力池，提高了运力保障能力。

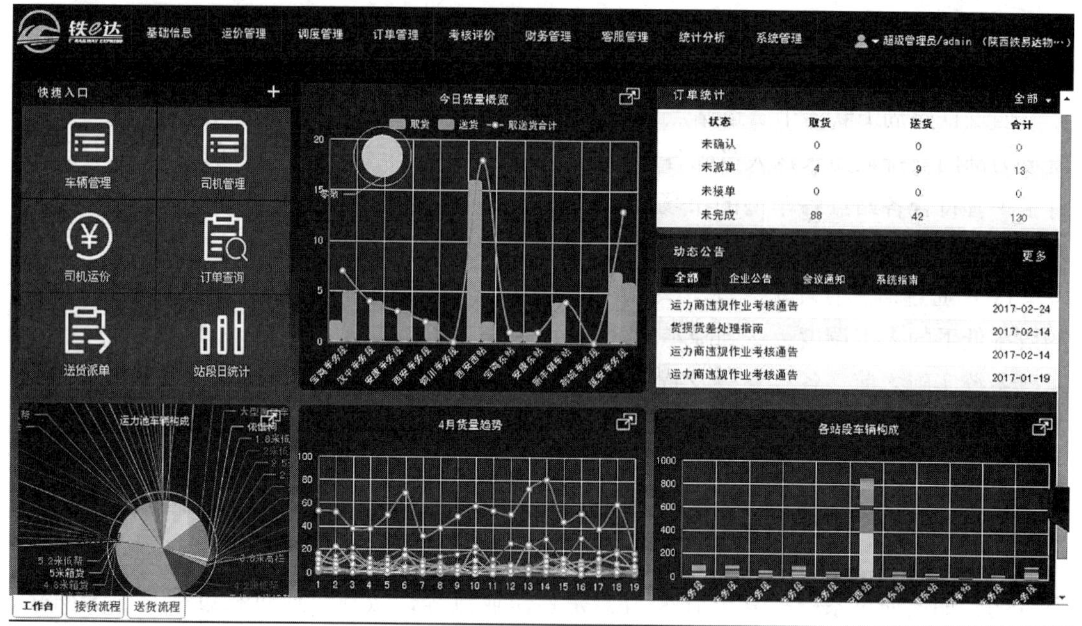

图1　铁e达接取送达信息管理系统首页

（2）运力池筹建91辆车，新增车型5种，加强了货运员与司机的业务培训。

（3）作业效率提升，人工成本降低。

（4）作业流程简化了，作业效率和作业质量稳步提升，货运站工作人员工作量降低，有时间去开展货运营销，提高货物来源。

（5）经济效益提高。试点前宝鸡东站月亏损10855.7元，试点后扭亏为盈，实现盈余15000余元，同时接取、送达货量同比都大幅提升。

（6）客户体验改善。作业效率与作业质量提升后，通过对司机专业的指导培训，通过短信通知、微信公众号、签收验证等措施多方位提升了客户的体验，客户满意度也提高了很多。

（二）西安铁路局全部推广后效益分析

（1）公路运力池及吞吐量。组建了强大的社会运力池，40多种细分车型，共1200余辆货车；司机日活量200余人，日处理零散货物订单100余单，日处理货量近1000t。

（2）作业效率及质量。流程逐步优化完善，加强作业管控，简化作业流程，提高作业效率；磨合期后，流程稳定固化，派单时效、作业时效稳步提升。

（3）物流配送成本降低。综合统计，接取送达物流成本逐步降低，与票面费用相比，逐步扭亏为盈，部分车务段盈利近31.87%。积极推广智能配载，优化配载效率，降低成本，提高整体效率。

（4）客户服务体验提升。①《人民铁道》报头版报道，截至2016年11月底，“铁e达”信息管理系统实施效果明显，客户满意度提升27.9%。②《陕西日报》专题报道了铁e达信息管理系统为实现铁路全程物流、发展公铁联运的成功实践经验。③人力成本大大降低。通过系统集中调度，解放货运站人力，大力发展货源。

五、信息化实施总结及意义

通过铁 e 达接取送达信息管理系统的实施，为西安铁路局大力发展本局接取送达业务奠定了坚实的基础，取得了降本增效的实质性作用，同时也为铁总进行货运改革、开展全程物流服务、积极向现代物流转变进行探索和创新。同时，铁易达物流作为无车承运人试点企业，有效利用铁路货运资源，积极整合社会运力，为无车承运人在公铁联运、多式联运等试点方向进行探索和创新。图 2 为铁 e 达与铁总系统对接示例。

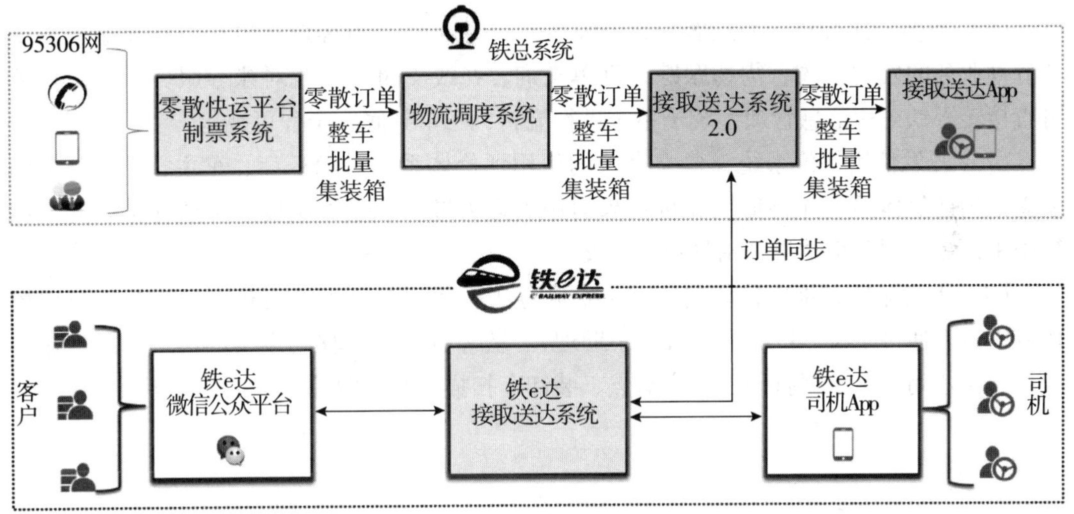

图 2　铁 e 达与铁总系统对接示例

铁 e 达接取送达信息管理系统信息化实施及推广的意义和优势如下。

（1）依托铁路货运资源，可大力开展公铁联运、多式联运，试点无车承运人业务。

（2）铁路货运站点及服务网点数量多，分布广，业务支撑能力强。

（3）铁路货运专列及干线运输能力强，线路多，覆盖范围广。

（4）铁路货运业务服务产品多，价格低，能满足客户各种运输需求。

（5）通过铁 e 达接取送达信息管理系统，运营体系、作业体系、监管体系、考核体系、结算体系、服务体系都得到了完善和规范。

（6）铁 e 达接取送达业务的顺利开展，吸纳、整合了众多社会车辆，建立了强大的运力池，为系统推广和业务拓展奠定了坚实的基础。

（7）铁 e 达系统打通了铁总数据接口，实现了数据共享，并通过 App、微信公众号服务与客户建立了互动关系。

（8）业务多元化，零散、整车、集装箱、批量都可以开展接取送达业务。

（9）依托铁路物流基地、物流园区的建设和运营，可开展集散、中转、仓储、配送、交易、加工等业务服务。

六、系统进一步提升方向

（1）深挖接取送达业务，加大社会运力整合力度，重点发展整车、集装箱、批量等大宗业务，发挥铁路运输优势，做好铁路两端服务。

（2）打通系统与铁总整车、集装箱业务系统接口，实现数据的互联互通。

（3）大力发展三方物流及合同物流，以铁路干线运输为主导，公路运输为辅，发展公铁联运、多式联运，做真正的无车承运人。

（4）依托铁路流物流基地、物流园区，重点发展多式联运、中转、集散、仓储、分拣、配送等业务，加快货物流转效率。

（5）整合资源，做好运营，发挥大数据及信息管理系统优势，为客户提供物流整体解决方案、优化配载方案、运力整合方案，同时产生增值经济效益。

（6）面向合同客户、大宗客户，开发客户订单系统。为客户提供在线订单服务，支持各种业务的发货预约、货物跟踪、订单查询、在线支付、在线对账等服务，客户订单可直接转入铁 e 达信息管理系统子系统进行流转，一单到底，全程可视化。

（7）开发信用评价系统，建立完善的信用评价体系。对承运商、车主、司机、车辆建立信用评价体系，并将信用评价结果运用到运力准入、运力调度、考核评估、财务结算中来，用数据分析结果来指导业务开展。

（8）大力拓展、推广移动应用。主要服务于提货司机、配送司机、运输司机及现场作业人员，通过手机、PDA（个人数字助理）、蓝牙打印机等移动设备的应用，提供业务操作、作业闭环、单据打印、库房盘点、装卸车扫描、在途跟踪、车辆定位等服务。

远成集团：远成快运掌上营业及运营平台

一、应用企业概况

（一）关于远成集团

远成集团是一家在物流行业拼搏近 30 年，集物流、商流、资金流、信息流服务为一体的大型现代综合物流服务企业集团，现已形成多层次、广覆盖、独具特色的综合物流体系，旗下拥有五大业务板块：远成物流、远成快运、远成供应链、远成物流城、远成冷链。确立了整合协同、创新发展，立足综合物流，创新供应链管理，构建千亿级综合服务平台，打造中国卓越的现代综合物流服务品牌的战略目标。

远成集团严格按现代物流操作流程进行标准化运作。已通过国际质量管理体系 ISO 9001 和环境管理体系 ISO 14001 以及 OHSAS 18001 职业健康安全管理体系认证。在向客户提供专业高效的物流星级服务同时，还斥巨资积极开发先进的物流供应链管理系统，其中尤其以“远成移动 App”最为直观高效。

在网点覆盖上，远成集团在全国各省市自治区均拥有全资直属一级分公司、二级分公司，营业网点覆盖所有的省会城市及绝大多数地级市，现在正快速向县级及乡镇发展。同时为了提高服务网络密度，已经建立了遍布全国的代收门店网络。在服务模式上，目前已构建起多层次、广覆盖的独具特色的综合物流服务模式，为客户提供全程一体化供应链服务，包括：物流（标准化服务、定制化服务）、商流（分销供应链服务）、资金流（供应链金融服务），已形成具有远成特色的综合服务模式。

（二）关于下属业务集团远成快运

远成快运是远成集团旗下组建的全新高端定制化配送服务公司。依托远成集团资源优势，以快递时效服务为标准，发展高端配送服务业务，结合全国的运营平台和高密度的门店网络，可最大限度地满足客户个性化配送需求。

先进的配送理念，通过远成星级服务，最大程度满足了广大客户的定制化、品质化、智能化、差异化、多元化配送服务需求。

二、远成快运掌上营业及运营平台实施之前存在的问题

（1）缺乏统一的客户移动化的业务办理、货件跟踪及会员服务的工具，原有提供给客户使用的 App 中未提供会员服务，客户使用频次和黏性低。

（2）门店运营成本费用居高不下。系统实施前，取派员主要使用 PDA - POS 一体机进行取派件的扫描和系统录入，以保障信息的及时录入。但是使用 PDA - POS 一体机，设备投入大，维护费用也比较高。PDA - POS 一体机采用的是 WIN CE 的操作系统，对取派员的操作提高了要求，容易造成业务流程步骤的混淆，由此产生额外的培训成本。

（3）滞后的揽件、签收时效。由于 PDA - POS 一体机仅支持 GPRS（通用分组无线技术）通信方式，数据传输效率低，同时某些区域网络信号无法保证，造成了数据的缺失和延迟，并且导致了揽件、签收信息严重滞后反馈。

（4）无法很好地开展代收点业务。代收门店数量多、密度大、寄件分散、量少且大部分都是小件，运营操作难度大。如何快速进行订单分配、快速取件、快速收费结算，都需要借助信息系统工具。远成快运现有的业务系统采用的是客户端服务器架构而非浏览器服务器架构，无法在每个代收门店都去安装客户端，即使初次进行了安装，后期的更新也是很大的问题，因此不适用于代收门店的情况。

三、信息化实施中遇到的主要困难与解决措施以及信息化建设的组织、推进和深入

（一）信息化实施中遇到的主要困难与解决措施

困难 1：由于系统覆盖在全国各地的网点，所以对于实施成本来说有巨大的挑战。

措施：制定逐级学习指导的方针原则，通过实施人员对本部的负责人员培训指导，再由本部的负责人指导培训分公司的负责人员，最后分公司负责人员指导培训各网点。除了以上分级处理的行政手段外，在系统的设计阶段充分考虑了物流快递操作人员的操作习惯、以往业务流程和人机交互界面设计方法论。培训实施阶段也充分利用了互联网多媒体手段来辅助实施，这样就极大减少和分散了培训实施成本，同时也提高了执行效率。

困难 2：由于无法准确评估用户数量，很难对系统的硬件环境和资源配置进行设定。如果提供的硬件性能不够或者用户数激增，系统将无法提供正常的业务操作服务。

措施：引入了云计算的硬件环境即 IaaS。由互联网提供了数据中心、基础架构硬件和部分软件资源。IaaS 可以提供服务器、操作系统、磁盘存储、数据库及其他信息资源。通过采用 IaaS“弹性云”的模式引入其他的使用和计价模式，为远成快运减少了硬件的投入，降低了成本。同时，与云计算服务商合作后，可以保证系统的硬件资源环境可以灵活地横向拓展，保证了系统的正常使用。

（二）信息化实施步骤

由于系统建设时间紧任务重，代收点业务已经在全国铺开，因此项目采用了敏捷开发（AGILE）的项目管理模式（见图 1）。

敏捷的项目管理方式的主要特色是迭代式开发，迭代是指把一个复杂且开发周期很长的开发任务，分解为很多小周期可完成的任务，这样的一个周期就是一次迭代的过程；同时每一次迭代都可以生产或开发出一个可以交付的软件产品。结合实际情况，移动 App

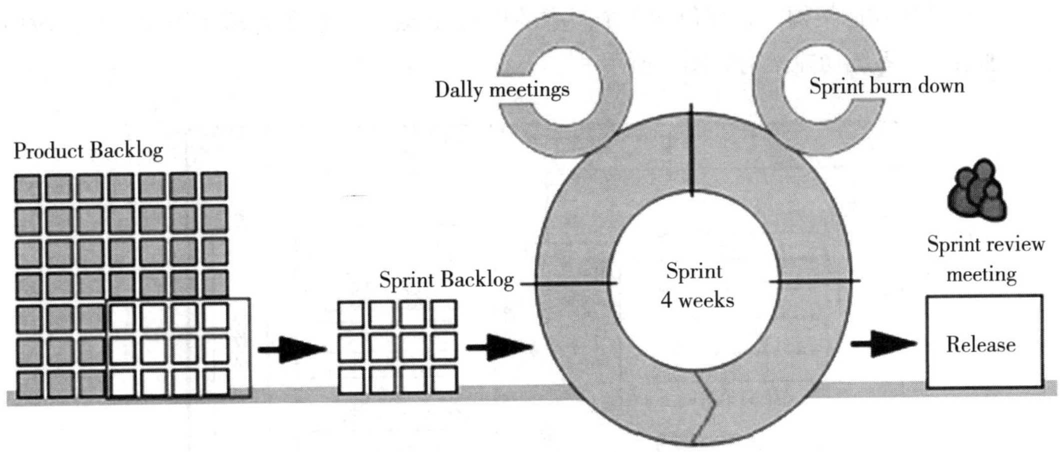

图 1　敏捷开发（AGILE）的项目管理模式

的项目管理每一次迭代都包括以下步骤。

1. 实际需求调研

根据业务部门实际情况，梳理实际业务流程，编写需求文档。确定需求的同时，同步设计系统原型和草图，保证系统的设计完全符合业务方的期望。

2. 系统个性化需求开发

根据业务部门实际需求，开发实现某一特定功能模块或者功能特征。

3. 系统测试

根据本迭代周期的需求测试功能。

4. 上线运行

本次迭代的功能版本全面上线运行（见图 2）。

图 2　迭代的功能版本

（三）系统简介

远成快运掌上营业及运营平台是远成快运集团旗下的以移动终端为主要载体，服务于个人的快件管理及后台运营操作的一系列系统的统称。

（1）系统功能架构。系统包括3个版本的移动App、1个订单管理系统和1个代收门店管理系统。系统功能架构如图3所示。

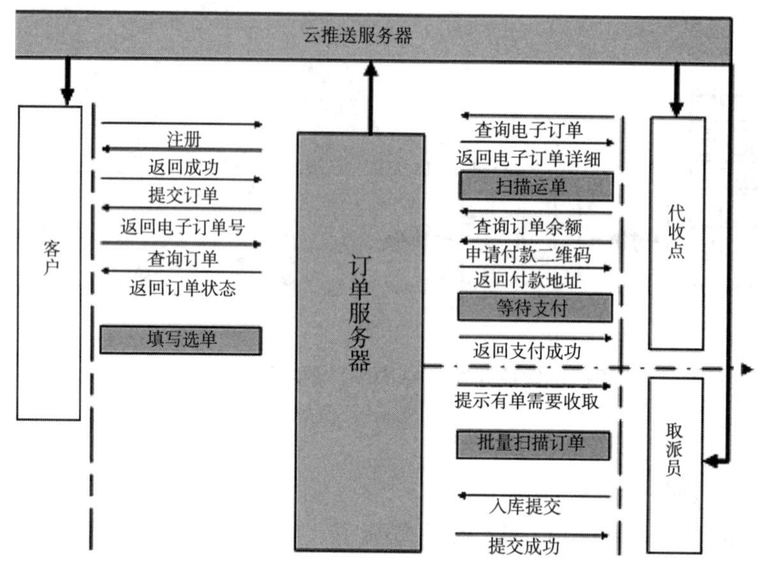

图3　系统功能架构

注：■代表线下操作

（2）系统整合了菜鸟网络云计算功能，解决订单智能分配的问题。远成快运的客户在网上或App上下订单后，订单先进入OMS订单管理系统。在OMS中自动处理订单相关业务逻辑后生成运单号。具体的运单需要分配到相应的网点来进行上门取件和收款等处理。系统支持两种订单自动分派的逻辑，首先是结合了菜鸟网络的地盘系统，根据各个网点先行划分的取派区域进行地址匹配。如果匹配不到，则自动调用百度的地址搜索，根据取件地址选取最近的网点进行取件操作。同时，OMS还可以自动向网点发送信息，提示取件任务并由网点分配任务到正在工作的取派员，任务提示直接发送到取派员的App上并提醒。

（3）系统具体功能。

①客户可以预约下单，预约下单时可以询价。询价需要输入询价参数，如起运地、目的地、体积、重量。

②询价是从运作系统中查询价格，查询到的价格需要再乘以一个比率（按照地区设置）。比率的设置是在移动App的后台管理系统里进行设置的。另外，从运作系统中询价的实现需要通过运作系统的报价接口完成。

客户询价后可以到代收门店进行下单。下单时，代收门店可以收客户的现金，也可以让客户在线支付。支付完成后，订单状态在移动App系统中状态变为“已受理”。客户在移动App上查询时看到的状态是“×××××运单在××代收门店已受理”。

代收门店受理该订单后，取派员可以得到推送信息。

取派员在×小时内需要到代收门店收取货物，系统有相应的预警机制给取派员和后台管理。

③代收门店与取派员有对应关系，对应关系的设置在后台管理系统中可以按照一定的组织关系逻辑自动匹配，并允许系统管理员手动调整。

④代收门店的移动 App 端可以看到业务运作的状况，例如一定时期内收到多少单货物，金额多少，哪些是在线支付，哪些是现金支付，盈利多少，有多少应收等。

⑤取派员可以随时看到划归自己管理的代收门店当前是否有货物待收，有多少已经快过时限，点开门店查看详情时可以看到待收货物的列表，在线支付了多少单，以及应收多少现金等情况。

（4）项目采用目前较为成熟的安卓前端 + 后台数据库的架构进行开发。基本架构如图 4 所示。

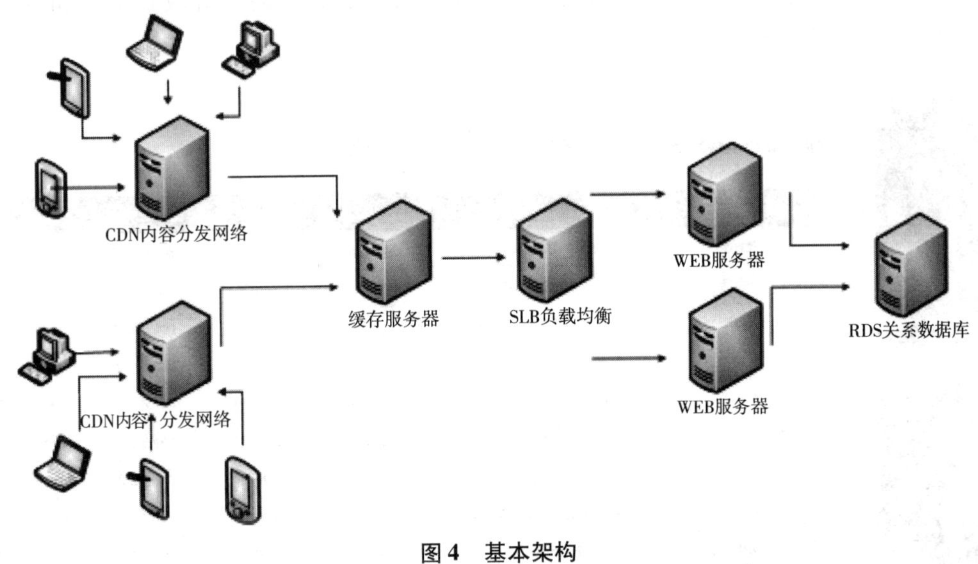

图 4　基本架构

四、信息化主要效益分析与评估（实施前后对比）

（一）信息化实施前后的效益指标对比分析

简化操作，提高运营效率：代收门店人员无须使用远成快运的业务系统，只需借助该 App 就可完成代收操作；客户通过该 App 就可完成下单、付款、查询等操作；远成取派员通过该 App 可以快速了解下单情况并及时取派；同时，由于结合了菜鸟网络的地盘系统，订单自动分配到相应的门店和取派员进行取件操作，极大地提高了运作效率。

易于代收门店的拓展，傻瓜式操作降低了对代收门店操作人员的要求，便于拓展代收门店；推广了移动 App 后，远成快运的代收门店迅速由 2015 年的 2 万家上升到 10 万家。

便捷的操作和高性价比，快速提高了远成快运的知名度和市场占有率；降低了 PDA－POS 一体机的使用需求量达 70%；极大地提高了揽件、签到效率，实现了实时的信息上传。

（二）信息化实施对企业业务流程改造与竞争模式的影响

（1）实时监管监控。通过移动 App 及其后台管理，运营人员可以实时监测以下数据：取派员上线情况和位置；取派员取派任务当天完成情况；取派员代收货款，到付运费及发件运费收款情况；代收门店经营状况。

（2）随叫随到的客户体验。客户通过移动 App 可以直接查询最近的远成快运取派员和远成快运直营门店以及加盟门店，并下订单要求上门取货。客户也可以根据 GPS 定位导航到最近的门店发货。

（3）运营数据分析（见图 5）。通过移动 App 及其后台管理，运营人员可以随时对代收点、远成取派员和客户下单等运营数据进行汇总和分析，实时掌握收款情况和运作数据以便随时调整经营策略。

当前筛选条件下共有 5553个代收点产生8793笔有效订单，共¥72941.5元

序号	代收网点类别	代收网点名称	所属店小二	所属营业部	所属分公司	所属大区
1	美宜佳	佛山顺德容桂风华路美宜佳	陈建强	广州77	佛山分公司	华南区域公司
2	美宜佳	中山三乡雅居乐新城美宜佳	谭俊	中山03	中山分公司	华南区域公司
3	美宜佳	深圳龙岗西坑大围路美宜佳	冯磊	深圳08	深圳分公司	华南区域公司
4	美宜佳	汕头龙湖锦骏美宜佳	陈楚升	汕头26	深圳分公司	华南区域公司
5	美宜佳	广州增城碧桂园豪园美宜佳	马俊达	广州164	广州分公司	华南区域公司
6	美宜佳	虎门金洲桥美宜佳	王展平	广州167	广州分公司	华南区域公司
7	美宜佳	广州白云嘉禾润林美宜佳	苏杰伟	广州203	广州分公司	华南区域公司
8	美宜佳	广州番禺石基宁仁大街美宜佳	黄中胜	广州30	广州分公司	华南区域公司
9	零散代收点	开心便利店	彭烈	上海25	上海分公司	华东区域公司
10	零散代收点	叶吉小店	彭烈	上海25	上海分公司	华东区域公司

图 5　运营数据分析

（三）掌上营业及运营平台的实施对提高企业核心竞争力的作用

为企业带来的价值：

（1）物流运营成本降低；

（2）流程优化资源整合；

（3）订单处理速度加快，执行效率提高；

（4）信息在上下游之间准确传达；

（5）费用结算，效率提高；

（6）更加准时、可靠的配送；

（7）更好的质量管控，流程管控；

（8）增强企业竞争力。

五、信息化过程中的主要体会、经验、教训

企业信息化的发展不能与企业的管理现状相背离，完善的管理能促使企业的信息化得到更好的落实，同时信息化又反过来提高企业的管理水平，为企业的管理提升效率；移动 App 和管理后台系统的上线，为市场营销和运作管理部门提供了管理工具。只有让人员、运作流程和系统工具紧密配合，形成信息流、资金流和物流的实时统一，才能为客户提供优质的服务。系统实施不是几个人或几个部门的事情，而是要领导带头全员配合，全体人员重视起来，每个人都把好关，通过开发团队和大家的共同努力才能保证系统顺利、成功的实施。

六、信息化下一步改进方案和设想

（1）充分用好云计算、大数据和移动互联网等新技术，深入落实到物流的实际操作流程中去，提高运作效率的同时降低成本和费用。

（2）更好地发挥智能数据分析的作用，以数据分析来作为决策的基础支撑。

（3）实现更加个性化的适合远成快运的增值服务功能，用信息技术来支持和引导业务，形成远成快运的服务特色和竞争优势。例如为门店和取派员增加快消品销售功能、广告推送功能、市场调查功能以及实现精准营销等。

远孚物流集团有限公司：道歌物流系统

一、应用企业简况

1. 企业介绍

远孚物流集团有限公司（Yuanfu Logistics Group Co.，Ltd.）（以下简称“远孚物流”）注册资本 5263.1579 万元，由李勇洪先生于 2010 年发起，会聚中国物流行业实战家、企业高管、资本运营专家、供应链专家等众多行业专家共同出资并创建。远孚物流致力于与物流商共同发展，打造成为促进中小物流企业发展的领跑者。

远孚物流通过多年拼搏，业务逐步遍布各区域，业务涵盖控股平台、仓储运输（物流仓储、运输、配送）、供应链金融（融资租赁、质押监管、投融资业务）、物流咨询（物流方案设计、物流战略研究与绩效考核、物流税收筹划与税务代理）四大板块；远孚坚持与全国优势资源的整合与置换，目前在各省会城市拥有自己的资源管理部分，并拥有多家银行的金融资源，为物流企业提供一系列金融资源、客户资源、智力资源、信息化资源、运输资源等核心服务，业务范围覆盖化工、服装、药品、食品、配件、汽车、钢材等多种行业。

截至 2016 年年底，公司拥有员工 2400 人，独立分公司/营业部 34 家，加盟物流公司近 380 家，平台的自有车辆近 550 台，战略合作的车辆超过 1900 台，自主研发的远孚供应链管理系统（SCM）、运输管理系统（TMS）、仓储管理系统（WMS）、客户管理系统（CRM）、财务系统，有效满足客户需求。

2. 企业管理模式与营销模式的主要特点

远孚通过“自有 + 整合”运输的优势，建立统一结算体系，形成完善的运营体系，满足客户在全国范围内的运输需求，让客户尽享更快捷、更具经济效益的物流服务。

远孚拥有丰富的大客户资源，各物流商通过远孚供应链平台，运用远孚平台优势，进行物流大客户开发投标管理。

远孚以覆盖全国各区域的分支机构为依托辐射周边，打造全国一体式的高效物流运作平台，通过引入物流商成员，结合各地标准化的门店和授权代收网点，整合精品专线资源，具有稳定的畅达全国的物流网络，为客户提供基于供应链全环节的定制化物流服务，满足大型企业客户个性化的综合物流服务需求。

远孚集团通过构建客户、金融保险、智力、信息化四大核心资源体系，分别解决合作商的客户问题、财务问题、管理问题、信息化问题，并在线下构建整体运输管理体系。远孚通过自身多年积累的优势，与中小物流企业联盟，形成优势互补，共同创造优质供应链服务平台，打造独具特色的商业运营模式，形成市场强有力的竞争力，联盟合作商可共享远孚平台的系统管理资源、网络平台资源以及庞大的客户资源，使合作商们飞速成长。同时，强大的远孚联盟政策，能够帮助完全没有物流经营经验的投资合作者迅速入行，共享财富商机。

二、企业在实施信息化之前存在的问题

1. 资金问题

企业信息化是一个需要长期发展的系统工程，绝对不是拥有几台台式机、几部终端输出设备就可以解决问题的。信息产业是一个技术和资金密集型的产业，不仅在初期要花费巨资购买一些硬件和与之相匹配的软件资源，在后期人员培训、技术跟进、系统升级与维护方面更是要投入更多的资金。国内中小物流企业信息化支撑环境较差，网络安全环境和信用环境有待改善。

早期的远孚集团鉴于自身规模、经济实力、管理水平等因素根本负担不起如此巨大的信息化建设费用，不能很齐全地购置硬件设备，无法有效地进行企业的信息化建设。

2. 传统管理思想顽固，物流管理新意识淡薄

远孚集团在全面实施信息化之前依然实施大而全的传统管理方式，集产、供、销及仓库运输等为一体，信息化技术在物流业务中虽然得到了应用，但是信息化技术没有渗透到整个作业流程中。公司一部分经营管理者和员工的物流信息化管理思想淡薄，没有认识到信息化对远孚集团发展的重要性，对于物流管理的认识依然局限在运输与仓储上，未能认识到物流管理信息化对于降低成本，提高企业的利润与竞争力所具有的重要作用，在企业开展信息化的过程中遇到不同程度的阻力。

3. 管理困难

在实施信息化之前，一是远孚集团还没有建立起一套科学的管理制度，包括财务管理、经济核算、质量管理、仓库管理、合同管理、生产管理等制度。许多业务规则存在很大的人为性和随意性。二是公司的组织结构建立在专业分工基础上，以功能为中心，业务流程不清晰，管理模式和组织形式无法适应公司发展的需要；目前，公司的物流业务流程有些还比较繁冗，包含了许多非增值的业务环节，导致信息传递不畅，严重影响了物流管理的运作效率。各公司、各部门还存在各自为政的现象，部门工作都以自身为核心，工作衔接协调比较困难，造成决策迟缓、流程阻塞。

4. 信息技术和物流设备落后

近几年远孚集团处于高速发展的上升通道，业务逐年递增、全国网络布局加快，不仅要面对国内同行小、乱、杂的竞争环境，同时又要面对国内外巨头大、精、专的竞争。这时候，利用信息化实现差异化的服务竞争已经成为面对挑战、提升企业竞争力的最有效的手段。远孚集团在全面实施信息化之前仍处于用少量的信息建设投入来解决业务流程的信息化问题的阶段。现实原因迫使远孚集团必须从供应链的角度对物流进行系统的组织，采用各类先进的硬件设施和软件系统。但是由于前期公司很少从整个供应链的角度去思考企业物流，即使集团总部应用了物流信息系统，但是由于缺少其他子公司的配合，使得整体物流的效率不高。

前期远孚集团的计算机应用程度仍比较低，大多数应用只限于日常事物管理和办公自动化，对于物流管理中的许多重要决策问题，还处于半人工化决策状态，物流管理信息系统的开发滞后。相关的物流设备也都比较陈旧，与国内外大型物流企业以机电一体化、无纸化为特征的配送自动化、现代化相比，差距很大。

5. 信息化方案适合的极少

中小物流企业量大面广，企业的运作模式虽有相似，但企业信息化建设过程中需求各异，就需要“量身定做”，以工具化成组的设计来实现不同的需求，同时考虑信息化的集成性和开放性是信息化所面临的挑战。像远孚集团这类中型物流企业的经济实力是有限的，不可能像大企业那样多的投入对信息化建设，但又不能偏离信息化，因此在寻找适合自己的信息化方案上常常遇到困难。面对如此丰富多变的信息化技术，面对各类客户，面对诸多可选择的方案，通常发现缺少适合自己企业的可选择方案，为此在信息化建设上走了不少弯路，以至于造成了信息软件的尴尬场景。

6. 缺乏物流管理信息化的统一标准作为指导

目前，我国国家物流标准化体系的建设相当不完善，尽管建立了一些物流信息表示标准体系，并制定了一些重要的国家标准，如《商品条码》《储运单元条码》《物流单元条码》等，但这些标准的推广存在着严重的问题。一些急需出台的物流信息标准的制定比较缓慢，如物流企业间信息交换流程标准，有关物流信息平台应开发、数据传输、通用接口、用户管理等方面的标准规范还十分欠缺。

标准化滞后对于企业物流信息化的影响表现在很多方面，可以分为两个层次：①企业层的信息化标准问题。主要体现在企业信息系统的结构、功能、开发工具的不规范，缺乏规范的标准体系的指导，信息系统开发企业的投资多属于低水平的重复，市场做不大，企业客户也不敢用，造成企业信息化成本过高，进展缓慢。②行业层的信息化标准问题。例如由于各企业的电子单证格式和认证标准不统一，企业之间的信息无法有效地沟通，需要反复地转换、翻译、认证，不仅费用高、效率低，而且还存在很大的信息安全隐患。

社会层次的标准主要是指国际标准，像 RFID（无线射频）这样的先进技术很难快速地应用推广。

7. 缺乏物流管理、信息化专业人才

外部因素：物流企业信息化建设中所采用的系统模式都是人机系统模式，需要既懂信息技术又懂物流的复合型信息化人才。由于物流业在我国起步较晚，专业人才奇缺，尤其是既懂业务又懂技术的人才十分匮乏，这已成为制约我国当前中小物流企业信息化发展的又一重要因素。

内部因素：由于前期远孚集团经营规模小，业务品种单一，对人才的吸引力不高，使得在企业内部很少能像一些大的国内外物流巨头一样找到既懂得 IT 又懂得管理的复合型人才。远孚集团采用外包方式将信息化系统交给外部的管理软件公司去做，由于开发人员不清楚企业内部的具体情况，企业内部人员又很难将企业的需求从系统开发的角度很精确地表达给开发人员，沟通上的问题导致一个系统改来改去，时间、资金、发展机会也在无休止的争论中流失。

许多员工对物资管理和流通的理解已跟不上现代物流发展步伐和管理的要求，对物流的认知停留在传统认知层面，致使许多信息化、自动化处理过程不能实施。前期远孚集团的战略决策还没有将全面实施信息化提上日程，公司的信息组建人员缺乏，力量薄弱，能力不足，在招聘有关方面人才时没有注重点，导致技术人员缺乏，IT 技术人员少，力量薄弱，能力不足，无法全力合作，共同为企业的信息化建设做贡献。

三、信息化进程中遇到的主要困难、问题与解决措施，企业信息化是如何推进、组织，一步一步深入的

1. 转变观念，重视物流管理信息化

早期的远孚集团企业管理往往只重视财务管理、生产管理、组织管理、市场营销等，在企业的运作过程中，只重视经营成本，而忽视了企业的运行过程，更没有从物流管理及其信息化的视角来分析和研究企业的运作和整合。

2016 年远孚集团重新审视现代物流管理的观念，正确认识物流管理信息化对企业管理发展的重要影响。重新拟定公司的发展规划，并将物流管理信息化提上了公司日程进行严格落实。

2. 加大企业信息化建设的资金投入

远孚集团自 2016 年起加大对公司信息化建设的资金投入，购置完善企业硬件设备。同时参股道戈软件（上海）有限公司，成为该公司大股东，着力搭建企业级信息化综合运营平台，为企业提供软件服务的同时，还专为中小物流企业搭建共享信息平台，提供增值服务，加快物流生态圈的构建。这一举措有利于远孚集团延展产业链条、优化战略布局、培养新业务增长点，全面实施信息化建设，对公司未来的发展有巨大的促进作用。

企业在建设信息化平台时，采用自主开发与外购加二次开发相结合，逐步增加软件模块，开发人员从一开始就介入信息平台和决策支持的工作，由开发人员进行信息编码工作，在编码基础上建立和优化数据库，逐步建立和完善反映信息的平台。

3. 大力培养公司 IT 技术人才

邀请昆明大学硕士研究生、高级工程师、华为技术专家、中国邮政高级工程师罗道兵先生出任远孚集团 CTO（首席技术官），全面执行企业信息化工作，牵头信息化团队组建工作。针对远孚集团 IT 技术人才引进难的问题提出解决方案，通过改进招聘方式方法，提高薪资待遇，营造良好的工作氛围，2016 年远孚集团信息化团队基本成型，部分信息化模块功能已经完成，其中道戈云平台 2.0 将于 2017 年 3 月正式上线。

4. 规范企业领导管理，改革创新

2016 年全年远孚集团管理层人员不断强化管理理念的创新，从实际出发，规范管理，制订合适的规划去实现企业信息化建设，分析企业现状进行整体规划，逐步实现信息化建设。在建设过程中注重监督员工和催办，旁敲侧击，不断督促他们的工作，从而提高工作效率，增加公司效益。组织公司中高层管理人员不定期参加物流行业大型交流峰会，学习国内外知名物流企业前沿的物流信息化管理观念和技术，然后消化吸收，转化到企业信息化建设中。

四、信息化主要效益分析与评估

1. 信息化实施前后的效益指标对比、分析

（1）目前道歌物流系统已拥有超过2500辆车的车辆信息，大大方便了调车，熟车使用率已经由50%上升到95%。使用道歌物流系统以后，在业务稳健增长的情况下，公司每年电话费减少了，人工工作量降低了，工作效率得到了很好的提升。

（2）远孚集团实施物流信息化后，已逐步整合调度这一岗位，使其能承担更合适的工作。人员职务的解放，工作量的减少，也为公司节约了人力成本，避免了许多的灰色收入。

（3）远孚集团根据系统记录各项货单运输过程数据，自动计算得出理性的数字化考核结果，实现KPI考核；通过对随车手机的定位跟踪，物流管理部门随时了解运单的在途位置，突破了在途运输管理“信息黑洞”；通过软件智能化的数据分析，各种报表清晰可查，摒弃了人工抄录物流数据，全面实现公司的物流信息化管理。

（4）远孚集团根据仓储网络数据库，了解平台中的仓储信息，进行合理的仓储资源整合与协调，通过实时更新的仓储信息，了解货物出入库动态，实现对货物保管、中转的监管，大大降低储存、中转环节的风险。

（5）除了使用道歌物流系统的定位功能精确预计到货时间，远孚集团还利用定位功能，监控了车辆在途情况，减少了一定的运输风险。

2. 信息化实施对企业业务流程改造与竞争模式的影响

远孚集团在进行企业业务流程再造时充分考虑各流程之间的内在联系，以物流资源整合服务平台为核心，以金融资源整合为产业链切入点，通过远孚集团优质供应链服务平台整合上下游服务资源，不断优化业务价值链。对公司原有业务版块进行优化整合，将控股平台、仓储运输、供应链金融、物流咨询四大业务板块调整为两大核心业务板块：物流供应链管理服务和专为中小物流企业打造的共享平台，在市场已初步取得良好的业绩与反馈，同年获得全国百强创新企业（平台创新）荣誉。

信息化实施后，远孚集团将原有的依靠底层调度个人关系层层转包的调度模式，转变为依托平台整合资源直接调度的扁平化运作模式。模式转变后，司机信息、价格、运作过程等的公开化、透明化，从个人资源转化为公司资源，从体制上解决了由信息不对称导致的企业成本上升和服务质量下降的问题。

（1）社会运力的采购与整合。每一个物流企业从开业到现在，使用过的个体车辆都是一个庞大的数字。但这些车辆绝大多数都只是变成了物流企业调度员手中的通讯录上的一条记录而已，根本没有成为企业可用的运力资源。从信息化改革初期，远孚集团要求现场驻场专员将每一个应用过的车辆都注册到道歌物流系统中。随着社会车辆信息的增加，已有车辆信息进行归类汇总，固定线路都有一定的司机资源，以后用车时由分公司项目经理直接联系司机，达成长期合作的共识，把生车做成熟车。通过不断的积累，可以组建成一个活生生的网上虚拟车队。在车队中不仅能够查看到车辆的详细资料，还可以看到所有车辆当前所在的位置，需要找车时可以快速搜索到合适车辆。

（2）社会仓储资源的深度整合和仓储网络优化。面对分散的仓储资源与集约化的供

应链物流，远孚集团携手平台380家加盟物流企业将自有及合作过的仓储信息录入道歌物流系统中，进行归类汇总，每个区域都有固定的仓储资源，通过长期的积累形成了仓储网络。针对现有仓库资源在结构与地区分布上的不均衡，进行整合、改造与利用，充分发挥其效益，既包括各类园区仓库之间的资源共享与业务合作，也包括保税仓库与非保税仓库之间的资源整合与业务衔接，既包括枢纽性仓库、节点性仓库与分拨性仓库之间的网络性整合，也包括供应链物流及合同式物流仓库与专线零担、快递等分拨仓库的仓间货位整合。仓储网络中仓储信息实现可视化，项目经理不仅能够查看仓储的基本信息（如仓储面积、地理位置、年月库存量、吞吐量），根据仓储网络中各仓库的容量，协调各仓库的库存，需要就近安排仓储时能实时查询，为客户选择最优的仓储保管方案。

（3）杜绝内部腐败。通过道歌物流系统对运力资源、仓储资源、客户资源的整合，真正形成属于企业的资源，它存在于企业的道歌物流系统中，不会因为某个人员离职而丢失，降低了企业对特定人员的依赖。分支机构采购过程可以在线上进行，总部可以检查管控，避免暗箱操作。远孚集团总部成立了集中的采购调度中心，将采购权从分公司收回，从职能架构上彻底杜绝采购过程中的内部腐败。

总部会定期给司机、仓储方回电话，每周也会向承运司机、仓储方发送反腐的短信，杜绝内部员工克扣费用的行为。

（4）运输过程的管控与客户服务。个体司机都有手机，并且大部分情况下司机都是和车辆在一起的。道歌物流系统创造性地应用手机定位技术，彻底解决了远孚集团在途运输管理的问题。车辆在途过程中，远孚集团可以及时进行车辆定位，管理车辆。货物快到达时，可以给收货单位发短信，以便提高对客户的主动服务。

（5）入库过程的管控与客户服务。道歌云系统采用先进的物联网技术，搭建仓储网络数据库，与合作仓储的智能仓储系统进行数据接口对接（非智能仓储可实现人工录入数据更新），实现平台仓储信息每日实时更新，彻底解决了远孚集团在入库保管管理的问题。客户的货物入库过程中，远孚集团可以通过电子入库单核实货物数量，实现远程监管。货物入库后，通过仓储信息实时更新了解货物的保管情况，通过电子出库码单了解货物的进出情况，及时补货。

（6）财务支撑。

①把分公司的财务权利收上来，由总部的财务总监监督营运中心，总部财务参与运费、仓储费用支付与成本结算。财务直接管理运营，在国内物流行业属于首创形式。

②远孚集团通过道歌物流系统采购社会运力、库存，并且在平台上有完整的业务记录（运单信息、轨迹记录、出入库记录），同时通过道歌云物流信息系统完成运费、仓储费用的支付，则其所支付的运费、仓储费，道歌云物流信息系统可直接为企业开具增值税专用发票。合规安全，符合税务稽查规则。

3. 信息化实施对提高企业竞争力的作用

（1）增加企业资源，整合社会资源。所有跟公司合作过的上游客户、车辆信息、仓储信息，都会存入道歌物流系统，成为远孚集团自己的企业资源。整合优质资源，能更快更及时地找到所需车辆、仓储。模式精简，节约时间，快速有效，使组织结构得到全面优化。

（2）控制成本。在道歌物流系统上，能帮助远孚集团积累合作过的社会资源。重复优化利用，提升调度能力，降低仓储配送成本。取消调度岗位，减少企业内部灰色收入，有效控制运输成本。

（3）服务质量全面提升。在途运输过程中，可以实时反馈在途信息。掌握车辆位置，做到了透明化管理。货主的服务质量得到全面提升。

在储存过程中，可以实时了解货物出入库状态，是否存在违规操作，货物遗失破损等情况。

五、信息化实施过程中的主要体会、经验与教训，有何推广意义

（1）道歌物流系统是一个很好的共享平台解决方案，能够为物流企业改善信息不对称的局面，充分利用社会资源。

（2）有效地整合了上游客户信息、车辆信息、仓储信息，能快速有效协调资源、规划网络。

（3）平台自有550台车辆，近2000台已经认证的社会合作车辆资源，线上直接调度，安全高效、降低运输成本。

（4）在途车辆实时定位，能更好地为货主服务。

（5）近5000家仓储资源，方便协调各仓库的库存，为客户选择最优的仓储保管方案。同时实时查询，了解货物保管、出入库情况。

（6）合并了调度这个岗位，减少调度的灰色收入，减少运输成本。

（7）在线支付运费，保障资金利用安全灵活。

（8）司机身份及时验证，车辆信息安全可靠。仓储信息进行备案，仓储资源安全可靠。

（9）网上直接给货物投保，快速生效，避免货运风险。

（10）运用信息化手段，真实记录业务，帮物流企业开增值税发票，解决开票难的问题。

在实施信息化工作前，需要积累足够的资源。刚开始运行时肯定有压力，必须要顶住压力，坚持下去。当大家看到信息化的确减轻了他们的工作量，就会逐渐地接受了。

六、本系统下一步的改进方案、设想、对物流信息化的建议等

1. 综述

目前，在整个“互联网+”物流进程中，基于交易和资金的互联网化已相对成熟，物流是比较落后的，今后物流发展必然会加速网络化。而加速网络化并不是单单互联网的网络化，它还包含整个物流线下网络的配套能力，需要互联网平台和新技术指挥系统与真正物流运输系统配套才可以提高效益。

远孚集团道歌物流系统在国内首创交易平台加管理系统的模式，将外部交易与内部管理及客户服务无缝结合。如果将整个平台完整地使用起来，可以显著提升远孚集团物流管理的效率及客户服务水平。

（1）企业系统部署示意（见下图）。

企业系统部署示意

（2）说明。

① 道歌物流系统部署在基层运作机构，可以实现车辆注册、仓储维护、调度、录入或接收单据资料、启动货物储运配送状态、获取货物运输信息、出入库信息等具体操作。

②道歌物流系统部署在公司总部，通过道歌云物流信息系统与各分支机构互联，完成所有底层运作信息的汇集，以及总部指令的下达。

③ 道歌物流系统涵盖企业原有的信息系统 SCM（供应链管理）、ERP、TMS、WMS，在道歌物流系统体系的支撑下，前面分析的诸多问题将获得圆满的解决。

2. 社会资源的采购与整合

远孚集团道歌物流共享平台提供了海量的货物资源、运力资源、仓储资源、快捷的调度功能及有力的整合手段。

（1）道歌物流系统的货物资源。远孚集团拥有丰富的大客户资源，联合加盟的 380 家物流企业整合优势资源关联互动，吸引上游销售目标客户，进行物流大客户开发投标管理，对外统一招投标，然后对平台企业发标，给平台企业提供稳定的货源，极大减少企业市场开发成本。

（2）道歌物流系统运力部分。道歌物流系统不仅有准确的自有车辆资料，还有一批关系十分紧密的个体车辆资源。平台加盟的三方物流企业的调度人员在道歌物流系统内可以通过单车招标的形式与他们在线上完成运力采购的交互，每一次应标他们都会按照平台的规则提供一定的保证金，以保证交易的确定性。司机身份信息经过验证，更重要的是有车辆每天的动态位置分布及历史轨迹记录。平台加盟企业在调车时，如果自有车辆不符合要求，外勤人员可以直接在道歌物流系统中通过当前位置、业务流向、车型、吨位等搜索条件，快速搜索到合适的车辆，通过短信、电话及在线交互方式等完成运力采购。

在远孚集团道歌物流系统的支撑下，他们还将逐步具有代垫运费、代收货款、为自己承担的业务向上游开具增值税发票的服务能力。

（3）道歌物流系统仓储部分。道歌物流系统将远孚集团及加盟的380家物流企业的自有、合作的近5000家仓储资源录入系统，形成仓储网络，通过物联网技术实现仓储数据实时更新录入，方便协调各仓库的库存，为客户选择最优的仓储保管方案。同时实时查询，了解货物保管、出入库情况。

3. 在途精细化管理

道歌物流系统是基于手机定位及物联网技术，专门为平台加盟三方物流企业总部准备的集中监控管理所有分支机构业务运转的系统。道歌物流系统通过与各分支机构互联，将各个分支机构的运单信息自动汇集到总部的道歌物流系统中，使得所有运单执行状况一目了然。同时系统可以智能识别状态异常的运单（如：长时停滞、线路偏移等）并自动告警，提醒运作管理人员人工介入处理。

4. 财务支撑

远孚集团道歌物流共享平台联合专业金融、保理机构，为平台上的物流企业提供互联网金融服务，以缓解企业的资金压力。无须抵押，依托远孚集团共享平台的业务数据为主要依据完成授信，信用额度内随用随借，按单、按日计息，方便快捷。提供完整业务证据链（包括信息、交易、过程管理、结算管理、打通支付，形成完整的业务真实性），平台将物流业务和结算、融资款支取环节严密绑定，结合货主信用和动产质押模式，稳固债权结构。

中创物流智能铅封发放机

一、应用企业简况

中创物流股份有限公司是一家经国家工商总局核准的集团化综合物流企业，业务主要涵盖货运代理、场站服务、船舶代理、沿海运输、项目物流等领域，服务网络遍及宁波、连云港、日照、青岛、烟台、荣成、天津、大连、香港、上海等主要港口和北京、西安等内陆口岸城市，旨在建设网络覆盖中国沿海及内陆主要口岸的综合物流企业。公司总部坐落于青岛，业务范围辐射欧美、日韩、东南亚、中亚、北非等地区，集团下属独资与控股公司20家。注册资本2亿元人民币，资产总额13亿元人民币，全集团员工1400余人。

二、应用背景

（一）应用行业背景

中创物流在中国泛华北华东等地区（服务网络遍布宁波、上海、连云港、日照、烟台、石岛、天津、大连、北京、香港等国内主要沿海口岸和内陆口岸），布局了众多的分公司。

公司意在抓住中国良好的发展趋势，建设一家基于信息化管理、多功能、多网络、联动互动、以人为本的综合物流企业；目前充分利用公司多年积累的基础、经验、人才及平台，已将业务量大幅推进，堆场吞吐量也相应大幅提高，为保证随时满足客户用箱量需求，目前公司已达到堆场总面积86.5万平方米，仓库面积6万平方米，满足各种货物及空箱、重箱处理要求，并且具备日堆存集装箱8.5万标准箱（TEU）能力。

集装箱是国际和国内贸易中重要的货物运输容器，在物流运输中起到关键作用，集装箱的通行效率决定了码头、货场、物流园区等企业的生产效率，随着全球一体化进程的加快和国际经济活动的日趋频繁，智能化技术在物流仓储及电子商务行业的应用也随之繁荣，而智能化技术在中创公司的应用，将极大地提高集装箱堆场业务的工作效率，显著压缩人工成本，凸显信息化管理和应用在加速企业发展和提升企业竞争力方面的作用。

（二）应用技术背景

中创物流始终以信息化作为企业的核心竞争力，始终坚持自主研发的建设模式。借助先进的互联网、物联网、大型数据库及传输技术，中创物流在集装箱堆场管理和仓储物流管理方面走出了自己的道路。

（三）目前现有铅封发放的技术

集装箱闸口进场提箱时所需铅封的发放操作全部由人工去完成，集装箱闸口道口操作员需要根据司机所提供的提箱单，在系统中输入提单号，系统会出现该提单号所对应的船名、航次、箱经营人、尺寸、类型、提箱标志等相关信息，然后操作员根据上述系统要求，人工选择合适的铅封，手动交接给司机，司机拿到铅封之后核对无误，进场背箱。

出场铅封发放是司机通过提箱单先去业务大厅办理提箱业务，在背箱后出场时，由操作员核对提箱单信息与实际的集装箱信息，根据系统要求，人工选择合适的铅封，手动交给司机，司机拿到铅封后核对无误后出场。

三、企业在实施智能铅封发放机之前存在的问题

（一）铅封选择与发放全部由人工操作，步骤繁杂

在一个完整的铅封发放过程中涉及较多的业务环节，整个流程较为复杂，而且过程中涉及的集装箱号、铅封号、车号等信息的采集与核对全部由人工去操作，同时需要人工对提单内容进行核实，手动选择符合条件的铅封并记录铅封号。最后人工交接给司机并手动录入系统中。流程上较为繁杂，冗余过度。

（二）人工作业效率低

现有铅封发放业务的整个流程全部由人工去完成，过程中需人工进行核对单据，铅封、集装箱核对，录入系统，分发铅封等多个步骤。从细节来看，存在反复人工核对，重复劳动较多，因此人工作业效率十分低下。

（三）人工作业错误率高

人工作业需核对的信息种类多，信息复杂，内容相似度高，极容易出错。另外操作人员的业务水平也不尽相同，且人在进行长期重复作业时，易出现疲劳松懈等情况，种种因素导致人工发放铅封错误时常发生，造成的后果影响较大。

（四）人工成本高

目前，日益增高的人工成本在运营成本中的比重越来越大，导致场站利润率下降。

四、智能铅封发放机解决方案

（一）系统综合概述

该系统能够兼容进场自动发放铅封、出场自动发放铅封两种方式，与公司现有的集

装箱堆场管理系统共同实现了堆场作业的快速化、无人化和智能化。

图 1 为智能铅封系统主要功能。

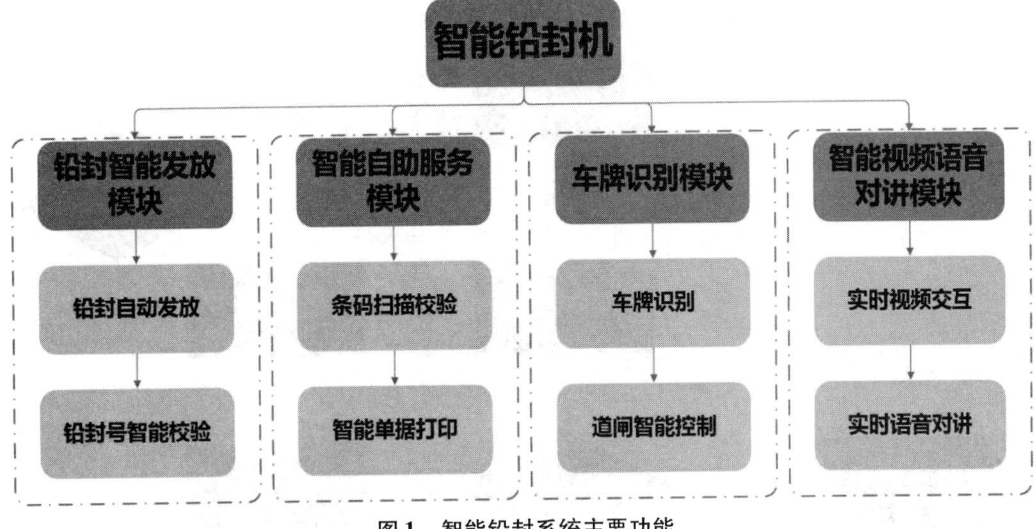

图 1　智能铅封系统主要功能

智能铅封机操作流程如图 2 所示。

（二）系统主要功能

（1）铅封发放都由智能化铅封发放机自动完成，取消复杂的人工操作，用智能化设备替代人工录入，大幅度降低了公司的运营成本。

（2）提高进出工作效率及正确率，有效地解决业务过程中由于人为因素导致的异常和差错，从而提高客户满意度。

（3）简洁友好的人机交互界面，提供快捷的操作方式，客户可以较快地打开常用的操作模块。

（4）进出场过程中减少人为参与的因素，集卡车可以快速完成进出场流程，即停即走，无须司机下车，也无须业务操作人员在车流量较大的道口进行操作，大幅度降低发生人身危险的概率。

（三）系统操作终端设备

智能铅封机包含设备：①触控一体机；②小票打印机；③条码扫描器；④可视对讲系统；⑤机柜空调；⑥有源音响；⑦自动泵油系统；⑧三维滑块模组系统；⑨铅封自动发放控制系统；⑩交换机；⑪UPS（不间断电源）；⑫铅封机箱体；⑬铅封物料抽屉；⑭自动分联打印机。

五、智能铅封发放机主要效益分析

智能铅封发放机从根本上解决了以往铅封发放的一系列问题，大大提高了工作效率，优化了作业模式并提升了公司形象。

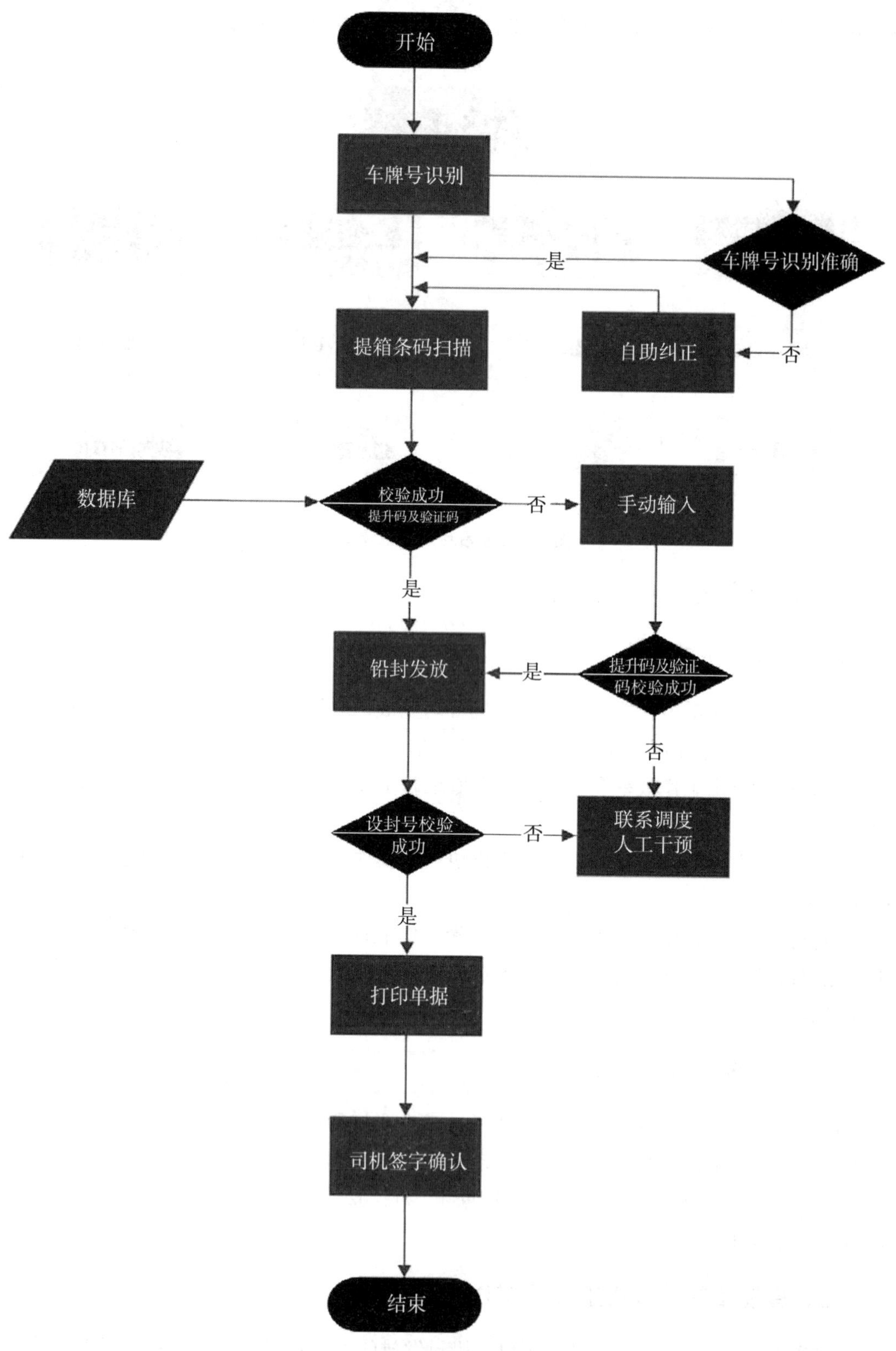

图 2　智能铅封机操作流程

(一) 优化了作业模式

(1) 简化了以往车辆进出场闸口时复杂的交接流程、繁多的检验项目，完全依靠人工作业的现状，大大提高铅封发放的效率，使得集装箱堆场进出口拥堵问题得以解决。

(2) 通过铅封号校验系统及车号识别系统以及值守程序的协同运行，减少人工干预，提高数据的精确性。

(二) 降低企业成本

(1) 由于进出场效率大幅度提高，并且大部分环节由系统自动完成，无须人工干预，因此可以减少集装箱进出场闸口的人员数量，大幅度降低企业人工成本。

(2) 进出场过程中由于减少了人为参与的因素，因此可以大幅度降低发生人身危险的概率，进一步降低企业管理成本。

(三) 塑造企业形象

(1) 公司通过智能铅封发放机项目的建设，提高了核心竞争力，实现领先于行业的差异化发展。

(2) 公司通过智能铅封发放机项目的推行，使得业务流程深化改革，充分整合内部信息资源，进一步提升公司的软实力。

(3) 公司通过智能铅封发放机项目的实施，为客户提供了智能化、自动化、信息化的服务，塑造良好的企业品牌。

六、项目经验总结

回顾智能铅封发放机项目建设过程，主要的经验体会有以下几个方面。

(一) 智能化项目需求明确

首先要明确需求，有利于智能铅封发放机系统更好地设计及实施。稳定业务模式，避免在系统设计及实施期间，对相关组织机构及业务模式进行较大的调整，使得该项目能够顺利进行。如果条件允许，可以由需求方自行完成初步的系统功能设计，更能充分理解需求，减少系统开发工作量，缩短开发周期。

(二) 选择优秀的合作方

智能化系统实施是一个持续过程，某种程度上一个优秀的系统软件是一个战略合作伙伴，一定要做好长期合作的准备。双方合作稳定，更利于后期系统维护升级工作，本身业务处在高速发展期，不断新增的业务意味着系统需要不断升级换代，良好的合作方有利于控制系统开发成本，减小系统开发升级带来的风险。

(三) 充分考虑物流技术及系统接口

物流对服务水平要求很高，这就要求必须在系统实施之外大量配合物流技术手段的应用。将智能铅封发放机所涉及的物联网扫描技术、车牌识别技术、三维坐标抽象控制技术等充分与现有的物流技术相结合，通过利用先进物流技术，实现精细化物流管理，把大量人力从烦琐的机械化劳动中解脱出来。

前期系统设计阶段一定要考虑系统接口，堆场业务的复杂性使得系统必然涉及集卡司机、操作人员、系统等多个角色，多个系统堆场业务的不同类型成交集，不提前考虑系统接口会给未来的系统升级造成巨大的麻烦。传统手工单作业模式，将由电子单据无纸化替代，利用到不同的上下游系统接口，加快信息传递速度，实现铅封发放业务全程智能化、自助化管理。

七、未来展望

本项目作为中创物流股份有限公司集装箱智能化堆场的重要部分，在企业日常经营活动中起着重要的作用。它符合中创物流以信息化为核心，注重差异的发展理念；提高服务效率，保证服务质量的管理理念；以客户为先，珍惜品牌的服务理念；倡导绿色物流，维护和谐环境的社会责任理念。有效地支撑了企业随着业务发展对流程信息化、数据集中化的要求，提升了企业的信息化经营管理水平。

中创物流目前的客户数量迅速提高，业务在迅速扩张中。随着中创物流业务的迅速开展和深入，信息化也将逐步从经营、运营等部门向质量监督部门、规划管理部门延伸，像人体的神经系统一样，将身体的各个器官紧密关联并有效管理起来，联动互动，整体依存，实现最大发展动力。同时，我们也将借助信息化的强大力量为上下游的合作伙伴提供更智能、更优秀的服务。届时，中创物流国内运输的地位也将进一步得到巩固及提升。

中远网络物流信息科技有限公司：中国航运大数据

一、企业简介

（一）应用企业介绍

中国远洋简称中远集团或 COSCO，是政府直管的特大型中央企业之一。中国远洋运输集团成立于1961 年4 月27 日，成立之初是一个仅有4 艘船舶、2.26 万载重吨的小型船运公司。发展至2012 年，中远集团已经成为以航运、物流码头、修造船为主业的跨国企业集团，已经确立起在国际航运、物流码头和修造船领域的领先地位，稳居《财富》世界500 强。2012 年在《财富》世界500 强企业中排名第384 位。

截至2011 年，中远集团拥有和控制各类现代化商船近800 艘，5600 多万载重吨，年货运量超4 亿吨，远洋航线覆盖全球160 多个国家和地区的1600 多个港口，船队规模稳居中国第一、世界第二。其中集装箱船队规模在中国排名第一、世界排名第六；干散货船队世界排名第一；专业杂货、多用途和特种运输船队综合实力居世界前列；油轮船队是世界超级油轮船队之一。中远集团在全球范围内投资经营着32 个码头，总泊位达157 个，根据德鲁里（Drewry）2009 年7 月发布的最新统计，2008 年中远集团所属中远太平洋的集装箱码头吞吐量继续保持全球第五。

中远集团拥有丰富的物流设施资源，控制各种物流车辆超过4000 台，包括具有289 个轴线、最大承载能力达8000t 的大件运输车，堆场249 万平方米，拥有和控制仓库297 万平方米，在家电、化工、电力、融资等领域为客户提供高附加值服务，为青藏铁路、天津空客、印度电站等中外多个重大项目提供物流服务，创造多项业界纪录。据中远集团官网2012 年资料显示，该集团在中国的多家船舶修造基地，拥有含30 万吨级、50 万吨级的各类型船坞16 座，业务涉及大型船舶和海洋工程建造、改装及修理，生产设备装配水平、生产管理水平中国领先，技术能力、生产效率及生产成本等指标居世界前列。年修理改造大型船舶500 余艘，年造船能力840 万吨，是中国最大的修船企业及技术最先进的造船企业。

（二）开发企业介绍

中国远洋海运集团有限公司由中国远洋运输（集团）总公司与中国海运（集团）总公司重组而成，总部设在上海，是中央直接管理的特大型国有企业。中国远洋海运集团着力布局航运、物流、金融、装备制造、航运服务、社会化产业和基于商业模式创新的

“互联网+”相关业务“6+1”产业集群，进一步促进航运要素的整合，全力打造全球领先的综合物流供应链服务商。

中远网络物流信息科技有限公司一直是中远海集团下属的唯一 IT 旗舰公司，自 1996 年进入 IT 领域，负责整个中远集团的 IT 业务，承接集团以及国内外大中型企业有关供应链和物流系统信息管理平台解决方案的咨询、设计和研发项目。我们已经为烟草、交通运输、电信、铁路港口、汽车制造、零售、电子电器、农资等行业提供了大量优秀物流解决方案。公司成立至今，通过自身的努力，规模和经营业务范围不断扩大，技术研发水平不断提高，2009 年公司被国家发改委评为全国信息化试点单位。

公司具备并保持如下资质：

工信部认证的二级系统集成商资质；

国家认定的高新技术企业和软件企业；

已经通过 ISO 9000 认证；

国家发改委第一批全国信息化试点单位；

国家信息产业部认定的全国首批由行业信息化管理机构向信息化产业转型的 40 家试点单位之一；

国家信息产业部认定的行业信息技术应用推广服务机构示范企业；

国家发改委资助的中远集团物流新技术实验室（发改委 2006 年技术创新专项）；

国家发改委批准的 2006 年信息产业化专项和技术创新专项的实施单位；

科技部 2007 年科技支撑项目“智能集装箱”承接单位之一；

欧盟 FP-7 研究框架（2008 年）SMART-CM 项目承接单位之一；

CMMI 三级资格。

二、项目建设背景及建设方案

（一）项目建设背景

随着全球航运市场的飞速发展，中国航运产业也逐渐走上了世界舞台的顶端，与发达国家相比，我国航运业的发展仍处于起步阶段，面对竞争愈演愈烈的国际航运市场，中国航运企业所面临的来自内部环境和外部环境的压力不容忽视，主要包括全球航运市场运力严重过剩和需求不振、航运大联盟趋势造成巨大压力、国内航运市场开发带来的竞争加剧、国外贸易保护主义政策带来的压力等。

当今，在“互联网+”的新兴革命浪潮中，汇集了“云大智物移”五项技术主体，特别是自 2015 年以来，我国正式步入“互联网+”时代，同时也真正开启了大数据时代，所有的数据和信息都将汇集云端。大数据技术是众多新兴技术中的领军技术，未来的时代必定是数据时代，数据成为各行业竞争中必争的制高点。随着大数据时代的到来，对大数据商业价值的挖掘和利用逐渐成为中国航运产业争相追捧的利润焦点。航运产业利用大数据分析，能够总结经验、发现规律、预测趋势，这些都可以为辅助决策服务。

中国航运大数据平台的建立将全面贯彻党的十八届三中全会精神，顺应海运海洋经济强国的国家战略和“一带一路”战略，为航运产业的整体升级推波助澜。航运大数据平台的构建，将是大数据应用在航运领域的全新拓展，同时也是大数据全面助力航运产业链升级的重要起点。

（二）项目建设方案

1. 建设目标

（1）建设航运大数据平台。为中国船队和世界船队提供船舶调度、运力调度、航线调度、集装箱调度提供决策依据。

（2）通过数据采集和抓取技术，实现全国所有港口异构航运数据的集中管理。

（3）通过对航运数据清洗、筛选、整理，实现港口数据、船舶数据、航线数据、集装箱数据、货物数据、代理数据的及时、准确、全面展现。

（4）平台成为中国权威的集装箱进出口统计分析数据来源。

（5）通过航运现场操作及平台分析，为港口改进装卸效率提供依据。

（6）实现对未来航运市场的精准预测，并将数据服务扩展至智慧港口的建设、新造船价格指数的制定、全球航线规划布局优化等多领域，全力打造可持续发展的航运供应链生态圈。

2. 建设内容

本项目主要运用“互联网＋”大数据方法论，以实现航运业同互联网的完美结合为目的，解决在大数据时代航运业的大数据管理平台的短缺，通过对应的管理平台对客户及公司关注的部分用直观的、简洁的、具体的表现形式呈现出来。让管理层能够更方便地做出更精确的计算和具体业务调整。建设内容如下。

（1）研究在现代互联网条件下，搭建覆盖全国、涉及全国各船公司的航运大数据平台。包括：①平台的网络结构；②平台服务器的虚拟化技术；③平台的存储技术；④数据推送技术 App 和微信推送。

（2）建立数据交换平台。包括：①研究异构数据采集技术；②异构数据抓取技术；③前置机技术；④异构数据分析整理技术。

（3）研究海关报文异常回执预警及分析处置技术。

（4）分析集装箱业务特点，研究集装箱进出口指数、集装箱航线指数、集装箱装载货物分布指数。

（5）船公司航线分析研究。通过中国各口岸航线分布指数，为船公司船舶航线调整提供依据。

三、系统简介

（一）平台整体设计

图 1 为平台整体架构。

从全国各口岸公司抓取业务数据，通过 EDI 数据交换平台，把获取的报文数据存储在数据缓存区中，再通过数据处理工具（ETL）对数据进行清洗，最后把有价值的数据储存在数据存储区中，利用 BI（商务智能）平台实现数据统计分析、数据共享及业务监控功能。

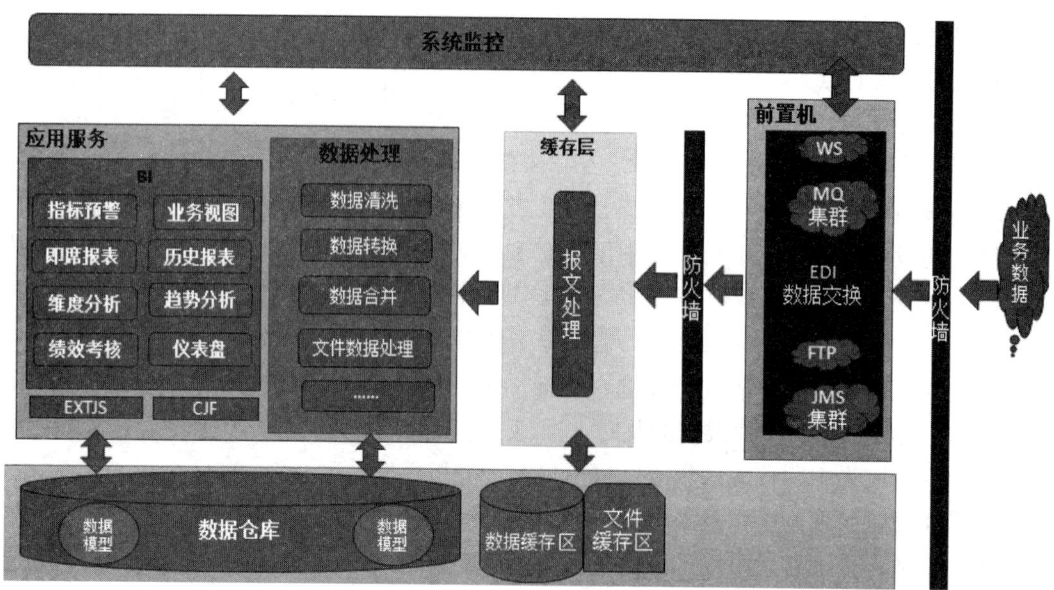

图 1　平台整体架构

另外，航运大数据项目更是融合了大数据 Hadoop 集群技术，FOCUS 系统积累的大量历史数据，需要进行处理和加工，项目采用 Hadoop 集群进行分布式处理与计算，并采用 R 语言、Maout 等通用机器学习与数据挖掘工具进行操作，并使用 Web 技术进行显示，提高客户满意等方式。

系统整体架构如图 2 所示。

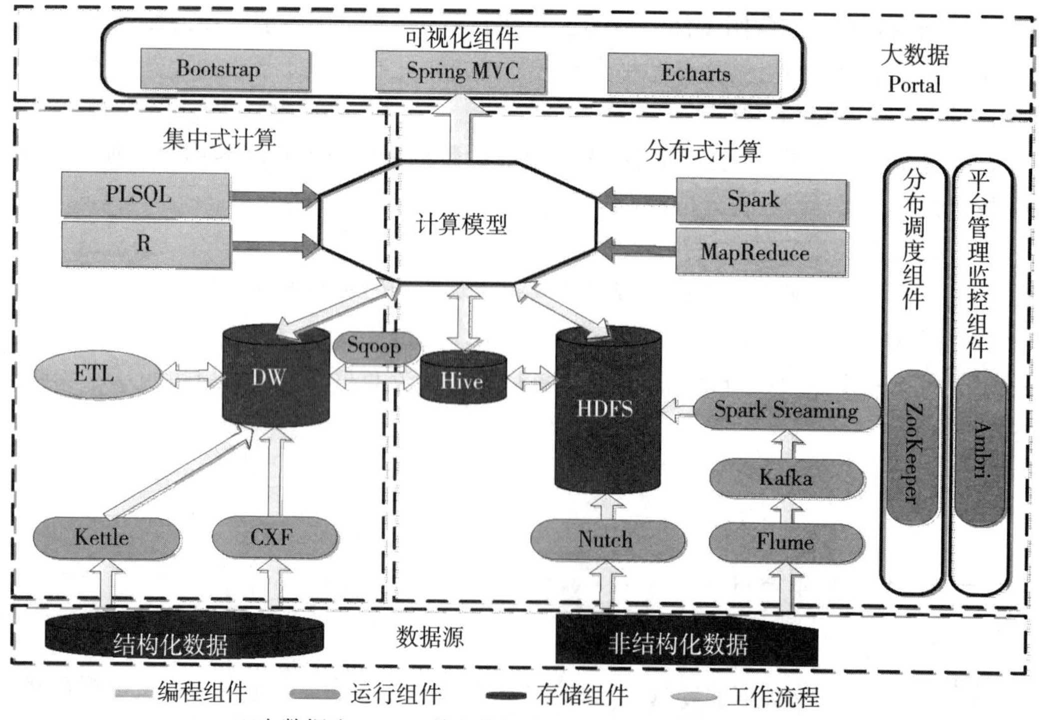

图 2　系统整体架构

（二）平台系统架构

平台系统架构如图3所示。

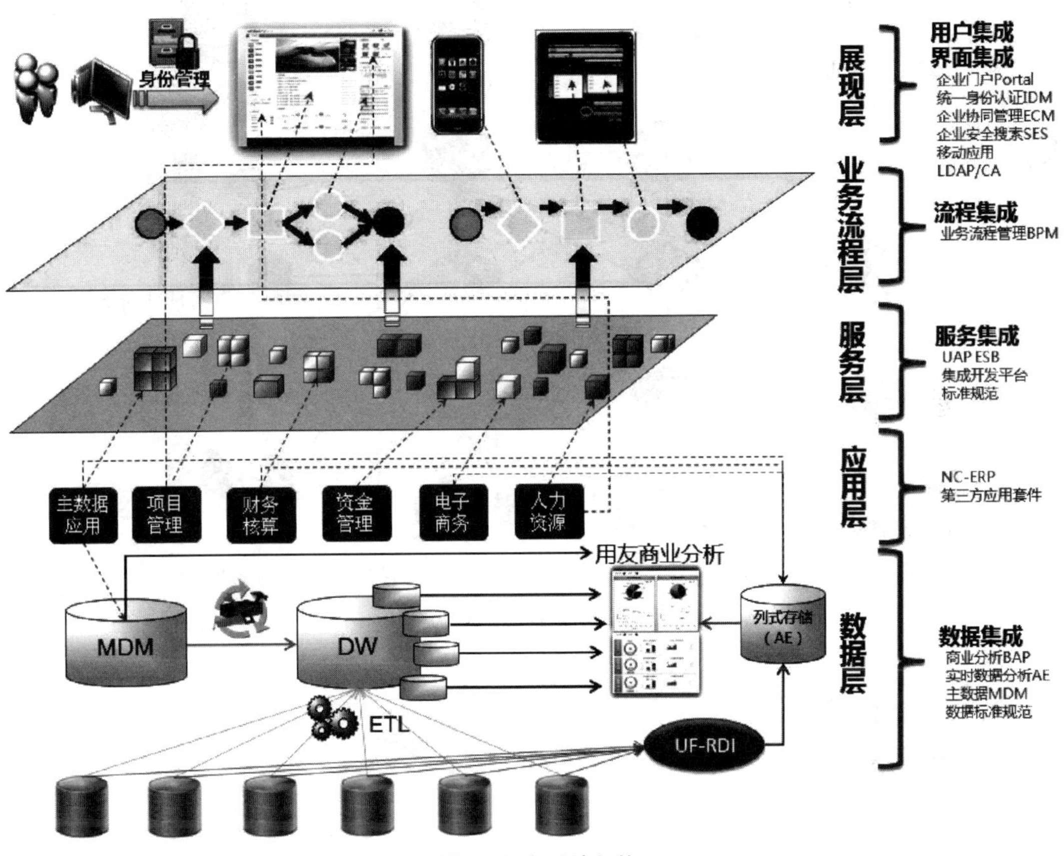

图3 平台系统架构

（三）系统网络架构

航运大数据网络架构主要分为4层，分别是接入层、汇集层、核心交换层以及服务层。接入层是数据接入的入口，即数据接口，各种数据通过埋点技术、数据挖掘技术、网络爬虫技术等进入接入层，并且在汇集层进行汇集，汇集层主要包括Hadoop Servers（分布式服务器）、DB（Data Base，数据库）以及Cloud Storage（云存储），数据到达核心交换层后，会对数据进行共享存储，数据库会对数据进行交换处理，同时网络上的数据也会通过Web Servers（网页服务器）等，通过防火墙将一些危险数据进行隔离，从而实现数据的交换以及应用。图4为平台网络架构。

（四）平台技术方案

1. 数据采集

通过调用Web Service接口、FTP（文件传输协议）、MQ（消息队列）集群等方式实现数据抽取工作。

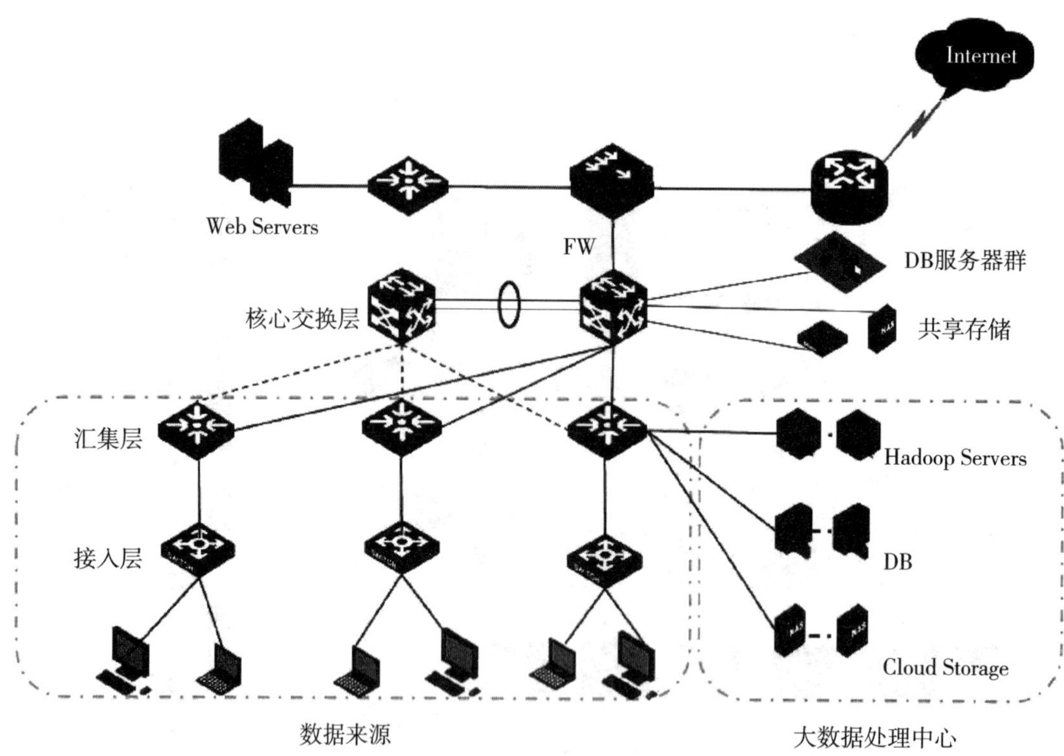

图4　平台网络架构

2. 数据处理

（1）数据抽取。

（2）数据清洗。

（3）数据转换。

3. 数据存储

把转换完成的数据存储到数据仓库中，进行持久化操作。

4. 数据分析

通过 BI 平台，按照需求对数据进行统计分析，如图 5 所示。

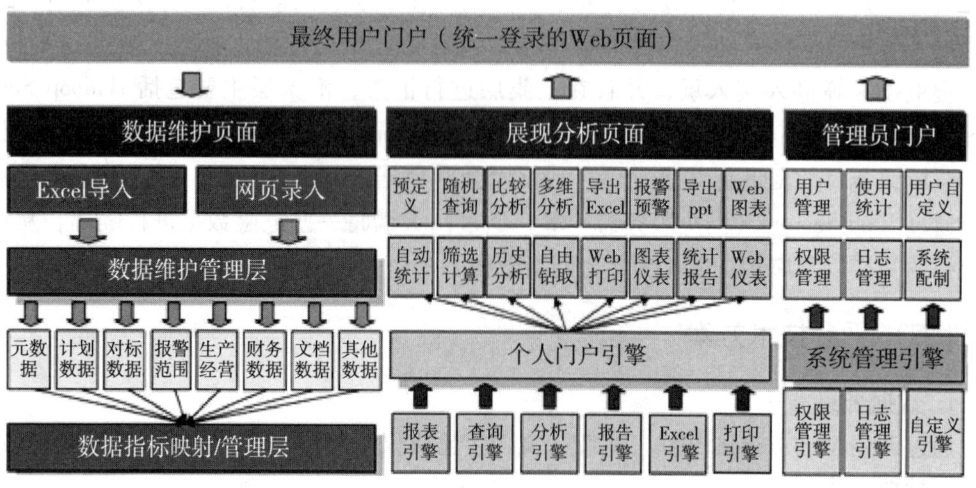

图5　平台数据分析

航运大数据平台将集装箱进出口从6个纬度提出大数据的服务理念：船舶大数据、航线大数据、港口大数据、集装箱大数据、货物大数据、代理大数据。

（1）船舶大数据：将对全国口岸所有进入中国的船公司进行集装箱进出口总排名，进行市场份额、占比分析、该船公司在所有港口的市场份额和占比排名甚至在中国所有码头的市场份额和占比，以及同比环比数据分析，为船公司布局提供决策依据。

（2）航线大数据：从全国集装箱总排名开始，通过某条航线全国口岸集装箱量排名，分析某航线在某港口各船公司集装箱排名，追溯到某条航线在某港口某船公司在各码头集装箱排名、占比和市场份额，以及某航线所有船公司集装箱出口满载率、满舱率、某航线所有船公司集装箱空箱率、某航线货物船公司排名等，为船公司调整航线提供可靠依据。

（3）港口大数据：通过对全国口岸各港口集装箱进出口量排名分析，查看各港口船公司箱量、各港口航线箱量、每条航线船公司箱量，为船公司在各港口航线布局以及船舶布局提供决策依据。

（4）集装箱大数据：统计集装箱全国港口分布排名，分析集装箱箱型分布、航线分布、吨位分布、市场占比，以及空重、中转、同比、环比的数据，为船公司集装箱调运提供决策依据。

（5）货物大数据：统计分析全国口岸货物种类、量进出口数据，分析各港口、各航线货物分布，为船公司调整航线、布局船型提供决策依据。

（6）代理大数据：代理数据的采集分析主要为船舶代理提供所代理船舶装船实时数据、海关报文审核情况，通过推送服务及时预警，避免造成损失发生。

5. 数据监控

系统以BI平台为底层基础，采用多层的结构搭建。图6为数据监控。

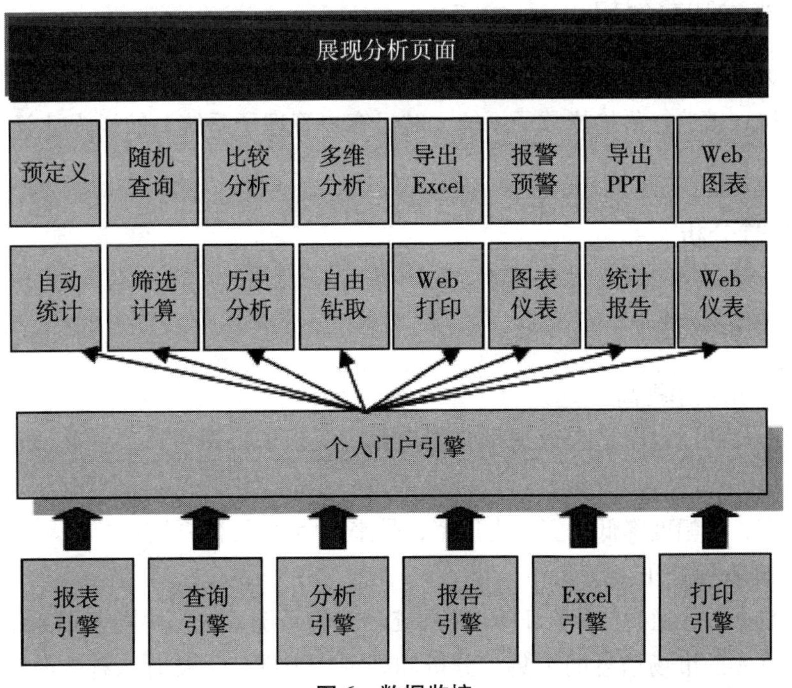

图6　数据监控

EDI 智能监控系统重点在于实现理货报告业务传输过程的全程跟踪和监控，实现和完善预警，提供分类统计报表。

（五）平台技术实现

服务交换：各口岸按照统一标准建设前置机，该前置机可以是实际的服务器，也可以是虚拟机服务器，码头前沿动态航运集装箱数据在传回该口岸航运系统同时备份到前置机中，中国航运大数据平台定时到各口岸前置机中抓取备份信息送入平台，主要用于收取各口岸的实时航运数据。图 7 为平台实现技术服务交换。

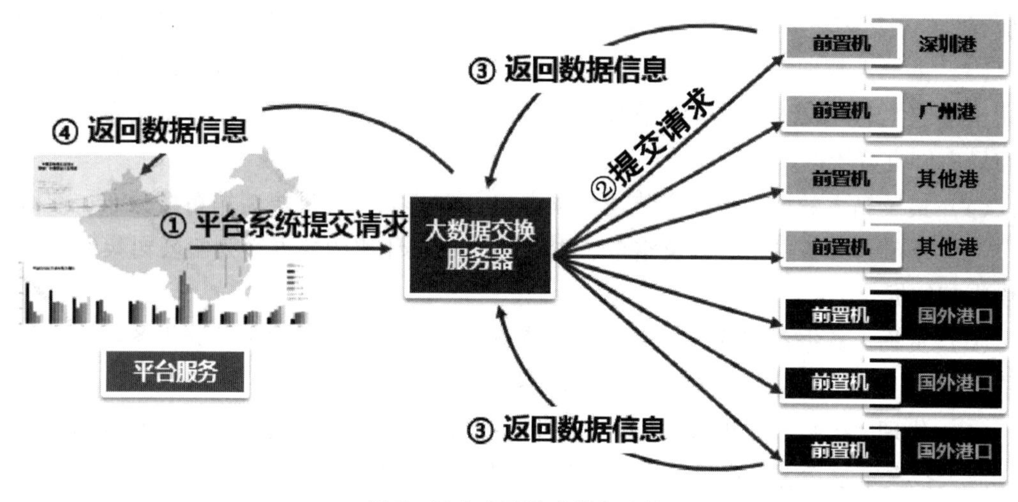

图 7　平台实现技术服务交换

（六）平台功能架构

航运大数据平台包括航运市场情报子系统、智慧港口子系统、电子海图子系统、航运气象子系统、新造船价格指数子系统、航运客户管理子系统、航运人才管理子系统等。功能架构如图 8 所示。

四、效益分析

（一）经济效益

1. 客户营销效率提高

中远海运集团通过航运大数据平台的应用，实现了公司整体层面物流信息的有效整合，并采用了先进的客户管理及营销管理手段，实现了平均库存的明显下降，客户营销效率明显提高，大幅度降低了资金占用率，带来了明显的经济效益。

2. 货品订舱量提升

航运大数据平台通过与货代 FOCUS 系统、船代系统系统、协同营销系统等的有效对接，实现了真实的市场信息的采集、分析和处理，为准确、及时、有效的客户和运营服务提供了保障。中远海运物流能够根据市场的需求快速、及时地做出物流响应，在第一

图8　平台功能架构

时间贯彻执行，并实时监控每一步物流操作和运行，提高了客户服务满意度和产品忠诚度，增强了企业产品的市场竞争能力，提升了整体订舱数量。

3. 降低风险成本

通过项目的成功实施，建立了企业级黑名单制度，并与外部工商局法院和检察院系统连接，进行及时推送信息，对航次和货代船代进行全方位的风险控制，同时通过对公司整体物流信息的有效把控，实现了整体风险控制并进行有效配置，进一步降低了中远海运的风险发生概率。

（二）管理效益

公司通过对航运数据的整合，并对整合后的数据项进行分析，得出了十分丰富的内容结论，包括：船名、航次、装卸货港、开工、定工时间、箱号、集装箱的尺寸类型、贝位号、危险品相关信息、件杂货的货类、外表状况、提单号、残损情况、重大件尺码、吨数、完整的积载图、实装货物清单、退关信息等一系列理货人员现场采集的第一手资料，进行全面的数据分析工作，提高服务质量，降低经营风险。

船公司、船代、港口等可根据航运大数据平台整合航运集装箱数据、船舶数据、航线（航次）数据、码头数据、泊位数据等，从而实现对理货系统的优化升级，更好地管理理货系统的各个细节，实现更优的管理效益。

（三）社会效益

中远集团响应国家的号召，建立了贯穿整个航运产业的一站式航运大数据服务平台。其中，基于客户画像的客户群分析、BI 数据的展示等都是航运大数据的重点，航运大数据的建立和实施可在理货物流行业起到带头作用。

五、经验与体会

我公司通过对中国航运大数据平台的成功实施，进一步体会到了未来航运信息化的发展和前进方向。在中远集团的指引下，我公司深刻认识到，未来的企业信息化建设要实现两个飞跃。

1. 实现航运行业转型升级的飞跃

一是目前在国内行业政策发生了一些变化，从而导致航运企业面临强大的市场竞争压力。二是航运法律法规不完善，强制航运业缺乏强有力的政策保障。尽管我国针对航运行业进行了体制改革，但并没有建立完善的法律，与其他法律法规不协调；三是航运行业必须加快研讨航运政策调整对行业带来的影响，早做筹划，加快信息平台建设进度，积极推动行业转型升级。四是国际经济形势的不确定性促使航运集装箱行业转型升级。自世界金融危机爆发以来，国际主要经济体经济增速下滑，中东、北非乱局此消彼长，国际金融市场动荡不已，全球贸易增速大幅减缓，世界经济复苏的不稳定性上升。

2. 实现适应现代物流技术发展的飞跃

在现代智能物流蓬勃发展的今天，在海关、货代公司、船代公司、港口码头信息化建设取得重大成果的同时，传统的航运物流业务运作模式和服务能力已经无法适应航运市场的需要。因此，通过航运大数据平台，航运物流业务要实现业务模式和服务方式的改革创新，加快信息化建设步伐，提升服务能力，为客户提供货物运输各节点的即时运输动态查询服务及运输异常预警提示服务。

鞍钢股份有限公司物流管理中心：鞍钢股份物流财务共享2.0系统

一、企业简介

鞍钢股份有限公司（以下简称“鞍钢股份”）于1997年5月8日由鞍山钢铁集团公司独家发起设立，并于1997年分别在香港联交所（股票代码：0347）和深圳证券交易所（股票代码：000898）挂牌上市，注册资本为72.34亿元。鞍钢股份是国内最大的钢铁生产和销售企业之一，拥有烧结、焦化、炼铁、炼钢、轧钢等完整的钢铁生产流程及配套设施，主要产品涵盖了热轧板、冷轧板、镀锌板及彩涂板、中厚板、大型材、线材、无缝钢管、冷轧硅钢等，汽车板、家电板、集装箱板、造船板、高速重轨等产品在国内居于主要地位。鞍钢股份产品生产实现了系列化、规模化和高附加值化，产品广泛应用于铁路、造船、汽车、家电、石油化工、电力等领域。2015年度鞍钢股份生产铁2079万吨、钢2051万吨、钢材1893万吨，产销率为100.9%。

共享服务理念是随着企业管理方式日趋多元化和现代化而产生的，满足了企业精细化管理的需求，已在拥有多个相对独立成员企业的集团公司中得到充分普及，并实现了其既定目标：成本的降低、管控力度的提高以及主营业务的大力发展等。但财务共享服务中心的价值创造潜力可进一步挖掘。鞍钢股份有限公司物流管理中心（以下简称“物流中心”）是鞍山钢铁集团公司国内物流业务的管理和运行平台，业务覆盖范围涉及汽车运输管理、铁路运输管理、海路运输管理，仓储管理（成品库、原燃料场、港存物料、内贸现货仓储）、包装、加工等核心业务。因此，鞍钢股份物流管理中心分析了财务共享服务中心面临的宏观经济环境以及其本身的特点，构建并实施了物流财务共享系统，为企业及其供应链伙伴与股东创造价值的同时取得了良好的社会效益。

二、项目建设背景

（一）是实现钢铁企业战略目标落地的支撑保障

面对产能过剩的钢铁市场竞争压力，钢铁企业只有依靠创新来实现低成本、高效率，整合全球的资源，使其进行最优配置助力企业更具有竞争力，实现企业的战略目标落地。因此，更多的钢企管理者把目光转向财务共享服务管理运作模式，目的是提高运营效率、价值创造能力、降低运营成本以及提高对内外部客户的服务质量。对于鞍钢股份而言，实施物流财务共享2.0系统建设，应用基于运营大数据的业财融合技术可以为其进行战略决策支撑、业务创新支撑、服务优化支撑、风险管控支撑，提升企业集团物流管控力度与水平；实施“会计工厂”流水线作业提升会计核算的标准化、智能化、集成化水平，并可快速复制标准化的财务管理模式支撑企业快速增长扩张需求；开展费用预算管控创新提高企业决策支持能力。

（二）是落实钢铁企业财务战略转型的迫切需求

钢铁企业物流财务战略转型就是要从传统意义的会计核算、资金结算转型为具备资源配置、预算管理、绩效管理、资本运作、决策支撑等高端职能、满足企业管理的需求。这就对能发挥财务高端职能作用、实现财务流程作业改革、助力生产规模化的财务共享服务模式提出了迫切要求。鞍钢股份物流财务共享2.0系统建设，建流程、立标准驱动业务，并利用税务、预算等专业知识创造价值；依托SAP系统批量复杂清账功能提升资金管控水平，实现资金精准投放，并为供应链合作伙伴提供高品质服务体验。

（三）是优化钢铁企业物流风险管控的必然选择

目前，钢铁企业已建立了包括制度、机构、程序在内的风险管理和内部控制体系并取得了一定成效。实施物流财务共享2.0系统建设，能进一步完善并提升其物流风险管控水平，一方面，通过对关键风险事项的事前、事中、事后的量化分析，强化全过程管控；另一方面，物流财务共享系统凝聚企业信息智慧实现了与业务运行系统的对接，为以内部控制风险为导向的全面审计管理提供技术保障，审计人员可利用钢铁企业业务下位系统物联网技术上传的过程控制信息和财务共享信息实现实时审计，这些都促使其成为优化钢铁企业运营风险管控的必然选择。

三、解决思路

鞍钢股份以物流财务共享2.0和业财融合为基础，以优化共享服务体验和挖掘价值创造潜力为目标，以稳健的风险控制为核心，以先进的云计算、大数据、物联网等智能化信息技术为支撑，实施物流财务共享2.0系统建设，整合物流财务资源、规范财务运作、优化业务流程、实施创新驱动、提供专业服务，提升信息整合力、价值洞察力、决策支持力、风险管控力四项财务核心能力，促进鞍钢股份物流财务体系平稳转型，实现战略财务专业化、共享财务集中化、业务财务一体化的有机结合，走出一条“定位准、服务好、效率高、流程简、绩效优”的创新路。主要做法如下。

1. 明确财务共享服务中心物流结算处的定位

鞍钢股份建立财务共享服务中心物流结算处的定位主要就是为了能够加强物流的财务管理，将物流财务转型成为能够适应企业财务战略发展的形态。在鞍钢股份物流业务发展过程中随着财务共享服务中心物流结算处的深入建设，财务共享服务中心物流结算处终究能够成为企业物流运作中重要的战略服务者。

2. 理顺财务共享服务中心相互的关系

在鞍钢股份建立财务共享服务中心物流结算处的过程中，首先，改变物流财务人员的传统服务观念，将现代服务至上的理念贯穿在服务当中，使其拥有共同的发展意识和认知；其次，明确企业物流的管理体制和框架，并由计划财务部负责统筹组织共享中心项目建设工作，在服务交叉的部分实行相互衔接并进行扁平化的管理；最后，制定相应的管理监督机制，并做出解决应急问题的制度和预案，以此达到提高企业物流服务质量的目的。

3. 分析物流财务流程重组的关键因素实施流程再造设计

一是分析物流财务流程重组，实施组织架构再造。构建战略财务、共享财务、业务财务组织单元并确定相应职能，将核心财务职能集中到计划财务部，将会计核算、资金结算交易处理赋予财务共享中心物流结算处。二是分析财务流程重组的重心——业务流程，实施业务流程建设。对企业物流原有的财务流程和整体业务流程进行梳理和评价，以物流财务业务一体化、物流财务业务远程处理、内嵌风控管理为原则实施流程建设，为企业物流长期的业务流程变革奠定坚实基础。三是分析物流财务流程重组的导向—客户诉求，开展创新驱动设计。明确以客户需求为导向的财务流程重组，将价值、权力、责任的分配等要素作为一个系统的构成，建立面向客户诉求、由财务驱动向业务驱动，更进一步向数据驱动转变的创新驱动财务流程建设，改善对客户的服务质量和服务水平，从而达到建立最优业务流程的目的。四是分析物流财务流程重组的基础——制度体系，统一财务政策和制度。根据外部和内部的环境建立规范的制度体系和统一的核算标准，并建立规范、简洁的核算流程标准和基础管理工作标准。五是分析物流财务流程重组的支撑——信息系统，开展信息化平台建设。搭建具有跨系统连接、数据交换处理、影像扫描、非集成业务处理并保障会计信息数据安全功能的财务共享信息平台，满足财务面向跨区域、多组织架构、业务多元化的转型需求。

四、信息化解决方案

（一）系统总体设计方案

物流费用分为销售、采购、生产及服务几种类型，其中大部分基于合同管理。用户根据合同号发起业务流程，系统根据选择的合同子项目可以自动带出合同相关数据，业务人员补充录入信息后生成业务签证单用于代替原纸质签证单。走物流管理中心专用审批流程。发起业务记录合同编号，系统可以统计合同执行情况、印花税报表。

通过接口与港口物流系统集成，接收其费用信息。自动生成合同与签证信息后通过财务共享物流专用流程审批后进行核销。

（二）系统集成设备及系统软件设计

1. 合同管理

（1）合同主项录入与管理。物流管理中心计划管理部人员可单条录入或 Excel 批量导入合同主项信息。合同信息由两部分组成：合同主项与合同子项，为 1 对 N 关系。一个合同主项下可以有 N 条合同子项。系统通过对合同主项生成唯一编码关联主项与子项。

合同主项包含的内容为合同主项编码：由计划部人员编制的合同主项唯一编码；合同主项名称：由计划部人员编制的对合同主项信息的描述性文字；供应商：一个合同主项有且只对应一个供应商，供应商必须是SAP系统中存在的供应商，开户行与银行账号从SAP供应商主数据中获取；商务合同号：由计划部人员自定义，可以为空。

对合同主项的控制（见图1）：合同主项在由计划部员工编辑时各厂矿的业务人员不能查看使用该合同主项；合同主项在计划部员工编辑完成检查无误递交后，合同主项信息即可以使用；录入人员不可以再编辑此合同主项，但可以添加合同子项；递交后合同主项只能由专门的领导权限在合同被使用前进行直接修改；递交后如果合同主项已经被使用只能由专门的领导权限进行停用操作，厂矿业务人员则不能查看使用该合同发起业务。

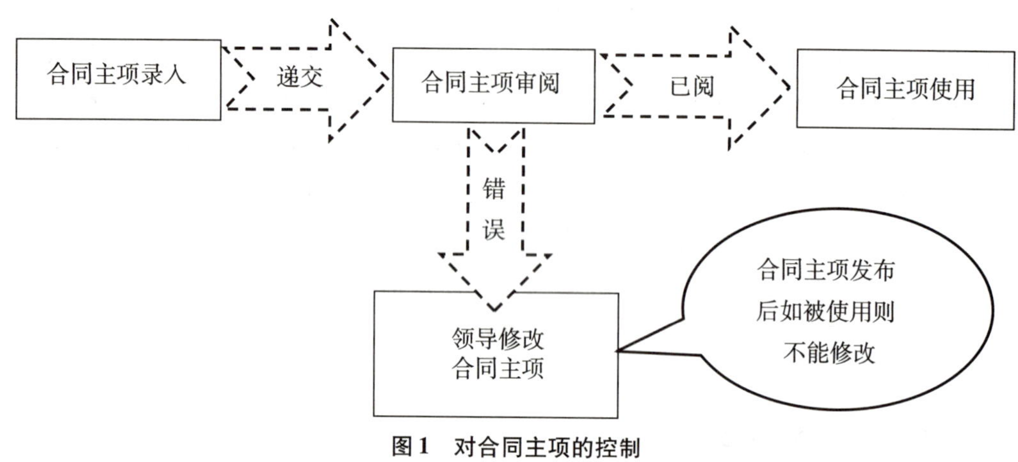

图1 对合同主项的控制

物流计划部员工有三种录入子项的方式：选择一条合同主项后录入主项的合同子项；直接录入，但必须准确录入合同主项编码；直接通过Excel模板导入合同子项。

合同子项包含如下内容。合同主项编码：必须存在于报支系统中并且与合同主项编码一致；合同子项编码：由计划部员工定义并且必须唯一；合同子项描述：由计划部员工定义对此子项的文字描述；单价、金额：由计划部员工录入不能为空，可以为0；计量单位：由计划部员工录入；税率类型：由计划部员工选择系统中已经存在的类型，类型与SAP参考代码5对应；税率：根据税率自动带出；货主：由计划部员工从系统专门字典中选择；服务对象：由计划部员工从系统专门字典中选择；物流模式：由计划部员工从系统专门字典中选择；合同性质：由计划部员工从系统专门字典中选择；贸易方式1：由计划部员工从系统专门字典中选择；贸易方式2：由计划部员工从系统专门字典中选择；品名小类：由计划部员工从系统专门字典中选择；品名大类：由计划部员工从系统专门字典中选择品名小类后自动带出；合同期限：日期型选择格式为YYYY－MM－DD；费用类别：由计划部员工从系统专门字典中选择；估价入账：由计划部员工从系统专门字典中选择；合同类别：由计划部员工从系统专门字典中选择。系统根据此类别计算印花税，用于后续统计；成本中心编码：由计划部员工从系统专门字典中选择，与SAP成本中心编码一致；作业时间/抵港日期：由计划部员工以文本形式录入；作业地点：由计划部员工以文本形式录入；品种：由计划部员工以文本形式录入；车号/船名：由计划部员工以文本形式录入；车型航次号：由计划部员工以文本形式录入；贸易方式：由计划部员工以文本形式录入。

对合同子项的控制（见图2）：合同子项在由计划部员工编辑时各厂矿的业务人员不能查看使用该合同子项；合同子项在计划部员工编辑完成检查无误递交后，合同子项信息即可以使用；录入人员不可以再编辑此合同子项主要内容，只可编辑子项附属信息；递交后合同子项只能由专门的领导权限在合同被使用前进行直接修改；递交后如果合同子项已经被使用只能由专门的领导权限进行停用操作；厂矿业务人员则不能查看使用该合同子项生成签证单。

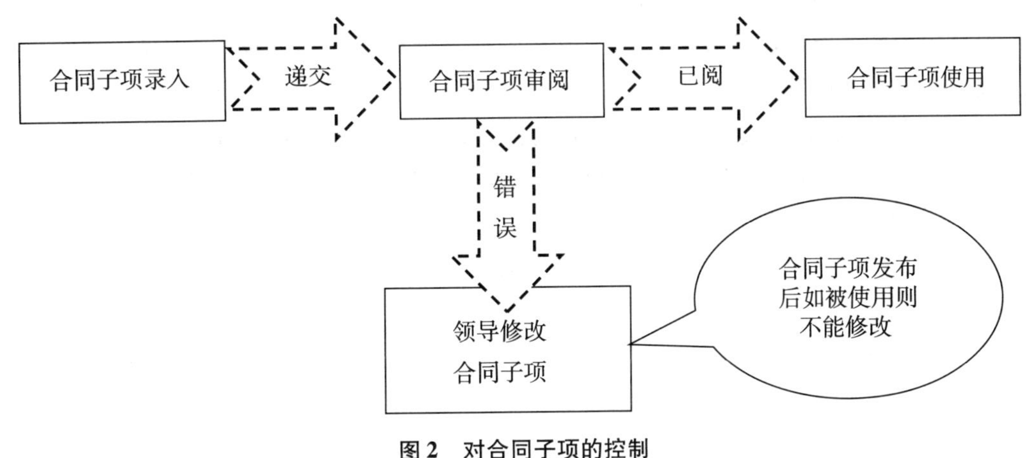

图2　对合同子项的控制

合同子项字段需要的字典：货主、服务对象、物流模式、合同性质、贸易方式1、贸易方式2、品名小类、估价入账。

（2）港口物流系统接口。报支系统接收港口物流系统信息。信息由产线核销明细表和航次信息明细表（PDF）组成。

产线核销明细表信息接收规则与逻辑：以表格数据形式传输，主键信息为批次编码、合同编码、产线码。批次编码由9位数字组成（160608003）——年2位+月2位+费用代码位+序号3位。

财务报支系统接收到信息后首先判断批次编码第5位和第6位，以此为条件判断对应的合同信息。信息接收完毕后把港口物流合同编码+供应商编码+批次号第5位和第6位定义为报支系统中的合同主项编码，自动形成合同主项信息，状态为已递交，不需要计划部人员手工操作。如果是02的为船运费没有合同编码，合同编码固定命名为船运费。

港口物流产线核销明细表中产线编码与财务报支系统中成本中心建立对应关系，接收到的产线编码自动转换为成本中心编码，如果产线编码为$表示没有产线不进成本中心。

如果接收到的物流产线核销明细表信息中合同编码为$并且批次号第5位和第6位不

是02的表示为各项目代理费。合同编码生成规则为：年份+船运费+供应商编码+项目代码+代理费。

由港口物流传递的合同子项由计划部人员按照费用类别（例如：目的港杂费、船运费、港杂费、铁杂费、理货费、仓储费、苫盖费、港建费、中转费、中转港杂费、保险费）方式分别录入合同子项目中。在港口物流传递信息时增加物流模式（汽运进港、铁运进港）到物流产线核销表中。

如果港口物流信息有错误，通过接口触发删除共享已经接收数据；如果信息已经使用则不可操作。

厂矿业务发起签证单录入与生成：厂矿业务人员通过合同编码查询到对应的合同主项。选择合同主项对应的合同子项条目后自动生成签证单行项目，根据实际业务情况修改行项目数量、金额和其他信息，形成签证单数据。

合同主项的选择：业务人员通过录入合同编号模糊查找到系统中存在的合同主项，确认发起业务时间后发起业务。

签证单抬头数据生成如下。发货单位：默认为发起业务单位全称，发起人可认修改；收货单位：默认为发起业务单位全称，发起人可认修改；承揽单位：默认为选择的合同主项主要供应商编码，显示供应商名称，不可修改；合同号：默认为选择的合同主项合同编码，不可修改；签证日期：发起人手工选择，默认为发起当天。

签证单行项目数据生成：打开合同子项列表，发起人勾选需要的合同子项，确认后系统自动把合同子项上的信息带入签证行项目中。发起人双击签证单行进行修改数量等需要的内容后保存。

签证单行项目修改如下。单价不等于0的：只能录入数量，单价×数量=金额；单价等于0的：数量录入、金额录入，金额/数量=单价；税额根据税率自动计算得出，与实际有偏差的手动调整；金额（不含税）=金额-税额。

港口物流签证单生成：物流港口业务管理业务人员通过录入港口物流系统批次号查询到对应的业务信息发起结算业务。财务报支系统自动查找港口物流产线表，对应生成签证单抬头数据与行项目数据。

（3）成本中心分配规则。

港口物流生成业务：物流签证单录入完成后，如果是港口物流触发生成的业务，成本中心金额直接由签证单中的成本中心编码分类汇总不含税金额生成，不需要业务人员手工调整。

非港口物流生成业务：厂矿发起的业务如果是生产类的，由发起人手动分配各成本中心金额，系统验证是否与签证单不含税金额一致；如果是采购类业务默认为不需要成本中心；如果是销售类业务按照事先由业务人员指定好的成本中心列表显示，由发起人手动分配各成本中心金额，系统验证是否与签证单不含税金额一致。

物流费用类型如下表所示。

物流费用类型

wl00101	物流费用—生产监管铁路运费——灵山铁路局发票
wl00102	物流费用—生产监管铁路运费——其他单位铁路发票
wl002	物流费用—生产监管公路运费
wl003	物流费用—生产监管保产作业费协力
wl004	物流费用—生产监管保产作业费外委
wl005	物流费用—生产监管装卸费用
wl006	物流费用—生产监管管道输送费
wl007	物流费用—生产监管租赁费
wl008	物流费用—采购原燃料采购矿石煤炭回运本部港杂费
wl009	物流费用—采购原燃料采购矿石煤炭回运本部检验费
wl010	物流费用—采购原燃料采购矿石煤炭回运本部船运费
wl011	物流费用—采购原燃料采购矿石煤炭回运本部铁运费
wl012	物流费用—采购原燃料采购矿石煤炭回运本部铁运代理费
wl013	物流费用—采购原燃料采购矿石煤炭回运本部汽运费
wl014	物流费用—采购原燃料采购矿石煤炭回运本部保险费
wl015	物流费用—采购原燃料采购（钢坯、钢材、焦炭等）回运本部汽运费 ERP
wl016	物流费用—采购原燃料采购菱镁石回运本部汽运费 ERP
wl018	物流费用—采购原燃料采购加工承揽货款 ERP
wl019	物流费用—采购采购综合费 ERP
wl020	物流费用—采购原燃料采购物流费用暂估入账 ERP
wl021	物流费用—采购原燃料采购废钢回运本部港杂费 ERP
wl022	物流费用—采购原燃料采购废钢回运本部检验费 ERP
wl023	物流费用—采购原燃料采购钢坯回运本部船运费 ERP
wl024	物流费用—采购原燃料采购废钢回运本部汽运费 ERP
wl02501	物流费用—销售费用—钢架维修费
wl02502	物流费用—销售费用—钢架挑选费
wl026	物流费用—销售费用—运费—公路—转库
wl027	物流费用—销售费用—仓库保管费
wl028	物流费用—销售费用—运费—公路—到岸
wl02901	物流费用—销售海运费到岸—过驳费

续　表

wl02902	物流费用—销售海运费到岸—海运费
wl030	物流费用—销售海运费到岸—仓储费
wl03101	物流费用—销售海运费到岸—港杂费
wl03102	物流费用—销售海运费到岸—理货费
wl03103	物流费用—销售海运费到岸—铁杂费
wl03104	物流费用—销售海运费到岸—目的港杂费
wl03105	物流费用—销售海运费到岸—苫盖费
wl03106	物流费用—销售海运费到岸—中转港杂费
wl032	物流费用—销售苫盖费
wl034	物流费用—销售费用—运费—铁路—转库
wl035	物流费用—销售费用—运费—铁路—厂内
wl036	物流费用—销售海运费到岸—保险费
wl037	物流费用—销售海运费到岸—港建费
wl038	物流费用—销售捆绑加固作业费
wl040	物流费用—销售外部铁路运费—出口
wl041	物流费用—销售外部铁路运费—国内
wl04201	物流费用—销售外部铁路运费—代结算处
wl04202	物流费用—销售外部铁路运费—代化工
wl04203	物流费用—销售外部铁路运费—代鲅鱼圈
wl043	物流费用—销售费用—销售租赁费
wl048	物流费用—应收客户代理费收入
wl056	物流费用—采购应收客户代理费收入
wl058	应收鞍钢股份鲅鱼圈钢铁分公司内贸煤船运费
wl044	物流服务—收入收原燃料采购矿石煤炭废钢回运鲅鱼圈新厂运输费
wl057	物流服务—收入收原燃料采购矿石煤炭废钢回运鲅鱼圈新厂代理费
wl045	物流服务—成本原燃料采购矿石煤炭废钢回运鲅鱼圈新厂保险费
wl046	物流服务—成本原燃料采购矿石煤炭废钢回运鲅鱼圈新厂港杂费
wl047	物流服务—成本原燃料采购矿石煤炭废钢回运鲅鱼圈新厂检验费
wl049	物流费用—销售费用—返厂车处理费
wl050	物流服务—货运代理收入（两票制）

续 表

wl051	物流费用—销售费用—运费—公路—钢架运输
wl052	物流费用—销售费用—运费—公路—出口
wl053	物流费用—管理费用—费用—研究与开发费—新产品试制费
wl054	预收账款—外—退余款
wl055	预收账款—鞍子—退余款
wl059	其他应付—外—公路运费
wl060	物流费用—采购原燃料采购煤炭、废钢回运本部铁运费 ERP
wl061	物流费用—保险费—出口
wl062	物流费用—保险费—到岸价
wl063	物流费用—销售服务费—出口经营费
wl064	物流费用—应收鞍钢股份鲅鱼圈钢铁分公司矿石煤炭废钢铁运费
wl065	物流费用—包装费

（4）物流业务统计查询。物流管理人员按照开始年份、开始月份、结束年份、结束月份、发起单位、发起人员、流程状态、合同编码、供应商、品种等查询条件查询系统中与物流费用有关的业务流程状态、当前步骤审批人、合同主项信息、签证单信息、对应的合同子项信息，可以导出 Excel。

（5）物流印花税统计报表。物流财务人员按照年份月份查询印花税金额。系统按照签证单中选择的合同子项合同类别统计汇总各税率印花税所得额和应贴印花税税额。

2. 费用挂账与审批

（1）物流费用——生产。全部由生产单位发起，票据都需扫描。处理方式同费用报支。审批流程从厂矿起六级审批，向 SAP 抛账。

（2）物流费用——采购。未来不在任何采购系统中核算的费用。未来全部由业务部门发起，票据都需扫描。处理方式同费用报支。审批流程从业务部门起六级审批或三级审批，六级审批为业务部门自己审定，向 SAP 抛账。

ERP 采购系统使用之前全部由业务部门发起，票据都需扫描。处理方式同费用报支。审批流程从业务部门起六级审批或三级审批，六级审批为业务部门自己审定。财务核算人员手工输入小采购系统，小采购系统向 SAP 抛账（会计科目有所不同，具体科目见详细设计）。ERP 采购系统使用后全部由业务部门发起，票据都需扫描（票据的来源看未来的采购系统，如果未来的采购系统可以出据，数据及原始单据从未来的采购系统采集，外来单据扫描）。

（3）物流费用——销售。目前不在任何系统中核算的费用。未来全部由业务部门发起，票据都需扫描。处理方式同费用报支。审批流程从业务部门起六级审批或三级审批，六级审批为业务部门自己审定，向 SAP 抛账。

目前在 ERP 产销系统中核算的费用。未来全部由业务部门发起，票据都需扫描（数据及原始单据从 ERP 系统采集，外来单据扫描）。处理方式同费用报支。审批流程从业务部门起六级审批或三级审批，六级审批为业务部门自己审定，向 SAP 系统抛账。

在港口物流系统中核算的费用。未来全部由业务部门发起，票据都需扫描（数据及原始单据从港口系统采集，外来单据扫描）。处理方式同费用报支。审批流程从业务部门起六级审批或三级审批，六级审批为业务部门自己审定，向 SAP 系统抛账。

（4）物流服务——收入。线下根据业务部门的单据，财务向客户开具发票。全部由业务部门发起，票据都需扫描。处理方式同费用报支。审批流程从业务部门起六级审批或三级审批，六级审批为业务部门自己审定，向 SAP 抛账。

（5）物流服务——成本（同费用报支）。采购物流服务成本。全部由业务部门发起，票据都需扫描。处理方式同费用报支。审批流程从业务部门起六级审批或三级审批，六级审批为业务部门自己审定，向 SAP 抛账。

销售物流服务成本。全部由业务部门发起，票据都需扫描。处理方式同费用报支。审批流程从业务部门起六级审批或三级审批，六级审批为业务部门自己审定，向 SAP 抛账（会计科目有所不同，具体科目见详细设计）。

（6）物流其他包括定金收取、转付、成品库配送保证金收取、核销等，在线下财务人员开具发票后转交给业务人员。全部由业务部门发起，票据都需扫描。处理方式同费用报支。审批流程从业务部门起六级审批或三级审批，六级审批为业务部门自己审定，向 SAP 抛账。

五、管理创新

（一）影像管理

针对财务共享服务中心应用的影像模块主要解决影像的采集、传递和业务处理问题。对于不同的财务共享服务而言，影像的采集和传递是通用的。将纸面单据扫描，生成电子影像替代纸面单据作为流转的要素，以信息系统承载业务处理流程，以电子流程替代传统财务纸面流程。影像管理模块在财务共享服务应用中解决了票据实物流转、原始凭证调阅、离岸处理、业务处理分工和效率的问题。业务处理环节对于不同的业务有着定制组件，以最大限度地对该业务提供辅助支持。

票据影像模块包括 4 个主要功能：影像采集、影像传输、业务处理和信息调用。其中影像采集包括影像扫描、条码识别和文件分组功能；影像传输包括影像上传和影像退回及修正功能；业务处理包括任务分配、业务处理和考核统计功能；信息调用包括影像调用和数据调用功能。

（二）资金管理

财务共享服务中心包括核算共享和资金共享。资金管理系统涵盖了账户管理功能、资金计划管理功能、银企互联功能、票证管理功能、资金监控功能、现金流预测功能，以及对异地子公司资金调动、管控与财务对账功能等。资金预算、审批、支付各环节依托系统实现，确保资金制度有效执行；强化资金管控，有效防范风险，实现公司的 SAP

系统、业务系统、银行系统贯穿，实现资金管理的无缝对接，为公司的资金管理和运作提供有效支撑。

(三) 电子档案

电子档案系统是财务共享模式下的重要信息系统之一，通过代码管理技术，将原始单据影像信息、领导签审信息和财务凭证信息进行对应，主要解决了票据实物流转的问题、原始凭证调阅的问题、业务处理的分工和效率问题，实现企业实体档案的信息化管理，将企业的电子档案和实体档案进行联动管理。

费用审批、个人报销审批与现行鞍钢集团OA系统相连接，实现在线提示，移动审批功能。

六、主要效益分析

(一) 取得显著的经济效益

通过财务共享2.0系统使用，公司物流经济指标明显上升，2016年物流管理中心共降低物流费用7亿元/年。

(二) 财务转型、管算分离

将财务与会计、管理与核算分离，划分为战略财务、共享财务、业务财务，实现业务协同、信息共享，提升财务管理和会计核算水平。

(三) 公司竞争力显著增强

该系统建设以来鞍钢股份竞争力显著增强。一是财务共享工作为鞍钢股份提供战略决策支撑、业务创新支撑、服务优化支撑，提升其管控力度与水平、支撑其快速增长扩张需求；二是财务共享业务的开展提升了鞍钢股份物流业务风险防范能力，企业信誉和顾客满意度稳步提高，创造了良好的社会效益；三是作为鞍钢股份的物流财务集成芯片、财务共享日常业务集中处理，财务资源整合，总体职能向广阔和纵深发展，为企业发展做出决策支持，使财务在共享管理中直接体现出价值增值；四是财务共享优化了工作流程、促进账务合规，提高了财务工作效率，降低了运营成本。在经济指标方面，因同质化合并，标准化作业，实现人力资源规模效应；因实现网上审批、数据实时传输，打破空间障碍，减少了审批流程所需时间；业务集中处理、流程简化，明确归口管理人员，提高了工作效率，业务处理效率整体提高34%；财务共享对业务支撑，在物流体系上表现为2016年数据驱动业务为物流降本增效7亿元。

七、主要体会、经验与教训

(1) 作为物流财务系统的设计，必须贯彻系统规划、统筹兼顾、强本简末、量力而行、重点突破、流程再造、科学选比、整体推进、早见成效的原则。实施中不但领导对系统开发工作绝对支持，团队还必须遵循科学整合、深入实际、打破常规、集中力量、集中时间、划小单元、分兵拓展、交叉作业的方略。

（2）通过鞍钢股份物流财务共享 2.0 系统的有效运行，实现了系统整合、集中一贯、精干高效的管理。同时也解决了鞍钢业务如何向满足核心客户需求的物流服务模式转变。

（3）通过团队的携手并肩努力提高了物流财务的效率，规范了操作标准，使收付款更清晰，有效提升了客户服务价值感知度。

（4）鞍钢股份在实施物流财务共享 2.0 价系统建设中，除了运用大量的国内外先进财务管控技术和信息化技术以外，还大胆创新，支持全流程实时审计的物流财务共享技术、以合同管理为主线的业财融合匹配技术、物流成本管理技术等属国内首创，为财务共享管理技术的创新和发展起到了促进和引领作用。

八、下一步改进方案、设想、建议

共享服务全新的管理模式，需要一支高精尖的专业化的财务核算队伍。通过引进外部专家和共享服务中心内部互动培训的方式，对员工进行全方位的技能培训，培训内容包括信息化系统、岗位技能、核算流程、财务核算技能、税务风险等多元化的专业技能培训。在提高员工的操作技能和专业技能的前提下，必须有效保证共享服务及时、准确的服务。实现财务职能由交易处理向决策支持转变，实现财务核算的标准化、低风险、高效率，日常交易处理的财务集中服务，使财务能够更加专注于实现高增值的财务决策支持服务，并提升风险管控水平。下一阶段，鞍钢股份将更加致力于将财务共享服务中心打造成国内一流的开放式的外包核算化会计工厂，成为业界的风向标，为企业持续健康发展贡献力量。

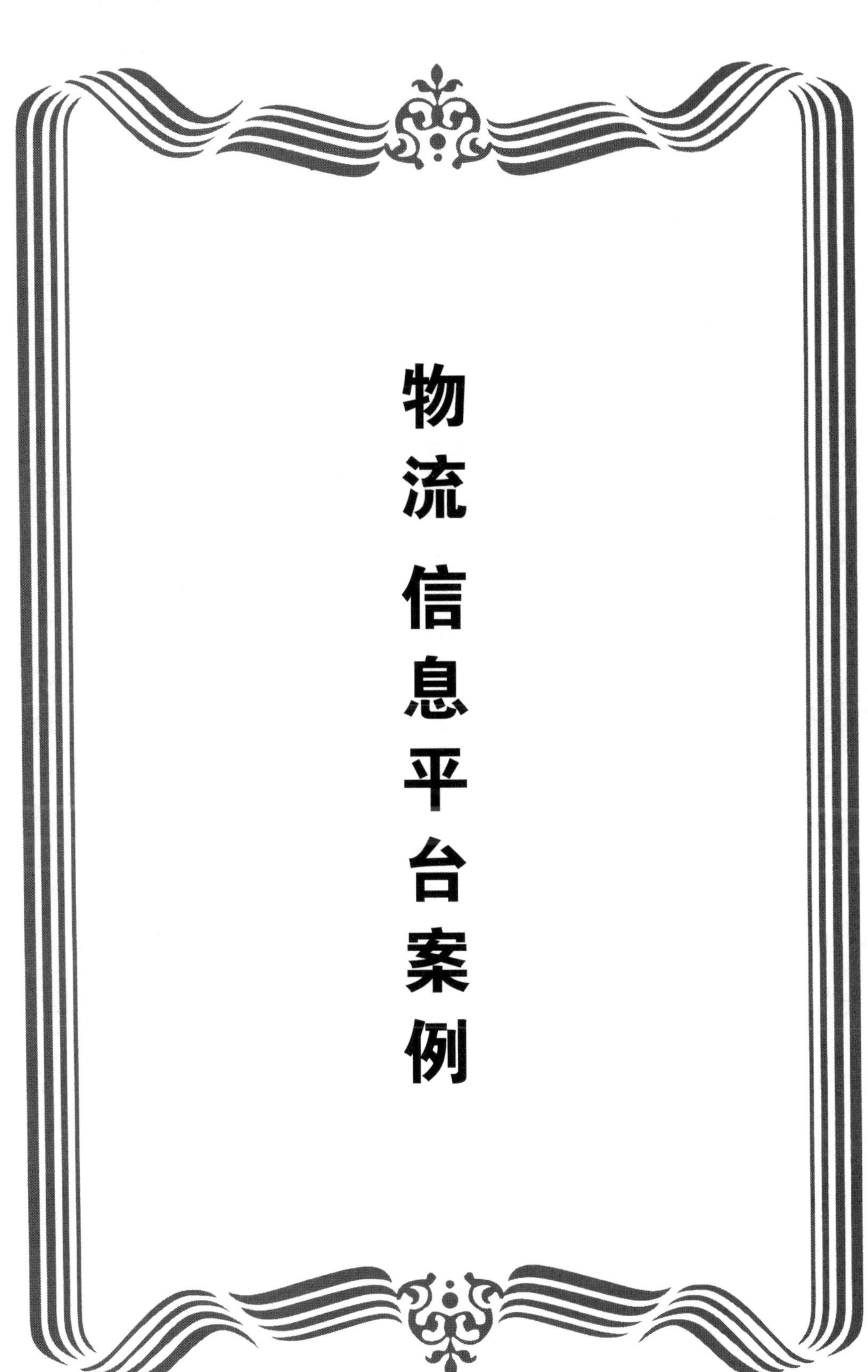

物流信息平台案例

北京全国棉花交易市场集团有限公司：全国棉花交易市场物流配送平台建设项目

一、企业基本情况

（一）企业性质及股权结构

全国棉花交易市场是由中国供销集团有限公司（59.05%股份）、中纺棉国际贸易有限公司（9.84%股份）、新疆维吾尔自治区棉麻公司（4.92%股份）、新疆生产建设兵团棉麻公司（4.92%股份）、湖北银丰棉花股份有限公司（1.97%股份）等25家股东共同出资创办的，1999年10月注册成立，注册资金10160万元，注册地址位于北京市西城区金融街33号通泰大厦C座12层，法定代表人王正伟。

（二）组织结构（见下图）

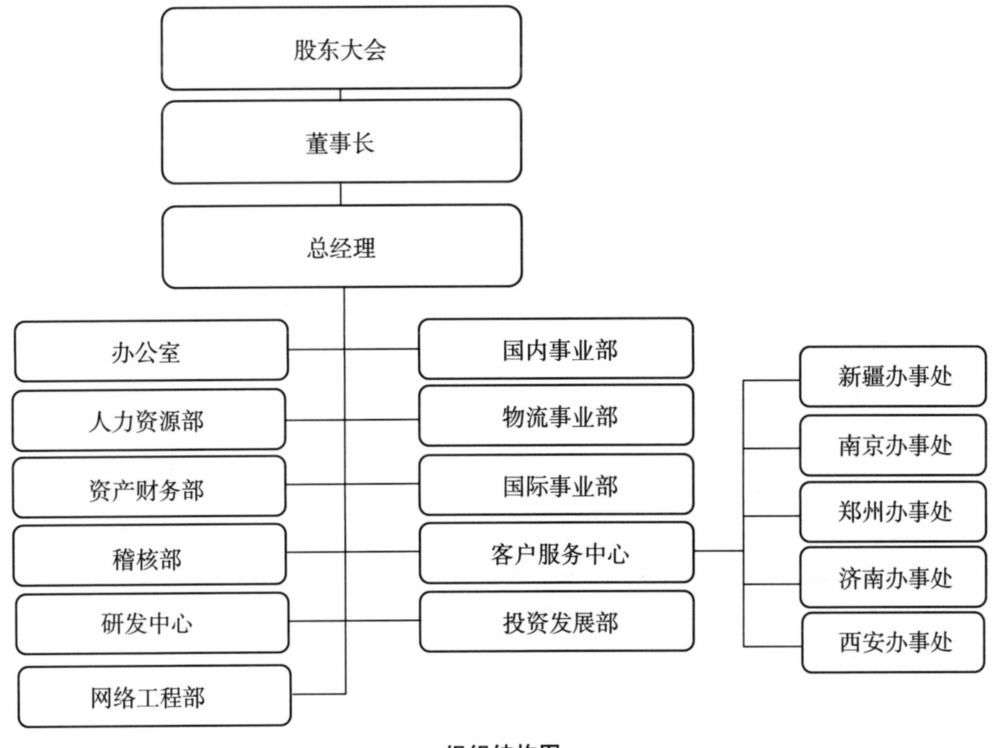

组织结构图

（三）企业运营管理及经营情况

全国棉花交易市场（以下简称“交易市场”）1998 年经国务院批准成立，1999 年 10 月注册成立，由中华全国供销合作总社承办，遵循“公平、公开、公正”的原则，主要功能是组织交易、发现价格、规避风险和传递信息，为涉棉企业提供交易结算、实物交收、仓储物流、贸易融资、信息咨询和人才培训等服务。截至目前，交易市场注册会员达 4000 多家，其中棉花收购加工企业占 1800 多家，占国内棉花加工企业总数的 90%，纺织用棉企业 1500 多家，占全国纺纱能力的 80% 以上，还有 800 多家棉花贸易流通企业。

交易市场自成立以来，累计完成收储、抛储任务 3000 多万吨，成交金额 2600 多亿元；商品棉累计交易量 3000 多万吨，交易额 4800 亿元；拥有棉花合作仓库近 130 家，累计仓储监管棉花 400 多万吨。

交易市场是国内进行政策棉交易的唯一平台，在引导我国棉花生产、流通和消费、传递棉花价格信息等方面发挥着不可替代的作用，目前已成为国家对棉花实施宏观调控的抓手。

交易市场政策棉和商品棉交易充分体现了公开、公平、公正的原则，得到了国内外各方面的认可。目前，交易市场是国内棉花现货交易规模最大的市场，成交价格已经成为中国棉花现货供求形势和价格走势的“晴雨表”，得到了国内、国外、政府、企业、棉麻、纺织等各方面的认可，全国棉花交易市场推出的“中国棉花价格指数”（china cotton index）得到中央财政资金支持，成为反映中国棉花现货价格水平的重要指标，并成为政府对棉花现货市场进行宏观调控的重要依据。

交易市场始终致力于为产业链参与各方提供服务，解决涉棉企业生产和经营中遇到的难题。创新集中交易模式，开展现货挂牌、竞买竞卖、协商交易等多形式的交易服务，并先后与全国十多家大型银行合作，携手打造了在线供应链金融，提供更加安全、便捷、高效的融资服务，为涉棉企业拓宽了融资渠道。同时，交易市场汇集国内有实力的物流企业，发展棉花公路运输配送业务，运用现代互联网和物联网技术，以全国 220 多家指定交割（监管）仓库为基础，构建了覆盖主产销区和物流集散地的棉花仓储监管网络，为提升棉花行业物流监管水平、提升行业监管能力做出了积极的贡献。

交易市场拥有行业规模最大、标准最高、技术最先进的数据中心，采用大数据、云计算、物联网等先进技术，为棉花电子商务和现代物流发展提供强有力的数据和技术支撑。为顺应当前市场化、国际化和信息化的要求，交易市场用新思路重新构架服务模式，全新推出全国棉花公共信息服务平台（www. i – cotton. org），旗下的中国棉花信息网（www. cottonchina. org）和 e 棉网（www. cottoneasy. com）是全球影响力最大的棉花专业网站和大宗商品电子商务网站。一个以互联网技术为基础的覆盖全国的综合服务网络和技术保障体系已基本形成。

随着国家棉花产业政策的调整以及网络科技技术的发展，棉花产业发展进入新常态。交易市场积极顺应新常态，深刻洞察市场先机，整合行业资源，为推进我国棉花产业健康发展做出更大贡献。

（四）财务状况（见下表）

全国棉花交易市场 2013—2015 年财务状况 单位：万元

	2015 年	2014 年	2013 年
企业总资产	300321	303785	289477
固定资产净值	28377	26302	17045
资产负债率（%）	87.22	87.79	93.2
主营业务收入	647358	526875	439065
利润总额	18703	15637	5814

（五）项目负责人基本情况

高回合，男，汉族，1969 年 7 月出生，中共党员，大学本科，高级工程师，现任全国棉花交易市场物流事业部总经理。1992 年 7 月毕业于安徽财贸学院商品学系棉花加工与检验专业，获工学学士学位。1992 年 9 月参加工作，1992—2006 年为山西省棉麻公司干部，2006 年 7 月调至运城市伟业棉花有限公司工作，历任副总经理、总经理、副董事长（其间，曾任新疆阿瓦提棉业公司副总经理）。2010 年 4 月调入北京全国棉花交易市场有限责任公司，历任运城办事处副主任、主任、业务发展部副经理、经理、棉花配送公司总经理、客服中心总经理，2013 年 12 月至今任全国棉花交易市场物流事业部总经理。

二、项目需求分析

（一）项目实施背景

自 2001 年国务院决定进一步深化棉花流通体制改革以来，多渠道的棉花市场竞争格局已经形成，国家宏观调控能力进一步加强。但是，棉花产业发展中也存在一些突出矛盾和问题：管理粗放，缺乏上下游协同发展机制，棉业资源浪费，经营模式单一，低效无序竞争等。要解决以上问题，降低棉花物流成本，发展棉花现代物流是棉业供给侧改革的重要途径。

基于棉花现代物流对于我国棉业发展的重要性，国家发展改革委员会、新疆生产建设兵团发展改革委员会、中华全国供销合作总社等十部门于 2016 年 3 月 17 日联合发布《关于加快棉花现代物流发展的指导意见》。文件中提出，棉花物流作为棉花产业的重要支撑性产业，应与行业保持同步，积极加快供给侧改革。我国作为世界棉花生产、消费和进口大国。发展棉花现代物流，建立布局合理、技术先进、高效顺畅的棉花现代物流基础设施网络和服务体系，对提高棉花流通效率、降低物流成本，增强我国棉花、纺织产业竞争力具有重要意义。

（二）市场需求分析

1. 市场容量

新疆是我国最大的棉花产区，近年来，随着国家政策的调整，棉花产业逐渐向新疆转移，新疆棉花产量约占全国总产的70%，而棉花消费则主要集中在内地省份，其中，95%需运输出疆供内地纺织厂使用，运输问题成为制约新疆棉花产业发展的一大瓶颈。因此，针对新疆棉开发物流配送服务系统、为涉棉企业提供便捷服务，具有很大的市场空间。

目前，棉花物流与交易流、资金流、信息流三流融合不够，物流企业与产业链上下游企业协同合作不够，一体化服务能力不强；物流组织化程度低，棉花物流的各个环节协作能力弱，各类物流资源尚需进一步整合；信息化水平有待提高。交易市场目前采用库存软件、安装视频采集系统、电子仓单系统处于行业先进水平，在全国范围内构建的棉花第三方监管网络体系是发展物流配送业务的基础性工作，通过建设和维护新疆棉花目标价格改革信息平台（以下简称“信息平台”）掌握的大数据资源为发展物流配送业务提供了绝对优势。

2. 市场竞争态势

棉花物流属于大宗物质，属于普货物流。我国普货物流的发展现状是鱼龙混杂，环节极多。主要表现为行业准入壁垒极低（轻资产），各公司水平参差不齐；干线运输高度竞争，个体运输仍是主力军，无统一物流标准和定价标准；参与者龙蛇混杂，市场秩序非常混乱。环节多、流程长、一线人员素质不高。

不同于大多数生鲜农产品，棉花仓储和物流具备以下几个特点：一是在仓储和物流过程中防火安全要求非常高；二是棉花集中生产，常年消费特点突出，仓储周期长；三是棉花生产往往集中于新疆，而实际消费者多为内地纺织企业，运量大、运距长。

长期以来，棉花出疆主要是通过铁路棚车运输，公路运输只是补充。铁路发运环节多，时间长，发运进度无法保障，费用结算慢，信息化程度低，发运地点受限制，经常需要短倒。

自2012棉花年度，为支持新疆棉花产业发展，切实解决新疆棉花出疆难的问题，财政部对新疆棉花实施出疆棉公路运输补贴，符合国家标准的出疆棉，每吨定额补贴500元。此举有效推动了新疆棉公路运输发展，自此新疆棉的公路运输量逐年增长，并在实施目标价格试点改革后激增。到2015棉花年度，新疆棉公路运输量占到了出疆量的半壁江山，并超过了铁路运输量。市场上出现很多运输公司/专线、个体车辆、信息中介和第三方物流公司，货主主要通过三种方式发运货物：①在信息中介机构发布需求信息，缴纳中介费后由信息中介介绍合适的运输公司、个体车辆；②通过第三方物流公司，寻找适宜的运输公司或个体车辆；③直接与运输公司建立联系，由运输公司安排个体车辆进行承运。公路发运价格不透明、空载现象、信息不对称、公路运输产业链条长、波动大，公路货运业一直被贴上“多、小、散”的标签。

在当前行业不景气的情况下，棉花铁路出疆和公路出疆物流都存在很多问题，成为困扰涉棉企业的一个难题，行业普遍期待一种发运及时、灵活、安全、低价、服务优质的运输方式。

交易市场依托交割和监管仓库构建在全国范围内的第三方物流监管网络和体系及信息平台积累的大数据资源在行业内具有唯一性，但是在开展物流配送市场时仍然面临着多方面的竞争。一些地方建立的区域性物流公司也积极开拓棉花物流业务，抢占出疆棉市场份额，对交易市场物流业务拓展构成一定威胁；此外，信息中介、第三方物流及个体司机利用与当地涉棉企业的合作关系，也开展了一些极不规范的物流配送服务，虽然潜藏着很大风险，但由于服务审核不严、手续简单，也在短期内对交易市场物流配送业务的规范发展带来了不小的冲击。

以发达国家物流配送规范体系的发展经验来看，物流配送的持续发展要求实现集约、规范化管理，杜绝“多、小、散”式现象。为了在未来的市场竞争力中赢得主动，获得更大的发展空间，构建起交易市场棉花物流配送体系，并结合电子仓单、第三方监管网络和体系建立完善的棉花物流体系，降低出疆棉运输成本，提高棉花流通效率，是交易市场保持行业龙头地位的重要举措。

3. 服务对象分析

物流配送系统的服务对象是棉花物权人，主要包括三类：第一类是轧花厂，需要将其存放在交易市场监管仓库的棉花运到内地指定仓库，靠近消费地以便于销售；第二类是纺织企业，将已经购买的新疆棉运往内地纺织厂消费；第三类是棉花流通企业，将拥有所有权的棉花存放在交易市场指定交割（监管）仓库，并根据客户需求运往内地指定目的地。

这些涉棉企业均为棉花所有权人，针对这些服务对象，交易市场构建的物流配送体系提供的服务内容如下：通过铁路或公路运输，手续在线办理，货运保险网上投保，车辆定位全程查询，运输费用在线支付，并可代垫运费，确保发运及时、价格优惠、安全可靠、方便快捷。

（三）系统功能性需求分析

依据出疆棉花运输的整个流程，系统平台针对不同用户的需求，设计了不同的服务端口。系统包括系统管理后台、交易商客户端、物流企业端、仓库端及公路运输核查端，有效打通了棉花运输链条上各角色的信息传输通道。

1. 系统管理后台

包括以下 11 个子系统，分别是：承运方及交易商签约管理、物流系统相关标准管理、交易商运输需求管理、承运方初步询价管理、线上业务申报、二次竞价管理、配送审核、配送确认及交易商运费处理（业务跟单）、运费代垫申请审核、运输跟踪管理、结算管理。通过上述子系统，实现对司机证件核查验真、线上受理客户需求、全程定位查询、运输费用在线支付、在线结算、运费代垫等功能，为客户提供优质服务。

2. 交易商客户端

交易商可以进行物流业务申报、跟踪业务办理状态，申请代垫运费，申请公路运输监管、运输跟踪和评价，申请出疆棉公路运输补贴等操作，并可查询价格指数和铁路运价。

3. 物流企业端

通过系统上传车辆信息、发布竞价、维护发运信息、核验发运登记、跟踪运输情况、提交结算申请等。

4. 仓库端

发运仓库核验物流发运信息、接收仓库核验物流接收信息。

5. 公路运输核查端

主要对公路运输棉花出疆的车辆进行核查。

（四）系统非功能性需求分析

物流配送系统的建设应遵循技术先进、功能齐全、性能稳定、节约成本原则，综合考虑施工、维护与操作因素，为今后的发展、扩建、改造等留有扩充余地。

1. 易管理性需求

系统采用模块化、菜单化管理，可根据工作人员的权限、业务范围等灵活调整。对于各端的重要操作进行日志记录，保存重要的操作记录，确保流程严谨合规。

2. 易维护性需求

在系统方面，程序设计完全自主开发，系统的可控性强，且经过多年实际运行不断纠错，相当稳定，维护成本相对较低。

采用 linux 和 oracle 数据库，都是相当成熟的产品，易于维护。

3. 适应性需求

系统采用分层模块化设计方案，可扩展性高，设计中分解系统中的各元素能够对业务变化做出调整。

三、项目实施方案

（一）项目实施思路

依托交易市场现有的品牌、客户、资源和平台优势，在现有棉花运输平台的基础上，应用“互联网+”的技术手段和管理方式，“信息化+数字化”手段加强棉花供应链协作、提高物流服务效率、加强棉花运输的智能化，通过第三方监管网络和体系、专业仓储、核查等方面积累的优势和技术基础，利用移动互联网、大数据、云计算、物联网等技术打造现代棉花物流配送平台，为客户提供灵活、安全、低价、优质的服务。

（二）项目的总体架构、主要功能及实施方案

棉花物流配送系统主要由系统管理后台、交易商客户端、物流企业端、仓库端及公路运输核查端五部分组成，其中每个系统又由若干子系统构成，这在前面的系统功能性需求分析中已有表述，此处不再重复。

系统管理后台可以对物流业务交易数据、运输车辆位置信息、物流业务结算数据等进行统一管理；交易商客户可以通过系统进行物流业务申报、申请出疆棉公路运输补贴等操作；物流企业可以通过系统进行物流业务竞价、上传车辆信息、申请结算等；仓库

可以在系统上进行发运、接受核验等操作。

此外，交易市场已经探索出新疆棉铁路运输高效、快捷、均衡的组织方式。业务流程是：运输企业网上申报，发运申报信息报送，运输计划确定和下达，装车发运，运输费用结算。

本项目在建设中，经过多轮论证，技术方案已经完备，分为一期和二期。其中一期已于 2016 年 9 月正式上线运营；二期目前正在开发构建，预计 2017 年年底上线。

（三）项目的商业模式

交易市场物流配送平台以轻资产的平台经济为发展方向，以互联网技术整合社会资源，促进共享经济的发展，提高社会物流效率，降低社会物流成本。

通过资源整合来塑造自身竞争优势。整合运力资源，降低物流成本，提高物流效率；整合货物资源，达到规模效益，精准配货。在目前交易市场物流配送平台整体业务的运营模式下，通过业务转型升级，在提供单一品种棉花物流运输的基础上，逐步渗透到棉花全产业链业务中去，提供棉花供应链综合物流服务。利用互联网、物联网、云计算等信息技术，依托全国棉花交易市场服务平台，构建“互联网 +”棉花现代物流综合服务平台，为车辆司机、交易商、物流公司提供数据、金融等增值服务。

1. 多式联运

（1）公路运输：交易市场整合有实力的物流公司成为交易市场指定物流公司，通过出疆核查掌握定价权，实行统一保险确保货物安全，同时简化手续、代办提货、代垫运费、发运跟踪等提升服务体验，确保运价合理、发运快捷、安全有保障、服务优质。

（2）铁路运输：继推出出疆棉公路运输配送模式之后，交易市场的物流配送在 2016 年又有了新突破，即组织铁路集装箱运输棉花特许班列。集装箱特许班列开启“门到门”一站式直达服务模式，主要有三大亮点：一是大大缩短了铁路运输周期；二是大幅度降低了运输价格；三是降低了门槛，提高了企业的参与度。特许班列必须是 25 个集装箱、15 批棉花或 30 个集装箱、18 批棉花或 45 个集装箱、27 批棉花才能装运，如果待运棉花数量不足，则不能发车或由企业承担空载费，交易市场利用大数据优势，将不同企业的待运棉花进行组合，降低了组织集装箱运输棉花的门槛，发挥了集装箱运输的规模优势，为内地涉棉企业提供了更具竞争力的棉花物流配送方案。

2016 年 8 月 17 日，交易市场与乌鲁木齐铁路局（以下简称乌铁局）签订战略合作协议。根据合作协议，交易市场将充分发挥自身的客户资源优势、棉花资源优势和综合服务平台优势，有效整合交易商在疆棉花资源，通过乌铁局组织新疆棉花铁路篷车及集装箱特许专列运输等形式，提升铁路运输棉花的市场竞争力。为此，乌铁局将对交易市场组织的铁路运输棉花给予最低运价优惠，同时，努力保障棉花运输车皮数量，提供安全、正点、优质服务。

2. 数据服务

互联网时代，拥有数据就是拥有无形资产。通过交易市场物流配送平台，整合社会运力资源，对车辆司机信息、物流公司信息、客户信息及交易数据的获取，达到精准性营销的效果，实现利润增长。此外，在数据分析的基础上，提供实时报价、运输价格走势分析及物流市场的走势分析，为客户提供数据增值服务。

3. 物流金融服务

据统计，社会上的物流公司营业利润的 80% 来自于金融服务，在获取平台用户数据之后，对司机提供物流金融服务，比如司机贷款买车、车辆的维修等服务。另外，可为交易商提供代垫运费服务。

（四）项目盈利模式

交易市场物流配送平台主要有以下三种盈利模式。

1. 业务服务费

针对每笔运输业务向客户和物流公司分别收取一定金额的物流业务服务费。

2. 金融服务费

为客户提供代垫运费服务，并收取相应的金融服务费。

3. 数据服务费

项目二期建设完成后，为客户提供货源信息、实时报价、运输价格走势分析及物流市场的走势分析等数据增值服务，收取数据增值服务费。

（五）项目可行性分析

1. 政策保障

发改委、中华全国供销合作总社等十部门联合发布的《关于加快棉花现代物流发展的指导意见》提出，棉花物流作为棉花产业的重要支撑性产业，应与行业保持同步，积极加快供给侧改革；电子商务作为战略性新兴产业，已经列入国家“十二五”发展规划并给予重点扶持；“互联网 +”智慧物流符合发展趋势，符合惠农支农的导向，能够得到各方面政策支持。

2. 业务基础

全国棉花交易市场经过十多年的发展，在承担国家政策棉交易的同时，不断探索商品棉规范交易，目前已形成棉花交易、资金服务、仓储物流与监管及数据信息服务四大平台，具备了实施该项目的业务基础。交易市场已经建立起第三方监管网络和体系，覆盖主产销区的 223 家合作仓库，静态仓储能力超过 1500 万吨；新疆财政厅委托交易市场对出疆棉公路运输进行统一规范监管，新疆棉花专业仓储监管量 400 多万吨。四个平台积累的优势资源，特别是第三方监管网络和体系的支撑作用，为发展物流配送业务奠定了基础。

3. 实施能力

受新疆棉花目标价格改革试点工作领导小组委托，全国棉花交易市场作为新疆监管棉花进入专业监管仓库的统一监管和组织实施单位，负责新疆监管棉花的统一规范监管工作，并负责信息平台的运维和完善工作，完整掌握新疆棉花的数据资料；交易市场已经建立起比较完善的覆盖全国的棉花物流第三方监管网络和体系，具备了对棉花实施有效监管的能力；交易市场已经建立覆盖全国棉花主产区、主销区和棉花中转集散地的指定交割（监管）仓库网络，制定了严格规范的仓库管理制度和棉花出入库作业流程。

4. 实施条件

全国棉花交易市场在长期发展中形成的良好的业务运营基础，健全的内控控制制度、完善的财务管理制度和充足的技术人才，完全具备实施该项目的条件。

四、项目的经济和社会效益分析

（一）经济效益

交易市场自 2015 年开展物流配送业务至今，服务客户量及覆盖区域不断提高，共受理 1000 余家交易商，签订协议的物流公司 100 余家、个体车辆 25000 余辆，开展棉花公路运输配送业务 10000 余笔，日均业务量达 1000 余吨；铁路运输量近 40 万吨。

（二）社会效益

（1）有效缓解了新疆棉出疆难及内地运输问题，使国家“服务三农”“惠农支农”的政策落到实处。

棉花在新疆的经济发展中占有重要地位，但因为棉花消费主要集中在内地，棉花出疆难成为困扰棉花产业的一个难题，物流面临需求侧和供给侧双重问题有待解决。需求侧方面，每年新疆棉花出疆运输量达到 300 多万吨，另外，储备棉轮出后，内地运输需求也有所增长。供给侧方面，公路运输面临价格不透明，产业链条长，存在多方利润，安全问题突出，受政策影响价格有所提高等问题；铁路运输受政策性影响较大，且面临运输周期长、货源组织等问题。同时，棉花物流需求主体希望运价合理、发运快捷、安全有保障、服务优质。由于铁路、公路运输各有利弊，扬长避短，如何更好地满足企业需求成为物流业亟须解决的问题。

近年来，党中央、国务院出台了一系列惠农支农的政策，2016 年出台的《关于加快棉花现代物流发展的指导意见》提出，棉花物流作为棉花产业的重要支撑性产业，应与行业保持同步，积极加快供给侧改革。交易市场构建的棉花物流配送平台，有效缓解了新疆棉出疆难及内地运输问题，使国家“服务三农”“惠农支农”的政策落到实处。

（2）完善棉花产业链服务，降低新疆棉出疆运输成本，提高棉花流通效率，增强棉花产业的竞争力。

交易市场依托交割和监管仓库构建在全国范围内的第三方物流监管网络和体系及信息平台积累的大数据资源在行业内具有唯一性，物流配送平台通过铁路或公路运输，手续在线办理，货运保险网上投保，车辆定位全程查询，运输费用在线支付，并可代垫运费，确保发运及时、价格优惠、安全可靠、方便快捷，规避了以往公路运输“多、小、散”和铁路“拖、慢、倒”等现象。

交易市场结合电子仓单、第三方监管网络和体系建立完善的棉花物流体系，降低了出疆棉运输成本，提高棉花流通效率，增强了棉花产业的竞争力。同时，该物流配送平台与现有的物流监管平台、网络融资平台和交易平台系统对接，还与交易市场现有的交易、客户管理等大数据资源库相连，实现棉花流通领域内实时可信的关联，为完善棉花产业链的全流程综合服务提供了可能。

（3）对促进涉农电子商务向纵深发展产生积极的示范作用。

在电子商务和互联网、大数据技术蓬勃发展的今天，越来越多的涉棉企业寻求互联网发展业务。对于有物流配送需求的企业来说，全国棉花交易市场依托现有交易、资金、物流监管和信息平台建立起来的物流配送平台，可以将棉花产业的四流相连，让客户在享受便捷服务的同时，也增强了交易市场通过网络拓宽服务群体、扩大服务规模的能力。

作为供销社涉棉电子商务的领军力量，交易市场实施本项目将会对进一步开展涉棉领域物流配送、其他涉农产品的物流运输产生积极的示范作用。

五、项目实施过程的经验与教训

棉花物流配送平台运用创新思维，加强互联网、大数据、云计算等技术的应用，形成设施一体衔接、信息互联互通、流通经济高效、市场公平规范的智能物流融合发展新体系。

在该项目实施过程中主要由以下四方面的创新经验：第一，在棉花领域内首次实现了车辆资源聚集优化、司机证件核查验真、车货匹配和车辆定位全程查询功能；第二，通过运用互联网技术，实现了手续在线办理、运输费用在线支付、第三方支付和货物保险网上投保，流程操作简便快捷；第三，利用大数据优势，将不同企业的待运棉花进行组合，降低了组织运输棉花的门槛，发挥了运输配送的规模优势；第四，在业务模式上，该物流配送平台与现有的物流监管平台、网络融资平台和交易平台系统对接，还与交易市场现有的交易、客户管理等大数据资源库相连，实现棉花流通领域内实时可信的关联，为棉花供应链的全流程综合服务提供了可能。

当然，随着信息技术的高速发展，社会各个经济领域都在不断地发生迭代。所以，在企业信息化进程中也要不断地创新与完善，适应企业的业务发展战略，提高效率降低成本的同时，提高客户的满意度。

六、项目的实施周期和效果

（一）项目实施周期

交易市场物流配送平台项目建设分两期进行，一期主要实现棉花配送服务平台的互联网化，二期将融合移动互联网、物联网等技术，实现棉花配送平台的智能化、数据化。具体建设内容如下。

1. 一期项目内容

项目一期已经建设完成，在 2016 年 9 月正式上线运营，搭建了棉花公路运输申报系统、棉花运输业务竞价系统、出疆棉公路运输监管服务平台、运输车辆定点监管系统和代垫运费金融服务系统。

2. 二期项目内容

目前二期项目正在开发构建，预计 2017 年年底上线运营，将构建铁路运输申报系统、棉花运输价格智能计算系统、棉花物流运行实时监控系统、棉花物流车货匹配系统和棉花供应链管理服务平台。

(二)项目达成的效果

1. 搭建棉花运输价格智能计算系统

利用大数据分析,建立物流配送价格分析模型、棉花物流价格指数,对棉花运输价格进行监控和调节,保证物流配送平台的竞争优势。通过物流配送平台掌握的信息对棉花三大通道的运输路线方案进行规划,组织运输车辆对热点线路竞价,提供具有市场竞争力的棉花运输价格。

2. 利用物联网技术构建实时棉花物流运行监控系统

对新疆棉公路核查数据、专业仓储数据等进行有效跟踪。实现集棉花采购、加工、仓储、质量检验、装卸搬运、运输的全程跟踪管理。利用电子标签技术实现对整批棉花在流转过程中信息的自动采集、自动定位和跟踪,从而逐步构建起一个以单一棉包和整批棉包射频信息采集为基础、从轧花厂棉包生成至用棉企业拆包的棉包全生命周期的信息采集和应用系统,为数据统计、产业发展和国家宏观调控提供有效支撑。

3. 构建棉花车货匹配系统

充分利用碎片化时间,协同运输车辆司机,搭建“棉花运力池”,实现交易商与司机共赢,减少棉花运输链条环节,保障货车司机利益的同时降低棉花运输成本。

4. 建立新疆棉铁路运输信息申报平台

铁路具有运价稳定、运输批量大的特点,且 2016 年 3 月以来中国铁路总公司下发了“关于推进铁路供给侧改革深化现代化物流建议若干措施的通知”,进一步扩大铁路运价自主调整权。交易市场探索棉花公铁联运新模式。

5. 多品种全产业链运输

目前交易市场物流配送平台只涉及棉花的配送服务,收入渠道较单一,以后会发展到棉花全产业链配送服务中去,进行棉籽、棉纱、棉布等多品种运输,增加配送收入。后续,会在棉花产业链运输的基础上跨产业链运输,扩展到钢铁、煤炭等大宗商品运输服务。

北京亦庄保税物流中心保税展示交易业务系统

一、应用企业简介

北京亦庄保税物流中心（以下简称“中心”）位于北京经济技术开发区核心区，总占地约 20 万平方米，总建筑面积约 6 万平方米，其中，仓储面积约 5 万平方米，综合办公楼及外卡口建筑面积约 1 万平方米。

中心内建设有仓库、查验库及查验场地、智能卡口系统、围网、监控系统、监管用房、配套办公楼等海关监管设施、海关监管辅助系统等设施。

北京亦庄保税物流中心于 2011 年年初进行立项，于 2011 年 12 月 9 日通过海关总署、财政部、国家外汇管理局、国家税务总局四部委联合验收，并已开始封关运行。

二、承办单位简介

博大世通国际物流（北京）有限公司（以下简称“博大世通公司”）成立于 2010 年 11 月 23 日，注册资本金为人民币 3.4 亿元，由北京经济技术开发区管理委员会委托北京经济技术投资开发总公司投资设立。博大世通公司具体负责北京亦庄保税物流中心（B 型）平台项目的前期调研、开发建设以及后期运营管理的工作。博大世通公司将充分发挥地缘优势，在北京开发区内建设高品质的保税物流中心，服务于开发区及北京南部制造业中心区内的重点企业，进而把业务辐射至北京市各区县以及整个华北地区。

三、系统基本信息情况介绍

（一）项目建设背景与意义

2014 年 4 月 22 日，经海关总署授权，上海海关推出 14 项“可复制、可推广”的上海自贸试验区海关监管服务创新制度，并于 5 月 1 日前后和 6 月 30 日前分批推广实施。其中第四项即为“保税展示交易制度”：“符合条件的区内企业在向海关提供足额税款担保（保证金或银行保函）后，可以在区外或者区内指定场所开展保税展示交易，对展示期间发生内销的货物实施先销后税、集中申报。”

北京亦庄保税物流中心作为北京市唯一的海关特殊监管场所，符合复制推广上海自由贸易试验区监管服务创新制度，为更好地服务区内企业，完善中心功能，2015 年年底启动了中心保税展示交易业务系统建设，以满足海关对经销商的担保管理、区外展销管理、复运入区管理及库存管理等各项监管需求。

（二）与原保税区商品展示比较

1. 商品展示

区内企业为了产品展览的需要，经海关批准，将货物运往综合保税区综合办公区专用的展示场所进行展示的活动。

2. 保税展示交易

“保税展示交易”是指经海关注册登记的特殊监管区域内企业在区内或者区外开展保税展示、交易的经营活动。

3. 区别

商品展示仅允许企业在特殊区域内开展保税展示。

保税展示交易允许区内企业在向海关提供足额税款担保（保证金或银行保函）后，在区外或区内指定场所进行保税货物的展示及交易。

4. 优势

商品在展示过程中保税，卖出去才交进口关税，供货商不用事先垫付税款，卖不完的货可以全球调拨，由此降低的资金成本可以让利消费者。

企业可按照经营需要进行物流配送，已销售货物在规定时限内进行集中申报并完税，帮助企业降低物流成本和终端售价，加快物流运作速度。

（三）保税展示交易业务系统建设

1. 保税展示交易业务系统实施过程

第一阶段：2016 年 1 月，前期准备工作（项目招投标、合同签立）。

第二阶段：2016 年 2 月，开发测试（需求分析、系统开发、测试）。

第三阶段：2016 年 3 月，硬件及第三方软件安装部署。

第四阶段：2016 年 3 月，实施部署（系统安装调试）。

第五阶段：2016 年 3 月，系统开始试运行。

2. 信息化基础设施建设

第一阶段：2015 年 12 月，前期准备工作（项目设计、项目委托、合同签立）。

第二阶段：2016 年 1—3 月，项目施工实施（设备安装、调试）。

第三阶段：2016 年 4—5 月，系统试运行（上线测试、修改）。

第四阶段：2016 年 6 月，海关项目验收。

四、系统的业务辐射范围

保税展示交易业务的开展立足于服务北京开发区内及其周边区域的企业，并逐步扩大服务范围和区域，把业务辐射至北京市各区县以及整个华北地区。系统通过向企业提供优质的保税展示交易服务的方式，推动北京南部制造业新区的经济发展，完善北京市保税物流的服务功能和监管体系，并最终目标成为华北地区保税物流网络的重要环节和关键组成部分。

五、保税展示业务模式

模式说明如下。

（一）全额押保模式

此模式适用于保税商品出区不仅参与展示，而且可以直接销售的业务。

（1）需要开展保税展示交易的区内企业向海关提交备案申请，经海关审批通过后方可开展业务。

（2）区内企业向海关申请保税展示交易账册，海关审批，建立记账式账册。

（3）区内企业向海关申报保金保函申请，海关审批，建立保证金账户。

（4）区内企业录入“保税展示出区申请单”，并提交海关审批。

（5）海关审批保税展示交易出区申请单并设置返回日期，通过后核扣相应保税仓储账册库存，并扣减保证金。

（6）企业根据“保税展示出区申请单”录入“保税展示交易入库申请单”（可通过“保税展示出区申请单”自动生成“保税展示交易入库申请单”，也可以人工录入“保税展示交易入库申请单”后关联“保税展示出区申请单”），将需要展示的商品清单向海关申报。

（7）系统根据“保税展示出区申请单”审批结果，自动审批“保税展示交易入库申请单”；若审批通过，则核增保税展示交易账册库存数据。

（8）展示期间发生交易的商品，企业向海关申报内销申请单，海关审批通过，记入底账。

（9）企业在商品返回日期到期前，汇总内销申请单，并向海关申报进口报关单。

（10）进口报关单放行后，企业向海关申报内销申请单核销申请（内销申请单与进口报关单比对，比对一致视为核销通过）。

（11）内销申请单核销通过的，系统根据相应的内销申请单，核扣保税展示交易账册底账库存，并返还相应保证金。

（12）返回日期到期后，尚未发生交易的商品，企业录入保税展示交易归还入区申请单，海关审批通过。

（13）商品入区后，核扣保税展示交易底账库存，核增相应保税仓储账册库存，并返还相应保证金。

（二）分送集报模式

此模式适用于保税商品出区仅供展示，当需要销售时，区内货物以分送集报模式出区的业务。

（1）需要开展保税展示交易的区内企业向海关提交备案申请，经海关审批通过后方可开展业务。

（2）区内企业向海关申请保税展示交易账册，海关审批，建立记账式账册。

（3）区内企业向海关申报保金保函申请，海关审批，建立保证金账户。

（4）区内企业录入分送集报备案申请表（类型为保税展示出区），海关审批通过。

（5）区内企业录入出区分送单，并向海关申报。

（6）海关审批出区分送单，审批通过后，系统扣减保证金。

（7）企业根据“出区分送单”录入“保税展示交易入库申请单”（可通过“出区分送单”自动生成“保税展示交易入库申请单”，也可人工录入“保税展示交易入库申请单”后关联“出区分送单”），将需要展示的商品清单向海关申报。

（8）系统根据“出区分送单”审批结果，自动审批“保税展示交易入库申请单”；若审批通过，则核增保税展示交易账册库存数据。

（9）企业向海关申报内销申请单，海关审批通过，记入底账。

（10）企业在集报周期到期前，汇总出区分送单，并向海关申报进口报关单。

（11）进口报关单放行后，企业向海关申报内销申请单核销申请（内销申请单与进口报关单比对，比对一致视为核销通过）。

（12）内销申请单核销通过的，系统根据相应的内销申请单，核扣保税展示交易账册底账库存，并返还相应保证金。

（三）报关出区模式

此模式，适用于保税商品直接报关出区的业务。

该模式下，商品出区后已不在海关监管范围内，故暂不在系统中体现。

（四）保税展示交易模块数据交换

（1）保税展示交易业务模块企业端与海关辅助监管系统审批端的数据交换。

（2）保税展示交易业务模块与外界系统间数据交换。

（3）保税展示交易业务模块与海关 H2000 的数据交换。

（五）系统安全设计要求

系统安全防护总体要求：在满足特殊监管区的海关保税展示交易业务开展的同时，业务网络的建设必须采取相应的安全措施予以防范。

1. 黑客入侵风险

对应系统需要和 Internet（互联网），具有黑客非法入侵风险。因此对系统网络应具有足够的抗攻击能力，可以检测和抵御来自外部的各种攻击行为。

2. 病毒感染风险

对系统网络、应用系统和服务器均有可能受到病毒的危害。因此应在网内建立统一的病毒和补丁管理机制，实现病毒和补丁的自动更新和统一管理。应对传入的数据进行深层病毒过滤。

3. 安全事件发现和追查

对于各种安全事件应具有安全审计功能，各关键组件应能提供详细的日志记录，能够妥善存储和集中分析，并能进行攻击回放。

网络层的安全防范要求：网络层安全主要着眼于平台内部的网络安全防护，通过防火墙、入侵检测、漏洞分析与系统安全评估等安全产品的合理部署与配置，最大限度地保障网络的安全运行，防止各种恶意的攻击和破坏，同时对网络的软硬件设备的安全进行定期的评估，保证系统安全持续地得到改进。对于用户的网络访问控制，则采用防火墙技术。

应用系统和业务数据的安全防范要求：当前特殊监管区保税展示交易系统所面临的主要威胁有以下几个方面：外部“黑客”的入侵、数据欺诈、盗用权限非法访问及辐射窃密等；内部人员的非法窃取、伪造、假冒、篡改和删除信息；恶意破坏计算机应用系统、陷门攻击以及病毒侵入，信息炸弹攻击等。

如何确保计算机信息系统的安全是特殊监管区保税展示交易系统所面临的重要问题。针对这些威胁，承办单位应制订全方位的安全解决方案，在保证原有系统功能和尽量减少系统开销的原则下，采用最可靠的安全保密手段及技术，开发和使用综合保税区信息化管理系统。它所涉及的内容包括：用户身份认证、操作授权、日志管理、数字签名、信息加密、辐射泄漏及病毒防范；另外，定期对信息系统进行攻防测试，建立系统的冗余和备份系统，健全安全保密制度。

系统监控及运行维护设计要求如下。

（1）实时监控网络运行情况：利用网络冗余来解决网络系统单点故障，对关键性的网络线路、设备必须采用必要的双备份的方式，网络运行时双方对运营状态相互实时监控并自动调整，当网络的一段或一点发生故障或网络信息流量突变时能在有效时间内进行切换分配，保证网络正常的运行；根据网络安全等级划分合理的网络安全边界，使不同安全级别的网络或信息媒介不能相互访问。

（2）机房和设备管理要求。

①所有的网络设备都要设有物理保护，不能随意让人接触，重要服务器要加带口令的屏幕保护及键盘锁。

②机房按高标准建设，首先要保证机房的物理环境如温度、湿度、通风等达到相关标准。其次要设有火灾、烟雾自动报警装置和气体自动灭火设施。另外，要安装完善的监控系统，如视频、门禁等，防止人为的物理实体破坏，机房的保护地安装要符合有关标准。

（3）重要的主机和网络设备配备在线式不间断电源和备份供电电源，主要功能有：防止电源尖峰、浪涌和噪声过滤；电压稳定调节；主动力电源失效后的备份电源供电。另外应使用机房专用精密空调调节机房温度和湿度。

（4）保障硬件安全的另一个重要措施就是要防止雷击，除通常采用的避雷针、接地等手段外，还应防止雷击在通信线路或电力线上产生浪涌电压，造成设备的损坏。

（5）考虑通信设备故障时的处理方法。可以采用冗余线路、冗余设备等方法，保障系统不会由于单点故障引发通信中断，采用自动切换等方式压缩系统中断的时间。

服务器日志监控要求：系统要有统一的运行日志处理平台及统一的运行监控平台。日志平台须记录系统每天发生的各种操作，系统管理员可以通过它来检查错误发生的原因，或者受到攻击时攻击者留下的痕迹。统一监控平台可以自动把信息交换的状态、报警信息、应用日志等信息收集到一个资料中心，运行人员只需要通过统一的应用系统监控平台就可以监控应用系统的所有状况并跟踪排出出现的故障。同时日志系统应能够提供海关用于技术审计的相关数据。

（六）信息系统平台实现的效果

（1）加快了通关速度，提高企业运作效率。

（2）为企业提供保税展示、保税交易业务。

（3）做到入区全备案、出区全核销、信息全覆盖、过程全监管。

（4）减轻海关工作人员的工作负荷，提高业务准确率和办事效率。

（5）加强关、企互动，促进信息共享。

（七）项目实施保障

1. 组织保障

平台项目推进协调小组，由北京（亦庄）海关、博大世通国际物流（北京）有限公司、规划设计方组成，主要负责系统项目招标，加强系统项目的领导和协调；提供系统项目实施的方针指导。

中心成立平台项目实施小组，具体负责平台项目实施、验收和推广；拟定商务策略；系统上线后维护支持管理。

2. 制度保障

制度建设是保税展示交易业务系统顺利实施的重要保障因素，本项目将实行项目法人制、合同管理制、招投标制、工程监理制四项管理制度，平台项目领导小组将参照相关管理办法制定相应的管理办法，本办法将对项目的组织机构及职责、项目实施的环节、招投标制度、项目验收的工作内容及流程（材料设备验收、阶段成果验收、竣工验收）、项目成果归属、经费管理与使用制度、设计变更程序等内容做出明确规定。

（八）信息平台建设经验与体会

在项目领导小组及各单位的共同努力下，北京亦庄保税物流中心保税展示交易业务系统按时通过了海关的验收并投入使用，为北京亦庄保税物流中心建设画上了浓墨重彩的一笔。在此次信息系统建设过程中，有以下几点体会。

1. 要立足于业务，熟悉常规业务的流程

信息化建设的根本立足于业务流程熟悉程度，系统建设之初，邀请开发区海关等多方进行数次会谈，从业主、海关到企业用户，分层次分步骤进行详细的分析与整合，为系统建设打下了良好的基础。

2. 结合系统，熟悉系统操作流程

前期，针对操作系统流程结合实际业务进行模拟操作，确保操作系统与实际业务能够完美结合，避免流程中产生关键遗漏。系统开发完成后，对于不同用户分别做了针对性的培训，以加深所有用户对系统及业务流程的熟练程度，加深对业务操作的了解。

3. 总结常见问题，以后遇到类似问题自行解决

对系统开发及测试使用过程中遇到的问题进行总结归纳，同时为避免系统平台使用后期对开发单位的过度依赖，由开发方在解决问题的过程中对使用人员进行讲解，同时进行有针对性的培训，确保在后期的使用过程中遇到常见问题能够在第一时间自行解决。

大连口岸物流网有限公司：壹港通®口岸物流电子商务社区平台

一、企业简况

（一）申报企业介绍

大连口岸物流网有限公司（DPN）成立于2000年9月，是由大连港集团和大连市建设投资集团有限公司联合投资设立的高新技术企业，是国家交通运输部“交通电子口岸”分中心和大连口岸公共信息平台建设、运营企业。

作为国内领先的港口供应链云服务提供商，DPN依托港口，立足大连口岸，借助现代物流理念和云计算、大数据、物联网、移动应用等现代科技手段，整合港口、口岸、东北及环渤海区域关键物流节点综合信息资源，优化物流及供应链运作流程，推进“智慧港口”和“智慧口岸”建设，构建现代物流和电子商务综合服务平台，为物流及工贸企业、监管机构等客户群体提供平台运营服务、云物流信息服务、大数据应用服务、电子商务服务和一体化IT服务。DPN产品主要包括：壹港通®、多式联运、电子数据交换（EDI）等平台；港口生产调度指挥、安全生产与应急管理、可视化监控监管等港口管理产品；集装箱码头智能操作、散杂货码头操作、汽车码头生产管理、客运码头业务操作、无人值守汽车衡、岸边无人理货及集装箱场站管理、设备管理等港口及物流操作软件产品，危险品申报、检验检疫综合业务、海关监管等监管类产品。

经过十余年努力，DPN已与物流、贸易、金融等行业的企业客户及政府、监管机构紧密合作，共同构建起一个面向东北亚的电子化协同联动网络。DPN服务于数千家包括港口、码头、货主、货代、船公司、船代、理货、场站在内的各类型客户群体，成为立足东北、放眼世界的物流及贸易“数据中心”和“数字引擎”。

（二）案例介绍

我国的信息技术飞速发展，互联网浪潮风起云涌，各行各业纷纷应用先进IT技术、互联网理念，升级改造传统产业。李克强总理在国务院常务会议上部署推进“互联网+物流”行动，旨在推动互联网、大数据、云计算等信息技术与物流深度融合，推动物流业乃至中国经济的转型升级。DPN积极响应政策号召，将云计算、物联网、大数据、移动互联为代表的新一代信息技术与港航物流业务进行融合创新，建设运营了壹港通®口岸物流电子商务社区平台。

壹港通®口岸物流电子商务社区平台是基于Web的B2B港口航运电子商务网络，面向码头、船公司、船务代理公司、运输车队、货物代理等物流客户提供准确快捷的航线、泊位申请、进口船图、出口清单、提箱预约等单证和委托信息的录入、转发服务以及电子支付结算服务。借助友好的用户界面监控船舶、集装箱、拖车的完整状态信息，提高了用户单证处理效率，增强口岸服务监督力度，提升口岸物流服务质量。

平台主要建设完成船舶服务、集装箱服务、单证服务、集疏运服务、查询服务、管理服务、电子支付等功能，提供跨港区（码头）作业，船舶进、出港单据、操作一体化，存储箱及车辆资源管理，多式联运、费用支付等港口生态圈中的多种业务操作。通过跨码头作业支持、集疏运体系建设及港口作业数据一体化，实现了生态圈中各单位、部门间的协调作业及数据共享。同时为了满足企业客户高效信息化及便捷使用的要求，平台提供了多样化的开放接口，以及 Web、微信、App 等多种访问方式。

二、实施信息化前存在的问题

港口作为全球物流链的重要节点，对世界经济的发展起到非常重要的集散枢纽作用，港口的“互联网化”对“互联网＋物流”行动的实施发展具有非常重要的意义。

港口业务量的不断增长使口岸各物流实体之间的业务往来日益频繁，各种表单、指令、信息交互日益增加。DPN 通过进行业务情况调研和现状分析发现口岸各物流企业在业务开展过程中主要存在以下几大问题。

（一）业务信息系统建设水平参差不齐，集成性、连通性低

口岸各物流企业依据自身需要所建设的信息系统功能较单一，存在应用滞后、信息系统相互独立，没有实现有效整合与集成。信息系统数据信息连通性不强，数据标准不一致，无法进行互联互通，为区域与物流业务链协同联动带来障碍。

（二）物流业务无法协同联动，物流成本居高不下

物流信息不畅、物流信息链“断点问题”、信息服务价值提升不足等问题，造成跨系统协同性与整合性不够，客户服务协作性不强，区域与物流业务链协同联动无法实现，物流作业效率、资源利用率低，物流成本居高不下。

（三）客户服务能力不足，服务需求多变性的匹配不够

无法完全满足客户在业务操作服务与信息服务需求方面的多变性和精准匹配要求，诸如纸面业务单据的传递效率低、出错率高；费用结算仍然采用传统的现场窗口办理方式，效率低；客户获得信息途径单一，仍需通过电话、传真等方式；港口物流链整体客户服务能力不足。

三、遇到的主要困难、问题及解决办法

（一）客户群体繁多、业务需求各异

壹港通® 口岸物流电子商务社区平台面向的客户是航运物流领域中包括码头、船公

司、船代、货代、车队等不同类型的企业，数量近千家，每家企业因类型、性质、规模等不尽相同，对业务的需求也不一而足，这对平台的需求调研、流程优化、服务设计等各个建设环节的工作都带来了巨大的挑战。

针对以上实际问题，DPN 投入了大量的人力资源对业务需求进行分类，并展开了深入的研究和分析，从研究结果中抽取满足行业特点的业务模型，对业务流程进行优化再造。同时 DPN 也充分考虑了不同客户的个性化业务需求，在同一业务类型中设计了尽可能多的选择项和组合方式，以提高客户的接受程度。

（二）市场化推广进程存在阻碍

平台建成后进行市场化运营过程中，面临着诸多市场问题，诸如部分小型物流企业传统业务操作习惯根深蒂固、信息化意识薄弱、对平台业务流程接受度低等，都对平台的市场推广应用形成了潜在的威胁。

面对以上问题，DPN 作为专注港航物流平台建设运营近 20 年的专业企业，针对具体问题积极寻求解决办法，先面向信息化程度高、业务环节多、智能化操作要求高的码头客户进行推广突破，继而激发码头业务链上下游物流企业的应用需求。截至目前，壹港通® 口岸物流电子商务社区平台累计签约企业级用户 700 余家，个人注册用户近万名，覆盖大连口岸 100% 的船代、码头、场站、车队用户，平台服务获得了广大用户单位的好评。

四、主要效益分析与评估

壹港通® 口岸物流电子商务社区平台改变了原有的纸面操作模式，其跨港区、多码头、多口岸的操作功能，充分实现了各相关单位的信息共享与协同，满足了口岸各类客户对信息共享的需求，解决了用户间信息交互不畅等问题，极大地提高了口岸用户的操作效率。同时也避免了信息重复录入耗费的人力资源，降低了差错率，打造了低碳环保的口岸物流环境。

（一）提高码头业务操作水平

通过壹港通® 口岸物流电子商务社区平台，码头业务操作水平和业务操作效率都得到了很大的提升，每个集装箱的单证信息从用户发送，实时将信息传递给码头作业系统，极大地提高了码头业务的操作效率。尤其是跨港区、多口岸、多码头的业务互操作功能解决了大连口岸三个集装箱码头间信息交互的问题。在很大程度上节省了人力、物力，提高了集装箱码头的整体效益。

（二）改变纸面单据流转为电子数据传输模式

壹港通® 口岸物流电子商务社区平台应用前，纸面单据传递慢、误差大，本平台以电子数据的方式提高了数据的准确率和处理的高效性。例如以前码头审核船公司纸面放箱单后解锁、指定提箱车队；实现电子放箱后，系统利用 EDI 技术将船公司的放箱指令实时传输到码头系统，实现自动解锁、核对提箱车队。

（三）提升客户服务质量、改善客户体验

以往终端客户在业务咨询、业务办理过程中，需要耗费大量的时间和人力，例如客户想获知船舶、集装箱动态信息，只能打电话给码头；结算费用时需到结费窗口排队办理等，企业增加了大量的成本。壹港通®口岸物流电子商务社区平台利用 Web、App、微信、短信等多种手段实现实时向终端客户提供信息查询、跟踪以及信息推送服务；采用电子支付的手段实现了 24 小时自助结费；既为客户节省了人力、交通等成本费用，同时形成了立体化的口岸客户服务，满足了客户多样化的服务需求，提升了客户体验。

（四）构建智慧物流新业态，助力大连智慧城市建设

壹港通®口岸物流电子商务社区平台应用前，各物流单位间信息无法共享，无法提前安排作业计划。如以前码头在客户来提箱时临时安排机械；实现提箱预约后，码头根据预约情况提前安排资源，并在集拖进门时利用物联网感知技术自动识别车号，系统根据预约分配最优场位的集装箱，减少翻倒。充分发挥互联网优势，实现信息互通共享、业务协同联动，形成具有“信息广泛互联、资源优化配置、业务协同联动”的智慧物流新业态和新模式，提升整个物流运作的智能化程度，推动大连智慧城市建设进程。

（五）建立协同化的区域物流网络，推进东北振兴

壹港通®口岸物流电子商务社区平台将港口、口岸、物流、产业等不同领域的信息资源进行了汇集和融合，建立的智能化的物流信息服务体系立足大连、服务东北、辐射东北亚，促进了区域物流业一体化，提高了整个东北区域的物流协作效率，形成了“以点带面、点面结合”的良性区域化发展趋势，带动东北整体经济的向好发展，推进国家东北振兴战略的实施。

五、主要体会、经验教训与推广意义

（一）体会及经验

壹港通®口岸物流电子商务社区平台的研究、建设、运营历程中积累了丰富的实践经验，为我国港航物流领域实施“互联网＋”行动提供了良好的借鉴意义。

1. 选择适当的营运模式

壹港通®平台在运营之初面临的主要难题是客户群体类型多、数量大，且信息化意愿不一而同。这一难题经过实际验证可以选择“抓重点、抓关键、带动全口岸”的营运模式进行解决。重点物流企业例如集装箱码头，企业规模较大、信息化程度较高，对于壹港通®平台提供的业务操作易于接受，从而起到“以点带链”的龙头作用，进而带动全口岸内的中小型物流企业的信息化需求，使得壹港通®平台服务在大连口岸快速推广，覆盖率达 100%。本项经验在平台类信息化建设中可以广泛采用。

2. 采用适用的平台数据交换架构，制定统一的数据标准

“壹港通®”平台创新实现不同业务主体之间的数据实时交互，关键是采用了多源化

的异构数据交换架构，将平台与各物流节点作业系统进行连接整合。作为数据采集、转换、存储、发布的中心，面对各企业千差万别的数据格式，必须先行统一数据标准，以此来降低各个物流节点的数据整合难度，实现支持多种连接方式及报文体系。“壹港通®”平台的经验表明，采用适用的平台数据交换架构，制定统一的数据标准，加快了数据采集工作完成的速度，同时也加快了数据在各家单位之间的流通速度，提升了口岸物流业务协同运作水平。

3. 先进的信息技术为手段，客户体验是根本

在“壹港通®”平台的建设中应用了物联网、移动互联、智能感知、云计算、大数据分析等新一代信息技术，但信息技术仅仅是手段，提升客户体验才是根本性和关键性问题。包括将平台服务放置在云端，独创了一个平台支持多个口岸、多个码头的分层结构，以云服务及开放平台的形式提供给客户，令客户享受简化、便捷的服务；通过移动技术应用，打破了空间及网络硬件设施的限制，使客户在外出拓展业务途中，也可随时随地进行操作。在平台日常运作中也仍要密切注意新技术的研究与应用，只有将技术先进性与业务实用性相结合，才能保障建立的是一个可扩展、可应用的信息模式，以满足客户更加多变和个性化的业务需求。

（二）推广意义

1. 物流上下游一体化协作业务模式具有良好的示范作用

传统的物流运作模式各环节之间信息不透明、衔接不紧密，增加了整个物流成本。“壹港通®”平台创新实现物流上下游产业链协作发展的新运作模式，通过信息在产业链上下游的互联互通，推动物流流程的业务再造，为客户提供更为高效、便捷、个性化的一体化协作业务解决方案和操作服务支持。“壹港通®”平台业务模式契合我国物流业“供给侧结构性改革”的发展方向，助力“互联网+”高效物流的建设，具有良好的示范价值。

2. 信息互通共享、业务协同联动服务模式具有较高的市场推广价值

口岸物流企业客户之间的业务类型多种多样，传统方式需要不同业务板块人员进行面对面的直接沟通，既降低了效率，也产生了不必要的运营费用。壹港通®口岸物流电子商务社区平台实现了面向码头、船公司、船代、车队、货主、货代等多类型用户，提供船舶服务、集装箱服务、单证服务、集疏运服务、电子支付等多种类业务服务，满足客户多样化、个性化的物流需求，提高了客户满意度，同时降低客户物流运作成本。这一革新性的服务模式具有很强的可移植性，可以广泛适用于口岸物流领域，因此具有很高的市场推广应用价值。

3. 口岸信息软硬件资源有效整合，对物流信息化建设具有较强的借鉴意义

壹港通®电子商务社区平台将口岸物流领域的客户业务需求有效整合，各物流业务实体无须再投入人力、资金、精力进行信息化建设，为企业节省可观的成本的同时，使各物流企业有更加充裕、灵活的资金用于核心业务的拓展与发展；平台汇集了口岸的信息流、物流和资金流，完善了口岸资源配置，避免行业重复投入，提升了行业信息化标准和口岸整体物流运作、管理水平，对物流企业降本增效起到了关键性决定作用，对其

他枢纽口岸信息化建设具有较强的借鉴意义。

六、下一步的改进方案

壹港通® 口岸物流电子商务社区平台经过多年的建设运营，已经成为港航领域各物流企业不可或缺的业务助手。下一步将持续面向码头、船公司、货主货代、车队场站以及监管机构在“互联网 +”形势下的新需求，不断完善平台服务内容，提升平台服务质量，不断强化服务能力，形成真正的区域服务覆盖能力、客户服务能力和真正的核心竞争能力，以提升口岸贸易便利化水平。

重点在以下三方面加以改进。

（1）更加精准地实现对码头、泊位、场地、作业机械、车辆等口岸作业资源高效调配，提高物流资源利用率和物流运作效率，实现降本增效。

（2）持续进行先进技术在港航领域的科技创新，深入实现跨部门、跨行业、跨区域的互联互通与信息共享，促进港口物流链智能化操作、智慧化协同和一体化运作。

（3）在实现业务系统的衔接协同、数据信息的互换与积累基础上，充分利用数据仓库、数据挖掘、统计分析等大数据分析手段对海量业务数据进行综合处理，为客户提供全方位增值信息服务。

广东中外运黄埔仓码有限公司：外贸集装箱综合信息平台

一、企业简况

广东中外运黄埔仓码有限公司（以下简称“黄埔仓码公司”）成立于1961年，是世界领先的综合物流服务商中国外运长航集团有限公司在广东地区的全资三级公司，也是广东省第三方物流龙头企业——中国外运广东有限公司在黄埔地区培育的一个重要的现代化物流基地。

黄埔仓码公司处于珠江主航道，位于广州市黄埔区乌涌口，地理位置优越，集疏运网络、先进装卸设备等多种优势于一体，已开通多条内外贸航线。

港区占地32万平方米，码头岸线500m，拥有3个万吨级班轮泊位，3个驳船泊位，水深9m，堆场面积总达10万平方米，仓库面积4.5万平方米，员工近500人。

港口依托中国外运广东有限公司区域内完善的物流服务网络和多元化物流资源，为物流链中的其他伙伴提供来往港澳小驳船及沿海内贸船的集装箱及件杂货船舶系泊、装卸、堆存、装拆箱、仓储、库存管理、分拨、配送等24小时全天候港口作业服务，并建立了集物流、资金流、信息流于一体的个性化物流服务。

二、外贸集装箱综合信息平台建设背景

随着集装箱港口运输行业竞争加剧、当地市场形势及政府政策的变化，针对信息化程度较低、客户服务水平较弱、操作不规范等现状，黄埔仓码公司于2012年开始着手建设外贸集装箱综合信息平台，以此为落脚点拓展码头服务范围，提高行业服务水平，进一步引领行业向信息化智能化操作发展。

2014年，海关在广东、广西地区全面推行新舱单系统，该系统对现有的进出口业务流程进行了重大修改，尤其是针对集装箱出口业务，增加了预配舱单、改配、理货等多个环节，亟须提升行业的信息化水平以满足数据共享、流程跟踪等需求。在此期间，黄埔仓码公司大力发展外贸集装箱综合信息平台，不仅满足政府政策需求，更为客户带来极大便利，大大提升公司的市场竞争力。

三、外贸集装箱综合信息平台未搭建前存在的问题

（一）数据录入重复，差错率高

集装箱进出口货物相关数据由报关公司、码头、船公司等相关方在各自系统录入，

数据对碰一致才能正常配船出口或卸船。对整个行业而言，不仅重复劳动多，而且差错率高，一旦一方数据出错，则会影响货物清关等。

（二）信息不透明，影响效率

海关新舱单系统推行后，信息透明成了迫切需求。信息不透明，大大影响货物的进出口效率。报关公司、船公司无法及时查询货物在码头的数据状况及集装箱实时动态，不能做到及时报关、及时配载、及时出运。

（三）信息分散，降低客户体验

由于缺乏一个信息集成的平台，各类通关数据和信息各行其道，形成一个个信息"孤岛"，业务办理也不得不在不同的信息系统之间进行切换，大大降低了客户的服务体验。

四、外贸集装箱综合信息平台概述

黄埔仓码公司外贸集装箱综合信息平台 2012 年开始搭建，意在为外贸集装箱水路运输行业相关方提供一个集业务办理、流程跟踪、信息监控、数据共享等一站式服务的综合物流信息平台。该平台利用各种先进 IT 技术手段，汇集了货代公司、报关公司、船公司等外部企业以及海关、商检等政府部门相关信息数据，并提供网页、App、微信等多样化网上服务窗口实现数据展示、信息处理，以数据集成、功能整合的方式，促使外贸集装箱业务操作便利化、流程可视化、信息透明化。

目前该平台的主功能系统包括文件中心系统、码头操作系统、结算中心系统、港区生产调度系统、CCC 集中箱管平台等。

文件中心系统是主要的数据展示平台、信息共享平台及文件处理平台。系统一方面通过 EDI 数据对接方式与外部企业及联合口岸政府部门进行数据交换，另一方面接收处理网页、App、微信等前端窗口输入、输出数据请求。文件中心系统是唯一的外部操作系统。

码头操作系统集生产操作控制、财务计费等功能于一身，是功能最为强大、覆盖面最为广泛、历史最为悠久的内部操作系统，是连接文件中心系统与其他内部系统的桥梁。场内调度系统作为码头操作系统其中一个子系统，是近两年结合港口生产智能化发展的趋势开发的一个全新系统，是码头集装箱作业计划调度核心管理系统。

结算中心系统是财务税票处理系统，可以实现自动计费与结算。

CCC 集中箱管平台属于数据处理系统，它连接码头操作系统，通过 EDI 的方式向船公司客户输送集装箱实时动态信息（见图 1）。

外贸集装箱综合信息平台主要功能包括以下几个方面。

（一）文件自助办理功能

外部客户可通过 EDI 对接方式将企业内部系统的进出口业务数据发送至文件中心系统进行自助办单，也可通过登录文件中心系统网页自行办理业务单证。自助办单功能的

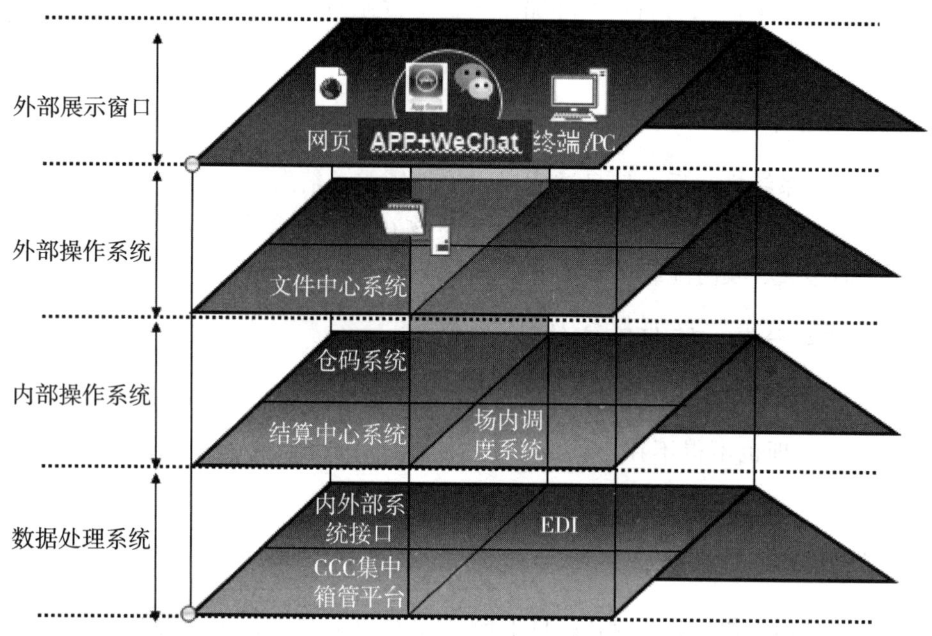

图1 CCC 集中箱管平台

实现，改变了传统单证办理模式。客户办理业务不再受时间、地点限制，不再需要出门排队，业务随时随地自行办理。

（二）舱单信息自动处理功能

新舱单信息处理功能主要应用于集装箱出口业务。文件中心系统通过 EDI 的方式与外部企业系统、海关系统对接，文件中心系统接收到外部企业发送的数据信息后，自动进行数据对碰处理并触发发送海关系统，全程数据自行处理无须人工干预，且数据处理全程可视、可跟踪。这个功能的实现，已替换所有人工操作，不仅大大提升效率，而且减少人工成本。

（三）船舶自动配载功能

出口船舶配载功能是整合船公司、货代公司等相关方线下船舶配载操作功能，为船公司、货代公司等相关方提供一个统一操作、共享信息的平台，并将原本分离的业务流、资金流进行统一，实现集装箱出口放行配载无纸化。这个功能的实现，极大提升黄埔仓码公司的市场竞争力及客户服务能力，不仅使信息处理更加透明化，而且优化所有相关方的工作流程，减少人工工作量，降低人工成本。客户体验也得到大大的提高。图2 为出口船舶配载新模式。

五、平台搭建过程中存在的问题及解决方案

（一）新舱单模块上线初期面临的问题及解决方案

在新舱单信息自动处理功能上线初期，由于未充分了解海关系统的运作模式，业务

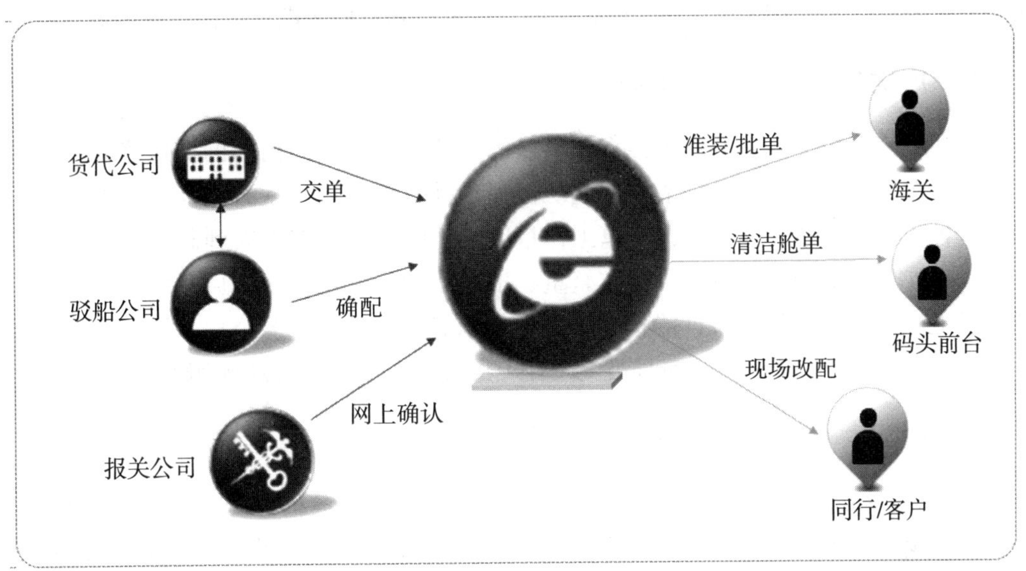

图 2　出口船舶配载新模式

流程及系统功能仍未完善，对业务开展产生很大的影响。

为尽快消除这种影响，黄埔仓码公司多次组织专人与海关相关部门进行流程商讨及技术沟通。此外，及时分析系统疑难杂症，从而加快流程梳理及系统改造工作。通过及时的分析及应对，系统功能和业务流程很快趋于稳定，并在原来基础上实现了一定程度的优化，在为客户提供差异化服务方面取得很好的效果。

(二) 改变操作模式面临的问题及解决方案

外贸集装箱综合信息平台每整合一项功能必定带来一次操作模式的转变，每一次改变必定带来各种争议，这给信息平台的推进带来重重困难。

为解决此问题，黄埔仓码公司在宣传沟通方面做了许多细致的工作安排。首先，对不同的客户群体有针对性地召开推介会，加深客户的认识和理解；其次，在系统开发工作中，多次咨询内外部客户的意见，让系统功能更贴近客户需求；最后，安排培训人员亲自上门为客户培训，保证过渡期业务的顺利开展。通过这些措施赢得客户的信心，确保了新模式的推广工作。

六、效益评估

(一) 提升企业竞争力，推动企业规模上台阶

2014 年外贸集装箱综合信息平台上线后，平台提供的差异化服务为黄埔仓码公司带来了集装箱出口业务的大幅增长。出口集装箱吞吐量从 2014 年 5 月的 37000 多 TEU 上升到 12 月的 52000 多 TUE，增长率是 40%，比 2013 年 12 月年底旺季的 39000 多 TUE 的出口集装箱吞吐量，也增长了 33%；提单量从 2014 年 5 月的 29000 多票增长到 12 月的 48000 多票，增长了 65%。根据业务量测算，仅提单这一项增加的收费就为公司每年增加

400多万元的利润。2014年黄埔仓码公司的出口量达到黄埔老港地区出口量的80%。

（二）优化流程，提升服务

外贸集装箱综合信息平台的推行，不仅优化黄埔仓码公司内部的操作流程，而且减轻客户工作，为客户工作提供诸多便利。例如未推行出口船舶配载功能前，报关公司需派人到各驳船公司办公点交单，交单工作量巨大；驳船公司需派人到码头递单进行船舶配载，且需人工逐份核对数据，工作繁重。出口船舶配载功能上线后，将交单工作、船舶配载工作移到平台上操作且能批量处理数据信息。为此，驳船公司、报关公司等客户不仅可以足不出户完成工作，而且极大减轻工作量，减少大量人力物力财力。

（三）加大现金流，减少坏账死账

外贸集装箱综合信息平台将由不同主体操作、业务财务信息分离的流程进行整合，做到整个业务流程同一平台操作、同一平台共享数据，业务流、资金流清晰，业务操作、财务支付便利。在费用支付方面，平台采取了预存款支付方式。预存款支付方式是由客户通过预先向黄埔仓码公司账户预存一定金额，办理业务时直接从预存金额中逐票扣款支付。这种收费模式，不仅加大了财会现金流，而且避免产生坏账死账。

七、外贸集装箱综合信息平台搭建过程中的主要经验教训及推广意义

（一）经验教训

1. 功能需求需明确

首先要明确需求，有利于信息系统更好地设计及实施。进行充分调研，避免在系统设计及实施期间对业务模式进行较大的调整。完成初步的系统功能设计，最好先跟项目相关单位及业务部门沟通反馈，反复讨论固化需求，减少系统不必要的开发工作及开发周期。

2. 选择优秀的合作方

系统开发实施是一个持续过程，某种程度上一个优秀的系统开发公司是一个战略合作伙伴，一定要做好长期合作的准备。双方合作稳定，更利于后期系统维护升级工作。现在是信息化高速发展的时代，信息化需求不断增加、变更，意味着系统需要不断升级换代，良好且稳定的合作伙伴，有利于控制系统开发成本，减小系统开发升级带来的风险。

3. 充分考虑物流技术的迭代发展

物流行业对服务水平要求很高，这就要求必须在系统实施之外大量配合物流技术手段的应用，自动识别、定位等技术配合便携式设备、手持设备的应用。通过利用先进物流技术，实现精细化物流管理，把大量人力从烦琐的机械化劳动中解脱出来。

前期系统设计阶段一定要考虑系统接口及迭代需求，多个系统在物流服务商形成交集，不提前考虑系统接口会给未来的系统升级造成巨大的麻烦。传统手工单作业模式，将由电子单据无纸化替代，利用不同的上下游系统接口，加快信息传递速度，实现物流

全程管理。

4. 充分利用信息化平台，发现问题及早完善

信息化平台不论投入多少成本，只有充分利用才能真正体现它的价值，因此必须做好平台的宣传推广工作。信息化平台只有在使用过程中才能发现问题，发现问题后需及早完善。

（二）信息平台推广意义

外贸集装箱综合信息平台的搭建，不仅为黄埔地区提供了首个集合了外贸集装箱信息的平台化产品示范先例，而且促进黄埔仓码公司提高工作效率及服务水平，同时对行业内其他相关方产生积极作用，产生了良好的社会和经济效益，为港口物流行业的信息化做出贡献。

2016 年该信息平台推进的出口船舶配载功能是黄埔地区最先推出的优化集装箱出口配载无纸化功能，一经推出，便得到黄埔老港海关等相关政府部门高度认可，并提出可将海关相关的信息处理功能一同整合到平台中，进一步完善平台建设。

八、外贸集装箱综合信息平台的未来发展设想

传统物流只有融合信息技术才能称之为现代物流，物流企业信息化已是现代物流企业的核心，是现代物流企业发展的必然要求和基石。外贸集装箱综合信息平台只是黄埔仓码公司信息化发展的一部分，但也是核心业务信息平台。未来黄埔仓码公司将继续密切关注行业内的信息化需求及变化，争取做到快速响应及时改进，才能有利于企业抓住机遇，强化企业核心竞争力。

江苏宏坤供应链管理有限公司：绿道一站式跨境供应链服务平台

一、企业简况

江苏宏坤供应链管理有限公司成立于2008年7月，是一家专业从事物流供应链、城市共同配送、跨境电子商务平台服务的综合性第三方服务企业。公司被授予海关总署进出口商品预归类单位、江苏报关协会副会长单位、江苏省重点物流企业、江苏省商贸物流示范企业、江苏省智慧物流示范企业、南京市外贸综合服务企业、南京电子商务协会跨境电商分会副会长单位等荣誉。其全资控股子公司被授予中国百优报关企业、中国报关协会副会长单位、中国首批进出口商品预归类单位、海关高级认证企业、江苏报关协会副会长单位、江苏出入境检验检疫协会副会长单位、江苏省A类报检企业等荣誉。

2012年公司建立了国内一流的跨境贸易综合服务平台——绿道一站式跨境供应链服务平台（Greenpass360. com），该平台荣获“中国物流与采购联合会科技进步奖二等奖”。

2014年公司建设的“城市共同配送平台”成为南京市商务局“南京城市共同配送”指定的信息管理平台。

二、项目方案

（一）项目的主要内容与建设思路

1. 主要内容

宏坤是以科技为先导的创新型物流企业，运用先进的物流信息平台，根据客户的需求，实时提供业务的信息查询和跟踪，帮助客户设计供应链管理，完成物流整合方案的实施。利用持续的反馈流程来保持和改进服务水平，及时掌握建设性的意见，保证客户进行物流外包的成本效益。

公司拥有完整的电子供应链管理系统。

（1）WMS（Warehouse Management System）：仓库管理系统。是通过入库业务、出库业务、仓库调拨、库存调拨和虚仓管理等功能，综合批次管理、物料对应、库存盘点、质检管理、虚仓管理和即时库存管理等功能综合运用的管理系统，能有效控制并跟踪仓库业务的物流和成本管理全过程，实现完善的企业仓储信息管理，并形成多种灵活的报表格式。

（2）TMS（Transportation Management System）：运输管理系统。对物流环节中的运输环节进行具体管理，包括车辆管理、在运途中货物的管理等。整合业务流程管理、托运单管理、订单跟踪、货物跟踪、从业人员管理、运输业户管理等，实现运输业务流程的可视化监控。

(3) CMCA：关务管理系统。能够准确收集通关数据，完成适时信息的反馈和跟踪；对出现的异常状态作出及时处理，规避操作风险；满足客户不同的需求，定制个性化服务。

(4) PSTAR：货代管理系统。实现各岗位间职责的流畅衔接，将业务资料电子归档；与合作方（订舱代理、船公司、目的港代理等）进行 EDI、舱单的数据交换；为市场销售提供强力支持，完成潜在客户登记、机会查找、销售分析等功能。

(5) SOP：标准化操作流程。公司所有业务均编制了标准操作步骤，以统一的格式描述，用来指导和规范日常的工作。细节的量化，实现了管理规范化、流程条理化和操作标准化。

(6) TCCA：以合规运作为核心，帮助进出口企业及关务企业进行商品资料前端合规管控及商品数据处理的线上商品预归类服务，通过精准确定商品归类、原产地、价格等建立规范商品数据库、保税账册数据库等。并进行有效的关税筹划、节税和防范潜在的漏缴税款风险。

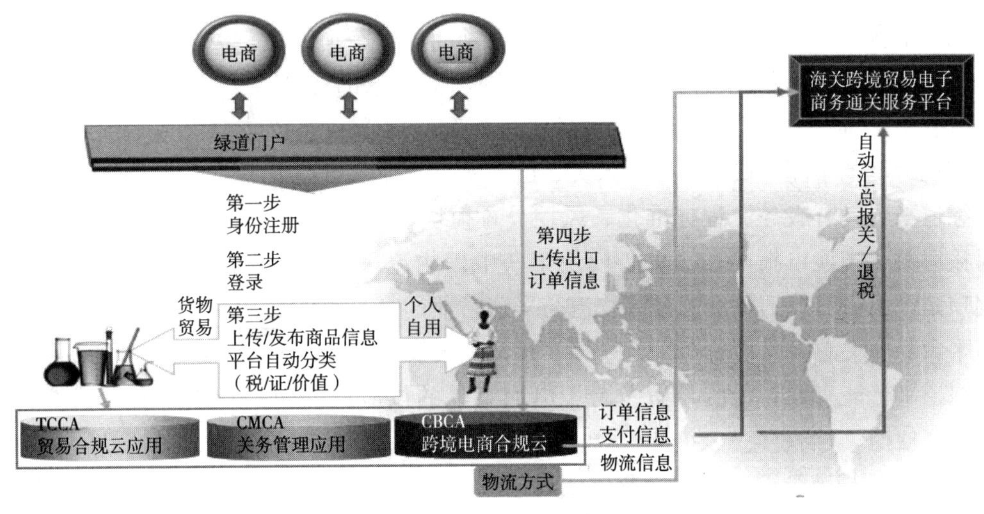

图1 绿道应用平台

2. 建设思路

宏坤供应链通过打造绿道一站式跨境供应链服务平台，优化和完善跨境电商企业的网上作业流程，帮助企业实现“操作前规范、操作中跟踪、操作后的分析改善”，一方面解决中小企业的专业通关知识盲点，另一方面加强企业的合规自律，通过平台的整体合规管控，配合政府的监管，搭建诚信体系，通过商务运作，进一步规范作业体系，助推企业的良性发展。

绿道平台与海关总署的跨境通关服务平台进行对接，帮助跨境电商企业进行在线合规申报，提供规模化线下集拼选择，串联仓储及货运等线下物流业务，为跨境电商卖家提供最为优化和高效的物流整合方案，为跨境电商用户提供综合信息及在线应用服务。

图 2 为绿道平台协同整合示意。

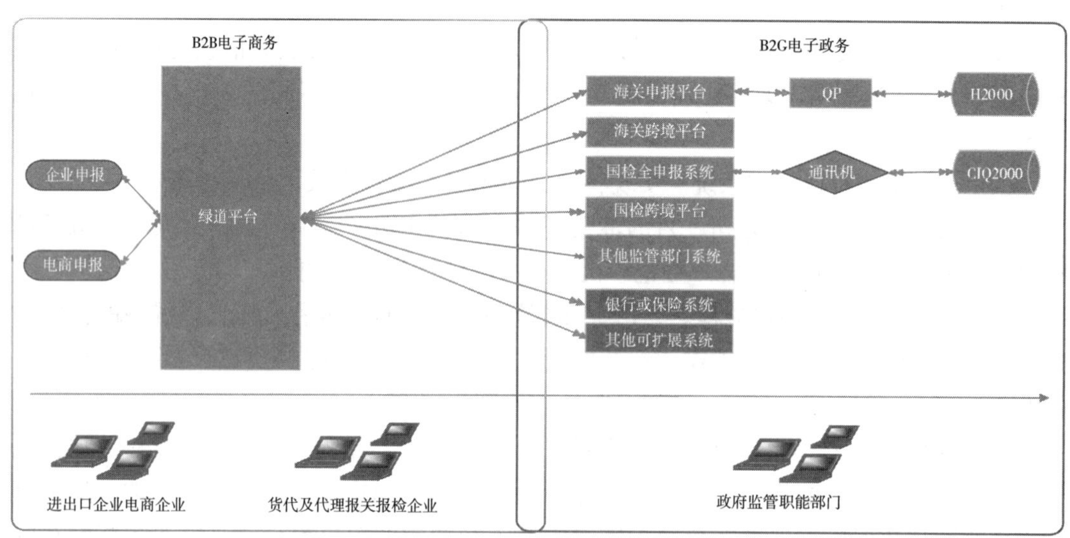

图 2　绿道平台协同整合示意

注：B2G 模式即企业与政府之间通过网络进行交易活动的运作模式。

绿道平台是定位于连接一般贸易和跨境电子商务、跨境物流、关务管理的信息平台，也是国内唯一能够整合进出口数据信息和国内物流信息的综合性大数据平台。绿道平台主要有五个功能模块：贸易合规、关务管理、跨境电商、外贸综合服务、供应链金融。能够实现跨境电子商务快件报关、入关、出关实时监控，自动报关的一站式服务。

绿道平台具有服务流程标准化、风控设置模块化、专业服务平台化的特点，已经实现对接海关、国检申报平台，核心模块荣获中国物流采购联合会国家科技进步二等奖，该奖项是经国家科技部批准的全国物流与采购行业的最高科学技术奖，拥有多项著作权。绿道平台与海关总署跨境贸易平台直接对接，全国仅两家。

绿道平台能有效对传统外贸及跨境电商贸易的供应链外包过程进行有效监控管理，确保合规便捷。

（1）商品规范管理。帮助企业建立规范、合规基础上的商品规范数据库、保税账册数据库。提前确定监管证件和预估税款、加快通关作业速度、有效保障企业信誉、促进诚信建立。

（2）数据标准化服务。绿道可以自动将进出口单据转化为海关可接受的标准化数据，通过自动的单证逻辑审核和历史数据比对，大大提高数据准确性。实现单据数据规范化、信息数据标准化，对接海关无纸化通关。

慧通陆交平台可以通过推广流程的标准化来提供标准化服务，改善传统物流过程中大量企业之间手工的协同与合作模式，推广现代物流作业标准。

（3）供应链全程监控。提供模块化风险控制节点设计，对供应链流程实现跟踪管理、预警提示和分析服务，实现关键节点 KPI 考核。

（4）行业内用户的协同服务。提供用户系统的数据交换服务，在连接电子商务物流链条中的货主、第三方物流公司、运输公司、司机和收货人，形成一个基于核心流程的、平等、透明且开放的在线管理平台。

（5）政府与行业的协同服务。通过电子口岸数据通道和国税、交通数据通道协同，实现海关、检验检疫、国税、交通系统的数据交换服务，提供基础参数共享，包括海关基础参数、检验检疫基础参数、税务数据、交通物流集成参数的共享服务。

（6）政策分析和数据解析。提供行业政策提醒和咨询解答服务，开展对供应链管理环节所产生数据的整合解析，提供标准化、定制化的分析评估报告。

（二）需要解决的关键性问题

跨境电商的发展带来了海量碎片式交易，从行业发展现状来看，由于跨境电商从业人员专业素质相对不高，对贸易、通关各项政策了解不够，政府和企业间的信息不对称，造成了跨境贸易通关作业流程不通畅，出口退税结汇困难，货物清关效率低，转运速度慢，整体物流运作成本偏高，严重阻碍了跨境电子商务的快速发展。

据了解，大量亚马逊出口卖家的主要痛点在于通关作业知识缺乏、出口退税结汇困难、整体运作成本偏高。而类似亚马逊这样的大型电子商务平台对于合规运作的诉求也非常高。在实际业务运作中，亚马逊上销售的货品种类非常繁杂，比如电动按摩椅、滑板、DIY① 汽车装饰灯等，都是订单一对一的销售，但是邮政和快件的运输模式不能满足这类货物的运输需求，该种货物只能通过传统的海运和空运来解决国际物流出境。但是，由于电商企业通关货物具有需求个性化、商品多样化、时间碎片化、渠道复合化等繁冗复杂的特点，按照现有一般贸易的报关要求，跨境电商企业很难在规定时间完成商品归类和报关申报工作。

三、平台应用案例

（一）核心技术支撑贸易真实性，实现开放金融，打造绿色金融共赢生态圈

2016 年绿道正式启动研发、运营、营销三大核心引擎，正式将平台升级进入 3.0 版本（一站式开放平台），实现流量、用户、交易和服务规模的爆发式增长，互联网绿色跨境供应链生态圈基本形成，信用创新、物流整合、合规管控三大自主创新技术发挥威力，服务、合作、共赢战略效果显现，绿道生态圈下的产业集聚、企业集聚、信息集聚出现，从而将商业模式的四大作用淋漓尽致地发挥出来。在这种发展状态下，四流合一、价格收敛、大数据挖掘与供应链信用金融服务体系全部开始运营。

依托 20 年积累的强大的数据处理能力和贸易合规管控能力，绿道平台有效支撑企业级核心业务数据处理，通过跨境物流、通关、结汇、退税等真实贸易数据的沉淀，将企业交易前和交易中的诸多环节打通，开放对接各方金融资源，无缝对接海关/国检数据，权威背书数据金融，联合征信、联合风控、联合分润，帮助网络的外贸市场建立诚信的环境，为外贸价值链上的服务提供真实数据的支撑，实现开放金融，最终通过贸易真实性带动中小企业外贸融资得以方便实现，打造绿色金融共赢生态圈。

---

① DIY：Do it yourself，意为自己动手做。

（二）绿道一站式供应链服务平台，助力东方福来德成为新零售典范

2016 年三胞集团与江苏宏坤达成战略合作，由宏坤旗下“绿道一站式跨境供应链服务平台”为三胞集团跨境新零售落地项目“东方福来得”提供大通关解决方案、商品合规及风险管控、智能仓储及信息数据支持等一整套进口供应链综合服务。

此前南京并无大批量进口零售的先例，宏坤与三胞对江宁保税区仓库从零开始改建，“三胞—宏坤智慧仓库”得以最终成型。

东方福来德共有 300 余个品牌，其中英国品牌占 34%，首批入驻的自有品牌共有 16 个，这些自有品牌全部由身处南京综合保税区的“三胞—宏坤智慧仓库”发出，支撑这套仓库的系统由宏坤自主研发，线上打通信息流，商品数据在绿道平台系统进行规范备案与申报，完成企业与海关、国检之间的信息传输；线下打通货物流，完成货物的查验入库，通过绿道平台系统进行商检、贴标，再经查验放行出库，最终配送至门店。

整套流程通过自动化系统大大节约了人力成本，降低了因人工操作失误而导致的一系列风险，提高了仓库管理效率；同时，通过可视化监控能够实时掌控商品动态及配送情况，实现线上与线下、库与库之间的智能调拨，降低库存压力；另外，系统还将对仓库管理数据定期生成分析报告，为后期采购、营销及品牌布局提供大数据支撑。

合规化、标准化的分销服务体系帮助三胞集团实现了规范化统筹，提升管理效率，降低贸易风险。通过跨境供应链服务的全流程解决方案，整合供应链上下游企业的能力和商业模式，使供应链上的各方成为共享经济的合作伙伴。

四、经济效益

1. 公司效益

2014 年公司销售收入 6020. 5 万元，利润 727. 9 万元，税金 16. 54 万元；2015 年公司销售收入 4385. 3 万元，利润 39. 3 万元，税金 9. 58 万元。2016 年公司销售收入 6417 万元，利润 63 万元，税金 13 万元。

2. 平台交易规模

2014 年平台实现通关数据 25588 票，线上累计服务客户数量 2500 多家，通过平台完成的进出口贸易数总额为 20. 26 亿美元。2015 年平台累计实现通关数据 38526 票，线上累计服务客户数量 3700 多家，通过平台完成的进出口贸易数额为 23. 12 亿美元。2016 年平台累计实现通关数据 39772 票，线上累计服务客户数量 4000 多家，通过平台完成的进出口贸易总额为 23. 18 亿美元。

江苏辉源供应链管理有限公司："物托帮"信息平台

一、应用企业简况

江苏辉源从传统物流企业起步，经过多年的艰苦奋斗和改革创新，已逐步发展成为具备专业的管控能力、健全的信用评价体系、最高效益的管理能力、为全社会成员提供就业机会的平台服务型集团。下辖含"中国物流百强企业""中国冷链物流百强企业"两大全国百强企业，以及世界第六、中国第一的直升机引航公司等 28 家公司、100 多个区域性子公司。辉源旗下拥有多家物流、贸易、金融、工业、科技、商业地产及物业配套服务和投资配套型子公司，是数家世界五百强企业（A. O. SMITH、通用磨坊、凤凰、中化、中石化等）国内外知名上市企业及众多金融机构指定的合作企业，在全国建有数个大型物流集散中心，于 2005 年开始在南京江宁开发区购置土地 230 亩，兴建三个物流中心共计 180000m^2，可调配社会车辆资源近 40000 辆。全国拥有常温、冷冻、恒温、冷藏等可调配仓库 1877 个，共计 3370000m^2。在全国 55 个一线城市之间形成干线（班车）对流，同时配套仓储、配送向二线城市及乡镇渗透，目前，共建设 1560 多个配送网点遍布全国，解决就业人员近 3 万人，并在法国、德国、澳大利亚、墨尔本、泰国、俄罗斯、中国台湾、中国香港等地建立国际网点。

面向未来，辉源将坚持"铭信以诚、共创辉煌"的企业核心价值观，以智能商务供应链平台实践者为起点，专注于自身优势行业的核心客户，围绕核心客户的原材料、生产、销售、终端的四个端和三个扭转环节，通过利用每个端的上下游资源优势，综合运用包括管理、金融、信息在内的各种手段和工具，为客户提供包括综合物流、采购执行、分销执行、区域代理、国内贸易、国际贸易及信息系统支持等诸多环节在内的一体化供应链管理服务，以帮助客户提高其供应链的运作效率并降低运作成本，提升综合竞争力和可持续发展能力，建成国内外最具影响力的供应链品牌综合服务型集团。

二、企业在实施信息化之前存在的问题

国内竞争者都已经意识到产业互联网时代的到来，对供应链服务集成平台升级进行全面布局，国内供应链市场竞争将进一步加剧；供应链物流服务差异化越来越明显，价格已经不再是关键竞争因素，物流行业利润随着竞争的加大已经逐步摊薄，不培育新利润增长点或提供有竞争力的增值服务将很难获得利润；产业互联网背景下，由于行业竞争加剧，客户对于供应链服务企业的供应链智能管理和精益化、专业化服务需求将越来越迫切，所以来自客户端的压力也将日益增加；国内众多车货匹配电商平台、无车承运

人平台风起云涌，也在改变整个物流行业的格局。

三、信息化进程，实施中遇到的主要困难、问题与解决措施，企业信息化是如何推进、组织，一步一步深入的

第一阶段（2017 年物流基础设施建设阶段）：以全力实现 2017 年 7.2 亿营收指标为基础，立足完善优化物托帮信息平台，基本完成（冷链、普货、散杂）3 张网网络建设，辉源物流将服务 100 家左右的上游核心客户，通过强大的集货能力建立聚合超过 1000 家下游供应商、2 万辆各型卡车的供应商资源库；辉源物流板块向综合物流集团发展。

第二阶段（2018—2019 年物流平台迭代升级阶段）：至 2019 年年底，物流板块基本形成六大独立经营主体公司和一个物流电商交易平台的物流集团，辉源物流集团整体收入将超过 20 个亿；六大独立经营主体：辉源冷链、辉源普运、辉源城配（快递）、辉源国际（国际货代）、辉源航空（航空引航）、辉源车服（后市场业务）；一个物流电商交易平台：物托帮。物托帮信息平台将演化为无车承运人平台、冷链业务管理、城配平台三大专业信息平台，地网建设实现“3 + 1 + 1”兼顾广度和深度的网络布局，平台型物流企业愿景基本实现。

四、信息化主要效益分析与评估

1. 信息化实施前后的效益指标对比、分析

物托帮平台以现有物流业务及线下仓储、收发货网点为基础，利用线下的资源整合和高效互补，搭建线上开放型交易平台。平台将货主、物流公司、承运商、车队、司机和收货人连接在一起，通过从信息发布到订单匹配、追踪（定位）、结算、金融扶持、保险理赔等增值服务，共同构建可持续高效的智慧物流平台。平台以降低中国社会物流成本、提升物流行业整体发展水平为使命，着力解决物流行业分散化、信息滞后、管理效率低下问题，通过开放型物托帮平台智能精确匹配，解决物流信息不对称性，出城运输对流、淡旺季互补，达到车货最佳匹配，提高司机接单率和降低空载率，以此促进业务增长、提高卡车运作的能力，降低物流运营成本。

2. 信息化实施对企业业务流程改造与竞争模式的影响

2015 年全国社会物流总额 219.2 万亿元，营业性通用（常温）仓库面积已达 9.55 亿平方米，全国大约有 500 万家配货站，干线物流公司 80 万家左右。全国约 2000 万辆卡车，约 500 多万属于个体司机，空载率高达 40% 以上。全国大约有 3000 多万名货车司机，每辆卡车司机一个月各项消费上万元，主要包括找货运业务、吃、住、行、车辆维护等。从数据统计来看，目前物流市场庞大机会点较多，卡车司机正在年轻化，拥有智能手机的比例超过 80%。随着“互联网 +”在物流行业的应用，各种相关物流 App 的推广，“互联网 +”货运已经具备了坚实的硬件和软件基础。

中国 3000 万卡车司机空载率高达 40% 以上，针对国内货车司机现状，平台着力解决货运物流信息的不对称，提高车辆装载率。针对司机收入低、结算周期长甚至是拖欠运费平台建立专属行为信用体系，确保线上订单信息的真实有效性，信用越高结账周期越

短，相应接单越快越多。平台采用 LBS（基于位置服务），图像识别、消息推送，大数据分析等技术进行智能匹配推送。通过大数据分析，根据线路货物流量与特性，配置适量运力建立专线运输、对流运输、循环运输，实现平台闭环运输；利用物流大数据实现“一对一”精准匹配推送。针对司机在驾驶途中最需要的服务，集中在饮食、住宿、休息、停车和修理方面。平台利用线上线下资源整合为用户提供完善的增值服务，如住宿、维修、保险违章代理、社保等全套服务。

目前市面上的车货匹配平台大多是信息发布共享平台，存在大量虚假信息，司机交了信息定金接不到单，被骗时常发生。我司物托帮平台以车载 GPS、手机 LBS 技术结合新进的图像识别技术为基础，联合第三方机构相关数据建立平台独有的行为信用体系，确保平台每个车主、货主，以及每一单车辆与货源信息的真实性。平台除个人自主接单外，还采用分布式大数据处理技术及信息推送技术，根据车主、货车 LBS 定位信息自动匹配货源与车源。结合人工客服服务，确保每条需求能在半小时内促成交易，增加司机接单率。

3. 信息化实施对提高企业竞争力的作用

江苏辉源及其下属辉源上海供应链有限公司，为全国物流百强企业和全国冷链运输百强企业。公司从事物流业务 30 多年，在常温运输、冷链运输业务上积累了很多资源和合作伙伴，在全国省会城市、一线重点 72 个城市自有或监管着 72 个冷链仓库、108 个常温普货、30 个散杂货网点。跟随集团战略发展，下属物业 O2O 电商公司在全国已经开展线下门店并进行园区实体店建设，将建立线下 O2O 经济商圈，充分配合辉源物托帮平台 O2O 增值业务的开展。国内车货匹配平台、物流平台很多，我司物托帮平台利用传感技术、智能机器人、GPS 技术、信息化管理系统、大数据分析等相关信息技术的支撑，智能化、便捷化更强。结合集团其他公司业务，能够提供有保障的增值业务更全面、更完善。

五、信息化实施过程中的主要体会、经验与教训，推广意义

辉源的重点任务是建立一整套强大的物流信息管理系统，搭建智能物流交易平台；建立科学的风控模型和综合物流管理体系；实现全国性物流网络布局，形成强大的集货能力、资源整合能力、供应链控货能力。打造“辉源快运”“辉源冷链”“辉源城配”三大物流品牌，构建国内首家多业态协同发展的物流综合体。

从技术上、模式上、业态上创新发展；统筹协调发展与效益、规模与质量、创新与变革之间的关系，实现全方位均衡协调发展；顺应生态文明建设要求，主动推进绿色、低碳和可持续物流的绿色发展；建设开放的企业平台，为推动多元化物流项目落地运作，辉源提供管理平台、信息平台 、资源平台、资金平台全方位支持的开放发展；探索共享经济模式，提倡共享发展理念，整合供应链、延伸产业链、提升价值链，辉源物流将与上下游企业和客户分享业务模式创新带来的社会经济效益。同时，加强企业文化建设，引导企业全面履行社会责任，使辉源全体物流从业人员共享企业发展新成果，使物流从业人员在为社会为企业做贡献时，自身生活水平和社会地位也能得到相应提高。

辉源建立物托帮平台以企业间的无车承运人模式平台为基础，以冷链运配平台为依

托，建立基于众包模式的配送平台。最终建立以普货物流、冷链物流为主体，以干线运输、市配运输、末端配送为一体的，基于 SaaS（软件运营）平台的全程物流运输和交易管控平台。同时满足社会闲杂货源、车源自主交易开放平台。平台在满足日常物流运输交易的基础上，加入相应的司机增值服务功能，解决司机日常所需，在后期交易完善时加入仓储租赁，完善物流交易链。平台的开放不仅是对使用人群的开放，需利用信息技术各功能模块以标准化 API 接口，对企业客户提供全方位的信息调用对接，做到信息共享，为合作企业提高物流配送效率。

六、本系统下一步的改进方案、设想，对物流信息化的建议

以降低中国社会物流成本、提升物流行业整体发展水平为使命，致力于为货主、车主和物流企业的发展提供低成本物流运营环境，促进社会和谐发展和经济可持续增长，提倡绿色物流。以线下网点为依托，利用线上平台整合线下各方资源，提供全面高效的服务，平台提供全程高效的物流实务操作，提升整体物流服务水平，完善物流服务环节，成为国内最具实力的一体化物流综合服务平台商。物托帮平台的建立旨在解决物流信息不对称性，降低车辆的空置率，降低空车返程率，提高卡车运作的能力，降低物流运营成本。物托帮平台通过相关 GPS、LBS、电子围栏、智能推送、运力分析、货物分析等大数据分析，可为广大车主、货主提供智能匹配开放型平台。平台除了智能匹配订单外，还提供安全的开放型接口，可跟各货主、物流公司自有的仓库系统，WMS、TMS、ERP 等系统进行灵活对接，提高各用户、企业的数据利用率。平台在满足本身物流运输的同时，还针对卡车司机行业的特性提供完善可靠的配套增值服务，从而提高卡车司机的生活质量。

江苏零浩网络科技有限公司：智通三千物联信息服务平台

一、公司简介

江苏零浩网络科技有限公司位于南京市建邺区新城科技园艺树家工场6、7层，由美国太平洋工业设备有限公司、南京东拓物流设备有限公司、安徽东拓物流工业设备有限公司董事长蒋明辉先生投资建设而成。集团拥有员工近3000人，各领域专业技术人员300多人。

江苏零浩网络科技有限公司主要从事移动互联网领域软件设计开发、信息技术开发和服务、物联信息服务平台建设和服务等业务，为此建设了具备顶级专业水平的技术团队、管理团队和营销团队。立志打造中国最大的物联信息服务平台。

2015年公司投资建设了“智通三千物联信息服务平台”项目，打造中国第一个网约货车平台。项目聘用微软终身荣誉总裁唐骏先生担任顾问。项目建设中，通过资源整合，陆续与交通银行、微创中国、中国人保、中国物流与采购联合会、浙江省中小企业协会、山东高速集团等大型国企或上市公司建立了战略合作伙伴关系，共同致力于平台打造。2015年12月平台系统正式全国上线，顺利投入运营。

“智通三千物联信息服务平台”运用“互联网+物流”的理念、O2O的商业模式，采取线上打造综合交易平台、线下提供3000个县区网点服务的方式，彻底颠覆传统物流经营模式，去除物流中介环节，从根本上降低物流成本，为社会、企业、货运车辆创造财富，为国家节约大量土地和石油资源。平台集在线车源货源信息发布、在线交易、在线支付、在线分配、在线保险和在线跟踪于一体，致力于打造中国第一个全国性、综合性网上物流交易平台，开创了物流行业一个全新的时代。

同时，我们致力于将智通三千物联信息服务平台打造成一个开放的生态化发展的平台，利用平台整合的资源，对接跨行业平台资源、开放端口，实现多渠道、生态化盈利和发展。

目前在国家积极打造高效、智能物流的前提下，持续推进无车承运人建设，智通三千也顺利进入国家首批无车承运人试点单位，为无车承运人试点及推行工作以及物流行业的健康发展做出积极的努力。

公司以“运用互联网科技，降低采购、运输成本，提升中国制造国际竞争力”为使命。全体零浩人本着一切以合伙人利益为中心、以“超越用户的需求是我们的永恒追求”为核心价值观、以“适者生存、只争第一”为经营理念、以“坚定信念、开拓创新、百折不挠、众木成林”为企业精神，持续推进项目建设，力争早日实现“将智通三千建设成中国最大的物联信息服务平台”这一美好愿景。

二、存在问题及建设思路

（一）存在问题

随着国民经济的飞速发展，现代物流业在国民经济中的地位日益突出，国家相继出台了各项物流产业扶持政策把物流业定位于支撑国民经济发展的基础性、战略性产业。

根据国家统计局、中国物流与采购联合会、中国物流中心的统计，2015 年中国社会物流总费用超过 10 万亿元，年运输费用超过 6 万亿元，虽然随着行业的发展，增速有所放缓，但每年仍以一定的比例增长。与此同时，庞大的社会物流费用也反映了当下物流成本居高不下的现状：目前中国社会物流总费用约占 GDP 总量的 15%，而西方发达国家仅 6%，远远高于他们。其根本原因一方面是车源、货源信息不对称、不匹配，货运车辆空载率高达 40%；另一方面是物流中介环节的存在赚取了利润、推高了成本。这些因素制约物流行业的健康发展，也影响了物流业在国民经济中发挥重要的作用。

由于物流行业中货运业务一直缺乏规范和有效监管，自营、挂靠、转包、租赁等各种现象并存，行业税务管理也是困难重重：业务真实性难以核实、虚开风险存在、纳税主体难以界定、税收税源流失严重。

而物流行业存在已久的企业产品运输安全缺乏保障、运输费用拖欠结算困难、货物配送缺乏跟踪性等痛点和难点也同样阻碍着物流行业的健康发展，从国民经济健康发展的角度来说，物流行业、货运业务亟待改革和创新，服务能力亟待提升。

2014 年作为互联网元年，各行各业充分运用互联网科技、互联网思维，积极推动了中国经济的进一步增长。2015 年以云计算、大数据和移动互联网为代表的新一代信息技术不仅在深刻改变信息技术本身的结构，提供全新的技术能力（技术的互联网化），与此同时，也在深刻改变各行各业的业务形态和运营模式（业务的互联网化），“互联网 +”的模式将大力推进国民经济迈向中高端水平，成为当前中国经济发展的“新常态”，也预示着一个全新的“互联网 +”时代的到来。而“互联网 + 高效智能物流”也成为中国物流行业发展的必然趋势。

事实上，国家一直以来高度重视物流行业的健康发展：

李克强总理在 2015 年的政府工作报告中多次明确提出打造高效、智能物流，助推中国经济快速增长；

2015 年 7 月 5 日国务院下发《关于积极推进“互联网 +”行动的指导意见》；

2015 年 9 月 29 日，国务院办公厅发布《关于推进线上线下互动加快商贸流通创新发展转型升级的意见》；

进入 2016 年，打造高效、智能物流更是成为中国的六大重点工作之一，国家陆续出台了一系列政策和措施：

全国两会政府工作报告中多次提到“物流”，为未来物流行业指引了新的风向；

3 月 3 日，国家发改委、商务部、工信部等十部门联合发布《关于加强物流短板建设促进有效投资和居民消费的若干意见》。

3 月 23 日，商务部印发《2016 年电子商务和信息化工作要点》，要求深入实施“互联网 + 流通”行动，推动智慧物流体系建设。

4 月 22 日，国务院办公厅发布《关于实施“互联网 + 流通”行动计划的意见》，进一步明确加快流通转型升级、积极推进流通创新发展、加强智慧物流建设推进。

“互联网 + 高效智能物流”成为中国物流行业发展的必然趋势。

2017 年降低物流成本更是成为国家“三去一降一补”六大工作任务之一，物流行业的健康发展上升到空前的高度。

（二）建设思路

正是在中国经济发展走势、国家政策支持趋势、物流产业发展态势以及移动互联网技术广泛应用和“互联网 +”时代的到来等整体环境下，江苏零浩网络科技有限公司打造了中国第一个集在线物流信息共享、在线交易、在线支付、在线保险、在线分配、在线跟踪等于一体的综合性网上物流交易系统——“智通三千物联信息服务平台”。彻底颠覆传统物流模式，化解行业发展的难点和痛点，从根本上解除制约物流行业健康发展的瓶颈。

（三）智通三千的商业模式

项目以“互联网 +”的理念、采取 O2O 的商业模式，以线上平台、线下服务的方式，颠覆物流行业传统经营方式，帮助企业和车辆线上面对面直接交易，去除物流中间环节，节省中介费用，提升配货、走货效率，降低仓储、管理成本，从而从根本上降低物流费用，提高车辆配货效率，提高司机收益；以创新的经营理念、独特的盈利模式开创物流行业新时代，提升中国制造的国际竞争力，从而实现有利于社会、企业、车辆的综合目的。

三、效益分析

（一）经济效益

首先，我们打造了一个免费向企业、货运车辆开放的线上交易系统，实现货源、车源信息线上资源整合、自由匹配，帮助企业与车辆通过 PC 终端和手机 App 终端绕开物流中介免费直接交易，从根本上降低物流成本。

降低社会物流总费用，提升中国制造国际竞争力；减少国家在物流基础设施上的投入，为国家节约土地资源和资金；减少石油消耗帮助改善环境。经过测算和分析，智通三千物联信息服务平台投入正常运营后，每年将为国家节约近 500 亿元物流成本，为国家节约近 20 万亩土地，减少石油消耗近百亿元。

（二）管理效益

平台的建成，大大提高企业配货、走货效率。

平台的应用，实现了企业原材料、产成品的适时进出，降低物流仓储成本、物流管理成本，缩短了流通时间。在线跟踪系统帮助企业掌握货物运输在途情况，提升到货准时性和及时性。仅此一项又将为国家节省数百亿元的仓储和管理费用。

（三）社会效益

大幅降低车辆支付给物流公司的信息服务费支出（由10%降到2%左右）；同时手机App功能将节约司机在途时间、提升配货效率，减少因找货空驶造成的燃油费、过路过桥费、停车费、住宿餐饮费等；海量货源帮助货运车辆提高收入；平台采取的第三方支付方式确保了运输费用的及时支付，减少费用纠纷；线下网点还将在司机遇到困难时给予积极的支持和帮助。

健康良好的货运环境也可以帮助规范货运市场，同时减少违反道路运输管理的行为（很多时候超载超限也是因为高成本低利润而迫不得已），可以保证货运业务的真实性、完整增值税抵扣链条、防范税票虚开风险。未来，平台可以开放数据端口，对接税务系统，为行业监管、税务征收提供数据和参考依据，将进一步助推我国物流产业健康发展。

四、系统简介

（一）系统总体架构

智通三千物联信息服务平台总体架构设计遵循业界流行的开放和兼容的标准，满足公司整体信息体系架构建设要求。基于项目的建设目标、范围以及对公司的物流业务未来发展需要，搭建一套符合行业标准、先进、高效、灵活扩展的物联信息服务平台框架，实现统一和集中的管理。确保系统整体框架既能满足公司创新的互联网新型物流业务和管理的需求，也能满足公司未来发展需要，根据实际组织结构和应用需求变化，可方便、灵活地在统一物流平台上不断扩展信息化管理需求。

智通三千物联信息服务平台框架可在技术框架上分为：开放平台服务、统一授权管理服务、统一接口服务、核心服务、数据统一访问存储服务、营销服务、外部第三方服务七大部分（见图1）。

1. 开放平台服务

开放平台为第三方开发者提供统一API接口服务和SDK（软件开发工具包）集成嵌入服务，方便开发者将物联信息服务平台的功能集成到自己的应用中。

2. 统一授权管理服务

统一授权管理为开放平台、运营管理服务、积分服务系统、营销系统、核心服务等系统提供统一授权管理、鉴权控制服务。

3. 统一接口服务

统一接口服务是本系统与外部实现交互的重要入口，主要实现了不同协议之间的转换、异类接口适配、请求接入控制、日志服务等功能。

4. 核心服务

核心服务层是本物联信息平台的业务支撑系统，也指为本信息系统提供应用中间服务的各类应用中间件服务的集合，包括核心业务服务、钱包服务、配对服务、消息中间

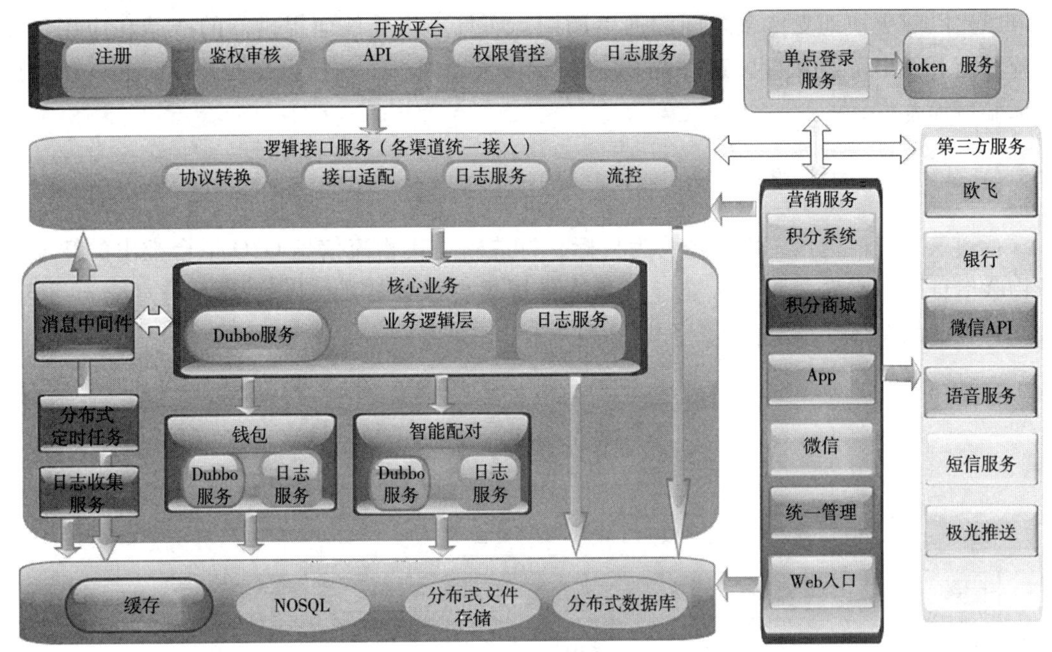

图1　技术框架

件服务、分布式任务服务、统一日志服务等。

5. 数据统一访问存储服务

本系统涉及各类应用业务数据存储，为了提供高效、安全的存储，系统使用 NOSQL 存储、分布式缓存、传统关系型数据库等相结合的方式，并提供统一的数据路由访问接口，由对应业务系统来按需调用。

6. 营销服务

营销服务是在平台物流业务服务的基础上为用户衍生出的各类特色服务，如充值加油服务、积分消费服务、微信营销活动等。

7. 外部第三方服务

为平台的核心业务、应用系统和营销系统提供大量的应用接口，包括：短信服务、语音服务、充值消费服务、外部商城系统等。

（二）系统技术架构

前端 App 支持 IOS、Android 等操作系统的手机，后台开发采用基于 J2EE 开发框架，Redis 缓存设计，以及 Dubbo 分布式调用部署架构，完全符合当前互联网平台系统设计规范。

J2EE 是一个开放的、基于标准的开发和部署的平台，用于构建 *N* 层的、基于 Web 的、以分布式计算为核心的、模块化的 O2O 互联网平台。采用 MAVEN 管理整个项目，该平台为设计、开发、持续集成和自动化部署应用提供基于组件的方法。J2EE 拥有广泛的业界支持，技术成熟，已经成为企业应用开发的标准。其中，Spring MVC 框架成为业界开发大型互联网平台标准框架，为代码的可移植性及重用提供了一个安全、可扩展的环境。Nginx + Dubbo + zookeeper 提供了一个多层结构的分布式的集群模型，该模型具有重用组件的能力、基于 Dubbo 协议的数据交换、统一的安全模式和灵活的事务控制。不仅可以比以前更快地支持系统间的通信调用，而且不再受任何提供商的产品和应用程序编程界面（APIS）的限制。Redis 的缓存应用极大地减少了前后台交互响应时间，使得用户体验更加友好。

（三）系统功能架构

智通三千以颠覆传统物流经营为目标，打造新一代物流信息 O2O 平台推出的智通三千物联信息服务平台，为广大企业及承运商提供一款便捷的交易工具与信息交流平台，在此背景下的总体功能蓝图设计如图 2 所示。

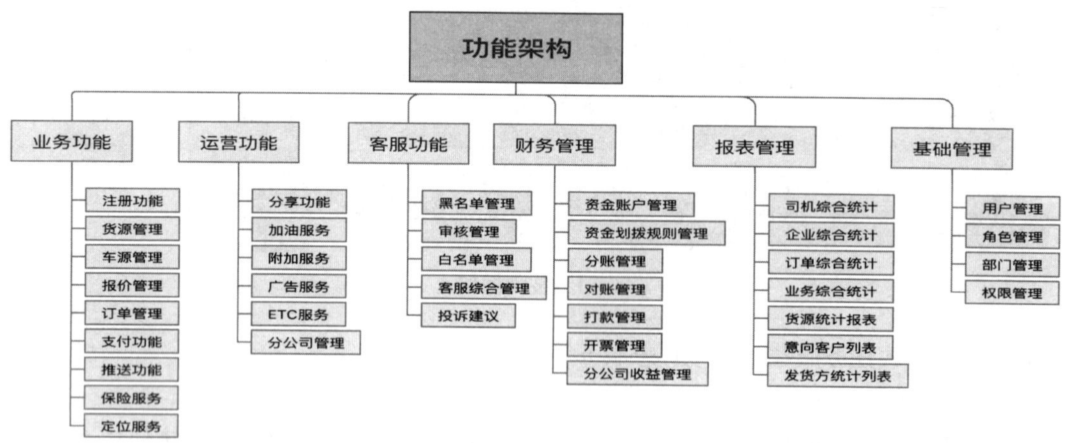

图 2　总体功能蓝图设计

（四）系统数据架构

为保证数据框架能高效地实现智通三千物流信息平台的功能，本次数据架构规划的内容如图 3 至图 6 所示。

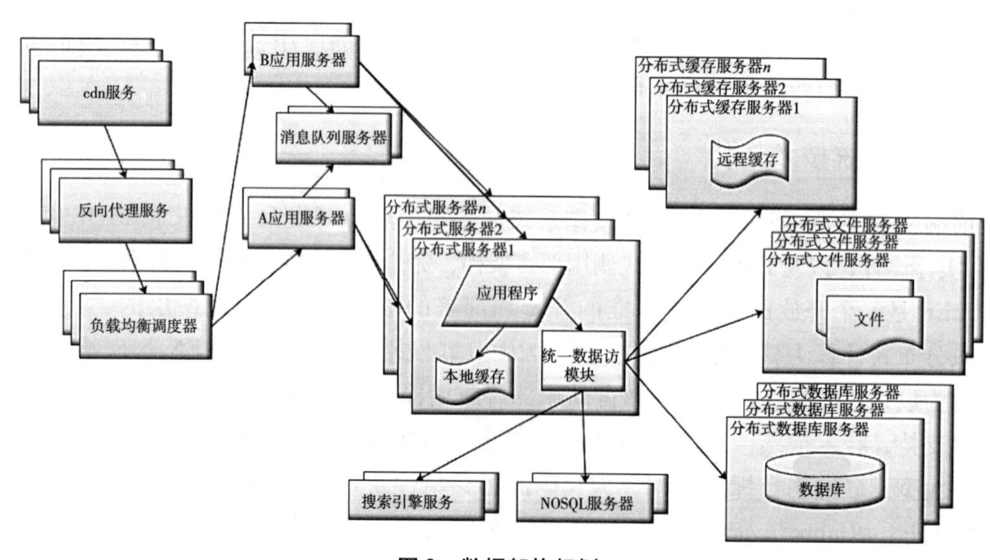

图 3　数据架构规划

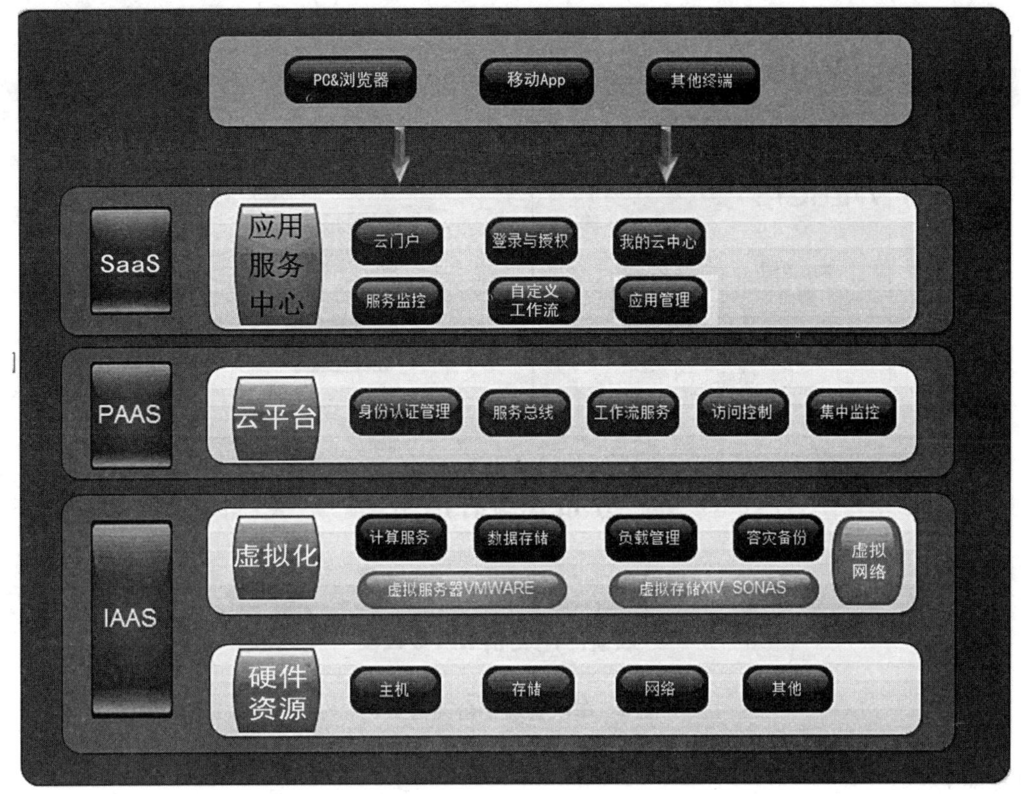

图4 数据平台软件架构1.0

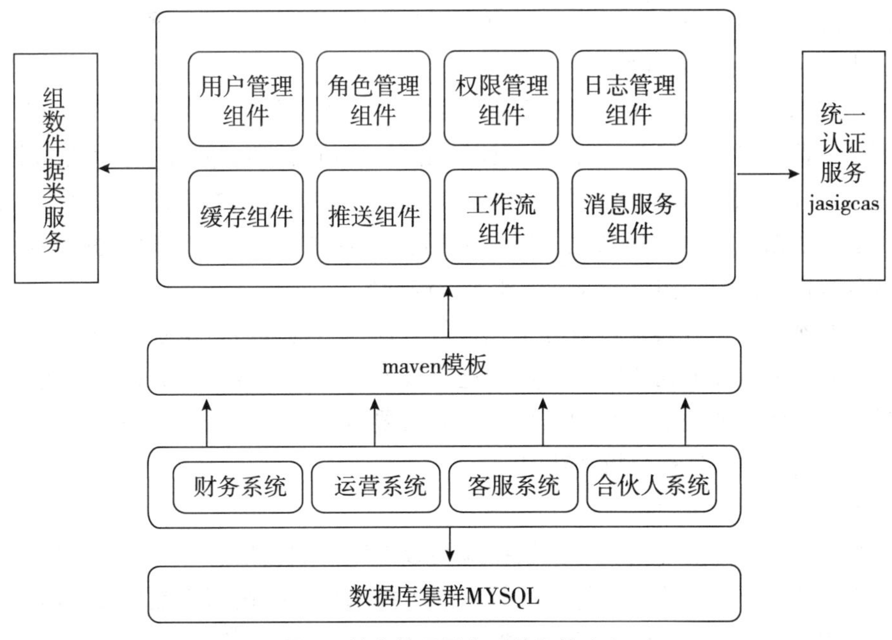

图5 综合管理平台系统架构1.0

数据架构主要是基于物流行业和软件行业的数据标准、数据质量、数据功能以及数据安全标准为基础，物理结构按应用数据库存储、备份库存储两个部分进行划分，具体

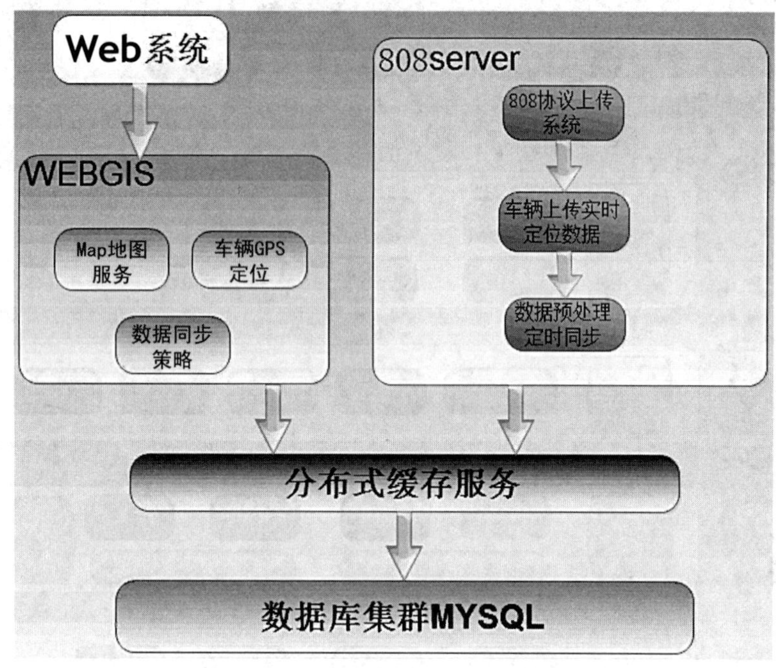

图6　车队管理平台架构1.0

内容如下。

1. 应用数据库存储

应用数据库存储是本系统的数据存储核心，用于为业务系统功能提供数据来源。为有效保证系统的访问效率及访问质量，对应用数据库的设计采用数据来源层、业务主题层和功能服务层的三层结构设计。

（1）数据来源层。数据由于来源不同，数据采集的周期、事务控制、访问频度差异较大，因此，首先在数据获取的时候，根据数据的来源进行类型划分，以优化数据存储。

（2）业务主题层。数据在按照数据来源进行细分后，根据本系统业务环节可以进一步细分为运输数据、客户服务数据、财务数据、基础数据、系统管理数据等业务主题，用主题区分数据存储的结构，为业务功能实现进行数据细分。

（3）功能服务层。在实现按业务主题进行数据存储划分后，本系统根据业务的具体展现功能，对物流在各主题范围内的数据进行抽取及缓存，根据数据的要求进行清洗加工，最后通过具体业务功能进行数据应用，同时要对应用的数据进行审计。此外，系统可以对用户行为大数据进行分析和获取。

2. 备份库存储

本系统为保证数据层面的安全，根据应用数据库的数据信息，对数据按照生命周期可以分为生产数据、历史数据，将采用数据同步技术把数据按历史数据及实时生产数据进行归档存储，以保证应用数据库的安全。

（五）系统集成方案

智通三千物联信息服务系统的建设需要接入的系统和接口有各支付平台（微信支付、

支付宝、银联支付等)、加油管理平台、证照识别系统、运营平台、单点登录系统、语音识别系统、保险接口等（见下表）。

需要接入的系统和接口统计

需集成系统	集成内容
支付平台	集成微信支付、支付宝、银联支付等第三方支付平台，实现线上支付功能
加油管理平台	集成加油管理平台，实现加油服务
证照识别系统	实现平台自动识别身份证、银行卡、行驶证和驾驶证的功能
运营平台	运营管理、财务管理、货源管理、订单管理、司机管理、企业管理、后台管理等功能
单点登录系统	用于认证及单点登录的集成开发
语音识别系统	用于语音找货功能
保险接口	自动购买保险并设置生效时间
地图接口	实现平台各类地图定位等功能的应用
短信接口	针对部分功能发送短信推送
App 推送接口	针对部分功能发送 App 推送
分享接口	实现运营推广等功能
商城接口	实现积分商城功能

五、经验与体会

（一）应用企业

截至目前，包括苏州酬诚物联信息技术有限公司、无锡酬诚物联信息技术有限公司、常州智奔物联网信息技术服务有限公司、苏州利鹏网络科技有限公司、徐州慧捷物联网信息技术服务有限公司、聚浩网络科技有限公司、智达物联服务有限公司、郑州恒利通物联信息有限公司、淄博智通三千物流信息服务有限公司、北京聚顺物联信息服务有限公司、重庆送财到网络科技有限公司、重庆好力宝网络科技有限公司、重庆米萌科技有限公司、广西启能贸易有限公司、玉林智通物联信息服务有限公司、广西启能贸易有限公司、贵阳智通物联网科技有限公司、兴仁丁甲物联信息服务有限公司、达州市圣奇缘物联网科技有限公司、成都汇通聚业网络科技有限公司、安徽智通三千科技有限公司、宣城市智通物联网有限公司、池州华强物联信息服务有限公司、黄山易佰网络科技有限公司、芜湖市智通物联网有限公司、芜湖联亚信息科技有限公司、上海屿林物联网信息科技有限公司等全国各市级公司以及县区级服务站等近 700 个区域企业进行了智通三千平台的应用和推广，目前实现平台总用户数超过 50 万，预计到 2017 年年底将突破 150 万用户。

应用中，根据用户需求平台系统从最早的 V1.0.1 版本经过 V1.1.4、V1.1.5、

V1.1.6、V1.2.1、V1.2.2、V1.2.5 等改版，系统功能进一步健全和完善。目前，最新的 V2.0.0 版也即将上线。

（二）应用经验与体会

所有应用企业一致反映，平台在该区域的应用，为企业和司机搭建了最直接的物流桥梁，实现了平台的设计功能。平台具备移动 App 终端和 PC 端，页面简洁明快，设计合理，操作便利。平台应用系统真正实现了降低企业物流成本、降低物流环节仓储和管理成本、缩短流通时间、提升车辆收益、降低国家社会物流总成本、减少土地占用和石油消耗。实现了应用企业、平台用户以及国家层面的共赢，并惠及每一个消费者。

智通三千项目建设、平台的推广和发展完全符合国家“十三五”规划要求。通过运用移动互联网技术、通过自主研发的系统应用平台实现“互联网+物流”，改变了传统物流经营模式，同时也帮助中国制造业在物流方面插上互联网的翅膀。智通三千平台的建设改变了长期以来货运司机为物流公司打工的局面，未来将实现数千万司机的自主创业，同时，智通三千为全国性网络建设提供了数千个就业岗位，充分体现了大众创业、万众创新的局面和精神。

智通三千以“互联网+思维”创新物流产业，符合国家建设一流的产业科技创新载体精神，以及打造具有全球影响力的产业科技创新中心的目标，在中国经济腾飞中不断努力。

我们致力于将智通三千物联信息服务平台打造成一个生态型发展平台。相信智通三千物联信息服务平台的广泛应用必将在降低中国物流成本、提升中国制造国际竞争力，乃至在中国经济建设中发挥出更加积极的作用。

辽宁金舵手大运贸国际物流有限公司：船舶业一站式服务平台

一、应用企业简况

船共网由辽宁金舵手大运贸国际物流有限公司成立。辽宁金舵手大运贸国际物流有限公司成立于2012年，主营项目为海上、航运、陆地的运输代理业务，货物及进出口等。2016年，公司销售额为4000万元，净利润为400万元。2013年辽宁金舵手大运贸国际物流有限公司因业务关系与多家船东、货主进入深度了解，发现业态痛点并决定成立船共网为船舶业态提供轻松、便捷、经济的供应模式。2013—2016年，辽宁金舵手大运贸国际物流有限公司投入大量人力和资金深入调查市场并与200家船东签订供给协议，为船共网的创建打下重要的基石。船共网主要为船东提供全流程一站式服务，业务范围涵盖船舶业整个供应链。

船共网主要业务包括船舶供应、信息服务、金融保险、多式联运、油品供应、修造船、船员培训和跨境物流。自成立之初，公司就不断加大在聚集船东和供应商方面的投入，截至2016年年底，船共网后台已经录入500余艘船舶信息并与300余艘船舶达成供应共识，在民营船舶界已有一定号召力。

二、信息化实施之前存在的问题

船共互联网平台通过“互联网+物流”，并侧重“船舶物流供应链”领域，提高船共网平台的信息化应用水平，促进业务流程改造与整合，增加企业竞争力；发挥信息化优秀企业应用的榜样示范作用，促进物流信息化的市场需求，引导IT（信息技术）行业注重集成、应用与服务创新，提升物流信息化的关键技术，推动信息系统建设的规范化、标准化。

船共互联网平台以船舶业为切入点，因此在信息化实施之前，我们预期构造了整体信息应用平台建设周期，并纵观系统结构，分析信息化实施前存在的问题。

1. 构建船舶市场消费链条过程中存在的问题

老式的市场商品交易模式，在市场全球化、交易连续化、成本低廉化、资源集约化等优势特点上很难实现网状的管理体系，难以依靠信息化手段实现船舶船员业务信息共享、船舶物资信息化配给供应、船员任职资质线上校验和船舶动态信息实时监控。

2. 船舶行业从传统的运营模式到互联网运营模式转换的困难

互联网运营模式中，首先是便捷性，客户可以在千里之外了解一家公司的情况，购买公司的商品；其次是速度，在互联网上你可以在极短的时间内翻出你的信息，包括购买、卖出、合作等；最后是时间上的优势，商家之间不需要再来回奔波，比传统的要快很多。尽管互联网的居多优势得到众多认可，但在众多船舶行业目标客户中，将其思想观念从传统行业交易模式中转变为以互联网模式下的运作是一大难题。

3. 市场经营中存在风险及对策

市场管理风险是指市场能否持续运营，是否能达到预期的经营目标，是平台项目的主要风险。在信息化实施之前，对市场经营管理风险的预判尤为重要，这不仅直接关系到企业盈利目标的实现，而且关系到投资者的投资回报。采取的措施如下：①制订完善的营销战略，建立优质的服务体系；②准确把握产业的发展方向，及时调整服务内容；③与社会各个部门保持良好的沟通。

三、信息化实施中遇到的主要困难与解决措施以及信息化建设的组织、推进和深入

（一）信息化实施中遇到的主要困难与解决措施

1. 船共网信息化运营过程中扩大推广覆盖面的问题

在产品的规划中，运营者如何配合来保证线上产品运营、设计、技术、测试等环节都捏合成一个拳头，项目推广运营过程中要多去挖掘精准垂直的需求，以便给产品更精确的定位。线上推广一方面需要发掘船舶产品的需求在哪儿，另一方面也要明晰这个产品的市场和出路在哪儿。一个好的项目推广，要能从数据里挖掘出别人看不到的东西和趋势，为产品的迭代提供证明。

2. 产品上线时，如何冷启动以获得第一手的优质种子用户

第一批种子用户，一定要有发芽的能力，进而长成参天大树。他们可以影响到产品的目标用户。所以初期能够主观接受互联网供给平台的核心客户需要运营者去挖掘，同时需要将产品的优势、平台信息化的优势、平台操作的优势、交易方式的优势最大程度地展现给用户。

3. 不可忽略项目板块之间的关联

忽略项目之间的关联会造成资源分配失调。在制订平台信息化计划时将关联因素考虑在内。与项目参与者多交流，并绘制项目关联表，明确了解各项目之间的关系。

（二）信息化实施步骤

（1）前期投入期（第 1 年）：企业组建，平台采购与搭建，对平台进行宣传，开拓市场资源等。

（2）平台运营期（第 2—第 3 年）：随着信息应用中心在业内市场的知名度和认可度提高，会吸引更多的企业通过平台进行商品买卖、寻求合作、推广产品等。

（3）成熟回报期：更多的企业会员加入交易中心，信息应用中心成为行业内不可或缺的电子商务平台资源。

(三)系统简介

1. 平台主要组成部分

网站(前端):交易平台介绍,信息发布,品牌推广等。

交易平台:负责用户对商品的交易管理等。

数据库:存储平台中各项数据。

2. 平台基本功能模块设计

信息平台为买卖双方会员的委托提供一个互联网配对的工具,处理电子商务中买卖双方下单、撤单、成交、结算、交割、处罚等事宜,同时提供银行转账与物流配送服务系统接口,方便参与买卖会员的资金出入和货物仓储配送,并向会员及系统管理和使用人员提供当前的行情及其相关结算信息。基本功能模块如下图所示。

平台基本功能模块

四、信息化主要效益分析与评估

(一)信息化实施前后的效益指标对比分析

1. 通过种子用户的传播,提升转化率

平台实施后,结合产品做内容聚合推荐,以船舶行业的实时数据、专业知识、技能技巧等进行吸粉。通过同行业好友,合作伙伴推荐、微信平台引流、官网引流等。通过种子用户的传播,以此提升平台运营中的转化率。

2. 提升自助下单比率,利润率提升信息响应效率提升

用户登录后,以船舶加油为例,线上下单,线下服务完成后网上付款,加一次油省几千元,油品品质与原传统加油方式无二。效益指标如客单价 30 万元,按利润比例 1.5%,最低利润比例 1%,则客单最低利润为 3000 元。

3. 平台上线后各模块效益指标

油品,业务比例 85%,利润比例 1.15%;伙食,业务比例 10%,利润率 18.3%;物料,业务比例 3%,利润率 18.3%;备件业务比例 2%,利润率 18.3%;货物险业务比例 80%,利润率 5%;一切险业务比例 20%,利润率 5%。

4. 增加营销辅助方式,客户满意度提升

营销账目准确性提高,异常得到及时跟踪和处理,提高业务订单的基础保障性。对

船东资源进行整合，设立会员体验中心，为各船东提供娱乐休闲场所、方便船东船舶信息时时查询、线上下单指导、疑难解答等，从而提升客户满意度、扩展运营宽度。

（二）信息化实施对平台业务流程改造与竞争模式的影响

1. 有效提升营销精度

船共互联网平台集中的将交易、金融、信息、人才等有机的结合为一个整体。统一管理、统一标识、统一服务内容、统一服务标准，依托电子商务技术，与银行结算系统、物流管理系统相衔接为客户提供服务。利用互联网快速便利的通信手段，在跨时间、空间的范围内实现了商品流通，信息咨询，交换及商业交易。平台的产生将大大简化商品流通环节，提高交易效率，降低交易成本，实现真正实际意义的“电子化贸易”。

2. 有效节约了人力、物力以及扩大信息共享度

（1）省钱：同质前提下，各种服务价格低于市场价，节省船舶停港时间、节省成本。

（2）省时：预约订购，无须再待船舶到港时东奔西跑进行补给，可节省大量时间。

（3）省力：综合补给服务，由专业服务人员直接送至船上进行补给、安装，更加方便快捷。

（4）共享：通过平台可查询船舶相关信息、招聘船舶行业人才，达到资源共享。

（三）信息化实施对提高企业核心竞争力作用

船共互联网平台，是国内首家专注于船舶垂直供应的服务行业的 B2B + O2O 互联网平台。平台信息化实施过程中，整合船舶供应链的上下游，包括金融、物资、贸易等，体量巨大，将创造一个千亿级的互联网平台，将吸纳众多船舶供应链环节中的国企民企加入我们联盟。通过这个平台，实现不同类型企业的资源信息化利用，不仅能够提供更多的商业机会和商业资源，还能有效降低成本。

五、信息化过程中的主要体会、经验、教训

通过船共互联网平台的建设，我们以海洋为背景建设巨大的货物交易、水产品交易等与海洋相关的大数据库，填补了中国航运指数的空白，将为国家决策及经济发展提供有力数据。回顾船共互联网平台信息化的建设过程，主要体会有以下两个方面。

1. 紧密围绕船东用户需求是平台运营成功的基础

在进行需求调研时，平台运营与市场部共同对用户需求进行提炼，并综合考虑未来业务增长可能发生的变化，从而在平台设计时进行全方位衡量，使得平台的功能设计、操作流程能满足用户需求，平台网页界面设计简洁、操作简易，且具有拓展性。在船共网平台试运行时，就体现出运营平台良好的性能，获得业务部门的高度评价。

2. 与其他船舶物流平台有机链接

船共互联网平台网站在初期将以打造船舶服务业、船舶采购的特色精品内容服务于广大船舶企业与相关商家，我们的目标是集聚几万条船舶和各行各业的供应商、服务商加入我们的平台，并与其他的物流信息平台有机链接，共享资源，扩大平台的效应，实

现多式联运。将对船舶产品信息的全面、多样性介绍，船舶企业采购需求和货运信息的及时推送，以精准、细心为在线客户服务，参与到船舶交易的全流程中。使得参与平台的商家获得船舶相关的最迅捷、最满意的服务体验。使船共互联网平台网站逐渐成为船舶交易和物流的最便捷、最快捷的网上交易渠道。

六、项目的应用推广意义

船共互联网平台将细化落实国家供给侧政策，做到精准需求、精准生产、精准供给。随着“一带一路”渐趋明朗，海上丝绸之路的建设，将进一步带动海洋垂直销售的深度发展，我公司充分利用目前的大好时机，抓住难得的机遇，大力推进电子交易平台的持续、快速、健康发展，为我国的经济实力做出更大的贡献，从而从中国走向国际，成为国际性的大型互联网企业。

船舶超市的发展，需要各行各业的人才，我们为实现第一年的预定目标，预估提供400余人的就业岗位；第二年预估提供近900余人的就业岗位，第三年预估提供近2000人的就业岗位。目前平台已得到政府机构、社会名企、金融机构等各方关注。如中国物流与采购联合会、大连海事大学、营口港务局、海事局、与我们互补的各互联网平台及上下游供应商。市场拓展以营口市为中心，面向华北、东北、东南、华南沿海，建立客户服务中心，对船舶进行垂直供应，从而优化采购及物流，减少配送环节，节省成本，推动信息系统建设的规范化、标准化。

我们相信，船共网平台的运营会为船东和用户带来丰硕的效益，可以为国家带来可观的税收收入，为政府提供相关的数据以利决策。互联网的魅力一定会将成果带到千家万户用户手里，综上所述，建设船共互联网平台意义深远、利国利民，是十分必要且可行的！

国家交通运输物流公共信息平台：浙江海河联盟通过国家交通运输物流公共信息平台与各联盟单位互联

一、项目背景

（一）国家物流平台介简介

“国家交通运输物流公共信息平台”（www. logink. org，以下简称“logink”）是以提高社会物流效率为宗旨，以实现物流信息高效交换和共享为核心功能，由交通运输部和省级交通运输主管部门共同推进，连通各类物流信息平台、企业生产作业系统，统一信息交换标准、消除信息孤岛的面向全社会的公共物流信息服务网络。平台的主要目标为：构建覆盖全国、辐射国际的物流信息基础交换网络和门户网站，实现LOGINK平台与相关物流信息系统和平台之间可靠、安全、高效、顺畅的信息交换，实现行业内相关信息平台交换标准统一，提供公正、权威的物流相关公共信息服务，有效促进物流产业链各环节信息互通与资源共享。

经过持续的平台建设，LOGINK平台的基础建设已初具规模，主要解决跨国、跨行政区域、跨行业、跨部门的各类物流公共信息平台和物流产业链上下游企业之间缺乏统一数据交换标准，信息孤岛，信息传递效率低、集成能力低，成本高等问题。具体功能包括：物流业务数据交换、物流公共信息服务数据交换。

（二）企业简介

海河联盟是由浙北地区内河港航企业自发的联盟组织，组织主要成员单位有嘉兴市乍浦港口经营有限公司、嘉兴国际内河集装箱有限公司、浙江长兴捷通物流有限公司、杭州东洲综合码头建设有限公司、绍兴现代物流集团有限公司、安吉上港国际港务有限公司、嘉兴市鼎达航运有限公司、嘉兴市内河航运有限公司、杭州三阳航运有限公司、绍兴市汇海航运有限公司、嘉兴市东方物流有限公司、杭州东洲集装箱物流有限公司、宁波港集装箱运输有限公司分公司。联盟成立的目的是为了响应省政府2011年出台的《关于加快长江等内河水运发展的意见》中，要求各地积极推进内河水运发展，构建现代化内河水运体系的要求；同时响应省政府2012年批复的《浙江省内河水运复兴行动计划（2011—2015）》，提出“北提升、南畅通、东通海、西振兴”的战略，目的是为复兴浙江省内河航运出一份力。

二、面临的问题

项目执行前，海河联盟面临如下几个主要问题。

（1）信息化程度低：联盟中各企业信息化覆盖度较低，部分企业甚至没有建立信息化管理手段，例如在港口装卸生产环节中，货物装卸、堆存管理等仍然使用 Excel 表格人工登记的方式进行管理，不仅工作烦琐、效率低下，更加无法提供数据，因此不仅在自身信息化使用上较为落后，联盟之间也无法实现数据的交换。

（2）生产管理信息滞后：在港口生产管理过程中，由于使用人工记录的方式，每项生产作业都需要先查询记录表格，然后再实践生产作业，作业完成后再更新记录。这样的模式不仅容易出错，相关的必要信息也较为滞后，不能配合高效的生产。

（3）堆存管理：货物（集装箱）堆存位置随意性较大，且堆存情况不能实时掌握，必须通过烦琐的查询步骤确认准确信息，导致整个生产环节效率低下，且容易出错。

（4）人工作业出错率高：由于港口生产、航运业务涉及数据多，工作环节多，对相关单证数据的准确性要求高，人工在进行单证处理时极容易出错，且数据流转效率低下。

（5）数据交换共享程度低：由于联盟中部分企业尚未建立自己的信息管理系统，因此相关信息数据无法进行交换，也导致在正常的工作中不能及时有效地开展合作，仅通过电话或者其他方式进行联系。

三、解决方案

（一）方案概述

针对上述出现的问题，结合国家物流平台的指导意见，宁波国际物流发展股份有限公司为海河联盟设计了一套信息化互联解决方案，无信息化管理系统的企业有了自己的信息化管理系统，实现联盟企业间信息的互联共享和实时传递功能。

1. 为内河港口企业设计的集装箱生产管理系统

内河集装箱生产管理系统实现内河港口生产管理系统化，该系统采用云部署的方式，根据港口生产管理的特点及要求，梳理了一套适合内河港口集装箱生产作业的业务流程，预留了随着发展可能会涉及的业务流程功能。该系统建设完成后，使得内河港口生产管理摆脱了手工化的模式，实现了信息化手段管理生产。

2. 为海河联盟设计的海河通公共平台

海河通公共信息平台是一个统一的信息平台，实现各物流企业间的数据共享，支撑共箱、共甩、共线、共舱、共信息系统、共同经营人（以下简称“六共”）的运作模式。用一个稳定、高效的数据传输通道来实现网络各物流企业之间，以及物流企业与信息平台之间的单证传输。

平台设计思路如下图所示。

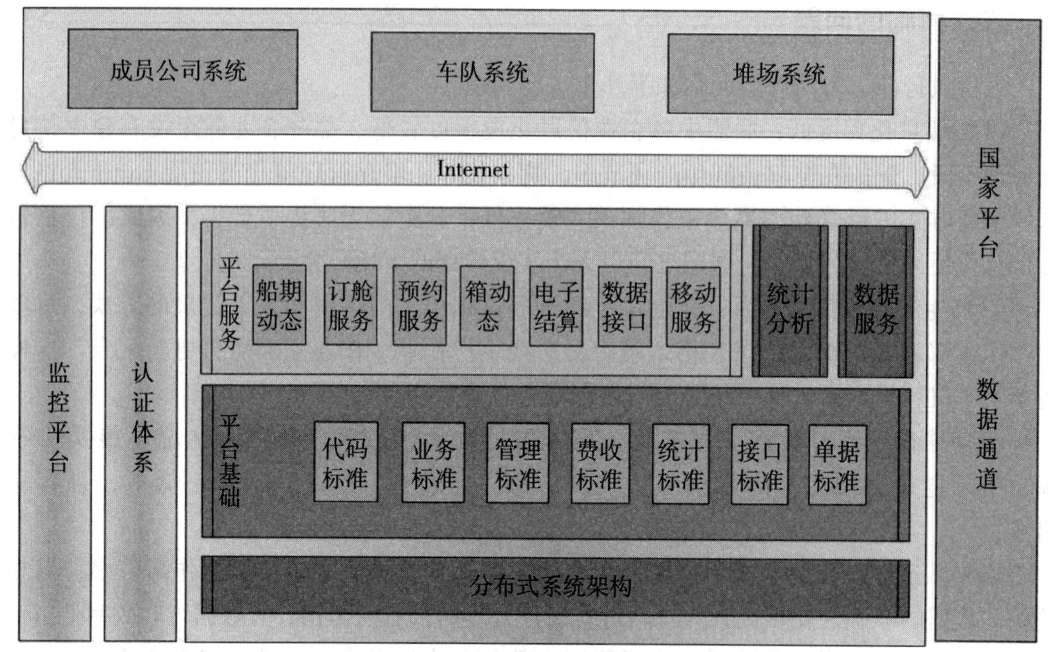

平台设计思路

（二）方案内容

1. 互联对接目的

实现海河通多式联运各物流参与单位（主要针对内河码头）与统一信息平台之间的单证传输。传输通道应确保稳定、高效、保密。同时，在互联对接的基础上，实现对物流信息的展示和跟踪。

2. 对接业务场景

（1）状态信息共享。

①业务场景描述。联盟间各码头通过国家平台通道共享物流节点状态。同时，在国家平台和海河通平台进行汇集展示。物流节点状态包括船期信息、码头集装箱进出门作业信息、码头集装箱装卸船作业信息。

②关联企业。内河码头、海河通平台。

（2）码头作业协同。

①业务场景描述。航运公司通过海河通平台向内河码头申请委托装卸船作业，生成的委托作业单证通过国家平台通道传输至码头业务系统。码头接收单证后，安排装卸船计划。

②关联企业。航运公司（嘉兴市鼎达航运有限公司）、内河码头（乍浦码头试点）、海河通平台。

（3）车队作业协同。

①业务场景描述。企业、货代或其他外部物流公司，通过海河通平台向集卡车队申请委托拖柜作业，生成的委托作业单证通过国家平台通道传输至车队业务系统。车队接

收单证后进行调用，安排拖车计划。对于目前没有系统支撑的车队企业，可以使用国家平台推荐的车队管理软件，实现系统对接。

②关联企业。外部货代或其他物流公司（嘉兴市东方物流有限公司）、车队（宁波港集装箱运输有限公司嘉兴分公司）、海河通平台。

（4）物流跟踪与展示。

①业务场景描述。单证相关内容将在国家平台进行落地，并统一进行展示和跟踪（不涉及敏感信息）。同时，海河通平台也可以利用国家平台提供的企业信用查询等公共服务，为平台用户提供增值功能。

②关联企业。国家平台、海河通平台。

3. 对接方式与方法

由于此次传输的内容以单证类的信息为主，因此在对接方式上，建议采用报文形式进行单证的传输。传输方法上，建议采用成熟的 FTP 协议进行传输。

4. 对接技术标准

对接技术标准，采用国家平台定义的技术标准，包括报文格式定义、报文代码标准、发送方代码、接收方代码等。

（1）交换单证明细。

①单证概况。发送码头的船期信息，包括船名、航次、预计抵、离港时间、实际抵、离港时间、码头截箱期等信息。发送方是内河各码头，接收方为海河通信息平台。

②触发方式。预报信息一般提前 12 小时发送，确报信息一般提前 4 小时发送。根据实际情况，可能会临时加发船期报文

③单证内容（见表 1 至表 4）。

表 1　单证内容（1）

记录 00	HEAD RECORD 头记录			M	映射关系
序号	字段名	格式	注释	标记	ED084_ M2
1	RECORD ID 记录类型标识	9（2）	00	NOT	00 - 1
2	MESSAGE TYPE 报文类型	X（6）	EDI084	NOT	00 - 2
3	FILE DESCRIPTION 文件说明	X（6）	EDI084	NOT	00 - 3
4	FILE FUNCTION 文件功能	X（2）	9 = 原始 2 = 增加 3 = 删除 4 = 变更	M	00 - 4
5	SENDER CODE 发送方代码	X（13）		M	00 - 5
6	RECEIVER CODE 接收方代码	X（13）		M	00 - 6
7	FILE CREATE TIME 文件建立时间	9（10）	YYYYMMDDHHMMSS 使用系统时间	M	00 - 7

续 表

记录 00	HEAD RECORD 头记录			M	映射关系
序号	字段名	格式	注释	标记	ED084_ M2
8	SENDER PORT 发送港代码	X（5）		NOT	00 - 8
9	RECEIVER PORT 接收港代码	X（5）		NOT	00 - 9
10	INDEX NO 索引号	X（?）	不知道几位，但不影响使用	M	00 - 10

表 2　　单证内容（2）

记录 01	OTHER RECEIVER 其他接收方			C	映射
序号	字段名	格式	注释	标记	ED084_ M2
1	RECORD ID 记录类型标识	9（2）	01	NOT	01 - 1
2	RECEIVER CODE 其他接收方	X（13）		M	01 - 2
3	RECEIVER CODE1 其他接收方 1	X（13）		C	01 - 3
4	RECEIVER CODE2 其他接收方 2	X（13）		C	01 - 4
5	RECEIVER CODE3 其他接收方 3	X（13）		C	01 - 5
6	RECEIVER CODE4 其他接收方 4	X（13）		C	01 - 6
7	RECEIVER CODE5 其他接收方 5	X（13）		C	01 - 7
8	RECEIVER CODE6 其他接收方 6	X（13）		C	01 - 8
9	RECEIVER CODE7 其他接收方 7	X（13）		C	01 - 9
10	RECEIVER CODE8 其他接收方 8	X（13）		C	01 - 10

表 3　　单证内容（3）

记录 50	VOYAGE INFO 航次信息			M	映射关系
序号	字段名	格式	注释	标记	ED084_ M2
1	RECORD ID 记录类型标识	9（2）	50	NOT	

续　表

记录 50	VOYAGE INFO 航次信息			M	映射关系
序号	字段名	格式	注释	标记	ED084_ M2
2	VESSEL UN CODE 船舶 UN 代码	X（9）		M	50－2
3	VESSEL PORT CODE 船舶码头代码	X（5）		NOT	50－3
4	VOYAGE 航次	X（10）		NOT	50－4
5	DIRECT 航向	X（1）		NOT	50－5
6	PRE PORT CODE 上一挂港代码	X（5）		NOT	50－6
7	NEXT PORT CODE 下一挂港代码	X（5）		NOT	50－7
8	ETA ARRIVED DATE 预计到港（靠泊）日期	9（8）	YYYYMMDD		50－8
9	ETA ARRIVED TIME 预计到港（靠泊）时间	9（6）	HHMMSS		50－9
10	ARRIVED DATE 实际靠泊日期	9（8）	YYYYMMDD		50－10
11	ARRIVED TIME 实际靠泊时间	9（6）	HHMMSS		50－11
12	ETA DISCHARGE DATE 卸货开始日期	9（8）	YYYYMMDD		50－12
13	ETA DISCHARGE TIME 卸货开始时间	9（6）	HHMMSS		50－13
14	DISCHARGE DATE 卸货结束日期	9（8）	YYYYMMDD		50－14
15	DISCHARGE TIME 卸货结束时间	9（6）	HHMMSS		50－15
16	ETA LOAD DATE 装货开始日期	9（8）	YYYYMMDD		50－16
17	ETA LOAD TIME 装货开始时间	9（6）	HHMMSS		50－17
18	LOAD DATE 装货结束日期	9（8）	YYYYMMDD		50－18
19	LOAD TIME 装货结束时间	9（6）	HHMMSS		50－19

续　表

记录 50	VOYAGE INFO 航次信息			M	映射关系
序号	字段名	格式	注释	标记	ED084_ M2
20	ETA SAILING DATE 预计离港（离泊）日期	9（8）	YYYYMMDD		50 - 20
21	ETA SAILING TIME 预计离港（离泊）时间	9（6）	HHMMSS	NOT	50 - 21
22	SAILING DATE 实际离港（离泊）日期	9（8）	YYYYMMDD		50 - 22
23	SAILING TIME 实际离港（离泊）时间	9（6）	HHMMSS		50 - 23
24	DISCHARGE_ E20 卸 20ft 空箱	9（4）			50 - 24
25	DISCHARGE_ F20 卸 20ft 重箱	9（4）			50 - 25
26	DISCHARGE_ 20DG 卸 20ft 危险品箱	9（4）			50 - 26
27	DISCHARGE_ 20RF 卸 20ft 冷藏箱	9（4）			50 - 27
28	DISCHARGE_ E40 卸 40ft 空箱	9（4）			50 - 28
29	DISCHARGE_ F40 卸 40ft 重箱	9（4）			50 - 29
30	DISCHARGE_ 40DG 卸 40ft 危险品箱	9（4）			50 - 30
31	DISCHARGE_ 40RF 卸 40ft 冷藏箱	9（4）			50 - 31
32	DISCH NONE STANDARD 卸非标箱数	9（4）			50 - 32
33	DISCH NONE STANDARDDG 卸非标危险箱数	9（4）			50 - 33
34	DISCH NONE STANDARDRF 卸非标冷藏箱数	9（4）			50 - 34
35	LOAD_ E20 装 20ft 空箱	9（4）			50 - 35
36	LOAD_ F20 装 20ft 重箱	9（4）			50 - 36
37	LOAD_ 20DG 装 20ft 危险品箱	9（4）			50 - 37

续 表

记录50	VOYAGE INFO 航次信息			M	映射关系
序号	字段名	格式	注释	标记	ED084_ M2
38	LOAD_ 20RF 装20ft冷藏箱	9（4）			50-38
39	LOAD_ E40 装40ft空箱	9（4）			50-39
40	LOAD_ F40 装40ft重箱	9（4）			50-40
41	LOAD_ 40DG 装40ft危险品箱	9（4）			50-41
42	LOAD_ 40RF 装40ft冷藏箱	9（4）			50-42
43	LOAD NONE STANDARD 装非标箱数	9（4）			50-43
44	LOAD NONE STANDARDDG 装非标危险箱数	9（4）			50-44
45	LOAD NONE STANDARDRF 装非标冷藏箱数	9（4）			50-45
46	CARRIER CODE 联运承运人	X（6）			50-46
47	LEFT PORT CODE 离港地点代码	X（5）			50-47
48	BERTH CODE 泊位号	X（1）			50-48
49	LOAD TOTAL 装卸量	X（1）	Y-实际数 N-预计数		50-49
50	TRADE FLAG 内外贸标志	X（1）	N-内贸，W-外贸		50-50
51	CALL DIRECT 船舶靠泊方向	X（1）	L-左舷，R-右舷		50-51
52	INDICATOR MULTICENTER LOADING OPERTION	X（1）			50-52
53	WORK FLOWS 装船作业线数	9（1）			50-53
54	MAIN LINE FLAG 干线/支线标志	X（1）			50-54
55	WORK COMPANY 装卸公司	X（1）	H-合资公司 B-北集司		50-55

续 表

记录50	VOYAGE INFO 航次信息			M	映射关系
序号	字段名	格式	注释	标记	ED084_ M2
56	VESSEL NAME IN CHINESE 英文船名	X（50）			50-56
57	VESSEL NAME IN ENGLISH 中文船名	X（50）			50-57
58	CTN APPLY BEGIN DATE 进箱开始日期	9（8）	YYYYMMDD		50-58
59	CTN APPLY BEGIN TIME 进箱开始时间	9（6）	HHMMSS		50-59
60	CTN APPLY END DATE 进箱结束日期	9（8）	YYYYMMDD		50-60
61	CTN APPLY END TIME 进箱结束时间	9（6）	HHMMSS		50-61
62	Vessel AgentE 英文船代	X（70）		C	
63	Vessel AgentC 中文船代	X（70）		C	
64	Close Date 海关截关时间	9（14）	YYYYMMDDHHMMSS	C	
65	Port Close Date 码头截单时间	9（14）	YYYYMMDDHHMMSS	C	
66	Transit Flag 中转类别	X（1）	直达=0 中转=1	C	
67	Route 航线代码	X（256）		C	
68	Aim Port 沿途目的港	X（256）	多个目的港用-间隔	C	

表4　　单证内容（4）

记录99	TRAILER RECORD 尾记录			M	映射关系
序号	字段名	格式	注释	标记	ED084_ M2
1	RECORD ID 记录类型标识	9（2）	99	NOT	99-1
2	RECORD TOTAL OF FILE 记录总数	9（6）	包括：头、尾记录	NOT	99-2

记录结构：

00 头记录	M1
每航次一条记录	M9999
99 尾记录	M1

（2）进出门信息。

①单证概况。发送码头的集装箱进出门，包括进场码头、船名、航次、箱号、提单、进门时间、集卡车牌等信息。发送方是内河各码头，接收方为海河通信息平台。

②触发方式。一般是箱子进场落地 15 分钟内会进行发送。

③单证内容（见表 5 至表 13）。

表 5　　单证内容（1）

记录 00	HEAD RECORD 头记录			M
序号	字段名	格式	注释	标记
1	RECORD ID 记录类型标识	9（2）	00	NOT
2	MESSAGE TYPE 报文类型	X（10）	SCODECO	NOT
3	FILE DESCRIPTION 文件说明	X（35）	GATE - IN REPORT OR GATE - OUT REPORT	NOT
4	FILE FUNCTION 文件功能	X（2）	9 = 原始	M
5	SENDER CODE 发送方代码	X（13）		M
6	RECEIVER CODE 接收方代码	X（13）		M
7	FILE CREATE TIME 文件建立时间	9（12）	CCYYMMDDHHMM 使用系统时间	M
8	SENDER PORT CODE 发送港代码	X（5）		NOT
9	RECEIVER PORT CODE 接收港代码	X（5）		NOT
10	MESSAGE REF NO 报文参考号	X（36）	本码头报文的唯一参考号，如无则允许设置为空	C
11	PRE MESSAGE REFNO 原先报文参考号	X（36）	对应回复报文的原先报文编号，如无则允许设置为空	C
12	REMARK 备注		EX：如果发送的报文为每隔 15 分钟，则填写 EX。GT：如果是一天 2 次打包的报文，则填写 GT	M

表 6　　单证内容（2）

记录 01	OTHER RECEIVERS　其他接收方			C
序号	字段名	格式	注释	标记
1	RECORD ID 记录类型标识	9（2）	01	NOT
2	RECEIVER CODE 接收方代码	X（13）		M
3	RECEIVER CODE（1～8） 接收方代码	X（13）		C

表 7　　单证内容（3）

记录 10	VSL. &VOY. &CTN. OPERATOR 描述船舶及箱经营人的数据项			M
序号	字段名	格式	注释	标记
1	RECORD ID 记录类型标识	9（2）	10	NOT
2	VESSEL CODE 船名代码	X（9）		C/M
3	VESSEL 船名	X（35）		M/C
4	VOYAGE 航次	X（13）	包括航向	M
5	CTN. OPERATOR CODE 箱经营人代码	X（13）		C/M
6	CTN. OPERATOR 箱经营人	X（35）		M/C
7	VESSEL CODE LOCAL 港区 5 位船舶代码	X（5）		C
8	VESSEL OPERATOR CODE 船公司代码	X（13）		M
9	VESSEL OPERATOR NAME 船公司名称	X（35）		C
10	REMARK 备注		备注	C

表 8　　单证内容（4）

记录 50	DETAIL　INFORMATION　描述详细信息			M
序号	字段名	格式	注释	标记
1	RECORD ID 记录类型标识	9（2）	50	NOT
2	CTN. NO. 箱号	X（12）		M
3	CTN. SIZE & TYPE 集装箱尺寸类型	X（4）		M
4	CTN. STATUS 集装箱状态	X（1）	E＝空　F＝整 L＝拼　S＝自拼	M
5	PPS. OF GATE IN/OUT 进出场目的	X（3）	I＝进口　E＝出口 V＝装箱　D＝拆箱	M
6	EIR NO. 设备交接单号	X（17）		C
7	B/L NO. 提单号	X（40）	如果拼箱货，只要主提单号	C
8	CTN GROSS WEIGHT 箱毛重	9（5）V9		C
9	SEAL NO. 铅封号	X（10）		C
10	IN GATE TIME 进门时间	9（12）	CCYYMMDDHHMM	C
11	OUT GATE TIME 出门时间	9（12）	CCYYMMDDHHMM	C
12	SPEC. CTN. FLAG 特种箱标记	X（3）	R＝冷藏箱；D＝危险品箱； O＝非标箱	C
13	INSTRUCTION NO. 海关指令号	X（35）	对出门箱需要指明海关放行号或海关一站式转场转码头指令号	C
14	CHECK FLAG 提箱指令类型	X（6）	IP（进口放行） TP（进口转关） FP（废品转场） TT（转码头） TY（普通转场） EP（海关的出口放行） RP（出口箱取消出口的放行，如退关箱）	C

续 表

记录 50	DETAIL INFORMATION 描述详细信息			M
序号	字段名	格式	注释	标记
15	Container Type 集装箱类别	X（1）	集装箱类别：I＝国际中转；D＝内贸箱；N＝内支线；B＝退关箱；T＝海铁；F＝分拨；其他置空	C
16	LOCATION 堆场位置	X（10）	XXXXXX	C
17	IO FLAG 进出口标志	X（1）	I＝进口 E＝出口	C
18	DISCHARGE/LOAD PORT CODE 卸/装货港代码	X（5）		C
19	DAMAGE FLAG 残损标记	X（1）	Y/N	C
20	AGENT CODE 货代代码	X（10）		C
21	MACHINE NO 龙门吊编号	X（3）		C
22	DISCHARGE DATE 卸船时间	9（14）	CCYYMMDDHHMMSS	C
23	WEIGHT OF ENGINE 集装箱机械称重重量（净重）	9（5）V9	kg	C
24	WEIGHT OF LOADOMETER 集装箱地磅称重重量（净重）	9（5）V9	kg	C
25	REMARK 备注	X（40）	CN：修改箱号 BL：修改提单号 VS：修改船名 VY：修改航次 修改箱号时，需要标注原来的箱号：如 CNTTLU1234567 如果有多项同时修改的话，采用"＋"作为区分，如：VS＋VY	C
26	DESC Of Weight 集装箱称重情况说明	X（2）	PT：普通箱重量（默认） XD：包括携带箱重量	C
27	SEAL NO. 2 铅封号二	X（15）		C
28	SEAL NO. 3 铅封号三	X（15）		C

续 表

记录 50	DETAIL INFORMATION 描述详细信息			M
序号	字段名	格式	注释	标记
29	CUSTOM SEAL 海关铅封	X（10）		C
30	CIQ SEAL 国检铅封	X（10）		C
31	RESERVE NO. 预约号	X（20）	对于进门和出门的空箱，如有预约，则填写预约号	C

表 9　　单证内容（5）

记录 51	DAMAGE INFORMATION 残损描述			C
序号	字段名	格式	注释	标记
1	RECORD ID 记录类型标识	9（2）	51	NOT
2	DAMAGE TYPE CODE 残损类型代码	X（3）		M/C
3	DAMAGE TYPE 残损类型	X（35）		C/M
4	DAMAGE AREA CODE 残损范围代码	X（4）		M/C
5	DAMAGE AREA 残损范围	X（35）		C/M
6	DAMAGE SEVERITY 残损程度	X（35）		M/C
7	DAMAGE SIZE 残损尺寸	X（35）		C
8	STATUS 修箱状态	X（1）	D：坏；C：修妥	C
9	Serial NO. 修箱流水序号	X（14）	CFS 中使用，与码头无关	C
10	REMARK 备注	X（40）	备注	

表 10　　单证内容（6）

记录 52	CARRIER　INFORMATION 联运人			C
序号	字段名	格式	注释	标记
1	RECORD ID 记录类型标识	9（2）	52	NOT
2	MODE OF TRANSPORT 运输方式	X（1）	1 = 海运　2 = 铁路运输 3 = 公路运输	M
3	TRAILER TRADEMARK 拖车牌号	X（17）		C
4	CARRIER CODE 联运承运人代码	X（13）		C/M
5	CARRIER 联运承运人	X（35）		M/C
6	FROM/TO 来自/到何处	X（35）	对进门箱填来自何处，出门箱填到何处。如目前 BLCT2 在使用，接受方为 NBAGENT，则卸货港代码为目的地（可选）	C
7	CONTACT 联运人联系方式	X（70）	地址或者电话（可选）	C
8	REMARK 备注	X（40）	备注	C

表 11　　单证内容（7）

记录 53	DANGEROUS AND REEFER FIELDS RECORD 危险品和冷藏信息			C
序号	字段名	格式	注释	标记
1	RECORD ID 记录类型标识	9（2）	43	NOT
2	CLASS 危险品分类	X（5）		M
3	PAGE 危险品页号	X（7）		M
4	UNDG NO. 联合国危险品编号	X（4）		C
5	LABEL（1～3） 危险品标签	X（32）		C
6	FLASH POINT 危险货物闪点	X（5）	摄氏	C

续 表

记录 53	DANGEROUS AND REEFER FIELDS RECORD 危险品和冷藏信息			C
序号	字段名	格式	注释	标记
7	EMS NO. 船运危险品应急措施号	X（6）		C
8	MFAG NO. 医疗急救指南号	X（4）		C
9	EMERGENCY CONTACT 应急联系	X（35）		C
10	TEMPERATURE ID 温度计量单位	X（1）	C = 摄氏；F = 华氏	C
11	TEMPERATURE SETTING 设置温度	X（5）	见注	C
12	MIN. TEMPERATURE 冷藏最低温度	X（5）		C
13	MAX. TEMPERATURE 冷藏最高温度	X（5）		C
14	REMARK 备注	X（40）	备注	C

注：第一位放正（+）负（-）号，后四位放温度数。

表 12　　单证内容（8）

记录 54	B/L NO. 提单号			C
序号	字段名	格式	注释	标记
1	RECORD ID 记录类型标识	9（2）	54	M
2	B/L NO. 提单号	X（20）		M
3	NUMBERS OF PACKAGES 件数	9（6）		M
4	CARGO GROSS WEIGHT 货毛重	9（8）V9		M
5	CARGO MEASUREMENT 货尺码	9（8）V9		M
6	CARGO TYPE CODE 货类代码	X（4）		M
7	CARGO DESCRIPTION 货名	X（350）		C
8	REMARK 备注	X（40）	备注	C

表 13　　单证内容（9）

记录 99	TRAILER RECORD 尾记录			M
序号	字段名	格式	注释	标记
1	RECORD ID 记录类型标识	9（2）	99	NOT
2	RECORD TOTAL OF FILE 记录总数	9（6）	包括：头、尾记录	NOT

记录结构：

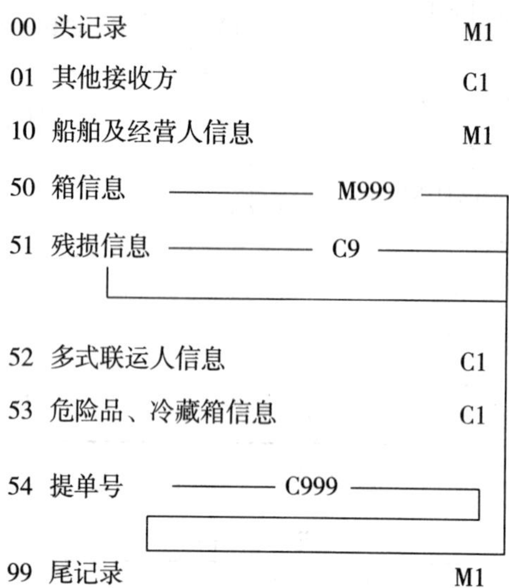

（3）装卸船信息。

①单证概况。发送码头的集装箱装卸船信息，包括进场码头、船名、航次、箱号、提单、装船时间、卸船时间、贝位等信息。发送方是内河各码头，接收方为海河通信息平台。

②触发方式。船舶整船作业完成后，进行发送。

③单证内容（见表 14 至表 21）。

表 14　　单证内容（1）

记录 00	HEAD RECORD 头记录			M
序号	字段名	格式	注释	
1	RECORD ID 记录类型标识	9（2）	00	NOT
2	MESSAGE TYPE 报文类型	X（10）	SCOARRI	NOT
3	FILE – DESCRIPTION 文件说明	X（35）	DISCHARGE/LOAD REPORT	NOT

续 表

记录 00	HEAD RECORD 头记录			M
序号	字段名	格式	注释	
4	FILE – FUNCTION 文件功能	X（1）	9 = 原始	M
5	SENDER CODE 发送方代码	X（13）		M
6	RECEIVER CODE 接收方代码	X（13）		M
7	FILE CREATE TIME 文件建立时间	9（12）	CCYYMMDDHHMM 使用系统日期	M
8	SENDER PORT CODE 发送港代码	X（5）		NOT
9	RECEIVER PORT CODE 接收港代码	X（5）		NOT
10	MESSAGE REF NO. 报文参考号	X（36）	本码头报文的唯一参考号，如无则允许设置为空	C
11	PRE MESSAGE REFNO 原先报文参考号	X（36）	用于回复报文，对应原先报文编号，如无则允许设置为空	C
12	REMARK 备注		备注	C

表 15　　单证内容（2）

记录 01	OTHER RECEIVER 其他接收方			C
序号	字段名	格式	注释	
1	RECORD ID 记录类型标识	9（2）	01	NOT
2	RECEIVER CODE 接收方代码	X（13）		M
3	RECEIVER CODE（1～8） 接收方代码	X（13）		C

表 16　　单证内容（3）

记录 10	VSL. & VOY. FIELDS 描述船舶有关的基本数据项目			M
序号	字段名	格式	注释	
1	RECORD ID 记录类型标识	9（2）	10	NOT

续 表

记录 10	VSL. & VOY. FIELDS 描述船舶有关的基本数据项目			M
序号	字段名	格式	注释	
2	VESSEL CODE 船名代码	X（9）		C/M
3	VESSEL 船名	X（35）		M/C
4	VOYAGE 航次	X（13）	包括航向	M
5	NATIONALITY CODE 船舶国籍	X（2）		C
6	LINER ID 班轮	X（1）	Y——班轮 N——非班轮 H——核心班轮	C
7	ARRIVAL TIME 到港时间	9（12）	CCYYMMDDHHMM	C
8	SAILING TIME 实际离港时间	9（12）	CCYYMMDDHHMM	C
9	COMMENCED TIME OF DISCH 卸船开始时间	9（12）	CCYYMMDDHHMM	C
10	COMPLETED TIME OF DISCH 卸船结束时间	9（12）	CCYYMMDDHHMM	C
11	COMMENCED TIME OF LOAD 装船开始时间	9（12）	CCYYMMDDHHMM	C
12	COMPLETED TIME OF LOAD 装船结束时间	9（12）	CCYYMMDDHHMM	C
13	CTN. NUMBERS 集装箱箱数	9（6）		M
14	VESSEL LOCAL CODE 船舶 5 位码头代码	X（5）		C
15	IO FLAG 进出口标志	X（1）	I = 进口；E = 出口	C
16	VESSEL OPERATOR CODE 船经营人代码	X（13）		C
17	REMARK 备注	X（40）	备注	C

表 17　　单证内容（4）

记录 50	CONTAINER INFORMATION 描述箱信息的有关项目			M
序号	字段名	格式	注释	
1	RECORD ID 记录类型标识	9（2）	50	NOT
2	CTN. NO. 箱号	X（12）		M
3	CTN. SIZE & TYPE 集装箱尺寸类型	X（4）		M
4	CTN. OPERATOR CODE 箱经营人代码	X（13）		C/M
5	CTN. OPERATOR 箱经营人	X（35）		M/C
6	CTN. STATUS 集装箱状态	X（1）	E = 空；F = 整；L = 拼； S = 自拼	M
7	B/L NO. 提单号	X（20）	如果拼箱货，只要主提单号	M
8	SEAL NO. 铅封号	X（10）		M
9	STOWAGE LOCTION 船舶贝位	9（7）		M
10	REAL TIME LOAD DISCH 单箱实际装卸时间	9（12）	CCYYMMDDHHMM	C
11	FIRST VESSEL 母船船名	X（35）	用于国际中转、内支线	C
12	FIRST VOYAGE 母船航次	X（6）	用于国际中转、内支线	C
13	LOCATION 堆场位置	X（10）		C
14	MACHINE NO. 龙门吊编号	X（3）		C
15	NET WEIGHT 箱毛重	9（5）V9		C
16	CONTAINERTYPE 集装箱类别	X（1）	集装箱类别：I = 国际中转； D = 内贸箱；N = 内支线；F = 分拨；其他置空	C
17	SPEC. CTN.（FLAG） 特种箱标记	X（3）	R = 冷藏箱；D = 危险品箱； O = 非标箱	C

续 表

记录 50	CONTAINER INFORMATION 描述箱信息的有关项目			M
序号	字段名	格式	注释	
18	PASS FLAG 有无海关放行标志	X（40）	Y = 有 N = 无 如果是卸船允许为空， 装船时为必选项	C
19	APPVESSEL CODE 虚拟 Un 代码	X（9）	乍浦码头作为发送方时，填写 YONGJIA 船舶的 UN 代码	C
20	APPVESSEL 虚拟船名	X（35）	乍浦码头作为发送方时，填写 YONGJIA	C
21	APPVOYAGE 虚拟航次	X（13）	乍浦码头作为发送方时，填写 YONGJIA 船舶的出口航次	C

表 18　　单证内容（5）

记录 52	LOAD & DISCHARGE & DELIVERY 描述有关的装、卸和交货地信息			M
序号	字段名	格式	注释	
1	RECORD ID 记录类型标识	9（2）	52	NOT
2	DISCHARGE PORT CODE 卸货港代码	X（5）		M/C
3	DISCHARGE PORT 卸货港	X（35）		C/M
4	LOAD PORT CODE 装货港代码	X（5）		M/C
5	LOAD PORT 装货港	X（35）		C/M
6	PLACE OF DELIVERY CODE 交货地代码	X（5）		C/M
7	PLACE OF DELIVERY 交货地	X（70）		M/C
8	GROSS WEIGHT 箱毛重	9（5）V9	kg	M
9	TRANSFER PORT CODE 中转港代码	X（5）		C

续 表

记录 52	LOAD & DISCHARGE & DELIVERY 描述有关的装、卸和交货地信息			M
序号	字段名	格式	注释	
10	TRANSFER PORT 中转港	X（35）		C
11	WEIGHT OF ENGINE 集装箱机械称重重量	9（5）V9	kg	C
12	WEIGHT OF LOADOMETER 集装箱地磅称重重量	9（5）V9	kg	C
13	REMARK 备注	X（40）	备注	C

表 19　　单证内容（6）

记录 53	DAMAGE INFORMATION 残损描述			C
序号	字段名	格式	注释	
1	RECORD ID 记录类型标识	9（2）	53	NOT
2	DAMAGE TYPE CODE 残损类型代码	X（3）		M/C
3	DAMAGE TYPE 残损类型	X（35）		C/M
4	DAMAGE AREA CODE 残损范围代码	X（4）		M/C
5	DAMAGE AREA 残损范围	X（35）		C/M
6	DAMAGE SEVERITY 残损程度	X（35）		C
7	DAMAGE SIZE 残损尺寸	X（35）		C
8	REMARK 备注	X（40）	备注	C

表 20　　单证内容（7）

记录 54	B/L NO. 提单号			C
序号	字段名	格式	注释	标记
1	RECORD ID 记录类型标识	9（2）	54	M

续 表

记录 54	B/L NO. 提单号			C
序号	字段名	格式	注释	标记
2	B/L NO. 提单号	X（20）		M
3	NUMBERS OF PACKAGES 件数	9（6）		M
4	CARGO GROSS WEIGHT 货毛重	9（8）V9		M
5	CARGO MEASUREMENT 货尺码	9（5）V9		M
6	CARGO TYPE CODE 货类代码	X（4）		M
7	CARGO DESCRIPTION 货名	X（350）		M
8	REMARK 备注	X（40）	备注	C

表 21　　单证内容（8）

记录 99	TRAILER RECORD FIELDS 通信尾标控制用			M
序号	字段名	格式	注释	
1	RECORD ID 记录类型标识	9（2）	99	NOT
2	RECORD TOTAL OF FILE 记录总数	9（6）	包括：头、尾记录	NOT

记录结构：

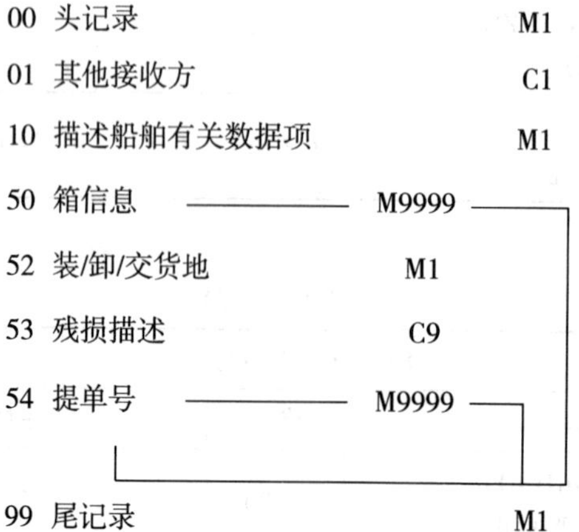

（4）码头作业委托。

①单证概况。发送码头的装卸船作业委托，用于航运公司在海河通平台上向内河码头发起作业申请。发送方是海河通信息平台，接收方为内河码头。

②触发方式。航运公司在海河通平台上点击申请后，触发报文发送。

③单证内容。船期预报、装卸船清单、装卸船船图等资料。

（5）码头作业委托反馈。

①单证概况。码头的装卸船作业委托的反馈信息。发送方是内河码头，接收方为海河通平台。

②触发方式。码头装卸船报文业务受理后，反馈受理信息。

③单证内容。受理时间、受理状态（Y——受理、N——不受理）、备注信息。

（6）车队作业委托。

①单证概况。发送车队的拖柜作业委托，用于货代或外部物流公司在海河通平台上向车队发起作业申请。发送方是海河通信息平台，接收方为车队系统。

②触发方式。货代在海河通平台上点击申请后，触发报文发送。

③单证内容。派车委托单、集装箱设备交接单等。

（7）车队作业委托反馈。

①单证概况。车队的拖柜作业委托的反馈信息。发送方是车队系统，接收方为海河通平台。

②触发方式。车队拖柜委托报文业务受理后，反馈受理信息。

③单证内容。受理时间、受理状态（Y——受理、N——不受理）、备注信息。

四、经济与社会效益分析

根据测算，本项目参建单位地区在2016—2018年通过“港—港—门”实现多式联运的内外贸集装箱吞吐量分别为57万TEU、79万TEU和105万TEU（集装箱），具体测算如表22所示，其所产生的经济效益和社会效益测算如下：

表22　2016—2018年本项目参建单位集装箱吞吐量　单位：TEU

地区＼年度	2016	2017	2018
杭州	7	10	14
嘉兴	28	35	43
湖州	19	28	37
绍兴	3	6	11
合计	57	79	105

（一）水陆多式联运产生的经济效益

本项目水陆多式联运产生的经济效益出要体现在“陆改水”产生的经济效益，杭、嘉、湖、绍地区通过本项目模式对接港口为上海港、太仓港和嘉兴乍浦港，测算参数如

表23所示。

表23　　2016—2018年本项目经济效益测算参数

内容 地区	到母港集装箱分配比例（%）			每TEU可节省的物流费用（万元）			双重运输率（%）		
	上海港	乍浦港	太仓港	上海港	乍浦港	太仓港	2016年	2017年	2018年
杭州	10	80	10	150	100	200	65	70	75
嘉兴	75	10	15	100	120	150	55	60	65
湖州	70	25	5	180	200	250	70	75	80
绍兴	30	25	45	150	80	230	75	80	85

可节省的物流运输成本测算得：2016年为6040万元、2017年为8982万元、2018年为12702万元。

（二）支线船舶共舱产生的经济效益

2015年本项目参建单位通过海河联运实现内外贸集装箱吞吐量44万箱，共有内河标准化船舶63艘，拥有船舶箱位数2766 TEU，平均船舶吨位为43.9 TEU，平均装载率76%，双重运输率48%，通过本项目申报运作，2016年、2017年、2018年的平均装载率将分别提高到85%、88%和92%，双重运输率将达到62.6%、68.5%和73.8%，综合9条航线的运率，扣除码头装卸率，平均一个标箱的运费为500元，由此测算2016年、2017年、2018年支线船舶共舱后产生的经济效益为120万元、456万元、1246万元，具体如表24所示。

表24　　2016—2018年支线船舶共舱产生的经济效益测算

年度 指标	2015	2016	2017	2018
集装箱吞吐量（TEU）	420000	520000	730000	1000000
集装箱船舶（艘）	57	66	85	116
平均装载率（%）	78	85	88	92
双重运输率（%）	56	62.6	68.5	73.8
节省效益（万元）	—	120.12	456.25	1246

注：2015年为基准测算。

（三）集卡甩挂运输产生的经济效益

2015年本项目参建单位通过海河联运实现内外贸集装箱吞吐量44万箱，共有短驳集卡车215辆，双重运输率22%，通过本项目申报运作，2016年、2017年、2018年双重运输率分别将达到35%、40%和45%，综合本项目参建单位的短驳费率，平均一个标箱短驳提还费为320元，每甩挂一个集装箱可产生220元，由此测算2016年、2017年、2018年集卡甩挂运输产生的经济效益分别为709万元、1397万元、2464万元，具体如表25所示。

表25　2016—2018年集卡甩挂运输产生的经济效益测算

指标＼年度	2015	2016	2017	2018
集装箱吞吐量	420000	520000	730000	1000000
集卡车（辆）	115	125	165	220
双重运输率（%）	22.6	35	40	45
节省效益（万元）	—	709	1397	2464

注：2015年为基准测算。

（四）社会效益

1. 节能减排

本项目由于从原“港—门”公路运输改成为“港—港—门”水陆联运模式，原有的公路运输部分被内河航运替代。水运具有运量大、能源利用率高的特点，因此，本项目物流模式的实施可减少汽车尾气的排放，测算参数如表26所示。

表26　2016—2018年本项目经济效益测算参数

地区＼内容	到母港集装箱分配比例（%）			平均公路距离（km）			平均水路距离（km）		
	上海港	乍浦港	太仓港	上海港	乍浦港	太仓港	上海港	乍浦港	太仓港
杭州	10	80	10	280	170	270	320	200	370
嘉兴	75	10	15	130	60	120	140	55	190
湖州	70	25	5	260	160	180	300	180	350
绍兴	30	25	45	230	130	250	380	260	430

公路运输以双拖进行测算，汽车平均油耗38升/百公里，各码头平均短驳距离为25km，船舶以42 TEU集装箱船为例，平均油耗190升/百公里，扣除公路短驳距离，结合表24、表25，测算得结果如表27所示。

表27　2016—2018年本项目社会效益测算参数　单位：万升

地区＼年度	2016			2017			2018		
	汽车油耗	水运油耗	节省	汽车油耗	水运油耗	节省	汽车油耗	水运油耗	节省
杭州	221	80	141	315	115	201	442	160	281
嘉兴	440	167	273	550	209	342	733	278	455
湖州	744	259	485	1096	382	714	1448	504	944
绍兴	72	37	35	180	93	86	323	168	156
合计	—	—	933	—	—	1343	—	—	1836

按 1kg 柴油排放 CO_2 为 3. 1863kg 计算，根据测算，本项目在 2016 年、2017 年、2018 年可减少 CO_2 排放量分别为：25566t、36801t、50310t。

2. 公路维护成本降低

本项目运营，一方面，利用网络化优势，有效缩短公路运距，提高车辆周转率，减少车辆在城市的周转量，对城市交通起到良好的缓解作用；另一方面，有效保护了城市道路、桥梁、高速公路的路基路面，降低公路破损坏，提高道路交通流速。根据浙江省高速公路每车道每公里养护成本 1. 5 万元测算，本项目在 2016 年、2017 年、2018 年可减少公路养护费用分别为 2150 万元、3740 万元、4660 万元。

五、总结语

海河通项目建设内容中，明确提出需要建议一个统一的信息平台，实现各物流企业间的数据共享，支撑共箱、共甩、共线、共舱、共信息系统、共同经营人（简称“六共”）的运作模式。因此，迫切需要一个稳定、高效的数据传输通道来实现网络各物流企业之间，以及物流企业与信息平台之间的单证传输。国家平台经过多年的运营，在基础数据交换功能方面已非常成熟，拥有完善的解决方案。海河通希望能通过借力国家平台已有的数据通道，实现单据的互联互通，从而降低项目实施的成本和风险。

海河通项目相关领导对国家平台通道的使用高度重视，多次组织到国家平台调研、了解情况，并明确通道的具体使用方式和单据传输的具体内容。为国家平台和海河通项目的下一步深入合作奠定了良好的基础。同时，项目组也希望国家平台的相关技术专家能在利用 LOGINK 通道进行单证传输的实施开发过程中，对实施团队进行指导和帮扶，以便加快通道的建设速度。

青岛中科慧畅信息科技有限公司、沈阳铁信城市共同配送物流有限责任公司：沈阳文官屯东北城市共同配送中心智慧物流信息平台

一、信息化平台建设背景

（一）平台使用单位概况

沈阳文官屯物流园东北城市共同配送中心（下文简称“配送中心”）隶属于辽宁铁信实业集团有限公司，由集团下属子公司沈阳铁信城市共同配送物流有限责任公司负责管理，是按照铁路总公司“要实施铁路现代物流建设，打造现代一流物流企业”要求而建设的试点项目。

配送中心是在原文官屯货场基础上改造建成，紧邻铁路文官屯站，总占地面积 25.8 万平方米，其中，仓储总面积 10.5 万平方米，分为 9 个库房，综合服务楼及附楼 3.1 万平方米，硬化路面 11 万平方米，设有铁路专用线 1200 延长米，铁路货运站台 1000 延长米，集装箱场地 12000 平方米，停车场面积 10000 平方米，年到发能力 300 万吨，设有仓储区、公铁联运区、辅助作业区、综合办公区等功能区（见图 1）。

图 1　东北城市共同配送中心三维效果

沈阳铁信城市共同配送物流有限责任公司是辽宁铁信实业集团有限公司下属子公司，主要负责沈阳文官屯物流园东北城市共同配送中心经营管理。其经营模式包括仓储库房租赁、代管、装卸、铁路运输、公路配送等。其经营特色分以下三个方面。

1. 公铁联运业务

配送中心内设铁路专用线 1200 延长米，铁路货运站台 1000 延长米，集装箱场地

12000 平方米，紧邻铁路文官屯货运站。仓储区紧邻铁路货运站台，货物经由铁路运输到达园区内，可直接卸至库房内进行仓储，再按配送计划经由公路分别运送至各收货人处，同时提供铁路货代服务，可为客户办理铁路货物运输收发相关手续，并提供装卸、临储等服务，为开展公铁联运业务提供了极大的便利条件。

2. 仓储＋配送一站式服务

配送中心拥有专业的仓储管理团队、装卸队及配送车队，可为客户提供仓储＋管理＋配送一站式服务。客户只需将出入库、配送计划提交给配送中心，由配送中心完成其中所有作业，并实时反馈作业完成情况，客户只需对其进行跟进即可。

3. 服务模式灵活

配送中心为各类客户提供多种多样的解决方案和个性化服务，客户可根据自身需求决定采用哪些服务，服务及收费模式十分灵活，客户满意度相对较高。

（二）平台建设单位概况

青岛中科慧畅信息科技有限公司是以中科院自动化所、青岛智能产业技术研究院为依托，致力于通过综合运用互联网、物联网和云计算技术，为物流行业提供先进的信息化解决方案，其子公司山东舜达天下供应链物流管理有限公司拥有一支专业的、高素质物流专家服务团队，搭建了商流、物流、信息流、资金流四流一体的供应链可视化服务体系。以国际先进的“平行计算”方法论为指导，能够为客户提供从信息咨询规划、系统设计、系统实施到运营支撑的一体化专业化服务。

自 2014 年成立以来，已和多家企业建立合作关系并拥有一项发明专利 8 项软件著作权，其以先进的技术和产品，助力用户成为行业内的领跑者。团队拥有一支专业、高素质的十余人人才队伍，包括博士 1 人、硕士 3 人，骨干人才包括：物流行业知名专家胡炳铎 1 人；来自顺丰、德邦物流企业的具有多年运营经验的人才 2 人；拥有多年科技企业管理经验的人才 2 人。形成了强强联合、密切合作、勇于创新的团队，团队已申请“基于 ACP 的平行物流信息系统及其构造方法”国家发明专利一件，并围绕行业需求和专利技术，设计和开发了“平行物流管理系统”等产品，并获得了十余项软件著作权。

团队研发中的“平行物流系统”是由某一个实际物流系统和对应的人工系统所组成的共同系统。在人工系统中，通过软件算法模拟实际系统的功能，建造一个可定义、可试验的“物流实验室”，通过计算实验的方式为实际系统运行的可能情况提供“借鉴”“预估”和“引导”，从而为企业管理实践提供高效、可靠、适用的科学决策和指导。

目前，团队与中国物流与采购联合会、北京中物联规划设计研究院、北京交通大学等机构紧密合作，所孵化的“青岛中科慧畅信息科技有限公司”可为物流企业提供咨询规划、系统设计和开发、系统实施和管理等方面一体化的服务。客户包括沈阳铁路局、济南铁路局、中远海运集团、山东高速物流集团、沈阳铁信实业集团、东北城市共同配送中心、西海岸智慧物流产业园、胶州济铁物流园、即墨济铁物流园等众多企业，智慧物流团队坚持以世界眼光，集聚顶级智力，以“平行科技”引领智慧物流产业发展，回报社会，为我国物流行业的转型发展贡献一份力量！

（三）园区前期存在问题分析

配送中心位于沈阳市大东区望花北街68号，紧邻“便民货运快车”办理站文官屯站，场地拥有4条铁路专用线，可办理全国范围内铁路货物到、发业务，以煤炭到达仓储、装卸为主。

然而，当前受国家节能减排、淘汰落后产能、环保等相关政策，以及沈阳主城内传统工业亟须搬迁改造，工业用地向副城集中政策的影响，文官屯货场现有的经营模式、经营项目以及落后的信息化水平已不能满足发展需要，严重阻碍了配送中心发展。

（1）既有经营货物品类（煤炭和木材）的装卸、搬运和仓储等作业过程中产生大量的空气污染物，对周边区域造成严重的环境影响，极大地妨碍了城市的环保工作。

（2）贯穿该场地南北的高铁高架线路和高压电线路对该场地形成的物理分割以及专用线的设置在很大程度上致使该场地土地利用效率低下，并存在极高的经营安全风险，货场改造势在必行。

（3）手工操作致使工作效率低下，经济效益不高。许多烦琐、经常性、重复性的工作本可以用计算机解决的问题却困扰着工作人员，浪费了大量的人力、物力和财力。随着规模的不断扩大，业务逐渐增多，工作人员工作量不断加大。

二、信息化平台介绍

（一）平台概况

配送中心信息化平台是基于平行控制理论研发的，利用人工系统进行建模和表示、通过计算实验进行分析和评估、最后借助平行执行实现对复杂系统的控制和管理。运用平行系统技术，实现人员管理、运输调度、货物配载、仓储优化、市场分析、价格预测等方面的信息化和智能化。

1. 平台总体架构

配送中心信息化平台包括“两中心、五大平台和六大系统”，其中，中心指的是指挥调度中心和呼叫中心；五大平台指的是平行物流管理平台、运营管理平台、智能服务平台、信息交易平台和电商平台；六大系统指的是物流集成中控系统、园区集成中控系统、运输应用系统、第三方物流应用系统、园区管理系统和智能终端系统。配送中心信息化平台总体架构如图2所示。

2. 平台功能亮点

（1）平行控制理论。

平行控制理论框架下的ACP方法体系包括人工系统（Artificial Systems）、计算实验（Computational Experiments）和平行控制（Parallel Control），是由某一个自然的实际系统和对应的一个或多个虚拟或理想的人工系统所组成的共同系统。现代控制理论是成功应用平行系统理念的典范，它先建立实际系统足够精确的模型，然后分析其特性、预测其行为、控制其发展，但是，由各种数学模型形成的人工系统往往以离线、静态、辅助的形式用于实际系统的控制（见图3）。

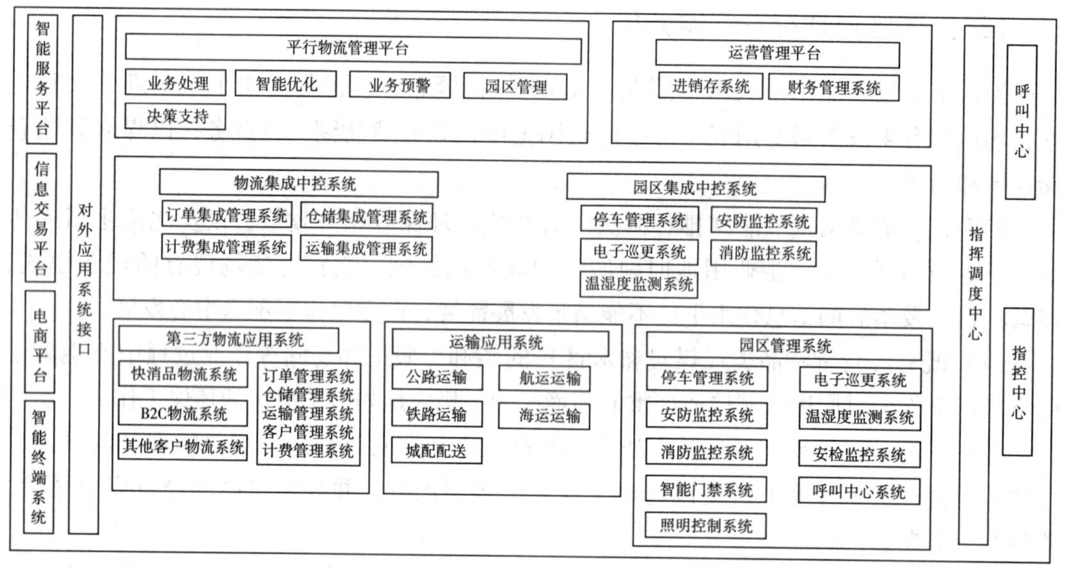

图2　东北城市共同配送中心信息化平台总体架构

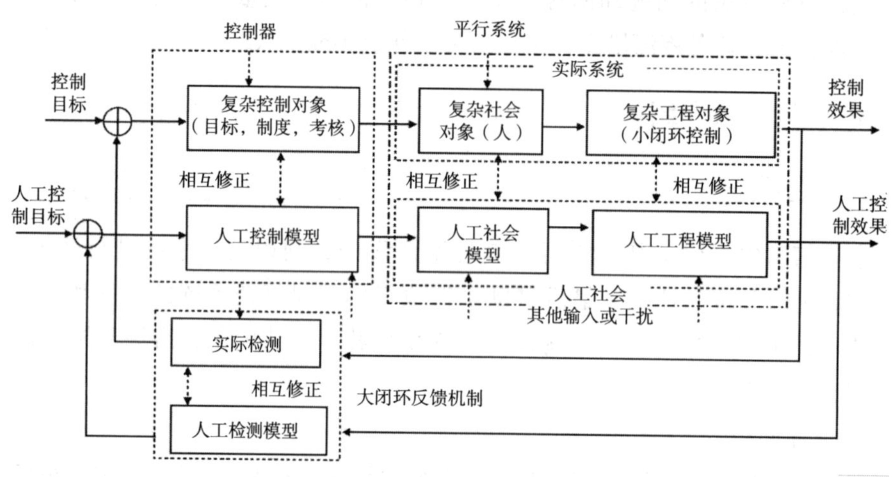

图3　平行控制系统原理

（2）三维园区仿真。

体现文官屯城市共同配送中心信息系统的先进性，以及便于文官屯运营与管理，秉承中科院自动化所复杂系统管理与控制国家重点实验室的“平行管控”理论，在行业内率先提供了平行三维仿真管控功能设计，主要功能包括平行三维查货、平行三维监控、平行三维环境等设计。

（3）物流信息交易。

物流信息交易的核心理念是货主通过平台无缝链接承运商车队、司机，形成一个透明的、高效的、多赢的在线生态系统，此生态系统不仅是货主有竞争力的信用体系系统，更可以为货主通过经营生态系统内的资源，创造新的商业机会。

物流信息交易通过线上多方协同，实现运输管理的自动化、智能化、快捷化，不仅为企业提高效率、降低成本，更可以为企业带来以下附属价值：沉淀优质车源、扩展增值业务、供应链金融服务、运价标准制定等。

(4) 多系统数据协同。

多系统数据协同的主要功能是从其他子系统中提取共享数据，并对多来源渠道的、相互不一致的数据进行数据融合处理；基于数据字典对实时数据和历史数据进行组织，以保证数据间关系的正确性、可理解性并避免数据冗余；以各种形式提供数据服务，采用分层次的方法对各类用户设置权限，使不同用户既能获得各自所需要的数据，又能确保数据传输过程的安全性及共享数据的互操作性和互用性；维护基础信息、动态业务数据以及系统管理配置参数；支撑系统的网络构架、信息安全、网络管理、流程管理、数据库维护和备份等运维能力。多系统数据协同指挥调度平台如图 4 所示。

图 4　多系统数据协同指挥调度平台

整合协同平台根据功能可分为以下两个部分。

第一部分，基础数据和共享数据的交换服务和路由流程管理，该部分是交换平台的基础，包括静态交换数据、动态交换数据、图形数据及表格、统计资料等属性数据。

第二部分，各子系统之间的接口实现，根据事先制定好的规范、标准，实现各子系统之间的数据共享和传输操作。在接入中心平台时，应按系统集成要求设计系统结构，各类数据接口遵循系统集成规范。

(二) 平台实施进程

平台实施进程如下表所示。

(三) 平台应用效果

配送中心信息化平台系统上线后，实现用系统来支持企业的决策和企业的业务操作，实现办公自动化代替原有手工管理方式，提高业务处理效率，实现进出货物准确统计，实现办公网络化，减少人力物力的浪费，提高物流运转效率。具体应用如下。

(1) 改变过去手工操作，建立计算机系统操作，更加快捷，做到高效率。公司市场、开票、结算、财务、仓储等部门全部实现自动化管理。

平台实施进程示例

实施时间	建设内容	实施进度	验收情况
2016. 3. 30—2016. 12. 30	智能服务平台（门户网站）	已上线	已全部验收通过
	订单管理系统	已上线	
	仓储管理系统	已上线	
	运输管理系统	已上线	
	计费管理系统	已上线	
	指控中心	已上线	
	安防监控系统	已安装	
	呼叫中心	已上线	
	数据中心	已上线	
	智能停车系统	已安装	
	智能一卡通系统	已安装	

（2）配送中心在本系统的支持下，能够达到合理进货、及时销售、库存量小、减少积压的目的，尤其是商品存储这一块，能够大大降低公司运作成本，取得最佳效益，能够及时了解库存情况和销售情况。

（3）通过对市场需求数据分析，及时了解市场的信息资源，为园区企业的决策提供信息资源，提高顾客满意程度，稳定已有市场，开发新的市场资源。

三、平台效益与影响

（一）信息化实施对业务流程改造的效益与竞争模式的影响

1. 规范了实际操作业务流程

通过规范流程，减少了工作中的冗余环节，大大提高了整个公司的运营效率，促进了园区管理的扁平化，为新的管理方式引入和变革提供了技术条件。

2. 搭建了符合铁路物流园区长远发展要求的信息化平台

信息化系统是已经拥有较为广泛的客户和较强的市场影响力的一套物流应用系统，具有较强的开放性和稳定性，对以后园区的发展具有重要的战略意义。

3. 从管理理念到管理模式都迈上了新的台阶

信息化为园区改进管理模式作了准备，适应了园区体制管理的需要，有效地保证了园区体制“大财务、大人事、大物流”管理模式目标的实现；促进了园区对矩阵式管理模式的采用，保证了监督的及时准确和决策的灵活迅速。

（二）信息化实施对提高中心竞争力的作用

1. 信息化对中心战略决策的作用

信息化决策使得决策者的思维空前拓展，增强了决策的理性与科学性，提高了决策的效率。

2. 信息化对中心经营管理的作用

企业通过转变传统的管理理念，提高全体员工的整体素质，建立良好的管理规范和流程。

3. 信息化对中心生产控制的作用

信息化可以使中心按照生产计划的要求合理、科学的配置资源，安排物资采购，快速制订作业计划，让园区的生产流程之间可以做到节约时间、精确配合、高效生产。

4. 信息化对中心技术创新的作用

信息化对园区技术创新提供政府政策信息、技术信息、市场信息支持。

四、平台实施经验与教训

物流园区信息化平台建设是一项长期的系统工程，在整个实施过程中需要从制度、组织、规划等全方面保证，关于铁路物流园区的信息化建设，即公铁联运新模式的创新，积累了部分经验，也有着不足和教训，供各位借鉴。

1. 要做好需求分析和实地调研

信息化平台建设暂没有成熟有效的方法论指导，一些园区在信息化建设中，可能会追求“大而全”，但要从物流园区的实际业务出发，按照实际园区的业务需求，在符合业务流程的同时，对流程进行优化提升，加快园区的业务发展，让信息化平台起到应有的效果。

2. 加强信息化与业务扩展的冗余规划

在信息化建设中，实现了现有业务的流程运作后，要加强对后期业务发展规模及类型的扩展做信息化的冗余和规划，以适应物流园区业务发展的需要，也为后期业务数据的累计、大数据的分析做好信息化准备工作。

3. 保障先进信息化技术和智能终端设备使用的合理性

要周全长期的考虑智能设备技术先进性与实际业务相结合的合理性，使其起到原有的便捷性和自动化水平，不可造成设备技术先进性与实际工作脱节或者产生烦琐操作的情况。

五、平台未来展望与推广

1. 打造配送中心为全国重要物流节点

围绕沈阳市建设成为东北地区物流中心城市的战略定位，运用智慧信息化平台的智能化技术，以铁路资源为特色，建设“大交通、大物流、大辐射”，重点开展城市共同配送、汽车整车储运与零部件配送、公铁联运、金融物流、流通加工等业务，将配送中心建设成为横跨商贸业、物流业、工业等多个行业，服务周边区域，辐射沈阳经济区、东北地区乃至全国的重要物流节点。

2. 推广全国铁路物流园区“公铁联运”新模式

依托东北城市共同配送中心信息化平台建设的亮点工程，结合铁总的全国物流园区规划：预计将建成一级 33 个、二级 175 个、三级 330 个共计 538 个铁路物流园区，园区业务将涵盖成件包装物流、仓储配送、集装箱物流、小汽车物流、电商快递物流、口岸物流等多种服务功能，开展智慧信息化平台的扩展，物联网、云计算、大数据以及手持终端、RFID（射频识别）等智能化技术设备的使用，建成公铁联运的全国铁路物流园区的大数据分析平台的运用推广，将势不可当！

山东鼎软天下信息技术有限公司：鼎呱呱仓运配一体化云平台

一、企业简介

山东鼎软天下信息技术有限公司于2015年成立于山东省济南市，注册资金300万元，集物流与供应链管理咨询、物流软件定制开发、系统集成等主营业务于一体，致力于为物流行业提供最专业、最前沿的储运配一站式信息技术解决方案，成为物流行业的智慧管家。公司主营产品有i-TMS运输管理系统、i-WMS仓储管理系统、i-DMS市内配送管理系统及其他配套物流信息化需求的信息系统解决方案。公司现已有softding、鼎呱呱等注册商标。

鼎软天下现有员工30余人，其中，本科及以上学历占比超过50%，员工均来自国内知名高等院校，所学专业为计算机管理科学与工程、软件技术等相关专业。另有知名高校博士生导师作为技术指导进行员工带教，员工专业化和规范化水平较高。

秉承“致力于持续提升物流行业信息化水平”的企业使命，“成就员工自我，让物流人快乐工作”的企业愿景，鼎软天下期待您的持续关注！

二、应用背景

（一）仓运配一体化的时代趋势

仓、运、配是分割的，客户不得不面对物流链条上的每一家企业，其实客户更希望只和一家企业对接。客户至上，这种需求会推动仓运配一体化的时代趋势。从流程服务的趋势来看，未来仓储企业、运输企业、配送企业之间的合作会越来越紧密。因为有两方面利益趋动：一是从客户角度来说，客户希望只对一家物流企业，而不希望面对流程中的每一家物流企业，这就要求有人把仓、运、配整合起来，提供一体化的服务，这就是客户价值；二是流程整合中有优化的空间，对服务商也是有价值的。但是并不是意味着将来所有的企业都来做仓运配一体化，更不是唯一的趋势。未来无论是做仓运配一体化的企业，还是只做运输的企业，或是只做仓储的企业，都有无穷的市场空间，只是直接面对客户的服务越来越多的是要求整合的服务。

（二）物流信息化的时代趋势

物流信息化作为“互联网+物流”实现的基础，主要是通过利用现代信息技术，围绕物流全过程进行信息采集、分类、传递、汇总、共享、跟踪、查询等，实现供应链上各方的有效协调和无缝链接，构造出高效率、高速度、低成本的物流供应链。当前中国物流信息化发展主要有以下几方面特点。

1. 物流信息化建设加快

2015 年，大部分企业有信息化方面的投资，其中，超过 1/3 的企业信息化投资率超过 10%。企业进行物流信息化投资的方向，一方面是构建内部信息系统，支撑物流系统的高效运转；另一方面是越来越重视物联网、大数据、云计算等新技术作为物流信息化手段的投资。

2. 物流信息化新技术得到较快推广

目前，条码、电子标签、电子单证等物流信息技术得到基本应用。《监测报告》显示：条码使用率达到 65.71%，电子标签使用率达到 42.34%，电子单证使用率达到 51.37%，使用率均实现同比增长；WMS（仓储管理系统）、TMS（运输管理系统）、ERP（企业管理系统）、CRM（客户关系管理系统）、SCM（供应链管理）、车辆追踪等物流软件也得到普及应用，使用率为 10% ~20%。

值得关注的是，在新一轮科技革命孕育期，特别是在“互联网 +”的时代背景下，物联网、云计算、大数据等新兴技术在物流领域得到推广应用，并发挥了积极作用。中国物流与采购联合会会长何黎明在谈到这些新技术的应用时表示，嵌入物联网技术的物流设施设备快速发展，车联网技术从传统的车辆定位向车队管理、车辆维修、智能调度、金融服务延伸；云计算服务为广大中小企业信息化建设带来利好；大数据分析帮助快递企业投资运力需求，缓解了“双 11”等高峰时期的“爆仓”问题。

3. 物流信息化应用效果显著

近年来，货物跟踪定位、无线射频识别、电子数据交换、可视化技术、移动信息服务、智能交通和位置服务等先进信息技术在物流行业应用效果明显。监测报告显示，物流企业信息化应用 KPI（关键绩效指标）表现突出，平均订单（运单）准时率达到 93.48%，其中 80% 的企业订单准时率超过 90%；88.86% 的企业实现了对自有车辆的追踪，其中近 80% 的企业实现自有车辆的全部追踪监控；88.94% 的企业实现了全过程透明可视化，其中 46.27% 的企业全过程透明可视能力达到 100%。物流信息化的良好应用效果又为新技术的推广应用提供了重要支撑。

三、仓运配一体化云平台设计思路

（一）仓运配一体化云平台解决的问题

（1）仓储管理面临的问题如图 1 所示。

（2）运输管理面临的问题如图 2 所示。

（3）配送管理面临的问题如图 3 所示。

（二）仓运配一体化云平台潜在价值

1. 客户价值

客户倾向于采购仓运配一体的物流合作商。

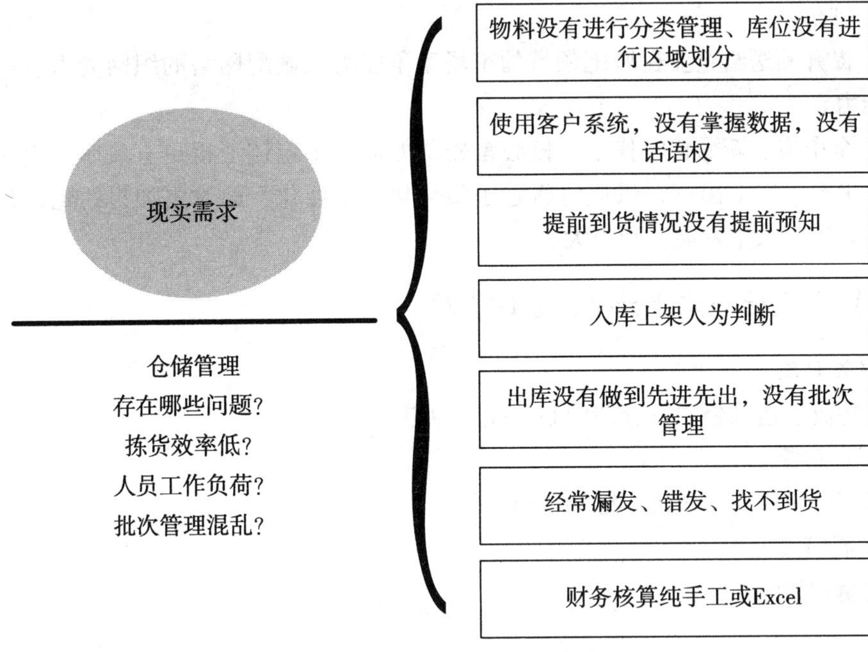

现实需求
仓储管理
存在哪些问题？
拣货效率低？
人员工作负荷？
批次管理混乱？
物料没有进行分类管理、库位没有进行区域划分
使用客户系统，没有掌握数据，没有话语权
提前到货情况没有提前预知
入库上架人为判断
出库没有做到先进先出，没有批次管理
经常漏发、错发、找不到货
财务核算纯手工或Excel

图 1　仓储管理面临的问题

业务操作烦琐复杂，效率低下
管理困难，监控不到位
服务不到位，客户感受较差
财务结算复杂，对账困难

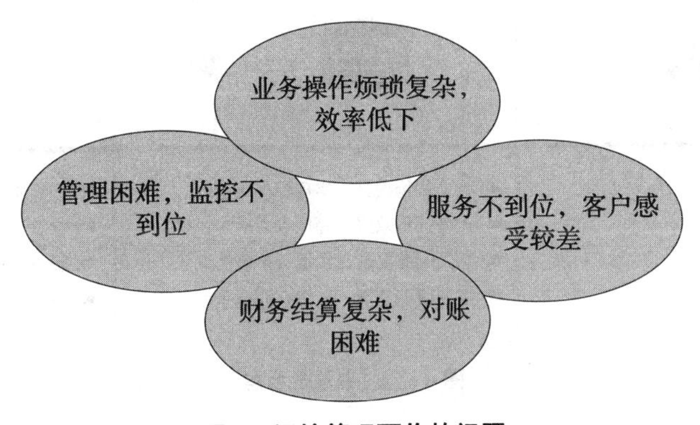

图 2　运输管理面临的问题

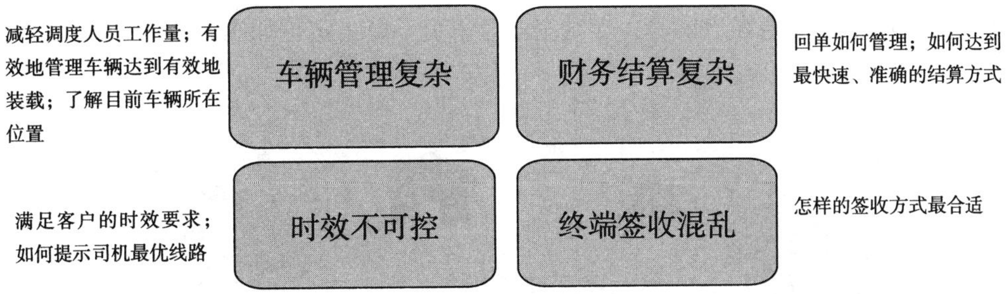

减轻调度人员工作量；有效地管理车辆达到有效地装载；了解目前车辆所在位置
车辆管理复杂
财务结算复杂
回单如何管理；如何达到最快速、准确的结算方式
满足客户的时效要求；如何提示司机最优线路
时效不可控
终端签收混乱
怎样的签收方式最合适

图 3　配送管理面临的问题

2. 行业价值

物流体系中无标准化的仓运配系列产品。

3. 内部价值

（1）提升配送给企业在城配领域的市场竞争能力、城配网络的织网能力、运输资源的掌控能力。

（2）全渠道、新零售时代下，核心首先是如何让供应链变得更有效率，因此，共享的供应链平台一定会出现，供应链将趋于整合化和专业化，通过更加集约化、共享化的网络提升效率，未来发展空间很大。

（三）仓运配一体化云平台整体思路

1. 服务对象

三方物流、运输公司、仓储中心、配送中心。

2. 配合对象

品牌商、供应商、司机、终端客户。

3. 发展模式

发展模式如图 4 所示。

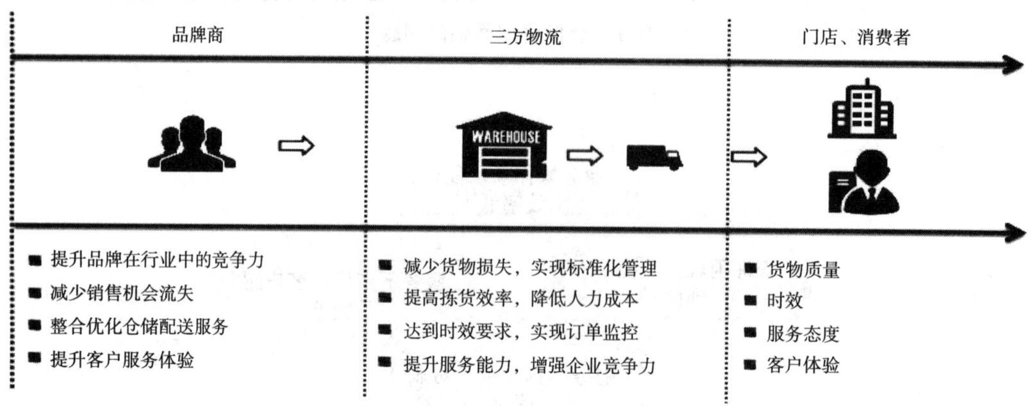

图 4　发展模式示意

4. 分工定位

通过仓运配一体化，实现销售供应链中仓储、配送到客户每个环节的信息流畅，数据准确，流程简单，增强客户体验，提升企业竞争力。分工定位如图 5 所示。

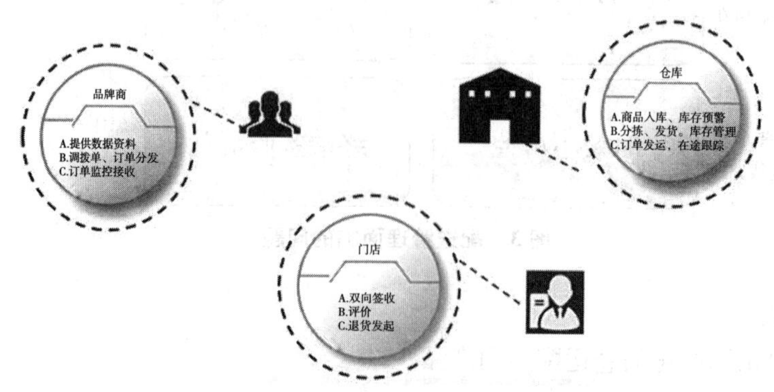

图 5　分工定位示意

（四）产品服务

（1）提供与上下游系统无缝对接，实现数据自动化接收、反馈。

（2）实现仓库精确化管理，实现入库精确、管理严格、出库准确。

（3）可借助硬件设备，提升拣货效率，如：PDA 手持终端、PTL 电子标签拣货。

（4）订单合并运单，实现有效的装车配载，线路规划。

（5）建立车源信息库，实现车辆管理、车辆状态查看。可进行扩展，实现车辆竞价。

（6）车辆在途跟踪，实现轨迹回放，车辆定位。可借助：GPS 定位，安装车载终端等方式。

（7）实现回单管理，供应商结算、中转公司结算、司机结算、利润统计。

四、鼎呱呱仓运配一体化云平台简介

（一）平台架构

平台架构如图 6 所示。

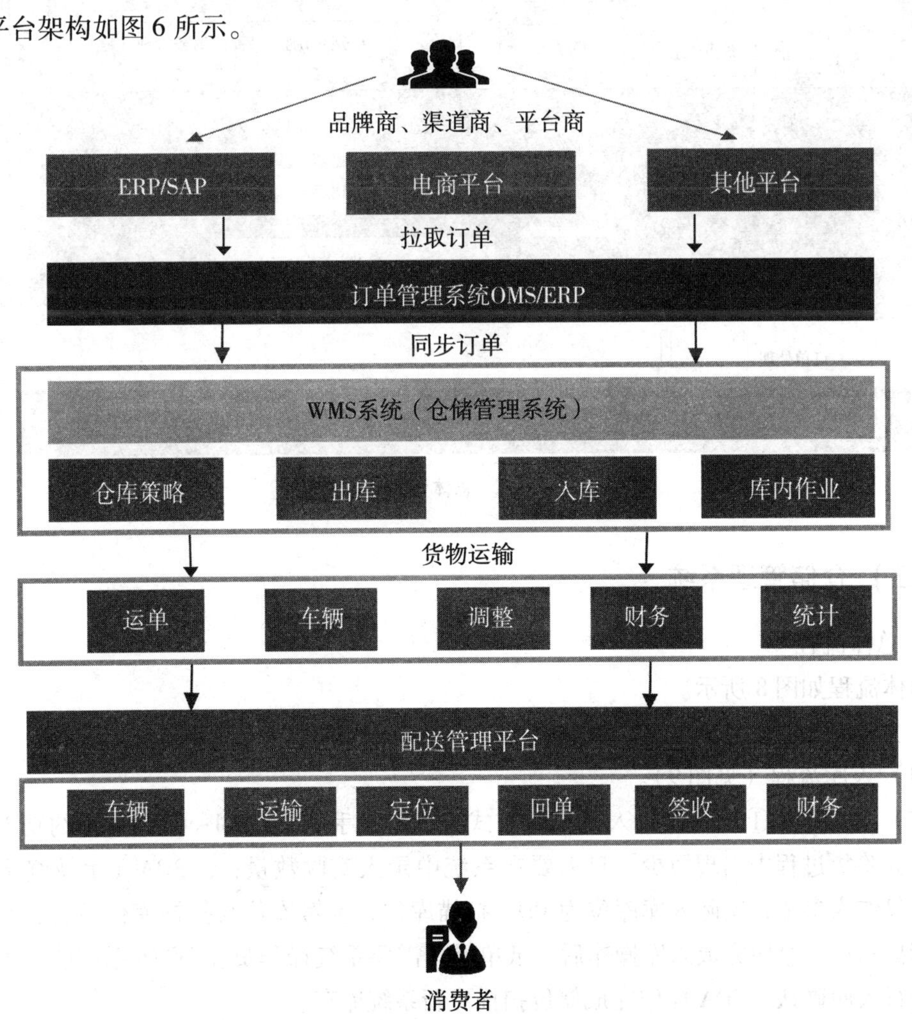

图 6　平台架构

（二）总体设计

总体设计如图7所示。

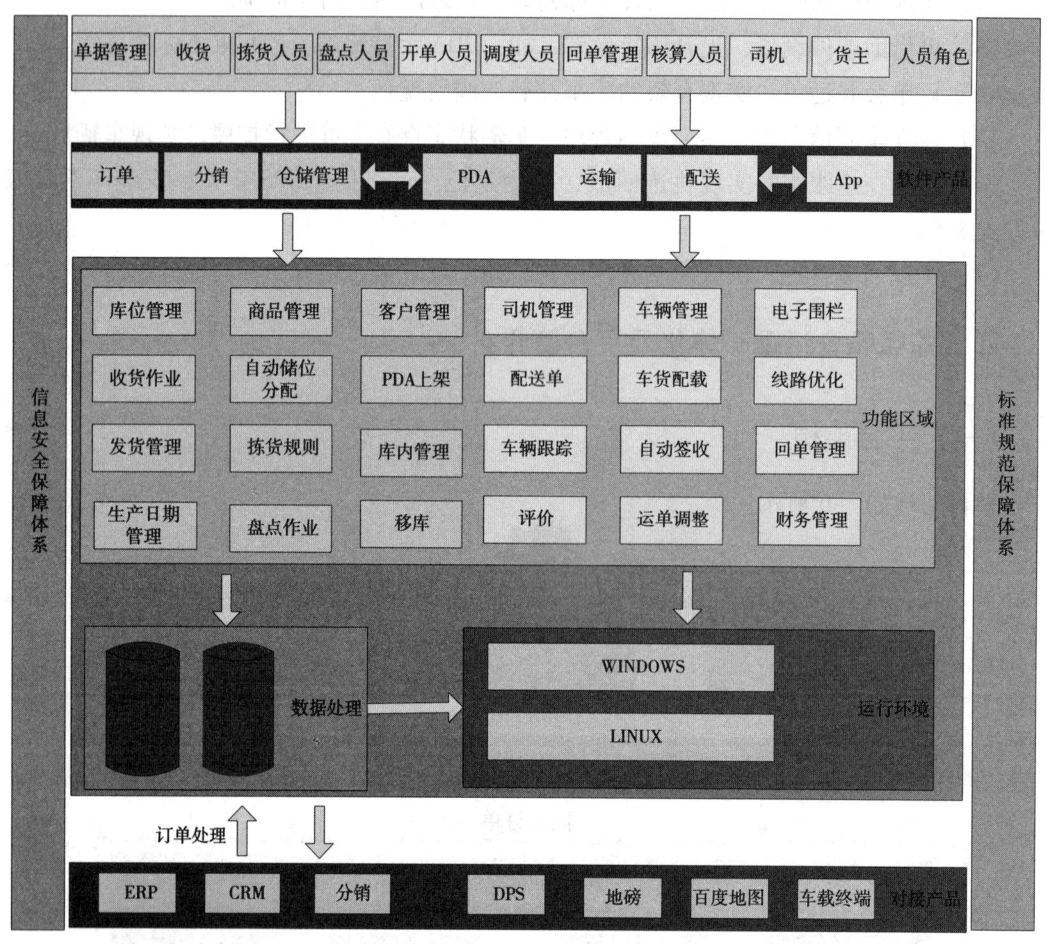

图7 总体设计

（三）仓储管理系统

1. 总体流程

总体流程如图8所示。

2. 入库流程

（1）入库流程（见图9）。

（2）关键点。①系统接收入库单的方式：接口、手工、Excel；②到货预约功能可配置性；③验货过程中出现短少，只需要在系统中录入实收数量；④PDA（手持终端）提示库位仅作为参考，实际入库库位为PDA扫描库位，参考库位与扫描库位不符，系统需要进行提示；⑤仓库完成入库操作后，纸单操作需要系统操作员在WMS系统收货上架功能中进行入库确认，PDA操作完成储位扫描更新系统库存。

纸单收货
入库订单
到货通知
卸货
验收
点货贴标
确认收货
上架
订单入库
PDA收货
入库费用
库存动态
库存查询
冻结
解冻
调整
转移
盘点
订单系统
库存费用
门店下单
发运订单
波次拣货（合并订单）
补货
拣货
复核称重
出货确认
订单出库
出货费用
加工费用

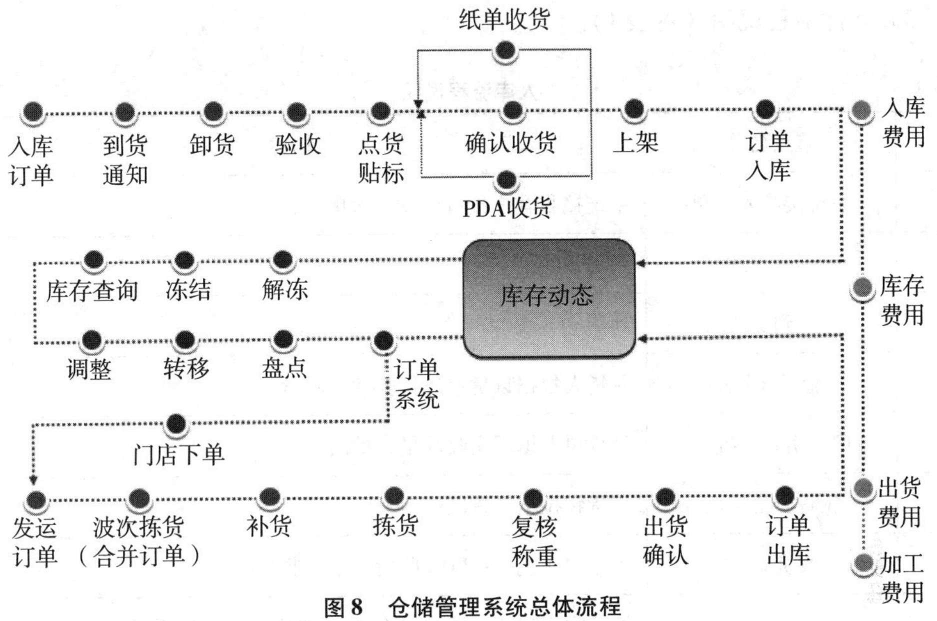

图8　仓储管理系统总体流程

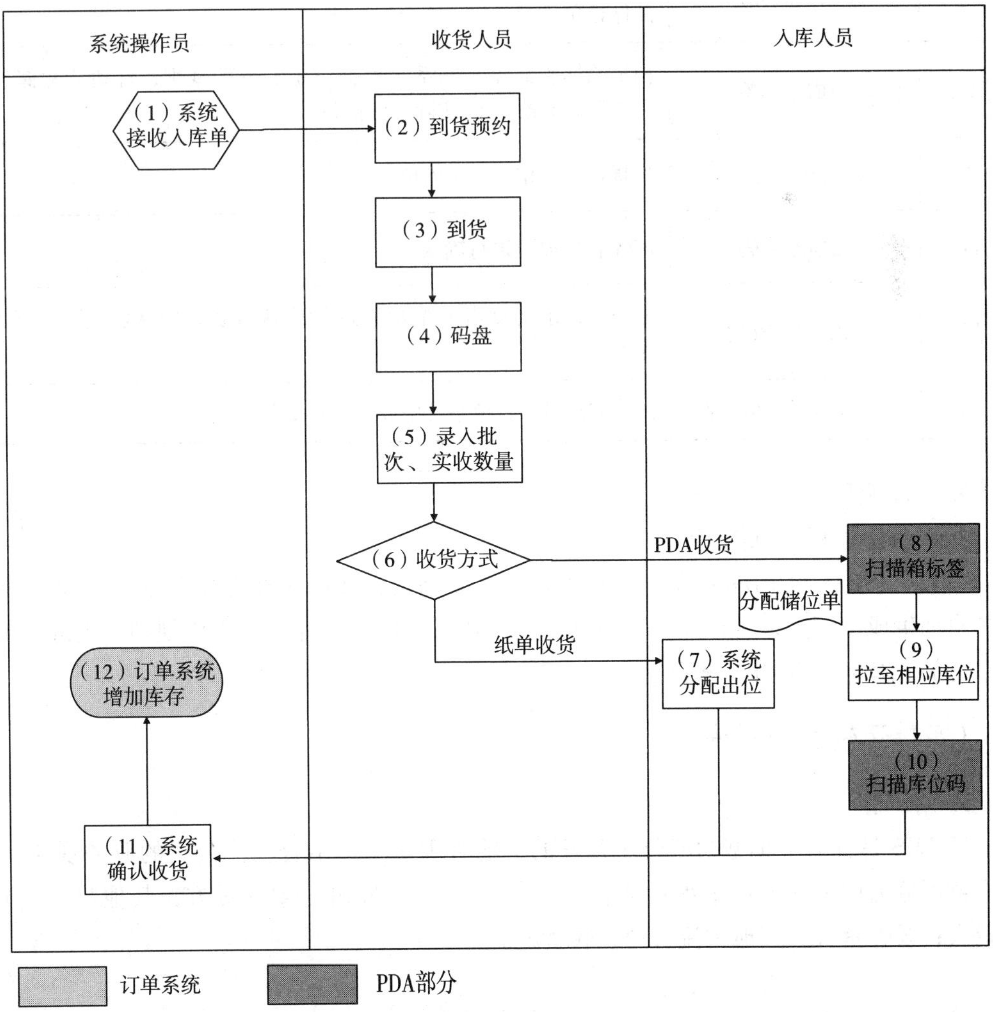

系统操作员
收货人员
入库人员
（1）系统接收入库单
（2）到货预约
（3）到货
（4）码盘
（5）录入批次、实收数量
（6）收货方式
PDA收货
（8）扫描箱标签
分配储位单
纸单收货
（7）系统分配出位
（9）拉至相应库位
（10）扫描库位码
（12）订单系统增加库存
（11）系统确认收货
订单系统
PDA部分

图9　入库流程

（3）入库流程说明（见表1）。

表1　入库流程说明

节点	节点名称	描述
1	系统接收入库单	系统接收客户接口传输入库单
2	到货预约	到货预约
3	到货	到货
4	验货/码盘	收货人根据订货单进行验货、码盘
5	记录实收、批次	订货单上填写实收数量、批次
6	拉货至备货区	将货物拉至备货区
7	收货方式	入库方式包括：PDA 收货、纸单收货
8	系统分配储位	纸单收货默认系统自动分配的储位，可进行手动修改，并打印分配储位单
9	扫描箱标签	扫描箱标签或流水码系统根据设定的分配规则，自动分配储位，可以手动修改 PDA 实际分配储位
10	拉至相应库位	将货物拉至相应指示库位
11	扫描库位码	PDA 扫描库位进行确认
12	系统确认收货	完毕后，系统点击上架功能进行确认收货，确认收货更新系统库存
13	订单系统增加库存	入库完成后，订单系统中商品库存更新

3. 出库流程

（1）出库流程（见图10）。

（2）关键点。①出库方式：PDA 拣货、纸单拣货；②门店在订单系统中下单，根据订单自动生成出库单；③出库流程包括：PDA 出库、纸单出库；④出库规则：先进先出。

（3）出库流程说明（见表2）。

（四）运输管理系统

1. 用户群

云 TMS 是针对中小型物流公司开发的运输管理平台，结合物流公司的业务现状，其用户群可分为以下三类：①承运人，中小型专线物流公司；②发货方，其他物流公司、发货人；③收货方，其他物流公司、收货人。

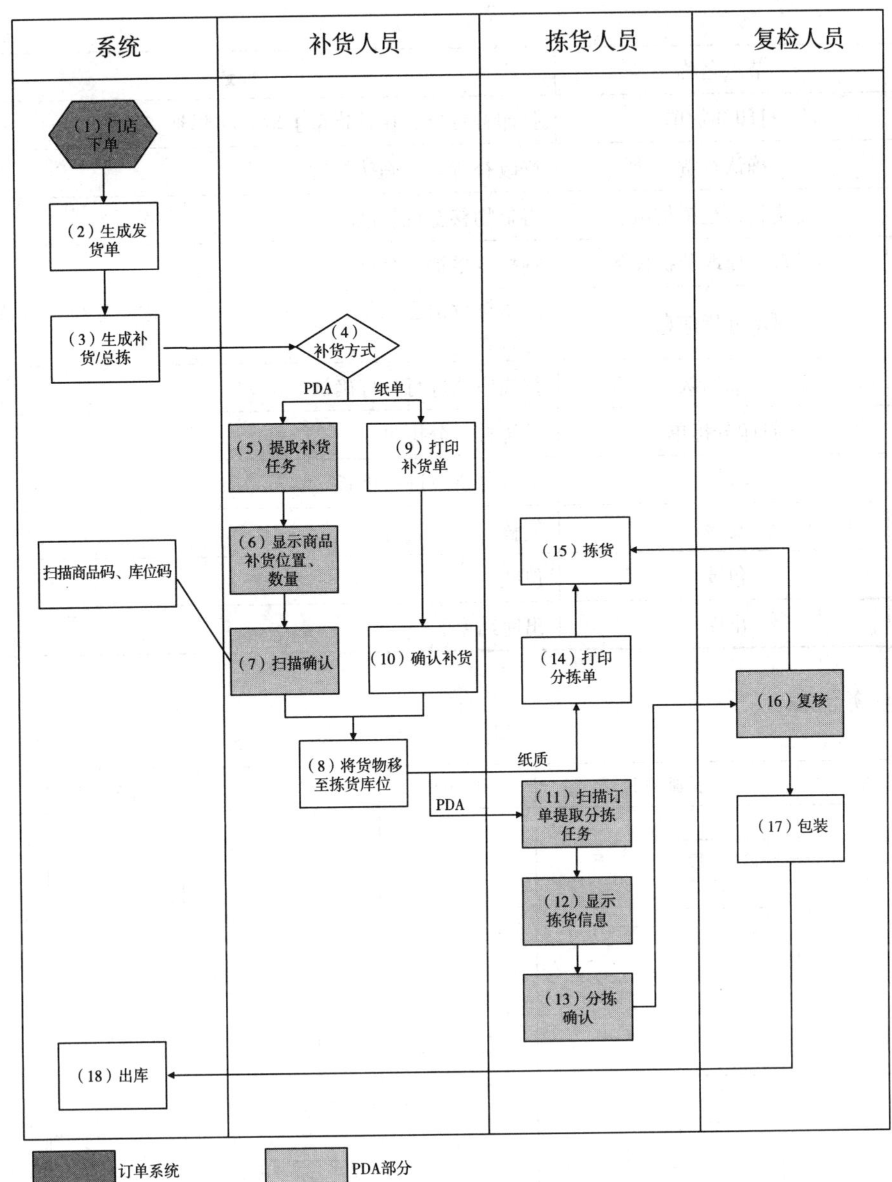

图10　出库流程

表2　出库流程说明

节点	节点名称	描述
1	门店下单	门店通过订单系统进行下单
2	下载出库单	通过接口下载出库单
3	生成补货	根据订单生成补货任务
4	补货方式	纸单、PDA
5	提取补货任务	根据 PDA 指示进行补货
6	显示商品补货位置、数量	PDA 显示商品补货的库位及补货数量，可修改补货数量
7	扫描确认	扫描商品码、流水码、库位码进行确认

续 表

节点	节点名称	描述
8	打印补货单	打印补货单，在补货单上输入实际补货数量
9	确认补货	修改补货单，确认补货
10	将货物移至拣货区	将货物移至拣货区
11	扫描订单提取分拣任务	扫描订单提取分拣任务
12	显示拣货信息	显示拣货信息包括：唯一码、商品名称、库位、分拣筐码、拣货数量
13	分拣确认	扫描库位进行分拣确认
14	打印分拣单	系统打印分拣单
15	分拣	根据分拣单进行拣货
16	复核	复核
17	包装	包装
18	出库	出库结束

2. 业务流程

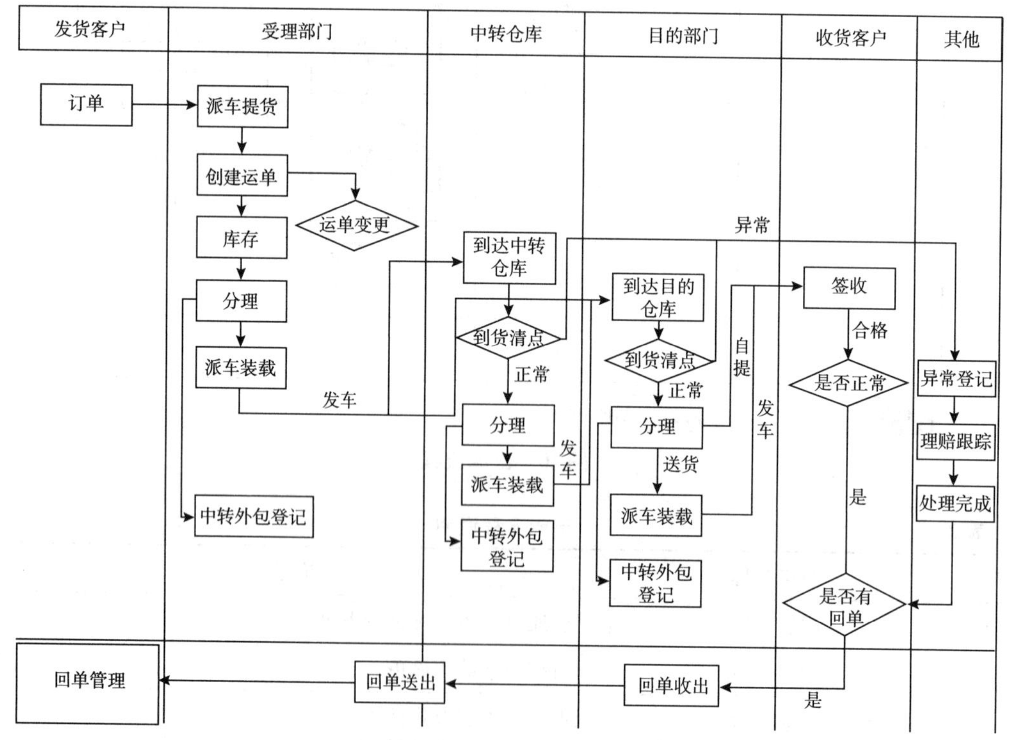

图 11 专线物流公司业务流程

3. 涵盖功能范围

云 TMS 是一款专门为中小型专线物流公司提供运输管理服务的免费产品，满足其基本的业务需求与结算功能，具体参见图 13。

4. 产品功能架构

（1）平台架构（见图 12）。

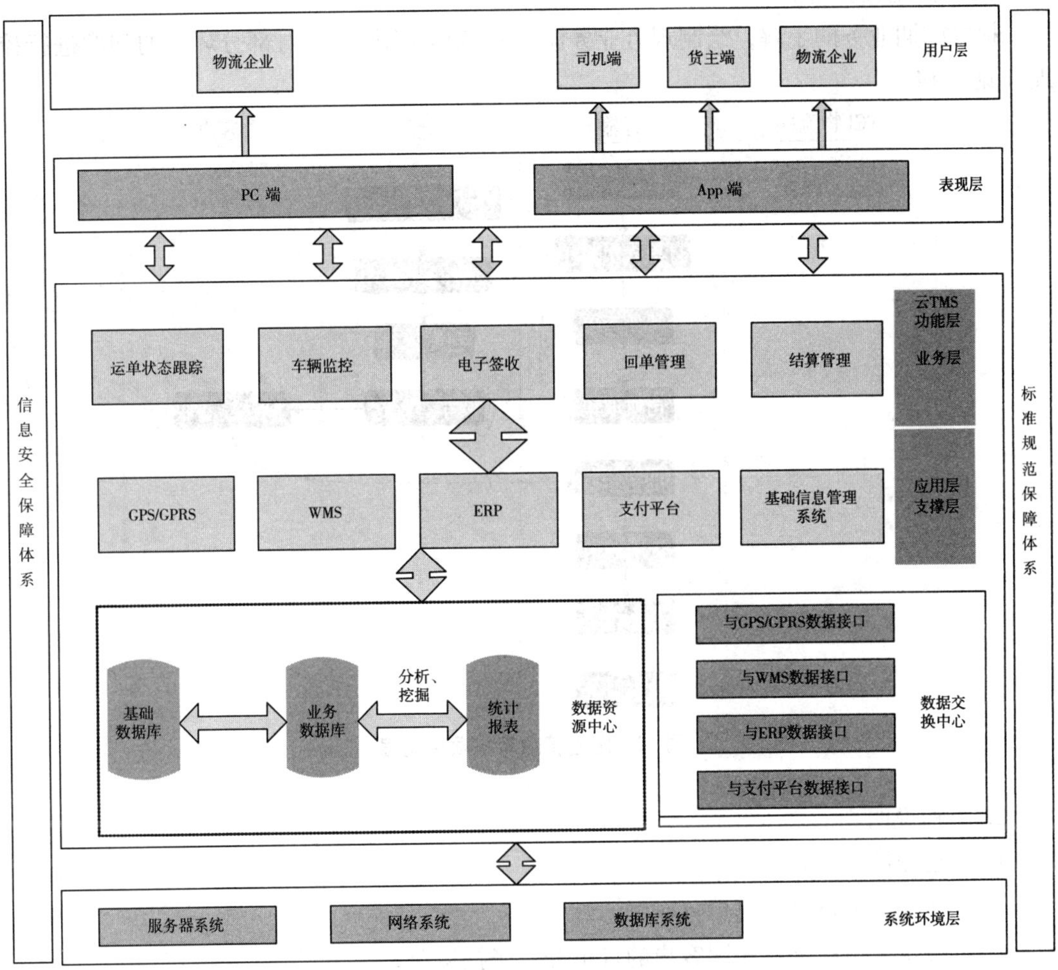

物流企业
司机端
货主端
物流企业
用户层
PC 端
App 端
表现层
运单状态跟踪
车辆监控
电子签收
回单管理
结算管理
云TMS功能层
业务层
GPS/GPRS
WMS
ERP
支付平台
基础信息管理系统
应用层支撑层
基础数据库
业务数据库
分析、挖掘
统计报表
数据资源中心
与GPS/GPRS数据接口
与WMS数据接口
与ERP数据接口
与支付平台数据接口
数据交换中心
服务器系统
网络系统
数据库系统
系统环境层
信息安全保障体系
标准规范保障体系

图 12　云 TMS 平台架构

（2）功能框（见图 13）。

运输平台
系统配置
系统设置
企业资料
用户管理
部门管理
角色管理
基础信息
通知设置
合作资料
网店管理
公司管理
常用联系人
线路管理
车辆管理
目的地管理
订单管理
运单导入
订单管理
运单管理
配载运输
车辆到达
配载查询
中转外包
中转入库
回单收回
到货回单
运单签收
运单调整
运单调整申请
运单调整审核
财务结算
运费结算
代收款结算
回扣结算
司机结算
网店结算
中转结算
统计报表
每日应收应付
发货流水统计
入库费用统计
出库费用统计
中转入库统计
中转出库统计
司机费用统计

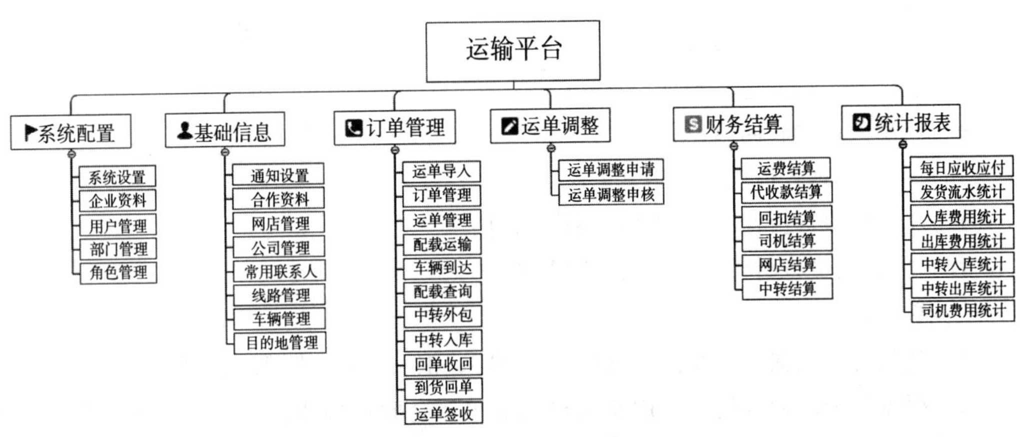

图 13　云 TMS 功能框

（五）配送管理系统

1. 项目流程分析

根据前期业务的了解，绘制现有业务流程（流程说明），并对部分环节的问题进行梳理（见图14）。

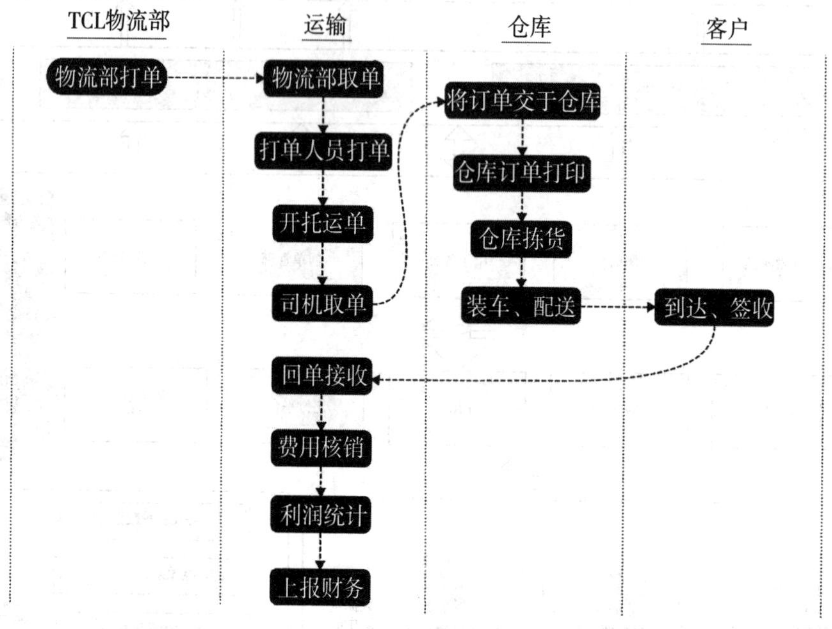

图14 配送管理系统项目流程

2. 流程说明

（1）运输部人员取单；

（2）运输部人员进行订单打印；

（3）开单人员根据将相同客户的订单开一张托运单；

（4）调度联系车辆及司机，司机进行取单；

（5）司机将订单交于仓库；

（6）仓库打印两联订单；

（7）仓库打印拣货单进行拣货；

（8）装车、车辆配送、到达、签收；

（9）回单人员接收回单；

（10）回单管理人员进行费用核销；

（11）核算人员进行收入、支出、利润统计；

（12）核算人员将财务信息上报集团财务。

3. 问题梳理

（1）物流部、运输、仓库都要进行单据打印，浪费纸张、降低工作效率。

（2）根据目前的业务情况，由于司机先取单，仓库再拣货，然后装车，会造成以下几种情况：司机等待打单、等待装车时间过长；车辆排队、堵塞；运输部门工作饱和，作业效率降低；业务人员工作时间不均；回单人员通过 Excel 管理回单，容易混乱；车辆价格不稳定；核算人员通过 Excel 的方式进行费用核算，降低工作效率。

4. 解决方案

解决方案如图 15 所示。

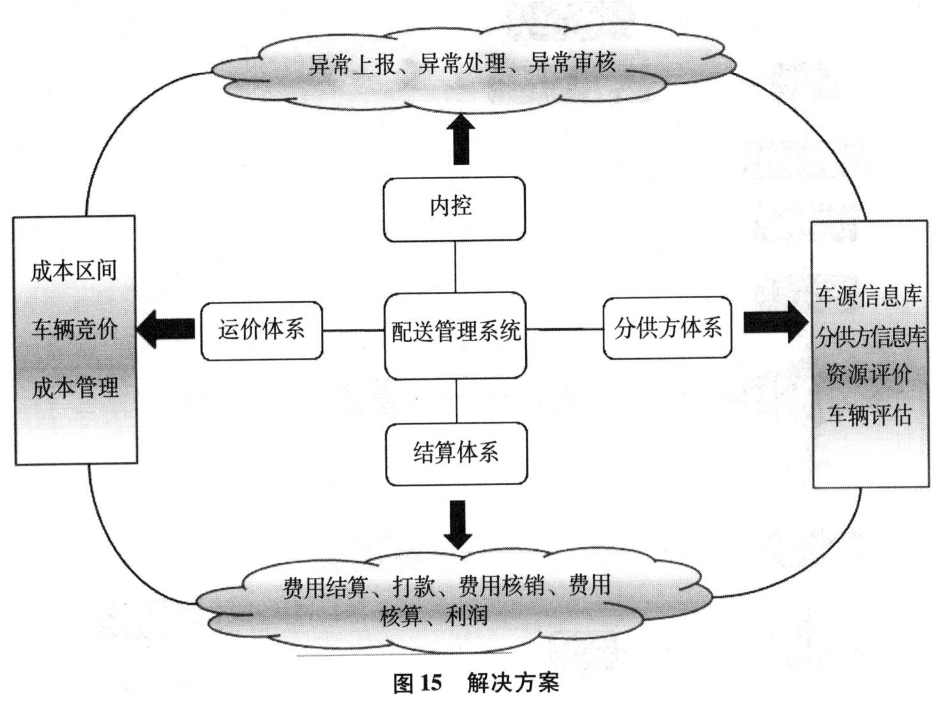

图 15　解决方案

5. 业务流程

(1) 运输流程（见图 16）。

流程介绍如下。

①每个项目部可以通过固定运单格式的 Excel 导入配送管理系统中生成订单明细；

②仓库根据订单信息生成波次拣货单；

③拣货完毕后，包装、复核货物放置待发区域；

④运输部根据客户订单信息进行开单，配送管理系统自动生成托运单；

⑤筛选出当天所有项目部出库单发货单相同的出库单完成货物集拼；

⑥调度人员在调度管理中查看订单信息，系统根据终到位置自动排序，生成承运协议（调度人员录入运费信息不能超过线路设置的运费额度）；

⑦调度人员发布竞价信息；

⑧司机通过 App 端进行运费竞价；

⑨调度人员根据竞价信息筛选配送车辆，确定车辆；

⑩司机取货，进行装车、出库；

⑪配送目的地，客户完成签收，可通过 App 进行签收，也可以通过回访信息实现 PC 端签收；

⑫司机回程，将回单交于回单管理人员；

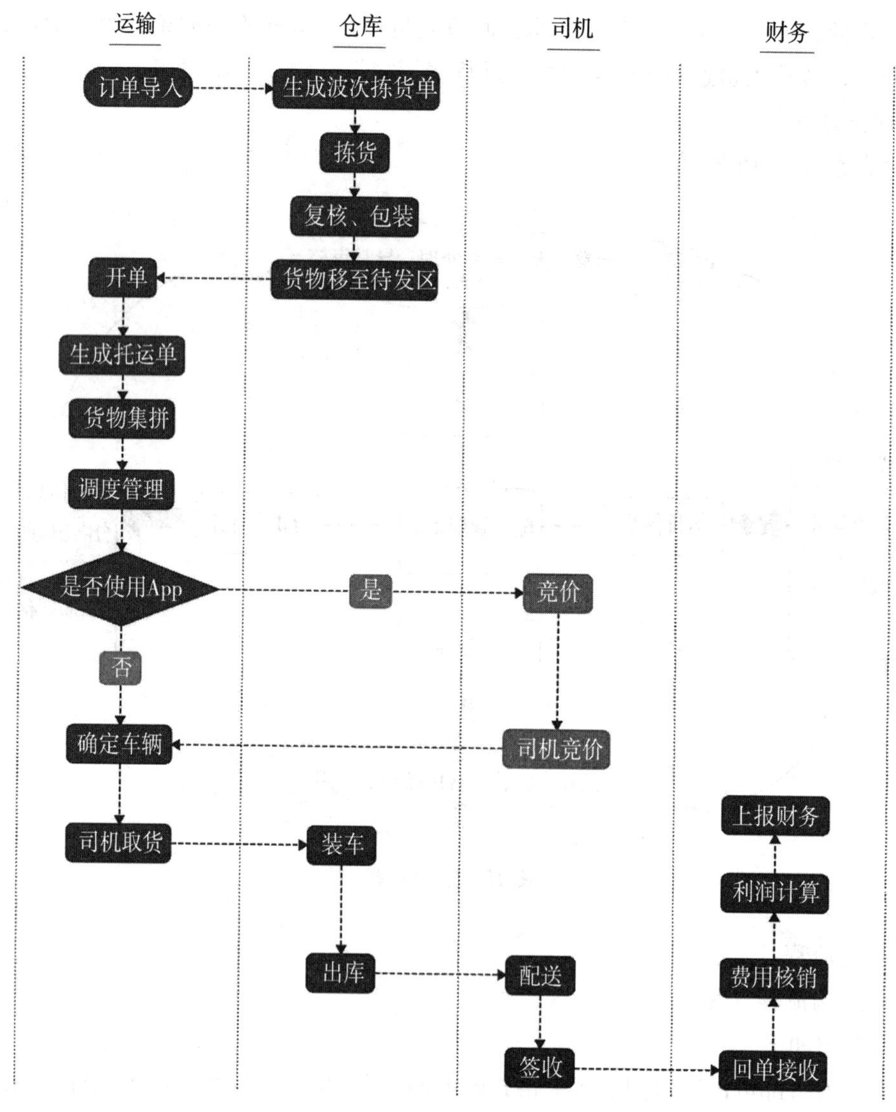

图16　运输流程

⑬回单人员进行回单处理；

⑭核销人员对运费、装卸费等费用进行核销，核销后产生支出费用；

⑮核算人员计算收入；

⑯系统统计利润；

⑰将收入、支出、利润表上报财务。

（2）回单流程（见图17）。

流程说明如下。

①运单签收后产生回单；

②回单由司机带回；

③如果经过中转公司，中转公司接收，中转公司将回单交于回单管理人员，否则司机直接将回单交于回单管理人员；

④如果回单没有问题，回单人员记录后交于物流部，如果存在异常回单，需要在系

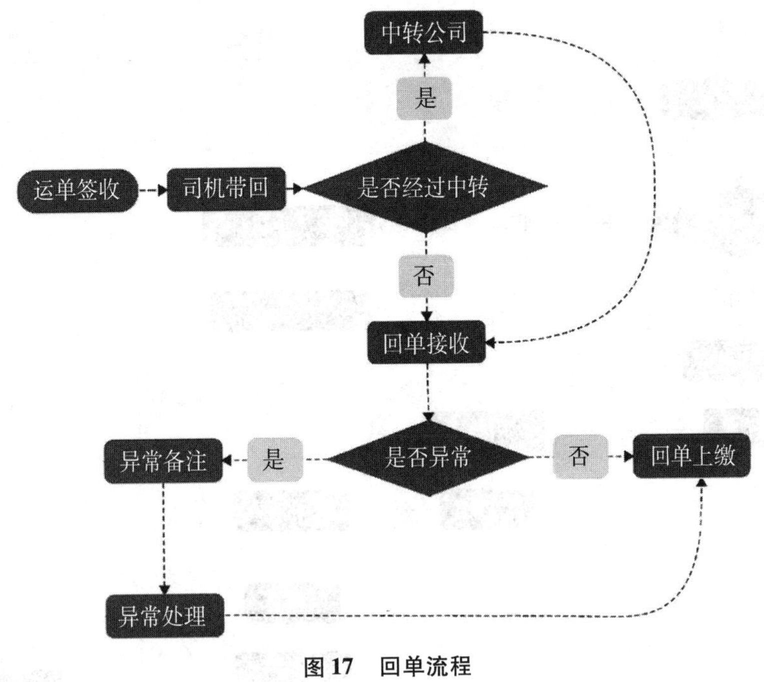

图 17　回单流程

统中进行异常回单的记录；

⑤回单处理；

⑥异常回单处理完毕后，交于物流部。

（3）财务流程（见图 18）。

流程说明如下。

①订单完成运输可以对收入和支出进行核算并统计出利润；

②收入核算通过体积、重量进行核算，最终产生收入报表；

③支出费用主要包括：运费、装卸费、其他费等，根据司机和中转公司的不同，可进行月结、每次结等；

④通过费用结算功能查询出客户结算费用，进行打款；

⑤核销人员进行核销，核算人员进行核算，统计出利润，最后上报财务。

6. 功能框

功能框如图 19 所示。

五、效益分析

（一）整合资源，提升了物流企业仓运配一体化的软实力

（1）通过运输系统整合平台车辆、货物资源，提高车辆装载率和货物到达的及时性。

（2）通过信息化手段，提高物流企业的仓运配一体化水平，规范企业内部管理，提高客户的满意度。

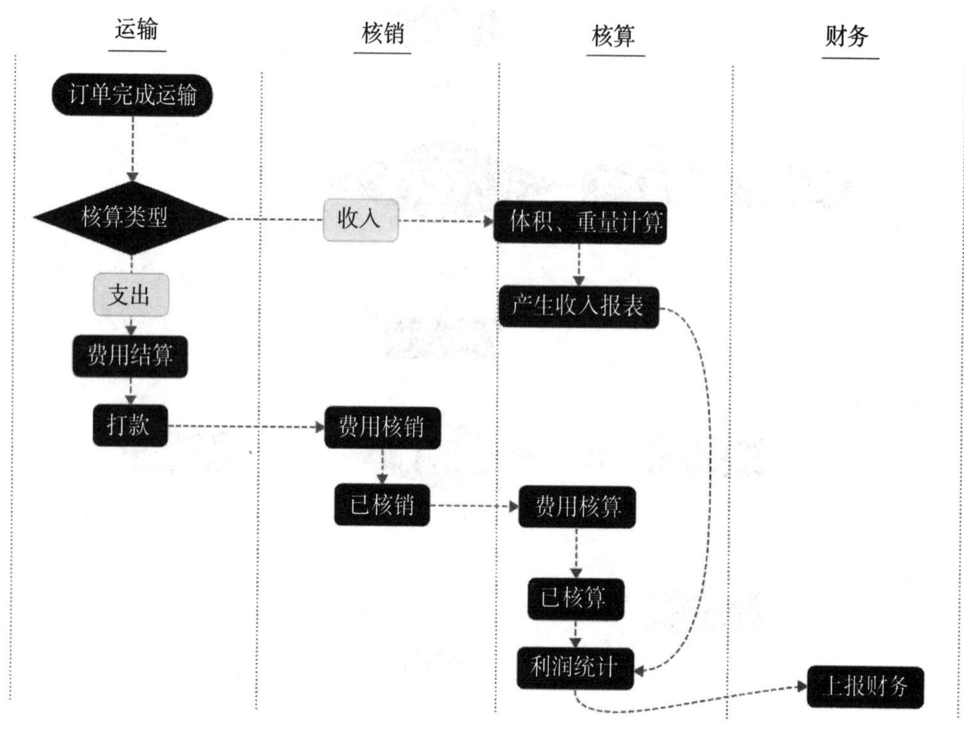

图 18　财务流程

（二）降低物流企业的运营成本

（1）运作成本：企业的人力成本、车辆成本、管理成本都有较大幅度的降低。

（2）信息系统的使用成本：将多套系统的多个功能融合在一套平台里，企业的信息化成本得到极大降低。

（三）提高物流企业运作效率

（1）仓库管理效率：使用信息系统代替手工记账、操作、分拣，排除人员因素导致的仓库管理事务，极大提高了库存周转的准确性，仓库管理效率也会得到极大提升。

（2）运输管理效率：通过信息系统全程记录跟踪车辆在途状态，并进行系统订单调整、回单返回等业务操作，财务对账工作也更为轻松简便。

（3）配送管理系统：最后一公里车辆管控更有效，司机管理更规范，客户签收更真实，回单返回更及时。

（四）客户满意度得到极大提高

出入库管理更规范，错发、漏发风险极大降低；运输过程全程记录，异常问题处理及时；终端配送全程可跟踪，确认签收可管控，这些便利性使终端客户的满意度得到极大提升。

配送系统
系统管理
用户管理
角色管理
部门管理
权限管理
基础信息
客户管理
中转公司
车辆管理
司机管理
线路管理
运输管理
订单导入
运单修改
托运单生成
调度管理
发布竞价
车辆竞价
确定车辆
车辆全程监控
运单签收
自提管理
取消签收
回单管理
车辆评价
竞价记录
异常管理
异常上报
异常审核
财务管理
客户结算
运费核销
装卸费核销
司机结算
费用核算
毛利
运单调整
发票管理
报表分析
运单管理记录
承运信息查询
开票信息查询
费用结算记录

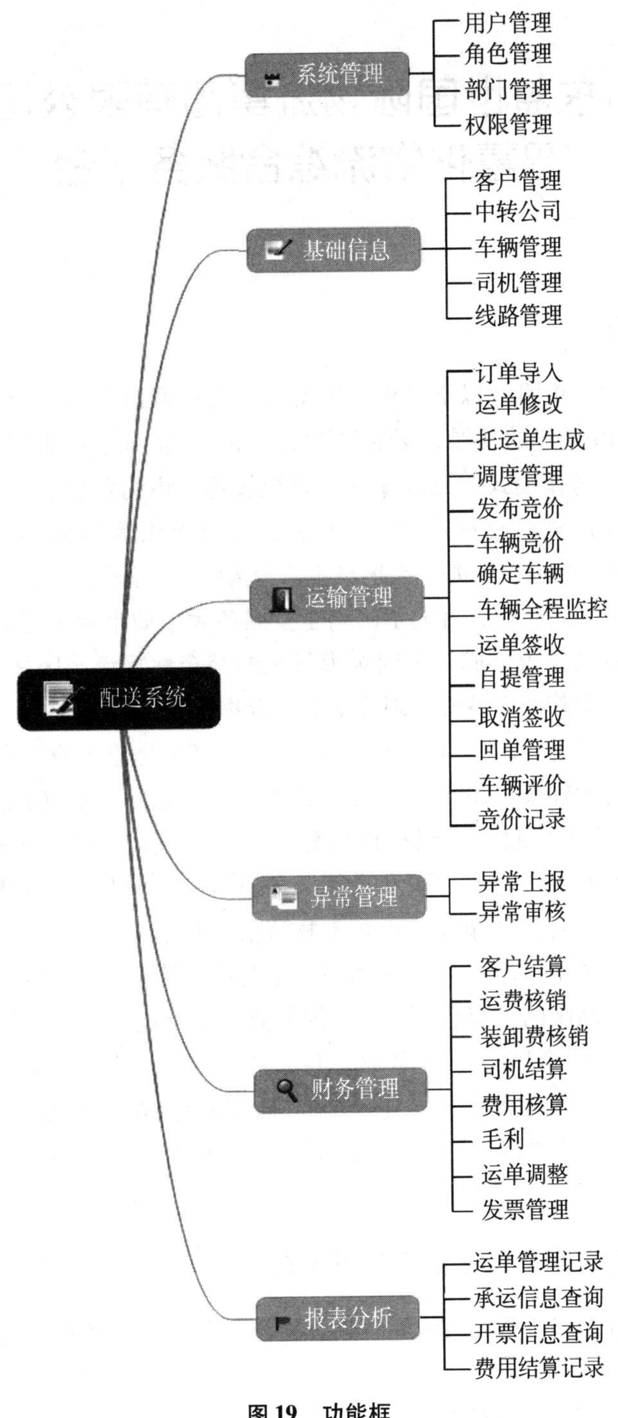

图 19　功能框

山东盖世国际物流集团有限公司：智慧化物流综合服务平台

一、企业简介

山东盖世国际物流集团（以下简称盖世集团）是一家以物流产业为核心的大型综合性企业集团，经过10余年的发展，探索并创立了储运、流通、综合服务三大功能园区互为依托、优势互补的运作模式，充分体现了系统管理、集约发展、整合资源的现代物流管理理念。目前，集团资产总额达到210亿元，占地面积达到7000亩，拥有仓储面积150万平方米，入驻了中远、中海、天地华宇、台湾统一、海尔、海信、国美、苏宁、格力等700多家国内外知名企业，开通了济南至全国各大中城市货运专线1600多条，基本实现全国各省市无盲点覆盖，成为全国规模最大的综合性物流园区之一，同时为济南及周边地区提供了比较完善的区域性、现代化的综合物流服务平台。

在企业发展的历程上，2006年集团一举荣获中国5A物流企业、中国物流百强企业、中国物流示范基地三大殊荣；2007年，集团被省政府认定为“重点服务业企业”和“重点服务业园区”，在山东省政府重点扶持培育的“三大载体”中，占据两大载体；2008年，集团通过了国家五星级仓库评审和仓储服务质量达标验收，同时集团被评为山东省服务名牌、山东省消费者满意单位、山东省物流信息化示范单位，成为实现了由行业品牌向社会公众品牌的转型；2009年，集团被认定为中国物流产学研基地，成为山东省唯一一家拥有四项国家品牌的物流企业。在全国低温仓储行业排名中，集团打造的20万吨冷链物流平台项目名列全国行业排名第一位，成为全国食品冷链物流定点联系企业；2010年，集团被评为中国物流杰出企业，全国先进物流企业，成为中国物流与采购联合会副会长单位；2015年，“盖世”荣获驰名商标；2016年，山东盖家沟国际物流园区荣获国家示范物流园区。

二、企业在实施信息化之前存在的问题

盖世集团在进行物流智慧化系统平台建设之前，存在一些经营、管理等方面的问题，主要表现在以下方面。

1. 基础信息资源未实现全园共享

盖世物流园区各园区各业务部门没有统一的数据中心，部门在各业务部门间互通互联共享信息无法更好地实现对客户的服务，提高工作效率，降低工作成本。园区智慧化系统上线之前，盖世物流园区对这些基础信息还停留在纸质化的阶段。由于客户群巨大，而基础数据未实现全面的信息化，未实现全园的共享，这给工作人员的工作带来了很大的不便。

2. 对信息化建设的重要性和作用认识不足

在信息化建设方面不理解、不支持，有些部门不清楚如何实现信息化，有些部门对信息化所产生的经济效益以及对企业自身发展的重要性缺乏足够的认识，有些部门对信息化所必需的投入心存疑惑等，没有真正把信息化建设放到集团战略层次来考虑，不知道信息化能给企业带来的益处。

3. 没有信息化顶层的架构设计，信息孤岛间数据无法整合

集团企业信息化是将现代的信息技术与管理理念相结合的形式，转变为能够统筹管理企业所有信息的现代科学技术，在一个系统中实现企业全视图管理，从而实现高效地管理企业，而集团信息化发展现状却向相反的方向发展，没有成为一个整体平台，目前的现状是：集团各园区各部门在信息化和系统建设方面都存在各自为政的局面，每个部门都想独立发展自己的信息化。没有统一的规划，无法建立统一的平台，没有顶层设计架构因此产生了很多问题造成了数据间的隔阂。

4. 公司没有建立集团信息化管理委员会或信息化领导小组

需设立专职的组织来共同管控集团信息化发展和建设。一个企业的信息中心是企业决策的信息化支持部门、企业运营的信息化工具支持部门、企业流程优化管理改进的信息化支持部门，它本应起到主导实施企业信息化的规划和编制和实施的作用，信息化建设本身就是一把手工程，它能够推动企业快速发展，绝不能只局限在信息化软件的开发和硬件的部署上。

三、信息化进程，实施中遇到的主要困难、问题、解决措施

（一）总体设计

从盖世集团物流园区发展战略出发，结合本园区实际情况，智慧化物流园区的总体设计如图 1 所示。

1. 全面感知，信息采集

以基础设施建设为基础，全面感知园区办公、物业服务、产业服务、生活服务、生态环保、产业发展等重要信息资源，实现全面的信息资源采集与整理。

2. 建立智慧化物流园区信息资源库

制定并形成符合智慧化物流园区特色的园区服务整体建设与运营的标准规范体系建设；以此为指导，实现智慧化物流园区服务信息资源库建设，为智慧化物流园区服务信息化建设提供全面的数据服务。

3. 应用支撑平台

依托“核高基”中间件技术成果，为智慧化物流园区服务构建应用支撑平台，涵盖基础运行平台、海量数据支撑平台、物联感知服务、信息整合服务、业务协同服务、门户展示服务、应用开发平台、统一管理平台等。

4. 业务应用与服务

智慧化物流园区应用与服务主要有智慧办公系统、智慧物业系统、产业服务系统、生活服务系统、生态环保系统、产业发展服务系统等。

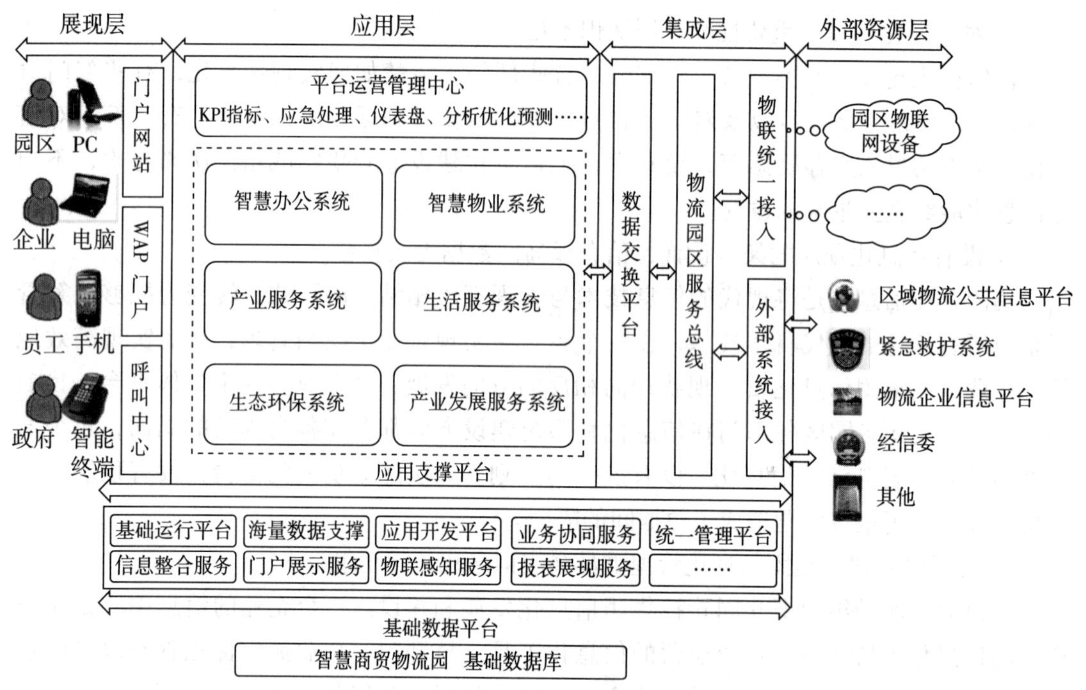

图1 智慧化物流园区总体设计

同时，建立起智慧化物流园区运营管理中心，为相关管理与决策者提供KPI指标、仪表盘以及分析预测优化等相关服务。

5. 丰富便捷的多服务渠道

构建起丰富便捷的多服务渠道，更好为园区管理、入驻企业、员工以及社会公众等提供相关服务，主要包括门户网站、WAP门户以及呼叫中心等。

（二）主要建设内容

盖世智慧化物流园区的主要建设内容包括：信息基础设施优化、智慧办公系统、智慧物业系统、产业服务系统、生活服务系统、生态环保系统、产业发展服务系统等。

1. 信息基础设施优化

按照统一规划、适度超前、集约建设、资源共享、规范管理的原则，开展智慧园区信息基础设施建设，增强信息网络综合承载能力和信息通信集聚辐射能力，提升信息基础设施硬件服务能力和综合服务水平。建设光纤宽带网络和下一代广播电视网（NGB），实现“千兆进楼宇、百兆进桌面”，满足园区信息通信服务需求。实现移动通信网络4G园区深度覆盖，保障通信质量，提供稳定优质服务。实现公共区域及重点场所的无线局域网（WLAN）全覆盖。自建数据中心（IDC），设置集约化信息通信机房，汇集光缆、传输、无线宏站、室内覆盖设备等，并按需配置话音、数据业务节点。

2. 智慧办公综合服务系统

智慧办公综合服务系统的建设主要是深化园区行政办公、经营管理、招商服务等方面的信息化集成应用，满足资源共享、人员协作、灵活决策和即时办公等工作需求，提高园区协同办公能力、决策智能化水平和招商服务效能。综合信息门户依托公共数据中心，汇集园区简介、企业宣传、项目招商、政策法规、产业资讯、活动通知、生活服务等各类可公开信息，集中统一发布。支持可公开信息网站、短信、WAP（无线应用协议）、微信等跨平台发布，支持特定对象分类信息的智能推送。信息门户将作为一个应用框架，将盖世物流园区所有的应用和数据集成到一起，并以统一的用户界面提供给用户，快速建立了部门之间或用户之间的信息通道。为园区用户提供办公的统一窗口和统一的入口界面，并且统一登录、统一身份认证等，简化进入各信息系统的操作。

办公管理系统应建设或共享使用经济运行、地理信息（GIS）、建筑信息模型（BIM）、法人库、信用库等园区基础数据库。建立电子文档管理制度，实现园区规章制度、电子期刊、业务资源等的共享使用。应用数据挖掘技术，分类整合园区信息资源，实现"一站式"信息展现、经济运行监测和辅助决策。

招商管理系统能够提供智能招商、全过程跟踪及智能管理等功能，具体包括准入评估、产业链招商、全过程跟踪、资源现状、趋势预判、数据统计。

3. 智慧物业综合服务系统

智慧物业综合服务系统的建设主要是深化园区物业管理、安防管理、交通管理等方面的信息化集成应用，满足设施服务、安防联动、车路管理等工作需求，提高园区物业服务水平、安防保障能力和车路智能化管理水平。

（1）物业管理。

物业管理系统利用物联网技术，实现对园区监控、能源、照明、空调等重点物业设施的实时感知，根据设施状态主动提供物业服务；在线受理服务申请，自动分配作业任务；实时跟踪服务状态，及时获取用户反馈；资源管理子系统能够对物资、人员等资源进行动态调度，实现资源服务需求预测和存量预警。

资源管理子系统主要是针对物流园区内的资源，包括人员、部分资产（叉车、车辆、堆垛位等）以及挂靠或租赁来的资源进行管理的系统，主要包括资源信息的维护、资源信息的模拟、资源信息状态以及资源的动态分配。

资源管理系统总的功能示意如图2所示。

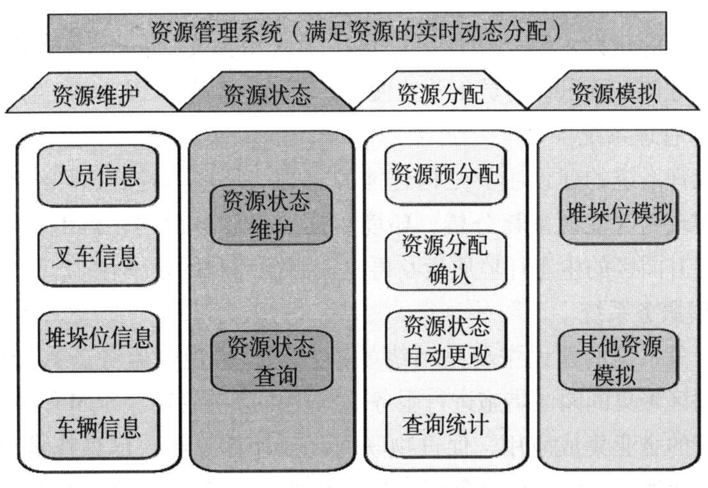

图2 资源管理系统功能示意

资源管理系统的功能主要包括资源维护、资源状态、资源分配以及资源模拟等方面。主要功能描述如下：

①资源维护。资源维护是对所有需要管理的资源提供增加、删除、修改以及查询的功能。需要管理与维护的资源包括人员信息、叉车信息、堆垛位信息以及车辆信息等信息。

②资源状态。资源状态部分主要包括资源状态维护及资源状态查询两个功能。资源状态是资源管理系统的前提与基础，因此资源状态的管理与维护非常重要。

③资源分配。资源管理系统的目的就是为了达到有效资源的动态调配。因此资源分配是资源管理系统的核心。主要包括资源预分配、资源分配确认、资源状态自动更新以及查询统计等主要功能。

④资源模拟。资源模拟主要是为了更加形象地展示资源目前的状态等，为了更加有效地进行资源的动态分配管理。随着信息化程度的逐渐深入，可针对堆垛位进行模拟，展示堆垛位的三维立体空间模拟图，可以多视角查看堆垛位的状态等；还可对其他资源进行模拟等。

（2）安防管理。

安防管理系统提供指挥中心、智能监控、智能巡更以及公共广播等应用与服务功能。

（3）交通管理。

交通管理系统实现实时获取园区停车位信息，通过公共广播系统动态展示；支持停车位在线查询、预订、付费等；支持基于近场通信（NFC）、位置服务（LBS）、室内导航等技术的智能寻车。通过使用道路诱导、信号控制、实时交通信息推送等信息化手段实现智能道路管理；支持出租车、班车、工程车辆等的智能调度。

4. 产业服务平台

产业服务平台的建设主要是紧密围绕园区企业及产业发展需求，以基于云计算的公共服务信息平台为载体，实现园区内外信息资源、专业服务等的平台集聚，提升园区企业的综合竞争能力，推动产业集群、产业链企业之间的分工协作。

5. 生活服务系统

生活服务系统的建设主要是构建以信息技术应用为支撑的园区员工生活服务体系，提供各类生活服务信息资讯，为员工营造便捷、舒适、高效、安全的工作生活环境。

6. 生态环保管理系统

生态环保管理系统的建设主要是构建能源管理、环境监控、循环经济等方面的信息化集成应用，实现园区能源消耗分析、环境数据采集监测评估、再生资源供需交易对接等环保需求，提升园区的生态环境质量及再生资源循环利用效率。

7. 产业发展服务系统

产业发展服务系统的建设主要是围绕鼓励物流园区现代服务新兴产业、休闲娱乐、生活消费等向园区聚集的园区措施进行服务。深化供应链管理（SCM）、商业智能（BI）、合同信息查询等的企业集成应用，促进物联网、云计算等新兴信息技术和工业机器人等先进制造技术在化物流园区的融合创新。提供行业 SaaS 服务，主要包括：物流通、配货通、联盟车库、车管家、诚信通、企业内部管控系统，以此提升物流园区企业信息化应用水平。推进用户参与协同创新、企业协同网络制造等基于互联网的新型模式发展。推动基于产品智能化的在线维护、在线增值服务、诚信等级查询、三证查验等产品服务一体化信息系统建设。促进网络制造、异业联盟、平台经济等新经济业态发展。

8. 与智慧园区云服务体系对接

遵从全省统一规划的战略部署，盖世智慧化物流园区系统不是一个孤立的工程，将作为我省智慧城市建设的重要组成部分。盖世智慧化物流园区系统的公共技术支撑平台，以国家自主知识产权的核高基中间件产品进行搭建，具有融合、开放、协同等特点，可扩展性好，可快速支撑盖世智慧化物流园业务应用服务的成长。借助此公共技术支撑平台可快速融合其他已有信息化建设系统与其他厂商的提供的关于智慧化的相关应用与服务产品，面向物流园区相关方提供全方位的服务。同时，依据盖世智慧化物流园，借助统一的公共技术支撑平台以及数据交换平台，形成完备的智慧化物流园区服务体系。盖世智慧化物流园区系统作为我省智慧化物流云服务平台的重要组成部分，可与省、市等智慧化物流云服务平台等形成信息共享与数据共用，为我省智慧化物流云服务平台建设乃至整个山东省智慧物流云服务体系做出积极的努力与贡献。

（三）信息化进程实施中遇到的主要困难、问题与解决措施

1. 关键技术

物流智慧化园区建设涉及众多的关键技术，如数据交换技术应用、云计算技术、物联网技术等。要想高质量、高效率地建设智慧化园区，需要熟练应用上述关键技术，充分发挥各技术的优势，有机组合，为智慧化化园区服务。盖世集团与省内各类高校建立了长期战略合作伙伴关系，强强联合，由专业软件开发咨询公司提供盖世集团物流智慧化园区的信息化咨询、规划、建设实施与后期维护。

2. 信息化顶层架构标准制定

作为面向园区内外提供服务的智慧化物流园区，集团内部没有确立统一的数据标准和顶层架构，在信息化建设过程中面临的标准混杂的问题。对于物流行业标准混杂的问题，盖世集团一方面参照国家标准、省市级标准以及行业标准进行综合考虑，实现标准规范制定；另一方面积极在集团内部确立顶层的架构和统一的数据库标准解决项目实施遇到的问题。

四、信息化主要收益与评估

1. 信息化实施前后的效益指标对比、分析

项目总投资1350万元，收入约2800万元，其中物流咨询费200万元，物流信息收入600万元，会员及财务收入1800万元，其他收入200万元。社会效益分析：该智慧化物流园区项目的构建有助于提高盖世物流集团第三方物流市场占有率，提高物流园区综合竞争力。通过智慧化物流园区项目的实施，将促进企业管理水平的全面提升，推动盖世集团实现“十三五”时期规划目标，快速进入全国行业前列，实现企业核心竞争力较大飞跃。根据盖世集团发展现状，利用当今先进的信息化技术，进行物流园区管理一体化信息系统建设的总体规划与建设实施。

2. 信息化实施对企业业务流程改造与竞争模式的影响

据山东盖世国际物流集团园区发展现状和未来10～20年的发展战略，并紧密结合山东省整体经济发展规划及物流产业发展要求，利用当今先进的信息化技术，进行物流园区管理一体化信息系统建设的总体规划与建设实施。项目投入使用后可以达到以下效果：①提升管理水平、降低物流成本，提高园区综合竞争力；②支撑战略发展与业务扩张；③吸引更多的优质客户；④实现信息化网络管理，通过信息化管理能够及时搜索经营系统、直到终端市场情况信息。了解市场动态，通过信息指导调整经营部署，实现以市场需要、生产保障、经销供给的信息化经营网络体系通过信息化管理提高经营效率。

3. 信息化实施对提高企业竞争力的作用

（1）信息化建设可以促使物流成本减少。

实施信息化后，可自觉运用智能规划理论和方法，实现物流管理和决策作业与活动的最优化、智能化，可以最合理地利用有限的资源，以最小的消耗，取得最大的经济效益。

（2）信息化促使物流流程重组。

借助信息化发展的巨大成果，梳理、优化、重组物流业务流程，使物流系统再升华，物流运作更加合理化、高效化、现代化，使物流时间、空间范围更加扩展。

（3）信息化促进物流的标准化。

以信息化建设为契机，实现业务流程标准化，信息流标准化以及文件格式的标准化。

（4）信息化促使园区提高竞争力。

通过信息化建设，注重资源整合，提高物流整体的运作效率，提高园区的信息管理能力和信息技术水平，达到对市场的快速反应，为客户提供高效率、高水平的服务。

4. 信息化实施过程中的主要体会、经验与教训

通过智慧化物流系统平台的建设，实现更透彻的感知、更全面的互联、更深入的智能化，通过系统平台来引导、带动园区发展，并实现物流、金融、商贸、加工和信息五大产业在园区内的协调发展，创新物流产业发展模式、再造物流新体系，真正实现物流园区的智能化、人性化、机械化、信息化和前瞻性。在扎实做好项目的建设规划及建设实施的同时，要注重物流领域诚信体系的打造，为物流行业发展提供良好的市场秩序。总之，智慧化物流园区能够基于项目为集团及集团客户提供有效支撑是盖世追求的目标，而且项目的功能应用、运营模式等方面还需要更多的多方面的人才进行积极参与探索，结合社会实际需求不断改进，才能在提高物流行业信息化水平等方面发挥最大的作用。

5. 系统下一步的改进方案、设想，以及对物流信息化的建议

（1）下一步方案的改进。

继续完善平台的功能模块建设，整合集团原有的资源将集团所有系统建设在云服务管理之内，以此为基础打通数据接口及功能，集中展现企业所有子系统或功能模块，计划增加完善采购模块与京东、天猫合作打造集团内部购物商场各物流企业和集团各部门发起申请后，由合作商直接送货至客户手中，上午订下午即到，统一结算、统一配送利用合作商全网的优势快速实现甚至可以不用库存，不仅大大节省入驻物流企业和集团的采购时间、人力、物力，而且商品价格透明、公平。

（2）物流信息化的建议。

第一，强化物流信息化人才培养。加强高校培养物流信息化人才力度，强化现代物流学科建设，完善物流信息化人才的培养体系，培养更多高质量的物流信息化人才。拓宽教育培训渠道，鼓励行业协会、物流企业开展多方面、多层次的教育培训，结合职业教育、职业培训、对外交流，着力培养既掌握物流知识又通晓信息技术的复合型人才，以满足物流企业对信息化人才的需要。

第二，制定统一的物流信息标准。应当协同合作尽快制定出一套涵盖业务范围广、信息量大的物流信息标准。物流企业信息化建设在同一套信息标准下进行会大大提高物流信息化的效率。

第三，加大物流信息化投入。各级政府要制定相关政策，支持物流信息化发展，引导鼓励企业加大信息化改造力度。加大政府对信息化的引导性投入，加强对公益性、基础性、战略性的重大物流信息化工程项目的支持。科技三项经费、国债贴息项目、信息产业专项等要向物流信息技术改造项目倾斜，多渠道、多形式地争取国家关键项目的扶持资金。同时，在确保国家安全的前提下，按照“谁投资、谁受益”的原则，广泛吸收社会资本，发展多元投资主体，多渠道增加对物流信息化的投入。

山东京博物流股份有限公司：京博云商平台

一、企业简介

2002年，一个以危化品物流为核心的第三方物流企业，京博物流的前身应运而生。经过10多年的积累与沉淀，奠定了现在山东京博物流股份有限公司经营布局的坚实基础，在“转方式、调结构、创新发展”的探索实践中，形成了集铁路货运、公路汽运、海上运输、港口储运及电商物流、金融供应链物流、外贸物流、汽车后市场于一体，服务制造业的现代物流企业。公司下设浙江京博汇通物流有限公司、山东京博云商物流有限公司、黄河三角洲滨南物流有限公司、滨州京博检测有限公司四个全资子公司，控股龙口京港油品储运有限公司，参股寿光龙海油品仓储有限公司，主要服务于石油化工、粮油加工、板材加工、热电煤炭、制浆造纸等制造业企业。公司于2015年12月2日正式登陆新三板资本市场，证券代码834616，并于2016年6月27日正式进入首批新三板创新层企业名单。

二、企业在实施信息化之前存在的问题

MRO（维护、维修、运行）市场的特点分散，采购品种多、单个品种数量少、采购频次相对较低，采购金额虽需求变化，采购管理要求高等。中国MRO市场从业企业众多，国内主要集中在经销商层面居多，仅仅是简单地为客户提供商品服务，不包括售后服务以及金融服务，客户在产品选择、售后服务方面满意度不高，从而出现了客户选择时受限于服务半径和售后服务质量，由于小型经销商无法提供对备品备件集中运营，造成相同客户采购不必要的大量商品，造成闲置浪费。而外资企业的服务对象大多为国内大中型企业，对于企业而言，品牌质量有保障但价格较高，物流成本高，外资企业不提供备品备件的集中运营，浪费问题仍无法解决，且服务对象不包括中小企业等。

目前，公司采用传统业态为主的经营模式，现阶段工业用品流通体系尚不完善，公司物流多元化发展造成了影响。

1. 在信息技术方面

公司没有管理信息系统和营销系统问题同时存在。在互联网的冲击下，新型渠道的出现，其他成熟的工业品电商追求展示、销售、服务、备件、电商等多功能一体化，来满足客户多元化服务的需要。因此，公司MRO综合服务迫切需要有创新营销渠道和管理信息系统作为引擎，为上游做好营销服务，为下游做好供应商管理和采购管理服务。

2. 在采购成本方面

采购上，单用户或经销商分散采购，不能形成有效的订单汇总、集中采购，采购成

本大；配送上，经销商送货或者客户自理，没有形成物流中心，物流配送成本大；规模上，分散经营，没有大型仓储集中配货，管理成本大。

3. 在产品服务方面

各种供应链资源未得到有效整合，没有形成采购、运输、展销、仓储、供应、金融服务等一站式服务，尽管公司与多家供应商建立了稳定的战略合作关系，但市场占有率低，所提供的产品线数量少且单一，产品品种较少。

4. 在售后服务方面

在物流园区没有建立维修超市，生产和办公用设备及其他固定资产的维护不足，缺乏维修计划，分析和发掘历史数据的能力不强。企业采购需求预测工作不到位，导致库存不足或采购不及时，意外损失太多，增加了企业成本，降低了企业利润。

5. 在人才建设方面

京博物流积累了丰厚的商户资源，作为服务第三方开展了多年实践，线下业务体系已较为清晰流畅，信息化基础已初步具备。而公司内部人员缺少电商经营经验，尤其是针对 B2B 电商，在信息化调研和实施过程中，延长了项目周期，加之这类人才的引进和培养成本很高。

6. 在采购管理方面

采购往往由不同的职能部门分管，没有做到集中管理，相互之间缺少沟通，或沟通不顺畅，导致管理水平降低，采购不准确、不及时，加大了企业采购的风险和成本。

综上所述，云商平台的创新运营模式，解决了中小企业发展的困境，在保证质量、品牌保证的同时，针对客户采购过程中的种种痛点，逐一解决。不仅为中小企业降低采购成本、解决资金短缺问题，还为整个行业的发展做出诸多贡献。

三、信息化进程实施中遇到的主要困难、问题与解决措施

1. 平台建设目标

致力于打造强管控、高价值、轻资产的云商平台。

强管控：区别于阿里巴巴、慧聪型以简单资讯发布型平台，不仅致力于促成交易，更结合业务流程和信息化平台，监管产品交付与款项支付；

高价值：充分考量并推动解决工业品 B2B 电商交易中存在的诚信风险、产品质量风险、物流风险、回款风险，结合京博的物流和金融服务能力，为商户综合化的价值支撑；

轻资产：在构建强有力的诚信体系、信息化平台、管控体系的基础上，开放、共赢，打造 B2B 电商生态圈，在制造、库存、运输、资金等维度上充分吸纳商户资源、第三方社会力量。

2. 平台总体功能架构

平台总体功能架构如图 1 所示。

3. 困难问题

以信息流、资金流、物流为中心的京博云商供应链，高效运作离不开资金、仓储、配送、营销、交易、采购等各个平台的有效整合，业务流程复杂，要做到物流、信息流、资金流三流合一，信息系统开发实施难度大。

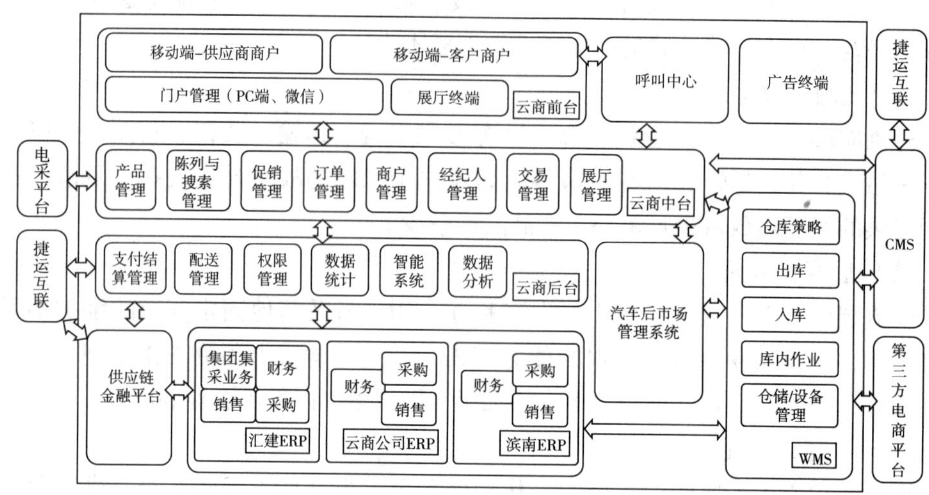

图1 总体功能架构

4. 解决措施

（1）结合线下展厅与超市，实现线下线上相结合的经营方式。

采取线下 MRO 超市体验店与线上电子商务平台相结合的经营模式。线下建设 15000 平方米的工业品交易中心及 16000 余平方米的智能仓库，线上搭建集电商平台、电采平台、ERP 管理系统、WMS 仓储系统于一体的互联网服务平台。形成了从采购、运输、展销、仓储、供应、金融服务等信息流、商流、资金流、物流于一体的高效低成本一站式服务体验。

（2）建立电商与物流各系统的对接的模式，逐步完善电商与周边系统的对接规范。

为了配合云商的实施，通过一定的接口开发和计算机网络技术，将各个分离的 ERP、WMS、电采平台、基础设施等集成到相互关联的、统一和协调的系统之中，使资源达到充分共享，实现集中、高效、便利的管理。

（3）打通各个节点环节，做到有效监督管理。

以信息流、资金流、物流为中心的京博云商供应链，为平台用户打通关促销推广、客户关系、销售预测、采购管理、库存管理等关键环节，各个节点均有系统智能支持、有效监督管理。

（4）统筹部署云商系统配置，保障信息系统稳定运行。

通过系统实现支持断网模式作业和互联网有线和移动互补等措施，保障信息系统稳定运行和不间断业务服务。

（5）项目实施分步骤实施，最终信息系统上线运行。

项目建设阶段分三阶段，每个阶段由点及面进行开发及集成测试培训，从系统搭建、上线切换、服务器环境搭建，完成软硬件实施，最终实现了信息系统的平稳上线。

四、信息化主要效益分析与评估

1. 信息化实施前后的效益指标对比、分析

自 2016 年 9 月云商平台信息系统上线应用后，采购效率、采购成本、采购透明度、

管理、信用上得到明显的提高。供应商数量大幅度增长，平台活跃用户数明显递增，缩短了采购周期，提高了整个采购效率，降低了采购成本，提高了采购业务程序标准化和采购的透明度，实现了 MRO 采购管理向供应链管理的转变。打造了强管控、高价值、轻资产的云商平台。截至 2016 年年底，京博云商入驻供应商共 1708 个，会员 1947 个，累积订单金额 9.58 亿元。

2. 信息化实施对企业业务流程改造与竞争模式的影响

信息化实施后，京博物流采购将原来传统的采购模式转变为依托平台整合资源扁平化轻资产运作模式。模式转变后，产品价格、生产周期等的公开化、透明化，从体制上解决了由信息不对称导致的企业成本上升和服务质量下降的问题。

（1）上下游以及社会资源的整合。

作为京博云商平台运营方，通过长尾理论，为平台客户提供服务，平台通过对上下游以及社会资源的整合，来响应企业的多变需求，从而提供统一的解决方案。

（2）提高采购的透明度，提高内部管理机制。

通过将采购信息在云商平台上公开，采购流程公开，避免交易双方有关人员的私下接触，由计算机根据设定标准自动完成供应商的选择工作，有利于实现实时监控，避免采购中的黑洞，使采购更透明、更规范。也不会因为采购员离职而丢失，降低了企业对特定人员的依赖。

（3）信息化实施对提高企业竞争力的作用。

通过平台信息化实施，可以使参与采购的供需双方进入供应链，采购方可以及时将数量、质量、服务、交货期等信息通过云商平台传送给供应方，并根据生产需求及时调整采购计划，使供方严格按要求提供产品与服务，实现准时化采购和生产，降低整个供应链的总成本。提升了公司的服务质量，极大地提升了客户满意度和市场占有率，为公司实现以科技提升服务，以服务促发展，实现向技术型现代物流企业转型目标，发挥了至关重要的作用。

五、信息化实施过程中的主要体会、经验与教训以及推广意义

1. 信息化体会和经验

公司 MRO 工业品超市项目信息化建设过程，主要的经验体会有以下几个方面：

（1）进行详细全面的调研、分析是公司 MRO 工业品超市项目实施的基础。

从 2013 年就开始了对工业品超市的调研工作，有固安捷、8 号仓、宝钢工业品超市、上海西域机电系统有限公司、湖南万博港工业品超市、宁波天禾供应链管理有限公司、黄加力（中国）商业有限公司等十几家国内外知名的工业品超市，采用供应商演示和对客户实地考察等方式进行考察、调研。结合公司业务和工业品电商特点，融汇多家之长，明确了公司的业务需求，做了详细全面的调研，并于 2015 年成立了京博云商项目工作小组，进行信息系统更好地设计及实施。稳定业务模式，避免在系统设计及实施期间，对相关组织机构及业务模式进行较大的调整，使得该项目能够顺利进行。

（2）核心业务流程与交易情景。

根据总体功能架构图，结合互联网化的交互体验和公司业务，完成了支付方式、结

算方式、物流方式、常规交易、目录式采购、集采团购、备品备件采购等的核心业务流程梳理和交易场景的实现，还有京博内部单位现在的采购方案的实现，由汇建独立完成的普通物资采购业务。云商系统面向最终用户，以应用和业务为核心的服务管理模式，进一步提高业务的可用性。打造了场景服务、金融服务、经纪人服务三种核心业务服务模式，从技术管理向服务管理的转变使项目实施和应用中，客户可以更快获得业务收益。

通过电子商务平台对物流、资金流和信息流集成管理，为金融机构提供资信服务；通过核心企业的授信，建立资金池为上游供应商、下游客户提供融资服务。

（3）充分考虑系统应用架构与集成关系。

本平台是运用物联网技术、移动互联网技术和电子商务理念搭建的以现代电子商务B2B模式为基础的第三方电子商务交易平台。涉及云商前台、云商后台、云商中台、移动端和集成接口五大板块，并还需要实现五大板块、移动互联网设施设备的互联互通。建立电商与物流各系统的对接的模式，逐步完善电商与周边系统的对接规范。其前期系统设计阶段一定要考虑系统接口，不提前考虑系统接口会给未来的系统升级造成巨大的麻烦。

2. 信息化推广意义

本项目实施后，采用线下体验店与线上电子商务平台相结合的经营模式，以大宗工业品超市为基础，以捷运互联物流电商为发展依托，以全过程整合供应链金融为手段，以京博物流为核心企业，以物流行业综合方案解决商为定位，以公平、公正、公开的第三方平台为目标，围绕物流行业以及大宗工业品交易布局，实现平台、技术、资本、运营四位一体的商业模式，融合物流行业上下游企业。不仅为上游供应商做好营销服务，为下游客户做好供应商管理、采购管理服务，而且为黄河三角区域制造企业提供采购商和供应商之间的撮合交易服务、供应商产品展示服务、市场信息服务、仓库租赁服务的一站式MRO综合服务。

六、本系统下一步的改进方案、设想，以及对物流信息化的建议

1. 本系统下一步的改进方案、设想

云商工业品电商平台解决中小企业发展的困境，在保证质量、品牌保证的同时，针对客户采购过程中的种种痛点，逐一解决。为中小企业降低采购成本、解决资金短缺问题，带动整个行业的发展，打造中国最有益的MRO工业品第三方电商平台。规划期目标和平台建设如图2所示。

2. 物流信息化的建议

公司在建设和应用该系统时，还需要逐步解决相应得出问题，根据云商系统在公司的运用，当前云商平台工作存在方方面面的困难和问题，如果公司能做到以下几个方面，对公司的云商平台的建设和推广将会取得积极作用。

（1）人员的支持。

京博云商平台建设是一项系统工程，涉及面广，不仅要投入大量的人力和物力，还要涉及公司原有的组织机构、管理体制等一系列问题。云商的信息化建设需要硬件、软件和物流管理的方方面面，通过信息化建设，可以提高内部员工的管理能力和素质。

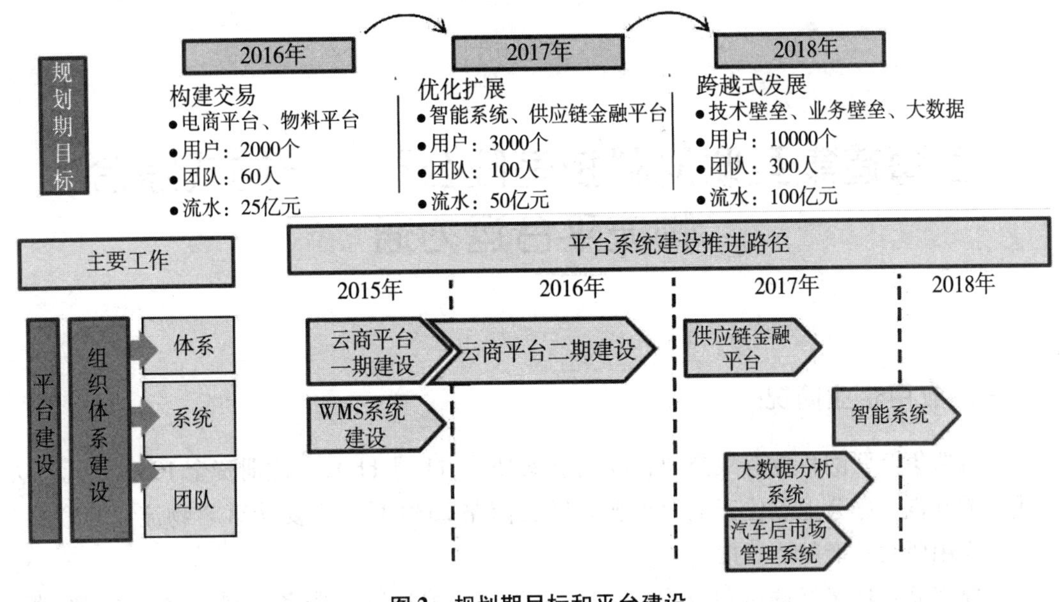

图2　规划期目标和平台建设

（2）全面部署，分步实施。

要针对公司目前采购的现状，结合业务实际，充分考虑公司在管理变革的承受力，按照分步实施的原则，制订分步实施计划，充分分析、研究业务需求，对项目实施目标做出切合实际的估计，明确阶段性目标，全面、科学、规范的业务流程、操作规范来巩固实施效果和规范公司基本业务处理行为，确保业务模式符合企业业务需要，逐步实现信息化的整体目标，保证项目整体实施效果的实现。

（3）公司业务流程优化。

云商业务流程优化指通过不断发展、完善、优化业务流程，从而保持企业竞争优势。包括对工作流程的梳理、完善和改进的过程，从本质上反思业务流程，彻底重新设计业务流程，实现组织结构的扁平化、信息化和网络化，从结构层次上提高企业管理系统的效率和柔性。

（4）根据公司的业务发展各相应系统。

为平台用户打通促销推广、客户关系、销售预测、采购管理、库存管理等各个关键环节。①与 SRM 系统对接，实现平台商户的采购管理视图；②与仓储系统对接，实现 WMS 支持仓储物流全程的订单可视化；③与财务核算管理—ERP 对接，从业务交易为基础，逐步建立云商平台服务体系；④与物流各系统的对接，实现货源管理、车源管理、调度管理、订单管理；⑤未来，逐步完善电商与周边系统的对接规范。通过多重机制的创建，打造一个良好的体系，使用户与生态圈共同成长。

上海造集互联网科技有限公司：一站式综合物流平台运力通

一、应用企业简况

上海造集互联网科技有限公司，成立于2015年11月11日，注册资金1000万元，法人代表谭其良，办公地点位于上海市普陀区真南路2339号，主要从事“物流+互联网”的平台应用研发及产品运营推广。

主要产品：造集互联网科技公司目前主要有运力通物流服务交易平台（含PC版，Android版，iOS版，微信版）、运力通管理平台、运力商城、运力通支付平台、车辆定位平台等。

运力通是满足不同阶层、不同物流需求的综合物流服务平台，通过整合行业零散运力，以承运人竞价、询价模式达成交易，通过提供在线运输管理系统帮助企业降低物流成本，提高行业的效率，解决困扰行业多年的诚信问题。

上海造集互联网科技有限公司将顺应基础通信网络与平台化服务相结合的新兴潮流，采用互联网化的思路，大力开展智慧物流等创新业务。展望未来，公司将立足物流运输综合信息服务；创新发展差分GPS与北斗融合精准位置服务，通过移动基站定位与移动App定位相结算；加速推进基于物联网的全程移动通信物流业务发展。坚持“创新、诚信、坚毅、智慧”的企业文化，努力将自身发展成行业领先、全国知名的新一代物流智能化应用与综合信息服务企业。

二、信息化实施之前存在的问题

我国物流领域需要车源与货源之间的平台，解决相互之间信息不对等问题。截至2015年，我国道路货物运输经营主体超过720万家，平均每一个主体拥有车辆1.55辆，90%的经营主体为中小型企业，承担了90%以上的公路货物运输业务，经营模式多为传统的单车货物运输，管理手段简单，货源组织能力差。低价恶性竞争现象严重，弱小的小微车队前景堪忧。我国物流行业，在需要不断地完善政府相关的行政管理体系外，更需要建立更加透明科学规范的行业标准。同时，最重要的是发运方与承运方之间的信息严重不对等，特别是中小企业，对于小型发运方他们很难形成固定的合作的承运方，同时由于没有稳定大批的发货量，议价能力弱，成本相对较高。对于小型承运方，由于很难与大型企业合作，形成稳定的货源，进一步加剧他们的恶性竞争。再加上管理粗放，运输仓储等运输流程操作不科学，无形进一步加剧资源的浪费。运力通作为发运方与承运方之间的平台，通过平台，双方可以发布货源与车源，让货主的要求能够及时快速地响应，同时也给中小微车队提供更多的机会。运力通平台将物流业务专注到物流信息服务、信息共享、信息交换、信息预警报警。明确信息的交互干系人，边缘化非干系人。将自动对物流场景的委托人（货主）、承运商、操作司机、收货人有机整合到平台中，协同对物流全过程进行合作与管理控制。

三、信息化实施中遇到的主要困难与解决措施以及信息化建设的组织、推进和深入

（一）信息化实施中遇到的主要困难与解决措施

1. 减少物流中间环节

平台专注于物流业务的信息服务、信息共享、信息交换、信息预警报警。将自动对物流场景的委托人（货主）、承运商、操作司机、收货人有机整合到平台中，对物流全过程的合作与管理进行控制协同。

具体展现形式：寻找运力资源，直接通过平台能匹配到真实的运力资源提供商；减少了层层转包、转卖模式；订单信息在平台中真实有效传递，减少重复录入信息和人工因素的误差问题；应用信息化和互联网应用手段减少了大量的纸质交互；在结算与支付流程中，减少人工核算与人工线下支付和收取的众多流程。

2. 降低物流成本

将通过“运力通”平台的大数据分析技术让入驻会员的运力资源整合、协同，以此解决物流高空驶率、高成本等问题。

具体展现形式：利用平台的数据整合，将资源进行梳理，提高装载率，减少空载率；将平台以“集采模式”获取的优质货源，进行梳理，构建“无车承运”线路，提高物流运作效率；通过“无车承运”线路模式减少承运商的等待率；通过平台的操作减少大量的人工操作，节约劳动成本；通过平台的信息共享与交互，提升无纸化办公能力，减少一系列不必要的重复操作。

3. 提升综合管理，增强风控管理

“运力通”平台提供的运力系统，改变行业实体运输现状，提升物流行业在物联网方面、互联网方面、移动互联网方面、信息化方面的软实力，提升综合管理能力，优化用户体验。

具体展现形式：平台将物流业务标准化流程应用到实际，使得物流链条真实有效，将非有效信息应用IT和互联网手段排除在平台外；平台将通过标准化流程，去除了不合规不合法的业务；利用平台的信息化管控对物流交易和运输全过程进行全方位的全程可视化管理；平台在物流交易和运输全过程提供预警、报警的分析数据；平台提供保险、理赔的风险管控体系。

（二）信息化实施步骤

2017年1—3月：完成定位平台开发；完成客户服务平台开发；开始平台钱包、开放平台产品、微信客户端开发；在全国各大区发展一批社会货主类型的种子用户，实现月

订单2000笔以上，月交易额1000万元以上。

2017年4—6月：完成开发平台开发；开始EDI平台开发；继续开发平台钱包产品；完成平台微信端开发，并开始应用；在全国各省大量发展社会货主，实现月订单3000单以上，交易额1500万元以上；构建丰富的物流后市场服务体系，实现增值商品销售200万元；增加重点城市营销力度，加强客户黏性和口碑传播；发展平台运营车辆1万台以上。

2017年7—9月：完成钱包产品开发；持续开发EDI平台；迭代开发交易平台；实现月订单3500单以上，交易额1800万元以上；发展平台运营车辆1.2万台以上。

2017年10—12月：实现月订单4000单以上，交易额2500万元以上；发展平台运营车辆2万台以上。

2018年1—3月：平台软件设计将全面成熟运行，提升手机在线交易的安全性，并与第三方支付平台实现深度战略合作；开发完成智能配载平台，形成每天200单，月订单6000笔以上的规模。

2018年4—6月：基于网站用户数据的累积，开发大数据分析系统，优化和甄别用户的性质、信用和交易习惯，使交易服务更加有针对性和产生价值，并提升交易安全性；开发运价交易决策系统，帮助用户做交易参考，引导客户合理安排运输线路。

2018年7—9月：在全国重点物流城市设立更多营销网点，对客户进行近距离线下服务和交易支持；选择一家全国性第三方支付平台合作，降低网上担保交易的费率，实现全国用户可以在线担保交易；进行第二轮融资，会员发展规模将超过5万名，交易额将超过2.5亿元。

2018年10—12月：实现月均订单10000笔，年度交易额3亿元；形成遍布全国各主要物流城市的服务网络。

（三）系统简介

针对物流行业流程复杂，货主、承运商、供应商信息不对称等特点，“运力通”平台（见图1）将专注为服务中小物流企业、专业公司、个体司机的O2O物流服务平台。平台通过运力资源的有效整合，实现降低物流服务成本，助力中小物流企业转型升级，实现平台、货主、承运人、供应商等社会物流干系人的共赢。

平台功能如下。

（1）车货竞标。在平台上，货主发布货源，多家承运商平等竞价，有效降低货主用车成本。平台通过对全国热门线路各类车辆运行价格进行数据分析，对货主平台用车提供指导价。

（2）返程车货。平台通过整合货主货源与车源，通过大数据分析，形成返程货和返程车的信息集聚和有效匹配，有效降低车辆空驶率，实现货主与承运商的双赢。

（3）车辆实名认证。平台通过与第三方机构合作，实现车辆、司机的自动认证，有效提升审核效率，提高数据质量。对平台用户进行备证，有效满足数据共享，规范物流运作，降低物流服务成本。

（4）全程可视化定位和监控。平台从车主提货、在途、线路、抵达，系统全程根据手机短信和App定位功能提供订单的不同时期的状态监控，以保障货物运输时效性和安

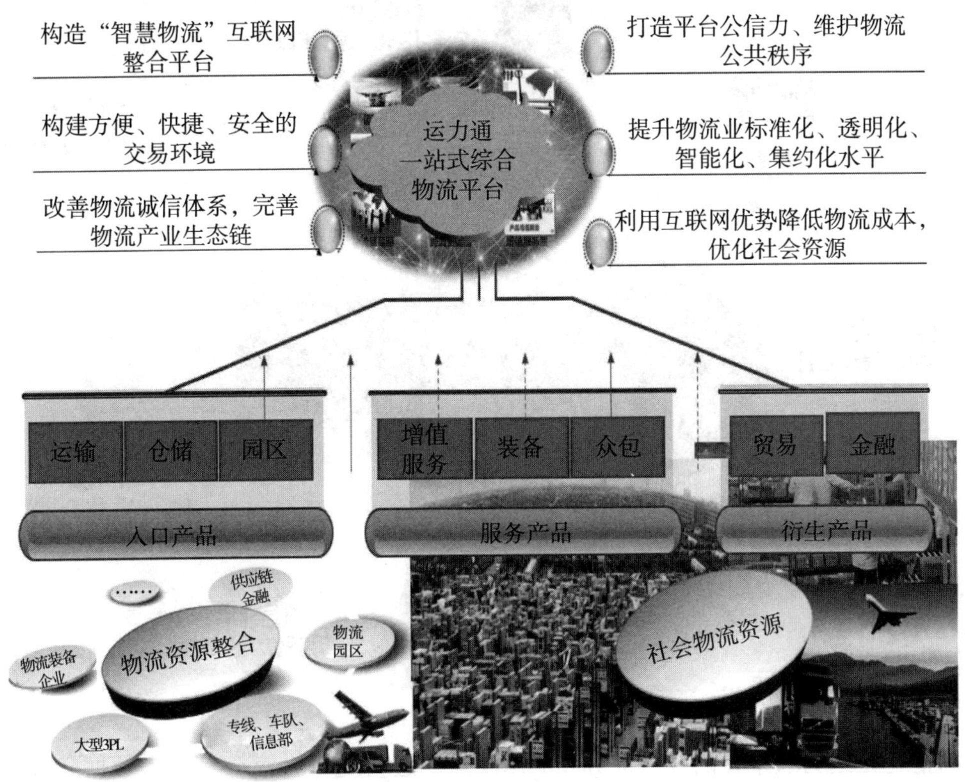

图1 “运力通”平台

全性。一旦存在问题，即时反馈信息。

（5）实时电子回单。将订单到回款的时间缩短1～5天。

（6）对账结算自动化。将节省15～30天的人工处理和对账的成本和时间、一体化的价格文件和对账结算流程，节省0.5%～2%的成本。

（7）快速部署，永久免费。访问网址，即可使用；平台提供PC端、App端、微信端多种入口，快速便捷、无须购买，注册即用。

（8）运输透明化管理，提升信息化能力。强大的管理系统应用，可以支撑外部承运商、货主以及内部运力和货主对接团队的操作使用。打通上下游，实现业务信息化，资源共享。

（9）定制化接口，提高信息处理自动化水平。可定制化对接企业内部系统，如TMS、WMS、OMS等让数据自由流转，让信息得到充分共享。

四、信息化主要效益分析与评估

平台利用互联网开展基于基础信用、业务信用等的信用认证，通过货源和运力的整合和聚集，开发可视化技术实现全程货物状态跟踪，借助外部金融机构提供运费方面的资金支持，为物流用户群提供方便、快捷、安全的交易场所，建立物流应用平台的公共秩序，构建物流平台诚信体系和社会公信力，最终降低物流运输的总体成本，提高行业运作效率。具体示意见图2。

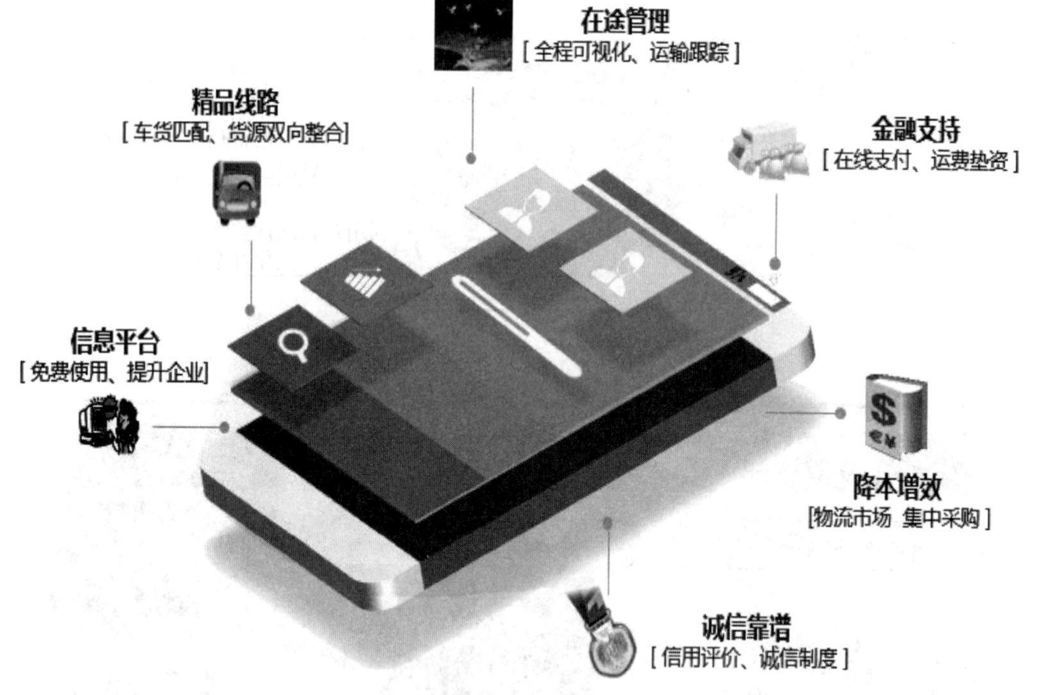

图2　平台特点

智能化是运力通平台的技术优势和应用亮点。运力通平台充分利用大数据、云计算、数据挖掘等技术，构建智能化的运力服务系统平台，通过技术来实现货源、车源、司机等的高效聚集、信息对接、供求撮合。具体而言，平台将逐步开发和应用智能运价指导、智能运价跟踪、精准车货定位、智能诚信认证、智能回程车/货、智能线路优化等服务系统。

平台将重点开发建设智能配载系统，将订单货品、同线路订单货品、同线路在库货品，通过严谨科学算法，按照最优配载方式，在系统中自动生成最优配载车型，并按照车型推荐车辆，生成装车明细。

平台建设物流大数据预测系统，通过智慧分析与智能预测两大功能板块，物流大数据发货人、承运人、线路及库存四大分析主题，进行会员数据、线路情况、承运业务的分析与预测，为会员提供即时、精准的战略物流决策。平台智能化运输系统见图3。

通过平台实际的运营分析和平台用户的实际经营反馈，平台能为货主降低10%以上的运输和管理成本。

五、信息化过程中的主要体会、经验、教训

平台各功能的实现必须需要一个载体，这个载体要基于互联网平台构建。要具备较为完善的互联网物流信息平台和与开展业务相适应的信息数据交互及处理能力，一是能够对实际承运人的经营资质、车辆行驶证和道路运输证以及驾驶员机动车驾驶证和从业资格证进行审核把关；二是能够通过现代信息技术对交易、运输、结算等各环节进行全过程透明化动态管理。

运力通平台采用“核心技术自主开发”的策略，构建具有现代物流行业特色的“智

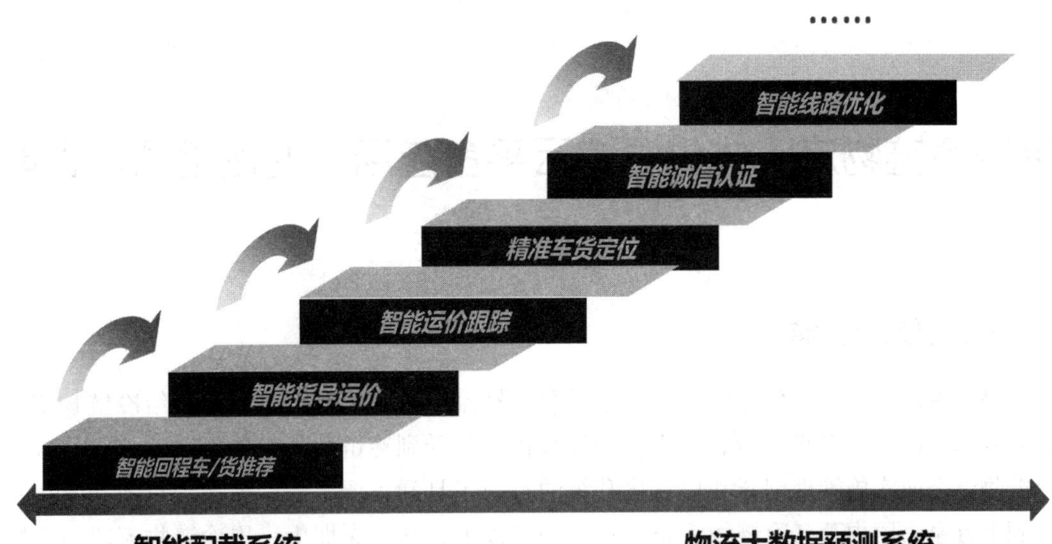

图3　平台智能化运输系统

慧物流”系统。平台通过完善的会员管理体系、征信管理体系，对引进平台的各类会员（货主、承运商、司机等）的资质材料上传电子稿，并进行严格审核。平台通过对合同、会员资质材料的验证、审核后，严格归档管理，确保有效。平台通过轨迹定位、状态实时跟踪对整个交易、运输、结算的全流程实行透明化管理。

平台通过引入当前主流银联在线、支付宝、财付通、网银等网络在线支付方式，并与多家国有银行建立相应的银企直连通道，构建一套安全快捷的网络支付与结算环境。平台采用 Dubbo + zookeeper 的分布式服务框架，能很好地满足平台高并发的系统扩展需求。平台引用开源消息队列 ActiveMQ 促进平台结构的解耦，考虑平台对文件的存取与响应要求较高，在文件服务器方面采用了 FastDFS 分布式文件服务进一步增强了平台的可扩展性。为保障平台交易的安全性，平台在数据传输方面采用 Https 加密传输，对平台操作核心操作采用全日志管理，结合短信网关、邮件等对用户操作进行预警管理。为满足平台交易的安全与响应速度要求，平台采用 Java 语言进行开发，应用服务器采用 Apache2. 4 + nginx1. 9 + tomcat7. 0 + linux6. 0 方式进行部署，数据库采用 Oracle11g + linux6. 0 方式进行部署，服务提供方采用 Jdk1. 7 + linux6. 0 方式进行部署。

易流冷链物流一体化温控云平台应用企业使用情况说明

一、应用企业简况

易流冷链物流一体化温控云平台是深圳市易流科技股份有限公司专门给冷链物流企业研发的冷链物流管理平台，该平台一经推出，就受到冷链物流行业的普遍好评，成为冷链物流企业实施管理创新和信息化升级的有力工具和重要平台。该平台目前积累用户达到上万家，国内著名冷链物流企业占据一半以上，其中深圳市小田冷链物流股份有限公司是该类企业中的典型代表，本案例我们以它为例阐述平台的使用情况以及取得的战果。

深圳市小田冷链物流创始于2000年，经工商局注册成立于2006年6月，总部位于深圳市罗湖区清水河，是一家专业从事第三方冷链物流的企业。公司现有员工260余人，自有1.5～15吨的冷藏、冷冻车辆160余台，冷冻仓库约5000立方米，采用系统化车辆调度系统、时时温度跟踪系统、GPS车辆监控管理系统，实现车辆运行“透明化”管理，充分合理调整车辆动力资源，在保证服务质量的同时提升了客服满意度与忠诚度。公司2014年在新三板挂牌。

公司以区域性商超系统“冷链一站式服务”为主，干线冷链运输为辅的发展方针，先后在深圳、广州、东莞、惠州等地设有分公司；在珠海、成都、西安、天津、上海、武汉、厦门、北京、香港设有子公司。未来3～5年时间内实现全国一线城市网点全覆盖的网络化布局，以区域服务为主，一线城市干线为辅的冷链全国运输网络。

公司自成立以来秉持“至诚为本，至信以恒”的服务宗旨。以诚信、高效、专业的服务质量赢得新老客户及同行业的一致认可与好评，其中稳定高端客户群包括：7－11、沃尔玛、华润万家、中粮、光明、伊利、蒙牛等知名企业。先后为2010年广州亚运会、2011年深圳大运会提供专业冷链配送服务，得到大会组委会、政店关联部门高度认可。2009年起连续四届获得全国食品冷链物流定点企业、中国冷链物流50强、广东省冷链物流行业协会理事等社会荣誉。

二、企业在实施信息化之前存在的问题

（一）市场发展迅速，传统信息服务模式无法满足

该冷链物流企业，作为国内著名的冷链物流标杆企业，信息化在其企业发展中的地位和作用越来越重要。该企业在每年的自身信息化建设领域的投入占到很大，但因为企业发展迅速，对信息化的需求在不断升级，这时候，发现传统的软件服务模式，不但信

息化研发流程复杂，实施周期长，且费用高昂，更重要的是，系统的扩展性和灵活性都存在不足，这些特点都已经无法适应企业敏捷的发展特点，企业急需寻找一种更加灵活、轻便、高效的物流信息服务方式。

比如，传统的WMS、TMS、OMS系统均为存在系统升级复杂，功能齐全，设计流程长，开发周期长等特点，同时，也存在系统灵活性差，无法根据企业的业务实际情况灵活重组的弊端，给企业不仅造成资金占用和浪费，也无法有效响应企业多变的实际需求。

（二）市场要求抬高，运输时效成为企业重要竞争力

随着冷链市场的不断发展，冷链物流行业之间的竞争对时效性的要求不断提高，行业中通过提高时效性赢得行业竞争已经成为行业内的普遍游戏规则。

冷链物流相比其他物流，运输时效要求本来就高，晚点、延误有可能造成生鲜货物的变质和损坏。首先，传统的时效管理方式中，依靠人工或者电子表格来登记时间，计算时效，这受制于信息在人员之间的低流动性和低共享速度，极易出现信息阻塞和过期，也容易出现信息差错，造成错误被不断放大；其次，传统的时间数据的抓取多依靠个人，难以保障客观公正；最后，特别是在业务旺季，车辆规模骤增的情况下，再加上车辆进出频繁，关于车辆的时效管理就显得特别繁杂，需要花费大量的人工去干预和核对，效率可想而知。

特别是在冷链物流，还会涉及进出仓库、转运中心、仓储中心之间的车辆调拨和委派等，时效管理规则各有不同，管理规则各有差异，这时必须实施自动化的时效管理方式，把有限的人力从繁杂的重复劳动中释放出来，实现人力资源的高效利用。

（三）物流全程透明可追溯逐渐成为企业服务标配

在冷链物流市场中，客户越来越关注服务体验，越来越重视信息化在物流中的作用，越来越多的企业要求必须具备物流信息透明、可追溯的能力，小田物流作为沃尔玛的承运商，要求必须实现物流全程的信息透明可视化，必须具备信息全程可追溯的能力。

这时需要小田冷链物流必须具备有效的信息采集和反馈机制，可以把在途的信息有效地反馈到企业，实现企业对在途运输情况的有效监控管理。把司机作为在途运输的主要参与者和责任人，系统主动上报物流过程信息给企业监管部门，实现物流全程信息的透明可追溯，提高货主企业对物流全程的掌控力度。

本案例就是用第三方的手段，独立于企业和司机两方，用信息技术把在途的信息全面、及时、准确地采集与反馈给企业监管部门，帮助企业决策管理。如利用现代信息技术和智能传感设备，把在途信息全程动态采集和及时传输，并公开展示，起到监督司机驾驶行为的目的，有了这种管理手段，在途管理就容易得多，在途行为得到全程掌控，异常情况可以第一时间被记录和反馈，便于及时处置和责任划分，管理效能明显提高。

三、信息化进程中的问题解决措施

（一）方案描述

针对以上冷链物流企业经营管理中遇到的问题，深圳市易流科技股份有限公司专门

为其量身打造解决方案——易流冷链物流一体化温控云平台。该平台利用北斗卫星导航技术、无线网络传输技术、地理信息系统技术、移动互联技术和云信息技术等现代物流新技术，解决小田物流经营过程中遇到的现实问题。该理念是用互联网改造传统物流行业的典范，具有广阔的拓展空间。

易流冷链物流一体化温控云平台系统包括感知层、基础网络层、云平台和应用层四部分构成。感知层依靠各种智能传感终端和设备负责卫星信号和外设信号（包括经纬度、速度、里程等）的获取和接入；基础网络层即数据传输网络，本系统依靠联通 3G/4G 通信网络对接入的数据进行无线传输；云平台层负责把采集到的数据进行逻辑判断和处理，供应用层调用。应用层为平台功能层，供用户直接使用。图 1 是系统的总体结构图示。

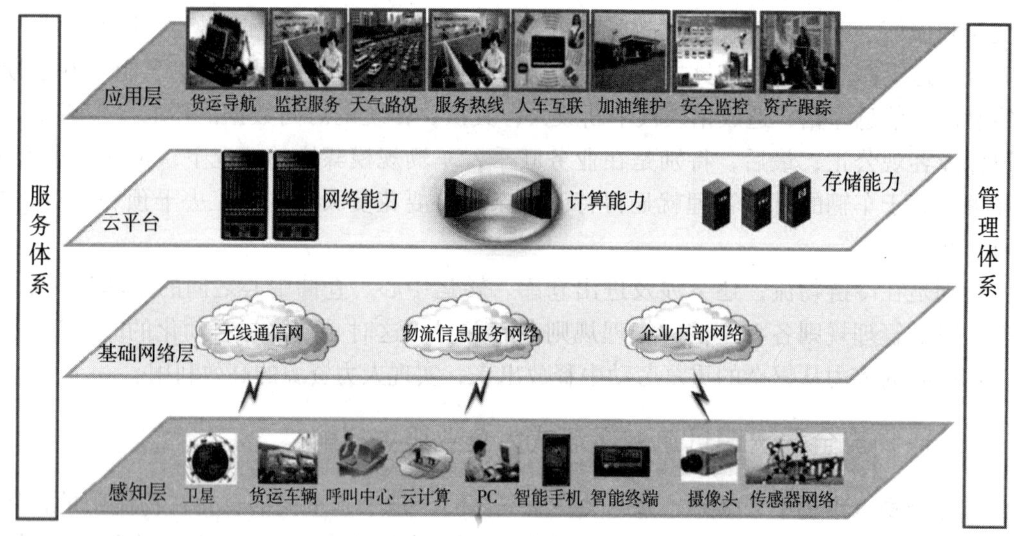

图 1　系统总体结构

（二）问题解决过程

易流冷链物流一体化温控云平台主要解决三方面的问题。一是传统物流信息服务模式无法满足企业需求的问题；二是冷链运输时效要求不断提高的问题；三是实现物流全程透明可追溯的问题。这三类问题，可以说是所有冷链企业在日常管理中都会遇到的问题，且都是核心问题，具有一定的普遍性和代表性。这类问题的有效解决，可以大大提高企业的管理能力，提升企业在行业中的竞争实力。

1. 传统物流信息服务模式无法满足企业需求的问题

传统物流信息服务模式无法满足小田冷链物流的信息化需求，主要体现在小田冷链物流对物流信息化平台的灵活性上。小田物流随着业务的快速发展以及服务网点的不断扩张，企业信息化必须与物流业务和企业组织模式一道处于不断的发展变化中，传统的信息系统服务模式显然不能满足其“组织灵活、形式多变、容易重构”的特点，易流科技为其研发的易流冷链物流一体化温控云平台采用全新的物流 SaaS 服务模式，正好发挥出其优势价值。

（1）采用 SaaS 服务模式，小田冷链只需要按需购买服务。

本系统从设计之初，就主张便捷化的思想，以用户最便捷、最方便的方式提供服务，最大限度地减小用户使用系统的成本，所以，采用 SaaS 模式把用户连接起来，通过互联网来提供服务，相比于其他方式，在便捷性上就具有优势。用户只需要一根网线，用易流为其分配的独立账户登录指定的网页即可享受服务，用户需要什么功能，购买什么功能即可，不需要全部购买，所以很受用户好评和欢迎，成为其管理冷链物流过程的日常工具。图 2 是易流冷链物流一体化温控云平台的登录页面。

图 2　平台登录页面

（2）系统开发、维护、升级均由易流科技提供，系统可按需求进行灵活组合。

该平台采用的物流 SaaS 模式，简单来讲，就是用户不需要再自己去搭建系统，再去独立维护，省去了因为自己在信息化领域的不专业造成风险，也节省了自己建设的费用和维护成本，自己需要时只需要向系统服务商购买即可，自己想要什么，想要多少自己决定购买，不花费一分冤枉钱。系统的所有设计、维护、升级都有系统服务商易流科技来承担，自己只需要每月支出一定的系统使用费，就像手机话费一样，每月缴费就行。

小田冷链物流按照自己的实际需求，选择合适自己的功能模块，即可使用，一旦发现业务变化、需要改变原有功能，只需要电话易流科技客服，按照一定的规则变更新的业务套餐即可，非常方便，下一次用户系统登录时，系统自动切换到新的服务页面，可以说真正做到了即买即用，用多少买多少的智能化服务。

2. 物流时效要求高的问题

冷链物流市场时效竞争已经成为行业的普遍游戏规则。对于小田冷链物流的运输来说，保障时效要做好两方面工作：一是明确每一条路线的时效要求；二是准确、客观地获取车辆实际的时效数据，作为时效管理的依据。所以，具体要先做好各个中心的电子地图标注和运输路线的时效要求。及时准确采集货物车辆实际到达、发车各个中心的具体时间，最终形成数据报告，公开考核。

（1）对全国业务点区域进行电子地图标注，生成关注区域。

将小田冷链物流各个网点中心全部按照实际位置对应标注在电子地图上，使得以上各区域均被监管中，监管者能及时看到其状态。单击每一个地点名称都可以直接定位到对应的中心位置。

（2）选择网点，生成运输线路，约定进出时间。

在线路生成页面，选择班线节点（即第一步中已标注过的网点）后，再按照实际填写发车时间和到达时间（这里的时间为系统中的“计划时间”，后续要作为准点率的判断依据，所以务必合理、准确），即可生成一条运输线路。

这一部分是时效管理的基础工作也是核心工作，即约定每一条运输路线的时效要求，如始发发车时间，途径到达、离开时间，目的地到达时间以及距离信息等。这部分一般是根据行业经验来填写，但随着企业数据的积累，该数据会越来越接近实际情况。另外，这一部分是随着企业的实际情况灵活变化的，这部分工作做得越好，时效管理的效果就越好。

（3）车辆出入时，系统自动确认发车和到达时间。

司机师傅在进入和驶离各个冷库及网点收货中心时，系统就自动记录了车辆的实际发车、离开时间。这里的时间记录是系统自动采集的车辆进入指定位置的时间，是依据上面的电子地图和定位技术获得，所以说上面的电子地图和定位是否准确，直接影响这一步的准确性，直接影响后续时效的自动判断。

另外，该时效判断就是用系统采集的时间与系统之前设定的时间做比对，只要发现比设定时间晚，就记录为延误，系统再依据延误的不同程度，给出响应的时效惩罚，这部分全部由第三方的技术老完成，避免了因人为干预造成的不公平不公正的现象。这对企业日常管理最为重要。

（4）车辆时效追踪监控。

以上所有得到的数据被安全备份和保存，并形成相应报表和图示供用户查询和使用。图3就是对某台车辆的某次运输任务的执行过程的时效记录。图中可以看到，当前有两趟待运输任务，有一趟正在运输的任务。运输任务全部属于冷链运输业务，正在运输的业务出现晚点。

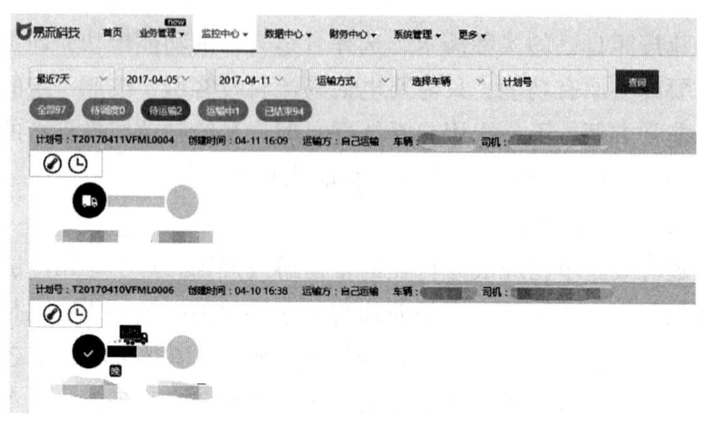

图3　时效记录

点击图中车辆，可以直接查看当前车辆的具体位置、温度情况，以及业务执行情况，方便企业及时掌握货物的每一个细节，实现精细化管理。

3. 物流全程透明可追溯的问题

在途管理是运输管理中的主要组成部分，其直接决定着物流服务质量的好坏。要管好在途，关键信息的及时有效反馈十分重要。但对于冷链车辆，小田冷链要求所有车辆必须安装用于采集以上关键信息的车载终端和传感设备，所以旗下所有承运车辆都可以把运输过程中的关键信息如货仓温度、车辆位置、运单执行情况、道路周边环境等重要和具体信息有效采集，传输，并展示到易流冷链物流一体化温控云平台上，便于小田冷链管理部门以及货主企业及时了解货物运输状况和细节，及时干预，增加管理的效率。

（1）在递信息实时、自动上传，温度全程透明化。

本案例中在递信息的采集由系统自动完成，包括车辆开关门位置的抓取、视频拍照、温度异常报警、车辆偏离路线告警、时效延误提醒等功能，全部由系统实现。具体信息反馈成功后，可以作为企业对运输过程中实际情况的参考，作为考核业务执行情况和驾驶行为的参考和证据。

（2）在递信息全程、完备统计，可备随时追溯。

在途异常情况包括超速、疲劳驾驶、延误晚点、车辆维修、违规停车、偏离线路、不在规定地方装卸货、交通事故等诸多情况。每一种情况，系统都进行了记录，并进行分类统计。可以说，每一种情况都有数据，都可以实施追溯。图4是对车辆异常行为的规则设定。

	适用范围	车牌号	报警类别	是否启用	平台显示	警音提醒	通知联系人	通知终端
1	单车		超温报警	否	是	是	是	否
2	全局	全局	开门报警	否	是	否	否	否
3	全局	全局	超温报警	否	是	是	是	否
4	全局	全局	停车报警	否	是	否	否	是
5	全局	全局	疲劳驾驶报警	否	是	否	否	是
6	全局	全局	超速报警	否	是	否	否	是
7	全局	全局	车辆劫警	是	否	否	否	

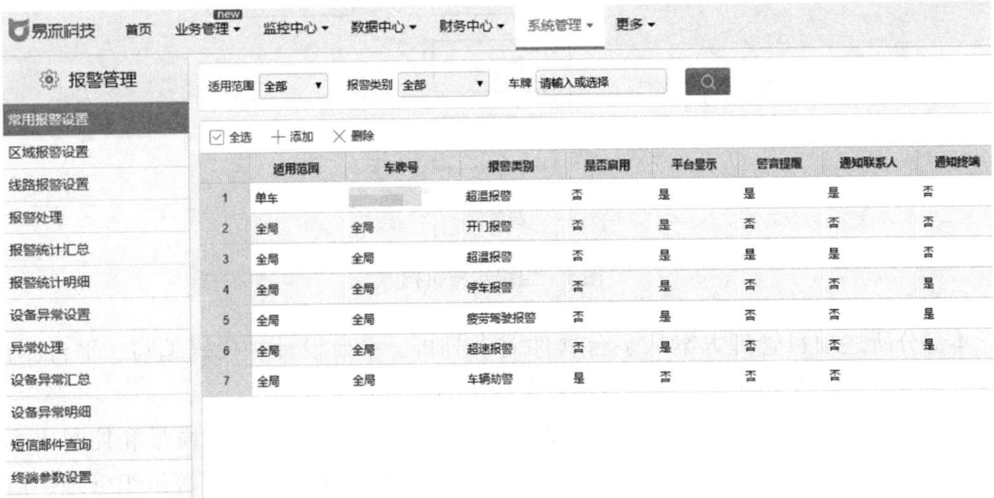

图4　对车辆异常行为的规则设定

（三）系统开发中遇到的问题及解决方案

在项目开发过程中，遇到的第一个问题便是如何保障该项目顺利推行下去，应该采用怎样的管理策略和办法，如何安排人员，如何资源分配等。第二个问题就是关于时效，如何让司机自愿去采集时间数据，如何把采集到的数据与设定数据自动比对，如何把时效管理做得更加精细，等等。

1. 如何保障该项目能够顺利地执行下去

项目实施将组织项目领导小组，在项目总负责人主持下，各司其职，有关业务和技术部门作为小组成员，接受工作协调。整个项目的组织实施机构如图5所示。

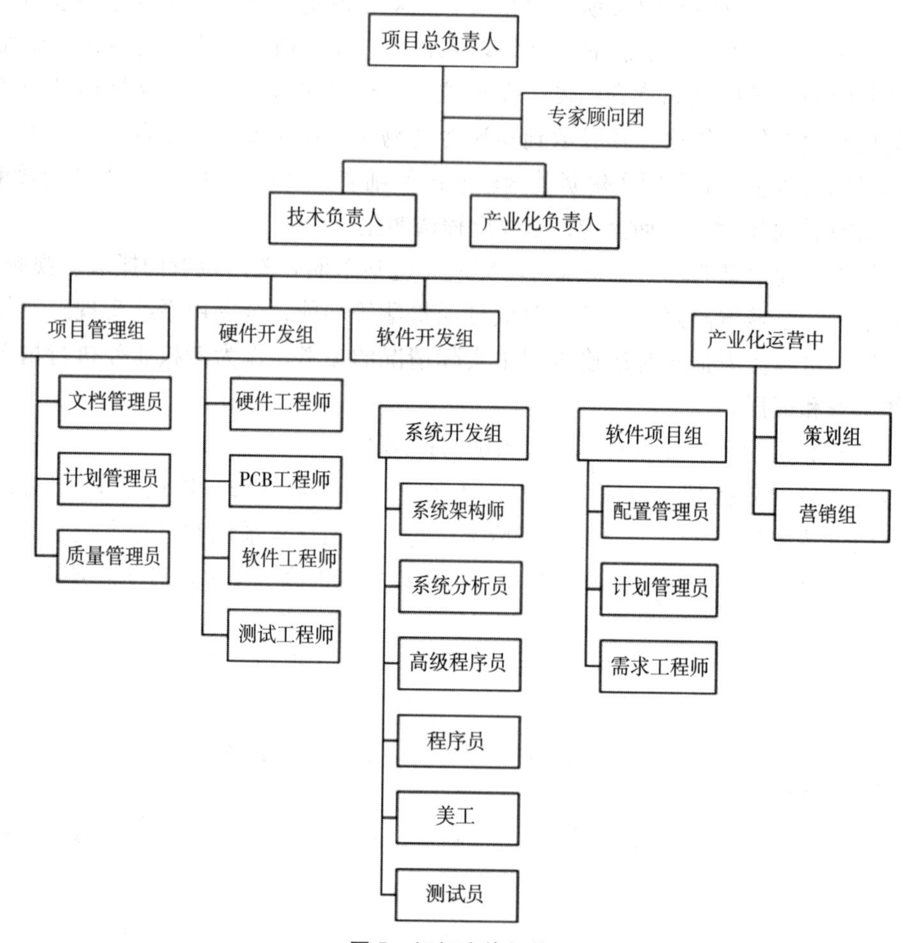

图5　组织实施机构

本部分所述项目管理方案从平台软件需求分析、平台设计、代码编写、平台测试、平台安装及试运行等全过程，是涵盖项目全过程的项目管理方案设计。

项目管理的目标和范围：项目管理的目标是，在遵守工期、保障质量和控制成本的前提下，按照项目的建设目标以及项目范围的要求，从范围管理、资源组织管理、沟通管理、采购与分包管理、质量管理、成本管理、风险管理、时间管理等方面展开科学、严格地管理，使本项目的建设顺利完成。

（1）从多角度分析项目管理对象如下。

①自然实体对象：承担建设的单位、资源（人、设备、工具、资金）；

②工作产品对象：图纸、技术手册、需求说明、技术方案、实施方案、拟开发平台（中间状态、完成状态）；

③管理过程对象：项目的范围管理、资源组织管理、沟通管理、采购与分包管理、

质量管理、成本管理、风险管理、时间管理计划、项目报告、项目合同。

(2) 项目管理方案的设计流程和特色。

根据项目管理需求信息，我们可以依据本项目建设管理方案，设计如图6所示。

规范化项目管理确保高质量实施和交付

实施流程	方案咨询	项目启动	需求调研	设计	研发	测试	实施	售后
输出	项目解决方案	行业咨询报告 项目实施计划	用户需求说明书 需求规格说明书	概要设计文档 详细设计文档		测试用例 测试报告	实施计划 操作手册	维护手册

图6　项目管理方案设计

(3) 项目管理策略。

项目范围分析之后的首要任务是确定项目管理的策略，以便为制订科学实际的项目管理方案提供合适的框架，这种策略的制定基于：对项目目标和范围的清楚认识，采用符合国际标准的、经过实践验证的项目管理方法论，分析本项目的管理难点和重点。

根据同类或其他行业大型项目的管理实践，基于“科学、务实、严格、敬业、协作”的项目管理策略，适合于项目的各个阶段，适合于项目整体或某个局部的项目管理。

2. 如何准确抓取车辆发车和到达分拨中心的时间信息，作为时效判断的依据

首先需要标注分拨中心的地理位置，我们通过用矩形和多边形等不同样式来最大限度地接近真实的分拨中心形状，另外，这些形状还可以选择不同的颜色以示区分，增强管理的自主性。通过在电子地图上按照实际物理位置进行对应描述，就把实际地域中的区域管理统一放在一张电子地图上，简化了操作难度，也提高了工作效率。

四、信息化主要效益分析与评估

(一) 信息化实施前后对比

1. 车辆调度效率至少提高三成

该企业在使用易流科技研发的易流冷链物流一体化温控云平台之后，各方面均取得了明显进步，无论是物流信息化服务能力上，还是企业日常管理效率上，都有目共睹，特别是在调度效率的提升上，效果尤为显著。

小田冷链物流目前各类运输车辆上百余辆，在未使用信息系统之前，所有车辆采用

传统的电话调度和单据管理的方式，我们做一个估算：一个调度人员每调度一辆车大约需要 2 分钟时间，假设 500 辆车中 100 辆车需要调度，那么就需要约 3 小时才能完成全部调度任务。况且，随着冷链服务范围和业务的进一步延伸，全国网络布点会进一步加快，到时运输网络会更加复杂，就会造成调度人员更大的工作压力。所以，必须改变之前这种单靠调度人员个人经验用电话调度的传统方式了。

在接入了该系统之后，经过一段时间的熟悉后，调度人员全部掌握了应用系统手段进行车辆调度的方法。现在，无论车辆司机在任何地方，系统都会立即把运输任务发送到司机的手机上，这种调度方式，从确定调度信息到成功下发调度指令，100 辆车最多不过 2 个小时，相比之前，效率足足提高了三成。

除以上提到的几点之外，信息系统相比电话调度的另一个优势在于调度历史数据的保存上。电话调度无法保存调度指令，即使出错，也无法有效追究，但信息系统不同，系统依靠数据存储功能可以把调度的每一次指令都详细记录在案，细化到调度时间、调度人员、调度内容，这样就会对调度造成无形的约束，使其注重调度效果，避免低效率调度甚至错误调度情况的发生。

2. 运输时效合格率提高 50%

时效性成为冷链物流企业的第二竞争利器，贯穿企业经营管理活动的始终。保证实效性就是要保证货物能够按照客户约定时间，准时、安全地送货上门。但在没有接入信息系统之前，货物在流转过程中的时间节点只能依靠人工笔录的方式来记录，这种方式既费时费力，还无法保证不出差错，当货量较大时，出错概率就成倍增加。另外，依靠人力记录的方式无法快速完成信息的有效传递，流通环节越多，造成的快件信息传递的效率就越低。

小田冷链物流自实施该系统以来，系统通过对其网店及中心进行区域模拟电子化处理，把以上区域信息描绘在电子地图上，车辆到达指定位置时，自动触发系统进行时间信息抓取和时效自动判断，大大降低了人为操作带来的低效率。同时，系统记录司机的“发车、到达”时间信息，可作为时效考核的数据依据。

除以上准点率显示之外，系统还对晚点的车辆和线路进行考核，有效地提高了司机的时效意识。相比之前，运输效率显著提高，客户满意度大大增强。

（二）信息化实施对企业业务流程改造与竞争模式的影响

1. 物流过程信息化，大大加快了企业运营效率

原始的物流操作方法，大大制约了小田冷链物流的高速发展，物流环节信息化薄弱已经成为影响其运营效率的重要因素。为改变物流效率低下这一现状，小田冷链物流通过应用信息化手段，接入易流冷链物流一体化温控云平台，把物流过程中的低效环节通过全程技术改造，真正做到运输过程信息透明、可控。通过应用以上信息化系统，企业无论是在调度效率上，还是在车辆管理、司机管理效率上，相比之前，都有明显的进步。

通过信息化技术改造，改变了企业之前人工录入数据的原始模式，把人从低效的手工录入工作中解放出来，同时，通过信息系统，可以轻松实现数据流的快速流动，这样自然就加快了下一环节的决策效率，通过信息的不断流动，信息传递效率的优势不断

体现。

就拿提升调度效率来说，系统通过即时定位、迅速获得车辆的最新信息，再配合系统批量调度功能，实现了车辆的实时在线调度，把之前的重复调度改变为单次调度。同时，调度信息通过系统实时推送，及时发送到司机的手机上，保证了调度的高效率。

2. 物流信息化促进企业经营模式从拼规模向拼服务转变

在冷链物流业发展的今天，几乎所有的企业都已经意识到必须改变当前单纯依靠规模竞争的发展方式，取而代之的是以服务为主的现代管理理念。小田冷链物流作为冷链行业中的有影响力的代表企业，深知规模效益不是长久的发展之计，要想在冷链行业长期占据行业领军地位，就必须应用现代新技术、新理念对行业进行深层次的技术改造，使其适应行业的发展。

小田冷链物流股份有限公司通过应用易流冷链物流一体化温控云平台系统之后，各个网点之间、各个分拨中心之间、网点和分拨中心之间就能通过实时信息交互，进行全流程的业务安排，这样货物在每一个环节的流转过程就一目了然，这无疑提高了业务流通效率。

另外，通过高效的物流信息系统，把客户最想要的信息及时推送，展现到客户面前，通过与客户在线信息交互，挖掘客户兴趣点，提高服务质量，转变之前的被动服务为当前的主动服务，提高企业服务质量，持续锻造核心竞争力。

（三）信息化实施对提高企业竞争力的作用

1. 信息化能力越强，与终端客户的距离就越短

当前，在物流市场过剩的前提下，用户选择物流企业，必然选择与自己相近的企业，这里并不是指距离上的远近，而是关系上的远近。而要想与终端客户拉近距离，除了传统的客户拜访之外，建立与客户的在线沟通平台和机制是最便捷和有效的办法。如现在比较流行的微信、QQ、钉钉、官方网站等拉近了人与人之间的距离一样，服务企业与客户企业之间，通过一款高效的信息化系统，实现企业之间信息的互联互通，这直接拉近了与客户企业之间的距离，并且，这个系统的信息化程度越强，与企业的关联越深，自然与企业的距离就越短，就越容易获得企业的信赖，越容易获得更多的订单，这也是为什么老客户能够带来更多的利润的根本原因。

2. 信息化能力已经成为企业选择物流服务商的基本要求

现如今，信息化水平已经成为企业实力的衡量标准。一个企业是否具有竞争优势，信息化水平高低俨然成为一个重要标志。有些物流需求企业甚至在招投标的文件中，明确提出，物流服务企业需要具备一定的信息化能力，在冷链物流领域这种情况更加常见。

特别是，在国内空前重视食品安全的大环境下，作为保障生鲜食品运输的主力，冷链物流企业自然需要具备一定的信息化能力，就是得具备物流全程信息的透明化能力，可以做到物流全程关键信息的全程可视和可追溯，这样既增加了相关企业对物流服务企业的信任感，也是对物流企业自身的保护。可以说，物流透明化能力已经成为冷链物流企业获得核心竞争力的有效保障。

五、信息化实施过程中的体会、推广意义

（一）企业信息化建设是一个持续完善的过程，无法一蹴而就，一步到位

企业信息化的目的是提升企业整体运作的效率和效益，所以企业信息化发展要想发挥更大的促进作用，必须与具体企业的发展实际相符合，特别是与企业当前的业务流程、发展模式、发展特点、经营策略、组织结构等发展息息相关。正因为企业处于不断的发展过程中，流程、模式等都不可能长期一成不变，所以企业信息化为了适应企业发展，自然也处在不断的发展更新中。

另外，企业信息化发展都与相关企业对自身企业信息化的认识有关。我们发展，大多数企业对自身企业的信息化认识无法做到一个整体、完整的方案，绝大多数企业信息化处于不断的完善之中，都是随着自身企业对信息化以及自身业务认识的不断深化而深化的，这也从一定程度上决定了企业信息化建设和发展道路是不可能一步到位。

经过多年的物流信息化实施，我们总结出 8 成以上的具备一定规模的物流企业，其信息化都会走个性化定制的道路，都会按照自身的物流信息化实际和企业业务发展实际按照“适度超前”的原则设计。反过来，信息化实施企业也就很难通过打造一套标准的产品来通吃，多是根据企业的实际进行定制，并且这种趋势越来越明显，同时，必须随着企业的不断发展信息化需要不断更新迭代，即行业内“快速迭代，小步快跑”的策略。

（二）SaaS 服务模式更适合中小微物流企业的信息化服务现状

在本案例的实施过程中，受到应用企业的大力支持和欢迎，相比以往的实施道路，本案例的实施之所以可以取得比较好的评价，总结起来，SaaS 服务模式功不可没。

SaaS 模式是一种全新的服务模式，简单来讲，就是物流信息化需求企业，不再需要自己建设信息系统、不需要承担系统所需的技术和资金成本，而选择直接向物流信息提供商购买服务，并且，可以选择按需购买，企业可以只选择自己需要的功能和服务即可；另外，需求企业只需要按月支付服务费即可，系统的维护、运营、升级全部由提供商负责，大大降低了需求企业的系统使用成本，也避免了需求企业因为自建系统而带来的资金占用和实施风险。对于中小企业来说，是一种全新的信息化服务模式，就目前而言，也是最适合的服务模式，该模式已经推出，就受到服务企业的普遍好评，该模式已经成为物流信息化发展转型升级的新突破口，表现出强大的影响力和生命力。

（三）以信息化引领行业发展先机，促进企业创新发展

深圳市易流科技股份有限公司经过十年的发展，在冷链物流行业的市场占有率为全国第一。公司与沃尔玛、伊利集团、蒙牛乳业、郑明现代、荣庆物流 3000 家企业合作，服务冷链物流车辆 20000 多台。为其提供全程冷链物流透明化解决方案。在冷链物流透明管理领域积累了丰富的经验和市场口碑。

本平台将现代信息技术应用于冷链物流产业，实质是物联网在物流细分领域的实践应用。对于物联网在物流领域的应用，虽然当前还处于初级阶段，各种传感设备无论是从技术

成熟度、市场认可度、成本支出等都存在较大的进步空间，但物联网的趋势已经十分明朗，物联网在冷链物流领域的应用必将迎来新的高潮。从本平台的实施效果来看，较好地占据了行业先机，率先帮助企业实现了冷链物流全程温度透明化管控，奠定了其行业区域领导地位。

（四）重新认识物流信息化是企业实现发展升级的基础

近年来，我国冷链市场发展可以说是日新月异，各种新发展思路和发展模式层出不穷。传统依靠人手、经验管理，靠规模效益的模式越来越难以为继，整个冷链市场从之前的规模经营模式逐渐走向“小批量、多批次”的新模式，这倒逼服务于冷链市场的冷链物流业也顺势转向“重服务、重质量、重体验”的新发展阶段。

这个阶段，物流信息化不仅仅是企业发展升级的工具，更是企业实现技术驱动和创业驱动的基础，是企业转变发展方式，实现模式升级的杠杆。这里重点强调的已经不是它的工具性，而是基础性和扩展性。这个阶段，冷链物流企业已经不仅仅满足于实现基础的信息上网、位置可规、数据流转等基础功能，这些具备一定信息化实力的企业基本都已经达到，已经基本不具备竞争力，无法形成有效壁垒。这个阶段，冷链物流企业关注更多的是物流信息化如何帮助企业实现价值放大，实现业务扩展，实现产品升级，这个阶段，物流信息化已经不是简单的管理手段和工具，已经成为企业新的管理思路和管理方式，已经成为企业获得业务发展和服务升级的重要基础平台，已经成为企业的生产者和参与者，而不仅仅是参与者和辅助者，这是本质区别。

所以，必须改变之前传统的信息化作为工具属性的思维惯性，以一种全新的视角重新审视物流信息化在企业发展中的角色和地位。必须从观念上做出改变。这是企业实施物流信息化升级的起点，也是最重要的一步，这直接决定了企业后续信息化能在企业发展中起多大作用。

六、本系统下一步的改进方案、设想及建议

（一）本系统下一步的改进方案、设想

本系统把移动互联技术融入到系统的建设过程中，随着移动互联技术的不断成熟和发展，系统一样也会不断地应用该技术的最新成果，不断地对系统进行优化和改进，以提供给用户最具有竞争力的问题解决方案和最舒适的系统操作感受。

下一步，我们除深入应用移动互联技术外，同样尝试物联网技术、无线射频技术、无线通信技术、无线视频监控技术的不断应用，进一步加深信息技术的应用层次，拓展应用范围，不断促进行业新新技术与行业具体业务的深度融合，提高系统的适应性和高效性。具体从以下几个方面进行改进。

1. 提高系统的兼容性，实现与企业业务系统和管理系统的深度对接

随着信息化的不断发展，许多大中型企业都已具备信息化服务的能力，但在这些信息化的建设中，普遍存在着系统孤立、业务隔阂、数据流程化效率低下等问题。这与深度发展的行业现状严重不相符合，行业内迫切需要能够将企业内外部系统进行有效衔接，可促进企业业务发展升级，提升企业管理效能的综合管理系统。

易流冷链物流一体化温控云平台根据行业发展要求，通过开发公共接口协议，设计系统功能接口，提高系统的兼容性和扩展性，实现对不同客户不同业务系统和管理系统的深度对接。到目前为止，我们已经具有与客户的订单系统、仓储系统、配送系统的对接经验。下一步，我们将不断拓展系统的对接能力，努力把系统做成能够提供整套对接能力，实现对不同级别客户的层次化对接的智能化系统。

2. 进一步实现在手持设备、智能手机、平板电脑上的跨平台系统应用

随着信息技术应用的不断成熟，把信息技术搬到手持设备、智能手机、平板电脑等移动终端上已经越来越迎合市场，凸显出巨大的市场潜力，就单拿智能手机应用一项，根据艾瑞咨询统计数据显示，2012 年中国智能手机保有量达到 3.6 亿。关于智能手机的应用数量已经突破 100 万个。移动终端应用市场潜力巨大。

只有适应市场，才能赢得发展空间。易流冷链物流一体化温控云平台也认识到这一市场前景，下一步，我们将不断挖掘市场需求，整合市场资源，集合优势团队专门针对智能终端进行平台开发移植，尽快提供客户基于车载终端、手持设备、智能手机等移动终端的跨平台智能信息系统服务。

3. 提高系统操作的便捷性和系统性能

下一步，将继续改进系统操作的便捷性和系统性能。要提高便捷性，就必须从客户角度出发，深挖客户需求，设计出符合用户操作习惯的简单、易用的智能操作系统。继续做好对客户的前期调研和后期走访工作，收集用户在系统操作过程中遇到的问题和真实感受，整理、归纳出改进思路，不断完善系统开发经验，提高用户系统操作感受。

对于系统性能，除不断进行技术革新，提供更加优化的算法，节省系统操作资源占耗外，将不断加深行业知识理解，优化系统行业操作流程，提高系统的总体性能。

（二）对物流信息化的建议

首先，对于整个物流行业信息化建设来说，人们普遍关注物流过程中的生产过程信息化，人们想方设法通过生产信息化压缩成本，提高生产过程效益，但人们普遍忽略了运输过程的信息化建设，运输过程作为商品流通的必然环节，对企业利润起到举足轻重的作用。在物流行业，运输成本已经占到企业经营成本的三成甚至更高，提高运输环节管理效率，压缩运输环节成本支出，对提高企业整体经营效率有重要价值，运输过程信息化必不可少。所以，易流建议所有与物流活动有关的企业，有必要重新认识物流活动中运输环节信息化建设的重要性，注重运输过程效率的提升，挖掘运输环节的成本和效率潜能，提高企业的整体效能。

其次，针对物流过程的信息化建设，不能简单依靠几套先进的软硬件设备，就想收到明显的效果。要想彻底提升整个物流环节的管理效能，除投入以上基本的软硬件设备之外，还必须同时具备先进的物流管理方法，必须把硬件优势和软件优势充分结合起来，才能发挥出应有效益。

最后，系统在建设中，难免会有所疏忽，希望系统的使用者能够在系统的使用过程中不断地提供宝贵意见，以期我们再一次系统升级时能够取得更大的进步，以提供用户最优化的系统信息服务。

炎黄盛海（天津）科技发展有限责任公司：天津市物流企业统计信息平台

一、应用单位简况

天津市发展和改革委员会是贯彻落实国家关于国民经济和社会发展、经济体制改革、对外开放和价格管理等方面的法律、法规、规章和政策，起草相关地方性法规、政府规章草案并组织实施。

二、协助单位简况

天津市现代物流协会是经天津市社团局 2012 年 4 月批准成立，具有法人资格的社会团体。主要任务是发挥行业组织的服务、沟通、协调和监督功能，为政府、为社会、为行业、为企业提供服务，为促进现代物流业的发展，建立天津现代物流体系做贡献。有理事单位 80 多家，会员单位 300 多家。

在物流企业经营统计信息平台项目中，天津市现代物流协会为落实《天津市现代物流业发展“十三五”规划》（津发改规划〔2016〕532 号），准确掌握我市物流业运行情况，依据《天津市物流统计报表制度》（津统批函〔2017〕1 号）有关规定，自 2017 年起协助天津市发展和改革委员会开展全市物流统计工作。

依照《中华人民共和国统计法》和国家有关规定，对天津市境内从事物流配送、流通加工、包装、仓储、运输等相关服务的专业物流活动的法人单位或从事自主物流活动的法人单位，进行物流设施、经营、运营和景气情况统计。为反映全市物流活动的规模、结构、效益和发展变化情况，为政府相关部门制定物流业发展政策及规划、进行宏观管理提供科学依据，为国民经济提供基础数据。

三、案例解决方案要点概述

《物流企业经营统计信息平台》的首要任务是反映天津市物流企业活动的规模、结构、效益和发展变化情况，为政府相关部门制定物流业发展政策及规划、进行宏观管理提供科学依据，为国民经济提供基础数据支持。

（一）天津市物流企业经营统计信息平台介绍

天津市物流企业经营统计信息平台本着统一规划 、分步实施的开发原则，一期实现天津市物流企业的实时经营数据采集、通过平台强大的数据统计、分析能为天津市发展和改革委员会科学制定物流规划和政策，加强宏观调控提供重要数据参考；对于准确把握区域物流运行情况和发展趋势具有重要作用。二期实现物流企业的各项考评，评选出成长性良好的企业和区域重点支持的发展企业等。三期实现政府、协会、企业的互联互通平台，实时发布行业政策情况，受理物流企业的疑难杂症，监督各级办理的效率，把问题的解决方案形成知识库。

（二）信息平台采用的技术

1. 主要性能指标

主要性能指标如下表所示。

主要性能指标

性能指标	内容
兼容性	可直接对 B/S 产品进行整合，同时，可对其他应用系统进行数据提取及二次加工
可扩展性	平台是完全开放的，可完全实现客户“随需应用”
支持集群部署	平台在系统数据不断增加以及应用人数不断增加时，可进行集群部署，确保稳定性和安全性
海量数据支持	支持 ORACLE、SQLSERVER、MYSQL、DB2 多种数据库
数据安全	平台首先从 J2EE 应用技术底层提供了一个保障，同时，从加密方式、登录方式、应用部署（可选择多种数据库，进行分层部署）等多方面提供了良好的安全保障
分层部署	平台可分三层进行部署，同时有集群监控，可最大限度保证数据安全以及服务运行的不间断性。而一般的产品只能做到分两层，而且不支持集群
对于不同格式文件的支持	支持目前流行的大多数格式，如，doc、txt、pdf、avi 等，可在系统内直接应用
门户自定义	用户可以从平台中自动订阅系统内部以及外部的不同资源，所有模块工作台皆可以自定义
分级授权	可提供二级管理员功能，可对于不同工作流程中的每一个节点、每一个字段进行单独授权
界面自定义	可提供五套不同的应用界面，同时提供整个软件的换皮肤功能，用户可以极为方便地集成现有的 LOGO 以及自己的操作风格
模块自定义	用户可自定义模块及功能分布，可从最底层进行系统功能规划

2. 技术解决方案

本技术方案提供了先进的“平台 + 应用”的软件方案，该平台方案的主要技术特点如下。

①基于 J2EE 先进技术平台，安全、可靠；

②基于 MD 模型驱动架构，屏蔽低层技术，随需实施新应用；

③基于 WfMC 和 BPMI 国际标准，标准、开放；

④提供完整的流程应用开发、运行、监控、分析平台；

⑤提供各种集成工具和接口，集成目标平台无关性（可以是J2EE、.Net、C/S、Lotus）；

⑥基于Web技术的开发端，支持动态模型加载；

⑦方案除提供强劲的BPM服务外，还提供开放源码的标准J2EE服务。

3. 平台介绍

成熟先进的基于Java技术和Model Driven，MD模型驱动思想的业务流程快速开发、运营管理和应用集成的平台。

4. 服务部署方案

①支持服务器端的三层部署方案（HTTP服务、平台服务、DB服务）；

②支持服务负载均衡方案（HTTP服务多机负载、平台服务器多机负载）；

③支持对现有Weblogic、JBoss等J2EE应用服务器应用、.Net服务器应用、传统CS结构应用、无线应用的集成；

④支持混合异构服务器的分层部署（服务器环境为Windows、UNIX系列、Linux的混合模式）（见下图）；

⑤符合国家安全等级保护三级标准。

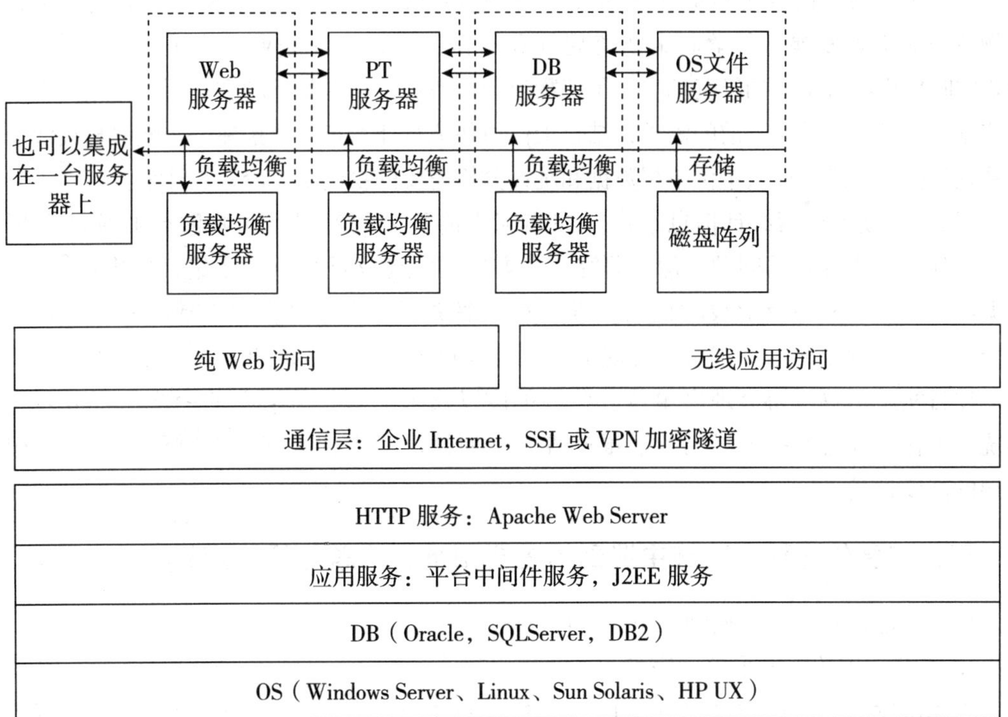

服务部署结构

（1）统计内容。

主要统计内容包括物流设施、经营、运营情况等。

（2）统计对象。

统计对象为天津市境内从事物品配送、流通加工、包装、仓储、运输等相关服务的专业物流活动的法人单位，或从事自主物流活动的法人单位。

具体包括：①专业物流活动，指《国民经济行业分类》（GB/T 4754—2011）中“5320 铁路货物运输、5332 货运火车站、5339 其他铁路运输辅助活动、5430 道路货物运输、5449 其他道路运输辅助活动、5521 远洋货物运输、5522 沿海货物运输、5523 内河货物运输、5532 货运港口、5539 其他水上运输辅助活动、5612 航空货物运输、5639 其他航空运输辅助活动、5700 管道运输、5810 装卸搬运、5821 货物运输代理、5829 其他运输代理业、5911 谷物仓储、5912 棉花仓储、5919 其他农产品仓储、5990 其他仓储业、6010 邮政基本服务、6020 快递服务、7293 包装服务”23 个行业小类的专业物流活动；②自主物流活动，指《国民经济行业分类》（GB/T 4754—2011）中“B 采矿业、C 制造业、D 电力、热力、燃气机水生产和供应业、F 批发和零售业”4 个行业门类的自主物流活动。

（3）统计范围。

本报表的统计范围为：①从事专业物流活动的法人单位；②从事物流活动的工业、批发和零售业法人单位。采取抽样调查的方式，每个行业抽取部分企业调查。

四、项目在实施信息化之前存在的问题

天津市发展和改革委员会按照市委、市政府加强天津市物流企业景气指数分析，指导物流企业宏观发展，科学制定物流规划和政策，支持物流企业重大项目建设的指示，需要实时采集物流企业的经营动态，了解物流运行态势、存在的问题和差距，为相关决策提供依据。市发改委针对当前的需求，结合天津市物流行业特点，要搭建一套能够与天津市统计系统相衔接、满足样板单位申报数据和统计分析需要的物流企业经营统计平台。

《天津市物流经营统计信息平台》在实施之前我公司针对本市物流行业统计数据开发、实施过程中存在的问题，深入研究，多方协调。建立项目领导小组，提出项目管理、数据收集、项目实施及上线时机的要求。及时解决项目实施过程中出现的问题，开展百家企业以上大规模的培训三次，在规定的上线时间之内完成系统的全面展开工作。

项目实施后物流协会理事单位、会员单位以及未加入物流协会的单位也积极参与此项统计工作，而且数据的及时性、准确性、全面性已经得到天津市发改委及统计局相关领导的高度评价。

五、信息化进程，实施中遇到的主要困难、问题与解决措施

在平台建设过程中，遇到如下三方面问题。

1. 需求分析的精准采集和完善

天津市发展和改革委员会在之前没有建设过类似的大规模企业经营数据采集系统，在建设初期没有形成明确的建设要求，我们通过发改委协调市统计局，从统计数据采集的要求上提出需求，结合我司多年的物流企业核心业务流程信息化建设经验，完善对需求分析的精准采集。

2. 物流企业经营信息平台信息安全等级保护三级评审测评

物流企业经营统计软件应用系统是基于互联网应用的云平台系统，为了保护上报企业的数据安全，市发改委要求物流企业经营统计平台项目定级备案。并且要达到等保三级的测评。系统完成部署后，我们积极配合市发改委按照国家信息安全等级保护管理办

法和等级保护测评规范，协助甲方完成被测信息系统专家评审及定级备案工作。

3. 物流企业的上线培训

上线企业分布在天津市各区域，负责系统填报的企业员工年龄参差不齐，对电脑的使用水平也高低不齐。一星期内开展百家企业以上大规模的培训三次，同时经过政府发文、培训通知、现场培训、视频培训、微信群沟通互动等一系列工作，终于圆满完成培训工作。

六、信息化主要效益分析与评估

1. 信息化实施前后的效益指标对比、分析

解决天津市物流行业统计数据空缺问题。

2. 物流统计平台的实施对物流行业业务竞争模式的影响

物流企业虽然只有短短几十年的发展历史，随着电子交易的蓬勃发展，现代物流行业也逐渐流行，兴盛起来。以国际观点来看，现代物流行业被看作是国民经济发展的基础，甚至是不可缺少的基础。物流业的发展程度已经成为一个区域甚至是国家的现代化水平以及综合竞争力的综合体现，因此，作为物流行业中非常重要的一个环节，即物流管理中的统计，其重要程度也是越来越明显了。

地区物流行业统计数据是物流企业在提高行业竞争力的重要组成部分，虽然说天津属于港口城市，但物流企业竞争力与其他港口城市相比还存在一些不足，因此物流行业统计数据在提高行业整体竞争中是不可以忽视的重要依据。基于物流行业的现状，通过行业详细数据分析，以竞争优势理论、新经济新物流理论为基础，通过建立物流行业企业信息化导入模型，寻找出可操作性的策略指导方案，使企业在行业竞争过程中实现价值增值。通过数据分析研究物流行业的现状、发展趋势和存在的误区。

七、信息化实施过程中的主要体会、经验与教训

在经济水平飞速发展的物流行业中，地区物流数据统计成为了本地区行业目前非常重要的一项工作，它能够充分地对我国地区性物流企业目前的经济发展现状进行反映。所以行业的发展应引起国家各级领导人员、有关部门以及人民群众的高度重视。但是在物流行业发展过程中，尤其是物流行业统计工作中的一些不足之处，对整个物流行业的稳步发展产生了较为严重的影响。

《天津市物流统计信息平台》对于天津物流行业中的物流、信息流和资金流进行详细的统计，探索物流业的衍生服务，建立借鉴国际物流经验、适合我国国情的物流服务模式。平台具有以下推广意义：①经济全球化和产业竞争区域化呼唤新型的物流统计平台；②为优化现代物流增值服务，积累了新的理念；③降低区域物流行业的运行成本，提高区域物流资源配置效率，增强市场反应能力，提升行业市场核心竞争力。

八、本平台下一步的改进方案及设想

项目后期将开发完成物流企业与政府互通的一个平台，实现“地方政企互通服务信息化平台”。推动当地经济与物流业的发展充分融入全社会快速发展的大潮中来，促进地区物流业快速发展。

中国电信物流行业信息化应用（广州）基地：易迁易物流服务云平台——助力易迁易公司打造华南地区首个汽车零部件供应链物流平台

2016 年 8 月 1 日，中国电信物流行业信息化应用（广州）基地助力广东易迁易物流科技有限公司打造的华南地区首个汽车零部件供应链物流平台——易迁易物流服务云平台正式上线。

一、应用企业简况

广东易迁易物流科技有限公司（Guangdong ETE Logistics Technology Co. , Ltd. ）（以下简称易迁易公司），由 2008 年成立的第三方物流公司 CEO 领投，企业创始人在物流行业的从业及经营时间长达 15 年。由金融产品领域专家参与平台资本运营战略规划，组织技术团队实现线上产品配合线下运营，共同打造“易迁易物流 + 互联网”生态圈。

二、物流（广州）基地简况

中国电信物流行业信息化应用（广州）基地（以下简称“物流（广州）基地”）是源于中国电信的物流信息化服务运营商，于 2013 年 3 月挂牌成立，由广东亿迅科技有限公司运营。广东亿迅科技有限公司是中国电信股份有限公司的下属全资专业子公司，成立于 2001 年 11 月，企业员工总数超过 2000 人，拥有 10 余项 IT + CT 行业资质，20 余项国家/省/市重要荣誉，93 项软件著作权，107 项已申报专利，30 余项主持或参与制定的行业标准，61 项软件著作权。

物流（广州）基地长期深耕物流行业，其品牌实力备受行业认可，先后获得过“中国物流信息化十佳服务商”“中国物流创新奖”“中国物流社会责任贡献奖”“中国最佳物流信息化服务企业”等称号。物流（广州）基地的专业团队积累了丰富的行业物流信息化服务经验。物流（广州）基地自成立以来大力推动技术创新，并拥有多项自主知识产权产品及解决方案，在软件、服务解决方案等方面拥有较强的科技创新能力。物流（广州）基地特别在“快递业务管理”“零担业务管理”“物流业务定位”“无车承运人”等方面投入重点资源，研发出一批具有自主知识产权和行业领先技术水平的产品。物流（广州）基地自主研发的“一种定位方法、定位引擎和物流信息管理系统”成功申请为国家知识产权专利。物流（广州）基地在技术研发方面坚持自主创新、重点跨越、支撑发展、引领未来的方针，增强共性、核心技术突破能力，增强原始创新、集成创新和引进消化吸收再创新能力，与重点行业和重点客户紧密结合，大力发展多层次的业务与解决方案。

三、项目情况介绍

物流（广州）基地与易迁易公司在2015年达成战略合作协议，双方联手打造易迁易物流服务云平台，致力于推动第三方物流服务行业（特别是汽车物流行业）的标准化服务体系建设与发展。

物流（广州）基地与易迁易公司积极开展业务交流，多次派出多名行业专家与易迁易公司交流区域物流业务发展，同时技术专家充分调研易迁易公司信息化现状，方案专家与易迁易公司高层共同讨论制定业务运营模式。最终，物流（广州）基地基于易迁易公司现有的汽车平部件供应业务运作模式和标准，制订以易迁易物流服务云平台为核心的汽车零部件供应链管理解决方案，对物流环节中的长途干线、区域配送、定制运输、仓储保管、国际货代等服务环节进行标准化管理，充分整合社会运力、第三方物流、开展轻资产运营。易迁易物流服务云平台全面助力易迁易公司构建新型业务模式，迅速在全国范围内扩张业务，使易迁易公司得以提供更高质量的可视物流运输服务，满足了公司在“互联网+”大趋势下的转型需求。

易迁易物流服务云平台的事业愿景如下。

第一，通过精准线下服务定位、业务模式重构；借助互联网信息技术，以B2B服务定位，以B2C管理定位，建立一个为货主带来直观降成本、安全保障，具有独特基因的标准化定义，为用户提供极致服务过程体验的可持续平台发展体系。

第二，建立一个以社会责任为核心、以行业发展为目标，以共生共存为基础，多方参与且符合“公平、公正、公开”的物流服务过程的供应链关系的国内首家以F2F的营销模式，为持续大宗物流需求的产业客户群，以订单驱动打造B2B供应链交付领域O2O物流运营服务平台；并向发掘交易价值导入金融产品为货主、运力提供运费保值、增值服务，向免费物流目标努力。

四、项目方案介绍

易迁易物流服务云平台致力于打造汽车生产配件运输配送一站式服务，涵括基础物流活动管理、在线交易、物流增值服务等，形成汽配行业服务生态圈的行业服务新模式。

（一）系统需求概述

易迁易物流服务云平台的建设服务于有持续需求的产业客户群，将商流、信息流、资金流、物流有机结合，以订单为驱动，将货主、服务商、物流管家、运力司机以及运营商进行业务关联，实现商流、数据流的运转，持续提供高效率的物流信息服务，经过多次需求调研和原型设计，规划开发九大功能子系统模块，涵盖了订单、货主、物流企业、司机、运力、资金等要素的全程信息化管理。

（二）系统实施计划

物流（广州）基地依据易迁易物流服务云平台目标提出平台建设演进方式，易迁易物流服务云平台采取平台+应用模式分步实施搭建，分为两个阶段实现平台整体搭建（见图1）。

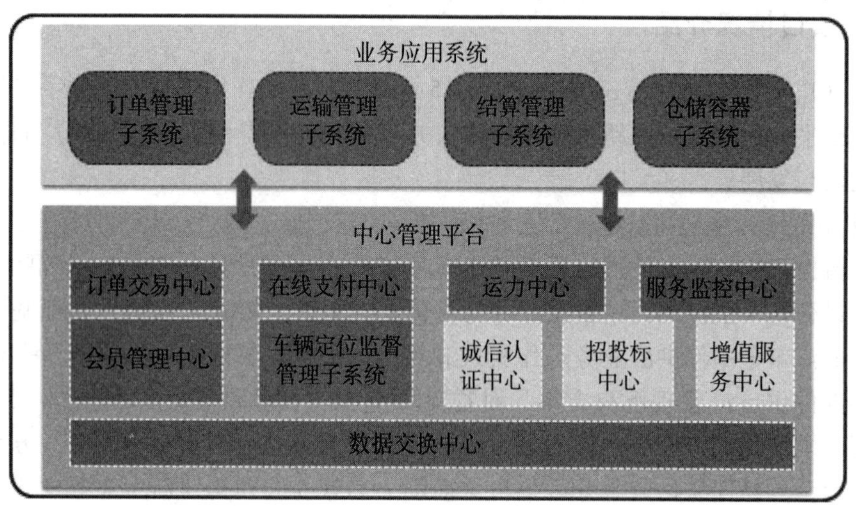

图1　易迁易物流服务云平台

1. 第一阶段

完成平台基础搭建，包括数据交换中心、订单交易中心、在线支付中心、运力中心、服务监控中心、会员管理中心、车辆定位监控管理子系统；完成业务应用系统建设，包括订单管理子系统、运输管理子系统、结算管理子系统、App 应用。

第一阶段侧重于平台基础搭建，初步实现平台业务流转和线下业务管理支撑系统，作为平台业务开展的基础系统，将支撑在平台实施的初级阶段的基础运营，以及为后续平台业务拓展提供基础框架。

2. 第二阶段

完成诚信认证中心、招投标中心、增值服务中心建设，进一步提升平台的易用性和业务拓展性。

（三）平台亮点功能介绍

平台采取 Web 端 + 移动端双覆盖的方式提供功能强大、便捷灵活的操作体验，满足各方不同的业务场景需求，充分提高物流管理效率。

1. Web 端亮点功能介绍

（1）智能下单（订单包）。

货主创建订单包后，系统自动判断线路运力是否有空闲运力，并自动下发一个订单，若订单被任意运力抢单后，平台会再次自动下发下一个订单，直到订单包内的订单所派发完，货主无须手工重复操作。

（2）运力监控。

直观展示每个货主下的运力及当前的最新位置，方便运力智能调度。

（3）运行轨迹。

实时记录与再现每笔运单的运作轨迹，提供过程分析数据，利于复盘和溯源。支持根据车牌号、开始时间与结束时间精确查询。

（4）服务评价。

提供对每单运输的过程评价，量化评价数据，提供报表到导出，为提炼优质运力和督促提高物流服务水平提供数据抓手。

2. App 亮点功能介绍

为了能够更方便地让应用人员查询到车辆的运输信息，平台提供了 App 应用，用于车辆的管理，并且在微信平台上能够通过信息交换完成运输信息的查询。

（1）抢单或派单。

提供两种订单受理方式，融合抢单和强制派单两种模式。

（2）任务管理。

移动端可以非常便捷地管理运单任务，各项工作和提醒一目了然（见图2）。

图2　任务管理界面

五、信息化主要效益分析与评估

平台整体上线后，企业运营效益逐步得到体现。

第一，突破单一业务盈利模式。基于现有的单链条业务运营模式，纵向深度发展深耕汽配行业，继而横向拓展业务运营范围，整合上下游资源，涵括配件生产 OEM、仓储、物流运输、金融/保险机构、汽车制造商等领域，打造汽配领域供应链服务体系。实现平台化运营，积累行业数据，引入金融产品、产品机构、汽车附属产业等，提供多元化的业务服务，形成产业生态圈。

当下物流企业在展业、资金、资源等多方面都遇到发展瓶颈，大多营收模式都是"一票制业务差价模式"，随着市场的开放和进入竞争者的增多，成本日趋透明化，物流服务商面临上游 OEM 厂商逐步挤压物流服务商的利润空间和本身的运营成本逐步增加的双重困境。

只有改变单一业务模式，重构业务模式，多点创收，扩充企业的主营物流业务以外的利润来源，同时经过流程优化乃至流程再造方式，锤炼业务流程，提升运作效率，降低运营成本才能突破困境。故此，打造行业多领域的新型综合服务平台，方可增强企业的服务能力和盈利能力，实现供应链资源效用最大化。

第二，业务整合，提升行业运作效率。搭建综合的服务交易平台，吸纳上下游资源入驻平台，聚拢行业订单资源和能力服务提供商，公平公开地撮合交易。上游 OEM 厂商可通过平台匹配到优质的物流服务提供商，下游服务提供商能依托平台实现新的业务增长。

易迁易物流服务云平台，通过平台 + 应用模式实现在线交易和服务监控。平台主营业务交易和业务监控，应用支撑运输过程管理，通过多手段的信息数据采集，实现服务交易和业务运作过程全程可视、可监控。

信息化手段支撑，订单计划实时性能显著提升，有利于对配送生产商—物流服务商—汽车总装厂全过程的运力资源、仓储资源和人力资源调度协调，利用 GPS/LBS 定位技术，智能调度系统根据生产计划能消除中间冗余环节和等待时间，精准调度，匹配汽车总装厂的 JIT 乃至 LeanPruduction 生产模式，链条上下游各环节的协调能力提升，提升链条的运作效率和稳定性。

第三，提升参与人盈利能力和发展空间。平台聚拢运力资源和物流服务商，达成统一的优势价格体系，提升物流服务商、车队的业务谈判能力，获取更多的业务发展机会和业务订单。

单一的业务运作盈利点低，采取平台整合方式，平衡区域差异化，消除价格壁垒，可以扩大参与平台的企业的盈利规模和能力。同时，引入物流金融、保险等，利于物流企业和车队企业融资扩大规模。业内的结算方式多为月结甚至季度结，极大地增加了物流企业和车队的资金要求，运费贷等物流金融产品能较好地缓解物流企业和车队企业的资金压力。

第四，优质服务体系，助力服务品质提升。易迁易物流服务云平台打造完善的行业服务体系，人工客服、在线客服、品控团队等依照服务体系，严格执行业务交易过程的品质监控，对异常业务及时纠偏和反馈，释放配件 OEM 厂商的跟单压力，协助物流企业和车队企业监控运输过程，保障业务运作过程符合度，提升整体的业务运作品质和上游厂商的服务满意度，增强企业整体竞争力。

六、信息化实施过程中的主要体会

"互联网 +"物流形成的首要途径在于改变原始的物流运作模式，全面推行信息化，实现智慧物流，所谓“互联网 + 物流”并不是简单地将互联网当成一种工具，而是真正从互联网的角度去看待传统产业，用互联网的思维创新性地解决传统产业存在的各种问题。单纯地建个网站、开发个车货匹配平台或者做个 App 发布一些信息，这些都不能解决物流行业发展的核心问题，只有顺应互联网发展模式，利用平台化发展优势，在智能匹配、运营监控等方方面面实现资源共享，充分利用物流大数据、整合足够的资源，才能实现整个物流生态圈的良好运作。

七、系统推广意义

在 2015 年政府工作报告中，国务院总理李克强首次提出“互联网 +”计划，让这一新名词的热度几近沸腾，网络经济的发展也开始走到了风口浪尖。易迁易物流服务云平台顺应潮流，采取“互联网 +”模式致力于打造以大宗货物为基础的产业生态圈，平台可向上下游企业广泛推广使用，将商流、信息流、资金流、物流有机结合起来，持续提供高效率的物流信息服务、高质量全程可视化的物流运输服务，促进物流服务生态圈的健康有序发展，创造更大的经济效益。

物流（广州）基地集中科研能力深耕“互联网 +”物流行业，不仅在大宗货物运输方面取得了喜人的成绩，更在零担快运方面自主研发了“零担物流 SaaS 平台”，该平台全面覆盖零担快运与干线运输业务需求，为客户提供快速、精准的运输路线整体规划、收货、集货、运输、送货等一体化服务、实时查看空闲社会车辆或回途车辆信息，大力提高企业货物运输效率、降低运营成本。为了更深层次解决物流行业供应链的管理需求，物流（广州）基地为客户提供“供应链解决方案”，全面协助客户建立互联网物流与服务运营体系，整合上下游的业务与服务资源，通过平台合作，解决供应链全过程的集中管控，提升物流服务时效与质量。

随着公路货运运输市场的发展成熟，分工进一步细化，运输资质和运输资产的分割，为“无车承运人”模式的诞生提供了丰富的土壤。目前，在国家和地方政府的大力支持下，各地“无车承运人”试点企业工作正陆续展开。物流（广州）基地凭借多年累积的行业经验及扎实的技术能力，基于翼物流云平台建设了“无车承运人互联网信息解决方案”，该解决方案是中国电信针对道路货运与物流行业建设的无车承运人业务一体化解决方案。利用物联网实现多形态终端接入，人、车、货的实时在线监控，全程可视化跟踪，一线移动化操作；实现供应链上下游、区域联盟平台集约化，充分实现信息共享及应用协同，有效提升运力资源整合。

中外运化工国际物流有限公司：外运新快线 R2.0 – O2O 运营平台

一、中外运化工国际物流有限公司简介

中外运化工国际物流有限公司（简称中外运化工物流），所属生产性服务业的货物运输、仓储服务种类，是中国外运长航旗下为化工行业客户提供综合化工供应链物流服务的专业子公司，国有企业，拥有专业的化工物流团队、完备的资质和资源、完善的运营网络、先进的信息系统、严格的 HSEQ 管理体系以及完善的应急反应机制，秉承可持续发展理念，为化工行业客户提供绿色供应链解决方案。2016 年年底，公司拥有从业员工 1100 名，总资产达 7.3 亿元，并在持续地投资中。

中外运化工物流的网络覆盖全国及部分海外地区。形成了集国际国内海运、危险品道路班线运输、Tank 等液体物流服务、国内仓储与样品管理、水路及铁路多式联运、罐装线及危废运输等增值服务于一体的较为齐备的化工物流服务体系，积累了丰富的专业经验，为客户提供全程供应链整体解决方案。公司作为一家肩负重大社会责任的国有企业，先后通过了 ISO9001、ISO14001、OHSAS18001 和 RSQAS 体系，建立了完善的 HSEQ 管理体系，并率先在国内建立全国救援网络，为客户提供安全高效的物流服务。

自 2008 年以来，本公司与主要大客户建立了战略合作伙伴关系，为适应战略合作的逐步推进，形成了事业部制矩阵式管控模式。除营销中心外的七大事业部分别作为该业务板块发展的主要运营平台，负责对各子分公司相应板块业务制定统一的操作标准、实施资源共享。矩阵式治理结构和运作模式，使本公司得以在过去数年的快速业务发展中及时拓展网络和渠道，通过业务部门的条状管理复制运作模式，在全国各地统一运作标准和流程，同时使人力资源得到必要的共享。但随着业务规模的扩大，这种运营模式对人力资源特别是管理人员质量的高要求也逐步显现。未来公司将成为拥有核心成熟公共物流产品，具备专业核心资源网络优势，化工垂直领域内全供应链运营平台型公司。

二、外运新快线 R2.0 – O2O 运营平台简介

（一）在实施信息化之前存在的问题

化工物流作为一种专业物流，其特点是种类繁多、危险性大、仓储、运输等管理约束条件多、管理制度严格、专业性强、货物类型复杂。各种危险品等级多，不同等级、不同特性的危险品与装载容器、运输车辆匹配复杂，因此使用的车辆、容器、附属设施种类非常繁多，调度难度高。

对零担危化品的运输而言，情况则更为复杂，运输货品来自不同的客户，相互之间的包装、规格都不一致，整个业务中需要注意的关键点也各不相同，这些都对物流从业人员提出了新的挑战。而在实际操作过程中，为了在合理控制物流成本的基础上保证服务质量，干线运输零担危化品时必须采用拼箱、拼货的方式进行包装及运输。到达区域中心后，再由集散中心将货物分拣，拆换包装后由区域运输车辆将货物送至客户端。要做到这一点，对区域集散中心的运转提出了非常高的要求。一方面，集散中心必须能够快速、高效地对不同客户、不同包装的货物进行进出库作业；另一方面，危化品的特性决定了集散中心的安全管理以及安全操作也是必须考虑的内容。

中外运作为国内最大的综合物流供应商，旗下的专业子公司中外运化工国际物流有限公司在创建之初就将社会责任关怀作为企业的发展目标。公司针对国内危化品物流安全现状不佳的情况，2013 年开始推出全国零担危化品网络化运输产品——“外运新快线”，并研究如何提升危化品运输车辆的安全管理。该产品线下运营三年以来不断优化运营模式，以危化品运输车辆为对象，通过实时采集和传输各类危化品安全状态及运输车辆的运行信息、状态信息和实时定位数据，建立以数据分析处理为基础的，满足危化品运输安全监管各类应用需求为目标的支撑平台；并通过建立长效营运机制，建立一个跨区域、面向危化品运营和管理的大型综合性远程监测、预警与应急系统。

2016 年中外运化工在现有产品基础上继续优化，把该产品打造成一个综合物流 O2O 运营平台。

在本次信息化改造实施之前我们遇到的问题如下。

1. 来自市场中上游客户层面的挑战

近年来精细化工的飞速发展给化工物流带来了机遇与挑战。众所周知，精细化工是当今化学工业中最具活力的新兴领域之一，是新材料的重要组成部分。精细化工产品种类多、附加值高、用途广、产业关联度大，直接服务于国民经济的诸多行业和高新技术产业的各个领域。大力发展精细化工已成为世界各国调整化学工业结构、提升化学工业产业能级和扩大经济效益的战略重点。国家适时出台相关政策，构建产学研相结合的新型技术创新组织——国家精细化工产业技术创新战略联盟，以此来促进国家精细化工产业结构优化升级和提升行业整体竞争力。精细化工率（精细化工产值占化工总产值的比例）的高低已经成为衡量一个国家或地区化学工业发达程度和化工科技水平高低的重要标志。

精细化学品的品种繁多，有无机化合物、有机化合物、聚合物以及它们的复合物。生产技术上所具有的共同特点如下。

①品种多、更新快，需要不断进行产品的技术开发和应用开发，所以研究开发费用很大，如医药的研究经费，常占药品销售额的 8% ~10%。这就导致技术垄断性强、销售利润率高。

②产品质量稳定，对原产品要求纯度高，复配以后不仅要保证物化指标，而且更注意使用性能，经常需要配备多种检测手段进行各种使用试验。这些试验的周期长，装备复杂，不少试验项目涉及人体安全和环境影响。因此，对精细化工产品管理的法规、标准较多。如药典（见《中华人民共和国药典》《英国药典》）、农药管理法规等。对于不

符合规定的产品，往往国家限令其改进，以达到规定指标或禁止生产。

③精细化工生产过程与一般化工生产不同，它的生产全过程，不仅包括化学合成（或从天然物质中分离、提取），而且还包括剂型加工和商品化，由两个部分组成。其中化学合成过程，多从基本化工原料出发，制成中间体，再制成医药、染料、农药、有机颜料、表面活性剂、香料等各种精细化学品。剂型加工和商品化过程对于各种产品来说是配方和制成商品的工艺，它们的加工技术均属于大体类似的单元操作。

④大多以间歇方式小批量生产。虽然生产流程较长，但规模小，单元设备投资费用低，需要精密的工程技术。

⑤产品的商品性强，用户竞争激烈，研究和生产单位要具有全面的应用技术，为用户提供技术服务。

2. 物流服务业本身需要“提质增效”，存在不断优化作业成本的内部诉求

随着制造业发展、生产流通规模化、集约化程度持续提高以及供应链的柔性化发展，互联网时代对企业物流效率也提出了更高的要求，特别是对以医药物流、汽车物流为代表的精细物流智能化，诉求强烈。化工物流领域内同样有着来自精益运营的压力。

不同于以往大宗货物的整车运输，零担更考验一个物流企业在精细化运营方面的能力。如何精确跟踪到每票订单，每个最小包装单元的实时位置和状态？如何像消费物流一样可以提供多种端到端的用户体验？如何保障每个运输环节的“零”误差率？这些都在考验我们的运营能力。

中外运化工正利用现有的仓库设施来分担区域集散中心的职能。但鉴于零担危化品业务的复杂性，对货物快速周转的需求大于对货物长期存储的需求，以及对操作人员货物拣配能力的要求，这都对现有仓库的工作能力提出了新的挑战。

3. 危化品物流在各个中转环节中不可忽视的安全保障问题

危险化学品货物运输之所以与普通货物运输不同，就是因为危险化学品具有爆炸、易燃、有毒、腐蚀、辐射等危害因素，一旦发生事故会造成群死群伤、环境污染、重大财产损失等恶性事件，所以我们必须严加管理，保障安全运输，这是安全管理者的责任和法定义务。

8・12天津港特大爆炸事故血淋淋的教训还在眼前，安全事故责任大于天。一个企业的发展如果不重视安全生产的话，再多的营收和利润也没有任何意义。平台相对于产品而言，其难点在于服务对象是社会化资源而不是之前的项目客户，货物种类更杂，包装形式也多种多样，操作难度也更大，更需要有强有力的安全控制技术手段来保障安全生产经营。

一般来讲安全隐患主要有物的不安全状态、人的不安全行为、环境和制度的缺陷，就运输行业来讲就是指人、车、路、环境和管理制度，只要把这几方面工作做好了，安全事故就会得到有效避免，具体分析如下。

①人，人是最关键的因素，驾驶员、押运员、企业管理者、行业管理部门都是人，所有工作都需要人来完成，企业管理者、行业管理部门等是安全管理制度的制定者、制定出来的规章制度由谁来执行呢，最终的落点是谁？当然是广大驾驶员、押运员，上面千条线下面一根针，各种规章制度最终都由驾驶员、押运员来执行完成，再好的制度如

果没有人来落实执行都是一纸空文，所以加强司押人员安全管理是核心任务、重中之重。

②车，运输行业的必备工具，保持车辆技术状况良好，不带病出车，避免事故发生。

③环境，指道路状况（山区、高速、省道等）、雨雾、冰雪，司押人员要了解复杂环境下行车注意事项。

④管理制度，企业要有健全的安全管理机构、足额配备安全管理人员，没有足够的人员，要想落实烦琐的安全隐患排查、专项检查、隐患整改、人员培训等都是空话，有健全的安全管理制度，包括安全生产责任制、安全目标奖惩制度、安全生产监督检查制度、从业人员培训教育制度、车辆安全管理制度、事故调查处理制度、隐患排查与治理制度、责任追究制度、安全例会制度等基本制度，这些制度都要得到很好落实才行。化工物流建立了完整的一级（现场监管）、二级（电话支持）应急响应程序，并制定了包括交通事故应急、火灾爆炸事故应急、危险品泄漏事故应急、恐怖袭击事故应急、灾害性天气应对等事故处理流程。通过每年 2 次的场内场外演习不断培训更新。

4. 移动互联网风口下的机遇与挑战

一方面，“互联网 +”已经是国家战略层面的认知。2016 年的政府报告中很明确地指出需要在“互联网 +”高效物流中：①构建物流信息共享互通体系；②建设深度感知智能仓储系统；③完善智能物流配送调配体系。这给所有物流行业中的企业指明了行动方向。

另一方面，随着基础网络设施越来越完善，后互联网——“移动互联网”时代已经到来。垂直电商代表未来新势能，诸如化工品交易的电商网站均是化工物流，物流更多地被看作线上的出口，但是纵观全球知名的物流商，他们服务的对象往往不是为电商量身定做，而是为了所有的传统企业。物流要结合的是互联网，可以自建、可以开放，但最重要的是把十年来的经验和大数据整合，将物流 O2O 跟随生活服务 O2O 一同降临用户身旁，让物流企业和物流代理商能找到更好的平台做业务上的衔接。

（二）信息化智能化进程，实施中遇到的主要困难、问题与解决措施

1. 平台的定位问题

任何一个信息化项目都是为真实的市场需求而生，但是如何梳理和判断真实和有效的需求则非常考验上层设计者的能力。我司在项目立项阶段不断对市场上中小化工品生产企业进行信息收集，对货主关注内容进行逐层分解与剖析。在整个外运化工物流业务涉及的区域，均有专业市场人员对当地物流服务提供企业进行服务质量摸底。在收集大量市场数据后又经过半年多的内部论证与探讨，终于制定出此次 O2O 物流平台的四个定位：空运卡班、电商物流、小微试剂、有单必接。

2. 客户流量如何获取及线上流量如何确保

在平台定位确立后，整个平台线上设计思路究竟如何实现？在最早立项的时候，整个项目组就明确了一个思路，即一定要以互联网思维来打造此次的信息化平台。如初期的客户流量如何获取？如何提升线上流程的转换率？如何提高客户的复购率等？这些问题均是产品小组需要考虑解决的问题。化工物流在解决问题思路上回归问题本质，以互联网思维来解决这些问题。即：追求极致的客户体验；敢于试错，小步快跑，根据市场

反馈来快速调整自身；利用手机等智能终端来提供移动化服务。

所以，整个线上平台的设计采用扁平化设计语言，方便客户快速下单，简易获取各项服务的反馈。我们不仅提供 PC 端服务，传统 400 电话服务，SMS 短信邮件服务及微信号服务。在业务推广手段上有二维码等快速便捷的流量入口，每次物流服务完，均有客服跟踪和检查服务质量是否按产品设计标准运营。

3. 线下服务中如何对接线上的流量导入

线上设计在严格按互联网企业运营思路搭建后，线下服务如何高效率的开展是 O2O 平台差异化竞争的核心问题。互联网技术并不能彻底解决物流最底层的问题，即货物的搬运。线上可以完成单据流转和商务流转，但实际物品的流转则需要线下科技的支撑。外运化工解决这个问题的思路是物联网技术的深度融合。众所周知，IoT 正在如火如荼地发展中。无线通信技术为整个智能硬件的推广奠定了基础。3G/4G 信号基本覆盖了中国大部分地区，5G 技术也正在路上。在线下高效运营技术方面，我们采用：①条码技术，将传统物流跟踪到单的模式转变为物品最小包装单位；②车载各类传感器，目前在 GPS 设备的基础上扩展 3G 视频，主动安全防范设备及温度记录仪；③中转场站配置自动化设备来提升作业效率和确保安全保障。如小型搬运机器人 AGV 和自动传送履带等设备。

信息化工程又被叫作“一把手”工程，在相关领导的重视下，公司建立了自上而下的专项产品部门来应对这次的信息化推进工程。我司在此次信息化项目中的推进步骤如下。

第一，建立信息化推进工作小组。成立信息化推进工作小组，各主要系统使用部门的主要领导为其主要成员，提高各单位成员的参与感，并且主要业务部门指定信息化过程中的专门对口人员，保证及时有效的推进。并定期召开常务工作会议，要求将相关精神和主要内容宣贯到人，定期回顾信息化过程的问题，及时解决相关问题，全力推进信息化工作。

第二，为业务定制企业信息化系统。确保业务系统设计规划能够解决业务过程中的实际问题，提升业务过程效率，减少对应业务工作量，信息化的终极目的为提升业务效率服务，并强化业务部门的参与感。

第三，信息化、专业性特征比较明显。我司与业内著名的 IT 企业相互合作探讨，在系统设计阶段就让系统开发服务商参与项目，让专业人做专业事。在采购技术方面也积极探索世界上流行的最新技术，在整个平台打造上采取模块化、简约化的设计产品，傻瓜式的操作流程，降低操作难度，减少推广期间的复杂性。

第四，采用经济手段对在物流零担危险品网络产品信息化过程中的优秀人物进行表彰，同时通过经济手段大力鼓励司机使用手持设备 App 进行基于物联网的信息节点反馈。

第五，大力学习同行先进的系统实施经验。项目小组不仅在外运系统内调研兄弟单位内的先进理念和思想，而且还和行业内知名物流系统服务商探讨各种业务场景下的最优解决方案，为系统实施提供强有力的支持。

（三）本次信息化项目实施后主要效益分析与评估

自 2016 年 4 月平台上线运营以来，各项业务指标均正常运行。

1. 提高了应急响应能力

减少和避免恶性事故，保护人民生命财产安全、维护国家安全，保障地方稳定。危险化学品的生产、储存或运输每天都在进行，时刻都可能发生危机，如危险化学品泄漏、燃烧、爆炸，汽车相撞、翻车等事故。通过本系统提供的行之有效的监控手段，配合政府和企业制定的危险货物储运安全规则，能够对整个危险化学品储存及运输过程进行实时监控，有效地减少了安全管理方面的漏洞，减少人员伤亡和财产损失，一方面，能够事先预警，比如超速报警，使管理者能够及时责令司机改正；另一方面，一旦发生意外，可以立即报警。在紧急状态下，实时地、快速地获取和传递信息至关重要，它不仅可以节省大量的时间和费用，更重要的是，可以挽救更多的生命。

2. 加强了危险化学品运输车辆的调度管理，提高了企业管理水平

首先，当车辆发生故障或恶性事故等突发事件时，可以迅速、准确、及时了解。

事故车辆的准确位置和当前状况，货物和车辆本身可以在系统中可视化，从而可以第一时间发现车辆所装货物，第一时间及时进行合理有效的施救。

其次，主动式的查询和报警功能可以迅速准确地了解车辆的位置信息和当前的状况，并对司机本身的疲劳驾驶行为进行警示音提醒，包括司机本身的注意力转移、车道偏离等行为的有效监控，从而保障了司机的生命安全和所承运物品的安全，确保用户的利益不受到侵害，使管理更具人性化。

最后，真正实现对运输车辆的动态管理，使各个管理层次都可以更直观和真实地了解运输车辆的运行状况，提高监管效率。

3. 提高企业经济效益

一方面，通过建立重大危险源、移动危险源监测与预警系统，可减少和避免安全隐患，从而减少企业的财产损失。另一方面，企业可以通过对运输车辆的实时运行里程的监控和数据统计分析，估算出合理的车辆燃油耗量数据，从而避免或减少司机违规行为，控制和降低运营成本。同时通过零担危险品网络化信息系统能够更科学地安排运输任务，最大限度地减少远程运输和交叉运输，提高车辆使用效率和员工工作效率，从而提高运输车辆的边际收益率。

零担危险品网络运输信息化之后比传统运输方式减少了装卸货等待时间，按装卸货所需耗时约 2 小时计算，虽然增加了返程重车行驶时间和接、网络对流车所需时间，零担危险品网络运输信息化项目很大程度上缩短了单车任务完成时间（见表 1）。

表 1　单车任务完成时间对比分析（以沪粤干线为例）

运输方式	装货等待时间（小时）	往返行驶时间（小时）	卸货等待时间（小时）	接、网络对流车时间（小时）	总时间（小时）
传统模式	2	30	1.5	0	7
网络运输模式	0.5	30.5	0	0.5	5
对比分析	−1.5	+0.5	−1.5	+0.5	−2

注：表中单车为牵引车。

表 2　运输效率对比分析（2016 年）

运输方式	车辆平均吨位	单车年总行程（车公里）	单车年载重行驶里程（重车公里）	单车完成周转（吨公里）	完成单位周转量所需时间（小时）
传统模式	25	111875	55937. 5	1398438	0. 02
网络运输模式	25	111875	78312. 5	2027735	0. 001
对比分析	0	0	+22375	+629297	-0. 019

注：表中单车为牵引车。

由表2数据分析可以得出，零担危险品网络化运输项目提高了牵引车利用率，重车行驶里程增加，提高了周转量（吨公里）。

运输成本对比分析指在完成相同周转量下的单位运输成本进行对比分析，包括总的成本和各项成本费用结构（燃油、车辆折旧、保险等）对比（见表3）。

表 3　单位运输成本分析

运输方式	单位运输成本（元/吨公里）	其中							
		燃油费	车辆折旧	通行费	人工费	各项费用	车辆维护费用	管理费用	其他费用
传统模式	0. 45	0. 17	0. 04	0. 01	0. 04	0. 02	0. 02	0. 05	0. 1
网络运输模式	0. 38	0. 1445	0. 034	0. 0085	0. 034	0. 017	0. 017	0. 04	0. 085
对比分析	-0. 07	-0. 0255	-0. 006	-0. 0015	-0. 006	-0. 003	-0. 003	-0. 0075	-0. 015

对以上数据分析可以得出，零担危险品网络化运输项目通过减少空车行驶里程和无效运输产生的费用，提高周转量（吨公里），从而降低运输成本约 15%。

4. 预期社会效益分析

零担危险品网络化运输项目的社会效益主要体现在节能减排的成绩上，而节能减排的实现方式是通过减少空车行驶和返程行驶中对挂车重量的无效行驶造成的燃油消耗。

能源（0 号柴油）消耗分析：根据项目实施后的预期目标，牵引车 40% 返程是重载，60% 则仅牵引车返回（减少 60% 的无效运输），对于完成试点网络化运输项目，企业采用传统运输模式和零担危险品网络化运输项目所产生的能源消耗加以分析对比，对项目采用零担危险品网络化运输项目模式所产生的燃油节约进行系统测算，并换算成标准煤量。

从表4、表5数据分析得出拟投入零担危险品网络化运输项目后，在完成同货运任务时，油耗对比可达到：（1462330 - 2161425）/2161425 × 100% = -32. 3%，即在信息系统的帮助下零担危险品网络化运输项目比传统运输节油 32. 3%，每年可节油 0 号柴油 699095 升，合计 876. 1 吨标准煤。

表 4　　油耗分析（2016 年）

运输方式	月运输车次（车次/月）	年运输里程（公里/年）	年运输量（吨公里/年）	百公里油耗（年均）（升/百公里）	吨公里油耗（年均）（升/吨公里）	年总耗油量	
						（升/年）	（吨标准煤）
传统模式	600	6265000	78312500	34.5	2.5	2161425	2708.5
网络运输模式	600	4475000	78312500	34.6	1.7	1462330	1832.4
对比分析	0	-1790000	0	0.1	0.8	-699095	-876.1

表 5　　2016 年度平均燃油及排放对比分析

运输方式	总行驶里程（车公里）	年运输量（公里/年）	年总耗油量（吨公里/年）	百公里油耗（升/百公里）	吨公里油耗（升/吨公里）	吨公里碳排放量（升/年）
传统模式	6265000	78312500	2161425	34.5	2.5	7.8
网络运输模式	4475000	78312500	1462330	34.6	1.7	5.2
对比分析	-1790000	0	-699095	0.1	0.8	-2.6

基于零担危险品运输可观的经济效益和社会效益，中外运化工响应政府节能减排号召，肩负起节能减排的历史使命，积极创新，努力开辟新的生产方式，已在 2014 年试点实施网络化运输。我司实现节能减排的方式是通过零担危险品运输模式，优化干线运输，以及智能化系统的支持，增加车辆的实载率，减少空驶造成的燃油消耗。通过此模式，单车平均配载重量从传统模式的 15.2 吨左右增加到现在的 24.3 吨左右，车辆的实载率由原来的 50.5% 提高到现在的 80.4%。

（四）此次信息化项目实施过程中的主要体会与推广意义

1. 传统物流行业的升级改造势在必行

（1）政策层面的支持。

国务院出台《物流业发展中长期规划（2014—2020 年）》，国家发展和改革委等 12 个部门发布《全国物流园区发展规划（2013—2020 年）》：鼓励传统运输、仓储企业向供应链上下游延伸服务，建设第三方供应链管理平台……鼓励龙头物流企业搭建面向中小物流企业的物流信息服务平台，促进货源、车源和物流服务等信息的高效匹配，有效降低货车空驶率……进入 2016 年，“互联网 +”成为中国经济层面持续火热的关键词之一，包括物流行业在内的传统行业纷纷展开了对线上线下相结合模式的探索。

（2）互联网 + 思维如何在传统行业中创新。

移动互联技术推动商业模式变革，已经催生了中国互联网与传统产业的落地，以物流供应链来说，过程可视化变得越来越容易。利用互联网技术进行大数据挖掘和价值变现是未来趋势之一。发展成物流大数据公司，强调未来无大数据不平台；基于在交易、运营、金融上产生的数据，通过时间积累，借用大数据技术，给数据产生者提供决策支撑；汇集众多数据产生者的数据成为大数据，升华数据服务对象至社会、政府、行业，通过大数据产生其他赢利渠道。目前的困难在于这种物流大数据服务平台还限于服务个体数据产生者，提供一定管理效率提升及辅助决策；限于单个大数据平台数据的局限性及数据量，只能在一定程度上提供社会化、行业化的数据挖掘价值服务。

（3）物联网技术或许是解决高效物流的根本性武器。

各类感知技术、自动化搬运设备、智能集装箱等技术装备不断创新下，将彻底将物流从劳动力密集型行业转变为高科技行业。未来成本如何优化，客户体验如何最大化提升，危险品物流领域内安全性如何管控均取决于物流企业自身的自动化、智能化水平。在消费品物流行业里已有市场上领先的企业在“无人驾驶”“无人仓库”“无人机配送”等项目中进行研发并在局部范围内进行试点。所以在化工物流专业领域内同样需要通过物联网底层设备等创新来提升自有运作效率和差异化市场竞争。

2. 专业物流服务平台今后的推广意义

（1）物流服务全程化。

全程服务（Total Logistics）的服务理念是现代物流的主要特征，它强调提供从原材料资源供应与采购，到生产加工，再经过市场销售最终达到消费者的物资周转全过程的服务，提供不仅包括仓储、运输等基本物流服务，还包括物流咨询及系统方案设计等其他增值服务，是一种全过程、全方位的服务。

（2）物流社会化。

现代物流通过对物流资源的重新组合，使原来的物流资源、物流活动从生产企业和商业企业中分离出来，成为一种社会化的资源和市场化的活动。物流活动由原来的供货方和需求方的直接联系转变为由专业化的物流公司通过市场化的交易行为，向整个社会对所有需要物流服务的企业提供这种服务，降低了制造业的物流成本。也就是说，必须大力发展第三方物流服务。

（3）物流信息化。

①信息化实施对企业业务流程改造。信息化改变了原有的单纯依靠人工思维和手工表格的调度方式，开始就此整合中外运化工系统内的全国资源，进行全国一体化运作，将全国的货源和车源统一安排调配，由于信息化的使用，使得原本由于需要耗费大量资源和人力才能实现的动作可以轻松实现，完成资源和数据整合。

②信息化实施对竞争模式的影响。全过程的信息化的使用，使得中外运化工在企业内部的资源整合和外部社会化资源互补方面开始展现优势，并且成为企业打造的产品，企业开始从对项目客户的个性化定制服务，向标准危化品网络运输平台产品转型，规避了由于个别客户过大造成的系统性风险，为全社会有危化品需求的客户提供了标准化的安全物流服务，解决行业痛点。

③信息化实施对提高企业竞争力的作用。在危化品网络化项目上进行信息化加持，使得该产品更加具有互联网特征，传统物流企业通过加 E 的手段进行互联网平台化改造，配合线下丰富的网络平台，从而可以为客户提供整体的一站式的供应链服务。

三、O2O 运营平台信息化项目实施后，下一阶段的设想以及对物流信息化的建议

1. 下一阶段的 O2O 平台持续建设和发展设想

（1）投入资源上的多样化。

目前，O2O 平台上运营的资源均为我司自有资源，简单的理解就是完全自营的模式。这种模式下优点在于服务品质可控，缺点在于短期内能提供服务规模受限。未来将强化我司的管理输出能力，能够吸纳社会上较为优质的资源作为平台的服务方。未来肯定是采取“自营” + “加盟”的运用模式，故下一阶段重点需要加大对合作伙伴的寻找和运营方式上的定点培训力度。

（2）服务品类的稳定增加。

目前，O2O 平台只是接入了“危险品道路零担运输产品”，未来会结合市场需求预计不断接入新的物流服务，如铁路特需班列、长江危化品班轮、海运出口危险品拼箱、内贸罐箱运营等化工行业特色的服务品类。另外，在扩张整个化工制造业供应链服务链深度上，随着资源不断投入，形成一张“立体式”的服务网。同时积极尝试与社会上知名的“贸易执行”和“供应链金融”平台展开合作。

（3）运营模式上学习“京东物流模式”。

2016 年京东集团推出“京东物流”全新品牌标识，并正式宣布京东物流将以品牌化运营的方式向社会全面开放。同时，京东物流还公布了“开放化、智能化”的战略规划，希望借此成为中国整个商业社会的基础设施提供商。从早期京东物流完全自建为核心的“成本中心”转变为向社会公开化的“盈利中心”，我们理解这是一种平台之上又一平台的概念。随着制造行业线上线下融合、定制化和精准供给等趋势日益明显，目前中国物流行业呈现供应链成本居高不下、社会化物流不健全、旺季客户体验无法保证等新的行业痛点，大量商家在制造业向“互联网 +”的转型中遭遇供应链方面的巨大挑战。因此，根据过去十年所积累的基础设施、经验和价值向全社会开放，以服务于中国商业社会，帮助商家降低供应链成本、提升流通效率。

2. 零担危险品网络化运输信息化的建议

（1）政策支持。

国家对于危险货物管理存在多头管理，系统归口管理不清，对于企业自建的技术手段，缺乏有力的法规、标准方面的支持。其次，应急管理在近些年得到了国家的高度重视，并迅速发展，但仍缺乏具备可执行性的相关应急管理的立法层面的支持。

（2）资金支持。

作为服务性行业的物流企业，存在着利润率较低，为提高车辆、人员而采取的技术手段，且物联网技术的应用在国外也处于摸索和完善阶段，在完善技术的阶段存在反复修改的情况，企业存在较大的资金压力，希望主管部门、行业协会等给予一定的支持和鼓励。

（3）人才支持。

危化品运输安全远程及应急指挥项目是一个基于安全管理为目标，以物联网技术为

核心的集成系统，对项目实施人员的复合型提出了更高的要求，并且因为没有成熟的标准和产品，人员需对运输设备、安全管理、驾驶员管理、信息技术等各方面综合了解，人员的培养和储备周期较长，无相关院校成熟人才可用。

中物慧通（北京）网络科技有限公司：联物流平台基于集团型企业物流互联网化解决方案

一、联物流平台介绍

l-wl联物流平台是由中国物流与采购联合会的下属公司——中物慧通（北京）网络科技有限公司倾力打造的全产业链智慧物流平台。中物慧通（北京）网络科技有限公司成立于2015年7月1日，l-wl联物流平台以“新联合，新价值”为核心理念，联合全国60家优质诚信运力平台，构建全国运输网络，接驳企业上下游信息系统，实现制造、商贸、物流企业与全国各运力平台间互联互通，以标准物流、合同物流、临时物流的交易模式打造流程标准、透明管控、诚实守信的物流在线交易服务体系，帮助企业提高供应链物流效率和管控水平。

二、应用企业情况介绍

应用企业是一家全国产量领先的大型食品原材料生产集团企业，注册资金12亿元人民币。该企业在全国各地有14个子公司、74条生产线、33个大型生产车间，日均产能达45000t，员工5000多名。自2003年以来，该集团企业产销量已领先于同行业企业，引领行业的发展趋势，连续荣列全国市场同类产品销量第一名。

企业采用分公司区域划分对口经销商，内部协调区域交叉发货等多种经营模式，使经营进入一种良性循环。

该集团企业现有物流线路300余条，全国用车辆约45000车次/月，物流交易额约600万元/月。企业自2017年开始全面规划自身的信息化建设，引入SAP企业资源管理系统，形成基于SAP的运输管理系统（TM），升级了原有的客户关系管理系统（CRM）。

该集团曾获得“最具市场竞争力品牌”等荣誉称号，产品通过“ISO9001”认证；先后荣获“农业产业化国家重点龙头企业”“国家标准化良好行为企业”“中国食品工业百强企业”“中国制造业企业500强”“中国品牌价值500强”“中国食品工业优秀龙头企业”等称号。该企业通过制度化管理模式，靠大规模、先进的设备和技术、精心而又严格的管理，将参与经营的各方组成一个利益共同体，成为同行业最具品牌价值的企业。

三、应用企业在物流信息化实施前存在的问题及挑战

1. 行业环境

（1）面对工业4.0时代，为了应对市场环境和客户需求的变化，制造企业需构建更敏捷、响应订单变化更加快速的敏捷供应链。敏捷供应链下需要透明、高效的物流支撑。

（2）物流行业平台化趋势明显，利用“互联网+”物流帮助企业提高服务质量，降

本增效。

2. 内部问题

在现有体系中，企业对整个销售物流的成本不清晰，议价能力弱，物流资源分散不可控；销售路径不清晰，易发生经销商串货行为，物流服务质量无法监控；依赖线下管理，无法获取有价值的物流数据分析对销售产生影响等。这些问题将很难适应未来5年的供应链模式转变以及新制造业的发展趋势，对企业存在巨大潜在风险。

3. 外部问题

企业运力资源由各分公司周边配货站掌控，价格受季节波动性较大，无数据指导价分析，议价能力弱。线下询比价流程烦琐，交易不规范、不透明，容易产生灰色地带。因该生产企业产量及销售路径相对稳定，大部分配货站在建厂时同期形成，已形成比较成熟的产业链，车源相对稳定，配货站为其提供配载服务的价值较低，长期依赖，利润盘剥严重。

四、核心建设内容

集团企业期望利用“互联网＋”物流的平台化模式，对集团现有的采购物流、销售物流进行平台化管理，优化整车运输的运力组织形式。目标集中在五方面：①交易透明，打破内部交易潜规则；②连接外部资源，更广范围询比价；③直采到车，去中间层降低物流成本；④进行在途监控，形成销售路径数据，指导决策；⑤提高物流效率，提升客户服务。

联物流平台根据集团需求，双方成立专项项目组，由集团CEO亲自牵头，从管理体制、交易场景、风险控制等方面，共同梳理形成完整的、体系化的设计方案。

（一）通过平台化管理，形成集团可视化的运力采购管控体制

集团实行统一的物流业务平台化管理，集团总部销运处使用平台委托方主账号，对各分公司物流的资源采购进行集中可视化管理，对各分公司采购的供应商资源、交易价格以及服务质量进行定期评估，要求各分公司资源调度人员履行职责内权责，接受监督。

（二）建立在线化的交易平台运行机制

以在线化、流程化为目标，按照集团现有的交易层级及流程进行设计。各分公司与配货站之间使用联物流平台合同物流的交易流程，分别将各分公司定向询价的常用配货站进行一对多的合同绑定，建立专属询价通道，并对交易结果进行展示和追溯，接受监督。各分公司合同配货站使用承运方账号，定向接收询价信息，使用抢单竞价机制，充分公平竞争。

（三）基于末端连接的资源管理

结合联物流平台的在线交易业务部署，以分公司合同配货站管控为目标，要求其使用联运力管车助手，通过运单到车辆的绑定，实现对车辆资源的培育和可控，加强对交易中车辆的轨迹监控，数据分析评估，建立完善优质的云车库资源，为减少不合理、低

附加值的中间层，直采到车做准备。

（四）互联互通的资源共享机制

通过联物流平台连接多家社会运力资源平台，最大限度地实现外部资源互联，在充分询比价的过程中持续优化资源，促进优质资源的引入，降低物流成本。帮助企业在新增业务线路和物流峰值期快速整合资源，为建立敏捷供应链，柔性制造奠定基础。

（五）建立无车承运私有云平台支撑，创新物流价值

通过联平台公有云平台积累数据，整合资源，扩充自己的运力池，形成云车库，为后期升级成为私有云平台做积累。建立私有平台后，为无车承运提供平台支撑，最终做到物流社会化，与集团企业剥离，创新物流价值。

五、方案设计

（一）集团现有资源业务合同物流流程上线方案

为集团总部设置联物流平台委托方、平台方（承运方）账号和配套的联运力管车助手账号，对下属分公司设置相对应的附属账号。将委托方和多个平台方（承运方）账号进行合同绑定，进行线上操作发货，合同配货站通过联运力管车助手认证车辆信息，LBS监控绑定，进行资源上线，促进集团企业运力库形成。图1为物流流程上线方案。

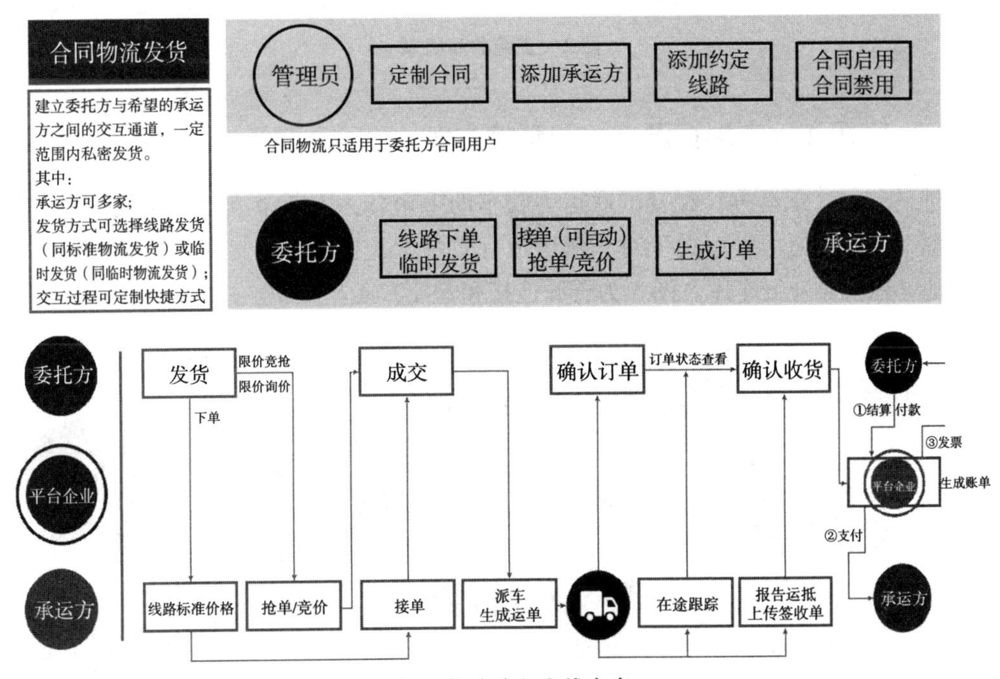

图1 物流流程上线方案

（二）互联互通资源共享机制方案

按照设置好的账号信息，对合同物流以外的临时物流发货进行平台绑定，经过精准对接，帮助集团企业连接了联物流平台60家运力平台的4家对口平台进行抢单竞价，保证资源补充及充分询比价。联平台通过框架合同的方式统一运力平台的服务标准、违约赔偿责任，传递责任，保证风控，统一服务，统一结算，减少原有模式的复杂操作。图2为资源共享机制。

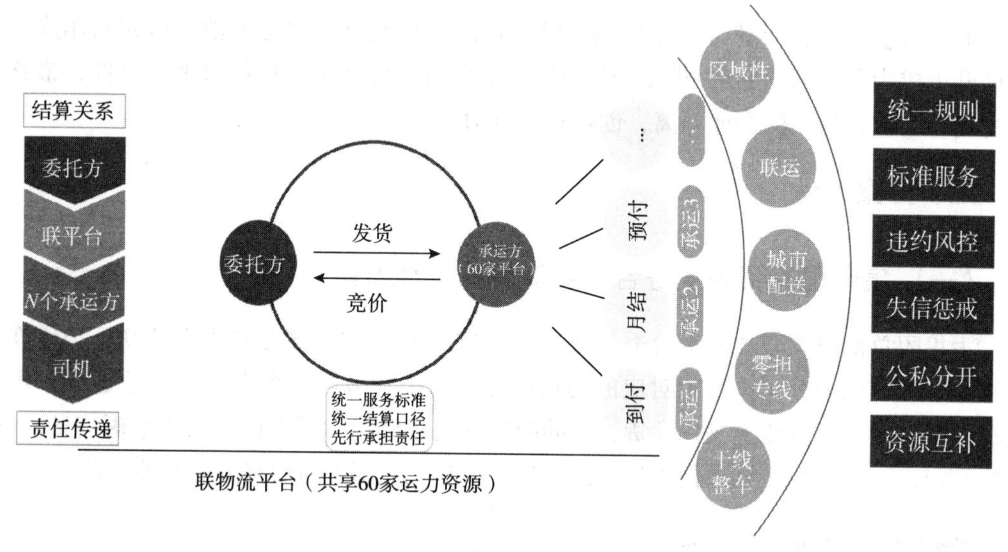

图2　资源共享机制

（三）集团深入末端资源连接和管控方案

通过平台方（承运方）配套的联运力管车助手账号，不断录入新的车辆信息，积累车辆资源，通过联运力管车助手对车辆形成有效的考核机制，把控风险，最终形成自己的运力池，建立企业云车库。图3为资源连接和管控方案。

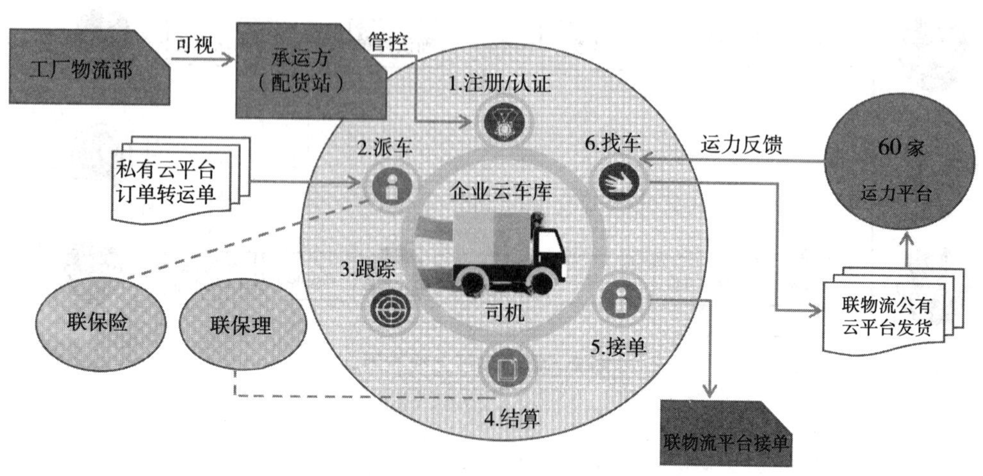

图3　资源连接和管控方案

（四）无车承运私有云平台支撑

当企业剥离物流业务，形成社会化三方的物流企业进行服务时，联物流平台将为集团部署私有云平台，借助私有云平台，聚集货源、整合车源，帮助企业成为平台生态的聚合者、平台商业模式的制定者、平台上最具成本优势的承运方。做到货源私有、平台私有、品牌私有、运力私有、生态私有等。通过私有平台建立平台生态，提供包括融资租赁、保险、金融、支付、加油、修车、集采等增值服务，为企业创收。图 4 为私有云平台。

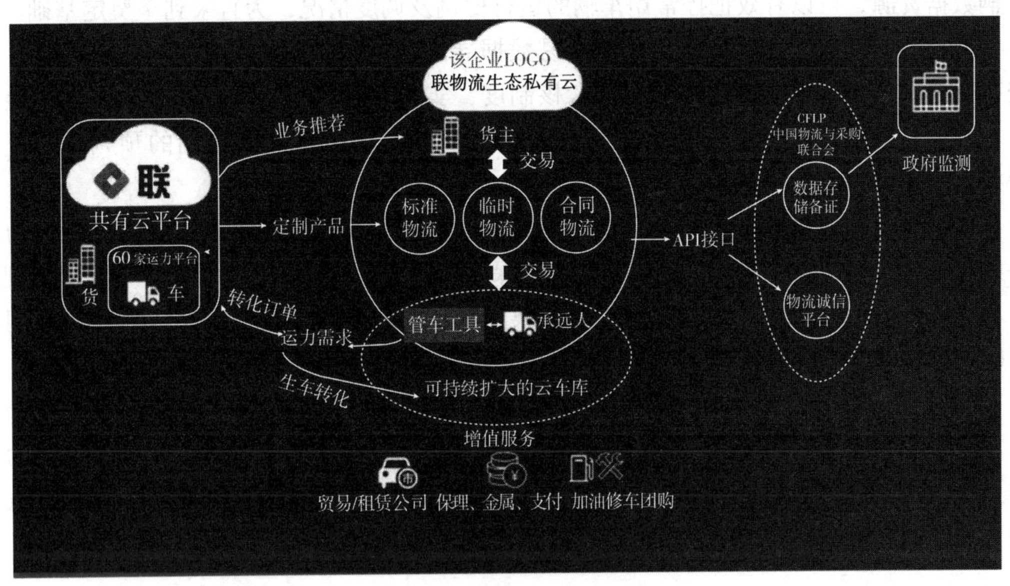

图 4　私有云平台

六、项目实施阶段

（一）理顺管理架构、修订完善制度、细化职责权限

集团以总公司销运处为核心，集中统一管控入厂物流、出厂物流。改变各分公司管控分散、采购分散、无监督不透明的现状。总公司销运处负责物流交易成本的数据统计分析、成本控制、规范运行、各分厂资源的协调。

为全面推进集团企业的物流资源采购平台化，需要建立配套执行制度、监督奖惩机制，以集团下发文件为主要形式，统一各分公司责任和管控目标，改变流程不清、目标失控的局面。

（二）对原有业务工作流程、交易场景及资源层级进行梳理，规划部署上线

该集团原有业务操作为经销商通过客户端下单，该集团订单部对订单进行审核，然后分配至相对应的分公司或者相对应的生产车间。在经销商下单的同时或者下单之前，承运方与其沟通车辆信息，按照传统模式通过电话联系寻找配型车辆。通过对原有业务

的操作模式的梳理，通过 API 接口与其订单系统进行对接，直接物流发货，做到平台操作一体化，改变电话询价烦琐且易产生灰色收入的方式，使用平台形成承运方公平竞价体制。以管控承运方为目的，要求承运方运用联运力管车助手，扩大熟车数量，建立自己的运力池，通过定位系统，有效节省匹配车辆的时间，货物起运后，保证货物安全，且能够做到防止经销商之间的串货情况的发生。

（三）对资源目标、管控目标、成本目标进行数据化分析展示，细化执行

（1）车源数据，通过联运力管车助手连接车辆为企业建立私有运力池，形成自己的车辆数据资源，可以有效把控常用车辆的运行比例及调度情况，为直采到车奠定基础。

（2）交易数据：使用联物流平台交易数据导出，可以了解承运商的报价及时性、成交率、履约率，并根据数据建立动态考核制度，实施资源管控，促进交易透明，优胜劣汰。另外，根据交易价格数据，做到对运输市场价格及用车高低峰期的预判，掌握议价权。

（3）跟踪数据：在联物流平台进行网络操作运输，通过联物流平台订单转联运力助手的订单，并操作派车形成车辆跟踪数据，保证车辆、货物安全，防止串货情况的出现。

（4）税务优化：将原有的现金结算切换至联物流平台，通过平台完成对司机费用的时时支付和开票，解决该企业直采到司机后进项抵扣的票据难题。

（5）财务支撑：该集团销售物流一直采用现金到岸结算的方式，联物流平台联合专业金融、保理机构，为企业提供互联网金融服务，以缓解企业的资金压力。以完整的交易业务数据链包括信息、交易、过程管理、结算、支付、发票，以可追溯的真实性数据为主要依据完成授信，按单、按日计息。

（四）对企业物流从成本中心向利润中心转化，创新价值

制造企业将物流业务剥离的过程就是企业内部流程再造、整合优化资源的过程，在同等条件下降低成产成本相当于提高企业核心竞争力。主辅分离后，企业物流将会逐步转变为社会化第三方独立存在。联物流私有云平台，将帮助企业剥离物流业务后转变为符合交通部要求的无车承运人企业，并通过平台生态获利，使企业物流从成本中心向利润中心转化。

七、信息化效益与评估

1. 形成直观的数据报表，对市场价格做出提前预估

企业通过交易上线，在联物流平台上形成数据报表，根据需求信息进行筛选导出，形成以承运方、交易时间、线路、价格为基础的数据报表，形成基础的价格指数。企业可以根据时间周期对市场价格进行预估，有利于更加合理地制订出生产计划和运输计划，合理安排车辆运输，避免在车辆运输高峰期用车的情况。另外，通过价格指数，也帮助企业掌握了议价权，降低了运输成本。

2. 跟踪定位，提高服务质量，防止串货行为

利用联运力助手派车后，通过 LBS 司机随车手机定位开始对货物进行全程监控，形

成车辆靠岸、到达报告。对供应商进行动态考核，也同时提高了销售物流的服务质量。对收货地址进行监控设定后，确保货物履约到达收货地，防止串货行为。

3. 规范交易流程，连接外部运力资源，降低物流成本

在保证各分公司常用承运方不变的基础上，精准联通 4 家干线整车运力平台，通过规模化的资源，即时寻找返程运力，降低找车成本，保证企业运力资源的充分供给。

4. 帮助企业物流从成本中心向利润中心转化

联物流私有云帮助企业进行组织扁平化变革的同时，促进物流交易标准化和柔性化的结合，利用平台快速形成规模化资源，弹性化管理，开放性生态。一方面实现对制造企业敏捷供应链的支撑，另一方面帮助企业物流剥离，成为提供社会化服务的无车承运人，通过外部承运业务创收，通过平台生态获利，使企业物流从成本中心向利润中心转化。

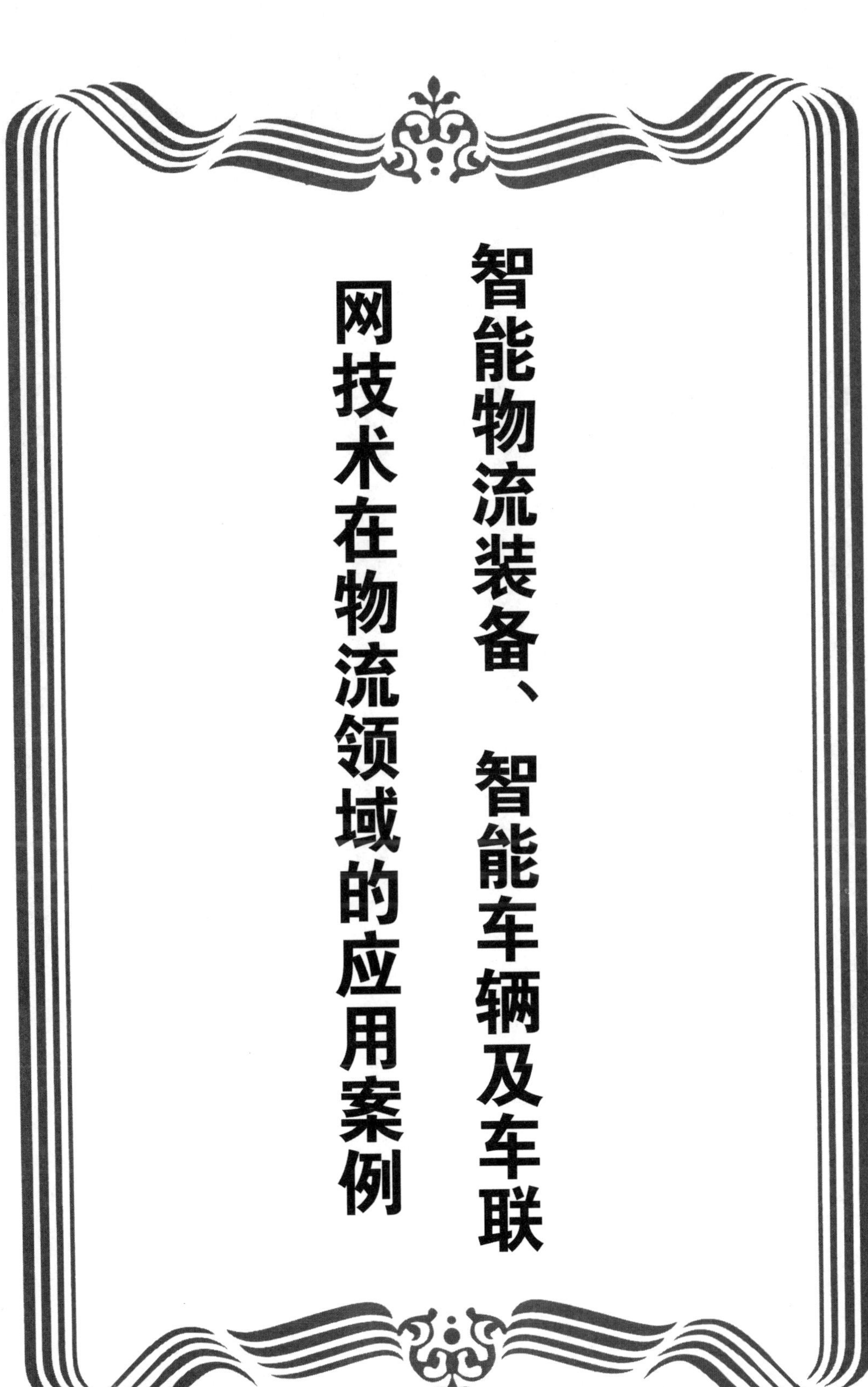

智能物流装备、智能车辆及车联网技术在物流领域的应用案例

百世物流科技（中国）有限公司：快递自动分拣系统

一、企业简介

百世物流科技（中国）有限公司（简称百世集团或百世）结合互联网、信息技术和传统物流服务，创造新的颠覆性商业模式整合中国庞大的物流行业，提高效率和信息化的应用。百世中国区总部扎根于美丽的西子湖畔——杭州，目前已在全国范围内建立起多级营运中心，配送网络覆盖全国，延深至县、乡级区域。通过完整、系统的合作伙伴认证管理体系，专业的供应链解决方案设计，先进的信息技术和公司自行研发的综合营运平台 GeniMax 系统，百世为国内外企业提供综合供应链设计和物流服务。

经过几年的努力，企业规模迅速扩大，逐年高速发展，现有百世快递、百世云、百世供应链、百世快运、百世金融、百世国际、百世店加七大事业部平行发展，向客户提供综合供应链、快递、快运和软件服务。截至 2016 年 12 月，在全国已建立了 620 多个运作中心和 400 万平方米的仓库及转运中心，拥有 50000 多名员工和上万个认证加盟商及合作伙伴，仓储配送网络覆盖全国，并延深至县、乡级区域。公司的核心理念是投资技术和人。

百世拥有顶尖互联网背景技术团队，自主研发日处理交易数千万级的系统集群，致力于打造创新型综合供应链服务平台，互联网应用技术能力在行业内一直领先，并以科技推动物流行业变革。百世致力于打造一站式的物流和供应链服务平台，搭建物流服务基础设施，实现以信息流驱动商流、物流、资金流的百世生态圈，为客户提供高效的服务和体验，成为最值得信赖和尊重的物流领导者。

二、企业在实施信息化之前存在的问题

由于快递件量大、分拣的方向很多，传统的人工分拣需要根据面单的地址，匹配到对应的快递网点进行分拣。如此，分拣员需对大量的地址与快递网点对应关系进行记忆；且由于快递业的快速发展，地址与网点的对应关系常常发生变化。造成了分拣难、分拣慢、分拣错等问题，直接影响快递公司的服务质量。

百世针对这一情况，设计开发了基于大数据分析技术、智能算法、自动化技术、计算机软件技术、图像处理技术、移动互联网技术，标准轻量自动分拣系统。该自动分拣系统以分拨运营中心的快递分拣业务操作为切入点，提供末端分拣、中转分拣、混合分拣等多模式功能的分拣。其中，末端分拣模式是指分拣小件给对应的派送站点；中转分拣模式是指经过分拨中心将快递中转分拣给其他分拨中心；混合分拣模式是指同一自动

分拣线进行双模式操作。可以替代原人工手持分拣的工作，具有很高的分拣效率与很高的分拣准确性，是分拨中心所必需的设施条件之一，是提高物流配送效率的一项关键因素。通过轻型自动化流水线便于建立柔性连接，生产操作更灵活；初期投入成本较低，项目风险小。

三、信息化进程实施中遇到的主要困难、问题与解决措施，企业信息化是如何推进、组织，一步一步深入的

在自动分拣线的实施过程中，遇到的主要困难是快递的业务数据量巨大、有10%左右的件没有信息、服务要面向全国、系统应用响应要及时、项目复杂度高，参与配合的人员多。但百世面对这些困难以智慧和勇气尝试各种办法来攻克。尝试以大数据分析、智能算法等技术保证分拣数据的准确性，将之前人工分拣只有95%左右的准确率提高到了99.8%；以自动化技术、前置数据解析的方法保证分拣的效率；针对部分快递系统没有地址的数据，针对性开发出补码软件，采用人工补码方式，协助完成自动分拣，提高分拣率。另外，在试点的时候，进行了多次测试，利用互联网思维，站在用户的角度，多收集用户反馈，不断优化自动分拣系统，提供操作的便利性与舒适性。同时，还开发了自动集包关联功能，将分拣与集包同时进行，又大大提高了现场操作的效率。后期运作的时候，为了保障自动线稳定运作，提供了24小时全天候的运维保障服务；在总部，可以通过数据、图表、视频等多种方式了解现场的运作情况，对管理决策提供了及时准确的依据。

四、信息化主要效益分析与评估

1. 信息化实施前后的效益指标对比、分析

自动分拣系统推广后，很大程度上提高了分拣效率与分拣准确性，减少了人力的投入，间接提高了百世快递的服务质量（见下表）。

每条自动线的相关对比指标

	操作人数	分拣正确率	分拣效率	运作成本
实施前	40	95%	500件/人·h	—
实施后	20	99.8%	800件/人·h	—
对比值	节省20人	提高4.8%	提高60%	节省150万元/年

2. 信息化实施对企业业务流程改造与竞争模式的影响

提高了百世快递的自动化与信息化程度，改变了原有传统流水线的操作模式，将以前死板的操作模式变得更为灵活，人员的操作更加轻松。自动化与信息化改变目前的快递作业模式，在快速增长的件量和日益上涨的人力成本大背景下，可支持大规模部署自动线，在提高快递分拣的效率和正确率上，远超越同行，从而提供百世的服务质量，在竞争模式方面有积极的影响。

3. 信息化实施对提高企业竞争力的作用

推广使用自动分拣系统后，提高了操作效率、降低了操作强度、降低了人力投入的成本；从投入产出、提高服务质量、提高企业的竞争力方面都有很积极的影响；在与业界同行的竞争中又领先了一大步。

五、信息化实施过程中的主要体会、经验与教训、推广意义

自动分拣系统在设计和推广过程中，考虑到快递件量的快速增长、场地的经常搬迁、人员的经常变动，研究决定采用小而精、方便灵活、准确可靠的原则，并利用互联网思维，用户至上，结合现场的实际操作，不断收集用户需求，迭代优化自动分拣系统，保证其易操作、易推广。实施过程中，现场一线人员的参与和配合起很重要的作用，要合理地引导他们接受并使用自动分拣设备，使其发挥最大价值。另外，在智能算法优化、图片识别处理、软件优化等方面，做了不断的尝试与优化；特别是数据准确性与图像识别方面是本系统的关键点，做了大量的尝试与研究，从而大大提高了自动分拣系统的可靠性。基于用户至上、数据准确、效率保证等前提下，自动分拣线才会有大的价值。

六、本系统下一步的改进方案、设想、对物流信息化的建议等

未来自动分拣线将太原、无锡、中山等几十个转运部署，从前期的小规模部署到现在完成全国范围部署，将面临很多挑战。

后期，将针对全国所有的自动分拣线，从高效率、低成本、高精度三个维度继续挖掘，建立数据中心，提供运营数据、动态报表、视频监控、指标看板等多维度数据；另外，将来向全场地自动化推进，实现到件、集包、发件、分拣等多环节的大小件的自动化；以后还可以尝试结合分拨完整操作流程、对接班车路由实现全程智能化。

自动分拣线长期规划如下图所示。

自动分拣线长期规划

前置补码客户端主要功能：

（1）接受任务——接受补码的任务；

（2）屏蔽任务——屏蔽补码的任务；

（3）托盘监控——查看自动分拣机托盘上的货物状态；

（4）查询任务——查询补码的任务；

（5）放大、缩小、还原——对需补码的图片进行放大、缩小、还原操作；

（6）上一张、下一张——查看补码图片的上一张、下一张；

（7）退出系统——退出补码客户端。

说明：

（1）前端补码，多个分拣员可以进行同时操作；补码系统要有自动分配任务的机制，分拣员可以看到补码任务列表和总任务数；

（2）分拣线动态信息可以关闭/显示；

（3）动态信息列表，反映分拣线运作情况和任务分配情况；

（4）支持图片切换、旋转、放大/缩小；

（5）分拣员补码操作过程中，如果此件再次轮转有新的图片，不需要刷新当前图片，用户图片切换操作时才调取新图片。

备注：

快递自动分拣系统目前已经获得国家专利认证。

专利名称：一种快递自动分拣系统及自动分拣方法。

专利内容：本发明涉及一种自动分拣系统，公开了一种快递自动分拣系统及自动分拣方法，快递自动分拣系统包括常用词词库、道路数据库、兴趣点数据库、历史派件数据库、派件数据纠正模块、关键字抽取模块、关键字数据库和站点自动识别模块；自动分拣方法主要步骤为关键字数据库建模、扫描地址、匹配站点。本发明提供一种快递自动分拣系统及自动分拣方法，采用自动分拣系统，通过自动分拣方法能在无人工干预环境下自动完成快递派件站点的识别，自动实现快递中转站点和末端站点的分拣，并能保证极高的准确率，解决了快递行业采用传统人工分拣方法和半自动容易出错、误操作且费时费力等问题，实现了计算机和机器自动分拣，极大地提高了快递行业分拣效率。

北汽福田汽车股份有限公司：福田 M3“智慧货车”

一、企业情况简介

时代业务是福田汽车集团旗下的核心业务，定位于卡车全系列发展，拥有行业领先的研发、采购、制造、营销等优势资源，旗下拥有时代汽车、瑞沃、福田金刚、福田骁运四大产品品牌，产品涵盖微卡、轻卡、中重卡全系列卡车产品，销服网络遍布全国。“全时服务、关爱一生”，时代业务为广大客户提供优质的全时服务。

作为全球最大的商用车生产商之一，生产销售商用车总计达到400 万辆，拥有庞大的车主用户基础，为发掘车主用户价值，提高用户对于品牌附加值的满意度，车货匹配平台智慧货车推出并上线。

二、传统物流行业背景分析

物流行业管理“散、乱、小、差”，车和货难以高效整合匹配，空载率高，物流成本居高不下，成为物流行业痛点；“互联网 +”物流的 O2O 模式带来解决方案，但众多的车货匹配 App 良莠不齐，让市场难以选择。

众多车企困扰于客户忠诚度不高、客户价值挖掘不足，需要增强客户黏性的高效解决方案。

传统物流行业存在很多问题，造成了资源的严重浪费；“互联网 +”传统物流行业融合发展，是发展契机，也是趋势。

传统物流企业的主要问题如下。

1. 物流成本居高不下

中国制造业物流成本占生产成本 30% ~40%，美国为 10%。

2. 车货匹配效率差，空载率高

（1）中国货车每天有效里程 300km，美国 1000km。

（2）2000 万货车，空载率 40%；大量时间用于配货。

3. 货车司机利润空间狭小，无议价能力

（1）信息不透明，第三方物流（中介）主导配货市场。

（2）中国 78 万物流公司，第三方物流货主 70% 外包三方物流，90% 三方物流充当中介。

4. 行业管理无标准，散、乱、差

“互联网 +”物流将带来的变化：

（1）信息透明化；

（2）去无效中间化，提高司机收入水平；

（3）车货匹配更加合理，降低社会成本；

（4）行业管理逐渐标准化、货运过程可视化。

O2O 兴起前，传统货运公司就开始尝试信息化建设，但 PC 端很难实现货车的实时定位与信息交互，所以进程缓慢。近两年，得益于移动互联网技术的成熟与资本的介入以及交通出行行业的快速信息化，货运 O2O 的发展也进入快车道。近两年乘着“互联网 +”的东风，市面上已经涌现出两百多款物流配货 App。

车货匹配 App 的出现给传统物流园的运营带来了正面冲击，各 App 在推广过程中与物流园的摩擦不断。

三、网络配货平台模式分析

1. 网络配货平台模式分析

目前市场存在四种类型的网络车货匹配平台模式，各有利弊。

（1）互联网科技公司：推出货运平台，如喇叭物流配货平台、货车帮、福佑货车等。

运营模式：喇叭物流配送平台以解决物流所有配套服务为核心，融合电商与互联网金融产品，有效提供物流公司服务、金融方案。

喇叭物流配送平台

构建主体：互联网科技公司

实体公司：无

网络平台：喇叭物流配送平台

平台会员：1000

目标客户：物流企业

功能：为物流企业所有配套服务平台的电商，没有实际开展网络配货。

优势：身处科技最前沿，对互联网了解最深，为网络配货模式下最大载体。

不足：不参与实体经营，对物流行业认识不足，网络配货平台实用性不强。

（2）物流公司：打通线上线下推出的货运平台，如物配网、汇通天下发布的 G7 货运人等。

运营模式：物配网是一家专注于为物流企业提供一站式采购、为厂商提供整车销售等以电商服务为核心的自有垂直电商技术平台。

物配网

构建主体：物流公司

实体公司：物流园区 +300 台车 +40 家门店

网络平台：物配网

平台会员：3000

实体与网络平台关系：无直接联系

目标客户：物流企业

功能：为物流企业所有配套服务平台的电商，没有实际开展网络配货。

优势：拥有一定量的用户群，对行业、用户的需求认识比较深。

不足：存在着较强的营利性目的，用户群有限，后劲不足。

（3）物流园区：以重资产物流园区作为支撑推出的车货匹配网络平台，典型代表为浙江传化的易配货、广东林安的“我要物流”等。

运营模式：以“基地 + 网络”、物流 + 商贸的运营模式，构建第四方服务平台和信息交易平台，致力于打造中小物流企业集群和创新发展基地，通过轻资产管理带动重资产商业价值的增长。

林安物流网 + 我要物流

构建主体：物流园区

实体公司：全国 18 家物流园区

网络平台：我要物流、林安物流网、物流圈

实体与网络平台关系：线上线下信息同步，依托物流园区多项增值服务拓展线上业务

目标客户：散户 + 中小型物流企业

对司机购车影响：利用自身影响力和优惠措施，可提供场地、门店，协助厂家共同组织促销活动。

优势：网络平台依托园区实体，有效整合货主、物流公司、司机，信息传递高效、透明。

不足：大部分物流公司较为封闭，信息共享局限性。

（4）卡车制造企业：以整车销售为目的设计的网络配货平台：陕汽的车轮滚滚、东风的快召货车、智慧重汽、罗计物流（欧曼联合）等。

优势：更好地促进车辆的销售，操作简单，实用性较强。

缺陷：制造企业必须投入大量的人力物力来开发、推广、维护、更新。

2. 商用车企业网络配货平台发展情况

主流中重卡企业（东风、陕汽、重汽等）纷纷进入网络配货平台，以求掌握客户资源。目前处于起步阶段，效果不明显。

东风：网络配货平台东风“快召货车”，投入人力物力较多，效果不佳。

陕汽：陕汽“车轮滚滚”目前仍处于前期推广阶段，尚未起到预期效果。

重汽：“智慧重汽”App 中植入网络配货功能，但隶属二期功能，有待完善。

欧曼：联合“罗计物流”三方配货平台初步实现在线选车，电商团购功能。

四、福田 M3“智慧货车”平台分析

1. 福田 M3 车货匹配平台“智慧货车”介绍

福田 M3 网络车货匹配平台“智慧货车”2016 年推出上线，旨在发掘客户价值、提高客户满意度。目前处于起步推广阶段，效果尚未显现。

作为全球最大的商用车生产商之一，生产销售商用车总计达到 400 万辆，拥有庞大的车主用户基础，为发掘车主用户价值，提高用户对品牌附加值的满意度，车货匹配平台“智慧货车”推出并上线。

2. 平台模块设计

（1）用户注册。新用户注册页面，新用户注册时需选择平台身份（货主、车主、司机），填写用户名、手机号码等相关信息即可注册成功。智慧货车平台功能较开放，对于注册时身份选择为车主的用户也可以发货，也可以同时选择多个身份。

（2）车源查询。查询车源信息功能，可显示货源或车源详情、公司、发布时间等信息，还可显示是否是认证货主或车主。

（3）发布货源功能。发布货源时选择目的地、出发地、货物类型、需求车型等信息，发布的货源信息有效期默认为 24 小时，电话号码默认为用户注册时的手机或座机。

（4）“我的订单”功能。可查询到该用户发布过的货源订单、车源订单及订单状态，订单状态分为发布中、已成交、已撤销三种，其中已成交和已撤销的订单均不在车源信息或货源信息页面显示。

3. 与市场车货匹配 App 对比分析

与市面上主流的车货匹配 App 对比，福田智科“智慧货车”平台相对简捷高效；但功能相对单一，对客户吸引力不强，对企业利益支持不足。对比分析如表 1 所示。

表 1　对比分析

	喇叭物流配送平台	物配网	林安物流网 + 我要物流	卡车制造企业	福田智慧货车
实体公司	无	物流园区 +300 台车 +40 家门店	全国 18 家物流园区	全国经销商门店	全国经销商门店
网络平台	喇叭物流配送平台	物配网	我要物流、林安物流网、物流圈	企业自建电商平台	企业自建电商平台
平台会员	1000	3000	线上平台注册会员数：200 万；线下物流企业 5000 家	司机端客户 30 万 ~ 125 万，货主端客户 5 万 ~ 112 万	8.5 万
实体与网络平台关系	无直接联系	无直接联系	线上线下信息同步，依托物流园区多项增值服务拓展线上业务	线上 + 线下	线上 + 线下
目标客户	物流企业	物流企业	散户 + 中小型物流企业	个人个体客户 + 物流企业	企业车辆保有客户
功能	为物流企业所有配套服务平台的电商，没有实际开展网络配货	为物流企业所有配套服务平台的电商，没有实际开展网络配货	以重资产物流园区作为支撑，有效整合货主、物流公司、司机资源	为客户提供增值服务，提高客户忠诚度	联合司机端与货主端，提供信息交流服务

续 表

	喇叭物流配送平台	物配网	林安物流网+我要物流	卡车制造企业	福田智慧货车
运营模式	以解决物流所有配套服务为核心，融合电商与互联网金融产品，有效提供物流公司服务、金融方案	为物流企业提供一站式采购、为厂商提供整车销售等以电商服务为核心的自有垂直电商技术平台	以“基地+网络”、“物流+商贸”运营模式，构建第四方服务平台和信息交易平台，致力于打造中小物流企业集群和创新发展基地，通过轻资产管理带动重资产商业价值的增长	以整车销售为目的设计的网络配货平台	以增加客户黏性、提高满意度为目的
对司机购车的影响	利用厂家金融、服务政策吸引用户，淡化品牌、价格因素	拥有货源，提供金融服务，吸引用户购车，与经销商合作销售，要求享受大客户政策	利用自身影响力和化惠措施，可提供场地、门店，协助厂家共同组织促销活动	为客户提供丰富的产品、金融、增值服务，提升产品竞争力	整合车源与货源，提供便捷高效的信息服务
用户诉求	价格+货源+金融+服务	价格+货源+金融+服务	货源+服务+金融	价格+金融+服务+资源	价格+货源+金融+服务
优势	身处科技最前沿，对互联网了解最深，为网络配货模式下最大载体	拥有一定量的用户群，对行业、用户的需求认识比较深	网络平台依托园区实体，有效整合货主、物流公司、司机，信息传递高效透明	更好地促进车辆的销售，操作简单，实用性较强	整合客户资源，信息高效透明
不足	不参与实体经营，对物流行业认识不足，网络配货平台实用性不强	存在着较强的营利性目的，用户群有限，后劲不足	大部分物流公司较为封装，信息共享局限性	制造企业必须投入大量的人力物力来开发、推广、维护、更新	产品功能较单一，对客户吸引力不足

五、福田 M3“智慧货车”运行问题分析

（1）“智慧货车”平台是福田智科立足福田汽车客户资源开发的网络配货 App，已在福田旗下品牌欧曼、欧马可等试运行，已相对成熟，时代业务推行不存在大的风险。

（2）“智慧货车”平台侧重于司机端与货主端的信息服务，功能相对单一。对企业利

益诉求（用户信息分析、客户满意度、增值服务、推荐购车等功能）未有效体现，推广价值不高。

（3）“智慧货车”平台对第三方出租客户群体有一定吸引力，但取决于车主的活跃程度与货主的信息量；对有相对固定货源的客户及规模物流企业（控制货源）影响力不高。

六、福田 M3“智慧货车”平台功能分析与需求建议（见表 2）

表 2　　平台功能与需求分析建议

模块		功能	需求分析建议
智慧货车平台	注册页面	新用户注册时需选择平台身份（货主、车主、司机），填写用户名、手机号码等相关信息即可注册成功	建议与时代之家 App 中的客户基础信息相关联，设置快速验证通道
	登录页面	用户登记进入系统平台；对于忘记密码的老用户，若已经通过认证则可以自行密码重置，如果忘记用户名或未输入过身份证号码，则需致电热线电话人工重置	建议与时代之家 App 中的客户基础信息相关联，注册完成后，直接快捷进入
	货源信息	支持对目的地和出发地的精确搜索；可显示货源或车源详情、公司、发布时间等信息还可显示是否是认证货主或车主。有需求可直接拨打联系电话，快捷方便	建议采用平台功能模块
	发布货源	发布货源时选择目的地、出发地、货物类型、需求车型等信息，发布的货源信息有效期默认为 24 小时，电话号码默认为用户注册时的手机或座机	建议采用平台功能模块
	发布车源	发布车源与发布货源功能类似，可选择发布临时车源或认证车源，若选择发布临时车源，则货主在查询车源信息时显示该车辆为临时车源，若该账户注册过认证车源，则可选择发布认证过的车辆	建议采用平台功能模块
	我的订单	“我的订单”功能可查询到该用户发布过的货源订单、车源订单以及订单状态，订单状态分为发布中、已成交、已撤销三种，其中已成交和已撤销的订单均不在车源信息或货源信息页面显示	建议采用平台功能模块
	我的信息	反映用户的基本信息（姓名、联系电话等），在“我的信息”页面点击“身份证认证”，用户拍照身份证正面照片并上传客服审核通过后即可完成认证。若该用户认证成功则在“我的信息”页面提示“已认证”	建议采用平台功能模块

续 表

模块		功能	需求分析建议
智慧货车平台	我的车辆	在“我的车辆”页面点击“认证新车辆”，填写新车辆相关信息由客服人工审核通过后完成车辆的认证	建议采用平台功能模块
新增功能需求	人文关怀	增加客户比较感兴趣的功能（如天气预报、违章信息、加油站），增加客户黏性	建议沟通增加相关功能
		增加对客户行车有帮助的导航定位、地图等服务	建议沟通增加相关功能
	增值业务	增加车辆介绍、服务保养、一键保修、配件商城功能，开展增值业务	建议与“时代之家”相关模块链接，提供服务与配件功能
		增加金融服务、车辆保险等增值业务	视时代业务增值业务开展情况开发

1. 行业环境

（1）物流行业的传统运作模式是货源集散地，通常为各大物流园的物流服务站。

（2）物流业属于规模经济，只有实现产品的批量生产，形成规模，才能达到规模经济所要求的最低生产成本要求。而物流行业缓慢发展过程中，“散、乱、小、差”等问题已成为其破茧过程中的重重障碍。车和货难以高效整合匹配，货车的空载率居高不下，这些都成为物流行业难以解决的痛点。

（3）当移动互联网的影响力日益彰显，智能手机的普及、O2O 模式的出现，让互联网对传统物流产业的重构成为了现实。

2. 传统物流业发展瓶颈：成本和效率

（1）货主找货车的速度较快，但司机找货源的效率很低。

①司机平均配货的等待时间是 2～3 天，期间吃住、停车、人员工资的费用是 500 元/人/天。

②长距离空驶，因为司机要从上一卸货点空驶到货运信息市场找货，然后再空驶到下一装货点，平均冗余空驶的距离在 60km 以上，油耗成本在 400 元左右。

③给中介缴纳约运费 10% 的中介费，如果是信息多次转手，中介费用更高。

（2）司机在找货过程中的低效率势必会抬高司机对运费的要价，如此抬高了整个社会的运输成本。

东方驿站物流科技（武汉）有限公司：挂驿租® 电商平台、智能挂车系统

一、企业简况

1. 企业介绍

东方驿站致力于打造一个公共、独立、开放的甩挂运输装备资源服务平台，通过“互联网 +”物流装备的分时租赁，帮助客户实现物流装备资源的高效、绿色、安全运营。

东方驿站业务服务包括四大块：装备租赁、场站服务、后市场服务、平台服务。将通过全国网络化的布局，形成挂车池网络，实现挂车和集装箱等甩挂运输装备的通借通还。其中平台服务包括：电商平台、智能挂车平台、大数据应用平台。

东方驿站物流科技（武汉）有限公司由深圳市赤湾东方物流有限公司持股 75%，注册资金 1000 万元，由挂驿租（深圳）股权投资合伙企业（有限合伙）持股 25%，深圳市赤湾东方物流有限公司为中国南山开发（集团）股份有限公司全资子公司。

2. 管理模式

东方驿站于 2016 年 3 月正式注册成立，实行董事会领导下的总经理负责制。目前团队人数规模为 20 人，组织结构如下图所示。

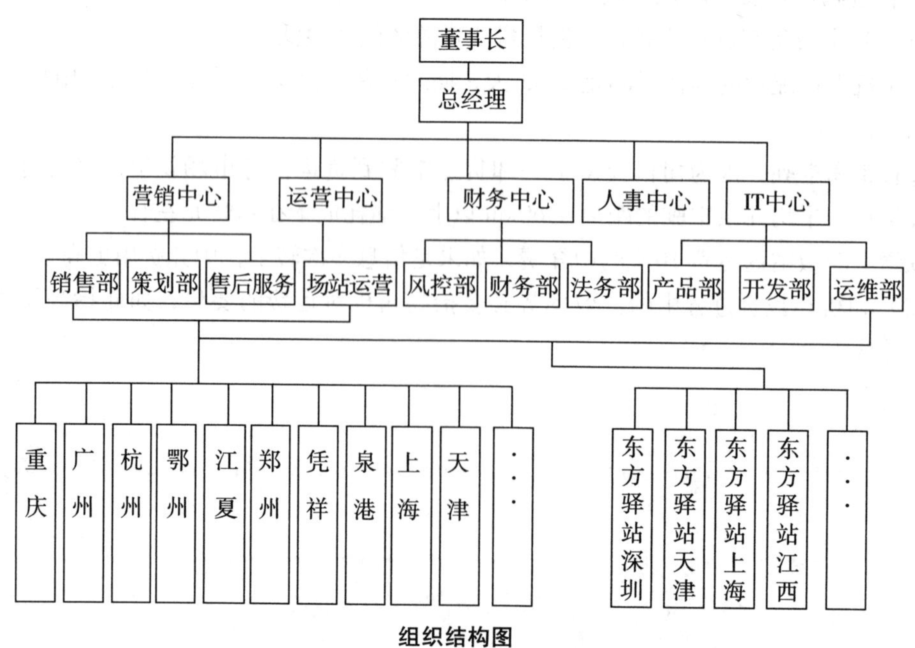

组织结构图

3. 商业模式

东方驿站甩挂运输装备租赁提出的全新商业模式：互联网 + 公共挂车池 + 分时租赁 + 专业化甩挂场站 + 后市场服务。

东方驿站定位为轻资产管理型公司，将整合挂车生产厂、经销商、物流企业及社会资源，打造公共挂车池网络。通过挂车分时租赁共享，实现“甩得下，挂得上，运得多，行得快”，解决道路运输资源利用率低、装备不共享等问题。

专业化的甩挂场站将通过核心场站自营 + 品牌加盟方式运营，核心场站作为标准化场站进行复制推广。

目前东方驿站已形成一定规模，针对服务客户提供装备后市场服务，包括但不限于轮胎租售、甩挂运输定制方案、年审保险、物流金融、易耗品集中采购等服务。

针对业务需求，东方驿站在“互联网 +”方面进行了深度整合开发，包括挂驿租®电商平台、智能挂车系统、大数据平台。实现业务数据化、数据业务化，管理更智能。

4. 营销模式

东方驿站前期通过与大客户达成战略合作，快速形成市场影响力；逐步向中小型客户推进，优化客户结构，提升利润。东方驿站已与斯堪尼亚、中物联研究、百世集团、盛丰集团、蜂网投资、中开财务达成战略合作，合作客户包含顺丰、京东、盛丰、德邦等知名物流企业。

推广渠道：

（1）公司官方网站、关键词竞价排名推广；

（2）微信平台的推广：专人运营，为物流行业提供专业、全面的运输装备资讯，打造甩挂运输装备租赁资料库；

（3）物流行业专业论坛稿件发布；

（4）企业宣传片线上、线下投放；

（5）依托粤港澳甩挂联盟和华中甩挂联盟做行业信息交流和推广；

（6）行业活动、峰会、论坛宣讲、广告投放；

（7）车身广告投放，运行线路超 150 条，覆盖全国绝大多数区域；

（8）线下地推，在物流园区、甩挂运输企业做活动、宣讲推广。

二、企业在实施信息化之前存在的问题

1. 业务开展成本较高

东方驿站定位于全国性公司，主营业务面向全国范围内开展。在电商平台上线之前，业务开展主要由线下进行。目前线下场站布局还未形成网络，部分标准化业务开展的人力成本、管理成本较高。同时业务数据仍由人工管理，效率较低。

2. 资产监管成本较高

甩挂运输装备租赁为核心公司核心业务，租赁资产的安全、高效管理则是企业的核心竞争力之一。在智能挂车系统上线前，存在车辆状态无法实时查询、人工管理成本较高等问题，同时也面临资产损坏、丢失找回难的风险。

3. 部分业务模式无法开展

对于东方驿站的后市场服务，特别是针对轮胎租赁等服务，业务模式为按里程收费，因此需要挂车单独运营的里程作为计费依据，对于甩挂运输这类方式，其挂车的行驶里程无法直接从牵引车获取。在智能挂车系统上线前，此类业务模式无法开展。

三、遇到的问题与解决方案

信息化进程实施中遇到的主要困难是智能挂车系统，这是国内首创的甩挂运输装备智能管理系统平台，无案例可询。其中，技术关键点为监控设备供取电问题，主要瓶颈如下。

（1）供电问题：半挂车有别于其他机动车，虽都属于机动车范畴，但半挂车并不能自身提供动力，它需要通过其他拥有动力的车型带动才可以上路行驶。因此，半挂车的电能来源都是由牵引车而来的，自身并不具备电能。

（2）取电问题：半挂车和牵引车的电路连接主要有两种方式：①七星线连接，七星线是牵引车电路连接到半挂车电路的主要连接方式，但若牵引车驾驶员不进行任何操作，挂车七星连接线路不会有任何电流通过。②ABS 线连接，ABS 作为刹车防抱死系统，为了使 ABS 控制器在车辆运行过程中长期保障车辆行驶安全，就需要控制器时刻通电保持工作，因此 ABS 线是牵引车通向半挂车的唯一常通电。但 ABS 线并非像七星线一样是每辆车的标准配置，例如部分国产车头、老款半挂车不会配备 ABS 连接线或者 ABS。

东方驿站针对此问题，首先测试了市面上多款监控硬件设备。

（1）机械式 GPS 设备：与挂车的传动轴连接，优点在于误差小，能精确统计里程数据且不需要外接电源，但缺点是无法提供地位信息。

（2）定位式 GPS 设备：与传统的 GPS 设备类似，可直接安装于挂车上，能精确地统计里程及定位信息，但缺点是需要外接电源，在牵引车未启动时无法工作。

（3）定时式 GPS 设备：能设置定时发送定位信息，优点在于所需电量小，能长时间工作，缺点为只能提供定位信息，无法统计里程。

我们在同一台挂车上同时测试了以上 GPS 设备，在综合对比几款设备后，首先选出了目前最适用的产品，并针对电量问题，提出了七星线、ABS 同时接入牵引车电源、加装太阳能板，并配载大容量的电池，实现无须牵引车启动也能满足 GPS 工作。同时，在软件层面，根据使用需求，调整数据传送频率，降低电量损耗，保证长时间有效工作。

通过与多家供应商的沟通、广泛选型，多轮技术改进、测试，终于得出了可满足挂车长时间供电的方案。并结合每天与司机确认地理位置及牵引车头 GPS 数据、码表，精确里程、计算轮胎公里费用，做到数据化、精细化管理。我们在此过程中与供应商一同发现问题、解决问题，共同学习成长，实现双赢。

在解决硬件技术的难题后，结合业务模式现状与未来规划预测，提出了东方驿站智能挂车管理系统平台方案，国内首创的智能挂车系统诞生。

四、信息化主要效益分析与评估

1. 信息化实施前后的效益指标对比、分析

（1）管理更便捷。通过东方驿站平台服务，业务流程线上进行，公司管理更便捷。

标准化业务可直接线上办理，有效提升效率。车管管理层面，抛弃传统电话找车，车辆状态实时查询，一目了然。

（2）管理更智能。从客户下单、征信审核、库存确认、装备交接、租赁过程透明化，到交易结算归还全流程，实现业务的数据化，将供应链和物流的全过程数字化、在线化，所有的过程实现透明，所有的节点、要素、环节连接起来。在此基础上，通过大数据的积累，实现数据的业务化，管理更智能。

（3）资产管理更安全。通过智能挂车设备及系统的上线，东方驿站设计了5个安全监管层级，能有效对租赁装备进行日常监测、分析统计、数据分析，在风险发生前实现有效预警，大大节约人工管理成本，为东方驿站业务正常开展提供了基础保障。

2. 信息化实施对企业业务流程改造与竞争模式的影响

（1）实现新业务落地。通过智能挂车系统的上线，东方驿站能开展轮胎租赁、短租等业务，因此类业务需对挂车行驶里程有精准的统计，故智能挂车系统能对新业务的落地起重大作用。

（2）提供增值服务。通过智能挂车系统大数据平台，东方驿站能为客户提供数据相关增值服务，并对东方驿站后市场服务提供优化方案：备品备件预测、装备取还路径优化、维修保养智能提醒等。

3. 信息化实施对提高企业竞争力的作用

目前国内甩挂运输装备经营性租赁市场有部分企业提出要从事装备租赁，但实际有投入并正在开始业务的几乎没有，车辆厂家则是以租代售的方式增加销量，东方驿站是首家建立公共挂车池、开展甩挂运输装备经营性租赁的企业。

东方驿站挂驿租® 电商平台的建立，成为国内首家的甩挂运输 B2B 与 B2C 电子商务平台，能有效地将业务流程线上化、吸纳社会资源，加快业务全国化推进。

智能挂车平台的上线，能有效提升租赁资产安全、高效管理的核心竞争力。东方驿站掌握核心技术开发，能提升行业竞争门槛。同时，智能挂车系统带给客户的高效、安全的装备管理体验，能有效获取客户信任、形成口碑传播，增强品牌形象背书。

五、信息化实施过程中的主要体会、经验与教训、推广意义

时间即为金钱，效率即为生命。在行业快速发展升级的今天，新的商业模式的形成必定会有竞争对手模仿跟进。东方驿站已占领先发优势，在信息系统建设上也目光长远，通过提前布局，尽早提高行业竞争门槛，从客户角度出发，不断创新，才能占据竞争优势。

核心技术为企业重要核心竞争力，新的商业模式创新的基础为技术的创新。面对技术难题，要保持信心、多方突围，先行攻克的行业竞争者即为行业领头羊。

六、本系统下一步的改进方案、设想、物流信息化的建议

1. 挂驿租电商平台

东方驿站通过选择 SAP（企业管理解决方案的软件）作为全渠道解决方案供应商，通过 SAP－ERP 项目将业务流程完全地整合，进行全国一体化管理，实现管理标准化、

可视化。打造中国最大的甩挂运输 B2B 与 B2C 电子商务平台。

东方驿站挂驿租电商平台已完成蓝图设计、需求调研，目前正在开发中，一期功能：线上信息发布、车辆资源线上租赁、二手牵引车车销售、二手装备代租代管等于 2017 年 6 月上线。

2. 智能挂车平台

东方驿站智能挂车项目是国内首创的甩挂运输装备智能管理系统平台，旨在通过物联网技术的应用、半挂车辆大数据的收集，在资产可视化管理、智能调度与配载、企业画像、运力分层、数据征信、需求供应预测等方面分析应用，实现装备管理透明化、高效智能化。

1.0 版智能挂车平台已于 2016 年 7 月投入使用，可实现挂车定位等基础功能线上统计和展示。

2.0 版智能挂车平台已于 2016 年 12 月完成蓝图设计、需求确认、已确定硬件设备选型、技术难题攻克、安装实施方案，平台一期挂车轨迹跟踪、车辆状态显示、智能地图等功能已于 2017 年 3 月上线；平台二期规划：基于算法与数学建模，如路径优化、智能调度、智能配载、车挂智能识别等功能将于 2017 年下半年启动开发。

3. 大数据平台

东方驿站通过信息系统研发，高端设备投入，建立甩挂运输运力及装备资源大数据。利用大数据，基于数理统计与数据挖掘，如用户画像、数据征信、供应链需求预测等。为行业提供甩挂运输核心数据支持，为客户提供定制化甩挂运输解决方案。

青岛科捷物流科技有限公司：唯品会华东自动化分拣中心

一、应用企业简况

广州唯品会信息科技有限公司（以下简称“唯品会”）是一家专门做特卖的电商网站，主营业务为互联网在线销售品牌折扣商品，涵盖名品服饰鞋包、美妆、母婴、居家等各大品类。唯品会在中国开创了“名牌折扣＋限时抢购＋正品保障”的创新电商模式，并持续深化为“精选品牌＋深度折扣＋限时抢购”的正品特卖模式。这一模式被形象地誉为“线上奥特莱斯”，唯品会率先在国内开创了特卖这一独特的商业模式。唯品会推行“零库存”的物流管理以及与电子商务的无缝对接模式。

物流是电商的咽喉，物流的效率也直接决定了电商的效率，物流的成本更是直接影响电商的成本。自动化物流体系拥有智慧物流装备和软件集成两大助力，其建设和完善无疑是电商物流成本降低和效率提升迅速执行的重要突破口。作为电商龙头的唯品会也洞察到了这一趋势，一直在全力积极部署自动仓储和分拣中心的建设。尤其是在电商狂欢节来临时，包裹数量呈现井喷式暴涨，“爆仓”“滞后”“快递灾难”等成为最频繁出现的字眼。因此无论是从外部客户需求还是内部运营商，寻求一种更为高效便捷的仓储分拣系统成为业内的必然需求。其中，华东物流中心作为唯品会五大物流中心之一，其业务量也在逐年持续增长，智能化的交叉带分拣系统作为一种成本管控、效率提升的设备进入了其视野。

二、信息化实施之前存在的问题

物流配送中心需要根据配送计划或顾客的订单要求，将商品从其储位或其他区位拣选出来，并按一定的方式进行分类、集中，等待配装送货作业。唯品会在未引入交叉带分拣系统之前，一直采用传统的人工分拣的方式，一般是货车到达后，由操作工卸货，然后用把枪对货物包装上的条码进行扫描，最后再由操作工将货物拉至对应的货区进行人工分拣，存在诸多弊端。

（一）效率低，差错率高

由于受人类体力和精力的限制，传统人工分拣无法连续长时间不间断地工作，分拣效率低下。且容易受人本身精神因素的影响，分拣错误的情况时有发生，差错率较高。

（二）包裹破损，完整性没保证

随着电商的发展，人们对快递服务的质量、速度的要求越来越高，但在人工分拣的过程中，容易出现暴力分拣，造成包裹的破损，包裹的安全性和完整性没有保证，大幅度降低了快递企业的服务质量，造成客户投诉的现象时有发生。

（三）出现爆仓现象，影响企业形象

每逢电商狂欢节，包裹的数量急剧增长，而传统的人工分拣无法达到系统期望的高效作业要求，使得服务响应的速度降低，最终造成爆仓现象，包裹到达消费者手中的时间过长，严重影响企业的品牌形象。

（四）业务流程混乱，包裹信息追踪难

分拣的全部过程都由人工操作，包裹来源不同、形状不一，所有的录入、分拣、装卸信息全部由人为处理，沟通不畅，效率低下，信息管控方面比较粗放简单，流程上比较混乱，查询时费时费力。

三、信息化实施中遇到的困难与解决措施，信息化建设的组织、推进、深入

（一）信息化实施中遇到的主要困难与解决措施

1. 项目工期紧张需要设计、生产、安装方面的支持

因唯品会方面要求在较短时间内完成项目的建设，因此需要在设计、采购、生产到现场安装每一个环节都协同起来。项目启动后，我司各环节员工加班加点进行赶工，出现问题及时与客户沟通，进行排疑和解决，最终按时交付项目。

2. 主线缆架设难，需要协商共同解决

当架设主线缆时，架桥非常困难，需要的工时非常长，需要现场人员与客户沟通难点及解决方案。为不影响工期，现场人员互相讨论，寻求方法，最终在较短时间内解决了这一问题，切实维护了项目的顺利进展，保障了项目工期。

（二）信息化实施步骤

整个项目周期分为一期和二期，一期从 2015 年 11 月初开始施工建设，于 2016 年 3 月 10 日交付客户使用。2017 年启动项目的第二期，具体阶段如下。

第一阶段：2017 年 2 月 23 日设备的物料进入现场准备开始安装，到 2017 年 3 月 31 日进行了为期 37 天的安装周期。

第二阶段：4 月 1 日设备精度细化与程序调试、系统测试与客户对接，到 4 月 10 日进行了为期 10 天的调试与测试。

第三阶段：4 月 11 日进行假件与真件测试，到 4 月 15 日进行了为期 5 天的测试。

第四阶段：4 月 16 日对操作人员进行上岗培训，4 月 19 日正式交付使用。整个项目建设期限为 56 天，按项目推进计划，分期建设，逐步到位。

（三）供应商介绍

青岛科捷物流科技有限公司是一家专注物流系统集成和自动化物流设备的研发、制

造、销售及服务的高新技术企业。公司以智能科技为驱动力，致力于推动企业物流解决方案的智能化发展。公司目前拥有的占地202亩的制造装备基地和15000平方米的研发中心，是业内先进的数字化和智能化制造、科研基地。伴随着工业4.0和电商行业的发展，公司正全力部署以物流系统整体集成为主导、以系统化的咨询规划设计为骨架、以高品质自动化的机器人及物流装备为肌肉，以信息化的物联网技术为灵魂的大物流布局。

科捷物流公司是橡胶机械行业领军企业——软控集团在物流领域的全新布局，有着独立的机制和发展策略，在资源平台方面获得软控全方面的支持。科捷物流公司服务的主要领域是制造业厂内的货物运输，快递行业的货物分拣和运输系统，电商、服装、医药等行业的产品物流系统，在中国“智”造领域为客户提供个性化服务的最佳体验。从技术咨询、规划设计、软件开发到设备制造、项目监理、系统集成，科捷物流已形成了一条完整的产业链，全力为客户打造强大的物流神经元网络，解决“生活的‘最后一公里’、生产的‘最后一厘米’”问题，让每个客户享受智慧物流带来的便捷和舒适。

公司以开放的思维整合产业链上下游进行协同创新。科捷物流先后与SIMENS、REXROTH等公司签订了面向工业4.0方向的战略合作协议，与FESTO、SMC、ROCKWELL、OMRON等公司组建了联合实验室，更与北京航空航天大学、哈尔滨工业大学、山东大学、华中科技大学等国内重点高校开展合作，实现了社会资源的高效协同与集成创新。

科捷物流还拥有强大的研发和制造能力，拥有龙门加工中心、数控加工中心、落地镗、车削中心等200多台数控精密加工设备，更有三坐标、激光检测仪、激光干涉仪等精密测量器具百余套，将尖端技术应用到机械开发和生产流程的每个环节，全方位保障产品质量。

公司拥有全球领先的科研与制造实力，以“聚行业精英，创世界品牌”为团队目标，集结了一批涉足物流行业二十多年的优秀人才，以创新的技术、雄厚的实力、优质高效的专业精神推动着行业的智能升级。

（四）系统简介

交叉带分拣系统由控制装置、分类装置、输送装置及分拣道口组成。货物由导入台准确地导入分拣机小车，分拣小车智能检测货物在小车上位置并将货物调整到居中位置，通过CCD条码扫描器读取货物条码，系统实时查询对应滑槽地址，然后控制系统通过编码器追踪小车位置，最终将货物卸载到与条码相对应的滑槽。通过集成自适应的智能控制系统，保证了高速运行状态下对货物位置准确控制及追踪、高精度的条码识别以及货物卸载极高的准确性。通过将网络信息技术引入分拣系统，实现企业基于大数据处理的全程物流追踪管理。系统的运转程序如下图所示。

这一交叉带分拣机正确分拣率99.99%、扫描识读率99%，这一指标在业内属于国际水准，一些进口设备都难以达到。系统集成了高速图像识别、非接触式直线电机驱动、漏波电缆无线工业通信、大扭矩无刷直流驱动等领先的技术，并且提出了例如铝合金边框的一体化导入台、铸铝一体精加工的小车底架等原创性的设计方案，在产品外观上建立了独特的特色：交叉带系统采用图像识别技术对分拣小车上的货物进行动态居中、纠

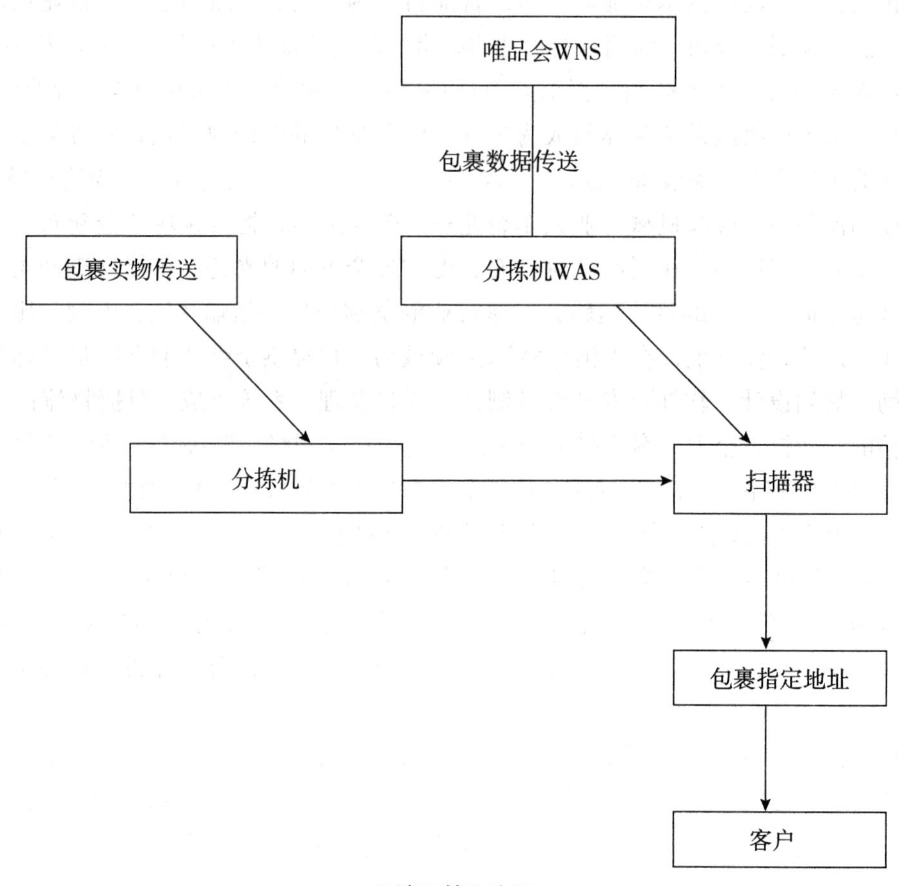

系统运转程序图

偏，大幅提高分拣的准确性；采用各种非接触式通信/驱动技术提高设备的免维护性；小车采用大扭矩无刷直流电滚筒直接驱动，安装维护方便，可靠性高；小车底架采用铸铝一体精加工，强度高，安装简单；导入套采用整体框架一体化设计，并采用变频一体电机驱动，在工厂即完成预调试，故现场安装极为方便且安装周期短，全面采用基于工业以太网的控制系统架构，具有丰富的诊断功能，支持所有核心设备的远程维护诊断；分拣机整机驱动等各个部件均采用冗余设计，具有极高的可靠性和可扩展性。

四、信息化主要效益分析与评估

（一）信息化实施前后的效益指标对比分析

1. 连续分拣，效率大幅度提升

这一系统可以不受气候、时间、体力的诸多限制，可连续性、大批量地分拣货物。交叉带分拣机可以连续运行 24 小时，每小时分拣量达 14000 件以上。而人工每小时智能分拣 150 件左右，也无法在高强度下连续不间断地工作。这一系统使分拣效率实现了跨越式提升，就算在物流高峰期也可以从容应对，远离爆仓烦恼。在 2016 年“双 11”期间，唯品会交叉带一期项目现场 11 月 11—16 日 6 天分拣轻松突破 120 万件，高峰峰值持续 5

小时，每天正常运行24小时，期间无故障停机。

2. 准确分拣，告别误差

交叉带分拣系统可分拣不同规格、大小、形状的快件，采用条码读取数据、识别货物，差错率≤0.01%。并且精准的下滑槽技术又保证了货件的无损输送，破损率≤0.01%。

3. 基本实现无人化，降低人员成本

使用这一系统基本可实现操作上的无人化，减轻员工的劳动强度，提高员工的使用效率，在成本上也可以实现管控，助力企业打造智能化工厂。

(二) 信息化实施对企业业务流程改造与竞争模式的影响

1. 精确管理，资源有效分配

唯品会项目摆脱了传统人工分拣的弊端，以智能化的方式升级分拣，让整个配送中心在运转过程中有序进行，在整体管理上信息化程度提升，精确管理、节约人力，有效分配员工资源。

2. 环节精细化，保持竞争力

电商经历过早期的价格战，但这种竞争带来的是不健康的发展。电商的未来基于智能技术，智能化物流是电商精细化运营的核心。唯品会项目实现了诸多环节的精细化运营，告别了粗放式的物流时代。这一项目紧跟电商物流的发展趋势，善于利用信息化时代的契机，优化了各个环节，使唯品会在电商的角逐中占有一席之地。

(三) 信息化实施对提高企业核心竞争力的作用

唯品会华东自动化分拣系统紧跟行业转型和变革的需求，以自动化物流系统作为订单量暴增的服务支撑，通过软硬件系统和大数据，整体提升了配送中心的智慧水平，让包裹可以更快速地到达消费者的手中。相较于同行业传统的配送中心，效率迅速提升，建立了规范的物流信息平台，优化了配送流程，提高了运营水平，在激烈的市场竞争中脱颖而出，提高了在消费者心中的企业形象。

五、信息化过程中的主要体会、经验、教训

科捷物流的交叉带分拣系统目前已运用到快递、电商行业诸多著名企业，显著提升了企业自营配送及第三方配送的业务能力。科捷在打造唯品会华东自动化分拣中心时，也积累了不少经验和体会。

(一) 紧跟技术潮流才能保证市场竞争力

方案设计之初，本司便对市场上的同类产品进行了详细的调研分析，吸取其设计亮点，并在这一基础上进一步优化改进。科捷物流将最先进的技术融合到分拣系统中，最终形成了技术领先而又有科捷特色的设计方案。在设计成型后，又在反复的测试中克服了一些缺陷，使系统达到先进、稳定、可靠的状态，成功交付给客户使用。这种对于技术的精研精神，让产品能够真正地做到高质量、高水准，并且在思考中拥有了科捷独有

的技术和设计。

（二）贴近客户需求是项目的根本

在项目建设过程中，我司充分考虑到电商行业物流业务转型的需求，反复与唯品会负责人员沟通在技术方面和分拣效率方面的要求，实地调研其分拣需求。最终在双方的细致沟通下，方案不断得到完善。在正式测试运行时，系统性能表现良好，赢得了唯品会方面的称赞。

六、项目的应用推广意义

唯品会华东自动化分拣中心打造交叉带分拣机，具有分拣货物适应性广（可分拣软包）、分拣效率高、单件分拣成本较低、分拣准确性高、噪声低等优势，具有较高的性价比和宽广的市场应用前景。在市场上，各家快递/电商企业均有大批购置交叉带分拣机的投资计划，市场需求十分强劲。

目前市场上中高端的交叉带分拣机产品均为国外厂商提供，国外产品性能良好，但因存在价格昂贵、交货周期长、使用维护成本高等因素，使得不少企业难于承受。国内一些厂商提供的类似产品，价格相对便宜，交货期相对迅速，但由于技术、制造工艺及产品规模化等因素制约，其技术性能、系统稳定性等关键要素与中高端客户的使用要求存在较大差距。

科捷的创新型交叉带智能分拣系统通过集成先进的自动化/信息化技术、提供领先的产品性能及高可靠性，显著提高了企业自营配送与第三方配送的业务能力，可为中高端客户提供高性价比的产品并产生巨大的经济效益，同时通过该套系统在广大电商/快递企业的大量部署，可有效提高企业现代智慧物流的发展水平，助力“中国制造 2025”国家战略在智能物流领域的发展，有效降低企业物流成本，提高社会物流效率，因此具有很高的社会价值。

全时云商务服务股份有限公司：全时蜜蜂，全时视讯系统

一、应用企业简况

（一）关于全时

全时云商务服务股份有限公司是国内领先的 SaaS 服务提供商，也是中国远程会议服务的领导者。2000 年全时建于北京，并于 2015 年正式改名为全时云商务服务股份有限公司（又名全时）。全时总部位于北京，目前在上海、深圳、西安等十几个城市及中国香港、新加坡、澳大利亚、日本、美国等地均设有分子公司，专业的运营网络和基础设施遍布全球 50 多个国家和地区。

全时主营电话会议、网络会议和视频会议系统，以及企业 UC。包含：AMP、百应（MeetMe 高级版）、MMP 等电话会议产品；云会议 MAX、云会议三合一版等网络会议产品；盒子的视频会议设备；蜜蜂的企业 UC。

对接的客户覆盖各行各业，合计超过 1.7 万企业。有近 400 家世界 500 强企业使用全时服务，有超过 60% 的各行业的中国大企业也使用全时服务，每个月有超过 600 万人在用全时的产品进行协作。主要的客户有：万达、复星、宜信、GE、施耐德、联合利华等。物流行业内，顺丰、韵达、圆通、中通、百世、天地华宇、安能、天天、佳吉等都是全时的客户。

（二）关于客户：安能

安能于 2010 年在上海成立，以零担快运业务起步，通过整合传统物流专线、零担快运网络和信息技术平台，创新颠覆性商业模式，致力成为商业流通领域最有效率的连接者。

截至目前，安能网络已覆盖全国 98% GDP 区域，服务范围遍及全国（除港澳台）近 3000 多个市县（区），已在全国建立 210 多个分拨中心，拥有 20000 多名员工和含各业务体系在内的 15000 多家认证加盟商及合作伙伴，全国转运中心运营场地总面积达 100 多万平方米，运输车线达 4000 余条，创造实现了年复合增长率 140% 的“安能速度”。

（三）关于客户：天地华宇

天地华宇是中信产业基金旗下的全资公司，也是国家第一批“AAAAA”级资质的物流企业，包含苏州万隆物流有限公司、上海华振物流有限公司等天地华宇的前身。华宇

物流 1995 年成立于广州，总部设在上海，拥有中国最大的公路快运网络之一。截至 2015 年 1 月，天地华宇在全国 600 个大中城市拥有 54 个货物转运中心、1500 家营业网点和 16000 名员工。

天地华宇为中国公路快运行业的领先企业，其服务产品有“定日达”“零担运输”和“整车特运”等，并提供代收货款等多种增值服务。“定日达”是天地华宇面向企业客户推出的高端公路快运服务产品，以“准时、安全、优质服务”的特性，让客户以不到航空货运 1/3 的价格，享受堪比航空货运的高性价比服务，成为包括全球财富 500 强在内的众多企业级客户首选的公路快运产品之一。

二、企业在实施信息化之前存在的问题

（一）员工人数多，统一协作通信能力薄弱

安能拥有 20000 多名员工和含业务体系在内的 15000 多家认证加盟商及合作伙伴。由于其属于加盟制运营，加之从总部、省区、大区到网点层级多、分布广、人员杂，协作通信存在很大难度。

天地华宇拥有 2000 个网点店长、500 个销售和 16000 名员工。由于其从总部到网点层级多、分布广、人员杂，协作通信也存在很大难度。

（二）场地更换频繁，硬件视讯投入性价比低

安能在全国设有 13 个省区、62 个大区、210 多个分拨中心。如果要建立一套从总部到省区、大区，甚至分拨中心和网点的硬件视讯系统，成本投入非常巨大。同时，由于物流行业属性，省区、大区、分拨中心和网点场地更换较为频繁，硬件视讯设备在搬迁前后的部署和运维又是一笔不小的开销。

三、信息化进程实施中遇到的主要困难、问题与解决措施，企业信息化是如何推进、组织，一步一步深入的

（一）信息化实施中遇到的主要困难与解决措施

困难 1：传统上，安能内部的协作通信主要依赖于电话会议。但随着安能在零担业务上规模迅速做大做强，内部的协作通信呈现对组织性、直观化和管理能力的新要求。以往的电话会议已经很难满足这一趋势。

天地华宇的协作通信也主要依赖于电话会议。但随着华宇在零担业务上竞争趋于激烈，内部的协作通信呈现对组织性、直观化和管理能力的新要求。以往的电话会议已经很难满足这一趋势。天地华宇使用泛微的 OA 系统，这套系统速度慢，尤其是移动端 App 不能处理工作流只有提醒。因此，华宇迫切需要一款融合协作通信能力的移动端产品。

解决措施：2016 年，天地华宇和安能先后开始使用全时蜜蜂，作为企业统一协作通信的入口，并在内部全面推广。

困难 2：物流企业部署一套从总部到省区、大区，甚至分拨中心和网点的硬件视讯系

统，投入性价比低。安能需要的是一套高性价比、轻量级部署的硬件视讯系统。既可以取代以往低效、高成本的出差开会，实现总部与下属省区、大区、分拨中心以及网点间远程视讯沟通的业务需求，还得严格管控视讯设备的投入，做到尽可能利于维护，对场地条件耐受度较高，且可灵活部署。

解决措施：2017 年初，安能开始全面推广全时盒子。搭配全时云会议平台，在总部、省区、大区、分拨中心到网点间搭建起一张轻量级、高品质部署的视讯会议网络。

（二）信息化推进和深入

截至 2017 年 4 月，安能目前已经有近 10000 个全时蜜蜂用户，覆盖了全国范围的所有主体部门，成为员工的统一协作通信入口。

截至 2017 年 4 月，天地华宇目前已经有近 600 个全时蜜蜂活跃用户，会议分钟数达到 48 万，云会议并发 400 多个。覆盖了总部的主体部门、高层领导和各大区销售，成为核心员工的统一协作通信入口。

截至 2017 年 4 月，安能已将全时盒子部署在总部，13 个省区、62 个大区，支持总部与省区，省区与大区间高层级的快递快运视频会议。

四、信息化主要效益分析与评估

（一）信息化实施前后的效益指标对比、分析

传统上，安能和天地华宇的协作通信主要依赖于电话会议。但随着业务上日益增长和竞争白热化，内部的协作通信呈现对组织性、直观化和管理能力的新要求。以往的电话会议已经很难满足这一趋势。

（二）信息化实施对企业业务流程改造与竞争模式的影响

每位员工都可以在全时蜜蜂中安排日程，召集电话会议、网络会议，并基于会议去讨论，分享业务文档、表单和任务。通过蜜蜂，安能和华宇内部，包括内部和网点间的统一协作通信能力得到了极大的释放。会议前的组织安排更有序，会议中的可视化信息，如文档、表单和数据更直观，互动更直接，会议后对会议成果的落实可追踪。

全时盒子和云会议搭建的安能视讯生态系统成本低廉，对会议室场地耐受度高，对网络带宽要求低，但同时提供高清、高保真的音视频体验。便携式的盒子也完全规避了以往传统部署的硬件视频的场地搬迁问题，操作简便，即插即用，不存在后续高昂的运维成本。

（三）信息化实施对提高企业竞争力的作用

全时蜜蜂成为安能和天地华宇统一的协作通信入口，也可以作为内部的集结号和任务管理中心。总部可以通过蜜蜂向下属省区、大区乃至分拨中心和网点快速下达公告或广播任务，并在规定时间及时汇总任务反馈情况，统计任务完成率。

安能借助全时视讯生态系统大大增强了总部和省区、大区、分拨中心和网点间的远

程互动，降低了差旅成本和耗时，解决了高层级会议的视频互动和管理监控的诉求，也为后续视讯设备的深化布局、扩容提供一种基于 SaaS 模式的可持续方案。

五、信息化实施过程中的主要体会、经验与教训、推广意义

个人 PC 的工作时代已经结束，未来人的工作将更加网络化和智能化。全时已在积极投入大量资源开发下一代企业云沟通和办公的平台，通过如全时蜜蜂具备的 IM、通信、日历、搜索、社交、云盘等功能让人们的工作更好地协作，这就是蜜蜂——连接人、项目、流程、知识和创新的企业 SaaS 工作平台。蜜蜂能够全面解决企业内部沟通、协作、文档管理、日程管理、知识分享等方面的种种问题，让工作更加简单、便捷、高效、安全，从根本上提高员工的工作效率，从而为物流企业创造更大的价值。

六、本系统下一步的改进方案、设想、对物流信息化的建议等

全时蜜蜂可以与快运快递的业务系统，如安能的鲁班、天龙等系统、天地华宇的天宇等系统深度集成，推送流程消息，打通流程审批。这也是目前全时和安能、天地华宇就蜜蜂深度合作，进一步提升协作通信能力正在研讨的内容。

另外，全时还会考虑将蜜蜂和天地华宇的泛微 OA 系统做进一步整合，在核心员工内继续推广，并定期邀约使用部门交流，优化蜜蜂使用体验，打造蜜蜂作为天地华宇移动端的办公应用中心。

上海势航网络科技有限公司：势航网络物流业务系统及车辆管理系统

一、关于势航网络

势航网络（www. cvnavi. com）是商用车行业的系统解决方案公司，公司核心团队拥有丰富的汽车电子和商用车车联网经验，团队开发的部标车载终端、新国标记录仪和部标车联网平台，均首批通过国家认证。势航网络秉承“顺势而为，领航未来”的宗旨，高度重视研发的建设，与一汽、上汽、重汽、东风、IBM、交通大学、同济大学等知名校企开展车联网软硬件技术开发合作，承担政府重点支持项目的研发并参与汽车电子行业标准的制定；公司严格遵循 ISO/TS 16949：2009 体系管理。

势航网络以商用车车联网产业链中的车载终端和车联网平台为立身之本，车载终端向下延伸和汽车深度结合，车联网平台向上延伸和行业应用深度结合，横向和政府公共信息系统及行业商业系统相融合，最终形成以车联网系统为核心的增值务平台，共同建设车联网生态，为用户创造最大价值，努力发展成为国际化商用车车联网领军企业。

势航网络依托北斗导航技术，深度融合专线物流的业务模式，倾力打造了物流运输管理系统（TMS）＋车辆管理系统（VMS）＋e 航 App，形成了完整的系统化的解决方案工具，为专线物流铺平信息化建设的道路。

二、关于佳施物流

佳施物流于 2005 年 4 月在重庆航空港工业区成立，公司总部自 2011 年迁至上海。佳施物流有限公司一直致力于打造成为一家集公路运输、航空代理、城际配送结合一体的跨区域、专线型、信息化，并具备供应链管理能力的采用甩挂模式的新型综合物流企业。截至 2016 年 10 月，佳施物流旗下拥有 4 家全资子公司，员工 350 多人，拥有进口沃尔沃、奔驰车头 40 多台，17. 5m 挂车百余辆，自有短驳车辆 30 多台，整合各种社会运输车辆 100 多台，仓库分拨场地 2 万多平方米，日吞吐量 1500 余吨。

为确保运输时效服务质量稳步提升，十余年来，佳施一直注重加强公司基础建设和信息技术建设。

三、佳施物流未应用信息化系统之前

（一）效率问题

专线运输物流入门门槛低，导致了专线运输物流行业经营主体多、小、弱、散，行业集中度低，数量过多导致市场无序竞争；若没有先进的物流信息技术支撑，那么企业的运营效率低下，运营成本较高。

（二）成本问题

信息化程度低、缺少合作，前期佳施物流信息化建设水平较低，还停留在电话、传真方式的管理水平，缺乏相配套的信息化管理系统，造成信息流通不畅，且企业内部的管理成本居高不下。

（三）人力问题

佳施前期从业员工因文化程度不高，企业自身缺少信息化的管理工具，无法对员工实施有效的培训，且存在人员工作职责散乱，造成企业人力成本直线上升的现象。

（四）客户层面

随着专线物流的不断发展，客户对服务的要求越来越高，佳施前期因缺少系统化的信息化工具，在提、送货的实际情况，通知方式、价格、代收货款等延伸服务方面存在各种问题，也没有形成标准化的服务，一味地打价格战，不但会降低企业的利润，也会导致客户吸引力下降。

（五）企业管理方面

前期佳施服务质量多靠老板的信誉和口头承诺，服务质量纠纷靠行业潜规则来协商，从业务流程到服务标准差别较大，造成企业运作不规范，给货主造成损失的同时也在透支着企业自身的生命力。

四、佳施应用信息化系统之后

势航网络为佳施提供的系统化信息工具从车、货、人三个维度来进行管理，提高了佳施物流企业内部信息化管理水平。

（一）效益比

通过使用势航网络提供的信息化平台，从调度层面就解决了过去专线物流企业中调度人员与业务配载人员之间信息流转不及时的问题，过去配载人员装车时无法准确确认哪台车可以出车，需要不停地与车队调度人员沟通，车队调度人员也需要与司机沟通，浪费了大量时间，导致企业日发车量不高；现在企业调度人员通过车辆管理平台（VMS）和 e 航 App 就可以提前为车辆进行排班，排班数据同步传递至业务配载人员，当进行配载选车时，同步下发任务至司机手机端，信息流及时畅通，各司其职。佳施物流日发货量目前已超过 1500t，比过去有大幅度的增长。业务操作人员通过使用物流运输管理系统（TMS），开单效率就已大幅提高，可以做到 10 秒即可电脑开单，提高了工作效率，减少了企业自身的人力成本。企业内部业务操作都可在 TMS 上完成，且业务和财务数据清晰，便于企业自身进行业务诊断，TMS 可为企业提供月度、季度、年度报表，使管理人员清晰明了过去某段时间本企业的发展情况。

（二）竞争模式及影响

佳施物流现已发展成为专线甩挂领域内的佼佼者，已经摆脱了一般专线物流公司传统的靠老板、靠关系、靠低价竞争手段，转而靠专业化的服务、及时化的运输效率、可靠化的货物追踪来赢取更多大型客户的青睐，佳施物流通过使用势航网络提供的 e 航 App，可以为自己的大型合作客户同步提供掌上业务办公，摆脱了过去靠电话、传真的交接方式，客户通过手机端直接下发任务给佳施物流业务人员，客户端 App 也可全程跟踪货物运输状况，且会在客户端形成相应的业务及财务报表，便于客户与佳施物流之间的财务清算。

全面信息化发展的佳施物流也已成为行业内其他物流公司争相模仿学习的对象，多家物流公司到佳施物流实地考察学习，也希望使用势航网络提供的信息化平台，提高自身企业的效率及赢得更多客户商机。

五、推广

势航网络在专线物流行业内推广自身的信息化平台时，自身平台也在不断地更新迭代中，以适应行业内发展的需求，通过大量的需求调研，来不断修正自身的平台。在推广过程中，明确自身定位，着眼于专线甩挂细分领域，并不盲目扩张，在为客户提供教学培训时，时刻保证客户问题能及时反馈至势航网络运营人员处，提高自身的服务质量，在解决客户问题的同时，收集行业动态及需求，完善信息化平台。

六、改进

势航网络信息化平台还处于执行化的阶段，对于下一阶段的改进方向，主要集中在 KPI 考核及智能化配载方面。KPI 考核用于规范物流公司业务流操作规范及操作人员绩效考核方向，进一步提高公司的效率；智能化配载用于改善当下物流公司在货物配载时高度依赖经验丰富的配载人员操作，转而根据重货、泡货、车型、载重、方量等多个维度从系统层面做到智能化配载。

中国重汽集团济南商用车有限公司：智能化、远程化、高端化——智慧重汽平台系统

一、应用企业简况

中国重汽集团济南商用车有限公司：中国重汽集团济南商用车有限公司（简称济南商用车公司）位于中国重汽章丘工业园，是中国重汽集团重要的整车生产基地之一。以优良的品质、优惠的价格、完善的服务赢得市场的认可和用户的青睐，整车产销连年高速增长，成为中国重卡行业的后起之秀。中国重汽与德国 MAN 公司签署长期战略合作协议后，引进的 TGA 重卡产品由济南商用车公司生产。通过合作使我公司在产品、技术、质量、管理等方面迅速提升，与国际先进水平全面接轨。公司已形成“SITRAK - C7H/C5H、SIR - M5G/D7B/金王子”等系列产品，涵盖重卡、中重卡、中卡平台。

关于高端重卡 SITRAK：2009 年中国重汽集团与德国曼公司正式建立起面向未来、共同发展的战略合作伙伴关系，曼公司成为中国重汽（香港）有限公司第二大股东，并向中国重汽提供世界先进的 TG 系列整车制造技术，涉及 4563 种车型。德国曼先进整车技术、中国重汽雄厚的研发实力、苛刻的欧洲设计和试验标准共同造就“出勤高、时效高、寿命长、自重轻、运营成本低”的全新一代高端重卡。SITRAK（汕德卡）系列重卡是德国曼 TG 系列整车的国产化，通过引进德国曼恩公司先进工艺技术装备和先进管理、营销理念，由接轨国际先进水平的重型商用车数字化总装配生产线（全自动数字化冲压线、全自动数字化机器人焊装线）生产完成，可靠的技术平台、先进的制造工艺保障了 SITRAK 系列重卡更可靠、更经济、更安全、更舒适、更智能。

智慧重汽平台系统：智慧重汽是中国重汽集团基于 PC 端、App 端，打造的多终端电子商务平台，整合行业的上下游资源，搭建营销平台、服务平台、金融服务平台、运营分析平台，从整机、二手、配件、租赁、礼品，到给用户提供方便的报修、金融、融资、保险、服务费用计算等多个方面，将终端用户聚集起来，形成智慧重汽生态圈。

目前该系统在营销平台已经具备了整车查询、典型案例、订单查询、个性化定制、二手车交易、车队管理系统等功能；在服务平台具备了故障报修、预约、配件商城、配件防伪查询、附件服务站查询、远程故障诊断、用车宝典等功能；在金融平台具备在线贷款功能。通过多平台资源整合，使客户只需使用一部手机，随时随地与厂家的完成信息对接，提高了的信息传递效率。

作为中国重汽集团的高端重卡，SITRAK 自出厂时全部装备了智能通车联网系统，并与智慧重汽平台进行了集成，通过智慧重汽平台可实现人车互动，全面提高了车辆的智能化、远程化和高端化程度。

客户情况：2016 年以来，上海韵达公司陆续采购了我公司 400 台 SITRAK 车辆，主要从事的是快递运输，车辆分布全国。

二、信息化进程实施中遇到的主要困难、问题与解决措施

（1）车辆运营过程中，特别是跨区域运行时，售后故障信息传递及处置。400 台投入运行后，车辆运行路线遍布全国各地，为了及时处置售后信息，该车队所有司机手机均安装了智慧重汽 App 系统，不管何时何地，司机只需在 App 中进行一键报修，厂家 400 即可接到该信息并调度附近服务站进行快速服务，同时司机可监控处置进度，并进行在线评价。

（2）车辆出保后，买不到配件或市场上配件太贵怎么办？另外，如今市面上卡车配件真伪难辨，怎么才能保证购买的是原厂正品件呢？为了解决用户车辆出保后的后顾之忧，终身为用户提供快捷、原厂、省钱的配件，我们向用户推出了在线配件商城，用户可通过 App 直接购买所需配件，并通过 App 对配件进行扫描验证。

（3）为了提高车队的管理水平，我们向客户推出了车队管理系统——智能通，“智能通”是中国重汽自主研发的车联网产品，可实时传输车辆地理位置、运营数据、技术状态和司机驾驶习惯等数据，从而实现智能驾车、智能管车，并借助大数据分析改进提升车辆产品技术指标。

（4）如何能及时了解到车辆故障情况，防患于未然？智慧重汽系统可以及时提醒用户车辆是否存在故障，重大故障由人工客服实施电话提醒，确保行车安全。

（5）刚买了新车，维保要求、驾驶技巧不了解怎么办？智慧重汽 App 系统中的“用车宝典”向用户介绍车辆的驾驶技巧、保养心得和常见故障等相关信息，让用户尽快了解车辆使用方法，相当于随手携带的“车辆维修保养说明书”“常见故障维修指南”。

（6）如何根据使用工况，选择配置性能先进、运营经济的满意车辆？智慧重汽系统开发了“个性定制”模块，用户在智能系统的引导下一步步点选用车需求（如用途、路况、车速、载重、运输距离、用车区域等），系统会在国家技术质量标准和“公告”框架下为用户推荐最满足需求的车型。

（7）如何便捷地买卖二手车，什么价格合理？智慧重汽系统的“二手车交易”为用户免费搭建了交易平台，用户可发布卖车、买车的需求，查询二手车评估价格等，便利旧车交易，鼓励以旧换新。

（8）我想买中国重汽的车，但是资金不足怎么办？在智慧重汽系统中，向用户推荐“我要贷款”功能，豪沃汽车金融有限公司为用户购车提供消费贷款、融资租赁业务支持，提供资金解决方案。

三、实施对提高企业竞争力的作用

韵达速递公司的 400 辆车在载入智慧重汽系统后，实现了人与车的互通，在维修时效、配件保障、节油驾驶、保养规范、车队管理等方面起到越来越重要的作用，同时也为企业带来效益。

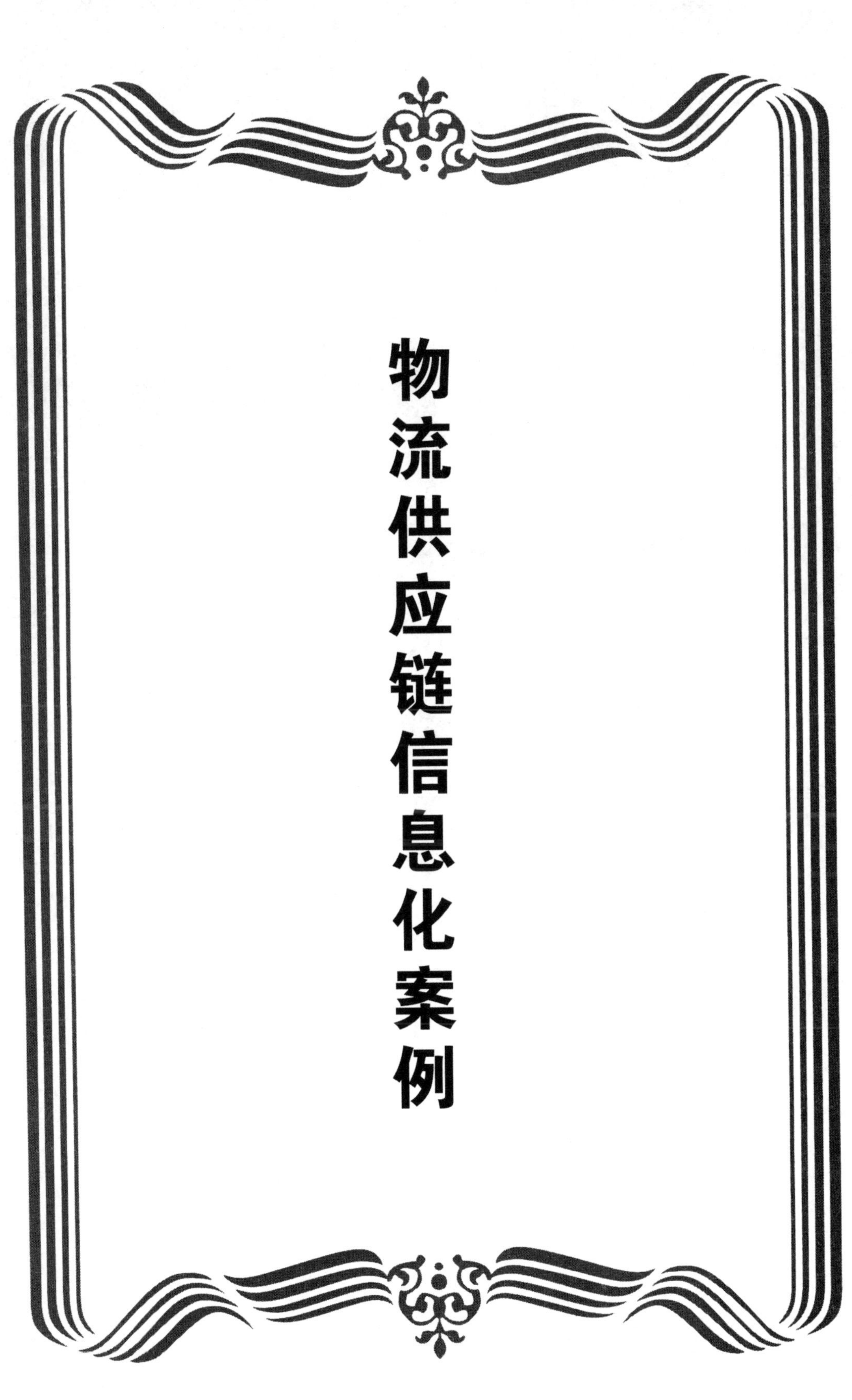

物流供应链信息化案例

北京物通时空网络科技开发有限公司：中国物通网

一、企业简介

北京物通时空网络科技开发有限公司成立于 2008 年 9 月，是一家致力于物流企业信息化服务的国家高新技术企业，国家发改委专项资金支持企业。企业以打造世界一流的物流信息交易服务平台为己任，为物流企业量身制作所需的 WTMS 信息化管理系统、WT-BDS 车辆智能管控系统、微信公众号、电子商务网站等系列 IT 服务产品。伴随着中国物流产业的高速增长，物通人始终站在客户立场，以专家的眼光，不断地追求卓越；凭借专业化的技术力量和丰富的物流经验，不断地满足客户的信息化需求。使中国物流企业实现网络信息化、管理系统化，在任何时候、任何地方，都能轻易地开展电子商务，是物通人价值的体现！

公司连续荣获中国物流与采购联合会“2016 科技进步奖”“2015 中国物流信息化杰出服务商”“2014 中国物流信息化优秀服务商”等行业重量级奖项，公司 CEO 贾信河荣获中国物流与采购联合会“2016 中国物流信息化十大风云人物”、中国交通运输协会“中国物流技术装备行业创新人物奖”等荣誉，公司在物流信息化领域有着深厚的技术积淀和丰富的实施经验，是国内物流信息化服务领域的领先企业。

中国物通网（www. chinawutong. com）是北京物通时空网络科技开发有限公司旗下综合性物流信息化服务网站，目前拥有各类注册会员 310 多万人。中国物通网以企业多元化物品流通需求为中心，系统整合物流企业、运输车辆，通过互联网平台、车联网平台与移动互联网终端为广大发货企业提供一站式、全方位、透明化、门到门优质物流服务。发货企业通过中国物通网平台在线轻松查找需要的各类运输车辆与物流企业，在线下订单，轻松解决物流问题；物流企业与运输车辆通过物通网平台可获得全国的发货企业与货源，让车找货难、货找物流难、找车难成为历史。中国物通网为物流企业提供通过互联网“对接发货企业与运力资源”“高效管车控车”“物流企业内部管理信息化”的整体信息化解决方案，帮助物流企业低成本实现信息化转型升级。

中国物通网致力于从“信息流”层面解决中国物流行业的信息不对称问题，从实际应用层面解决广大中小物流企业信息化转型升级落地实施难的问题。凭借强大的技术实力和丰富的物流信息化项目实施经验，中国物通网服务广大中小物流企业的同时，也与德邦物流、新邦物流、中铁物流、亚风快运、佳吉物流、佳怡物流等大型物流企业建立了战略合作关系。中国物通网同意与阳光保险、太平洋保险等国内顶级的保险公司展开战略合作，在中国物通网上或物通 App 上都可以随时随地进行实时在线投保，为货物安全保驾护航。

二、项目背景

长期以来，“物流信息不对称”（物品流通时间长、物流效率低、车辆空载率高）是影响中国物流行业发展的重要原因。近十年来，国家交通运输部、商务部、发改委等部门持续联合出台多项政策，大力加强物流行业的信息化平台建设，促进物流行业信息的交流和共享。中国物通网致力于为企业提供一个全方位物品流通的物流信息平台，旨在形成物流行业的“信息流”，解决中国“物流信息不对称”的历史瓶颈问题。

随着国家“互联网+流通”战略的进一步推进，现代信息技术（物联网、大数据、移动互联网）被物流领域广泛应用，拉开了智慧物流时代的序幕。物流信息化作为智慧物流发展的先决条件，其重要性进一步凸显，对于解决物流业整体成本居高不下、效率低下、整体信息化水平不高等影响我国物流行业发展的诸多瓶颈问题，加速“智慧物流”发展的进程有着巨大的推动作用。

我国物流信息化建设是发展现代物流业的重要支撑，信息化是物流企业转型升级的重要方向。但在实际应用中，物流信息化建设还面临较多问题，主要是物流信息化需求层次不高，企业信息技术应用水平还有较大差距，中小物流企业对信息化转型升级的成本敏感等。目前，市场上大部分物流信息化应用系统费用比较高，而广大中小物流企业的信息化起点比较低，如何帮助物流企业尤其是广大中小物流企业低成本实现信息化转型升级，需要一套切实可行的执行方案。

三、物流企业存在的痛点问题

首先，随着城市规模的不断扩大，物流园越搬越远，许多物流企业在不断搬迁中逐渐失去老客户，大多中小物流企业缺乏有效的互联网宣传推广手段开发新的货源渠道，不断上涨的各项成本使物流企业的利润空间越来越小，物流企业开新网点、提升服务质量的费用越来越高，物流企业的生存压力越来越大，提升服务质量有心无力。

其次，车辆运输过程中的“运输过程盲人化”现象。在传统货运过程中，发货人和车辆所有人无法实时看到车辆运输途中的位置、路线、速度、路程轨迹、车内货物情况照片、油耗等状态，无法对运输过程进行有效管控，只能通过司机来了解。传统物流企业、运输企业在运营中普遍面临无法对司机进行有效管控的问题，司机的行为无法得到有效的制约，虚报过路费、维修费、油费等问题没有很好的解决方案，使得企业的成本难以管控，制约了企业的发展。

最后，中小物流企业由于信息化水平较低，存在对网点管控弱、开票价格混乱、服务标准不统一、监管不到位、沟通不及时、资金管控风险大等多方面的管控不足之处，使得企业效率不高，管理水平难以有效提升。

四、中国物通网物流信息化服务平台综合解决方案

互联网在中国的迅速普及应用与中国社会迫切需要的物流信息化，是中国物通网物流信息化整体解决方案提出的主要理由。中国物通网是国内唯一的物流网、车联网、物

流管理系统全面融合，并以总站、省级分站、地级分站交叉覆盖全国的综合性物流信息服务平台。中国物通网致力于解决中国物流行业的信息不对称现象，为中国物流企业提供一整套信息化转型升级的实施方案，促进中国物流行业的信息化发展进程。

首先，搭建全方位物品流通的物流信息交互平台，形成物流行业的“信息流”，解决中国“物流信息不对称”的历史瓶颈问题；让发货企业找物流企业、找运输车辆，更方便、更快捷、更轻松；让物流企业或运输车辆与广大发货企业在线交流、信息即时共享；进而促进整个社会商品供给的效率，提升物品流通的方便性与时效性，提高物品流通的效能，改善中国物流行业的信息化程度，直接减少运输车辆的空载率，减少能源的消耗，促进中国物流行业的良性竞争与服务升级，促进物流行业的良性健康发展；有效降低中国企业的物品流通成本。

其次，搭建车联网智能管控平台，加强物流企业对车辆运输过程中的全面智能管控，对车辆和司机进行有效的管控和考核，解决物流运输过程中费用难以管控的问题。通过严格管控运输过程中各个环节和司机的行为，实现对车辆运输过程中成本费用的有效控制和司机效率的有效考核，提升物流企业的运输效率和成本控制能力，提升物流企业的运营能力，降低社会物品流通成本。

最后，搭建物流企业内部信息化管理平台 WTMS，提升物流企业的内部信息化管理水平，使物流企业的各项流程、标准更加统一化和规范化，提升业务流程的信息化水平和对网点的管控能力，使物流企业的管理更加信息化、标准化、精细化。

中国物通网深入了解物流企业的需求痛点以及在信息化转型升级落地实施中遇到的主要问题，提出物流企业低成本实施信息化转型升级的三个核心点：物流企业的业务信息化、车辆运输过程的信息化、物流企业的管理信息化。中国物通网自主研发的“中国物通网—物流信息平台”“物通车联网—WTBDS 车辆智能管控平台”“中国物通网—WTMS 物流管理平台”涵盖物流信息化解决方案的核心内容，可以有效帮助物流企业实现“开源节流、降本增效”的目标。

1. 中国物通网“物流企业业务信息化”解决方案

中国物通网—物流信息平台帮助物流企业把网点和线路搬上互联网，实现网点线路的信息化，使物流企业更容易被发货企业找到。同时免费帮助物流企业制作电子商务网站，全面展示企业的形象和服务，使物流企业的推广更方便、更省钱。把物流企业各地收发货网点形成物流线路，通过出发地和到达地检索，让全国的发货企业可以轻松查找符合条件的物流信息。帮助物流企业建立自己的网站宣传企业形象和业务，使物流企业的推广更方便。

目前，中国物通网拥有物流专线一千多万条，各类物流行业注册会员 310 多万名。中国物通网为发货企业提供在线下单、上门接送货的一站式发货服务，物流企业一方面可以通过互联网在线接单、抢单，获取更多的货源；另一方面，无须在“最先一公里”和“最后一公里”的客户服务体验主要环节投入费用，只需专注运输环节。通过中国物通网—物流信息平台，物流企业可以实现通过互联网宣传推广企业、通过电脑或 App 在线接单，无须增加成本提升服务质量，全方位实现业务的信息化升级。

物流企业成为中国物通网的推荐承运商后，即可通过电脑或者 App 在线接单，承接发货企业的发货业务，获取更多的货源。中国物通网提供标准、高效的上门接送货服务，打通连接发货企业和物流企业的服务环节，降低物流企业的成本，提升服务质量。

中国物通网—物流信息平台建立了完善可靠的“物信通”诚信保障体系，为平台上面的物流企业和运输车辆提供第三方权威机构认证服务，提升平台运力资源的真实性和可靠性，让发货企业更信任，让物流企业通过网络开展业务更容易。

中国物通网—物流信息平台为发货企业提供方便可靠的线上发货服务，帮助物流企业通过互联网进行高效的业务开展和宣传推广，提升服务质量，实现物流企业业务的信息化。

2. 中国物通网“车辆运输过程信息化”解决方案

物通车联网—WTBDS 车联网智能管控平台包括硬件设备和管控软件系统。

物通车联网—WTBDS 车联网智能管控平台硬件设备主要有：①北斗双模视频、超声波油耗、行车记录智能部标一体机；②物信通一键配货定位仪；③便携式、插拔式超长待机定位终端；④云镜智能多媒体行车记录仪定位终端。物通车联网—WTBDS 车联网智能管控平台可以帮助物流企业实现“实时在线通话、位置监控、可视化监控、超速报警、越界报警、轨迹回放”等功能，还可以实施“停车点统计、行驶里程统计、加油统计、运输货量统计、油耗统计”等智能绩效考核功能。物流企业不仅可以实现对车辆的实时监控，还可以打印或导出绩效考核统计报表，对车辆驾驶人员进行业务绩效智能考核与运营业绩比对，有效地加强对车辆运输过程的管理，提升物流企业车辆的运行效率与降低运输车辆的成本。

对物流企业：实施定位管控，实时统计报表对司机智能考核，有效控制效率和成本。

对配货企业：在线找车、在线定位跟踪、实施跟踪货物运输情况与货物所在位置。

对车队：通过平台对车辆进行定位跟踪，调度、监管，对司机考核、管理与评价。

对发货企业：实时在线查找车辆，在线跟踪货物运输位置与状况，透明发货更放心。

对社会：实现在线管控车辆、实现车辆在线配货，提高运输效率，减少车辆空载率，降低运输成本，减缓交通拥堵，降低燃油消耗，改善环境污染。

对于有特殊需求的客户，还可以预留数据接口对接或开发物流企业自己的管理平台，全面帮助物流企业实现车辆运输过程的信息化。

3. 中国物通网“物流企业管理信息化”解决方案

中国物通网—WTMS 物流管理平台是中国物通网针对国内中小物流企业专业开发的物流企业信息管理平台，全面实现物流企业统一对各运营线路进行定价管控、统一开票价格管控、统一账号代收款管控、各地网点运营状况实时在线管控、统一公司服务标准与实时信息共享管控，可以实现在线接单、在线一票到底的货物实时查询服务以及与车联网车辆管控的无缝对接管控服务，主要功能模块有：①统一线路运价管理；②统一自动开票管理；③统一收款资金管理；④统一网点运营管理；⑤统一在线运营调拨；⑥统一车辆在线管控；⑦统一在线查询服务；⑧实时在线经营统计；⑨支持全网在线业务推广；⑩支持移动在线接单开票。

中国物通网—WTMS 物流管理平台可以帮助物流企业实现实时信息化内部管控，有效提升物流企业的运营效率和信息化管理水平，促进物流企业的规范化、现代化发展。

4. 中国物通网物流信息化综合解决方案相关知识产权

相关知识产权包括一项实用新型专利证书：一种车辆运载状态的定位终端与平台显示装置，12 项软件著作权（见下表）。

12 个软件著作权

序号	软件名称
1	多协议车辆状态管控系统（简称：GPS 智能管控平台）
2	物通北斗/GPS 车联网智能管控系统
3	CE 版物通云物流智能配货交互终端系统
4	车机版物流云信息数据智能交互终端系统
5	平板版物流云信息数据智能交互终端系统
6	发货企业智能云物流管理系统（简称：发货企业软件）
7	物流行业多平台立体式云信息数据交互系统（简称：物通网）
8	企业办公自动化信息管理系统（简称：物通 CRM 管理系统）
9	物通信息自动分布管理中心（简称：内容管理系统）
10	物流云信息数据智能交互终端（简称：物通配货软件）
11	物流行业云信息移动数据交互平台（简称：移动物流信息网）
12	STE 商务平台智能生成引擎（简称：物通 STE 系统）

五、中国物通网物流信息化服务平台效益分析

（一）经济效益

1. 用户规模

中国物通网目前拥有各类注册会员 310 多万名，物流专线 1200 多万条；一站式发货平台入驻合作车辆 28 万多台，战略合作专线物流公司 2000 多家；物通车联网—WTBDS 车联网智能管控平台入驻车辆 72 万多台。

2. 平台服务费

中国物通网为物流企业和运输车辆定制的物信通高级会员费及增值服务费、物通车联网—WTBDS 车联网智能管控平台的服务费、中国物通网—WTMS 物流管理平台的服务费。

3. 服务费、佣金

中国物通网一站式发货服务的接送货服务费与交易佣金。

4. 硬件销售

物通车联网—WTBDS 车联网智能管控平台配套硬件产品的销售收入。

（二）社会效益

第一，中国物通网—物流信息平台为中国各类企业提供了一个全方位物品流通的物流信息交流平台，形成物流行业的“信息流”，解决中国“物流信息不对称”的历史瓶颈问题；让发货企业找物流企业、找运输车辆，更方便、更快捷、更轻松；让物流企业或运输车辆与广大发货企业在线交流、信息即时共享；进而促进整个社会商品供给的效率，提升物品流通的方便性与时效性，提高物品流通的效能，改善中国物流行业的信息化程度，直接减少运输车辆的空载率，减少能源的消耗，促进中国物流行业的良性竞争与服务升级，促进物流行业的良性健康发展；有效降低中国企业的物品流通成本，提升中国企业的综合竞争力，加快工业化的进程；在我国物流行业发展相对滞后的情况下，发展“物通网”这样的综合物流公共信息平台，对我国运输行业与现代物流行业及整体社会的工业化发展都将具有重大深远的意义，具有较好的商业价值与较大的社会价值。

第二，中国物通网物流信息服务平台为中小物流企业的信息化转型升级提供了落地实施的低成本可行性方案，帮助广大中小物流企业实现“开源节流、降本增效”的信息化转型升级，有利于物流企业的良性、健康发展，提升物流企业的竞争力，改善中小物流企业存在的“散、乱、差”的行业现象，提升物流企业整体的信息化、标准化管理水平。中国物通网物流信息化解决方案大大降低了物流企业信息化转型升级落地实施的难度，使广大中小物流企业主动升级、提升自身信息化水平的意愿更强，自下而上地推动了整个物流行业的信息化、标准化升级进程，对于改变我国社会物流运营效率偏低，物流成本居高不下，物流服务的组织化、集约化程度不高等问题，推动我国现代物流业的发展有着重要的积极意义。

六、中国物通网物流信息化服务平台项目实施总结

在中国公路物流 3 万亿元的市场上，80% ~90% 的货物运输都是由中小物流企业承担。经营模式多为传统的单车货物运输，货源组织能力差，管理手段简单。据不完全统计，我国已经实施或者部分实施信息化的物流企业仅占 39%，全面实施信息化的企业仅占 10%。物流企业整体的信息化水平不高，加快物流企业的信息化转型升级任重道远。

近年来公路物流行业持续的不景气使得广大中小物流企业生存维艰，对成本和费用非常敏感，全面实施信息化转型升级有心无力，物流信息化对物流企业的概念性大于实用性。如何针对中小物流企业的现状，制订灵活的、符合企业实际情况、可落地实施的信息化解决方案至关重要。中国物通网物流信息化整体解决方案，是在深入调查了解中小物流企业实际需求的基础上提出的，并且根据行业和客户需求的变化不断进行调整、开发和完善。中小物流企业的信息化转型升级不能一哄而上，而要根据企业的实际情况匹配最合适的可执行方案。

七、项目改进和未来设想以及物流信息化建议

首先，物流行业诚信体系的建立对于推动信息化进程至关重要。“中国物通网专线物流企业联盟”全面考核物通网平台上物流企业的信誉度，邀请优质物流专线企业加入联

盟，深度对接物通网平台上的发货企业客户，帮助物流企业更有效地实现业务信息化转型升级。中国物通网专线物流企业联盟是中国物通网建立物流诚信体系的重要举措，是中国物通网物流信息化解决方案的有力支撑。

其次，随着中国物通网一站式发货服务的深入和物通网 WTMS 物流管理系统功能的进一步完善，中国物通网物流信息化解决方案将进一步深入到“运费在线支付、代收货款、代垫运费、供应链金融”等物流金融服务领域，探索困扰物流企业健康发展问题的解决方案，为中小物流企业的信息化转型升级提供更丰富的优秀解决方案。

最后，物流信息化建议：目前行业内物流信息化服务商的解决方案基本是各自为战，有必要建立行业内的统一标准以利于以后的统一管理；物流行业目前监管力度不够和行业的信息化程度低也有很大关系，对于推进物流企业的信息化升级需要更多制度层面的推行力度和鼓励措施。

北京云鸟科技有限公司：云鸟鸟眼系统、百灵引擎、订单封装

一、应用企业概况

（一）关于云鸟

北京云鸟科技有限公司是中国智能物流供应量交付商，同时也是中国最专业的 SaaS TMS 公有云平台（物流链）的运营商。云鸟科技成立于 2014 年，总部位于北京，云鸟科技致力于科技改变供应链交付。以信息技术为支撑，实现运力与企业配送需求精确、高效匹配，为各类客户提供同城及区域配送服务。

云鸟科技的旗舰产品主要包括：订单封装、自助整车。云鸟科技凭借丰富的行业经验和专业的 IT 技术自主研发能力，以最优质的服务助力客户使用信息化手段提升物流管理效率、节约成本，为全面提高企业核心竞争力创造价值。

（二）关于客户翠鲜缘

翠鲜缘（全升时代科技（北京）有限公司；简称“全升时代”）是由北京东昇农业科技有限（集团）公司（简称“东昇集团”）投资控股的农业 + 互联网公司，公司由其管理团队独立运营。公司于 2015 年 10 月成立，全升时代旗下的“翠鲜缘 . com”是国内首个由线下传统进口水果批发市场经营实体转型的水果线上交易平台。平台依托的线下主体——翠鲜缘进口水果市场（冷库），由东昇集团控股，并占北京周边及华北地区进口水果批发业务市场份额 90% 以上。“翠鲜缘 . com”是由全升时代自主开发、全力打造的专业进口水果批发交易线上平台，该平台依托强势线下经营实体，旨在转变传统的农产品批发业务交易模式。我们建立了严格的产品甄选标准和品控体系，为进口水果一级批发商、贸易商及采购商提供及时可靠的信息对接，方便快捷的网上交易和专业精准的冷链物流服务，从而优化提升传统交易方式和流通渠道。

随着近年业务量的快速新增，以及未来的发展趋势需要更加完善的统一管控、提高效率、降低成本，掌控在途物流信息并能提升与供应链上下游间的协同能力的 TMS 系统和末端配送终端系统来支撑。

随着翠鲜缘配送中心业务量快速增加，配送中心及货主互通的信息化需求的日益增大，实现供应链全程的业务信息共享和有效调度，消除各种原因造成的“信息孤岛”及“信息差异”协同作业，保证后期配送环节的透明可控性，信息共享的仓储运输一体化信息系统（平台）是成功的保障。

因此，无论是成长发展需要，还是企业内部协同管理的需要，抑或企业整合的需要，翠鲜缘有效的供应链管理必须依靠信息技术的支持和各环节间信息的即时共享来实现。

二、信息化实施之前存在的问题

（一）基本情况

1. 物流费用偏高

目前，中国的冷链运输发展水平存在严重滞后，导致物流费用偏高，这也是各零售商普遍面临的巨大考验。

2. 生鲜配送策略影响成本

冷链配送具有小批量、多频次、多温层的特点，如能提高车辆使用率，可以将运输成本降低5%～10%。

3. 不同车型匹配制约日常操作

根据配送业务的特殊性需求，选择不同的车型和匹配功能，制约着日常操作。

4. 调度计划工作烦琐耗时

调度计划过于烦琐耗时，导致运输管理方面的工作占据了日常工作量的30%甚至更高。

5. 调度过程不透明，整体的协同性差

全手动的排线和操作，使整体作业流程存在割裂，透明统一难以实现。

（二）系统简介

1. 云鸟鸟眼系统

鸟眼系统是云鸟科技于2016年12月26日发布的新产品。鸟眼通过信息系统，将复杂的城配需求转化为精准的服务产品，帮助货主实现全流程自动化服务，配送信息可以实时传递给发货人、收货人、调度、仓管等人员，打通了物流与信息流环节，整个过程透明化，使配送整个过程具有很强的管理性，且具有界面简洁、功能强大等特点。

鸟眼系统通过GPS定位数据来准确跟踪记录货车一切状况，主要功能是对物流环节中的运输环节的具体管理，包括车辆配送管理、云鸟大屏、技术排线、线路规划、大数据管理等。

2. 百灵引擎

百灵引擎可以根据要求，比如车型、配送公里数、配送预计时长、附加服务等自动计算运力价格并匹配最符合要求的司机，司机接到任务后会按照客户的要求提供高质量的服务。

3. 订单封装

订单封装是云鸟科技推出的，专注供应链末端订单交付的一站式整合解决方案，是一种针对客户需求按实际交付票数结算的全新模式。

“订单封装”模式首推“按票计费”模式，这是一种更省心的结算方式，充分满足了客户的个性化、标准化需求。此外，订单封装在API（应用程序编程接口）对接方面，可以加速信息流动，减少信息沟通传递成本，降低管理难度，消除暗箱操作的可能。

三、信息化主要效益分析与评估（实施前后对比）

（一）信息化实施前后的效益指标对比分析

1. 鸟眼系统（TMS）

案例的目标、行动、衡量结果：客户一键发送需求，快速找到匹配司机；智能排线，将调度环节智能化；实时管控，全程可视化；交付结果及时反馈；结算透明，实时回传。

2. 百灵引擎

依赖“百灵引擎”积累的海量数据，可以做到对城市供应链交付网络中的各个环节和角色提供指导性建议。甚至依据仓库的热力分布为司机推荐住房地址，通过城市路况数据为客户推荐更高效的出仓时间等。

3. 订单封装

采用订单封装后，客户车均票数提升10%，装载率由90%提升至94%，运力成本直线下降，整体利润直线上升，交付成本节省10%～15%。

（二）信息化实施对企业业务流程改造与竞争模式的影响

1. 鸟眼系统

“鸟眼”提供了一套标准化、规范化运行模式。它将配送信息实时传递给物流配送环节上的发货人、收货人、调度、仓管等人员，他们之间可以进行高效协同，配送整个过程具有很强的管理性，实现整个作业流程的规范化和透明度，为智慧物流的发展提供可靠保证。

2. 百灵引擎

百灵引擎结合海量数据，让智慧运力成为可能。百灵引擎可以为货主、司机做精准画像、智能定价、优选匹配，客户通过“百灵引擎”，可设定对配送任务的要求，“百灵引擎”会根据车型、配送公里数、配送预计时长、附加服务等自动计算运力价格并匹配最符合要求的司机，司机接到任务后会按照客户的要求进行高质量的服务。

3. 订单封装

订单封装以云鸟科技“鸟眼系统”为基础，充分连接发货、收货、调度、仓管等环节，为供应链末端订单交付提供了一站式整合解决方案，从预约下单、订单导入、API对接、线路规划、车辆安排到在途状况、配送结果全程可视，将复杂的城配需求转化为精准的服务产品，为客户提供全程可视、可管、可控的供应链交付服务系统。

订单封装实现了各环节间的高度协同，不仅能够提升妥投率、降低破损率，而且使整个过程“透明化”，消除暗箱操作存在的可能性。

（三）信息化实施对提高企业核心竞争力作用

物流信息化为企业带来的价值：

①物流及供应链运营成本大大降低；②实现资源整合、流程优化；③订单处理速度

大大加快，执行效率显著提升；④上下游之间的信息传达更加准确高效；⑤费用结算迅速准确，效率提升；⑥提供更准确更可靠的配送服务；⑦更加高效地进行流程管控与质量管控；⑧实现数据标准化；⑨提升企业竞争力。

四、信息化过程中的主要体会、经验、教训

企业信息化发展必须与企业的本身相结合，绝不能背离企业管理现状。完善的管理，可以促使企业的信息化得到更好的落实，而信息化反过来又能促进企业的管理水平提高，增强效率。

恩富软件（中国）有限公司：InforSCM供应链管理案例撰写要求

一、应用企业简况

中国外运股份有限公司：以综合物流为主业，集海、陆、空货运、仓储管理、增值服务、国内分拨、多式联运及货运代理业务为一体，服务网络覆盖中国、遍及全球主要经济区域。在电子高科技、快消品、零售、轮胎、汽车零配件、时装物流及国际物流领域，为客户提供全方位服务。引进 InforSCM 产品作为集团供应链管理的核心软件。

二、企业在实施信息化之前存在的问题

在实施 InforSCM 之前，在作业管理层面上，存在如下挑战：需要提高仓储作业中记账、拣货等过程的自动化程度；需要提高库存准确率，并为计划部门提供准确及时的可用库存信息；需要减少记账员、单据员、复核员等非生产性员工，提升人均作业效率；需要支持精益生产，降低材料库存水平。

三、信息化进程，实施中遇到的主要困难、问题与解决措施

（1）InforSCM 实施会遇到的主要困难。

①推广条码化管理和 RF 终端作业时，软件功能的设计；

②条码的初始化工作量巨大；

③上线切换时间较短，运作时的场景与原计划略有调整；

④仓库为适应新流程改变条码格式。

（2）InforSCM 实施中经常面临的问题与解决措施。

①现场员工的培训是项目成功的关键。员工在原环境下工作负荷都很饱和，组织培训很不容易；尽可能挤出时间培训，安排更多的项目人员，采用“人盯人”措施；对于员工培训极其困难的岗位，采取“人盯人”措施。

②上线前的功能需求尽早确定，在一定时间后就不能再修改。如某项目在上线试运营中，才提出超拣和任务补货的功能需求，开发时间都太短，缺少足够的测试，在生产运作中边发现 Bug（漏洞）边修改，是有很大风险的，一旦带来错误，不能在可控的时间修复，就会造成上线失败。

③网络问题。现场的网络资源带宽不够，对现有带宽使用缺乏管理，信号不稳定，

建议使用单一光纤 VPN（虚拟专用网络）供系统使用，作业专线和办公专线建议适当分离。

④新作业流程管理问题。当全场使用 RF，引进补货和无单拣货等模式时，对于这种新流程的各种作业规范和考核，在上线前后及时完善。

⑤库存的准确性问题。全场 RF（无线射频识别），对每个库位的实际库存准确率要求相当高，一旦不准确就会发不出货或发错货，始终处于反复盘点和核对中。

⑥系统功能问题。Infor WMS、仓库管理原有平台、RF 功能、报表等，在上线前往往会有无法发现的潜在问题，在上线前后，还需再检查；在上线期间建立相关人员预备制度，确保能在最短的时间解决。

⑦上线时现场协调问题。安排预演脚本，做上线前员工动员，确认每个人清晰自己的职责。

（3）InforSCM 实施推广中的经验。

①业务流程设计的科学合理是项目成功的保障；

②有效的周密的上线计划对于上线时遇到各种情况能自如应对很重要；

③上线时会有很多的事件需要及时正确的决策，要有一个现场总体指挥或指挥小组；

④项目小组成员有足够的产品功能和流程方面的经验和知识，在遇到问题时，可以有能力解决。

四、信息化主要效益分析与评估

（1）信息化实施前后的效益指标对比、分析。

InforSCM 系统架构与中外运的系统相吻合，策略配置与中外运的业务很贴近，InforSCM 实施后，在人工作业水平的提高，流程管理的优化，业务策略转型方面都有了决定性的提高。

从原来的人工作业，包括收货、上架、移库、检货、分拣，通过纸质单据人工核对和录入系统，转换到 Infor 系统直接完成扫描录入工作，实现实时库存同步。各业务线流程均进行信息化升级，实现了人工作业到自动化的转型，表现为：库内规划（增设拣货库位）；库内操作（引入 RF 操作）；管理需求报表（新管理需求）；打印条码标签用于库位管理、识别；增添 RF 扫描设备用于库内操作。

（2）信息化实施对企业业务流程改造与竞争模式的影响。

InforSCM 的系统流程支持中外运各个业务类别的流程升级，对各条业务线都有很大程度的提升。InforSCM 流程可以灵活地进行配置，针对快消、电子、汽车等业务内容，能够有的放矢地调整，从而提高工作效率，增强同业流程管理的竞争力，以速度和效率取胜。

（3）信息化实施对提高企业竞争力的作用。

InforSCM 助力中外运物流系统升级，提供更先进的端到端的供应链物流解决方案和服务，提升中外运作为全球先进第三方物流供应商的美誉度。

五、本系统下一步的改进方案、设想及对物流信息化的建议

InforSCM 供应链管理系统，是能纵观全貌和全面管理供应链执行活动的系统。它将

供应链所有环节与相关活动作为一个统一连贯、有机运行的整体，因此能显著提高企业供应链综合效率。它是一套统一完整的解决方案，包含了仓储管理、运输管理、劳动力管理和第三方物流计费等功能。Infor 的供应链管理系统帮助企业构建完整的供应链，形成一套综合的、简化的业务流程。

Infor SCM 系统实施后带来的优越性：①Infor WMS 系统上线，提供了企业级架构及管控，方便企业层面进行使用。实施 Infor WMS 后，各类型仓库可以在企业级平台上申请资源，灵活进行配置和部署，快速投入使用。②Infor SCM 通过与企业级 EDI 平台的对接，可以方便地对各种业态的服务企业客户实现数据和指令的无缝对接，实现操作的透明、可视化。

富士通信息系统（深圳）有限公司：快递单据影像处理方案

一、企业简况

（一）关于富士通

富士通（Fujitsu）是世界领先的信息通信技术（ICT）企业，提供全方位的技术产品、解决方案和服务。在全球拥有约17万名员工，客户遍布世界100多个国家。凭借在ICT领域的丰富经验和实力，致力于与客户携手共创美好的未来社会。富士通集团（东京证券交易所上市代码：6702）截至2015年3月31日财政年度的合并收益为4.8兆日元(400亿美元)。

（二）富士通信息系统（深圳）有限公司

富士通信息系统（深圳）有限公司（FUJITSU SOUTH CHINA LIMITED），是世界领先的信息通信技术（ICT）企业富士通株式会社在华子公司，成立于2009年5月，注册资本150万美元。

作为首屈一指的信息及科技方案和服务供应商，富士通信息系统（深圳）有限公司一直致力于为客户提供优质、可靠、环保的产品及服务；主营业务为中国大陆机构和企业提供图文影像解决方案。近年来富士通扫描仪在全球的市场占有率一直处于领先位置，在中国金融行业的市场占有率更是连续多年占据绝对的优势。

（三）产品及服务

富士通公司从1975年开始生产扫描仪设备。为了系统地推进扫描仪业务，自2002年9月起，富士通扫描仪由其子公司PFU公司来统筹扫描仪的开发、生产及市场工作。在日本、新加坡及印度尼西亚都设有工厂，每年的生产量达25万台。产品系列主要分为以下几种。

1. 集中扫描

针对有巨量纸质文档扫描需求的机构使用，如：银行分行后台监督、教育考试阅卷等。代表机型如图1所示。

2. 分散扫描

针对有大量纸质文档扫描需求的机构使用，如：银行网点前端扫描、柜台业务、保险/物流行业等。代表机型如图2所示。

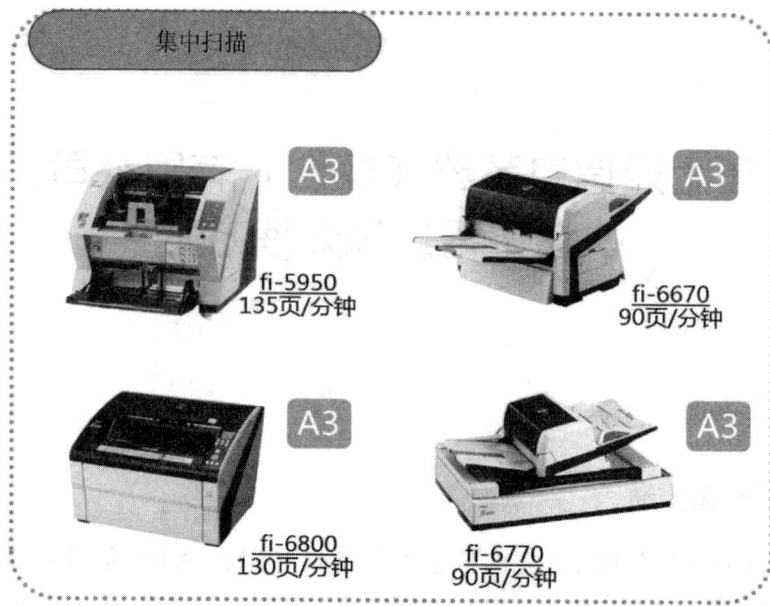

图 1　集中扫描代表机型

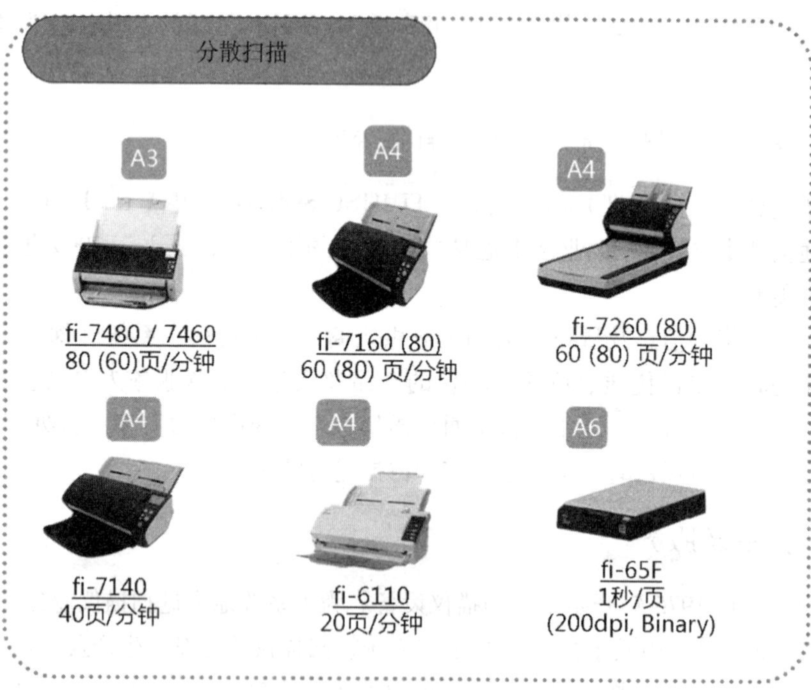

图 2　分散扫描代表机型

3. 办公扫描/网络扫描

Scansnap 为日常办公用扫描仪，具有轻巧、方便、易操作的特点，并带有强大图像修正功能。网络扫描仪连接云计算服务，加速文档处理。代表机型如图 3 所示。

二、企业在实施信息化之前存在的问题

作为行业的翘首企业，德邦物流每天都需要把大量的文档和资料录入信息管理系统

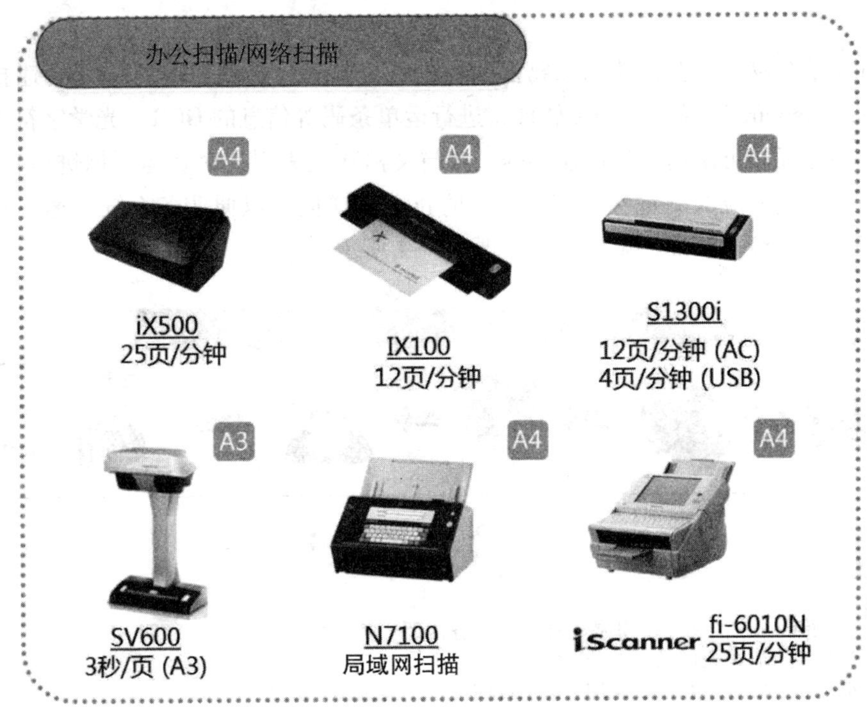

图 3　办公扫描/网络扫描代表机型

中。为了提高工作效率和优化快递单据的信息处理，德邦意识到处理大量纸张的标准化工作流程的必要性。

富士通的高性能扫描仪，可以帮助其连接单据信息电子化处理及文档管理系统。而其中至关重要的是文档处理与企业内部信息管理软件的无缝连接，快速实现快递单据信息的录入、分享、整合与储存。富士通扫描仪具有的大量文档与纸张混合扫描功能，使这个服务受众广泛的企业巨量的文档处理工作变得简单、轻松。

三、信息化实施中遇到的主要困难、问题与解决措施

信息化应用企业——德邦物流股份有限公司。

1. 客户简介

在发展趋势突飞猛进的物流快递行业，德邦凭借坚实的网络基础及运营实力，截至 2016 年 12 月，已开设 10000 多家标准化的门店，日吞吐货量超过 8 万吨，服务网络遍及全国。

2. 主要困难/问题

德邦快递每天处理的订单量超过 90 万，其中 15 万为纸质运单；需要把大量的订单信息、客户资料录入终端管理系统中。为应对业务高速扩张和订单爆发式增长，急需引入一套条码自动识别以及货运单据影像处理方案，以提升海量订单处理能力，提高配送准确率和效率，同时实现对单据的实时查询和追踪，保障客户信息安全，提升企业的快速响应能力。

3. 解决方案

德邦引入 Fujitsu（富士通）快递单据影像处理方案，并使之成为生产流程的一种标

准手段。

Fujitsu 结合物流行业特性和该物流公司的业务规模，提供了 fi－7140 高速扫描仪及 PaperStream Capture 图像信息采集软件，进行运单条码等信息的 OCR（光学字符识别）影像采集。一方面，可快速采集快递票据，并与文档建立索引，对货运票据进行存储管理；另一方面，设定相应的阅览和打印权限，防止非法访问，以便业务系统和客户在安全环境下进行实时跟踪和查询（解决方案概要如图 4 所示）。

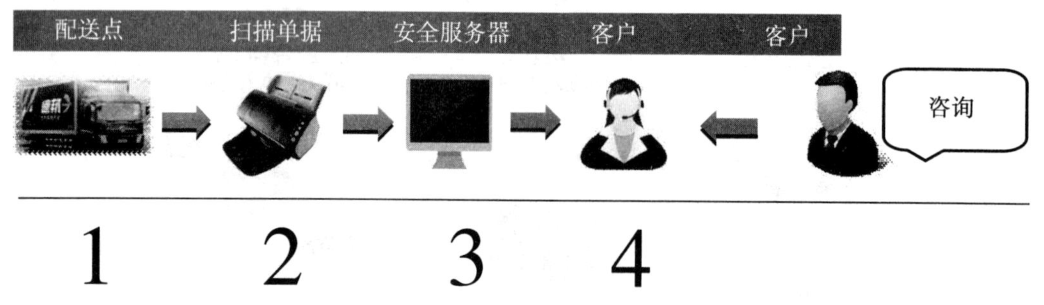

图 4　解决方案概要

四、信息化主要效益分析与评估

（一）信息化实施前后的效益指标对比、分析

富士通扫描解决方案在金融、政府、教育、医疗、保险、电信、物流等领域被众多企业和机构所采用，拥有丰富的行业洞察和实践经验，能够为客户提供最健全和完善的技术和服务支持。

通过富士通扫描解决方案，使德邦公司实现了电子化运单管理，大大降低了单据管理人力和时间成本，运单处理能力得到几何级增长，并完善了业务流程，实现了日订单处理量可达近百万张。

成果如下：

①每天无故障扫描文档数量高达 15 万份，稳定、可靠；②操作简单：只需连接电源、按下启动键即可与原有 IT 系统连接；③简单便捷的用户操作界面，减少操作员的培训成本；④富士通扫描仪 PaperStream IP TWAIN 驱动和 ISIS 软件的搭载使用，为企业节省办公开支。

（二）信息化实施对企业业务流程改造与竞争模式的影响

1. 票据自动分拣

实施前企业业务流程如图 5 所示。

实施后企业业务流程如图 6 所示。

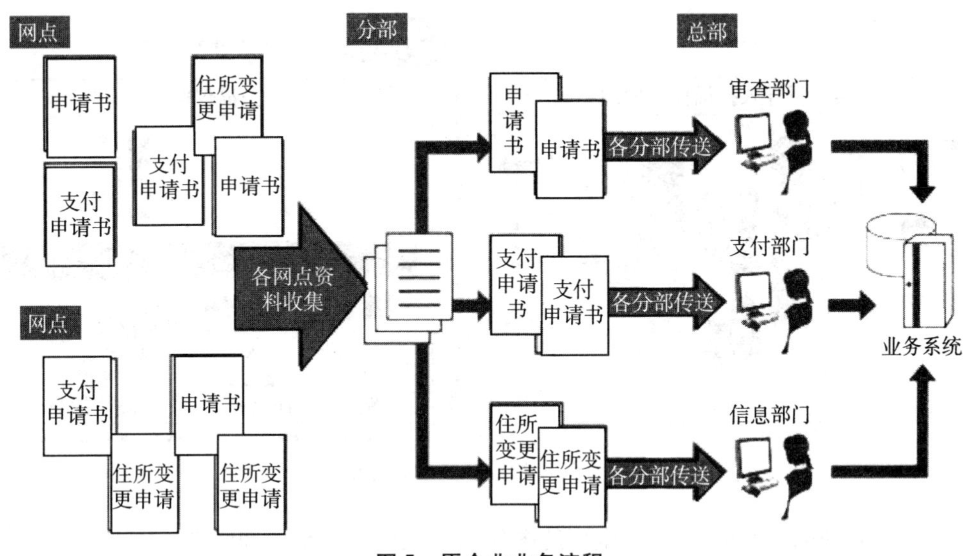

图5　原企业业务流程

各办事处分别进行票据读入，实时传至总部；总部将各办事处的票据自动分类，大幅度降低处理时间以及减少票据丢失风险

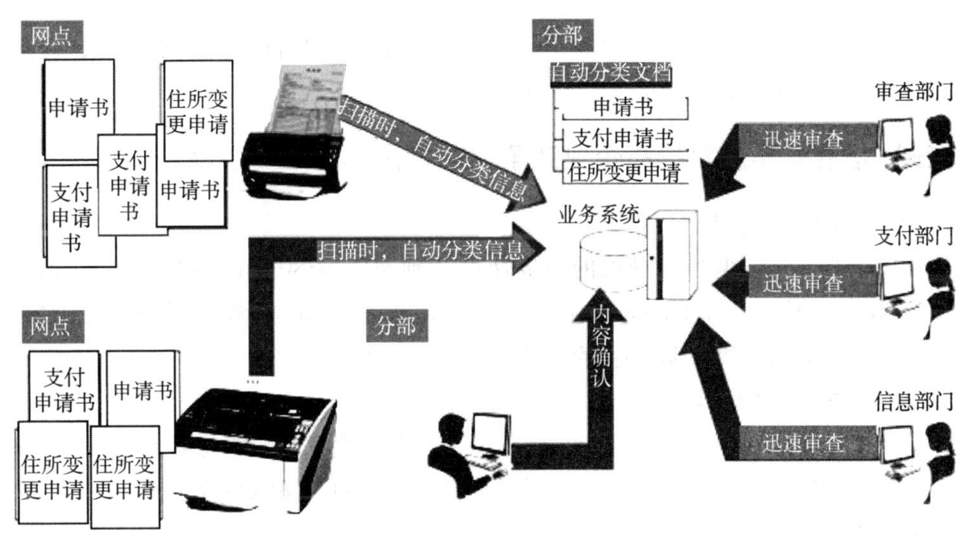

图6　现企业业务流程

2. SCA扫描仪集中管理系统

可以对大量的扫描仪进行集中监控和管理：查看扫描仪状态和维护信息，远程更新驱动、运用程序等，大大提高工作效率，减少管理成本（见图7）。

3. 智能图像处理软件解决方案

（1）PaperStream IP——全新扫描仪驱动，自动化处理图像。

遵循TWAIN/ISIS标准，无须进行扫描前设置，即可轻松将各种纸张自动转换成适合进行OCR（光学字符识别）的图像数据，不管是褶皱或脏污的文档，还是带有背景图案的文档，该驱动都可自动将图像调整为高清图像，加快光学字符识别过程。

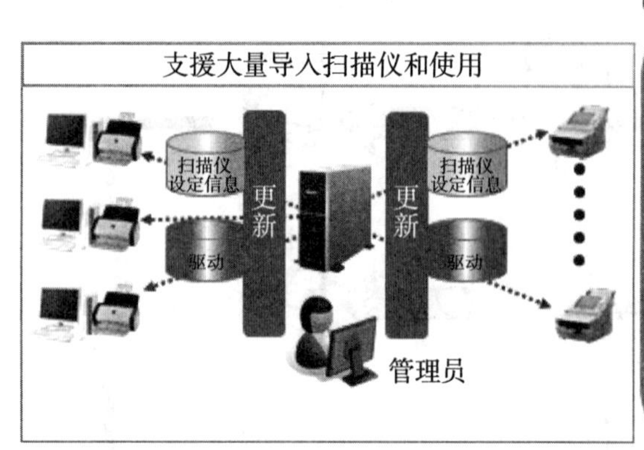

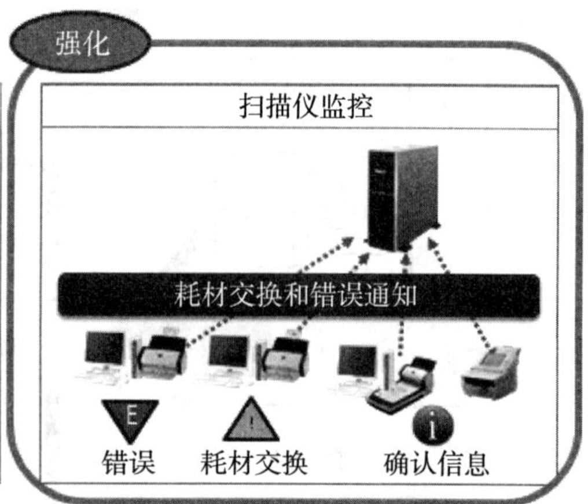

图7　SCA扫描仪集中管理系统

（2）PaperStream Capture——全新的图像扫描软件，批量处理图像。

fi系列扫描仪中的文档扫描和图像数据管理软件。“一键”可轻松调整扫描参数设置和进行批量扫描处理。此外，多项图像信息获取功能，还可帮助客户方便地将信息导入到业务系统流程中，实现无缝连接。

（3）背面背书器。

可选的背书器装置可在文档背面印制日期、数字代码和符号等识别标志，此装置便于在需要查找时快速找到所扫描文档的原件。

（三）信息化实施对提高企业竞争力的作用

1. 海量单据，快速处理

德邦采用fi-7140型号扫描仪的扫描速度达到40ppm/80ipm（A4，横向；运单扫描可达70~80页/分钟），而Fujitsu专业的PaperStream Capture图像采集软件——轻松一键即可完成扫描并运用条码自动排序存储图像，提高生产力。

2. 智能功能，保障高效

除多页进纸检测，纸张保护功能，自动识别，自动裁剪等智能功能外，fi系列高速扫描仪更配备增强型的工作分隔功能，方便文件归档及查询，保障高效管理。

3. 集中管理，提高效率

fi系列扫描仪可利用扫描仪网络管理软件，实现对多台分布在不同地点的扫描仪进行集中设置和监测管理。

4. 稳定耐用，节省成本

fi系列高速扫描仪内部使用了大量钢制零件，可胜任高负荷工作，8小时连续使用，从容应对“双11”期间的订单剧增，另外，产品寿命也大大延长，为企业节约巨大采购成本。

广州增信信息科技有限公司（握物流）：志鸿物流 TMS 系统

一、应用企业介绍

志鸿物流成立于2003年，是国家“AAAA”级物流企业。历经10余年的发展，凭借精湛的卡车运营管理技术，汲取先进的物流实践经验，自2013年从专线物流转型为“大车队”运营模式，实现每年100%的速度增长，现已成为中国领先的公路物流运输解决方案提供商。

服务的客户包括顺丰速运、韵达、圆通、中通、百世、德邦、天地华宇、唯品会、京东等，运输网络覆盖国内160多个城市，链接运输车辆超过20000台。

2015年10月，引入中国本土排名前十大私募股权投资公司广发信德、中国A股深创板最大市值公司温氏集团、专注供应链与物流投资领域的创岚投资作为A轮投资者，A轮融资近亿元；2016年11月，毅达资本、繸子财富、创瑞坚木、智维界上B轮融资2亿余元，广发信德、光信资本跟投过亿。志鸿物流致力于构建中国最大的公路物流运输网，成为中国公路物流运输领导者。

二、项目介绍

随着公司的快速发展壮大，志鸿原有系统运作效率低下，系统间无法联通，日趋庞大的管理成本严重影响了企业的市场竞争力。面对市场的激烈竞争，优化内控管理、降本增效、整合资源等需求变得迫在眉睫。而无论是基于业务运作或是企业内控的需要，志鸿物流的高效运作都必须依靠信息技术的支持和信息化的即时共享来实现。而志鸿物流公司原有的系统落后，不同系统之间无法联通，数据无法实时共享与呈现，导致业务运作效率低下，管理和人力成本居高不下。

因此，本次项目旨在通过基于握物流的整车物流智能管理系统，结合志鸿的业务属性个性化定制TMS系统。本项目采用线上、线下（O2O）相结合的方式打通从招投标、合同签署、订单管理、交易结算到电子回单等流程，建立覆盖全国的整车物流交易和甩挂运输网络。项目依托志鸿物流现有业务体系、线下网络、信息化系统和品牌优势等，面向中国大型快递、快运、电商及商贸企业提供优质高效的公路整车运输解决方案。通过本项目帮助志鸿物流快速整合优质运力和物流供应商资源，实现业务各环节间的信息即时共享和企业内部的协同管理，真正做到降本增效，提升企业市场竞争力。

三、项目的基本需求与解决方案

本次项目的实施，握物流通过发单、车辆调度、驻场拉货、离场跟踪、驻场卸货、费用结算方式，订单管理，异常处理等需求调研，深入分析了志鸿物流订单运输的全部流程。在与高层确定管理思路后，将该项目的基本需求大致概括为三个板块：整合物流、实时物流、智慧物流。具体细分为以下 5 点：①整合优质运力资源；②高效进行车辆调度；③实现订单全程可视；④标准化作业流程；⑤大数据分析。

（一）供应商简介

广州增信信息科技有限公司（简称“握物流”）创建于 2012 年，是运用现代物流理念和物联网技术，为物流产业提供全方位信息化服务以及整体解决方案的平台供应商及协同运营商。

在信息化技术方面，公司聚集了来自美国罗宾逊、富士康、华为、阿里、百度、卡行天下、新邦、好友汇、用友等国内外顶尖互联网技术人才和物流实战专家，先后推出 OMS 订单管理系统、TMS 运输管理系统、WMS 仓储管理系统、LOGBI 大数据分析系统、微信端、App 端等八大系统，可全面覆盖供应链上下游的业务需求。

同时打造了拥有多项自主知识产权的“握系列”九大标准产品，包括：车货匹配智能交易平台（握物流）、同城配送平台（握同城）、零担专线管理平台（握零担）、整车物流智能调度平台（握整车）、干支装一站式家居物流服务平台（握家居）、智慧园区信息化平台（握云仓）、农产品一站式服务平台（握农批）等。

公司是国家高新技术企业、广东省“无车承运人”重要试点单位、广东省交通厅“互联网 +”运输服务行动试点单位、广州小巨人企业。

（二）握物流 TMS 整体解决方案

根据项目定位和需求，握物流研发部门决定对该项目进行“TMS 运输管理系统”“LOGBI 大数据分析系统”以及“App + 微信平台”几大系统集成。

TMS 系统负责核心的物流运输作业管理，包括运单管理、车辆调度、在途跟踪、车辆管理、财务结算等。

LOGBI 系统负责提供用户、订单、货源、车源、运价等全面的物流运营数据挖掘分析和统计报表。

手机应用（App 和微信平台），一方面通过 GPS 进行集成，实时获取车辆在途信息反馈至 TMS 系统，从而实现运输过程的全程可视化管控。另一方面通过 App，允许会员加入，搭建运力集成平台。

整个系统采用主流的 SOA（面向服务的架构）架构，通过服务组件及调用的方式进行服务调用及流程编排，以适应外系统多变、复杂的需求，灵活调整。具体的解决方案如下。

1. 整合物流——车辆分类，诚信标识

第一，利用互联网技术，实施会员制度，允许社会车辆通过手机 App 端注册加入，提升企业的运力。

第二，管理员通过系统后台对注册会员提交的资料进行实名认证、审核通过。

第三，系统对会员司机、车辆进行分类分级标识，设置相应的权限、权益管理。

第四，同时建立电子合同约束机制，形成完善的诚信体系。

2. 实时物流——GPS 定位，在途跟踪

第一，利用移动互联技术，通过司机手机定位功能，实现车辆实时在途跟踪。

第二，管理人员可以使用系统内业务跟踪的地图显示功能，实时查看、监管车辆的在途信息。

3. 实时物流——操作节点，实时更新

第一，管理人员进行车辆调度后，司机即可同步通过 App 进行接单、抢单、竞价（见图 1）。

第二，司机靠近驻场，将会通过手机 GPS 触发系统自动推送抵达消息至驻场工作人员，提前做好上货、卸货的准备。

第三，签收完毕，司机上传电子回单，系统将同步显示、更新订单状态，即时进行回单审核，减少订单的周期时间。

第四，管理人员通过系统内的订单状态，可以随时获取订单的最新状态及所有操作历史记录。

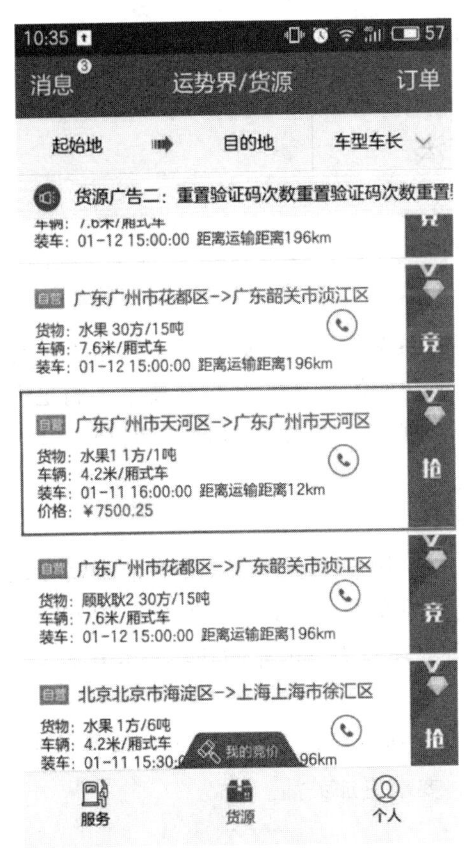

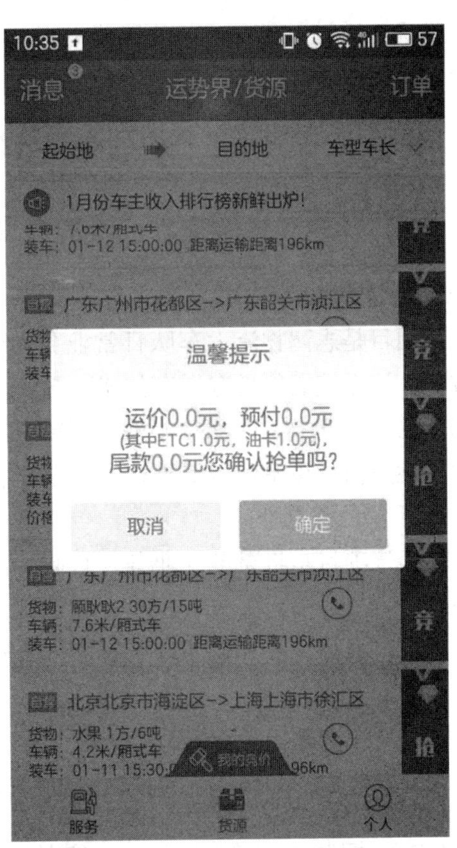

图 1　司机抢单界面示意

4. 智慧物流——业务流程化，管理透明化

第一，将志鸿物流的订单运输全流程规范化、标准化，通过互联网技术实现业务从开单、调度、合同上传、预付款、装货、离台、运输、靠台、卸货、回单上传、支付尾

款的全流程化统一管理。

第二，深入落实透明管理思想，对于各业务审核情况，如价格审核、异常审核、回单审核等，由下至上层级处理，实时查看处理结果，提高工作效率。

5. 智慧物流——智能调度，无须人工

第一，TMS 系统根据志鸿的业务情况，设置了完善的智能调度流程，可对自有车辆优先派单，对社会车辆进行竞单、抢单，实现资源最高配置，提高运输效率。

第二，指定派单，可选择指定某个司机，或者指定驻场工作人员进行派单。

第三，如果发货紧急，可选择抢单，四轮调价寻找最优运力，若最终无人抢单，则该订单将被系统自动打回事业部重新指定派单。

第四，如果发货不急，可选择竞单，寻找最优运力，若最终无人竞单，则系统自动竞单转抢单，抢单转指派。

6. 智慧物流——大数据分析，提供决策支持

第一，通过系统内的订单报表，对司机进行 KPI 考核，建立良性生态链。

第二，通过系统内的运营明细报表，对成本、利润、线路、出货量等全方位报表分析，为未来市场战略方向提供决策支持。

第三，通过系统内的财务挂账报表、已付明细报表，对供应商、司机进行运费自动结算，实现财务轻松核算。

四、系统在建设过程中的难题与解决方法

（一）信息化实施面临的挑战与设计

1. 系统的先进性

该项目是志鸿物流大车队日常业务运营必用的系统软件，因此，在运行速度及稳定性方面，该系统必须具有缓存技术、页面异步数据交换等最新的互联网技术来满足大量访问下的正常运行；另外，软件的安装、更新较为麻烦，也缺乏异地灵活操作，因此，在便捷性方面，该系统需要具有先进的技术架构。

2. 系统的安全性

由于该项目是将财务、业务、行政一体化，关于财务、运营、人员等企业核心数据都在该系统上，一旦丢失，将对企业造成不可挽回的损失。因此，在安全性能方面，对系统的要求极高，除了软件自身的各种安全措施外，还需提供可靠的硬件安全方案。

3. 系统的灵活性

这是一个全部门操作的系统，各个部门之间存在独立性，也存在相互协同性。于是，在系统配置方面，如格式、流程、表单、权限等，要求更加灵活。

（二）握物流的解决方法与实施

1. 系统技术架构

产品开发平台使用当前主流技术——Ajax 构建，完全基于 B/S 结构，不需要安装任何客户端，直接使用浏览器访问。

系统基于主流的SOA服务架构进行模块设计时，需要明确各中心之间的边界关系，通过中心间的解耦，做到中心服务化、简单化和组件化。

系统采用多层结构（WEB接入层、服务SV层、组件调用层、数据访问层）和开放式架构设计，确保系统具备良好的可扩展性，通过多层结构的分解，支持各层间系统架构的水平（横向）扩展，支持服务节点的动态伸缩。

各层间都有缓存支持，通过本地缓存和远程缓存策略，提高系统运行效率。

完善的发布机制，服务监测机制，实现DevOps开发模式。

2. 软件体系架构

软件体系架构如图2所示。

图2 软件体系架构

前后分离：将前端界面与后端业务逻辑进行解耦，实现前后端分离，前端侧重展示和客户体验，后端开放系统基础能力。

接口标准：统一使用HTTP（S）+JSON的主流开放协议标准进行设计。

接入部分：该部分主要解决第三方系统接入问题，如安全问题、如何防止非法调用、涉及认证管理和权限管理；不同的第三方对同一个功能需求可能不一样，涉及差异化版本发布问题。

服务管控：对接入的服务进行有效的管控。接入的服务可以向外直接提供，也可以通过组件化，流程编排形成新的能力向外提供。能力生命周期的管控提供了对能力的注册、发布、上线、下线、注销等管理。该部分还提供能力间的消息传递、异常处理、数据控制等机制，以保障能力中心的高效、可靠。

基础管理：该部分作为一种底层框架支撑以屏蔽各个能力提供者之间系统差异，同时为整个能力平台提供统一的系统级管理，如统一缓存管理、事务管理、内部服务总线等。

数据层：数据层主要提供数据的存储，该层除提供不同的数据库支撑和自身数据的存储外，还提供业务操作的日志留存，通过操作日志留存，支持业务记录能查找，问题反馈能追溯，关键业务能对账。

3. 系统安全保护与措施

对外接口统一使用 HTTP（POST）+JSON 的主流接口通信方式，兼容不同异构系统间的相互通信，第三方平台系统使用统一的接口协议进行服务调用交互。接口调用使用签名机制来保证第三方的接入允可及安全性保障。

（1）接入处理。

通过统一的报文组件及统一的异常错误代码的处理，实现接入服务调度配置，减少硬编码，使用 IP 接入限制和安全的接入控制，提供统一接口的安全保障，使用高效的序列化和反序列化报文解析，保证流式数据的正确性校验和解析。

（2）安全设计。

①IP 限制。支持黑名单和白名单的 IP 接入控制。

②使用 ticket 有效性认证。用户登录后向服务器提供用户认证信息（如账户和密码），服务器认证完后给客户端返回一个 Token 令牌，用户再次获取信息时，带上此令牌，如果令牌正取，则返回数据。对于获取 Token 信息后，访问用户相关接口，客户端请求的 url 需要带上如下参数——时间戳：timestamp；Token 令牌：token；随机数：rd。

然后将所有用户请求的参数按照字母排序（包括 timestamp，token），之后 MD5 加密（可以加点盐），全部大写，生成 sign 签名，这就是所谓的 url 签名算法。最后登录后每次调用用户信息时，带上 sign，timestamp，token，rd 参数。

（3）报文协议。

接口地址：http：//xxxxxxx/intf。

请求方式：POST。

加密方式：SHA1（sort（appScrectKey，tokenId，time，rd，content））。

注：加密前排序：Arrays. sort（arry），参与加密的字段如表 1 所示。

表 1　参与加密手段

字段	说明
appScrectKey	平台提供唯一 KEY，（握物流提供）
tokenId	票据
rd	3 位随机数字
content	方法体（加密后）
time	时间戳

接口样例如表 2 所示。

表 2　接口样例

接口名称	用户登录
接口编码	100001
功能说明	用户登录
接口提供方	物流平台接口

续 表

接口名称	用户登录			
接口方式	HTTP + JSON			
参数编码	参数名称	参数类型	约束	备注
输入参数				
inCode	握物流接口编码	String	1	
appId	应用 ID，握物流提供	String	1	
rd	随机数（3 位数字）	String	1	
tokenId	请求票据	String	1	
content	方法体，base64 加密	String	1	
time	时间戳	String	1	
sign	具体见签名机制	String	1	
content 入参方法体				
phone	用户号码	String	1	
uId	用户在合作伙伴系统中的唯一编码	String	0	
输出参数				
content	出参方法体	String	1	
status	状态	String	1	
time	时间	String		
content 出参方法体				
tokenId	登录票据	String	1	
msg	业务提示	String	1	

（4）标准化错误代码。

200：成功；

403：未认证或 token 过期；

500：服务器内部错误，运行时异常；

501：服务器不支持请求错误，业务级错误提示，如手机号码不正确；

505：服务器拒绝请求，数字签名不正确。

（三）项目的实施与推进

整个项目分成三个阶段。

1. 需求分析及设计阶段

需求分析、项目经理、产品经理、设计人员进场。

第一周前半周完成需求收集、需求整理、需求分析工作，产出物为需要规格说明书。设计人员参与需求分析，对需求的开发工作量、难度进行评估，并给出实现需求的思路。

第一周后半周及第二周上半周由设计人员、产品经理对主要功能界面出具产品原型，并且就原型与甲方一起进行评审。

第二周下半周由产品经理、设计人员根据评审结果对原型做出修改。并且设计人员、开发人员开始编写详细设计方案，并进行内部评审，产出物为详细设计说明书。同时就产品原型与甲方一起进行二次评审。

2. 开发测试阶段

产品经理到现场，其他人员在公司进行开发。整个开发分成三个迭代周期。

第一个迭代周期：时间为一周。主要进行框架、基础功能开发，为下一阶段的开发打下基础。

第二个迭代周期：时间为两周。进行订单管理功能、运价采集功能、其他功能开发及系统联调测试。

第三个迭代周期：时间为一周。进行基础信息功能、系统管理功能、内部接口功能开发。

3. 实施上线阶段

第一周前半周：进行系统培训及基础数据收集。

第一周后半周：进行基础数据初始及内部系统对接准备。

第二周前半周：进行系统试运行。

第二周后半周：进行系统正式运行。

五、信息化主要效益分析与评估

本次志鸿物流对该 TMS 项目的投资回报分析主要体现在人力成本、运营成本、运营收入的财务分析上，同时通过对人均效能的非财务分析，有效、客观地反映了该 TMS 项目的投资回报情况。

（一）节省人力成本

1. 数据统计人员节约

数据 BI 系统建立，运营质量监督、成本/利润、公司日/月/年度经营报表等系统自动生成。目前数据统计分析类人员由 75 名削减至 2 名 BI 工程师。直接为公司年度节省人力成本 394. 2 万元，同时数据准确度大幅提升。

2. 财务人员节约

财务系统实现自动化处理，供应商及客户账单自动生成。公司预付/尾款事业部批量审核由财务统一核销。目前事业部及财务审核人员由 68 人缩减至 30 人。直接为公司年度节省人力成本 205. 2 万元。

（二）节省运营成本

司机通过 App 在一个公平、公开、公正的平台进行竞价、抢单。去除中间成本，使公司运输采购更接近市场价格。达到司机与公司双赢的理想情况，同时对后服市场推广提供良好的依托。

以 2017 年 2 月 16—20 日，广州到成都线的车价为例：通过平台调车，价格均值在 13800 元；通过人工调车，价格均值在 14060 元；平台调车价较之前人工调车价降低了 1.8%。

（三）运营收益大幅提升

2016 年第一季度营业额 13.3 亿元，后服消费金额 0.8 亿元，占第一季度总收入的 6%；2017 年第一季度营业额 22.1 亿元，后服消费金额 5.93 亿元，占第一季度总收入的 25.7%。

相较 2016 年，无论是从总收入来看，还是从后服产品收入来看，使用了该 TMS 系统后，运营收益有了大幅提升。

（四）人均效能大幅提升

2016 年职能人员 300 名，销售人员 356 名；2017 年职能人员 224 名，销售人员 448 名，职能人员占比下降 63%。

2016 年全体员工共 656 人，第一季度共创营业额 13.3 亿元；2017 年全体员工共 672 人，第一季度共创营业额 22.1 亿元，人均效能提升 78%。

六、项目意义

本次项目的主要目标为通过运输管理整体解决方案的实施，立足于当前志鸿物流的业务特点，采用先进的物流管理理念和互联网技术，帮助志鸿物流快速编织出中国最大的公路物流运输网。同时，通过系统对业务流程化的实施，实现企业物流作业的标准化，提升作业效率及客户的满意度。另外，通过系统对运力资源的整合、配置，以及系统对信用体系的搭建，增强企业与供应链下游间的紧密协同能力，提升企业在供应链上游端的竞争力及话语权。

而此次志鸿物流 TMS 管理系统项目的成功对握物流具有重大意义，再一次从实践案例中证实了握物流在物流信息化应用中的技术实力，进一步奠定了握物流在物流平台供应领域的行业地位。

未来，握物流将一直秉承“开放共享，协同共赢”的理念，致力于为物流行业提供全方位信息化服务及优化升级：无信息化的，建信息化；有信息化的，做链接；链接好的，资源对接。同时通过不懈努力，助力中国物流行业构建一个开放、公平、公正的良性智慧物流生态圈。

杭州奥软科技有限公司：可视化（VTS）运输管理系统

一、企业简介

（一）奥软科技简介

杭州奥软科技有限公司作为本项目的承建方（简称“奥软科技”），成立于2010年，总部位于杭州，是国家交通运输物流公共信息平台典型软件服务商。公司拥有一支经验丰富的管理咨询、技术研发团队，是浙江省内最大的物流行业管理软件及政府国有资产管理软件的提供商。

公司秉承“用心创造，轻松管理”的经营理念，先后在物流行业开发了物流运输管理软件，物流供应链协同管理软件、上下游互联管理软件（商贸制造业与物流行业），物流园区信息平台管理软件；同时为政府在新形势下针对国有企业的管理，开发了一套完整的国有资产管理软件。

奥软人遵循“专注、专业、专心”的企业核心价值观，专注于物流行业的整体信息化管理提升，在电子商务、移动互联网、物联网技术广泛应用及快速发展的新形势下，为物流行业提供专业、一体化的信息化解决方案，包括商贸制造企业与物流行业上下游物流信息互联解决方案、物流园区信息化平台运营解决方案、物流供应链协同管理解决方案、物流运输综合管理信息化解决方案；基于新形势下国家致力于建设服务型政府，奥软科技提供了完整的国资管理解决方案。

公司本着“质量领先、用户至上”的服务宗旨，通过规范项目实施管理流程，强调实施一家成功一家的服务理念，先后为国家政府部门、世界500强企业、上市公司、大型的第三方物流企业提供了完整的信息化解决方案及软件系统部署实施。专心做好物流行业信息化管理的深度应用，帮助用户创造价值，奥软人获得了用户的一致好评！

奥软科技致力于以引领物流领域管理模式创新、推动物流行业管理发展，利用信息技术手段提升管理为目标。公司将继续加大物流行业的管理研究及信息化的研发投入，为物流行业提供更加优质的软件产品及运营服务，致力打造中国物流行业管理软件及运营服务的第一品牌！

（二）应用企业简介

浙江省舟山市7412工厂（简称“7412工厂”）是奥软科技的物流企业信息化应用企业之一。7412工厂，成立于1986年6月，系国有企业。工厂以生产制造汽车紧固件和同轴电缆为两大主营业务，年销售7亿元。工厂占地面积10万平方米，固定资产1.5亿元。现有职工650人，其中，大专以上文化程度的员工400多人，拥有中、高级技术职称的职工50多人。目前，7412工厂为北京奔驰、上海通用、一汽大众、上海大众、沃尔沃等全国20多家知名汽车厂、主机厂配套生产高强度紧固件、非标紧固件和异形件，供应商遍布全国各地，产品品种达5000余种，年开发新产品500余种。经过30年的发展，已成为国内主要汽车生产企业供应链的骨干供应商和品质高端的同轴电缆企业。

（三）应用企业管理模式

1. 高效的员工队伍

7412工厂实行军事化管理及团结一心的拼搏精神。强调管理先管人，管人管思想的思想作风建设的管理方法。以客户为中心的抢抓市场能力，以纪律为基础的执行力。

2. 精致化制造工程

7412工厂实现“三化零缺陷”：内部管理精致化、制造过程可控化、制造技术标准化、制造质量零缺陷。

3. 独特的企业文化

7412工厂将毛泽东思想作为企业管理的理论基础。坚持贯彻带有部队烙印的执行文化、奉献文化，与员工共享企业发展成果。

二、企业现存问题

随着运输量的逐年增大，7412工厂对物流的重视程度日益加强，对物流车辆安排、运输在途跟踪等环节的管控要求通过信息化手段加强。为提升客户满意度，7412工厂决定用信息化的方式来管理物流业务。结合7412工厂物流业务的现状分析，主要面临以下几个问题。

（一）物流信息缺乏及时共享机制

缺乏信息及时共享机制，主要表现在企业与下游承运商缺乏有效及时的信息互通，车辆调度信息、货物在途信息、货物签收情况、回单返还情况不能及时反馈；企业与承运商签订了运输时效保证合同，但由于在途节点信息反馈不及时，出现异常问题时无法第一时间处理，难以确定责任方。

（二）数据难以统计分析，不利于决策

7412工厂订单量大，物流业务数据，如每日在途报表、运费核对等都是和承运商用电子邮件沟通。如出现异常数据，业务员将手工备注到承运商月底考核登记表中，不仅工作量大，且汇总得出的数据容易出现遗漏和错误，物流异常状况反馈不及时，统计数据不准确，不利于企业决策分析。

（三）承运商管理缺乏考核依据

目前，7412工厂的承运商考核指标体系还在完善中，工厂主要关注的指标有交付及

时率、破损率、回单周期等，这些数据的采集都需要信息化系统的支持。

（四）信息化基础薄弱

7412 紧固件工厂的信息化系统只有 ERP 系统和 WMS 管理系统，在物流环节上，缺乏专业管理软件，无法及时跟踪管控，管理效率低下。

7412 工厂与承运商之间的业务主要通过电话通知来提货，流程不规范。下游承运商均未使用物流管理软件，承运商整体的信息化水平较低。项目开展前，7412 工厂与承运商之间的业务流程如图 1 所示。

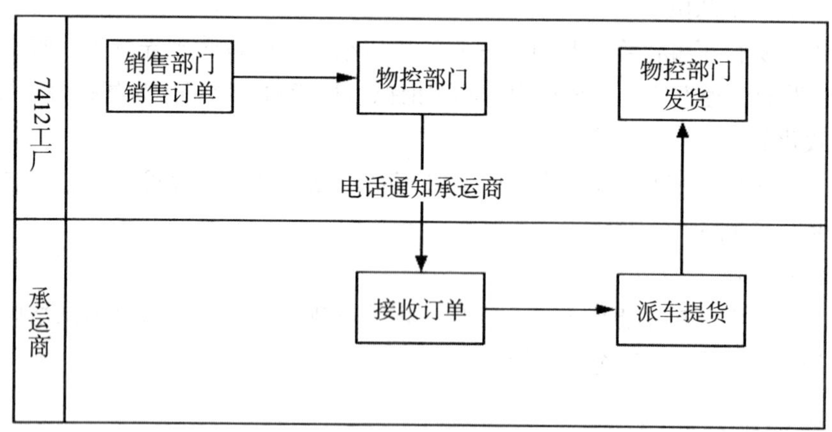

图 1　7412 工厂原有业务流程

三、信息化建设过程

基于对 7412 工厂面临问题的分析，该项目企业信息化方案由三大部分组成。

（一）搭建 7412 工厂物流平台

为 7412 工厂物控部新建一套以物流订单接收、货物发运、供应商管控为核心的 OMS 系统，搭建起上下游物流业务管控平台，实现 7412 工厂物流业务全程可视化管理，系统数据实时获取，不仅为承运商考核提供依据，也为公司决策提供了精准的分析。

（二）构建承运商物流平台

为 7412 工厂承运商打造一个以物流业务运营管理、内部车辆管理、费用结算管理为核心的个性化定制的 TMS 管理系统，规避操作风险，提高企业信息化水平，增强核心竞争力。

（三）上下游系统对接

7412 工厂 ERP 系统与物流平台，通过内部接口对接，由销售出库单生成物流发货单；7412 物流平台与下游承运商及司机 App 之间，通过国家物流信息平台标准交换通道，实现信息无缝对接。实现在线派单，货物在途信息，货物签收信息，回单信息通过系统传输实现实时反馈。

项目上线后，不仅规范了企业的物流作业流程，更助力了上下游企业高效协作，具体流程见图2。

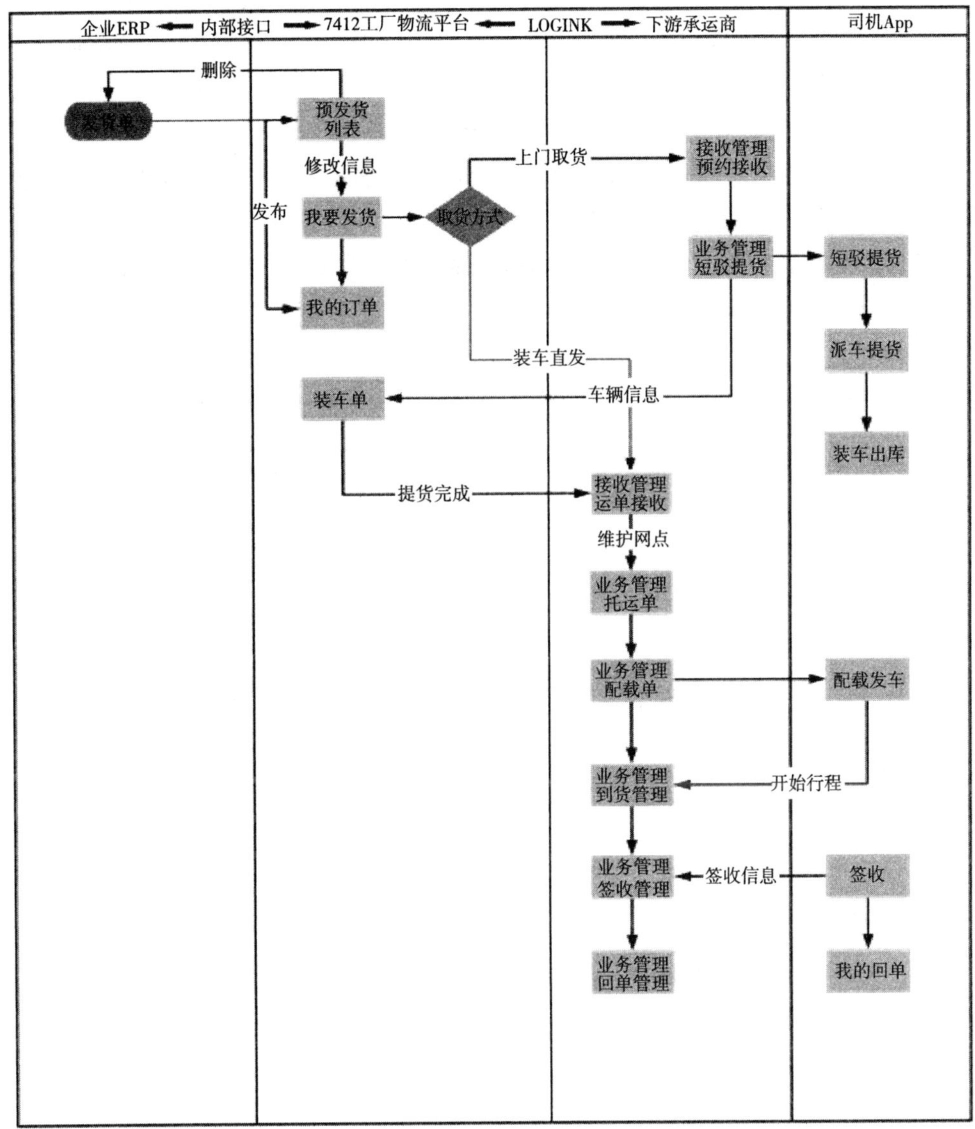

图2　舟山7412业务总体流程

四、效益分析

通过7412工厂互联项目的实施，借助国家交通运输物流公共信息平台安全标准交换通道，实现了7412工厂物流平台与承运商TMS系统之间的数据交换，满足了企业对物流过程中信息及时共享的需要。

1. 提高发货效率，实时跟踪订单状态

通过信息系统实现信息共享，提高查找信息的效率，减少因信息传递失真造成的损失，各方面人员能够通过系统实时了解运量、运力及运输情况，预计可提升发货效率20%以上。

2. 承运商服务质量提高，客户满意度上升

通过信息化实现了供应链物流的主动服务，客户能随时查询货物的情况。同时对运输过程的跟踪监控，有效减少了货物运输的差错率，提升了承运商的服务品质，客户满意度上升，有利于互联双方的友好合作。

3. 实现物流供应商 KPI 考核，加强物流管控能力

通过信息无缝对接，实时获取、记录物流供应商承运业务数据和作业质量信息，月末系统快速完成对承运商关键考核指标项的数据分析、信息汇总，为与供应商的费用结算、供应商奖惩机制的落地、供应商采购选择提供翔实的依据。

具体效益分析如下表所示。

具体效益分析

效益类别	7412 工厂		物流承运商	
	使用前	使用后	使用前	使用后
人力成本/收入	6×5000 元	2×5000 元	5×3500 元	2×3500 元
通信费用	1000 元/月	400 元/月	600 元/月	400 元/月
客户沟通差错率	8%	1%	10%	3%
信息查询方式	人工	系统	人工	系统
信息查询时效性	延后	实时	延后	实时
客服工作量	—	—	3 人	1 人
客户满意度/业务预见性	较低	较高	较低	较高

五、使用体会

企业信息化是企业发展到一定阶段转型升级的必由之路。尤其是国有企业，更需率先突破传统的运营模式，利用互联网时代的信息化工具武装自己，不断创新寻求新思路来助力企业的进一步发展。

新事物从产生到应用都需要一定的适应时间，尤其是军事化管理型的国有企业，传统的模式根深蒂固，改革创新面临更大的压力与困难，需要排除万难的决心坚持将企业信息化这一新事物贯彻落实到底，形成企业实际效益，构建企业可持续发展的基础保障。

杭州金毅科技有限公司：新安物流运输管理系统

一、企业简介

（一）应用企业简介

浙江新安物流有限公司是上市公司浙江新安化工集团股份有限公司的全资子公司。新安物流成立于1996年，坐落于浙江省杭州市建德有机硅工业园区，占地45000平方米。经过十余年的快速发展，新安物流已成为集国内、国际公路、铁路、海运及多式联运、采购、仓储、配送、汽修、物流方案设计策划、信息咨询等物流服务为一体的国家AAAA级综合服务型物流企业。公司具有剧毒品运输资质的企业，运量位居浙江省前列。公司依托长三角和珠三角，拓展辐射全国的联运网络，以良好的设备及物流基础设施，先进的信息管理系统为客户提供安全、高效、先进、科学的综合物流服务。

浙江新安物流有限公司是一家重发展、重质量的企业，一直以来秉持着“夯实基础、提升管理、强化安全、稳健经营”的管理理念，紧随市场发展趋势，不断地开发新产品，凭借稳定可靠的产品质量和良好的经营信誉，满足广大客户最新需求，赢得了广大客户的信任。公司设有多个部门，坚持科学发展、绿色发展、和谐发展，以创先工作为载体，不断深化改革，开拓创新、锐意进取，企业综合实力大幅提升。自成立以来，新安物流一直坚持传承新安文化，以“安全严谨、责任关怀”为理念，专业致力于化学品及煤炭的经营、仓储、运输等全资质的供应链服务，做最强的现代专业物流企业。面对复杂的外部形势和艰巨的生产经营任务，新安物流凝聚全员智慧，奋力攻坚克难，取得了令人骄傲和值得赞颂的成绩。新安物流将秉承大新安、大物流理念，成长为富有国际视野、深具社会责任感的现代企业。

（二）开发公司简介

杭州金毅科技有限公司是一家致力于道路运输行业信息化相关领域软/硬件研发、系统集成及信息平台运营服务为一体的专业服务提供商，已通过软件企业认定、高新技术企业认定、CMMI3评估、ISO9001认证。

金毅自成立以来，始终秉承“信为金，抱诚守真；毅为贵，志骋千里”的经营理念，专注于道路运输行业领域，特别是道路运输安全解决方案的信息系统建设和第三方运营服务，拥有一支经验丰富的管理咨询与技术研发团队，三十多项自主知识产权的软硬件产品和丰富的项目实施经验，技术水平处于国内领先地位。

金毅本着“诚信正直，客户第一”的服务理念，十多年来已为浙江、河北、安徽、江苏等地的物流运输/仓储行业提供了几十个应用项目的开发和运营服务，帮助用户创造价值，赢得了行业管理部门和运输仓储企业的一致认同和赞誉。

金毅将继续加大道路运输行业的管理研究和研发投入，不断增强产品的自主研发能力与核心竞争力，为推进道路运输行业的科学管理、保障运输安全、提高运输效率、提升服务水平等做出更大的贡献。

二、面临问题

项目执行前，新安物流有限公司面临如下几个主要问题。

1. 订单处理效率低下，错误率高

企业是通过手工开单，每笔运单信息都是手工录入，易出错，从而影响工作工作效率。

2. 调度工作严重依赖经验积累

企业录入订单之后，进行运单调度，操作员大多根据以往的经验进行调度，并没有准确的数据依据，从而使订单运输不能得到合理规划，影响了订单的到达及时率，而且很难做出准确的拼单计划从而降低成本。

3. 承运商考核难

承运商在订单的发货、订单跟踪等物流服务作业方面不够规范，新安物流使用传统的电话跟踪，效率低下，迫切需要对承运商的跟踪与考核体系，以督促其提升物流服务水平和服务质量。

4. 订单跟踪困难

由于运输过程不透明，订单物流跟踪管理存在盲点，承运商通过 QQ 或电话记录这样被动的方式，完成对每日货物运输情况、位置和跟踪记录的上报，数据的准确性和及时性都有待考证，且由于部分运输货物属于危化品，企业对于货物在途跟踪信息获取需求急迫。

5. 财务核算效率低

企业每月进行财务核算时，数据汇总困难、财务数据统计周期长，直接影响企业财务人员对于公司业务成本的把控。

三、解决方案

（一）方案概述

针对上述出现的问题，杭州金毅科技有限公司为新安物流有限公司量身打造了一套信息化解决方案，实现上下游系统数据从托运方一直到承运商的贯通，实现信息的互联共享和实时传递。

1. 将上游新安物流的物流管理系统与 ERP 系统进行对接

新安物流运输管理系统与 ERP 系统进行对接后，系统将直接读取 ERP 中的销售单数据并将其转化为运单，相对于之前的手工开单，不仅省去了手工开单的工作量，还大大降低了错误率，提高了及时性，从而提高了订单处理的效率。

2. 内部业务流程对接，自动并单，智能计算最优费率

针对之前调度订单出现的问题，系统对接之后，企业可自定义设置计费规则，根据不同品种的货物，综合考虑里程数、吨位等因素设定不同的计费规则，当对需要运输的订单处理时，可以划分最优费率，根据最优费率进行自动并单，极大优化了订单的调度操作流程。

3. 将上游系统与下游承运商系统对接，时现 KPI 考核与系统协同操作

物流运输管理系统与下游承运商系统对接后，企业可对承运商服务质量评价进行统计，从而对承运商的服务起到监督的作用。

4. 移动技术的应用

司机 App，微信竞价，智能跟踪，基站定位等技术合理应用，不仅可以对订单时效和运单轨迹即时跟踪，更提高了服务质量和客户满意度。

5. 财务结算数据即时生成

财务管理模块的设置，可即时将运费、油耗、成本等快速结算，自动生成报表数据；在承运商结算方面，通过系统进行“预结算”，通过后再上门办理，提高财务人员工作效率和对成本的把控。

（二）方案内容

新安物流运输管理系统如图 1 所示。

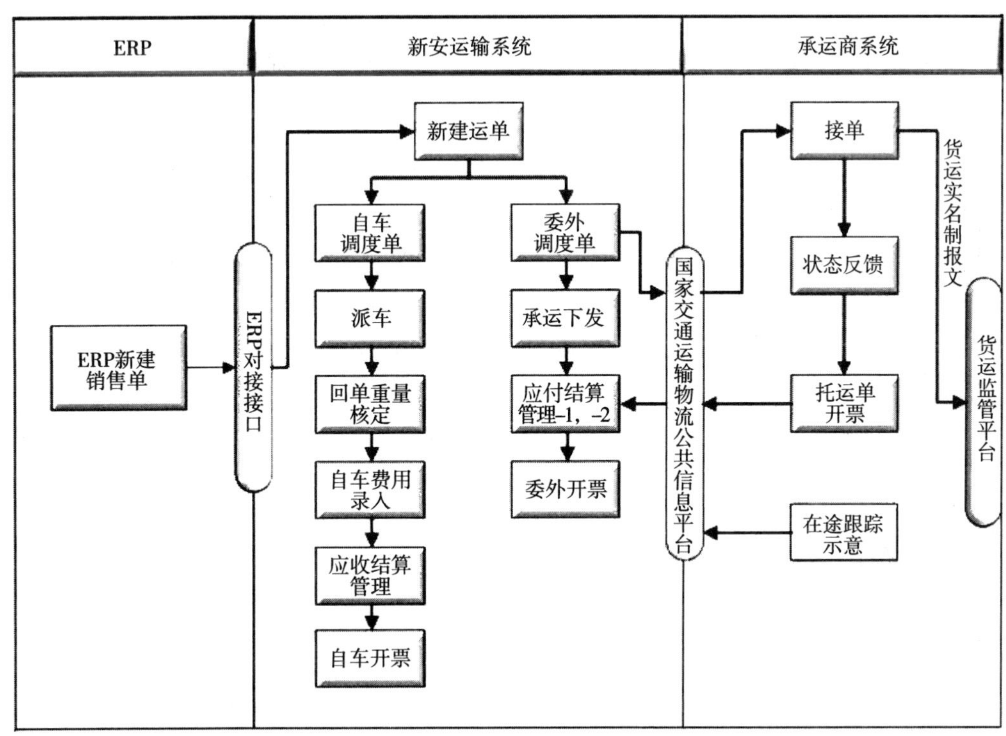

图 1　整合流程

①信息科人员将销售订单录入 ERP 系统中；

②新安物流运输管理系统读取 ERP 系统中的订单信息；

③物流运作部操作员在新安物流运输管理系统中把运单分类为自车和委外运单；

④操作员将运单分类调度为自车调度单和委外调度单；

⑤若运单为自车调度单的，将运单进行下发派车，回单重量核定，自车费用录入，应收结算管理，自车开票等；

⑥若运单为委外调度单的，将运单下发给承运商，承运商任务接收之后，进行状态反馈，针对托运单开票的运单进行申请上报，委外开票等；

⑦承运商接单后，会自动生成货运实名制报文并上报至货运监管平台。

（三）功能描述

①快捷菜单：主要是对一些常用界面的自定义快捷新建，包括定义快捷菜单、新建委外运单、运单查询等；

②公共服务：可对通知公告、留言情况、短信发送、提醒等进行查看，从而实现企业内部业务流程信息的及时传递；

③系统管理：主要是实现了系统数据和用户的管理，包括数据系统的维护设置、用户及角色权限管理等，来支撑系统用户对系统的操作权限；

④基础数据管理：包括基础设置、单据打印设置、车辆司机管理、承运商管理、客户管理等模块，基础数据的设置是整个操作系统的基础，对于整个系统的协同操作起到重要作用；

⑤业务管理：包括托运单管理、调度管理、跟踪信息管理等模块，将运单进行管理设置，将使整个业务操作流程更加规范化，尤其是运单运输管理过程中，可对货物的时效和运单轨迹实时查询和跟踪，提高了货物的发货率和及时率，从而支撑整个运输过程中业务的管理；

⑥财务管理：包括托运方结算管理、自车成本管理、承运方结算管理、财务报表等，可以将成本、运算快速结算，自动生成车辆油耗状况表、收入费用表、车辆状况表等财务报表，减少了人工核算成本的时间，降低了财务数据核算的错误率，从而使成本最小化、利润最大化；

⑦司机 App：可显示订单号，车牌号，送货日期，提货日期，通过司机 App 的使用，可以对订单进行实时跟踪，使订单跟踪更加智能化、信息化（见图 2）。

四、项目的实施难点与推进办法

（一）实施难点

实施与推进过程中，遇到了如下的一些问题：①操作员人数配备不足，很多系统功能模块没有熟练去操作使用；②下游承运商信息化水平低，推广工作不能有效开展。

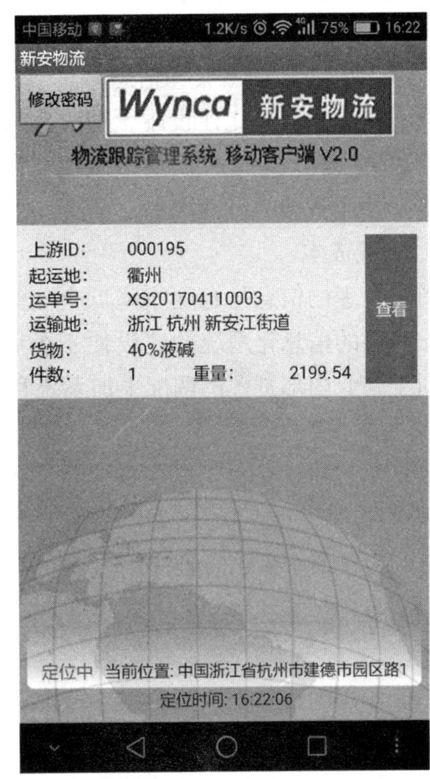

图 2　司机 App

（二）推进办法

针对以上问题，作为信息系统开发商的杭州金毅科技有限公司采取了如下措施：①配合新安物流优化人员配置，强化对系统各个模块的熟练与使用；②增加培训次数，设定相关考核和奖惩措施，不定期对系统软件使用的效果进行抽查。

五、效益分析

1. 加速了企业信息化进程

新安物流运输系统的使用加速了企业信息化系统的深化应用，提高了企业的整体经营水平。

2. 物流运输业务流程更加规范

从开单、接单、派单到发车的一系列流程，无论是运单还是财务数据统计，通过在系统上的使用，更加方便快捷，大数据智能化发展，订单的到达率和发货的及时率得到有效提高。

3. 货物信息查询、管控便利

司机 App，跟踪系统的应用，更方便企业对于订单货物信息的查询，使货物信息的准确性和及时性得到提升，提高了客户满意度，提升了服务质量。

六、项目体会

项目实践证明，信息化建设对于物流企业的管理和运转起着重要的作用。可归纳为以下几点。

1. 实现业务协同流转和信息共享

物流企业在信息化建设中，通过系统对接、移动技术等信息化手段，企业各部门人员的沟通更为有效即时，实现了企业与内外部各部门间的业务协同流转和信息共享，从而提高了企业整体的经营水平。

2. 降低成本

科学合理的信息化有利于降低企业管理部门的管理和经营成本。对于企业管理部门而言，完善的信息化系统的建设便于企业对于内部资源的有效的管理和利用，能够使管理者对于企业内部资源的调配更加系统和高效，降低了管理成本。

3. 提高服务水平

信息化的建设有利于提高物流企业的服务水平，通过物流运输管理软件，可以将客户的需求在运输、配送、包装等各作业环节实现高效快速的传递，进而针对企业自身实际情况和市场需求做出合理决策，提高了企业的客户满意度和服务水平。

七、结语

当前，我国正处于增速趋缓、结构调整、动能转换的重要拐点。以“互联网＋”为代表的新技术、新产业、新业态、新模式成为发展新引擎，助推中国“新经济”发展。为推动互联网与经济社会各领域深度融合，“互联网＋高效物流”正在成为发展新方向。企业的信息化建设道路任重而道远，企业自身应加强对于信息化建设的认识，不断更新自身系统建设，对现有业务进行科学合理的调整改造，注重人员的培训和数据信息的维护更新。“互联网＋”高效物流将变为现实，通过产业链上下游的广泛连接和深度融合，创造开放共享、合作共赢的新生态。企业的物流信息化将向作业过程自动化、决策管理智能化、服务功能集约化、物流管控透明化不断发展，互联网大数据的广泛应用，将使物流信息化达到一个新的高度。

湖北信通通信有限公司：中国铁塔湖北省 WMS 智能仓储一体化管理平台

一、企业简介

湖北信通通信有限公司是湖北省信产通信服务有限公司的全资子公司，2007 年由中国通信服务有限公司收购并在香港上市，注册资本 2000 万元。公司前身为湖北省邮电器材有限责任公司，是一家有着近 60 年发展历史的国有企业，在通信业界有着较高的知名度。

公司现有员工 200 余名，其中，本科及以上学历 160 余人，中、高级技术职称及职业资格 65 人。

公司在湖北省内拥有超过 40000 平方米标准化仓库，10000 平方米室外堆场及 40 余辆专业运输车辆；建有电气、高压、物理、化学等 10 个专业通信产品检查实验室。

先后被评为国家 AAAA 级物流企业、国家五星级仓库、中国仓储服务金牌企业、湖北省重点物流企业，并通过了 ISO9001 质量管理体系认证。

公司定位为“中西部通信行业价值领先的供应链服务提供商”，并深入贯彻“上善若水”的企业文化，围绕“创新、包容、坚韧、信赖、伙伴”的核心价值观，进一步开拓创新，提升能力、强化管理，铸就具有核心竞争力的卓越绩效企业。

二、项目背景情况介绍

（一）中国铁塔股份有限公司介绍

中国铁塔股份有限公司是经国务院批准，国资委、工信部协调推动，由中国电信、中国移动、中国联通共同出资设立的大型通信基础设施综合服务企业，主要从事通信铁塔等基站配套设施和室内分布系统的建设、维护和运营。公司于 2014 年 7 月 18 日挂牌成立，2015 年 10 月与三家电信运营企业完成全部存量铁塔相关资产的注入和收购，同时引入新股东中国国新。截至目前，公司铁塔总量约 170 万座，成为全球最大的通信基础设施服务公司。

（二）湖北铁塔全省仓库 2016 年年初情况介绍

2016 年年初，湖北铁塔完成与三大电信运营企业资产注入后，湖北省内 13 个地市分公司自行建立各自地市仓库。因未引入第三方专业仓储物流公司合作，各地市分公司基本处于较原始的仓储管理阶段。2016 年 2 月，湖北襄阳市铁塔分公司仓库状况如图 1 所示。

图1　湖北襄阳市铁塔分公司仓库原状

（三）湖北省内仓库普遍存在的问题

①全省铁塔各地市仓库无系统化、信息化、智能化互联网＋仓储管理系统；

②全省铁塔各地市仓库物资为手工记账模式，账实不符、账目混乱情况普遍存在；

③全省铁塔公司无统一化、标准化管理，各地市仓储工作各自为政，存在“信息孤岛”问题；

④全省铁塔公司无统一调拨能力，同一种物资，有的地市积压严重，有的地市则缺货严重，严重影响生产；

⑤全省铁塔各地市公司仓储进出货物管理混乱，违规借货、领货情况普遍，造成货物流失情况严重；

⑥全省铁塔各地市公司仓库现场管理混乱，货物摆放杂乱无章、存储货损率偏高；

⑦全省铁塔各地市公司仓库硬件条件较差，部分使用民居、报废仓库，专业仓储工具普遍缺失；

⑧全省铁塔各地市公司仓库基本无安全保障措施，消费、监控、防护等设备基本未设置。

三、湖北铁塔公司客户对全省仓储管理的期望及预期目标

2016年始，湖北省铁塔公司针对全省仓储管理工作中存在的问题与痛点提出引入第三方专业仓储物流管理企业托管全省仓储管理工作，并提出期望及预期目标：

①省铁塔及地市州分公司建立一套统一的信息化仓储管理手段，杜绝无账目，手工账等管理方式。

②制定一套完整的库存物资管理专业指导办法，统一标准化操作，杜绝违规操作现象。

③利用仓储物流信息化管理，梳理各地市州信息流传递。

④全省铁塔仓储物资需具备实时盘点功能，各项实时盘点信息表格需具备一键查阅、调取、生成功能。打通信息孤岛，为政策决策提供真实可靠的实时数据及信息依据。

⑤全省铁塔仓储物资应建立一套统一的物资编码，且每单个物资编码必须对应拟投入建设使用或维护使用的基站站点。

⑥优化全省各地市分公司仓库现场硬件水平及管理水平。

⑦优化物资存放周期的管理，仓储货物应做到“先进先出”原则，杜绝物资积压、呆滞。

四、湖北信通"中国铁塔湖北省 WMS 智能仓储一体化管理平台"实施方案

（一）湖北省铁塔 WMS 仓储管理系统

2016 年 2 月，湖北信通公司根据湖北铁塔客户提出的期望及预期目标，为湖北铁塔公司量身定制了"湖北省铁塔 WMS 仓储管理系统"，具有管理收货单、管理发货单、批量导入订单、库存查询、导出报表等功能。

（二）系统上线实施办法

1. 全省仓储管理流程优化再造

根据铁塔客户仓储工作中的特点及要求，湖北信通结合 WMS 系统的应用，对全省铁塔仓储管理流程进行了优化再造，使之在 WMS 系统运用的指导下规范化、标准化、合理化所有仓储管理流程（见图 2）。

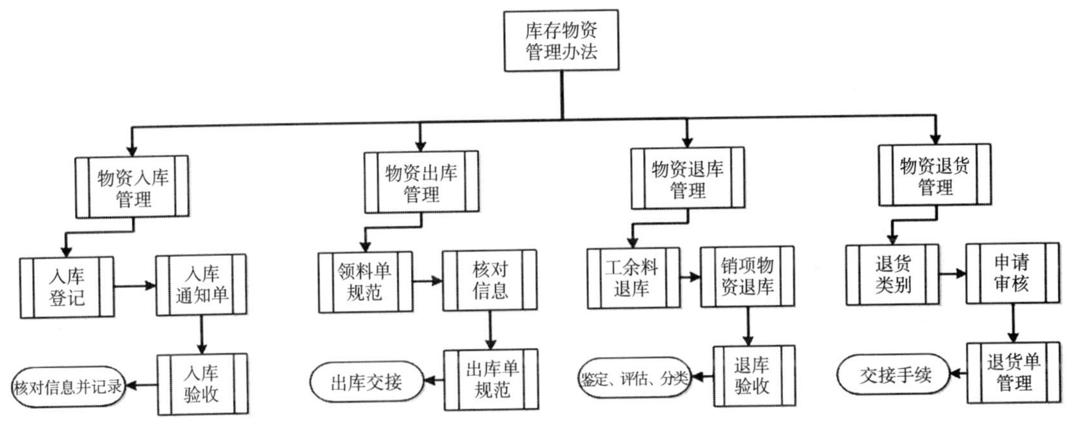

图 2　湖北铁塔仓储管理流程全景

2. 库位改造

根据湖北铁塔客户的需求及仓储物资的特点，对全省铁塔各地市仓库进行统一库位改造，将仓库分为建设物资存放区、维护物资存放区、电池存放区、预埋件物资存放区、货物检验区等几个大区；并对各个区域的库位进行编码并录入 WMS 系统。2016 年 12 月公司仓库状况如图 3 所示。

图 3　湖北襄阳市铁塔分公司仓库现状

3. 系统初始化数据维护

每个铁塔仓库的建立，我们都会根据当地的情况进行数据初始化，保证数据真实、准确。

4. 站点维护

根据湖北铁塔客户的个性化需求，开发 WMS 系统物资编码对应建设维护站点的需求。

5. 人员培训

每个仓库建立前，当地的铁塔库管员都会到武汉总部进行一段时间的实际操作和系统培训；对于每个上线的铁塔分公司，我公司都会安排专人上门进行培训，根据需要还会增加培训次数。

五、企业效益分析

（一）经济效益

1. 客户物资采购效率提高

湖北铁塔公司客户通过 WMS 智能仓储一体化管理平台的应用，实现了全省仓储数据与其采购系统的对接，打通其整个供应链中的信息流，实现其省级公司统一集控化采购管理模式，大幅提升其物资采购效率。

2. 客户采购资金周转率提高

库存是企业整个采购和供应链环节中的“万恶之源”。湖北信通 WMS 智能仓储一体化管理平台通过实时仓储数据查询系统、物资库龄报告系统、智能化“先进先出”系统功能的应用及有效对接，实现了真实的实时仓储物资信息的采集、分析、处理及预警和报告，从仓储物流环节，消除一切因不合理流程而产生的物资积压及库存问题的产生，大幅降低客户呆滞物资而产生的资金占用问题，有效提高了客户采购资金的周转率。

3. 降低成本风险

通过湖北信通 WMS 智能仓储一体化管理平台系统“物资编码对应建设维护站点”的功能，实现客户“单塔核算”的成本分析需求。实现客户对每一个站点所投入的建设及维护物资明细信息的实时数据采集，为其成本与收益的分析决策提供真实有效的实时数据依据，有效降低其风险成本。

（二）管理效益

1. 仓储管理的效益提高

通过湖北信通 WMS 智能仓储一体化管理平台中“库位规划及管理”功能的应用，对湖北铁塔 13 个地市分公司仓库进行了科学化的改造，从 2016 年 2 月改造前杂乱无章的物资存放，改造为 2016 年 12 月后的按照客户生产特点及需求规划的分区域科学化仓储。在仓库规模不变的情况下，大幅提升其仓储物资量，提高其仓储管理效益。

2. 管理流程的升级与优化

提高仓储物流管理质量，降低经验管理风险，以更好的流程与细节，实现更优质的管理效益（见图4）。

	改造前	表现特点	改造后	表现特点
账目管理	人工账目	账实误差大	系统账目	零误差
出入库管理	无出入库手续	违规出入库严重	系统生成出入库手续	规范化出入库
物资信息盘点	人工月/季盘点信息	信息传递效率低下 信息误差率高	实时显示仓储信息	信息实时传递 零误差
物资仓储摆放	人工随意堆放	仓库空间利用率低 拣货错误率高	系统自动安排库位	仓库空间利用率高 拣货零错误率
物资库龄管理	人工拣货	部分货物长期存储 无法做到先进先出	系统自动安排拣货	物资先进先出
全省物资调拨	各地市公司信息 孤岛 各自为政	同一物资有的地方 紧缺有的地方 长期积压	物资信息全省联通	全省物资科学化 调拨

图4　仓库改造前后表现特点对比

（三）社会效益

中国铁塔作为中国通信行业的新中坚力量，从成立伊始便肩负着国家通信行业集约化管理，减少通信行业重复建设、资源浪费、提升资源利用率的宗旨。通过 WMS 智能仓储一体化平台的建立和运用，从产业链优化的高度实现集约化管理、节约化管理，在整个供应链环节减少了资源的浪费、提升了其资源利用率。在制度及管理环节高度响应了国家对通信行业的改革要求，在整个行业及全社会吹响了改革的号角。

六、“中国铁塔湖北省 WMS 智能仓储一体化管理平台”的继续优化与推广

（一）优化

自 2016 年 12 月湖北信通运用“中国铁塔湖北省 WMS 智能仓储一体化管理平台”模式初步完成湖北铁塔全省仓储一体化管理一期工程，其湖北铁塔“中国铁塔湖北省 WMS 智能仓储一体化管理平台”的二期工程正在进行中。湖北信通计划将此模式进一步优化升级，打造全流程的“互联网 + 物流”服务模式（见图5）。具体计划如下：

①运用 EPOD 系统实时管理监控自制造商自提干线运输至末梢站点配送流程；

②运用 WMS 仓储管理系统优化省中心仓储、集散、分拨、调配功能，优化升级地市 VMI 分囤库仓储及配送功能；

③运用“大数据”与制造商建立 VMI 合作模式，为铁塔提供优质服务的同时，更站在整个产业链的角度为湖北铁塔全局供应商创造价值；

④将“WMS 仓储管理系统”与“大数据”系统运用到逆向物流中，真正实现全流程

“互联网 + 物流”服务。

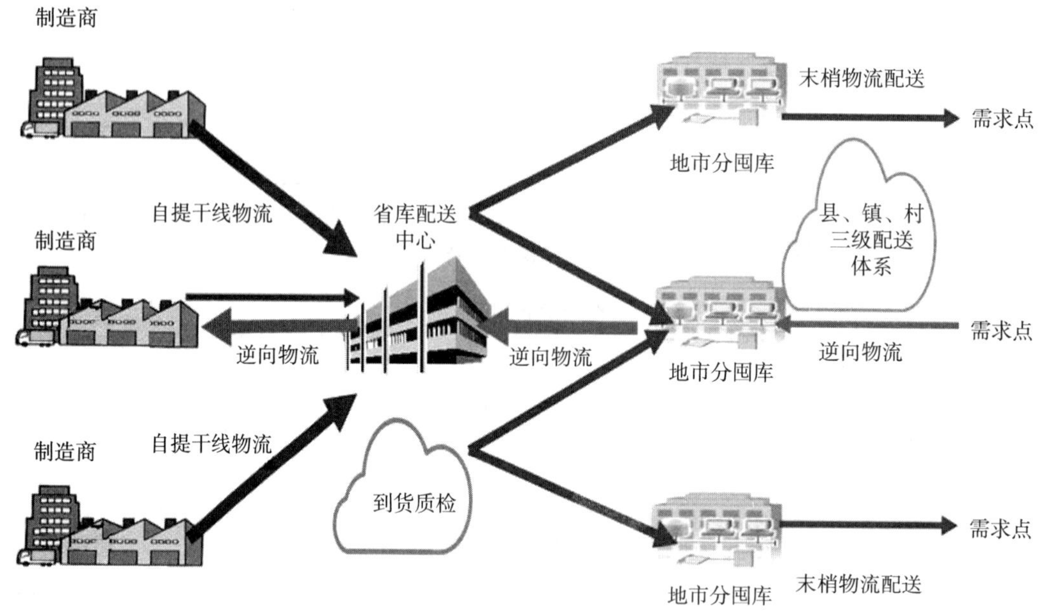

图 5　湖北铁塔仓储物流系统规划

（二）推广

湖北信通致力于做“中西部通信行业价值领先的供应链服务提供商”，将已成功进行的“中国铁塔湖北省 WMS 智能仓储一体化管理平台”模式推广到中西部通信的全行业网络覆盖。湖北信通正整合中国电信、中国移动、中国联通、中国广电四大通信运营商的仓储物流资源。计划 5 年内实现将在湖北铁塔成功并不断优化的“中国铁塔湖北省 WMS 智能仓储一体化管理平台”服务模式推广到中西部四大通信运营商，实现“互联网 + 物流”服务模式的全行业网络覆盖，助力整个中西部通信行业供应链的发展与腾飞。

上海乐战信息科技有限公司：360 电商云 WMS 仓储配送一体化解决方案

一、企业概况

360 电商云是 360 健康旗下的供应链技术平台，是国内领先的全渠道供应链服务解决方案的提供商。公司专注于全渠道供应链管理，产品包括 OMS（订单管理系统）中台、医药云中台 ERP + 门店 POS、360WMS、全渠道 CRM 系统、大数据平台等。我们致力于打造业界一流的供应链数字化管理平台，为客户提供优质的技术服务和行业解决方案。

360 电商云由一批来自沃尔玛（Walmart）、1 号店、京东、壹药网等知名企业的精英成员组成，团队具备近 10 年的医药电商供应链运营经验及技术开发能力，打造了一整套适合医药仓配一体化的解决方案，这套解决方案对企业供应链做了精细化的管理，在货物的采购、入库、检验、上架、存储、拣货、分拣、包装、出库、配送和质量管理等环节上，形成了一整套兼具自动化、智能化和柔性化的医药电商供应链管理系统，运用到企业中，可以帮助企业大幅提升运营效率，降低运营成本。

自成立以来，360 电商云得到了各级政府和业内人士的多方认可，多次荣获由中国医药商业协会颁发的“2016 年度最佳电商技术奖”“2016 年度金牌技术服务奖”“2016 年度电商最具投资价值品牌奖”“2015 年度中国‘互联网 +’健康创新企业奖”“独角兽奖 · 最佳互联网医疗服务创新平台”。

二、信息化实施之前存在的问题

随着互联网的高速发展，企业业务量得以快速提升，医药企业仓储管理系统显得有些力不从心，出现很多棘手的问题。这就意味着必须对原有的仓储设备和系统进行信息化改造，改造升级不是最终目的，最终目的是为了让资源运作起来，提升运营管理效率，降低企业的运营成本。

仓储运营常见问题：

（1）多套管理软件并行，WMS 对接费用高；

（2）仓库人员粗放式管理；

（3）库存不准确；

（4）无货权概念；

（5）仓库与零售标准不统一。

表现：

（1）不良/呆滞库存损耗大，缺乏有效监管工具和机制；

（2）商品厂家、规格、批号多，数量大拿错货；

（3）整件和零散混合放置，按单拣货效率低；

（4）账面库存和实际库存经常不符；

（5）账目无法实时同步、可视；

（6）库区没有进行细致规划，按品种储存；

（7）空置多，不利于拣货；

（8）仓库员工工作时间长；

（9）仓库老员工依赖性高，新员工上手慢，培训时间长；

（10）订单缺货需仓库人员通知，采购下单；

（11）客户体验差；

（12）现场作业进度无法同步、可视等。

三、信息化解决方案

360 电商云 WMS 仓储配送一体化解决方案：

（1）整合信息流，打通 WMS、企业 ERP、电商 ERP、门店零售等各系统模块；

（2）系统管理货权，从采购、库存管理、订单发货，全流程按业务处理，库内可灵活调整货权；

（3）统一批号管理，统一使用批号效期管理，系统信息流一致；

（4）实物流、信息流：

①实物流，走调拨形式，仓库发货至客户；

②信息流，仓库发货至门店，门店发货至客户。

四、信息化实施过程——360 电商云 WMS 仓储配送一体化解决方案

1. 产品框架（见图 1）

产品框架如图 1 所示。

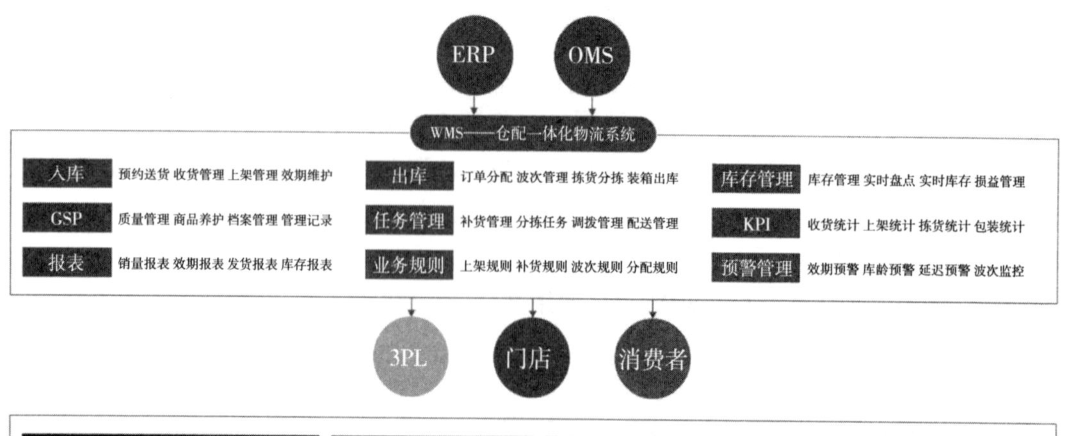

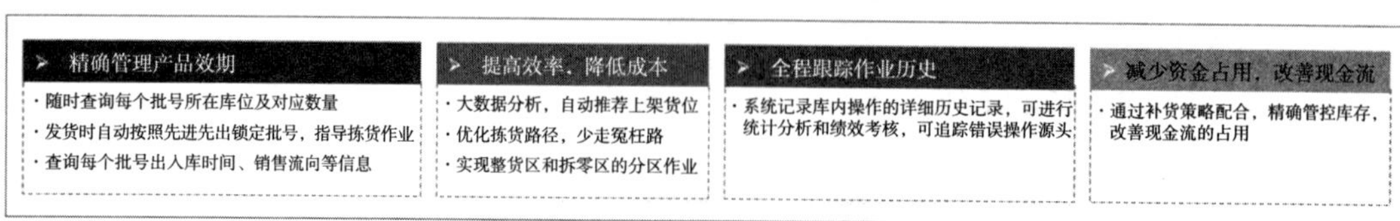

图 1　产品框架

2. 操作流程

（1）B2C（电商）精细化操作流程（见图2）。

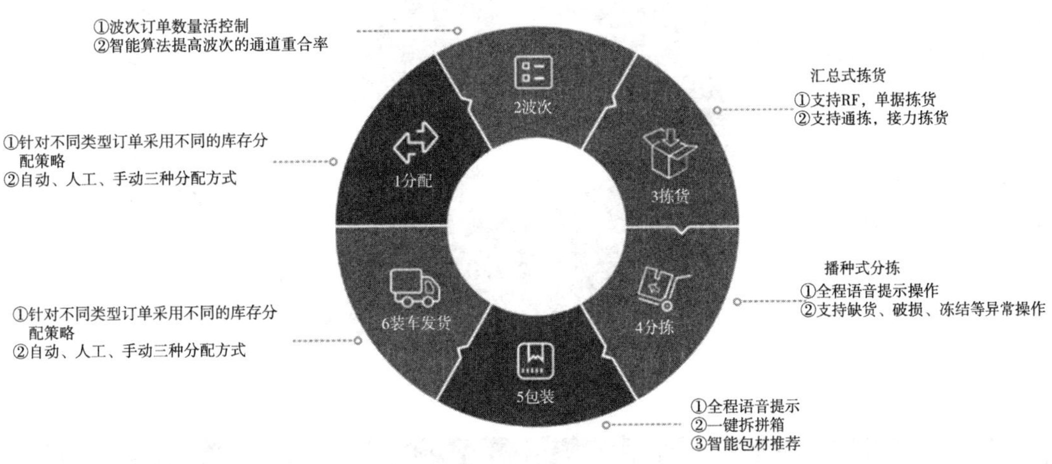

图2　精细化操作流程

（2）B2B（批发/门店）批量高效操作流程（见图3）。

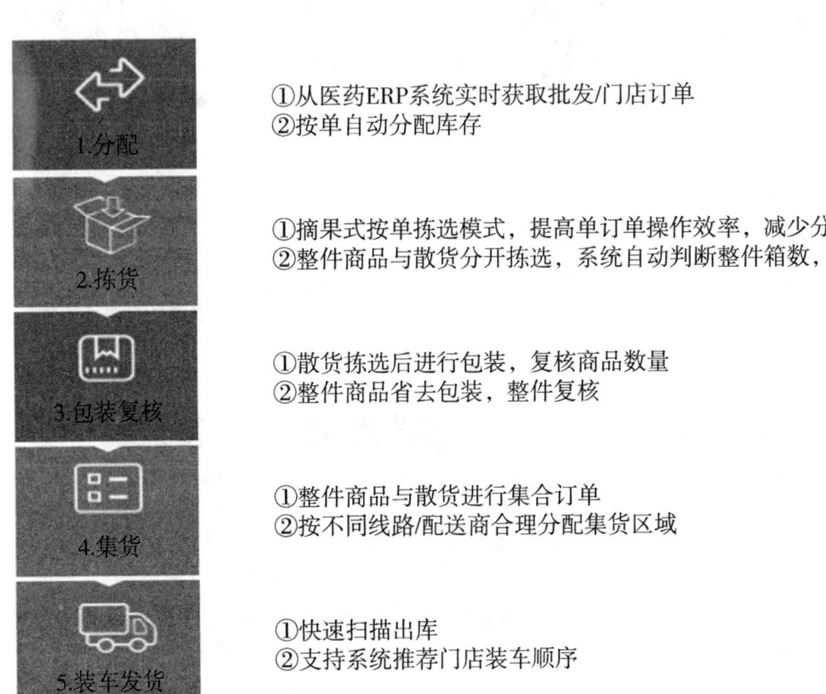

图3　批量高效操作流程

3. 特点

（1）库内精细化作业管理（见图4）。

（2）智能预警监管机制（见图5）。

（3）不停业实时盘点（见图6）。

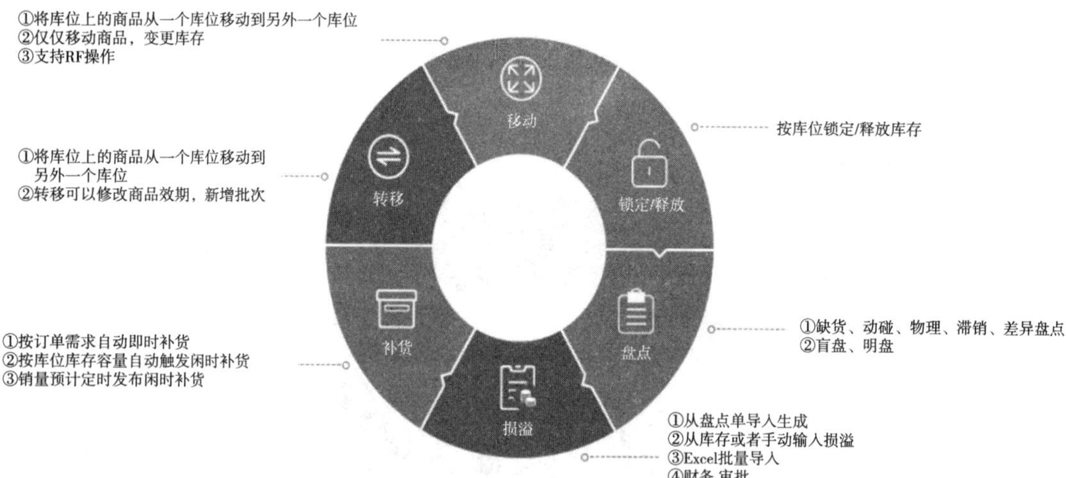

图4　精细化作业管理特色

图5　智能预警监管体制

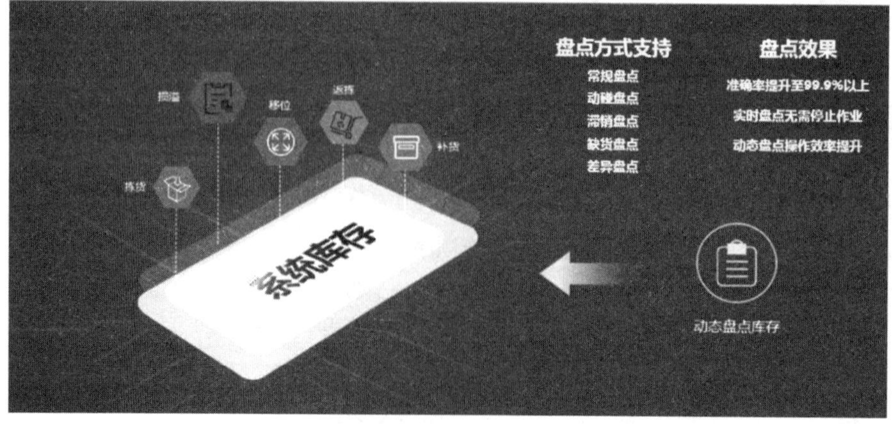

图6　不停业实时盘点

（4）劳动力管理（见图7）：让人不闲置。

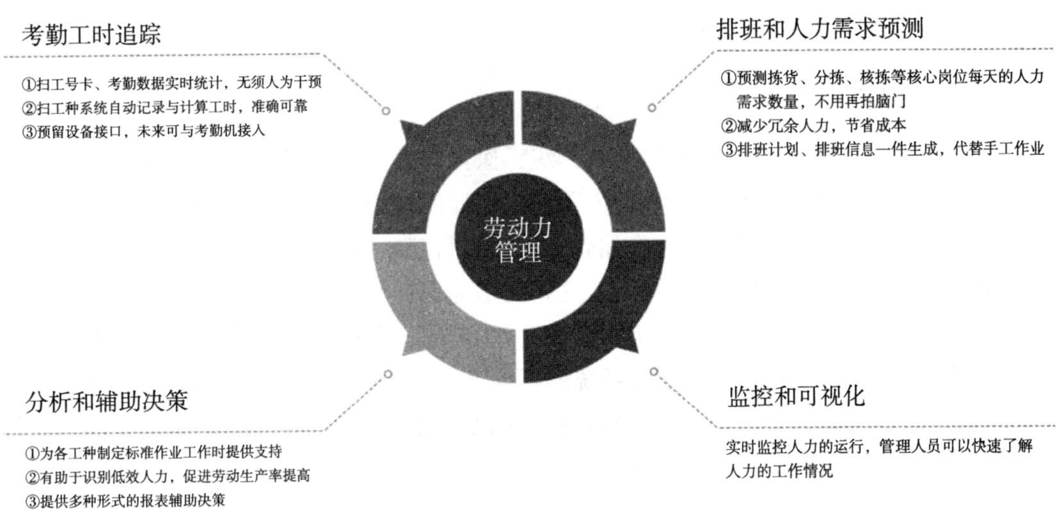

图7　劳动力管理

（5）其他。

①RF 全程无纸化作业。取消纸质单据，采用 RF 任务推送模式获取作业任务。减少单证人员、节约打印纸张，降低运营成本，并允许用户在 RF 和纸张作业之间自由切换。

②全面的仓库管理。支持多种出入库流程和库内管理作业，功能包括：送货预约、ASN（预先发货清单）管理，入库称重、智能上架、属性追踪管理、效期批号管理、库内管理、库内补货、订单分析、智能分配、波次模板、库存分配、组车拣选、批量匹单、订单二次分拣、称重校验、包装复核、装载发运等。

③多货主多品类的支持。支持多地多仓、多地多商、同商品货主属性管理。无论是需要采购药监码的医药货主，还是追踪批次号的化妆品货主，抑或是为各类货主提货服务的第三方仓库，系统都已解决了用户顾虑。

④灵活自主的上架规则。按库区功能、货主行业、商品类型、规格属性等维度，灵活设定仓库的上架策略。对于库内的每一笔收货系统指定精准的储位，同时支持人工选择恰当的储位。

⑤完善全面的波次策略。系统内置多行业的波次模块，全面支持各种出库业务流程：普通销售出库、团购品出库、促销店庆期的货品出库等，系统自动完成订单筛选、订单分组、库存分配、补货分配等整套流程。

五、信息化主要效益分析与评估

（1）实时记录员工操作，员工效率监控 100% 真实可靠。

（2）集合订单，优化拣货路径，拣货效率提升 100%。

（3）抓单准确率提升至 100%，滚动校验保障零漏单。

（4）库存准确率提升至 99.9% 以上，全流程库存实时同步。

（5）供应链作业效率提升 50% 以上。

（6）订单出库效率提升。

（7）仓储运营总成本节约 30% 以上（仓库人力节约，仓库面积节约）。

（8）支持 GSP 报表自定义及打印。

六、项目价值

随着互联网的深入和 IT 技术的不断升级，医药企业在仓储信息化管理上的需求也越来越多，已经无法满足日益增长的市场需求，流程的专业化、服务的专业化，都需要互联网化的辅助，这就意味着企业的仓储管理必须进行互联网化的转型升级。

360 电商云 WMS 仓储配送一体化解决方案是为医药企业量身定做的专业仓配供应链管理系统，包括 ERP、仓库管理、订单管理、供应链、客户管理和微站等一系列相关技术模块。医药企业可以在 360 电商云系统的帮助下，一方面大幅降低电商运营成本，另一方面大幅提升顾客体验。截至目前，360 电商云已经为德开大药房、百洋医药、同仁堂等十余家知名厂商提供服务，帮助这些企业实现了“多快好省”的升级。

上海联华物流有限公司：生鲜物流仓储管理系统

一、应用企业简况

上海联华物流有限公司成立于2016年，由原有联华桃浦仓库和生鲜仓库组合而成，包含常温和冷链两个运作仓库。冷链运作部主要承接世纪联华、标超、快客便利3个业态冷链线下配送业务和i百联冷链线上仓作业平台，拥有常温、冷藏、冷冻温带的储存、配送条件，一年365天，一天24小时运作不停歇。冷链运作部含单证、质检、仓储、运输4个职能中心，旨在追求资源综合效用更大化，探索联华物流冷链新领域，创混合型经济物流企业。

目前冷链运作部占地20000m^2，2个楼面各10000m^2，整个场地由不同温带冷链覆盖，由松下制冷体系自动监控和调整温带情况。1楼为卖场和标超组配场地，附建有5个各100m^2小型冷库，用于存储；单独猪肉悬挂链系统可直接对接供应商来货车辆，即时称重分配门店，快速冷藏；周转箱自动清洗设备每日对周转箱进行清洗，保证食品卫生安全；配套1000m^2库区存放基地直采水果。2楼6个独立库区冷库共计3000m^2，可提供12万冷冻商品存储，另配备2个组配冷库，共计800m^2；高温库共计800m^2，可提供2万箱冷藏商品存储。便利作业区共计2000m^2，采用半自动分拣流水线，配置DPS（数据处理系统），冷链线上仓和便利线下仓分时段共用。

冷链运作部作业系统由同振LCS、海鼎WMS组成，负责冷冻冷藏、蔬果、鸡蛋、肉禽等生鲜商品的组配，sku数10000个，日常经营3000个，周转天数为10天，主要为经过型日配品，冷冻商品库存型。日吞吐量2万箱，峰值5万箱；日均配送额250万，峰值600万。自有冷冻冷藏配送车辆27辆，日均配送门店数800家，配送范围为上海及周边，冷链车辆全程GPS+车辆温控。

二、信息化实施之前存在的问题

相较于对常温货品的管理，仓库对生鲜货品的管理更加严格、复杂，因为生鲜品有较为独有的特征：保质期短、需要冷链存储环境、散装、无条码、称重进出货等。此外，生鲜品项的称重进出货管理、越库品项管理、食品安全与追溯管理、多温度带的独立作业和协同管理都是不容忽略的问题。

（一）生鲜品计量单位管理复杂

大部分生鲜货品并不仅仅只是按重量进出货和结算。它们一方面按重量流通结算，另一方面又要按数量流通来加快作业速度，例如在收货、盘点、分拣、运输、门店交接等环节整箱作业。因此，生鲜称重品既有纯粹称重的货品，也有同时使用了两种计量单位的货品。其中，在加工作业中，重量与数量之间还有互换业务，例如散装果蔬加工成规格包装型果蔬。

（二）持续增多的越库品项与烦琐的操作流程

仓库为了降低生鲜品的损耗管理，可以通过降低存储型商品的类别来实现，但是导致大量的越库作业，造成仓库人员操作时间长、作业流程复杂。其中，越库品项主要包括：瓜果、猪肉、面包、鸡蛋、奶制品、熟食等。按照常规的越库收发模式，需要经过收货员 RF 收货、分播员打印标签分播、集货员 RF 集货等动作。针对这些越库品项的处理，仓库人员每天处理大概 20000 多箱的收发量，往往需要 12 小时以上才能完成。

（三）食品安全与追溯管理问题

随着新《食品安全法》的实施，各级政府加强了对食品安全追溯管理，要求生鲜经营者对肉类、蔬菜等货品加强追溯管理，对肉类货品同时管理动物检疫证和追溯码，对蔬菜类货品管理追溯码。生鲜经营者的生鲜追溯信息与上海市追溯平台对接，对生鲜流通过程进行监管和实现追溯。

（四）电商业务的增加，增加了仓库管理的难度

随着百联集团对电商业务的战略拓展，上海联华江桥（生鲜）物流中心承担起了对上海全市电商的存储业务与配送业务。基于此，上海联华物流中心面临电商仓库与电商仓储管理系统再建设的难题。

（五）低效率的直分越库作业

相对于直流作业（一步越库），直分作业（二步越库）多了分播环节，仅仅快客便利店的直分业务，每天就有近 30000 件需要分播。由于其全部为拆零品项，且每家门店的要货量不一，仓库运用纸质单据分播和贴标签分播，经常出现现场员工工作时间长、效率低的现象，从而影响仓库的排车装车、送货准点率以及门店满足率等；此外，仓库每天也要面临大笔的办公耗材开支。

三、项目关键要素与解决方案

（一）双重计量单位管理

生鲜商品的品类多样，相应的管理规格不同。目前，海鼎生鲜系统推出“双计量单位管理”模式，主要从数量和重量两个数据实现对生鲜商品的管理。可以将生鲜产品划分为三大类：标准箱、类标准箱和称重（见图 1），实现对生鲜出入库的灵活管理。

标准箱：固定包装规格的箱采用 RF 收货，主要以数量作为计量单位。收货完成后平移到待分播区，分播人员可以通过 RF 及标签两种模式分播。

标准箱
- 在一定的阶段内，每个批次有固定的包装规格，不会随批次不同而发生变化
- 以件数和数量为计量单位来进行管理，重量只是用来统计箱重，作为判断排车是否超载的依据

类标准箱
- 有参考包装规格的箱管概念，每个批次都会在类似的包装规格上下浮动，以每个批次实际重量为准，主要是果蔬、肉类、水产品等
- 双计量管理，以件数和重量为计量单位来进行管理，数量只是作为门店要货和初期件数计算的一个参考

称重
- 以称重方式入库和出库，没有箱管理的概念，主要是活鱼、瓜果和散装杂粮等
- 以重量为计算单位进行管理，件数、数量和重量三者的值完全一样

图1　生鲜产品划分

类标准箱：完全采取 RF 收货，采用数量和重量两种计量方式来管理，即 RF 收取箱数和重量，结合 RF、PC 和电子秤来收货，通过 RF 首先收取箱数，再由 PC 连接电子秤对每件称取重量，并打印出分播标签。

称重品项：采用 RF 和 PC 都可以进行称重收货，分播时采用 PC 称重打印出分播标签或者使用 RF 直接称重分播。

（二）高效的“以发代收”业务和“组配”管理

上海联华物流每天面临着日均 2 万多箱、高峰 3 万箱的各种越库品，如果按照传统的越库作业模式，工作人员每天有 12 个小时的作业量。海鼎公司派出专业的咨询团队对传统越库模式进行流程的梳理和简化，最终结合海鼎研发人员的经验，提出“以发代收”的业务模式：收货人员将货物称重，WMS 与寺冈/托利多电子秤对接，自动读取称重重量，并打印出分播标签，包含门店信息、重量和分播位，然后分播人员根据分播标签将货品分播到门店分播位。该“以发代收”业务缩减了分播员过多的系统操作，极其显著地提高了越库品项的分播作业效率。

针对一些量少且拆零品类，联华生鲜采取由供应商提前组装，即供应商按照门店以周转箱为载具来送货，并配送到门店。为了提高收货和分播效率，海鼎团队与客户探讨出了一种组配收货/分播模式，即预检时先根据送货清单来确认供应商在组装时是否有门店缺货，如有缺少则调整门店数据。RF 收货时则根据订单扫描门店和周转箱条码确认收货，这样可以管理是否所有门店都已经收货，同时可以管理容器数量。收货完成后使用 RF 组配分播将周转箱分播到门店分播位。

（三）动物检疫证号和肉类/蔬菜追溯码管理

为保证食品质量安全，对生鲜流通全过程进行监管和追溯：进行动物检疫证号和肉类/蔬菜追溯码管理。HDWMS 为上海联华物流中心提供精准有效的溯源体系：为了高效采集追溯信息，由物流系统记录追溯码，在后续流转中自动跟踪记录每批货品的追溯码和批次码、动物检疫证号等，并自动回馈信息平台和下游平台，以支持后续的追溯管理。

对于动物检疫证管理：海鼎生鲜物流管理系统支持从入库时管理检疫证号，出库时门店匹配到对应入库的检疫证号。通过按照单品维度管理，可以保证检疫证号的入和出一致。对于肉类和蔬菜：均有进/出追溯管理，其中蔬菜会有部分商品是自己去种植地或者市场上直接采购，这种情况直接管理到产地。对于蔬菜商品，系统会产生相应的收货批次，与追溯码一起上传到市商委追溯管理平台。

（四）全流程容器管理

为了保证生鲜货品的品质，在物流中会用到各种容器，例如：普通周转箱、水果筐、白条猪包装袋、笼车、面包盒饭筐等。相对常温来说，不仅容器品类多，而且要管理上游链条和下游链条的容器，与上下游容器共享的场景更多。于是，在生鲜的收货入库和配送给门店的全程中，物流自动计算容器的收进和发出，同时管理容器的回收情况，这样可以统计在供应商、仓库和门店各处的容器数量。通过这个环节的有效控制和跟进，极大降低了容器的丢失情况，帮助仓库实现成本的节省。

（五）线上、线下库存共享，线上有较高优先级

针对上海联华物流中心涵盖联华线下实体门店以及线上电商业务，如何有效处理两种业务的作业流程并做到精细化管理是提高中心运作效率的关键点。海鼎结合现有项目经验，提出一套 HDWMS 系统管理线上、线下两种库存，并提供针对线上订单管理接口。此外，结合联华现有实体店的分布情况，提供线上订单结合线下门店配送系统一同配送，可供客户至门店自提或者门店配送至客户。HDWMS 生鲜解决方案提供的共享库存模式，可以有效地加快仓库库存周转、提高生鲜业务作业效率。

（六）“电子标签＋流水线”助力仓库提高拆零分播效率

海鼎结合拆零作业特点和其行业业态，提出利用海鼎自主研发的 DPS 系统结合电子标签、输送线、自动弹出设备等助力联华生鲜品的分播，可以实现生鲜品项的边收边播、边拣边播，显著缩短了仓库配货、排车、装车时间，提高了配送准确率和门店满足率。投料员只需将周转箱推送到输送线上，输送线结合自动弹出装置判断周转箱的路径，实现“货到人”的作业路径；分播员只需通过扫描枪扫描周转箱上的条码来点亮电子标签，并根据电子标签显示的数字完成分拨、拍灭等动作，来完成分播作业，并且 DPS 系统提供周转箱的换箱、补箱等作业；分播满箱的周转箱根据输送线和自动弹出设备，自动分配到各个复合台，极大地提高了复核人员的符合效率。

四、项目主要效益分析及评估

（一）实施化前后的效益指标对比分析

1. 显著提高人均作业效率

系统上线后，通过生鲜 WMS 的双计量单位管理、“以发代收”业务以及食品安全与追溯码管理等特点，显著加强了仓库内部的人均作业效率，人均配货量由原来的 800 件/

天，提升到1000件/天，人均效率提升了25%。

2. 节约仓库人数

系统上线后，人均配货作业效率提高了25%，造成了员工人数过剩，所以仓库内部员工由原来的100人降到了80人（包含部分后边并进来的900多家便利业务员工），节约了20%的人员成本，上海仓库内部员工（假设）平均月薪4000元，一年节约成本96万元。

3. 缩短作业时间

通过对联华冷链业务流程的梳理、优化以及DPS系统（电子标签系统）等的使用，极其显著地降低了员工的作业时间，由原来的18个小时降低到11.5个小时，人均降低了6.5个小时的工作时间，则一年节约成本可达78万元；此外，由于DPS系统的超精准率的特点，有效降低了门店配货差异。

4. 提升仓库配货量

在降低仓库作业人员及工作时间、提高人均作业量的情况下，借助生鲜WMS的全程仓储信息化管理，助力联华冷链物流实现日均20000箱、峰值可达30000箱的配货量。相较于以前，提高了30%以上的配货能力，按照每箱5元的净利润，则一年提高了近900万元的营业额。

5. 降低容器损耗率

借助生鲜WMS实现对容器的全程管理，包括对收货、上架、存储、拣货、集货、分拨、拆并、装车、回收过程中全程采用容器对商品进行管理。通过这种容器管理方式，可以实现各个环节的有效追踪，极大地减少了上海联华生鲜项目的容器丢失情况，帮助仓库实现成本的节省。

（二）信息化实施对企业业务流程改造与竞争模式的影响

WMS软件的研发与项目的实施都是基于对生鲜业务流程的改造。通过对联华生鲜的统配业务、越库业务以及基于两者之间的交叉模式的业务梳理才取得上述的成绩。

1. 对统配出货业务流程的梳理、改造

图2为生鲜统配出库作业流程。

上海联华生鲜项目初期针对标准箱采取了RF分播方式，虽然保证了分播的准确性，但满足不了客户的作业效率要求，经过多次探讨，改为采取扫描托盘容器打印分播标签模式，现场分播效率提高了一倍，分播的准确性也得到了保证，同时方便了装车、卸货。类标准箱采取的以发代收，称重时匹配到门店并打印出标签信息，避免了仓库多次称重引起的误差，同时少了后续多次称重及扫描打印的烦琐，提高了仓库整体运作效率。

2. 对越库业务流程的梳理、改造

越库模式是生鲜出入库管理模式中最常见的一种模式，主要是指按照门店要货汇总向供应商采购，供应商送货到仓库后，立即按照门店要货分播到门店分播位上，然后集货送往各门店，不进入仓库进行存储。为保证生鲜产品的质量，快进快出是生鲜一直所倡导的，特别是蔬菜、水果和水产等品类，所以越库模式的品类占比达到了70%～80%。图3为生鲜越库模式简要流程。

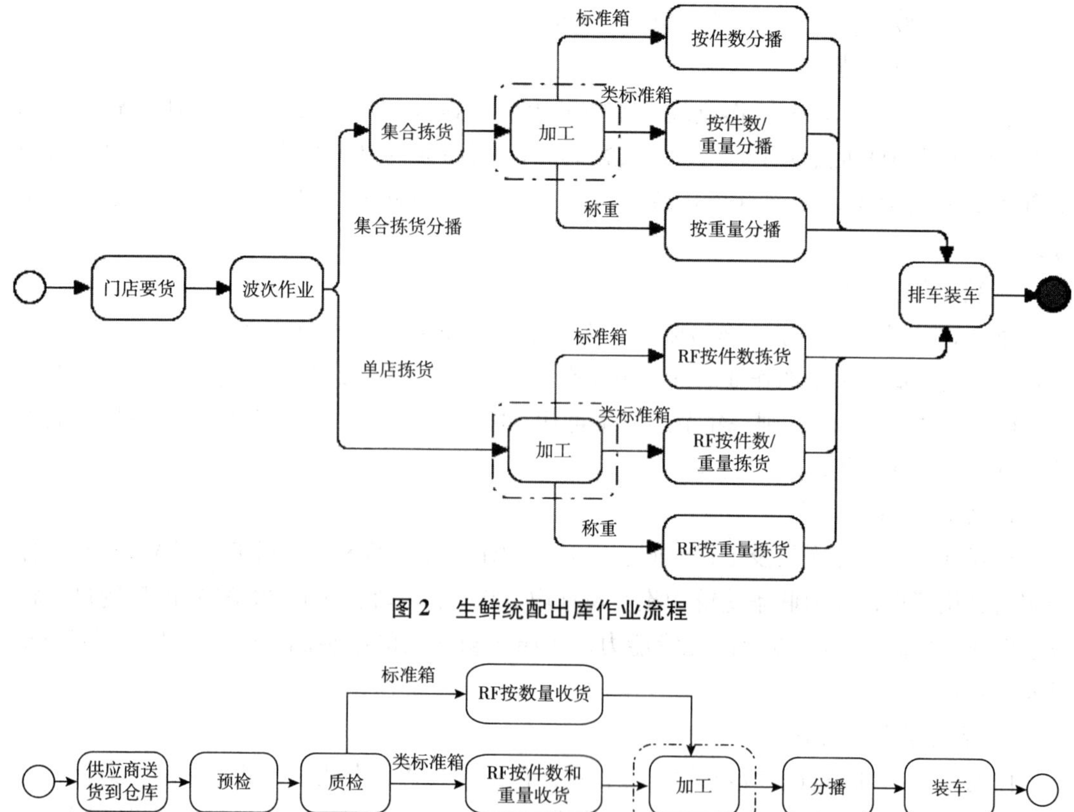

图 2　生鲜统配出库作业流程

图 3　生鲜越库模式简要流程

生鲜商品的品类多样，相应的管理规格也不同。目前，海鼎生鲜系统主要从件数、数量和重量三个数据实现对生鲜商品的管理，将生鲜产品划分为三大类：标准箱、类标准箱和称重，实现生鲜出入库的灵活管理。其中，相较于常温 WMS，海鼎为联华生鲜 WMS 系统开通允许多收、少收的收货模式，以解决生鲜品送货途中的货损、质检不合格等问题。

3. 对交叉模式业务的梳理、改造

商品的越库和统配两种属性并不是完全绝对的，业务部门会根据供应商促销或者门店紧急团购等特殊情况，临时转变部分库存或者订单的属性，具体可以分为越库属性商品部分库存转为存储与存储属性商品部分订单转为越库两种情况。

存储属性商品部分订单临时转为越库，如当门店临时搞团购或促销活动，需要仓库紧急补货，这时仓库收到同一商品不同类型的采购订单，对越库类型采购订单按照越库流程处理。

五、信息化实施中的主要体会、经验及教训

上海联华生鲜项目是一个非常复杂的项目，包含生鲜电商和生鲜线下，生鲜线下又涉及标超、大卖场和便利三大业务，同时信息化需要对接设备——寺冈电子秤、托利多

电子秤、电子标签和流水线等。另外，仓库部分运作为第三方，项目人际关系比较复杂，项目推进难度大。

在业务上，标超和大卖场的发货时间不一样使得项目实施过程中需要从仓库分播位布局、线路维护以及运作等因素上来综合考虑拆分标超和大卖场的作业区域和作业时间。另外，标超和大卖场的要货量也有不同，标超要货品种多，单品种量较少，而大卖场单品要货量大，这样在最后的分播打印环节上也进行了一些细微的调整。

分播模式上，最初方案是使用 RF 扫描容器和商品来分播，并扫描目标容器来确认，这样可以充分保证分播的准确率，但是存在很严重的问题就是分播效率相对比较低，延长了整体作业时间，也使得配送出车时间相对较晚，这样送货时间就得不到保证。为了提高仓库分播效率，经过海鼎咨询团队、项目组和客户多次研究探讨，最终确定采取 PC + 打印标签模式替代原有的 RF 模式，这种模式上线后，现场分播效率得到了极大提高，而且分播差错率也没有降低，能够对分播人效进行考核。

综上所述，信息化实施过程中不仅仅只是将产品给客户使用，同时也是促进产品的完善和发展创新。

六、信息化系统推广意义

（一）产品前景

对于生鲜商品，从源头供应到末端零售均需保障冷链，构建全程可控、风险可防的管理体系。作为关键环节，高信息化水平的仓储物流是传统零售企业优化自身竞争力的必备要素。然而，这类企业的物流信息化水平仍有局限；加之生鲜商品类型多、业务线条广，需求与常温业务差别较大，目前市场上没有较为成熟的仓储管理产品能够提供完备的生鲜物流业务解决方案，软件产品市场缺口较大。

（二）产品创新性及技术水平

HDWMS 生鲜物流解决方案结合传统零售企业的生鲜业务提出创新性的管理模式，针对生鲜特有的业务需求提出成熟的解决方案，如：①库存管理采用数量、重量双计量模式：库内使用件数管理，结算使用重量管理双计量模式；②与政府监管平台对接质检追溯数据，保证生鲜流通过程中的有效监管和可追溯；③生鲜加工管理模块支持精确记录、反馈、考核加工全流程，有效控制耗损，解决生鲜“必备难题“；④全流程管理多类型多温层的容器；⑤灵活支持不同零售企业的流通模式，系统支持纯存储型、纯越库型模式，以及介于存储和越库之间的作业模式；⑥库内实现标准化管理；⑦全方位信息化管理物流环节，通过低错误率物流支持实现全程冷链不断链；⑧实现线上线下不同渠道共享库存，以支持零售企业新方向。HDWMS 生鲜物流解决方案基于海鼎公司成熟的仓储管理软件，该软件适用性强，具有完善的库存跟踪和计算方法，实时、准确地反映真实库存，高效管理大型仓库和物流中心，并提供与其他系统的良好接口，能够伴随企业的发展提供适合的仓库管理模式，打造专业的可视的物流中心，实现供应链快速响应。

（三）助力仓库环保、节能

（1）降低办公耗材。生鲜 WMS 提供完整的信息化解决方案及信息化流程，降低各个物流环节的纸质单据、标签的使用，助力仓库实现信息化、无纸化。

（2）逆向物流管理。对于各个流程的废物回收利用提供完整的解决方案，提高仓储的资源利用率，例如分拣过程中的纸箱回收利用、加工环节的再回收等。

（3）容器标准化及回收。标准化周转筐，物流全程对周转筐进行精细管理，记录进出、回收情况，提高周转筐的重复利用率，降低一次性容器的使用。

（4）降低生鲜品损耗。HDWMS 生鲜解决方案为降低仓储环节耗损提供持续有效的设计方案：系统帮助用户严格管理收货控制天数与配货控制天数，分类记录与管理采购数量、扣称数量、实际入库数量、财务结算数量等，对采购工作进行量化的财务控制以及精细化管理采购中的生鲜损耗。同时，HDWMS 帮助用户实现精确的损耗考核。在每一次加工作业中，系统自动对这些损耗进行采集、统计分析，一方面考评加工收益与加工成本，另一方面不断优化加工配方，增加生鲜加工的原料利用率。

上海三快科技有限公司：美团外卖智能调度平台

一、企业简况

上海三快科技有限公司是一家民营有限责任公司。2015 年上海三快科技有限公司旗下美团网与大众点评网联合宣布达成战略合作，双方共同组建一家新公司——美团大众点评网（简称美团点评）。美团点评已成为中国 O2O 领域的领先平台，也是中国最大的生活服务电商平台。与传统的商品交易类电子商务不同，我们以互联网为载体，将线下生活服务业，包括餐饮、电影、酒店、休闲娱乐、生活便民等与线上消费者进行对接，实现用户线上交易，线下体验，是典型的“互联网 +”运营模式。

2016 年 1 月 19 日，美团点评完成首次融资，融资额超数十亿美元，融资后公司估值超过百亿美元。此次融资由腾讯、DST、挚信资本领投，国开开元、今日资本、Baillie Gifford①、淡马锡、加拿大养老基金投资公司等国内外知名公司跟投。

美团外卖是美团点评旗下的在线订餐平台，于 2013 年 11 月正式上线，为用户提供优质的外卖订餐服务。全国合作商户近百万，在校园和白领市场均保持市场第一。2015 年 5 月开始，美团外卖平台开始从“信息提供型的轻模式”转向“自建物流配送的重模式”，致力于提供配送一体化解决方案。截至 2017 年 3 月，美团外卖日订单量超过 1000 万单，市场占有率超过 50%，是中国最大的在线外卖平台。但是目前国内餐饮有至少 4 万亿市场，外卖餐饮仅占 1%，5 年后有可能增长到 10% ~30%，发展前景广阔。

二、主要问题

在外卖配送领域，配送调度一直都是外卖行业的一大痛点。行业发展初期，配送主要使用骑手抢单和人工派单两种模式。抢单模式存在较严重的挑单、拆单、乱抢单等问题，既不能保障商户用户体验，又不能保障资源合理分配，造成运力浪费和效率低下；人工派单对调度员个人能力要求高，既不利于业务快速扩展，又无法应付高单量，同时人力成本也很高。

最重要的是，O2O 外卖订单的实时调度问题是一个强随机环境下的超大规模复杂组合优化难题，在国内外学术界和工业界都没有成熟的解决方案。面对这一情况，美团外卖积极响应国家《物流业发展中长期规划》和《“互联网 +”行动计划》，自主研发智能配送调度平台，解决企业内部外卖配送这一复杂难题。同时，将打造一个线上线下一体

① Baillie Gifford 为英格兰一家独立投资管理公司。

化的综合 O2O 配送平台作为未来的努力方向，实现“互联网整合末端配送”，建成中国同城配送运营系统的伟大革命，引领中国同城配送产业的转型升级。

三、解决方案

公司组建包括技术人员、业务一线人员、公司管理层在内的项目团队，一方面深入业务一线，深入了解商户和消费者痛点和需求，持续进行行业调研；另一方面紧密关注相关技术领域国际前沿的研究成果，将实际业务特点和技术有效结合，进行成果研发，不断进行成果快速迭代、更新和验证。公司团队用不到半年的时间，借鉴了传统工业物流优化难题的解决智慧以及 AlphaGo（阿尔法围棋）的最新人工智能技术，针对外卖配送的特点，进行了一系列模型、算法和业务模式的创新。以此为基础，打造出一个业内领先的配送智能调度系统，做到订单的最优自动分配，在合适的时间把订单分给最合适的骑手，从而提高骑手的配送效率，缩短用户的等餐时间。本项目主要技术难点和解决方式有以下四方面。

1. O2O 配送调度的超大规模实时优化技术

外卖配送调度问题是一个强随机环境下的超大规模复杂组合优化难题，业界没有成熟解决方案。针对此问题，项目组综合运用蒙特卡洛搜索框架、仿生优化机制、二分图理论以及在线机器学习技术，创造性地提出了多项适用于不同配送场景的配送员路径优化算法和订单指派高效多目标优化算法，并提出环境自适应的模型和参数自学习调优机制，有效实现了配送员行驶路径和订单指派方案的高效优化，在全方位指标评测下优于人工指派，显著提升了配送调度的整体应用效果。以实时配送中的关键问题之一——配送员路径优化问题（NP - Hard）为例，项目组研发的基于离线评估模型训练和在线蒙特卡洛搜索的优化算法，针对美团外卖所面临的配送员路径优化问题，99.5% 的情况下可在数十毫秒内得到最优解，优于目前学术界工业界已公开报道的针对此类问题的所有优化算法。该算法线上每天被调用上亿次，有效提升了配送效果。针对实时配送调度优化技术已申请了 5 项发明专利。

2. 大数据环境下的配送特征指标预估

依托配送过程亿级的历史订单数据、百亿级的骑手轨迹数据和上千万用户/商户特征数据，公司建立了大数据分析和优化平台。针对配送调度精准建模所需要的多类参数（如出餐时间、预计送达时间、用户交付难度参数、骑手预期位置等），提出了基于多阶马尔可夫模型、改进迭代决策树（GBDT）等多类新型指标挖掘和预测算法，实现了出餐时间、送达时间等关键配送特征指标的准确估计，为高效配送调度提供了有力支持。在上述各配送特征指标单元预测模型的基础上，实现了配送员全过程配送行为的精准预估，能够在已知配送订单的前提下，准确估计配送员每个订单的完成时间和行驶距离。

3. 业内领先的实时配送分布式仿真平台

为有效克服配送调度策略的离线评估和分析难题，项目组将数据分析和配送问题特征相结合，对配送过程进行准确机理建模，创新性地研发了业内领先的实时配送分布式仿真平台。其中，提出了订单产生和骑手配送行为的概率密度估计模型、骑手/商户/用户的行为模型以及配送区域个性化的仿真参数自适应机制，上述技术综合应用，能够支持对实际配送过程进行准确的“快进式”模拟，准确重现和预估配送过程。该分布式仿真平台配送过程的关键 KPI 指标（平均配送时长、准时率、单均行驶距离）和实际配送指标的偏差很小，达到了物流仿真领域的先进水平。

4. 调度系统可视化

在实时监控中，可查看未完成订单的超时单占比、单量和占比状态。

通过控制台判断“订单超时是否处于正常范围”“是否需要人工改派”，若需要人工改派，点击订单右侧“地图派单”，进入下一画面。

进入地图派单页，可查看商家附近的骑手及其当前订单的配送路线方向，以选择合适的骑手进行改派。

订单完成后，可通过轨迹回放骑手的配送路径。

点击订单右侧“查看详情”按钮，并在下方点击查看订单轨迹。

四、信息化主要效益分析与评估

1. 信息化实施前后的效益指标对比、分析

平均配送时长减少显著：基于全局最优用户体验给最合适骑手派单；实时演算给出改派建议，最小化延误影响；远单立即指派给最快骑手，确保送达体验；平均配送时长从 40 分钟降至 28 分钟以内。

优化算法效果优越：在配送员多订单下的路径优化算法上，能够在 99.5% 的情况下几十毫秒内得到最优解，显著优于同类算法。

特征指标预估精准：目前对订单完成时间的预估偏差和路径维度计算的行驶距离平均偏差均得到了缩小。

仿真精度高：在配送过程的关键 KPI 指标上，分布式仿真系统和实际配送指标的总偏差很小。

2. 信息化实施对企业业务流程改造与竞争模式的影响

在美团外卖配送业务上线后，智能配送调度系统作为配送过程的超级大脑，每天为超过 1000 万订单、十几万以上配送员提供实时、高精准度的优化计算，覆盖了大部分美团专送订单。

在关键效率指标上，人均日单量和用户体验指标的同步提升，意味着配送效率的显著提高和配送成本的降低。据初步核算，通过该系统的应用，配送效率提升 50%，配送成本降低 20% 以上，从而能支持向用户提供更优质的配送服务。

3. 信息化实施对提高企业竞争力的作用

智能调度系统实施后，配送效率和人均配送单量都有所增长，各项指标均领先于竞争对手，取得竞争优势。配送成本的降低，也有利于节约运营成本，将资金用于其他方面，进一步扩大竞争优势。更重要的是，智能配送平台产业化后，不仅能为总部公司带来效益提升，还能为美团外卖体系的加盟商带来每年数十亿元的经济效益，增强外卖体系的综合竞争实力。

五、信息化实施过程中的主要体会、经验教训、推广意义

1. 主要体会和经验教训

以客户为中心。旧有调度模式以抢单为主，存在远单没人送、攒多单延迟配送等问题，影响商户用户体验。公司始终坚持以客户为中心，在策略设计上最大程度满足客户需求。

注重团队合作。为推动项目快速实施，公司推动跨部门合作，外卖配送相关部门与技术工程部一起学习，相关部门在算法研究上深度合作，共同探索实时配送中的优化问题；在团队内部，外卖配送线上产品技术运营同时与线下配送工作人员紧密合作，多维度沟通，一起完成了由传统抢单到智能派单的平稳过渡。

追求卓越。一方面，紧密关注实时调度领域国际前沿的研究成果，并根据美团配送业务特点加以消化吸收再创新；另一方面，多次到一线运营、配送站去调研线下配送业务特点和行之有效的规则和知识。在此基础上，持续快速迭代调度策略，在半年时间内迭代了十几个算法版本。同时，在算法和工程细节上精益求精，不放过任何可能对结果造成影响的细节。

2. 推广意义

服务国家层面。目前中国经济正向形态更高级、分工更优化、结构更合理的方向发展，互联网行业正以其独特的优势，在新常态下发挥着驱动和引领作用。2016 年 4 月，习近平主席在网络安全和信息化工作座谈会上指出："我国经济发展进入新常态，新常态要有新动力，互联网在这方面可以大有作为。要着力推动互联网和实体经济深度融合发展，以信息流带动技术流、资金流、人才流、物资流，促进资源配置优化，促进全要素生产率提升，为推动创新发展、转变经济发展方式、调整经济结构发挥积极作用。"2015 年《国务院关于积极推进"互联网 +"行动的指导意见》明确将"完善智能物流配送调配体系"作为发展"互联网 + 高效物流"的行动重点。随着中国经济进入新常态，美团外卖智能调度平台将互联网的创新成果深度融合于餐饮行业和配送行业中，提升餐饮行业线下实体经济的创新力和生产力，形成更广泛的以互联网为基础设施和实现工具的经济发展新形态，极大地拉动餐饮物流行业效率的提升和成本的降低，建成"互联网 + 高效物流"的新典范，形成新常态下中国经济发展的巨大动力。

服务行业层面。在外卖配送领域，借助所研发的实时配送智能调度系统发力，可以辅助外卖业务线上线下业务更好地融合，健康、可持续地发展。除了外卖以外，美团外卖智能调度系统可以用于所有城市配送调度场景中（包含快递配送、商超配送等），帮助提高城市配送效率，减少交通拥堵，是通过创新共享实现"互联网 +"便捷交通和高效物流的绝佳典范。

服务微观客户，在作为服务行业的外卖配送领域，物流配送是提升广大客户体验的重要一环。智能调度系统能提升配送效率，降低配送成本，以更少的费用为客户提供更优质的服务。

六、下一步规划和对物流信息化的建议

1. 下一步规划和设想

下一步将重点在三方面对智能调度系统进行改善。

（1）中央集中调度，及时应对突发状况。突发极端天气下，智能调度系统将系统监控人员位置，确保安全可控；系统获取人员在线状态，快速进行任务通知和路线推送；通过统一调度安排骑手组成民间救援力量。

（2）扩大智能调度应用场景，服务更多中小型企业和商户。我国城市配送行业长期以来存在企业规模小、水平差、竞争环境恶劣的现象，造成了物流资源浪费、效率低下，而这些又加剧了配送市场竞争混乱、物流成本居高不下、服务水平参差不齐和总体服务能力不足等诸多问题的出现，严重降低了城市配送效率，“最后一公里”问题难以解决。下一步，我们将推动智能调度系统产业化，使其不仅服务于美团外卖现有业务，还能为中小城市配送企业提供智能高效的调度服务。通过推动智能调度系统在城市配送企业的广泛应用，我们能够充分利用社会闲散运力，建立本地末端配送网络，服务同城物流，打造我国自主创新的智能同城物流生态体系，提升社会整体服务效率。

（3）共享调度数据，用于公共服务。规划将调度数据不仅于用于调度平台，还可为公共服务提供数据支持，体现物流企业负担的公共社会责任。应用场景包括但不限于：骑手实时数据上报当地交通路况、天气情况及新闻事件；为地图软件提供路况数据，交通服务更加精确；局部气象变化可监测，可用于实时天气播报；突发安全事件及时反馈，第一时间通报救援。

2. 物流信息化建议

应对城市配送发展新形势，支持物流信息技术在城市配送领域的应用。近十年，电商的高速增长带来了城市配送的野蛮生长。“三通一达”、顺丰等快递企业也乘势崛起。2017 年第一季度，全国快递服务业务量同比增长 31.5%，远低于 2016 年 56.4% 的增长量。随着增长速度的放缓和“三通一达”、顺丰的相继上市，城市配送关注的重点逐渐从规模扩大回归到质量提升。而运用传统的配送质量改善方法，比如加强员工培训、增加配送频次又势必带来配送成本的升高。除了快递企业以外，本地特色突出的落地配企业，也同样面临着配送质量要求日益增高、配送成本居高不下的困境。只有技术的革新，才能在提高配送质量的同时，又能控制配送成本。而物流信息技术的应用，正是城市配送领域寻求突破的关键点。

鼓励大型企业物流信息系统产业化，推动中小企业的物流信息化发展。目前中小企业由于自身限制，难以自主研发物流信息系统。而中小企业作为物流行业的主要组成部分，对提升社会整体运行效率、降低社会物流成本有至关重要的意义。应当鼓励大型物流企业将自身成熟的物流信息化体系产业化，为中小企业提供物流信息服务，提升行业效率，降低社会物流成本。

扶持物流信息技术自主创新，加强技术难题解决攻关。我国人口众多，地形复杂多变，物流相关问题复杂多样。很多物流难题在国内外的学术界、工业界都没有成熟的解

决方案。为了解决这些难题，技术团队需要深入业务一线，自主创新，提出切实可行的技术方案。而我国物流和信息化的跨界人才稀缺，具备自主创新能力的物流信息化团队更是凤毛麟角。国家相关组织应对已有自主创新成果的物流信息化技术团队给予鼓励，同时加强社会关注的重点物流问题（如“最后一公里”）的技术攻关。

上海天地汇供应链管理有限公司：园区通智慧管理系统

一、企业简况

上海天地汇供应链管理有限公司，是一家专业从事全国物流园区网络化经营管理业界领先的物流产业互联网公司，致力于打造供应链+大数据驱动的物流生态圈平台。

公司创造性地打造了“公路港”模式，在实践中获得了成功，取得了很好的社会效益和经营效益，对物流行业的转型升级有明显的促进作用，得到党和国家领导人的肯定和政府的大力推广，并为业界广泛认同和效仿。

2013 年 7 月，天地汇核心团队在公路港的基础上，创立“物流淘宝”平台模式，定位于第四方物流平台的“生态型公路港网络化经营领导者”，率先通过整合全国连锁的物流园区网络为平台线下载体，集聚物流各要素资源，以天网“云物流服务+云数据服务”为核心，以标准化流程和服务为基础，实现从信息集聚、信息交易、信用体系、支付结算、金融保理、保险理赔、生态圈打造等一系列的产品和服务体系，打造全方位、立体化的 O2O 物流平台生态圈，用互联网、移动互联网线上的方式对传统的物流行业进行改造，进而促进传统物流企业向网络化、信息化、标准化、集约化和互联网化方向的转型升级，提升社会整体物流效率，降低物流成本，助力经济发展。

公司得益于前期成功的经验和积累，短时间内便取得长足的发展，呈现超常规的发展势头。截至 2016 年 12 月底，天地汇平台 GMV（成交额）突破 600 亿元，公司已签约园区 59 个，其中投入运营的有 32 个，覆盖城市 50 个，企业会员 21000 家，活跃司机会员 310000 个，运输货量达 15000 万吨，成为当之无愧的网络第一、规模第一、服务领先的中国第一公路港物流平台和物流产业互联网平台公司。

为实现 2017 年战略目标，天地汇根据业务发展需要调整现有业务板块，2017 年 1 月 17 日正式宣布成立天地汇集团（控股）有限公司，下辖 4 大公司，这 4 家公司分别是上海天地汇供应链管理有限公司、上海天地汇物流科技有限公司、西藏天地汇优卡信息科技有限公司、上海百及信息科技有限公司。

二、信息化要解决的问题

天地汇打造“公路港”模式的基础是物流园区，同时物流园区作为城市基础设施，应该成为城市货运枢纽，起到城市物流集散地和城际运输中心的重要社会作用。而目前物流园区正面临最严峻的局面，这个局面不仅仅是信息化大发展后物流行业“互联网+”或货运 App 等造成的，更是行业、政府和市场带来的三重压力。由于整个公路物流行业里，物流园区生意模式简单，收入稳定，因此在面临变革的时代最容易被当作“土豪”来攻击。

物流园区的网络化无法由单个物流园区完成，但是由于物流业网络化经营的特殊性，物流园区需要网络化。不光是园区信息化互联互通，同时物流运作也需要互联互通。物流园区的互联网化，是货运市场的场景线上化。

传统物流园区日常的经营管理工作有物业管理、园区安全管理、停车管理等。而物业管理一般都是通过人工进行合同的签署，租金、水电费的收取并交由财务进行核算，最多使用预存卡式的水电费系统计费；园区安全管理通过雇用大量保安人员进行 24 小时巡逻和检查，预防安全隐患的发生；停车管理采用市面上通用的计费系统收取停车费用；实际上管理者并不能实时、快速地了解到日常的运营状态。物流园区运营可视化不高、管理粗放，导致缺少决策参考，从而经营效益上无法可持续性地提高。

物流园区内物流企业通常是小三方、专线、夫妻式的货运小作坊、配货货代等，但其主要承载了物流园区作为货运枢纽、城市集散的重要功能。大物流公司的运输管理系统、物流节点监控系统是这些企业所没有的，系统维护成本高，对于使用人员的素质、知识结构要求令他们望而却步，运输流程不规范、运营监控不够、信息不对称，导致运输效率低下、车辆利用率低、空驶率较高、市场竞争力降低；同时成本上涨、市场物流单价下降对这些企业的生存造成了强烈的冲击，这些物流园区并没有太多的参与度。唇亡齿寒，都是直接导致物流园区经营受阻最重要的原因。

三、信息化过程中遇到的问题及推进思路

天地汇通过对所属“公路港”模式下的物流园区进行园区通产品的推广与实施，从园区的日常管理到园区内入驻企业生产经营的过程管理，再到园区与其他园区之间的信息互通，形成联动，从而整体上提高所有物流园区全链条的良性发展。

园区通产品基础板块是基于物流园区特有的物业管理、安全管理、停车管理研发的一套信息化系统。日常的合同管理通过操作人员录入系统，根据合同上的约定对租金、水电进行到期预警及收缴；园区内的资产通过系统进行新购、维护、报废、分配等，使资产利用率及效益提升；通过系统还可以对安全培训、安全检查进行计划、执行，安保人员通过 App 实时将巡逻、检查过程中的问题反馈过来，管理人员通过系统实时进行查看和决策通知，同时定期输出管理报表，以供管理人员分析和统计；园区停车管理采用云服务模式区别于传统停车系统单节点工作模式，实现各出入口信息统一，同时管理人员可以在任意时间、任意地点对停车进出及收入情况进行查看和控制，会员卡及线上结算模式对于园区及入驻物流企业也可做到避免现金交易漏洞。

一般的运输管理系统通常包含强大的运输过程管理功能，操作的复杂性及功能的完整性并不适合中小物流企业。园区通产品物流板块是天地汇主要针对物流园区内中小物流企业开发的运输管理系统，运输过程管理的 TMS、用于车辆定位的 GPS 系统，货主、司机进行实时信息查询及物流节点操作的 App 构成了整个物流运输流程的全覆盖，再通过天地汇打造业内领先的“甩挂”运输模式，使加入该模式下的物流企业、司机大幅提升运输效率和管理能力，使整个链条的参与者，包括货主受益。

通过对物流园区日常的经营管理、园区内入驻企业实际的物流运输过程管理和监控，形成整个物流园区的运营数据可视化的园区通智能展示系统。园区管理者可以通过此系统实时监测到园区内的运转情况和物流企业的运营情况，同时提供有效的运营策略，使园区经营能力得到提高。

四、信息化主要效益分析与评估

在整个信息化推广和实施过程中行业从业人员知识结构、参与热情都是推进过程中常常遇到的阻力，改变现有的工作模式、使用新工具、打破固有思维是这个行业所不乐见的。天地汇从宣传经营理念、针对性的输出问题解决方案，同时避免中小企业信息化过程中的高成本入手，通过自上而下引导的方式使从业者参与其中并快速获益，最终使得产品能够实施，信息化得到推广和落地。

通过对物流园区及园区内物流企业的信息化实施，使得园区的经营收入、利润得到了大幅提升，安全事故的发生率得到了控制，物流企业的运输效率得到提升，物流园区形象及物流企业市场竞争力得到提高，同时间接促使环境的碳排放降低，社会效益较高。

园区通过系统使得日常管理的数据准确度达到100%，及时提醒并收缴费用，使得坏账得到避免，同时减少工作人员，使得成本降低。收入约有5%的提高，但利润有超过10%的上升。安全事故发生率得到预防，使得园区能全年安全稳定地运转。物流企业单车月行驶里程从13000km提升到32000km，但运价平均比市场低15%以上，物流企业效益提升近50%的同时，使货主受益。车辆满载率、装卸车准点率均达到99%以上、客户投诉率降至0.1%以内。

五、信息化实施过程中的主要体会、经验与教训及推广意义

随着信息技术、互联网化的不断发展，物流园区及物流企业的管理方式也需要向信息化、精细化转变，为适应这样的转变，园区及企业必须加强自身信息化建设意识，同时提高信息化建设中的参与度。

（1）加强信息化建设可以提高物流园区及企业的管理、决策效率和水平，通过信息化可以对企业的业务流程及组织结构进行改革和优化，使得信息流动更顺畅，企业效益更高。

（2）推进物流园区及企业的信息化建设首先要以人为本，从管理人员入手，使从业者参与其中，并了解信息化所带来的好处及效益。否则遇到的阻力和所花费的精力是所有致力于此项事业的企业所难以承受的。

（3）在对物流园区及企业实施的信息化后，可以有效地提高从业者整体素质，规范行业流程，提高运作效率及减少成本浪费，最终使客户满意、企业受益、整个产业链良性发展，达到较高的社会效益。

六、下一步的改进方案、设想及对物流信息化的建议

由于天地汇致力于打造物流园区及整个行业的信息化建设，所涉及的人员、角色、应用场景都是多样并极其复杂的，对于各业务流程节点关注的精细度也是需要考虑的问

题并作为产品的标准。

在整个产品设计过程中，当前我们针对主要的参与人员进行定义和功能研发，接下来我们要针对物流园区、物流企业各个参与人员进行明确和定义，丰富信息化过程中的线上场景，使其都能参与进来，完善整个流程的应用，保证信息化的完整性及覆盖性。同时信息化过程中需要明白的是，任何一种实践都需要正确的理论加以引导，尤其在信息化推广的初期阶段，容易让参与其中的人员对于模式、思路或产品本身产生抵触。物流信息化是近几年国家和政府大力推广的事情，它所包容的内容的确对我们今天进行的工作有深远的意义，它的推广和实施也绝非我们上面谈到的那些，要彻底解决物流园区及物流企业信息化遇到的问题，还需要我们更深入的研究。

唯智信息技术（上海）股份有限公司：唯智准时达物流信息系统项目（iDEAS）

一、应用企业简况、企业管理模式与营销模式的主要特点

1. 关于唯智信息

唯智信息技术（上海）股份有限公司创立于2001年，是国内首屈一指的集私有云和公有云于一身，提供智能和移动互联供应链全面解决方案的领导品牌。唯智成立于2001年，总部位于上海，注册于张江软件园，目前是中国成立最早、规模最大的致力于物流信息服务的中外合资企业。中国物流软件市场占有率排名第一，在业内享有极高的声誉，于2016年在中国新三板上市，股票代码837981。

唯智信息旗舰产品主要包括：OMS（订单管理系统）、WMS（仓储管理系统）、TMS（运输管理系统）、LFCS（物流财务控制系统）、ROS（配送路径优化系统）以及56Linked（物流链云平台）。

唯智信息专注于中国市场，服务于每一个行业排名第一的大型企业客户，主要包括：上汽通用汽车、中国铁物、海尔物流、世能达、沃尔玛、联合利华、达能饮料、农夫山泉、东方购物、中国移动、中国烟草、富士康、中国外运、中车集团、歌尔声学、海信电器、中国医药等。

唯智信息凭借丰富的行业经验和专业的IT技术自主研发能力，以最优质的服务助力制造、零售、快消品、医药、电商、冷链、汽车、3PL等十大行业，1000多家企业客户通过信息化手段提升物流管理效率、节约成本，为全面提高企业核心竞争力创造价值。

2. 关于客户准时达

JUSDA准时达，富士康科技集团供应链管理服务平台。作为一家中外合资企业，准时达主要从事与国内交通运输相关的货运代理及仓储服务等业务，是全球C2C（Component to Consumer）供应链整合服务先行者，致力于运用先进的科技研发实力，成为以科技驱动的专业供应链管理服务平台。

准时达拥有专业的全球供应链管理经验，大中华区网络辐射华南、华中、华北、华东、西南五大区域，在全球拥有60个仓储配送中心，200万平方米仓储场地，海外110个跨境转拨运营中心，国际海陆空铁运线路1000多条。与全球超过3000家知名品牌客户以及富士康100多个制造事业单位密切合作，以卓越的制造物流经验成为业界的佼佼者。

不仅如此，在商贸物流领域，准时达整合境内外供应链资源，有效衔接国际物流、关务、保税仓储、境内配送环节，为电商及跨境电商企业提供一站式供应链平台，成就客户商业价值。秉承超越客户期望的服务理念，准时达已在全球供应链服务领域大展

宏图。

二、企业在实施信息化之前存在的问题

1. 多套系统，功能重叠

原来三个大的部门有三个仓储系统、三个运输系统，这就造成难以标准化、改进成本高、仓储资源和运力资源难以整合利用等问题。

2. 原有系统基础架构的问题

这些系统均有一定的历史，其设计多为针对 3C 制造业的特定业务场景，比较少考虑一些灵活和变通的问题。当准时达从一个部门转变为一个企业，承接外部多种行业业务时，面对不同客户需求，要求系统也必须是灵活的，并且具有更广泛的行业适应性。

3. 行业最佳实践的问题

其实准时达原有的系统水平也是非常高的，其中有非常多的富士康内部的最佳实践，设计精巧，效率很高。但同时，物流行业一些通用的行业最佳实践，在原有旧的系统中相对缺乏，或者说应用不深。如何把富士康的最佳实践和物流行业最佳实践充分融合，是一个重要课题。

4. 财务业务一体化的问题

原来准时达只是集团内部的物流采购和管理部门，只需计算对服务商的付款即可，具体的财务结算是在各制造单位的 ERP 系统中完成的。当准时达变成一个企业时，不但要有付款，还要有对客户的收款。客户普遍希望用自己原有的熟悉的方法计费，要求系统的计费规则必须灵活，并且物流结算系统需要与财务系统打通，才能保证准确高效。

三、信息化进程，实施中遇到的主要困难、问题与解决措施，企业信息化是如何推进、组织，一步一步深入的

1. 信息化实施中遇到的主要困难与解决措施

困难 1：工期风险的因素多种多样，主要有实施环境不具备、工期预测过于乐观等，其后果就是工期的不确定延长，从而使成本上升。

措施：制订详细的施工计划，及时掌握进度，加强各个部门开发人员的沟通，确保进度协调，提高工作效率。部门领导会在一周中有 3 ~ 4 次对项目进度进行一定的了解，并且会及时为开发人员提供咨询或相关的指导，经理则是每周一上午定期过来了解情况，通过开会，开发人员汇报前一周的工作情况与内容，以使项目经理能够准确地了解项目的进度，确保如期交货。

困难 2：引发成本风险的主要因素是客户额外增加需求，人员派出经费的不确定性，以及管理不到位造成的浪费等。开发人员的人数相对较少，势必会使新的项目的进程受到极大的影响，由此也容易引发人员缺失的风险。

措施：成立临时项目小组加强与客户协商，正确理解客户需求，建立备忘录日志，采用模块化设计。严格按照项目招标书执行，额外增加需求需经过项目组提报审批。严格控制项目预算，加强对项目资源的管理。合理协调公司所有资源，确保项目资源得到

充足的供应。

2. 信息化实施步骤

（1）实际需求调研。根据客户业务实际情况，梳理实际业务流程；编写需求文档。

（2）系统个性化需求开发。根据客户实际需求，开发标准产品暂无法实现的功能。

（3）参数配置及系统测试。根据客户实际业务配置系统参数，维护基础数据，测试环境进行数据测试。

（4）试点上线。正式库数据测试，测试完成后正式使用。

（5）其他 DC（配送中心）复制推广上线。其他 DC 复制上线内容。

3. 系统简介

OMS & WMS：2014 年 11 月 5 日 OMS&WMS 项目正式启动。唯智项目组耗用 2 个多月时间对准时达储配仓库业务进行了详细的需求调研和业务讨论，并于 2015 年 1 月 24 日提交储配 WMS 业务详细需求文档。项目组按照需求确认的内容对唯智原有 OMS 和 WMS 系统进行了全面重构，确保系统架构可以满足准时达现有的储配业务需求。在准时达 IT 团队、业务团队和唯智技术团队的密切配合下，iDEAS 系统于 2015 年 8 月 26 日完成了 UAT（用户接收测试），正式上线。

TMS & BMS：2014 年 11 月 10 日 TMS 项目正式启动。唯智项目组耗用 5 个月时间对准时达 TMS 业务进行了详细的需求调研和业务讨论，并于 2016 年 4 月 30 日提交 TMS 业务详细需求文档。项目组按照需求确认的内容对唯智原有 TMS 和 BMS 系统进行了全面重构，确保系统架构可以满足准时达现有的运输和结算业务需求。计划 2016 年 11 月 1 日完成 UAT 用户接收测试，正式上线。

EDI：iDEAS 系统通过 EDIServer 与 WebMethods 平台，构建了可以直接与外部不同的异构系统进行对接的一体化企业应用集成（EAI）平台。同时唯智项目组完成了 iDEAS 系统接口标准化制定，并与菜鸟等平台进行了接口联调测试验证工作。

四、信息化主要效益分析与评估

1. 信息化实施前后的效益指标对比、分析

（1）订单管理系统（OMS）。全方位的物流订单管理，包含需要仓库和运输协作完成的任务，以及仅需要仓库或者运输单独完成的任务；对订单从接收、审核、作业、监控、运输、回单直至结算的全生命周期进行管理和跟踪。

订单管理系统是物流系统对外交互的统一源头，规范物流平台与外部交互的统一性。

订单接入：支持手工录入，EXCEL 导入，EDI 集成；

订单处理：订单审核、手工调整、波次安排，控单、拆单等；

订单任务管理：订单任务拆解，运输与仓储分工协同、订单优先级、订单拆分与合并、分批次管理；

自定义执行方案：配置订单作业的差异化流转和监控节点；

时效管理：订单作业效率管理；

业务跟踪监控：通过图形化界面，直观地了解订单的执行情况。提前主动发现问题，提前解决，提前知会客户的预警模式；能够大大提升服务质量，提高客户满意度；

回单管理：货损货差登记以及影像归档上传；

服务质量管理：投诉管理，承运商/司机的考核管理；

辅助信息管理：对订单附加费用等信息的录入管理。

（2）运输管理系统（TMS）。基于供应链网络设计，集成最佳行业实践业务模型，帮助企业解决在物流运输管理过程中所面临的种种问题；可以有效管理总部与分公司分级运输调度。

多组织架构运作：多运输网点分别运作或者整合运作业务；

自有车队管理：管理自有车队，车辆管理，车辆证照、缴费；证照和缴费更新提醒；

承运商管理：承运商负责线路，运力资源管理等；对于承运商司机信息的登记管理；承运商 KPI 考核；

运输拆单：运输任务按照线路或者车进行分拆；各个子任务以运输段的方式进行独立运输安排和调度；

分单和调度：支持面向承运商外包车队的分单管理以及针对自有车队的调度管理；

多式联运管理：陆—陆、陆—空、陆—海等联运业务；

在途管理：对车辆的发车、在途情况及到达等情况实时登记，支持多达 8 个跟踪节点；可以对 GPS 定位无法覆盖情况下的辅助补充；

司机管理：司机证照管理，证照到期提醒；司机 KPI 考核；司机绩效管理；

司机报销和现金管理：司机发车预借款，司机报销，到付订单的现金回收管理；司机现金报销超期报警管理。

（3）仓储管理系统（WMS）。

支持供应链 VISIBILITY；

支持多服务主体（Multi Company）、支持作业流程控制；

支持智能化的驱动仓库作业，并对 RF 设备予以支持；

支持对库内作业的全方位功能支持；

基于网络的多仓管理；

多维度仓库储位管控；

货品多批次属性跟踪管理；

基于规则引擎的 WMS 作业驱动。

（4）结算管理系统（BMS）。

脱离手工计费的烦琐工作与易出错性；

满足不同区域和级别下，运输商费用计算的灵活性；

支持费用模拟测算，选择最佳计费方式；

多种报价体系下灵活配置的费率表管理；

提供导入、导出功能降低维护难度；

不同时间段费率按照版本区分，无缝切换；

自然语言定义计算公式定义运价，不需要编程实现；

按件数、重量体积、托数、货主、货品计费分类。

2. 信息化实施对企业业务流程改造与竞争模式的影响

（1）实现了多种运输方式、多种业务模式的高效协同。在物流领域，专注于某一种或几种运输方式不容易，将多种运输方式、各种复杂业务都涵盖在一个系统更是难上加难，准时达 iDEAS 智慧物流管理系统却做到了。凡是富士康涉及的运输方式、业务模式，都能在系统找到完美的解决方案。陆运、空海运快递、中港运输、报关、仓储、仓储驱动运输、运输驱动仓储、仓加配等业务模式都能在系统的统一规划下高效执行。

（2）整个运作的每一个环节都有严格的监控方案，实时性达到了国际领先水平。监控一直是物流系统的一个难点，也是衡量一个系统的重要指标。由于业务的多样性，导致参与者也变得多元化：客户、运输承运商、终端客户、仓储承运商、报关承运商等，他们的关注点都各不相同，对执行的每一个环节的监控、预警就显得尤为重要。准时达 iDEAS 智慧物流管理系统以人为本，兼顾各方的关注点，在运作的各个环节根据不同参与者的不同的关注点，以邮件、短信、微信等方式发送最新物流信息。

（3）独创的地图区域、混合区域、行政区域的三大区域划分，很好地解决了地域冲突。彻底解决由不同业务带来的区域冲突，极大地整合了资源，如报价、路线等信息。

（4）独创的路由算法和末端智能分单体系，解决运作过程中的资源合理规划和利用问题。基于 RMv4 的路由算法体系方便地实现内部路网的线路智能规划。使用基于地图引擎的优化算法解决场站末端配送的包裹分派和线路排程，有效提高配送时效及平衡配送人员工作量。

（5）独创的产品体系，一个灵活多变的“内核”。将各种运输业务模式以服务产品的概念来展现与运作，客户根据不同的需求，选择一种或多种不同的服务产品来自由组合，成本分摊、结算中心，以不变应万变来“适配”各种业务模式。彻底解决三方物流企业多业态、多模式的核心痛点，将复杂的运作用简单的程序模型予以规范。

3. 信息化实施对提高企业竞争力的作用

优化管理：通过实施唯智准时达物流信息系统项目（iDEAS），使得管理要求得到落实，管理规范得到贯彻，全面获得了整个业务运行管理的主动权利。各个环节的责任和要求明确，任务分配清晰，业务开展准确有序，之前由于责任不清晰存在的散乱情况基本杜绝。项目中引入了良性的竞争机制，实现了多方共赢的局面，形成了团结协作的工作态势。

减少浪费：从原先的每年重复投资重复建设的被动，转变为一次投资年年获益。使得业务的管理部门可以从日益繁杂的事物中解脱出来，有人力和时间去做更有价值的工作和其他开创性的业务。

提高效率：借助本项目实施，业务管理流程得到全面贯彻，使得仓储和运输效率在总体上获得了提升。不仅极大地提高了现场的作业效率，还很好地完成了之前无法达到的各项考核要求。

五、信息化实施过程中的主要体会、经验与教训、推广意义

（1）企业信息化的发展不能与企业的管理现状相背离，完善的管理能促使企业的信息化得到很好的落实，同时信息化又反过来提高企业的管理水平。

（2）系统实施不是几个人或几个部门的事情，而是要领导带头全员配合，全体人员重视起来，每个人都把好关，通过开发团队和大家的共同努力才能保证系统顺利、成功地实施。

六、本系统下一步的改进方案、设想、对物流信息化的建议

（1）继续围绕 iDEAS 系统对 TMS 功能加以扩充，实现业务关务一体化运作，同时提供陆运、海运、空运、铁运等业务的货代功能支持，对公司新兴的物流业务模式提供技术支持。

（2）逐步替换公司原有的 WMS 系统，提供对生产制造、商贸、电商等不同业态的一体化 WMS 系统。

（3）利用 iDEAS 系统支撑企业的扩张战略，将海外物流业务也纳入统一的管理平台。

（4）基于 iDEAS 系统的业务数据进行分析，通过合理的数据模型分析不同项目、客户和服务商的盈利情况，以此为基础指导企业更合理地寻找优质低价的服务商，为客户提供更好的服务。

七、应用单位鉴定意见

（1）通过技术手段对准时达的物流服务进行标准化定义，统一采购报价和销售报价体系，为业务人员提供精准的数据服务。

（2）通过服务产品的标准化定义，降低了不同业务部门之间的沟通成本，有助于联运产品定义和报价规范化。

（3）通过合理的数据模型对运输线路进行聚合，有效提升了服务产品的适用范围，降低了服务产品数量。

（4）利用多维度的业务组织定义机制，提供了灵活的集中调度和分区调度管理配置体系，适应准时达不同业务的管理要求。

（5）科学合理的模型设计，确保系统中的功能都是产品化、通用化、可配置、可扩展，降低 IT 运维成本和业务使用成本。

（6）实现了业务财务一体化运作，提供费用试算、预算、计费、对账、立账、开票、结算一体化流程，并提供对多利润中心的费用分摊和损益分析，为管理层提供有效的数据支撑服务。

武汉东本储运有限公司：电子运单在采购物流领域的应用

一、企业简介

武汉东本储运有限公司是由中国东风汽车工业进出口有限公司、日本株式会社本田运输有限公司、本田技研（中国）投资有限公司及上海神越实业有限公司共同组建的一家专业第三方汽车物流公司，主要为东风本田汽车有限公司提供全程物流服务，业务范围涵盖汽车制造整个供应链，管理各类运输车辆4000辆。随着2016年东风本田产销突破57万台，公司营业收入也创历史新高，营业利润实现新的突破。

公司主要业务包括入厂物流、厂内物流、整车物流和备件物流，此外还承接容器返还业务。自成立之初，公司就不断加大在信息化方面的投入，通过信息化手段来优化物流业务管理，目前信息化管理已覆盖绝大多数物流业务。完善的信息化管理，使得公司多次获得地方政府及行业协会奖励，先后多次荣获“汽车物流创新奖”“物流科技进步奖二等奖”，并连续四年被评选为“湖北省物流企业30强”。2015年4月，被武汉市人民政府办公厅评选为“武汉市首批服务业重点行业领军企业”，2016年5月，荣获由人社部及中物联联合颁发的“全国物流行业先进集体”，并在人民大会堂接受表彰。

二、实施信息化之前存在的主要问题

在零部件运输领域，公司早于2010年实施ILMS入厂物流管理系统。系统根据运输线路和取货货量自动计算生成运输任务单，由承运商登录系统填报车号。每张运单上记录了承运商、车辆信息、出发地、目的地等信息。在运输过程中，随时可以通过运单号查询运输任务的详细明细、积载率、起止时间等信息。在运输任务完成后，通过扫描运单标记任务结束，作为后续与承运商对账及结算的依据。运单承载的各类信息贯穿于整个运输过程，其重要性不言而喻。随着公司精细化管理要求的提高，运单的使用也日益规范和成熟，但同时也给相关部门带来了相关问题和挑战，体现在如下几点。

1. 纸质单据管理复杂

运单按趟次来发行，每车每趟一单。目前，日均运输趟次超过1000次，每趟运输任务启动前都要打印一式多联的运单，规范化的管理有时候会出现司机为了完成运输任务，先去运单打印点获取运单，再去执行运输任务的情况，给真正的运输任务执行制造了麻烦。此外，公司业务要求各个作业环节都需要扫描纸质单据上的条码，而在实际使用过程中，单据污损造成条码无法扫描时有发生。

2. 对账烦琐

每个月，司机将纸质运单交到承运商结算员汇总，再由承运商与公司零部件运输科进行纸质运单与系统运单的复核确认，数量众多的纸质运单使得每月仅统计对账就需要数个工作日。

三、信息化实施中遇到的主要困难与解决措施，以及信息化建设的组织、推进和深入

（一）信息化实施中遇到的主要困难与解决措施

1. 技术开发难度大

电子运单为公司首次尝试应用移动互联网技术，主要使用对象为承运商的调度及司机，在取货端提供申报出发及到达，并与公司品质系统进行集成，实现品质异常实时申报。由于公司合作承运商数量众多，司机及调度人员分属不同公司，这就要求系统充分考虑系统架构、移动端机型适配、用户体验等各种问题。在项目组成立之初就确定了项目周例会制度，集中讨论项目过程中遇到的业务疑问与技术难点，良好的沟通机制最大限度保障了系统功能设计的合理性与可扩展性，以及项目的推进进度。

2. 业务过渡期阵痛

试运行初期，纸质运单与电子运单并行，运单扫描及结算对账仍采用纸质运单方式，电子运单主要用到异常申报、供应商端的车辆出发到达确认功能。试运行中期，部分承运商切换电子运单方式，运单执行过程中扫描 App 显示的运单条码，对账结算采用 PC 端双方确认的系统数据，其余承运商仍沿用纸质运单方式。这种混合模式给我公司运单扫描人员、结算对账人员、承运商管理人员都带来了一定的麻烦。根据试运行状况，业务科室对及时发现的问题进行总结和纠正，保障了系统数据的完整和规范，为后期全面推广到全部承运商使用打下了良好的基础。

（二）信息化实施步骤

项目建设划分为四个阶段。

第一阶段：2016 年 1 月，项目需求调研及立项，为期 1 个月。

第二阶段：2016 年 2 月—2016 年 7 月，需求细化及确认，业务流程设计，系统架构设计，系统流程设计及确认。这项工作难度较大，跨度较长，为期 6 个月。

第三阶段：2016 年 8—9 月，系统联调、用户测试、用户培训、系统试运行环境部署，为期 2 个月。

第四阶段：2016 年 10 月—2017 年 1 月，系统试运行，为期 4 个月。

整个项目建设期限为 13 个月。

（三）功能简介

电子运单功能实现了运单的无纸化，主要有四个功能：司机可查看下达的运输任务及运单的执行情况；供应商起点的运单申报出发到达；司机主动申报异常及查看异常回

复；在部分仓库入厂车辆排队的进厂主动通知。

部分功能界面如下图所示。

部分功能界面

司机通过 App 申报车辆出发和到达，弥补了供应商起点的运单扫描数据缺失，通过手机定位信息来匹配供应商位置栅栏，从而判断数据的有效性，保障了数据的真实性。对于在途运输中发生的异常，司机通过 App 主动申报，可以实时拍照或选择上传现场图片，系统会立即将异常信息通过微信及 App 推送到东本储运异常对应人员和相关承运商人员，随后司机可通过 App 查看异常处理结果。

详细功能介绍略。

四、信息化主要效益分析与评估

（一）信息化实施前后的效益指标对比分析

1. 运输指令实时传递下达

项目实施后，司机、调度不再需要围着一张纸质单据东奔西走，通过手机即可实时接收运输指令。

2. 管理成本大幅降低

纸张、打印机、耗材的减少使得运输管理的财务成本得到有效控制，由于近年来智能手机及 4G 网络的发展，使得电子运单的推行得以顺畅实施，管理的时间成本得以显著下降。

3. 高效的异常反馈机制

经过与品质系统、微信企业服务号的集成，实现各种品质异常第一时间得到处理，避免了由于品质异常处理延迟造成的生产紧张。

4. 对账效率提升

承运商在系统进行电子对账确认，分担了月末集中对账的压力，也减轻了以往纸质运单的收集、复核所带来的额外工作量，人员作业效率得以大幅提升。

（二）信息化实施对企业业务流程改造与竞争模式的影响

电子运单功能的实施给企业现场作业带来了积极作用。

1. 降本增效

电子运单的成功应用，不仅降低了办公用品的费用支出，更降低了企业的运营成本。新技术的引入，倒逼企业管理人员对业务流程再思考、再优化，带来的是人员工作效率的提高，公司生产力的提升，企业效益的增加。

2. 系统对外适度开放

在业务系统压力范围内，保障系统安全的前提下，适度对司机开放部分功能，起到了相得益彰的效果。司机可以自助查看运单扫描情况，督促我公司人员及时进行系统扫描，避免了数据漏扫，保证了扫描数据的及时性和准确性。司机主动申报供应商起点的出发到达时间及在线异常申报，对系统数据补全起到了辅助作用。

（三）信息化实施对提高企业核心竞争力的作用

东本储运通过实施电子运单功能，强化了运单执行过程监管，有效提高了相关人员的作业效率，解决了用户部门提出的问题，并在确保生产线边零部件的按时按需供应前提下，改善品质。通过系统化手段解决问题，也引领公司在信息化、智能化方向走得更远，保持行业的技术领先。

五、信息化过程中的主要体会、经验、教训

信息化项目的建立，一般包括项目立项、需求调研、系统开发、功能测试、上线导入、后期维护等步骤。项目要想成功，取得预期的效果，一个好的开头不可少，再辅以中间过程监管，才能做到开好头、把好关、结好尾。结合此次电子运单项目，其中的经验体会有如下几点。

（一）开拓思维大胆创新

在如今移动互联网时代，企业管理人员要与时俱进，理念创新，拥抱互联网。公司决策指明了项目的大方向。通过开发手机 App 并关联企业微信服务号主动消息推送，既具有实用性，又满足了时效性，切实解决了业务部门的问题。同时完善的系统数据也可以带来附加价值。比如，仓储部门可以通过车辆运行数据合理安排卸货对应，运输部门可以通过线路频次、积载率等数据进行线路优化，降低运输成本。

（二）系统推进建立考核机制

系统从无到有，只有通过不断使用才能发挥应有的功效。手机 App 和企业微信的引

入，势必会改变司机现有的作业习惯，可能会遭到部分司机的抵触。通过建立完善的承运商考核机制，可以约束承运商规范使用系统。对于用户提出的合理建议，系统快速进行迭代更新，可以提升用户的参与感和满意度。

六、项目的应用推广意义

本项目应用移动互联网技术，拓展了系统的使用渠道和覆盖范围，对业务科室分析和决策提供了有力的数据支撑，带来的不仅是操作的便捷性，还有工作效率和生产力的提升，对同行业及同类型应用场景具有抛砖引玉作用和推广价值。

作为项目成果，电子运单系统的应用效果有目共睹，未来随着东风本田二工厂能扩和三工厂的建成，将在更大范围内应用整套管理模式。

大连集发南岸国际物流有限公司：基于图形化系统的专业危险品场站智能管理系统

一、前言

大连集发南岸国际物流有限公司位于大窑湾三期码头后方30万平方米场地南部地块，属于集装箱港区用地，与大连一、二、三期集装箱码头和大连铁路中心站距离适中，由大连港集装箱发展有限公司投资兴建，总占地面积109120.1平方米，场地建有3座甲级库，面积1640.4平方米；2座遮阳货棚，面积3099.6平方米。建有完善的电气防爆（ⅡCT4）、防雷（一级）、消防报警、喷淋降温及污水收集和处理设施，是东北地区目前唯一危险货物集装箱专用场站。

该工程于2012年12月竣工投入使用，年操作能力8.06万TEU。主要从事2类、3类、4类、5类、6类（6.2类除外）、8类和9类危险货物集装箱堆存、拆装箱、库存及分拨配送。

2016年实现经营收入3134万元。

二、背景

大连集发南岸国际物流有限公司是大港集箱全资子公司，场地建立之初定位为大连口岸危险货物进出口的后方堆场，场地原有的图形化系统主要围绕业务模式进行操作，相对于安全方面的管控能力不足，与监管部门及救援单位联动不够。结合“8·12”天津爆炸事件，我们进行探索与研究，由于信息的不透明、不及时、不统一，导致救援过程中不必要的损失及人员的伤亡。根据此情况，大连集发南岸国际物流有限公司立即自检自查，进行问题整改。同时，针对天津爆炸事件所暴露的信息不透明等问题，对现有业务系统增加“安全管控”“信息联动”“应急处理”等功能进行创新设计规划，提出了以确保企业安全生产为目标，安全管控为手段的，具备“业务”“安全”“应急”三位一体的创新管理模式，完成了（数据）图形化系统及异地容灾备份等系统的建立。以资讯、数据等技术手段和硬件的创新建设提升危险货物的安全操作及应急处置能力。

三、现状分析

众所周知，危险货物与普通货物相比，具有极高的危险性，危险货物由于涉及社会、企业、人民生命财产等诸多安全、环保问题，不仅受到社会广泛关注，同时也受到国家法律法规的约束和监督。危险货物的特殊性使得其安全管理工作显得尤为重要。结合“8·12”天津爆炸事件，我们不难看出，信息化系统在灾难发生的事前、事中、事后的重要性。所以，我们在想，能否通过资讯手段，让危险品不危险。

事前，加强对危险货物的管控，实现信息透明化，与职能部门以及救援单位有良好的联动机制。

事中，灾难发生时，可随意调取场区内所有货物的信息以及 MSDS（化学品安全技术说明书）的信息。及时与救援单位进行联动，为救援节省时间，减少灾难的损失。

事后，有数据的容灾系统，有数据，有记录。

根据以上手段，我们再思考与探究，（数据）图形化系统在危险货物仓储业务操作模式中是一种创新的操作模式，不再单一地通过数据表格查询货物的基本信息及 MSDS 信息，而是通过（数据）图形化系统可以直观地了解场地内的堆存情况以及位置，并且能够迅速根据集装箱位置调取 MSDS 信息，实时管控场地内危险货物的情况。因此，本系统的核心：不是简单地将数据导入（数据）图形化系统进行展示，而是通过可视化系统对场地内危险货物进行有效的管控和操作。同时，大连集发南岸国际物流有限公司将系统接入至大连港集团、大港集箱调指、大窑湾消防支队等监管部门及救援单位，实现数据透明化，是让系统具备安全管控、信息监管、实时救援的一种创新操作模式。实现上述目标，主要通过五个环节。

（1）融合，与现有的业务生产系统数据融合，实时掌握现场的数据动态。

（2）监测，通过图形可视化界面及后台数据库，实时显示在场货物名称、货物类别、位置、箱号、应急联系人等信息。同时，可以调取货物的 MSDS 信息。

（3）预警，根据场地对货物堆码的隔离要求及重大危险货种的堆存量上限，预警系统将实时进行监控，超出隔离要求及堆存量上限将及时报警，并在图形化系统中标注为特殊颜色。

（4）联动与应急，（数据）图形化系统通过大连港集团内网，已与大连港大数据平台、大窑湾消防支队、集装箱调度指挥中心进行联动，场地的信息可以通过网络实时与各个职能单位进行传输。出现应急情况，（数据）图形化系统可以通过锁定应急箱功能进行锁定，救援人员在远端就可以了解应急事故箱的基本情况、位置、MSDS 应急处置方法，以及应急事故箱周围货种的情况，大大减少了现场研判的时间，以及救援的风险。

（5）系统备灾机制，应用系统数据在本地与大窑湾数据中心进行备份（相隔约 5km），每周在大连市内进行备份（相隔约 30km）。MSDS 信息实时与大连港集团大数据平台、大窑湾数据中心进行备份。

四、实施过程

1. 立项

（1）大连集发南岸国际物流有限公司位于大连大窑湾港区，业务领域已经从单一的码头后方危险品堆存拓展到以危险品为主营业务的集装箱以及危险品货物的装箱业务、拆箱业务、集装箱堆存进出业务、危险品货物仓库业务、危险品配送、作业资源调度、场内无线作业以及相关的计费结费过程。业务范围全面，由于涉及危险品集装箱、货物的各项业务，本着场站安全第一位的原则，需要健全强大的基础信息平台支撑。

（2）提高企业对危险货物的管控能力，同时在危险货物发生事故时，（数据）图形化系统能及时调取货物数据信息、位置以及货物的 MSDS 信息，并实现与救援单位的及时联动。

（3）帮助企业依法生产，避免或减少违法生产所带来的法律处罚或关停风险。

（4）提高企业安全生产的管控能力，避免人为操作导致的重大危险货物存储量超标，避免重大安全生产事故的发生，保证企业能够安全发展。

2. 基本原理

图 1 为系统架构。

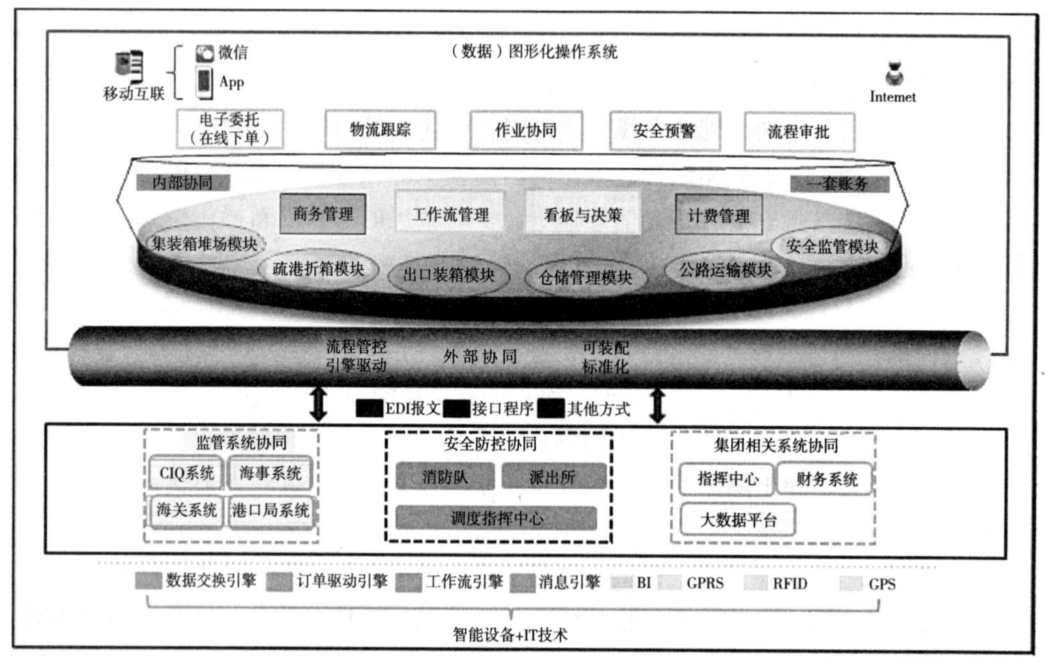

图 1　系统架构

（数据）图形化处理系统是依据危品场站从安全管控方面和规范化操作方面的要求进行设计建设的，这是与普通场站系统建设区别最大的地方，因此强化系统安全管理和流程规范化操作是必须满足的。本次建设的图形化处理系统特点如下。

（1）GIS 图形应用：GIS 在处理二维图形方面具备强大的功能，特别是在矢量图形处理方面，应用该技术在图像放大、缩小时能避免失真。

（2）无线终端设备应用：本次图形化系统的建设为了保证系统数据采集的实时性，应用了智能大门采集和无线终端进行作业，保障系统采集数据的效率。车载响应速度：1 秒完成；大门设备采集：5 秒完成。

（3）信息共享：利用无线和网络技术实现消防队、派出所和集团调度指挥中心通过图形化系统进行信息实时共享。

（4）MSDS 对接：本次搭建 MSDS 硬件平台与图形化系统完成对接，方便企业、消防和集团相关管理部门进行实时调用。

应用技术描述如下。

（1）开发语言：微软 C# 2010 开发。

（2）中间件：GIS 地理图形组件和 NHibernate 数据持有层。

（3）硬件平台：双备份与容灾机制的硬件平台。

3. 实施方案

根据背景情况，大连集发南岸国际物流有限公司委托大连口岸物流科技有限公司对现有系统及（数据）图形化系统进行融合及升级改造。方案如下（见图 2）。

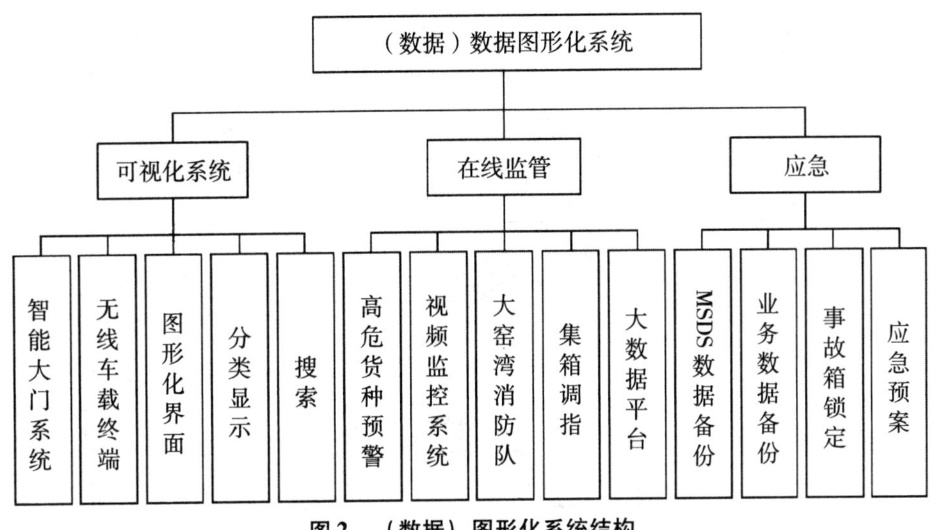

图 2　（数据）图形化系统结构

（1）智能大门系统。集装箱场站的 Smart Gate（智能大门）控制系统，是对进出场站大门卡口的货物、运输车辆进行自动识别和实时监控的软硬件一体化产品。实现远程操作、进出卡口通道内无人值守、减少人工干预、提高数据采集的可靠性和准确性，并加快集装箱及散货车辆通过大门的速度，彻底改变因人工作业引起的效率低、易发生箱货丢失和走私等现象，为实现整个运输过程的全程监控提供完整、实时、准确的信息。

场站 Smart Gate 由以下多个系统共同组成，来实现以上所述功能和业务（见图 3）。

①电子车牌自动识别系统：用于识别集装箱等运输车辆的 RFID 电子车牌号码。

②集装箱箱号、箱型自动识别系统：用于识别各种类型集装箱的物理箱号、箱型代码。

③交通控制（电子挡杆）系统：用于指示、引导和控制作业车辆的有序、快捷行驶。

④电子地磅称重系统：采用电子地下衡及仪表，实时接收拖车经过大门时的重量。

通过上述功能采集进场危险货物集装箱的基本信息。

（2）车载终端系统。通过 2.4G 无线网络，可实现控制中心与作业现场的实时信息双向传输。如向作业现场发送作业设备调度指令、货柜调动指令、货柜集卡的提箱/落箱安排指令、集装箱装卸作业等指令；现场理货人员通过无线网络，可将现场实时作业信息传回管理控制中心，如将现场集装箱实时位置信息定时确认给管理控制中心，中控管理人员即可方便对此堆场场位操作。

（数据）图形化系统可通过车载终端的操作，实时显示集装箱的动态位置信息。

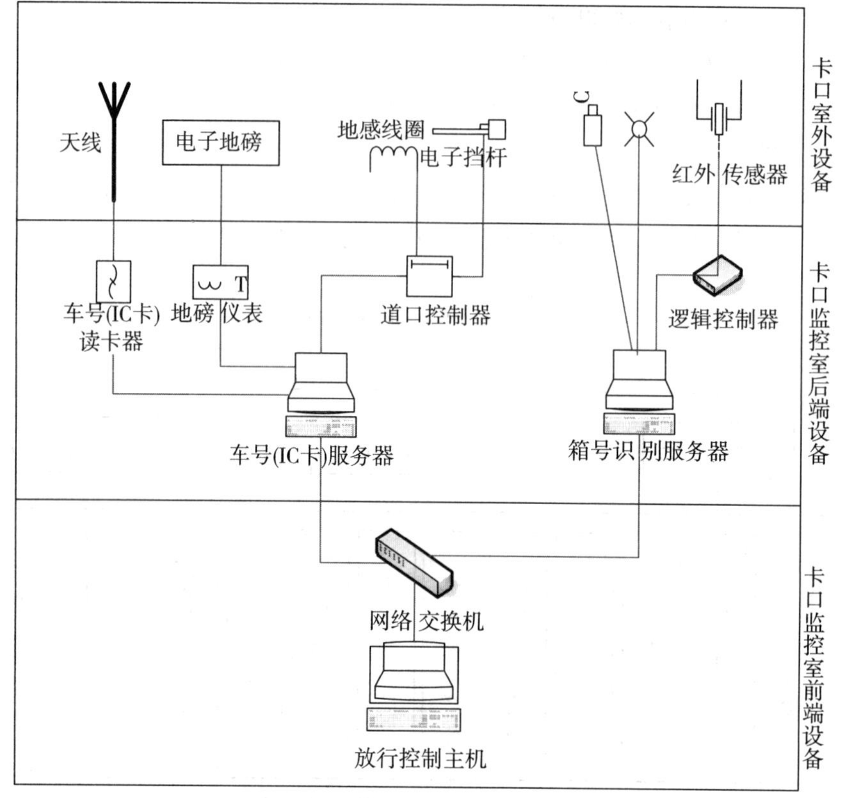

图3 Smart Gate 的系统

（3）图形化界面（见图4）。大连集发南岸国际物流有限公司通过建立完善的危险货物储存系统，结合场区内无线终端操作，实现场地仓库及堆存区货物图形化显示方式达到快速查询数据的目的。操作人员只需将鼠标悬停在场图中的集装箱上，即可获得场内实时集装箱的箱号、货物名称、位置、货物类别、箱来源、应急联络人及电话等信息。系统通过数据传输，可直接在控制中心的大屏幕显示，所有信息一目了然。

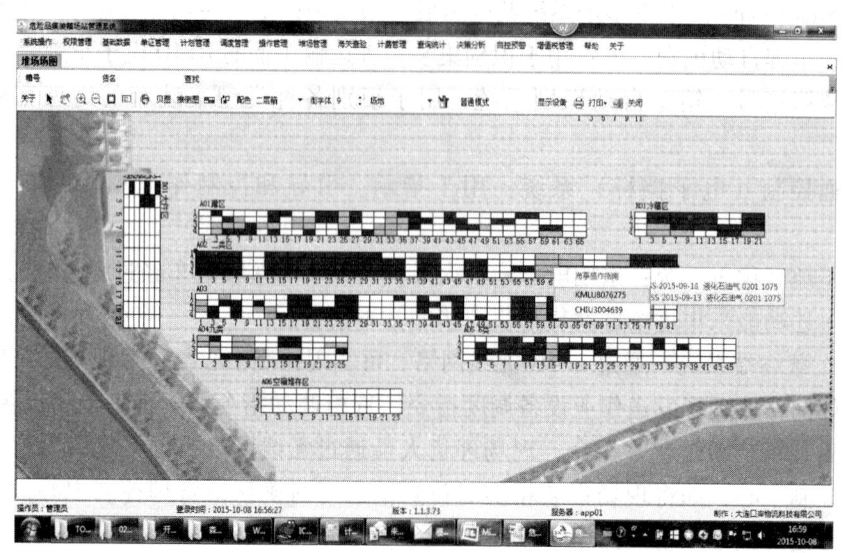

图4 图形化界面示意

（4）分类显示（见图5）。分类显示可通过集装箱层数进行实时显示，也可通过危险货物类别进行实时显示。注意，这里的分类显示是一个操作模块，用户可根据自己的需求调整所需显示的类别，同时自定义所需显示的颜色标识。

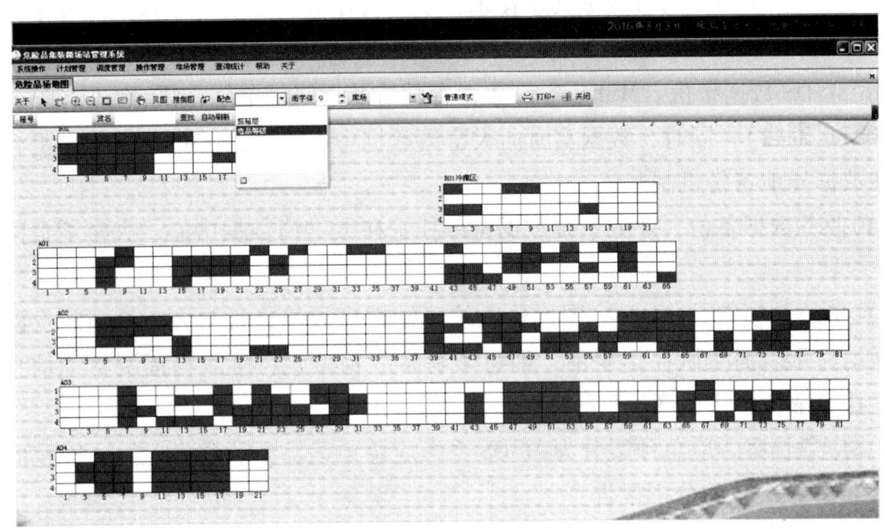

图5　分类显示界面示意

（5）搜索（见图6）。用户可根据提单号、箱号、货物名称、货物危险等级进行搜索。

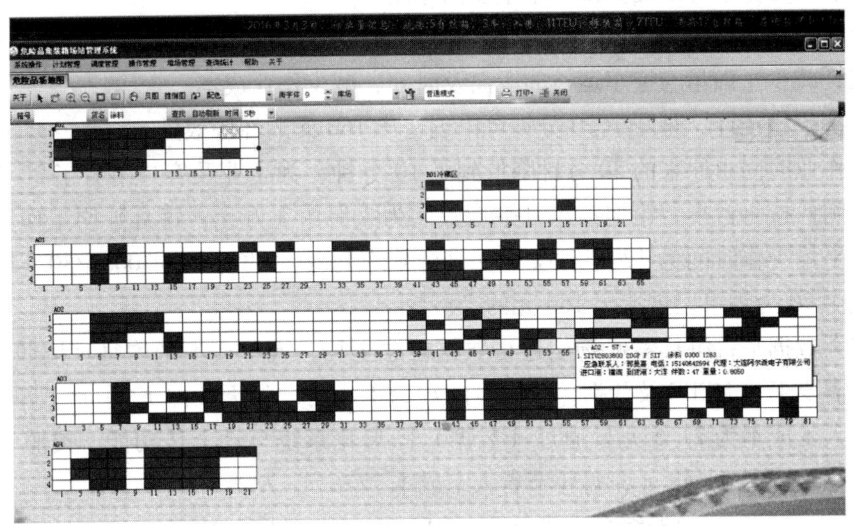

图6　搜索界面示意

（6）高危货种预警。高危货种预警系统，主要对危险货物隔离要求及货物超量堆存进行预警。如场区内箱量超过设定标准，计划员在预约时就进行超量预警。进入大门时，对控制中心及检查桥人员进行预警，并做相关记录。如场区内货物未按照隔离要求堆码，系统将对检查桥及控制中心人员进行预警，并做相关记录。

（7）视频监控系统。场地内共18组模拟防爆探头、12组数字探头，实现场区内全覆盖。所有探头可通过（数据）图形化系统进行调取，实时监控场区实体集装箱及货物的动态。

（8）大窑湾消防队。实现与大窑湾消防支队信息联动，消防队可实时查询在场货物信息。

（9）集箱调指。实现与大港集箱调度指挥中心信息联动，大港集箱调度指挥中心可实时查询在场货物信息。

（10）大数据平台。通过数据共享技术，实现将业务数据实时上传至大连港集团大数据平台。

（11）MSDS 数据备份。MSDS 备份数据存放在大连集发南岸国际物流有限公司服务器内（10.11.2.42）。同时，数据实时向大窑湾数据中心、大连港集团大数据平台进行备份，实现数据异地备份机制。

（12）业务数据备份。业务系统数据全部托管在大窑湾数据中心、大窑湾危险货物专用场站。

（13）事故箱锁定。（数据）图形化系统可锁定事故箱，且与大窑湾消防支队及其他客户端联动显示。消防队在出警前，即可了解事故箱位置、事故箱周围货物信息，以便提前做好扑救准备，快速到达事故现场。

（14）应急预案。应急预案分为 MSDS 系统应急预案、资讯系统应急预案两部分。

4. 经济和社会效益分析报告

（1）经济效益分析。

①通过（数据）图形化系统在危险货物仓储管理中的创新研究和探索，可以大大节省操作成本，同时可推动危险货物堆存行业整体效益向安全可控、降低成本损耗方向发展，对企业核心竞争力的提升发挥了重要的作用。

②放箱现场作业时间由原来的 30 分钟降低到了 10 分钟，通过货物危险类别科学划分堆存区域，减少正面吊与拖车运行的距离及时间，减少作业成本。

③经济效益统计。每减少 20 分钟可以创造出 160 元的经济效益。

放箱作业时间由原来的 30 分钟降低到了 10 分钟，为企业及客户节省了 20 分钟的有效作业时间。按每台集装箱拖车每月平均收入为人民币 3 万元，每月平均工作天数为 30 天，每天平均工作时间为 12 小时统计，每台拖车每小时的收入 = 30000/30/12 = 83 元，平均每减少 20 分钟可以创造出 160 元的经济效益。

集团大数据平台每日需要场站进行数据汇总上传，人工成本平均每日按照 260 元计算，每天需要上传 MSDS 及数据信息的时间约为 1 小时，每天按照 12 小时工作量，每日上传数据人工成本为 21.6 元，通过（数据）图形化系统自动上传功能，按照一个月 30 天计算，每月可节省 648 元，每年节省人工成本 7776 元/人。

单箱综合经济效益：（A + B + C）/365 = 42 元

“大连集发南岸国际物流有限公司”月均提箱出场箱量为 2225 自然箱，如此项目之应用，对于提箱人和堆场的月均综合作业成本能节省 42 × 2225 = 12 万元，全年则可节省达 110 万元，经济效益价值可观。

（2）社会效益分析。

①降低危险货物运输车辆在公用道路上、通道等待而形成的道路拥堵，促进了道路畅通，减少了危险货物车辆在道路上可能造成的危险。

②通过（数据）图形化系统，降低了人工协调成本，减少了场地操作的繁复工艺，

简单直观地操作现场的危险品货物堆码。减少了 MSDS 的上传时间，减少了 MSDS 上传不及时的隐患，降低了对危险品管控风险，达到实时上传的目的。

③（数据）图形化系统应用了大量的先进技术与 GIS 图形化技术，通过直观的图形化系统，大大提高了对操作、管理、安全、联动、应急的能力。同时，缩短了与监管单位、救援单位的响应时间。因此，通过本项目的应用效果来看，本项目的应用推广也可作为智慧港口组成的一部分，具备极大的社会意义。

④本项目研究综合了目前现有的同类项目建设和使用的成功经验，解决了信息透明、容灾备份、信息互联、数据共享等目的。（数据）图形化系统提升安全管控及与救援单位达到信息化系统的统一应用，为行业内其他同类项目的设计和建设提供了宝贵的经验。

5. 实施效果

（1）与消防队联合演习。

①（演练场景）叉车在 B02 拆装 3 类危险品作业时发现盛装货物的货桶发生渗漏。

②现场业务员发现货桶泄漏后，立即疏散现场人员，并向控制中心报告。

③控制中心确认发生险情后立即向消防队报警，向上级有关部门报告。

④危险品场站成立应急指挥中心，研判货物 MSDS 后立即启动应急预案，上报集箱安监部，指挥公司应急救援组对货桶堵漏。

⑤接引消防车进场救援，与消防队交接 MSDS。

⑥堵漏救援结束后通知东泰公司对泄漏物进行回收。

（2）与市环保局联合演习。

①（演练场景）现场业务员在巡视现场过程中发现应急处理区二硫化碳储罐发生燃烧。

②指挥部根据（数据）图形化系统锁定应急箱，并调取 MSDS，及时通过与消防队的系统联动，对货物进行研判，同时配合消防队对应急救援的组织协调。

③大连集发南岸国际物流有限公司对事故现场的人员及周边企业进行疏散。

④大连港公安局消防支队的应急救援。

⑤应急救援组利用堵漏工具应急救援。

⑥环保局对大气和水质的应急监测。

⑦东泰公司对固废及事故水的收集处置。

⑧演练结束。

五、展望

1. 物联网数据整合

目前，大连集发南岸国际物流有限公司在原有系统的基础上，在场地内进一步实施了数字视频系统全覆盖、基于温感的红外测温系统，进一步为安全监控和检测提供信息保障。系统下一阶段的设计思路，是整合场地内所有物联网硬件，有机结合在一起，形成一个统一的安全监控平台。

加强现有操作系统功能，提升物联网设备覆盖范围，打通各系统之间的数据通道，将现有所有静态管理信息、安全应急预案、危险品处置方案、动态业务数据、物联网设备、仪器仪表、自动化控制系统、红外测温系统、场地无线设备、视频信号、红外检测、光纤振动监测系统，有机整合到一体化的平台中，实现基础信息、动态信息、自动化设备的有机结合，成为危险品管理、操作、安全预警、处置的可视化、智能化、一体化平台（见图7）。

图7　大连集发南岸国际物流有限公司安全信息管理系统示意

2. 数据共享

目前，大连集发南岸国际物流有限公司已经完成了第一阶段的开发。后续还将与集团及监管单位进行数据、视频共享、风向风速、自控系统、消防系统、门禁系统等大数据整合及危险品场站系统的统一规划及管理，把海事、检验检疫的数据接入危险品管理系统，形成一套及时互动机制及危险品预测机制的完整体系。

通过对危险品操作系统升级及技术创新，我们将以前各个端口数据进行整合及统一管理，形成统一的安全监控管理中心，提升安全管控的水平，完成了应急处置系统，同时实现与口岸监管部门之间信息互动，形成口岸危险品点、线、面结合的立体式管控体系，使大连集发南岸国际物流有限公司的安全管控的水平上升到一个新的高度。

厦门荆艺软件有限公司：古井贡酒物流配送信息化项目

一、信息化项目应用单位——中国物流股份有限公司简介

中国物流股份有限公司成立于1988年，是国务院国资委监管的大型企业集团、首批国有资本运营公司试点企业——中国诚通控股集团有限公司的成员企业。中国物流致力于为广大客户提供铁路和公路运输、公铁水多式联运、国际货运代理、仓储、配送、生产和销售及供应链金融等综合物流服务。

中国物流股份有限公司紧跟国家战略导向，完善“一带一路”海外布局，共建“亚欧非”经济圈。通过构建“丝绸之路经济带”和“21世纪海上丝绸之路”，联通“亚非欧”区域交流，统筹国内国际发展，拓展西部大开发和对外开放的空间。

中欧项目是公司落实“一带一路”战略的重点项目。2015年6月，集团和公司领导赴欧洲考察，在李克强总理与比利时首相米歇尔共同见证下，集团与国家开发银行、比利时安特卫普港务局签订《三方合作备忘录》。比利时、荷兰等国高度重视公司该项目的推进情况。2015年10月，比利时安特卫普省代表团来访交流，公司领导还受邀参加荷兰驻华大使馆与中国商务部联合主办的中荷可持续成长伙伴关系CEO（首席执行官）圆桌会议。

（一）公司资质与荣誉

《中华人民共和国物流术语国家标准》起草与编审单位之一；

公司及所属企业全部通过ISO9001服务质量管理体系认证；

国家AAAAA级综合服务型物流企业；

世界货代联盟（WCA）、中国全球物流联盟（CGLN）、中国物流与采购联合会、中国交通运输协会、中国国际货代协会等多家国际、国内协会理事、常务理事；

“中国物流百强企业”第14名；

被中国物流媒体联盟评为“中国最具成长性物流企业”；

被中国物流与采购联合会评为“中国最具竞争力50强物流企业”；

中国物流技术协会物流知名品牌企业；

物流企业信用评价AAA级信用企业；

铁路集装箱运输大客户单位。

（二）公司网络资源优势

公司在全国设有分支机构百余家，并在30余个枢纽城市建立了大型物流园区。员工

2400余人、土地近8000亩、仓储面积约150万平方米，铁路专用线33条。

二、信息化项目服务客户：安徽古井集团有限责任公司简介

古井集团的前身为起源于明代正德十年（公元1515年）的公兴槽坊，1959年转制为国营亳县古井酒厂。1992年集团公司成立，1996年古井贡股票上市。公司是中国老八大名酒企业，中国制造业500强企业，是以中国第一家同时发行A、B两只股票的白酒类上市公司。安徽古井贡酒股份有限公司为核心的国家大型一档企业，坐落在历史名人曹操与华佗故里——安徽省亳州市，目前拥有正式员工10000多名。

公司致力于打造以白酒主业为核心的“制造业平台”，以地产、商旅、农产品深加工为主的“实业平台”，以金融集团为主的“金融平台”和以酒文化、酒生态、酒产业、酒旅游为核心的“文旅平台”。

2008年古井酒文化博览园成为中国白酒业第一家AAAA景区，2013年古井贡酒酿造遗址荣列全国重点文物单位。2016年在“华樽杯”中国酒类品牌价值评议活动中，“古井贡”以492.59亿元的品牌价值位列安徽省酒企第一名，中国白酒第五名。2016年古井集团成为“全国企业文化示范基地”，荣获中国酒业“社会责任突出贡献奖”。

三、古井贡酒信息化前存在的问题

根据古井贡酒近年来快速增长的业务需求，现有信息系统已不能满足高速增长的业务管理需求，需要具备仓储作业、运输可视化、运输在途全程跟踪、财务计费结算等业务一体化信息管理，满足古井集团自身业务的个性化需求增长，同时兼顾多项目共管，并可集成多种现有业务的物流信息管理平台，在没有实用系统之前其突出存在的问题如下。

（1）基础数据管理较为混乱，业务流程也存在多样性，形成不统一的管理。

（2）公司管理层无法直接得到准确的业务报表，对整个公司的经营状况无法第一时间进行分析决策。

（3）各职能部门之间业务交接、配合也存在较多的问题，导致数据延迟甚至不准确。

四、古井集团成品酒物流配送业务流程

成品酒物流业务共包括以下8个流程图。

（1）成品酒物流运输整体流程图：《整体流程》。

（2）客服业务子流程图：《客服》。

（3）调度业务子流程图：《调度》。

（4）仓库业务子流程图：《仓库》。

（5）生产业务子流程图：《生产》。

（6）结算业务子流程图：《结算》。

（7）客户业务子流程图：《客户》。

（8）承运人、门卫业务子流程图：《承运人》。

五、古井集团成品酒业务流程说明

1. 成品酒物流整体流程说明（见下图）

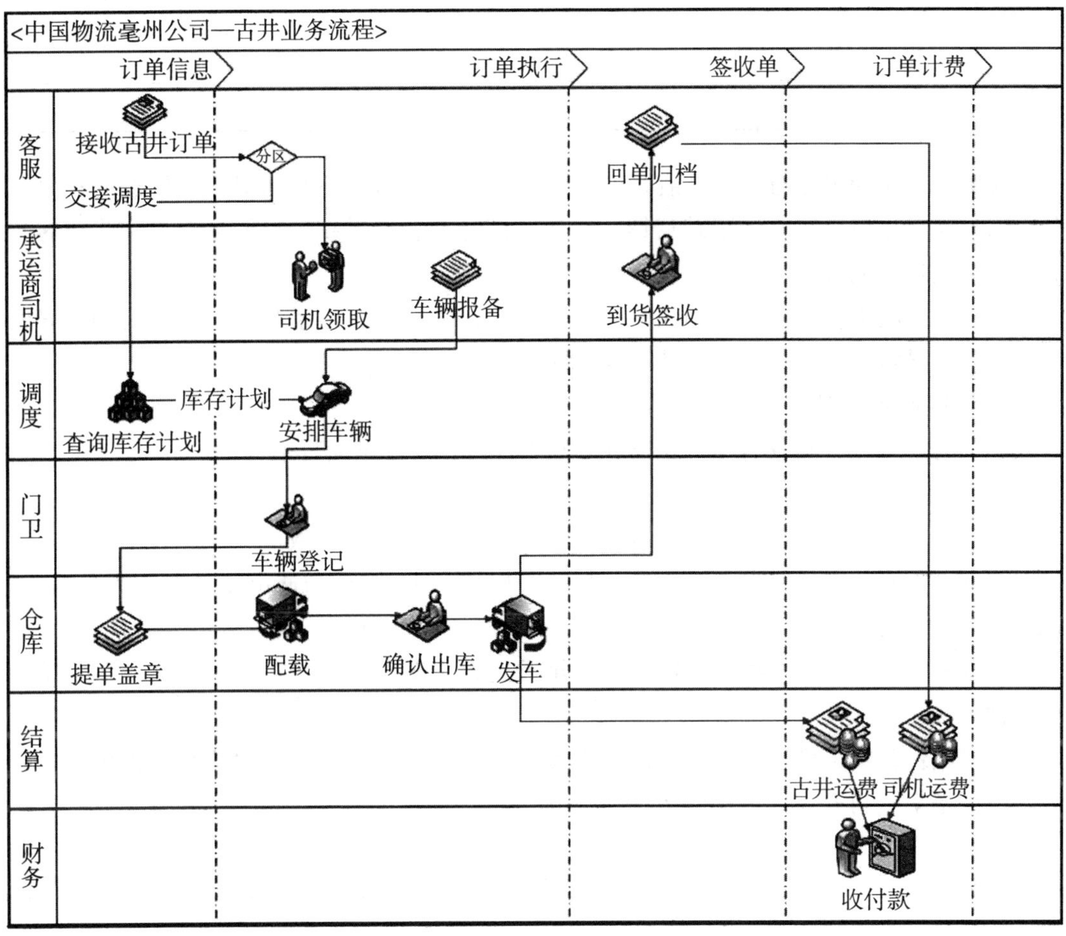

成品酒物流整体流程说明

2. 客服业务流程说明

（1）业务描述。客服工作是整个业务的开端，与承运人和古井贡酒均有交接工作。

（2）操作步骤。

步骤一：领取提货单。通过扫描提货单上的二维码，将相应的信息自动录入物流系统并生成《单日领取提单明细》。

异常情况：撤单/换单。服务客户撤销或者更换提货单，通过二维码扫描同时备注撤销或者更换，系统保留原始痕迹。

步骤二：分区。扫描二维码后，通过物流系统设定好的送货地址及区域系统显示区域并自动分区。

步骤三：发放提货单。将分区后的提货单通过物流系统导出数据生成交接表（见表1）打印，将各区域交接表汇总打印与调度中心交接。

表1　　交接表

序号	提货单号	客户名称	区域	签字	备注
1					
2					
3					
4					
5					

步骤四：车辆跟踪与在途反馈。根据系统关联“米阳练练看”对每天发送的车辆定位，对异常在途信息针对性跟踪反馈，对异常信息更新至系统，对服务客户和收货客户开放系统到货查询模块。

步骤五：收货客户确认及回访。客户签收后，确认收货，系统记录到货时间。异常情况：中途异常卸车需将卸车情况反馈至服务客户。

3. 调度业务流程

（1）业务说明。确认订单的生产计划和库存后，安排车辆装车。

（2）业务流程说明。

步骤一：根据提单明细未出库部分，查询关联库存及生产计划。

步骤二：确认客户需求。根据关联库存和生产计划，电话沟通市场（业务员及客户）确认需求，暂时不要货的延迟发货时间，并备注暂不要货原因。

步骤三：安排发货。根据市场需求安排承运人装车发货，并对未出库部分在系统内做反馈。

步骤四：备案车辆信息（见表2）。将承运人安排好的车辆信息对应系统提单逐一做物流系统备案（可开放端口给承运人）。

表2　　车辆信息

序号	项目名称
1	车牌号
2	车型
3	驾驶员姓名
4	驾驶员联系方式
5	装车时间
6	装车周期

步骤五：车辆定位。将备案的车辆信息录入“联联看”。

4. 仓库业务流程

（1）业务说明。掌握仓库库存实时数量，对承运人和司机公开库存信息。

（2）业务流程说明。

步骤一：承运人凭提货单到仓库提货。

步骤二：仓库确定实际出库数量。根据物流系统扫码情况结合车辆备案信息，对未出部分在物流系统做分票处理。物流系统生成出库单，打印作为出门证、回单。

5. 结算业务流程

（1）业务说明。与承运人和古井集团结算。

（2）业务流程说明。

步骤一：根据承运人的回单，通过扫描回单上的二维码，打印出与承运人的运费支付单，并显示本单已回。

步骤二：结算金额。目前分为 7 个区域，每个区域根据不同的里程数有不同的运率。运率又分为与古井结算运率和与承运人结算运率。

步骤三：结算公式。实际出库数量（t）×运率×里程数。

步骤四：异常情况。回单超期，自出库日期超 20 天未回单为超期回单。系统自动计算并提示，由结算催交。

步骤五：报表功能。各个区域的收入和支出，与古井金额差额。

6. 其他需求

（1）客户。通过物流系统查询货物在途状况。

（2）承运人。

①安排车辆进厂装车。

②向承运人开放库存查询，生产计划查询。

③备案当天安排的车辆信息（可开放端口给承运人）。

（3）门卫。

①通过物流系统中的车辆备案，若已备案，则让车辆进厂。

②车辆出厂时，门卫在系统中确认出厂。

六、应用企业实施信息化的难点与解决

在荆艺软件实施中国物流古井贡酒信息化项目过程中，古井贡酒公司的业务板块多样化、业务服务要求精细化、业务数据传递复杂化、业务控制准确化等要求成为系统建设的难点，其中建议通过自有研发的供应链管理系统，结合古井贡酒现行业务板块，分别定制具有各板块可独立互联但同时业务板块间的数据可互相传递影响的信息架构，为古井贡酒实施信息化过程起到关键作用。

物流信息化整合分为三个层次，第一个层次是企业内部信息资源的整合，提高物流运作的自动化程度和物流决策的水平，企业通过内部信息整合，实现业务的优化管理和业务财务一体化管理；第二个层次是将信息化系统拓展到供应链上下游，为上下游厂商、客户、供应商开发信息化跟踪查询、信息反馈的物流管理模块；第三个层次是伴随物流产业面向供应链管理的系统快速发展，资源、市场和信息的整合推动了物流信息化平台。

根据古井贡酒物流配送信息化建设的需求，结合荆艺软件在物流供应链信息系统的成功实施经验，确立古井贡酒信息化项目的定位如下。

1. 建立集成的企业信息化平台

在现有的国际经济体制下，企业的客户对象种类繁多，业务合作伙伴也会涉及各方面，合作伙伴中，上游有客户，下游有货运公司，还有银行等，因此其信息化建设绝不能孤立存在于企业中，古井贡酒信息系统建设应立足于供应链的思维，贯彻以客户为中心，以市场为主导的企业理念，通过技术信息平台整合行业资源，深入开发各种相关的信息资源，并在相关领域做到信息资源共享。

2. 以客户为中心建设信息系统

在进行信息化的全过程中，应注意人在整个信息系统中的作用和态度。货主、客户对物流的"及时性"要求越来越高，特别是随着作为客户的企业大力引入信息技术，建立信息系统，要求物流业者的信息技术水平也要不断提高，与不断进步的客户同步成长。

3. 信息化与物流再造结合

物流的信息化首先是一个流程再造的过程，物流的成功必然伴随着业务和管理流程的再造，不能局限在一个纯技术范围来研究。要解决产业的整个系统优化、流程改造、经营管理理念等问题，信息系统需要集成。

七、信息化主要效益分析与评估

在宏观方面，古井贡酒信息化建设项目成功上线，通过古井贡酒物流配送系统能够从订单录入开始进行全流程的业务数据控制管理、业务运作监控管理、业务结果分析改进等业务层面的信息管理，通过管理过程中对数据的传递、对业务的控制、对财务的分析达到古井贡酒业务流、财务流、信息流等多层面互动，为古井贡酒满足现代物流所需要具备的信息管理能力提供了全面支持。

根据信息化系统管理能力的提升导致业务能力的提升，帮助古井贡酒在整体企业核心竞争力方面提供了一个层次，为古井贡酒逐步在供应链一体化过程中体现出具有现代物流特性的物流管理能力奠定了基础，同时为公司在未来市场竞争中所具备的先进的物流管理理念与管理能力、先进的供应链管理基础等提供核心支持。

在微观方面，古井贡酒物流配送系统的上线很好地解决了以往公司内部物流管理混乱、物流节点繁杂、物流控制薄弱、物流资金浪费等多种症状，以统一的物流管理思路，满足业务板块庞大、客户管理统一、物流运输方式优化、物流环节缩减、物流费用节省等物流需求。为古井贡酒满足构建整体物流、整体信息平台的要求做出了贡献。通过信息平台管理优化企业业务流程后，为古井贡酒市场竞争模式、物流运营模式改变提供了基础。

八、信息化实施过程中的主要经验与推广意义

经过双方成员的共同努力，项目实施进展顺利，于 2016 年 12 月 2 日宣布正式上线，为客户提供运输管理、客服管理、在途可视化管理、微信在线 TMS、财务管理等几大核心解决方案。

为保障 TMS 系统成功上线，双方领导高度重视，各部门员工积极配合系统的培训、测试、反馈等实施工作，荆艺软件相关技术支持工作准备充分，及时解决现场问题，为

系统顺利上线提供了保证。

系统的上线，标志着荆艺软件与中国物流的合作迈出了成功的第一步，作为一个新的里程碑，该系统的成功上线，对中国物流决策和管理水平、业务发展具有重大意义。

九、下一步的改进方案、设想与物流信息化的建议

（1）提供更全面的信息化建设服务，为上下游客户、承运商提供增值服务，达到与古井贡酒三者之间进行互动、信息共享等。

（2）建设移动端操作平台，可以随时随地查询、反馈订单信息。

（3）物流运输全程可视化信息建设，使客户、承运商能实时监控当前订单状态。

招商局物流集团有限公司：物流供应链管理系统

一、企业简介

招商局物流集团有限公司（简称招商物流）是国家A级央企、香港四大中资企业之一招商局集团有限公司旗下发展现代物流业的核心企业，于2000年正式组建，总部位于深圳，注册资本12.5亿元。16年来，招商物流聚焦泛快速消费品合同物流细分市场，发展迅速，实现了年复合增长率30%以上的高速发展。截至2016年年底，招商物流总资产达178亿元，2016年实现营业收入102亿元，利润总额7.6亿元；拥有自有土地规模超过200万平方米，自建仓库达到114.8万平方米，经营仓库面积达到221万平方米，可控车辆超过30965台。招商物流已经在华东、华北、东北、西南、西北、华中、华南七大经营区域拥有全国性物流网络实体，在全国153个城市设立了物流运作网点815个，物流配送可及时送达全国700多个城市，全国性物流网络布局初具规模，2016年运输周转量83.7亿吨公里。

早在2001年招商物流就引进了世界领先的SAP系统，成功构建了以SAP为基础的物流信息执行系统，实现了“数据集中化、系统集成化、操作统一化、业务财务一体化”的四化模式。招商物流信息建设与全国网络化布局保持一致，对外与大型客户系统实现了无缝对接，对内打造了先进的可视化运营监控技术平台，能够为客户提供全面的物流信息化服务。通过标准化运作流程、标准化效率成本、标准化服务质量实现了全网的标准化服务，提升了招商物流的核心竞争力，获得了宝洁、可口可乐、BP、青岛啤酒、埃克森美孚、苏酒集团、梅花生物等企业的青睐。2016年招商物流还完成了运输、仓储等核心系统的业务流程再造，借助“互联网+”重点打造物流供应链管理系统，进行数字化转型，现已完成供应链管理系统蓝图的确认及系统配置的开发，并积极推广基于“互联网+”的供应链管理系统及运力组织新平台，通过整合社会资源，增强核心竞争优势，助力招商物流成为中国领先的全供应链物流服务商。

近几年，招商物流一方面聚焦泛快速消费品物流细分市场，强调客户维护与深度开发，追求客户服务领域延伸，为客户提供物流策划与供应链的管理咨询服务、物流与供应链解决方案的设计、物流与供应链的实施与控制、物流与供应链的运作与管理、全球化的网络服务、物流信息化及信息网络服务、供应链上多个环节的资源整合服务、物流的特殊服务等；另一方面积极开展新运力组织、跨境电商等新业务、新模式，并依托标准化、集约化的管理集成优势，积极寻求并购，开发公路快运网络平台的公共物流服务，逐步实现了合同物流与平台物流的融合，提高全供应链服务设计、操作能力。

二、企业信息化建设的必要性

（一）招商物流信息化建设的背景

随着物流市场发展逐渐成熟、物流市场进一步细分、物流价格进一步透明，客户在关注物流服务质量提升的同时更加关注物流服务价格，物流市场竞争逐渐白热化。招商物流运输业态营收占主营收入 70%，在此市场竞争环境下，占收入、利润绝对比重的外协公路运输业务如果想继续做大做强，就必须紧贴市场、及时变革。

在新的第三方物流市场竞争态势下，信息系统的应用程度正逐渐成为物流企业成败的关键。为了在新常态中进一步巩固市场地位，提升企业竞争力，招商物流计划打造一个全新的供应链管理系统。该系统以仓储和运输业务的新形态为主体，整合运力组织平台，辅以移动应用、物联网技术等，为招商物流的发展提供有力的保证。

（二）建设供应链管理系统的意义

建设全面的供应链管理信息系统；提升管理效率，整合社会资源，增强竞争优势，朝着“成为中国领先的全供应链物流服务商”的方向努力。

1. 符合招商物流“1544 战略”的需求

招商物流供应链管理系统项目的实施，满足公司“1544 战略”需求，将全面提升招商物流的全国性、网络化物流管理水平，直接提升信息化技术应用与科学管理水平，既有内部管理性，又具备外部扩展性。

2. 全面提升招商物流管理水平和市场竞争力

供应链管理系统的推广应用，将极大提升招商物流信息化及数据分析与应用能力，增强管理过程的科学性、前瞻性与有效性，也将进一步提升公司物流运作效率，增强成本控制能力及资源高效使用能力，进而全面提升公司市场竞争力。

3. 有利于提升行业信息技术水平

招商物流作为全国网络化大型物流企业，在合约物流领域位于全国前列，供应链管理系统的应用，将推动物流行业信息化发展集成，带动物流产业向信息化、标准化方向快速发展。

4. 有利于打造招商物流品牌

基于招商物流现有的业务规模，通过信息化、大数据分析等信息技术手段，快速在物流服务、运营管理及成本效率等方面形成竞争优势，借此增强客户聚集能力，进一步扩大市场份额。

三、招商物流供应链管理系统项目概述

（一）项目规划

供应链管理系统项目将以招商物流为主导，利用 SAP 公司强大的软件产品开发能力，结合物流运作的实际情况，将实体运作与信息系统有机结合，最终实现物流运作效率的

提升、成本的降低、技术的创新。

此项目在招商物流原有信息系统基础上设计并实现新的供应链管理系统，将原有系统的业务流程全面重新梳理，建立了新的信息系统体系；并通过与周边系统的全面整合，进一步提升了系统的应用水平。系统通过核心业务子系统完成业务执行并实现业务财务一体化；通过基于“互联网＋”的运力组织平台和资源管理系统实现社会运力的组织和整合；通过客户关系管理系统和呼叫中心实现对客户的支持服务；通过移动应用平台实现业务的跨平台处理；通过和 GPS/GIS 系统的整合实现业务的过程跟踪；通过和政府机构应用的对接实现信用体系的初步建设；通过和客户系统的流程对接实现跨行业的系统整合应用。

（二）项目目标

供应链管理系统项目的主要目标是：完成业务执行并实现业务财务一体化；实现社会运力的组织和整合；实现对客户的支持服务；实现业务的跨平台处理；实现业务的过程跟踪；实现信用体系的初步建设；实现跨行业的系统整合应用。

此次实施的供应链系统项目是针对整个招商物流的物流运营环节，建立一个完善的信息化管理系统。这个系统已在招商物流北京公司进行试点，后续将覆盖全国所有分公司。

（三）系统整体架构

供应链管理信息系统（见图 1）是一套包括资源管理、业务执行管理、仓储管理、运输管理、融资结算、风险管控和客户关系管理的大型综合性运营管理系统。系统用 4 种资源，通过 7 套核心系统，为 3 类客户进行服务，周边有 4 套应用平台协助完善系统的功能实现。

1. 业务执行系统

业务执行系统是一个在现有系统功能上实现集业务下达、业务执行、状态跟踪等多种功能于一体的业务事件处理系统。

2. 仓储、运输系统

仓储、运输系统是主要的业务系统，其中仓储系统是在目前的 SAP EWM 系统上进行扩展，集成更多仓储管理功能，通过业务流程再造实现新的仓储系统功能规划，并着重实现大数据、物联网方面的应用；运输系统以 SAP TM 系统为基础建立，在招商青啤的实施基础上进行功能改进和实施能力的完善，系统建设以运输资源优化、订单分拆和整合、运输过程状态跟踪为重点，兼顾车辆配载、路径规划和优化等功能。

3. 融资结算系统

融资结算系统是以 SAP 财务系统为基础，结合业务系统的结算功能，实现财务管控、业务结算、信息共享等相关功能。

4. 风险管控系统

风险管控系统是在现有的财务系统体系上建立的，结合业务与财务数据进行风险的识别、评估和应对。同时结合大数据应用，进行风险预警。风险管控系统结合资源管理

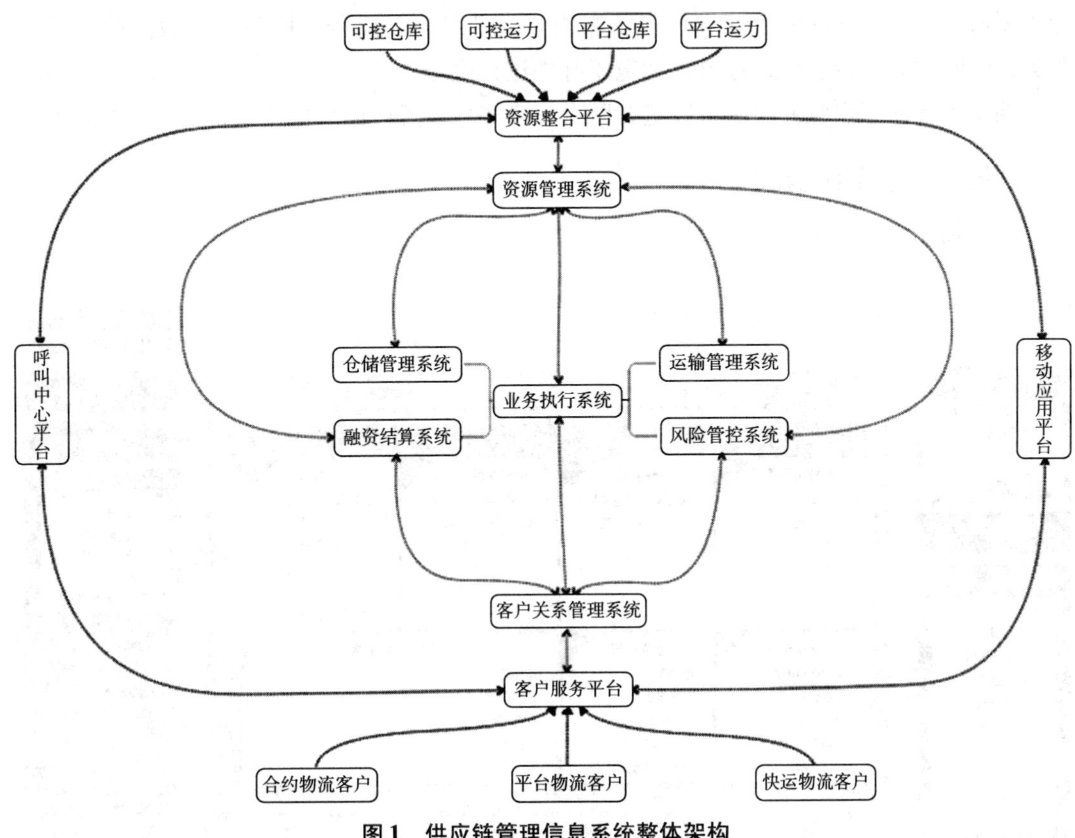

图1　供应链管理信息系统整体架构

系统和客户关系管理系统可为物流资源和客户的质量评估提供有效依据。与资源管理系统、客户关系管理系统交互风险识别、评估和应对信息。

5. 客户关系管理系统

客户关系管理系统包括对市场营销、销售管理的支持，更能够通过客户服务子系统进行订单的下达和跟踪。结合来自业务执行系统和融资结算系统的数据，可实现客户的信用管理和商融通业务。同时，通过移动应用平台和呼叫中心平台，可以拓展业务范围，吸收更多的社会货源。

6. 资源管理系统

资源管理系统用于管理自有和社会资源，包括仓库、运力等。系统对资源进行分类分级管理，并有资质审核和准入机制，同时要求按时间周期进行审核与评定。系统可以提供社会资源入口，进行订单管理和投标，并可结合业务执行系统、融资结算系统的数据提供商融通业务服务。对资源进行绩效管理，并与信用体系互动。同时对绩效指标优秀的资源给予不同形式的激励。

（四）服务平台模式

资源整合平台、客户服务平台、移动应用平台和呼叫中心平台是供应链管理系统对客户和司机的落地渠道。四个平台根据服务对象的不同，采取差异化的部署方式。

资源整合平台、客户服务平台主要通过网站和电脑客户端来进行服务；移动应用平台主要通过手机客户端和社交媒体（微信群、企业号、公众号、服务号、微博等）进行服务；呼叫中心平台主要通过电话和电子邮件进行服务。

四个平台的客户服务团队可以进行整合，未来可以考虑简易应用系统的部署推广。

（五）核心系统蓝图设计

图 2 为核心系统架构。

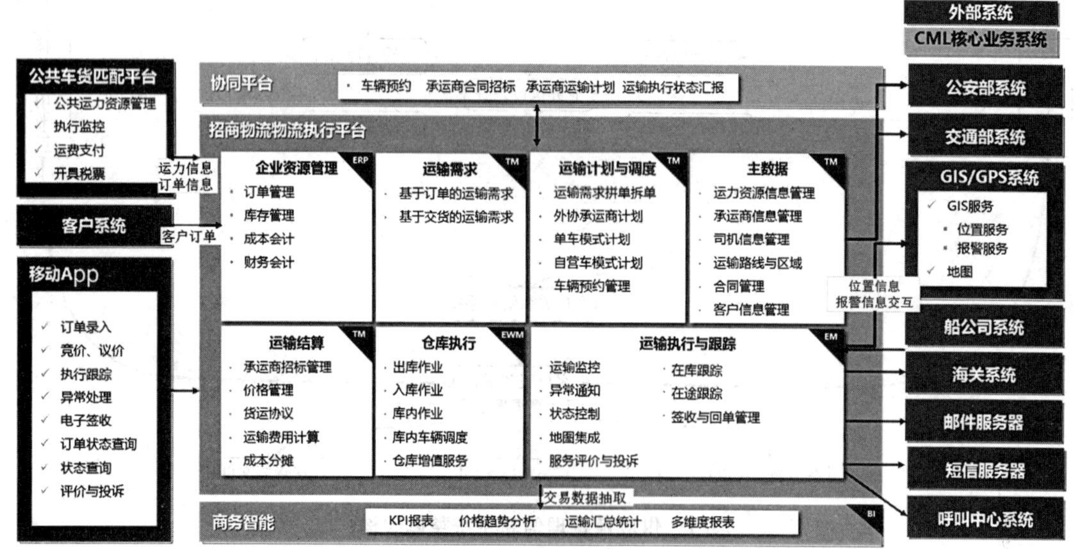

图 2　核心系统架构

与此前规划的整体系统架构相比，核心系统架构的设计更加关注 7 套核心系统与周边系统的集成，同时引入了与互联网运力组织平台、移动应用的整合。

（六）标准业务流程

梳理出标准业务流程有利于将来招商物流的分支机构在同一标准下进行运作，并通过个性化功能开发来满足客户需求，以保证 70% ~80% 的业务集中于一套标准业务流程中，实现提高运作效率，降低人工成本。

（1）车辆资源储备、订单分配、运力采集、过程监控、回单管理、费用结算、运力评价、发票开具等运作全过程实现了信息平台的规范化、标准化管理。

（2）减少了承运商、货运部等中间环节的利润盘剥，有效降低了物流运作成本，提高了公司盈利能力和市场竞争能力。

（3）通过该信息平台的应用，服务质量、车主响应均有大幅提升，增强了公司与客户、车主的合作黏度。

（七）项目实施推进计划表

招商物流供应链管理系统的核心建设，从项目启动到完成前后持续时间约为 8 个月，从 2016 年 9 月始，继续推进系统在北京公司的全面实施，截至目前，已完成北京公司多

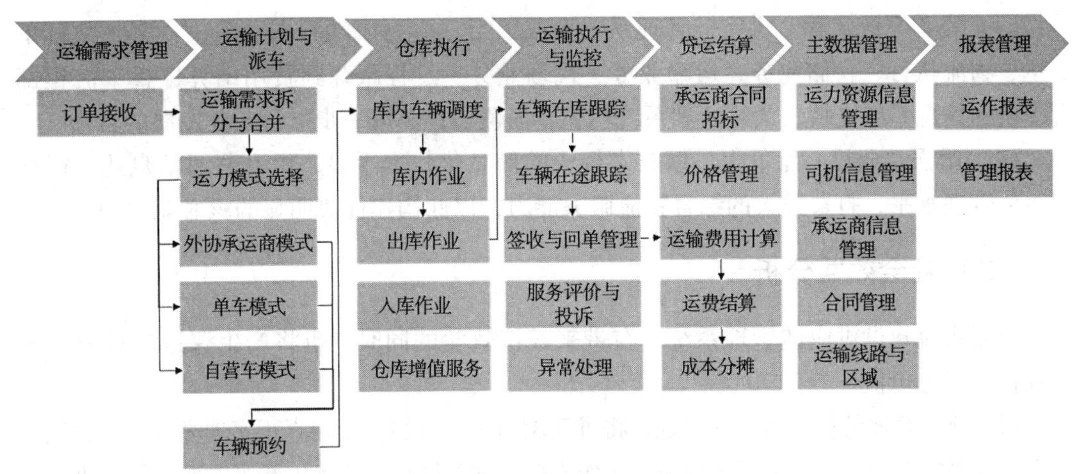

图3　标准业务流程

个项目的系统实施工作并上线。根据供应链管理系统的建设要求，运输系统移动应用的建设已完成了司机版，并在各大手机应用市场进行发布，后续将继续开发不同角色的使用版本，继续完善司机版的功能开发。项目推进计划表如下。

项目推进计划表

工作内容	完成日期
完成系统蓝图设计	2016年1月4日
系统开发配置完成	2016年4月11日
完成系统的集成测试	2016年5月16日
完成集团用户测试	2016年6月6日
在北京公司完成系统第一阶段上线	2016年9月
继续推进供应链管理系统在北京公司的全面实施	2016年10月至今

四、供应链管理系统项目的信息化效益分析与评估

（一）企业效益分析

招商物流在原有信息系统应用的基础上提升系统应用，整合周边系统，这将使得公司在国内的物联网应用技术上处于领先地位，实现在物流精细化、标准化发展方面取得质的飞跃，其公司品牌价值及行业影响力将进一步提升，不断提升公司整体运作质量，对公司未来的业务发展将产生深远的积极影响。

（1）提升系统应用。全面升级了基础的业务和财务系统，通过信息系统流程再造梳理了仓储和运输两大子业务系统的流程，并融合了业务财务一体化等功能。

（2）融合周边系统。供应链管理系统借助“互联网+”，融合了移动应用、呼叫中心、运力组织平台、GPS/GIS系统、相关政府机构系统、船公司及海关等周边系统，形成了整合的系统平台，塑造了一个完整的物流行业信息化解决方案。

（3）完善系统流程。供应链管理系统形成了第三方物流端到端的解决方案，从订单下达、物流执行、仓储业务、运输业务、代理业务、过程跟踪到费用结算，整个流程都有完整的信息系统支持，最终达到系统功能全面覆盖，并进一步引领业务发展的目标。

（4）增强企业核心竞争力。以领先行业的信息化技术手段，提升公司信息化、标准化运作管理水平，打造强大的综合物流服务能力，以此构建优势明显的核心竞争力。

（二）社会效益分析

招商物流建设供应链管理系统，在带来经济效益的同时，也将产生深远的行业影响力及社会服务价值。

通过建设全面的供应链管理系统，将推动国内第三方物流公司真正实现完整的端到端信息系统解决方案的发展，为市场拓展、运作支持、财务结算、业务创新等方面赢得先机。

深度定制的各物流子系统应用将推进物联网发展，提升深圳地区经济发展的物流配套服务水平，进一步改善物流产业发展环境，更好地推进城市经济的智慧发展。

通过应用供应链管理系统等先进信息技术，有助于加快培育以深圳为总部的全国性、龙头品牌企业，进一步凸显深圳城市经济发展在全国范围的影响力及对全国物流产业升级发展的推动力。

总之，招商物流供应链管理系统的建设将推进物流行业信息化发展进程，这对整个产业升级及社会环境保护具有重要的积极作用。

五、供应链管理系统项目总结与体会

在供应链管理系统项目的实施过程中，招商物流 IT 团队通过实践不断总结经验，从实际操作所遇到的问题得出以下总结：业务蓝图必须全面细致；业务方面的协调与支持是成功的前提；完善的项目管理可有效保证成功；应急机制必须提前制定；抓好事件的特殊性与普遍性；全面严谨的测试是最后保障。

六、供应链管理系统项目推广意义

招商物流供应链管理信息系统主要的后台部分主要用于提升内部管理和增强市场拓展能力，利用信息技术实现仓储和运输业务的全流程信息系统管理，并与内外部系统全面整合，避免出现信息孤岛，优化客户体验，有效促进业务财务一体化建设。

该系统的推广实施将有效推动国内第三方物流公司真正实现完整的端到端信息系统解决方案的发展，为市场拓展、运作支持、财务结算、业务创新等方面赢得先机。根据物流业务深入研发的各物流子系统应用，将推进产业互联网、企业移动应用和物联网产业的发展，提升前海地区经济发展的物流配套服务水平，进一步改善物流产业发展环境，更好地推进城市经济的智慧发展，符合现代物流的行业趋势，有助于第三方物流行业从粗放型管理向信息化方向发展，进而促进整个第三方物流行业的优化升级。

通过应用供应链管理系统等先进信息技术，有助于加快培育以深圳为总部的全国性、龙头品牌企业，进一步凸显前海城市经济发展在全国范围的影响力及对全国物流产业升级发展的推动力。

郑州顶益食品有限公司——LUTMS 陆路联合运输管理系统

郑州顶益食品有限公司（以下简称郑州顶益）为顶新集团方便食品事业群康师傅控股子公司之一，陆路联合科技（天津）有限公司是天津陆路港集团成员单位，定位于物流综合解决方案提供商，LUTMS 是其主要技术产品，针对郑州顶益在成品发运方面的信息化需求，陆路联合科技通过 LUTMS 加以实现，结合对成品科、运输科、各承运商、承运司机的信息协同提升作业效率、减少等待及浪费，对以往流程中欠流畅或不协调的部分加以改进，最终实现降本增效的目的。

一、企业简介

郑州顶益食品有限公司（以下简称郑州顶益）为顶新集团方便食品事业群康师傅控股子公司之一，公司原名为郑州福满多食品有限公司，地处河南省郑州市二七区马寨食品工业园区，交通便利，风景秀丽。公司成立于 2005 年 7 月 18 日。为适应市场需求，2014 年 6 月 1 日“郑州福满多食品有限公司”变更为“郑州顶益食品有限公司”，并于 2015 年 8 月迁址新厂，新厂占地面积 338758 平方米，总投资 81618 万元，注册资金 5000 万美元。生产的产品主要有康师傅桶面和袋面系列方便面。经营范围：主要生产、销售“康师傅”系列方便面、调味料、蔬菜制品、复制食品添加剂及用于包装的马口铁桶等。

公司通过 FSSC22000 及 ISO22000 食品安全管理体系双认证。公司员工的学历以大中专学历为主，其中本科以上学历 100 余人，大专以上学历 260 余人，公司架构设置厂长 1 名，下设制面、调理、储运、计划、品管、厂务、采购、人资、财务等部门。

公司的生产信息化、自动化程度较高，是现代化企业的标准模式。自建厂开始即使用 SAP 公司的 R/3 系统，包括财务管理、管理会计、企业控制、生产计划、物料管理、工厂维护、品质管理、专案管理、销售与分销、人力资源管理，以及全自动生产线和全自动立体仓，包括对应的 WMS，实现良好的企业内部管理。为了进一步加强外部供应商协同管理及信息协同，提高物流流通效率，降低成本，公司采用陆路联合运输管理系统（LUTMS），整合供应商资源，提高物流管理高效化，工厂正式迈出实现向现代物流业转型发展步伐。

郑州顶益食品有限公司本着“诚信　务实　创新”的理念不断地开拓创新，服务用户，将一流产品奉献给社会和消费者，以满足顾客的需求。

二、企业在实施信息化之前存在的问题

目前，郑州顶益所有的系统及自动化投入均针对企业内部管理，对于外部供应商协同管理及信息协同瓶颈化凸显。主要问题如表 1 所示。

表1　信息化实施方案前存在的问题

问题类型	具体指标	系统应用前
工作效率	厂外平均等候时间	204 min
	进厂后到装车前时间	305 min
	装车效率（箱/min）	2.3
	单车月运营次数	33
	获取物流信息时间	60min
管理效果	月流货现象出现次数	4
工厂绩效	仓储人员雇用成本	30 人
社会效益	全国运输缴税率/交税金额	20%/707 亿元

1. 信息衔接不顺畅，造成时段性资源紧张

订单产生后，由各承运商按线路分配承运，工厂成品科负责发运工作（包括出库、备货、装车等），发货量大且合作供应商有4家，发运工作衔接出现问题；订单自销售端产生后进入R/3系统，生产完成后，形成发运计划，发运计划24小时随时产生，但由于信息协同差，每天下午16点各家承运商才可取单，对即将发运货物的情况缺乏了解，所有调度车辆的动作都是在16点拿到订单后才可操作（例如，安排车辆、司机排班等），造成压力，时段性资源紧张，成本提高。

2. 缺乏信息通报机制，影响物流整体的运作效率

（1）由于缺乏信息通报机制，提货车辆出现集中到厂提货现象，导致严重的压车等待情况，直接造成成本增加，且属于浪费部分；由于所有承运商之间无法彼此了解对方订单的多少和车辆提货时间的安排，易造成车辆集中到厂提货，经常出现上午只有3台车左右过来装载，下午16点以后集中来20几台，很多车辆在厂外等待装货，司机有很大抱怨，事实上也导致发运班组忙闲不均，无法做到事先按照发运计划加减工作人员，对个别发运班组形成发运压力和造成工时浪费，且车辆等待时长过长也造成了承运商成本的增加。

数据参考：LUTMS系统上线前，车辆厂外平均等候时长200分钟以上。

（2）信息通报的缺陷，发货班组无法预知车辆进厂顺序，导致订单发运无法做到提前排序，因此均采用车辆停靠到具体泊位后，见纸质订单才备货、装车，造成环节不紧密，车辆滞厂时间过长，发运效率低下，往往自车辆进厂到开始装载需要等待30分钟至1.5个小时。

数据参考：因无法预知到厂车辆，造成站台无法提前备货。单车SKU（库存量单位）较多，造成配货时间较长，平均装车时长298分钟。同时带来站台工作效率低下，装车效率低，平均每分钟装车量为2.3箱，装卸人员工作不饱满，工作效率无法提高。

（3）在途运输信息无法实时了解，且作为工厂的销售代表无法及时了解合同执行进度，对此销售代表存在较大意见，销售代表只能通过电话联系工厂运输科询问，工厂运输科再联系承运商获取信息，承运商还要电话问到司机，时间反馈在1个小时左右，而且晚上无法得到信息。

3. 管理监管技术欠缺，产生严重流货现象

（1）对于整个发运及运输环节由于缺乏系统管控，实际上对于各环节的作业缺乏必要的数据记录，无法进行分析，从而无法做到改善意见的提出，管理始终停滞在“见招拆招”阶段。

（2）由于缺乏管理技术手段，车辆发运后，存在购货方与司机私下沟通的现象，改变卸货地址，严重的造成流货（将自己的货销售到其他销售片区）和恶性竞争，直接影响工厂的利益。

三、企业信息化的深入组织与推进

在信息化的实施和推进中也遇到了一些困难，其中最主要的问题为与现有的系统（包括 R/3 和 WMS）进行信息对接以解决信息即时传递。了解自身需求和扭转对新系统的认知是在开展信息系统化之前必须要解决的课题之一，并建立自上而下的专门方案来应对这次的信息化推进工程。

1. 信息化存在的困难与问题

在整体实施过程中，需要解决与现有的系统（包括 R/3 和 WMS）进行信息对接以解决信息即时传递的问题，但由于原有规定在实施过程中出现困难，同时原有的作业流程中的部分内容需要改善，涉及跨部门问题时出现推行困难。

2. 信息化解决方案

（1）2016 年 6 月开始陆路港公司即深入郑州顶益开始调研工作，与基层、一线员工充分接触，了解现状，不对现状抱有任何态度，发表任何意见，对涉及整体流程中的各个参与者进行普遍沟通，了解痛点、抱怨。

（2）2016 年 8 月整体调研完毕，陆路联合科技组织改善方案，重点部分是流程改善以及信息化设计功能及部署建议，其中包含订单生成实施传递、承运商订单通过手机 App 指定车辆、门卫查车程序调整、设立加急订单处理机制、备货前置等。

（3）2016 年 8 月底与涉及整个作业流程的厂内部门中层及班组长开会探讨适用性及改善意见，其中包括成品科、运输科、门卫保安队。第一次完善方案后，继续与厂内部门开会，这次邀请部分一线员工参加，以讲解和答疑的方式进行，继续征洵改善意见，与此同时启动系统开发工作。

（4）2016 年 10 月底系统开发完毕后，邀请厂内部门开会，并邀请厂内一线员工参加，进行系统演示并讲解答疑，并继续征集意见。

（5）业务系统成型后与厂内部门沟通，提供数据产生后的日常报表及分析项，定制报表，方便厂内决策。

（6）2016 年 11 月下旬开始进行系统部署，工厂组织各部门及承运商培训。

整个过程（包括调研、方案提供、流程改造以及部署实施再调整）获得了领导的绝对支持，得以顺利解决。最终该系统集成了订单管理、仓储计划、运输管控、合同实施、安全管理、决策支持和领导查询等功能。对内实现物流业务全程信息化管理，对外可为上下游客户提供业务信息查询以及电子单证管理等服务，实现了货物状态即时查询，物流服务效率、服务质量明显提高。自此，工厂关于成品运输方面的问题得以综合解决。

四、信息系统简介

1. 信息系统介绍

陆路联合运输管理系统（LUTMS）由陆路联合科技（天津）有限公司于2013年首次推出，陆路港园区应用此信息系统作为公路运输信息平台，为园区运输车辆和货主服务，并实现了与国税系统的对接。同时，被天津立达联运等物流企业多年应用于管理公路运输业务。2016年年初，结合公路运输市场最新趋势，融合最先进的移动互联和车辆管理技术，LUTMS 2.0版以全新面貌升级上线，同时在天津、上海、西安等地拥有28名技术开发人员和32名项目实施和服务支持人员，确保高质量的项目实施和业务支持。

LUTMS设计基于个体货运车辆（占中国运输行业95%，是实际承运人）的运输业务真实性，并且根据真实性给个体车辆开具3%增值税专用发票，同时能够满足货主企业对于运输过程透明的要求。LUTMS让企业储运、业务、车队和承运司机在同一个订单运输管理信息系统，从订单、调度、提货、在途、收货直到结算整个运输过程完全可视，货主可实时追踪。同时通过数据采集分析，优化场地/车辆/路径，有助于货主及运输车辆运作效率持续提升。LUTMS还可提升订单流转计划性，一体化信息管理，提高沟通效率，降低各环节的时间人力浪费。

每日承载订单量可达万单，支持同时在线车辆1万辆以上，定位频率可5分钟定位一次，包括轨迹数据内的全部内容永久存储，可追溯。

2. 信息系统技术框架

（1）设计思想。以SOA架构为基础全面实现行业供应链管理协同。采用SOA开放式技术，对于特定厂商产品依赖性小；系统开放、互操作性强，可以建立统一的Web服务用于和不同的上下游企业信息系统实现供应链协同。SOA的松耦合特性比较符合供应链管理业务应用特点，业务流程整合和项目协调的阻力会有效降低。

（2）技术路线。采用多层架构来设计，而应用的开发技术采用了Java、JSP等技术，为了便于系统间数据的交换，系统对XML规范也提供了相应支持。

（3）多层架构。根据技术发展的趋势，系统都采用多层结构的技术框架，如图1所示，该体系结构自下而上可以分为三部分——数据层、业务逻辑层、表现层。

其中，数据层主要用来存放系统数据；业务逻辑层用来实现数据的统计、查询等相关业务；表现层是提供给用户的界面层，用户通过表现层完成各种操作。采用这种架构，系统的二次开发将在中间的业务逻辑层中实现。系统功能的实现将以数据库为基础，采用通用的JSP技术加以实现，该技术是比较成熟的技术，实践证明该技术是安全可靠的。

（4）B/S服务模式。系统完全基于Java和浏览器技术，在客户端不需要安装额外的软件，仅仅需要浏览器就可以实现全部的操作，甚至包括远程管理和系统维护，成为真正和平台无关的B/S结构服务系统。

（5）XML交换标准。系统间的数据传输和处理均采用XML规范标准进行设计，增强对数据描述和数据传送能力，提高系统的开放性。XML的格式基本已经成为通用的信息共享和交换标准，提供描述不同类型数据的标准格式，更能满足物流复杂业务应用的信息服务需要。

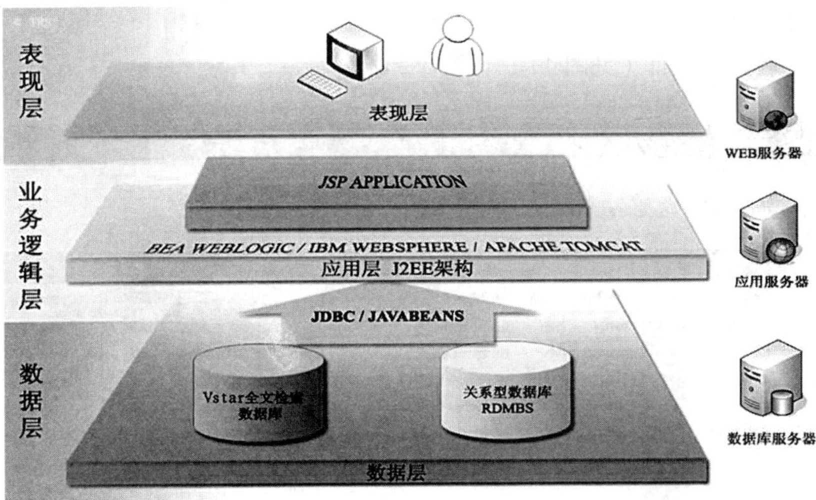

图 1　多层结构的技术框架

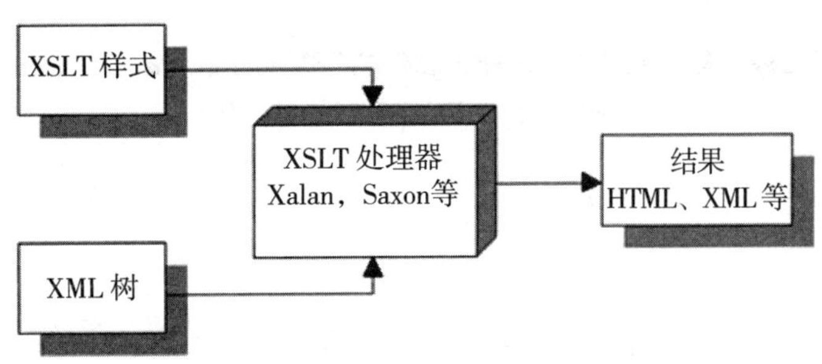

图 2　数据传输和处理示意

3. 信息系统运行模式

系统实行全过程可视化管理，运行模式如图 3 所示。

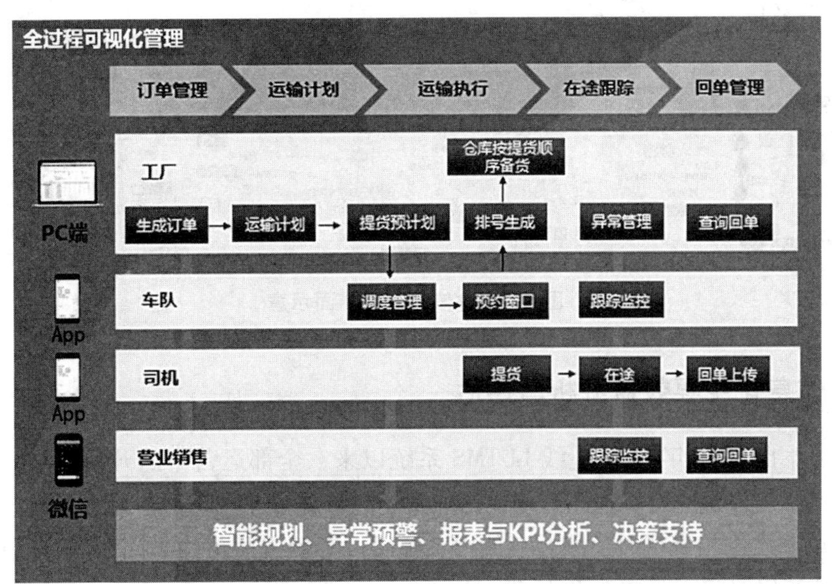

图 3　运行模式

操作界面演示如下。

货主 PC 端管理界面（见图 4）

郑州顶益-运输管理平台

运单信息管理 » 在此对运单信息进行查看和维护。 所有在途运单

运单信息

运单号	状态	运输合同号	装车数量	车队名称	派单时间	导入时间	起运城市	目的城市	司机姓名	车牌号
YD1703300006	到货	4005317421	2965	魏县锦程物流有限公司	2017-03-30 08:51:24	2017-03-29 18:53:22	郑州市	郑州市	东强	豫AM6817
YD1703300005	到货	4005316581	2998	魏县锦程物流有限公司	2017-03-30 08:36:46	2017-03-29 14:51:12	郑州市	郑州市	肖世光	豫p6F312
YD1703300004	到货	4005317116	3998	魏县锦程物流有限公司	2017-03-30 07:43:34	2017-03-29 18:53:28	郑州市	商丘市		皖l58526
YD1703300003	到货	4005317140	4007	魏县锦程物流有限公司	2017-03-30 07:19:39	2017-03-29 18:53:26	郑州市	商丘市		予n18803
YD1703300002	到货	4005317422	3973	魏县锦程物流有限公司	2017-03-30 02:26:31	2017-03-29 18:53:44	郑州市	郑州市	贺飞	豫：Am365
YD1703300001	到货	4005317286	4025	运城市五谷全运业有限公司	2017-03-30 01:58:42	2017-03-29 18:53:41	郑州市	安阳市	袁之邦	豫EZB885
YD1703290108	到货	4005317179	4180	华康物流	2017-03-29 22:10:31	2017-03-29 18:53:11	郑州市	信阳市	李建厂	豫AW0712
YD1703290107		4005317026	4046	运城市五谷全运业有限公司	2017-03-29 21:36:32	2017-03-29 18:53:42	郑州市	安阳市		豫J76673
YD1703290106	到货	4005317318	4043	运城市五谷全运业有限公司	2017-03-29 21:35:02	2017-03-29 18:53:42	郑州市	安阳市	/	豫EYM865
YD1703290105	到货	4005317270	4051	长沙恒泰物流有限公司	2017-03-29 21:25:15	2017-03-29 18:53:34	郑州市	漯河市		豫ar0508

图 4　货主 PC 端管理界面示意

在途信息管理界面（见图 5）。

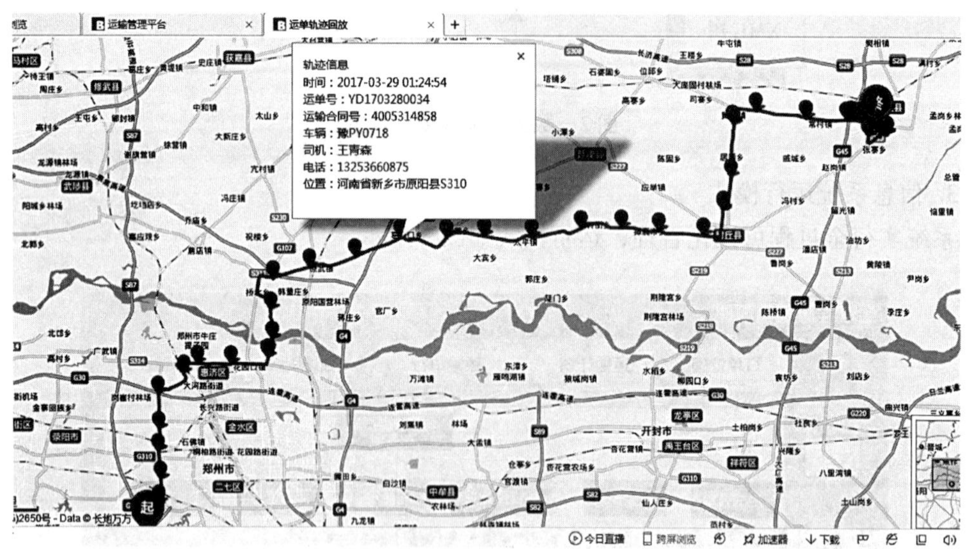

图 5　在途信息管理界面示意

五、信息化主要效益分析与评估

郑州顶益自 2016 年 12 月上线 LUTMS 系统以来，全部运营车队开始使用，从司机的从业体验到郑州顶益的发货现场管理，都取得了较好的效果。

（1）单车次平均等待时长缩短。使用系统后，车辆按照预约时间到厂，管理更精准，减少了厂外等候时间（见表 2 和图 6）。

表 2　　车队别等待时长统计　　单位：分钟

	12 月	1 月	2 月	3 月	4 月
长沙恒泰物流有限公司	221	231	214	261	157
华康物流	166	219	238	161	113
运城市五谷全运业有限公司	152	199	175	189	156
魏县锦程物流有限公司	159	166	177	210	205
累计	195	189	187	203	171

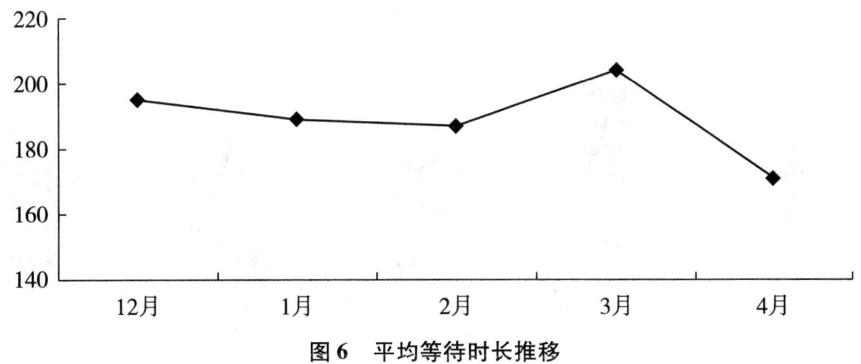

图 6　平均等待时长推移

（2）单车次平均装车时长缩短。系统使用后，排号功能的运用，减少了车到站台后等待时间。具体见表 3 和图 7。

表 3　　车队别装车时长统计　　单位：分钟

	12 月	1 月	2 月	3 月	4 月
长沙恒泰物流有限公司	263	263	280	265	212
华康物流	257	283	285	265	265
运城市五谷全运业有限公司	301	316	308	269	267
魏县锦程物流有限公司	305	263	272	257	244
累计	290	278	283	261	243

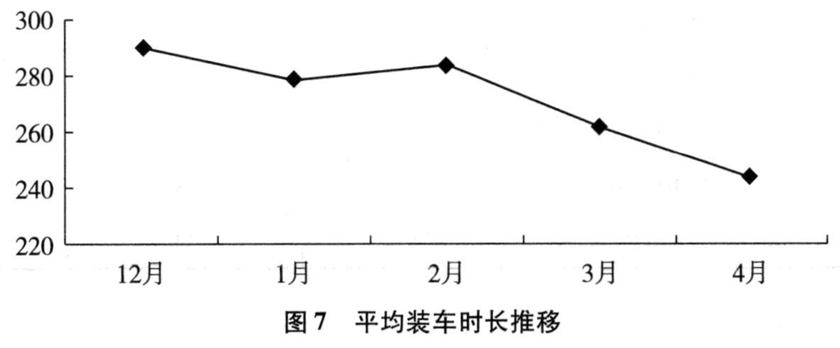

图 7　平均装车时长推移

（3）单位时间内装载量提高。站台提前备货，提高装车效率。具体见表4和图8。

表4　　车队别装车效率统计　　单位：箱/分钟

	装车效率		
	1月	2月	3月
长沙恒泰物流有限公司	2.1	3.0	2.5
华康物流	2.2	4.1	3.7
运城市五谷全运业有限公司	2.5	2.8	3.1
魏县锦程物流有限公司	2.2	3.1	3.4
合计	2.3	3.1	3.2

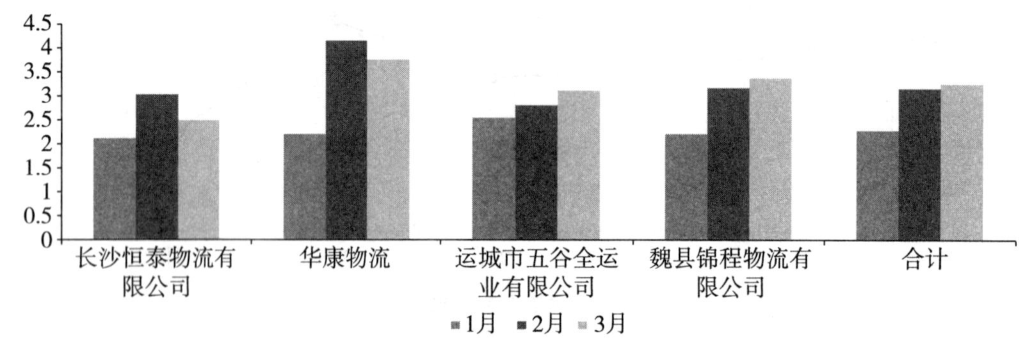

图8　装车效率推移

（4）单车月运营次数高。运营次数前10辆车位车辆，作业规范后，作业时间缩短，对社会车辆吸引力增强。具体见表5和图9。

表5　　2017年1—3月运输次数前10位司机明细　　单位：次

序号	车号	1月	2月	3月
1	豫GA0712	58	46	42
2	豫AM6817	52	29	29
3	豫AC9185	46	34	31
4	豫P79168	19	43	42
5	豫L96656	40	22	15
6	豫P6F312	29	20	27
7	豫LC2323	32	23	25
8	豫AR8837	29	23	29
9	豫BMS566	24	25	29
10	豫P6C232	31	23	20

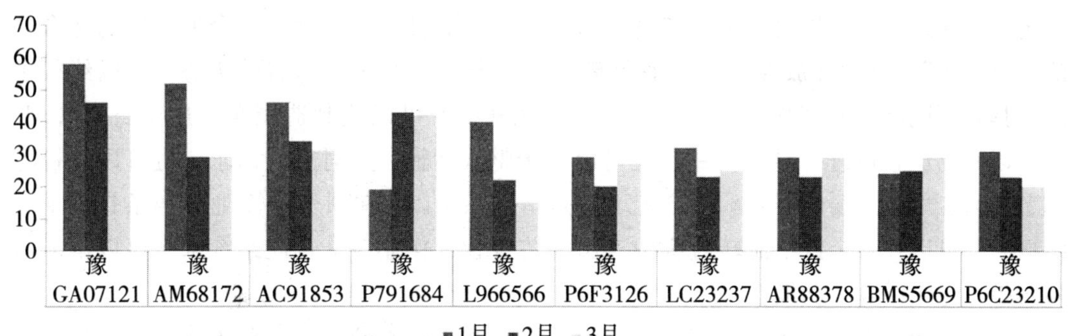

图9 运输次数前十名司机柱形图示意

六、信息化实施过程中的经验与教训

物流信息系统是现代企业的发展重点，而且针对企业生产和销售信息化而言处于相对落后的阶段，在物流信息化建设过程中，应该始终坚持“高平台、高起点、可扩展”的原则，信息化建设初期，就制定立足长远，全方位打造物流信息网络平台的目标，高标准搭建物流信息网络平台。

1. 需要加大对物流行业信息化人才的培养及储备

作为自主信息化的企业，虽然可以享受成本低、速度快、适应性高的收益，但信息化成效无法短期内直观量化，企业为信息化的投资（尤其是IT员工薪酬）很难形成数字化的依据，而IT研发人员日益高速增长的平均薪酬水平则导致了企业信息化人才极度匮乏，尤其受人员规模和薪酬规模的严格限制，引进IT人才确实更为困难；故加大对物流行业信息化人才的培养与储备工作已迫在眉睫。

2. 结合硬件和软件的优势

针对物流过程的信息化建设，不能简单依靠几套先进的软硬件设备，就想收到明显的效果。要想彻底提升整个物流环节的管理效能，除投入以上基本的软硬件设备之外，还必须同时具备先进的物流管理方法，必须把硬件优势和软件优势充分结合起来，才能发挥出应有效益。

3. 加强物流设施的配套

物流对服务水平要求很高，这就要求必须在系统实施之外大量配合物流技术手段的应用，自动识别、定位等技术配合便携式设备、手持设备的应用。通过利用先进物流技术，实现精细化物流管理，把大量人力从烦琐的机械化劳动中解脱出来。

4. 选择优秀的软件合作方，以实现持续化发展

智能化系统实施是一个持续过程，某种程度上一个优秀的系统软件是一个战略合作伙伴，一定要做好长期合作的准备。双方合作稳定，更利于后期系统维护升级工作，本身业务处在高速发展期，不断新增的业务，意味着系统需要不断升级换代，良好的合作方，有利于控制系统开发成本，减小系统开发升级带来的风险。

七、系统的改进及设想

目前，物流发展趋势是“平台化、社会化、精细化”，针对于此结合LUTMS的特点

与定位，陆路联合科技致力于将其打造为具有“开放性、广泛性、结合上下游的综合物流解决方案”，其中开放性是指此平台基于 SaaS 技术，突出易部署的优势，可以给很多的、具有不同需求的客户使用；广泛性是指此系统既可以使制造型企业用于自身管理，也可以使物流企业进行经营使用；既可以用于整车运输、点对点的需求，也可以支持零担、转运、甩挂运输的需要。结合上下游是指此系统以订单贯穿整个业务链条打破了层级概念，可以在整个订单流转过程中实施并监督管理作业，并且此系统未来可以集成风险管控、电子结算等功能。

结合公司现有信息化建设实际及物流信息化水平的不断发展，对于物流信息化提出以下建议。

（1）与采购、销售、存储、运输系统紧密对接，利用强大的数据进行分析，提高管理效率，发现更多的管理改善机会点。

（2）全运输链条信息化的推广，完成整车、零担的衔接，保证整个运输流程的可视化。

中国移动通信集团广东有限公司：企业物流供应链集中信息化管理

一、企业概况

中国移动作为通信行业的一家大型上市央企，近几年在来自资本市场的巨大压力下，致力于通过开展企业管理信息化的探索，支撑公司高效低成本运营。高度信息化已成为中国移动运营企业管理模式的重要特征，既包括网络平台、支撑系统的集中信息化建设，也包含财务、客服及物流集中信息化管理系统。

在物流领域，中国移动按照标准化、集中化和信息化的思路，目前在总部和各省市分别设立了负责集中物流工作的机构，建立了相应的工作流程和制度，各省已建立与财务 MIS 系统对接、覆盖所有地市网络建设和市场营销的物流管理信息系统（简称 LIS 系统）。

中国移动通信集团广东有限公司（以下简称广东移动）于 1998 年 1 月正式注册成立，是中国移动（香港）有限公司在广东设立的全资子公司，近年公司业务收入超 800 亿元、纳税超百亿元；广东移动是我国信息通信行业中规模最大的省级公司，也是广东省最大的通信运营商，下设 21 个地级市分公司，省、市公司均设置物流管理专职机构，广东移动是中国移动关于物流管理理念最先进、信息化程度最高的子公司之一，并连续四年荣获全集团供应链规划一等奖及物流管理标杆称号；同时，获中国物流与采购联合会物流信息化应用杰出企业称号。

二、案例介绍

（一）项目建设背景

广东移动分别有省本部及下属 21 个市公司共约 4 万员工，省公司及各市公司均有所属的物流组织及物流渠道资源服务于本单位的生产经营。全省每年度需进行巨量的网络建设及市场营销工作，每年全省物流运营业务量约 200 亿元，其中实物运营的 90% 物资以网络建设为主，涉及 21 个地市、近百家施工监理单位、近千家施工建设单位，建设的工程项目高达十几万个；在市场营销物流服务中，实物供应涉及全省数千间服务厅、数万家社会经销渠道网点。基于上述巨量的物流服务需求，形成了 2011 年之前全省物流管理分散的状况，主要归纳为以下内容。

（1）全省物流信息管理分散：省公司建设了全省物流信息系统平台服务于省公司和市公司，但仍有部分经济规模较大、业务个性较强的市公司仍然自行建设与运营自有的物流信息系统，导致全省物流信息分散、信息数据准确度低的状况。

（2）全省物流管理流程标准不一：在21个地级市中存在经济发达地区及经济欠发达的山区，各市公司人员素质及物流管理要求均不一致，导致各市公司对物流管理流程、标准和体系均有较大差异，导致省公司对地市规范化管理困难。

（3）全省总库存金额一度高达31亿元，其中地市呆滞物资高达8亿元，因为各地市间库存信息封闭且缺少物资共享手段，各市公司库存呆滞物资趋势日益严重。

（4）公司存在大量的工程施工与监理方、业务销售商等外部合作单位，而这些合作单位都存在与公司建设、销售的实物信息交互，双方物流信息交互成本较大。

基于上述几大方面管理状况，广东移动公司以地市单位为主导的物流分散管理模式，导致与物流运营集中模式要求差距较远，也与现代物流集中化、集约化理念相违背，故此需要依托物流信息化，建设支撑公司高速发展的“企业物流供应链集中信息化管理”模式。

（二）主要做法

1. 开发全省统一、集中的物流开放式平台替代分散的小平台

高效的企业物流信息平台，是物流运营工作的核心支撑。因历史原因，广东移动各地市原来存在小型物流信息系统的事实，本着“存在必有原因”的客观理念，取长补短，为改变全省物流信息系统资源分散、浪费的原状，省公司从2012年开始加大全省统一物流信息平台的建设，并提升LIS系统服务于全省生产一线支撑效率，主要措施如下。

（1）暂停各市公司自建物流信息系统的渠道资源，加大省公司物流信息系统（LIS系统）的资金投入，集全省分散的信息化投资为省公司集中统一开发。

（2）在全省物流业务流程统一规范前提下，积极响应21个地市单位的信息化应用的开发需求。

（3）倡导业务创新，将地市较好的创新业务经试点成熟后，通过统一的物流信息平台快速推广至其他20个地市。

通过2012年以来的努力，广东移动建设成了全省统一、集中、开放型的物流信息系统，LIS系统主要功能见图1。

2. 通过物流系统实现全省物流业务流程的制度固化

广东移动从2012年开始根据物流管理要求，制定了《物流管理达标范围和标准》，其中涉及省市公司的物流管理模式、集中度考核、库存管理、实物管理及现场管理五大模板，共25个大项达标点、126个物流风险控制点，组织全省近2年的物流管理达标活动，通过各单位达标管理工作自查对比、制订达标计划及省公司统一验收检查等环节，形成省、市公司统一的物流生产运营业务标准，全省从原来管理达标率84%提升为100%。物流管理达标主要业务内容见图2。

通过物流管理达标活动方式在短期内完成统一全省物流业务流程之外，同时创新性地将管理达标的风险点通过物流信息系统进行IT固化，更新了全省统一的《广东移动物流管理办法》，从原来全省物流管理分散转变为全省物流业务运营“有法可依”“统一流程、统一标准”，集中信息化的规范型大企业。

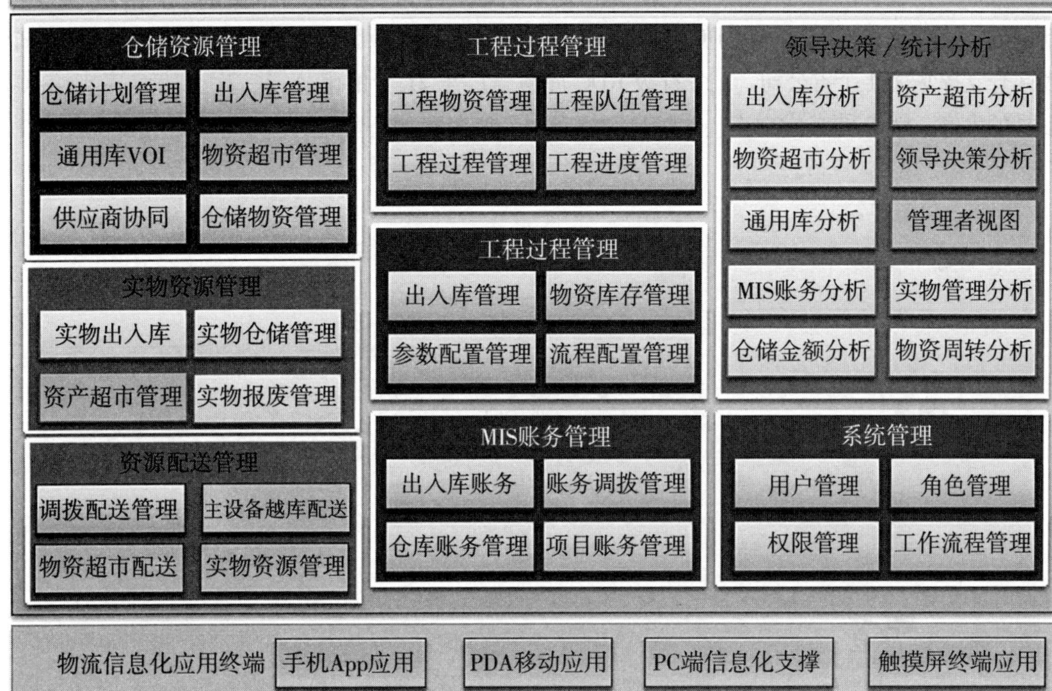

图1　物流信息系统功能示意

图2　物流管理达标范围

3. 依托全省物流信息系统优化“大区库—省 RDC—市库”的全省的仓储网络

在原有“广州、茂名区域仓—21 个市仓—100 个县仓”仓储网络基础上，2012 年开始新建设华南大区仓库和省级 RDC 汕头区域仓，同时取消县级公司仓库，逐步形成一张“1 个大区仓支撑华南 4 个省公司、3 个省级 RDC 库覆盖广东 21 个地市公司、21 个市仓库支撑 100 个县的生产一线”的当代物流仓储信息网络布局。广东移动新仓储网络服务覆盖情况见图 3。

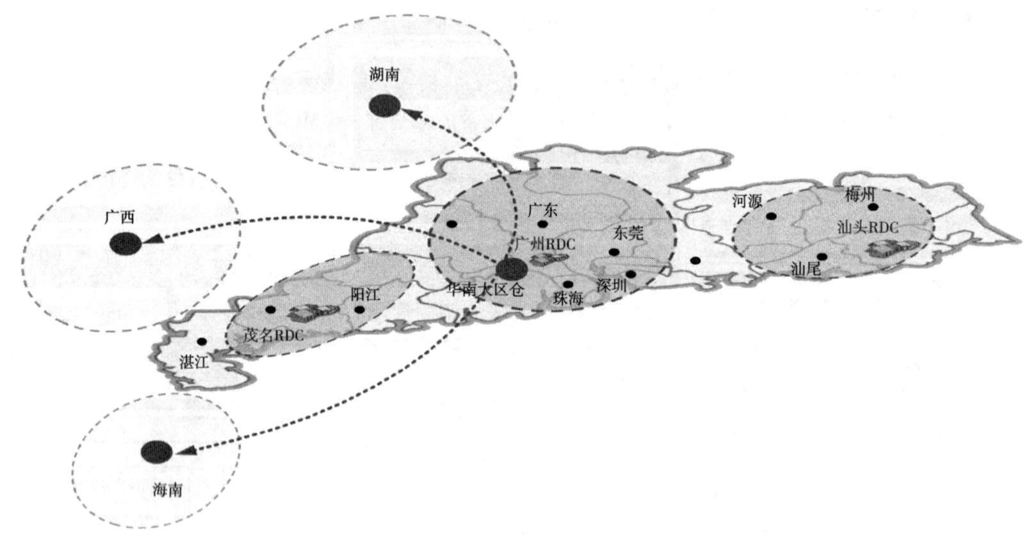

图 3　仓储网络服务覆盖

同时，重新定义全省各级仓库服务职能。

（1）华南大区仓：执行集团公司物流战略，服务华南 4 个省（广东、广西、湖南、海南）物资的战略储备及供应。负责集货与中转，以通用库物资为主，包括馈线、光缆、天线等 18 类物资。

（2）三大 RDC：指粤东、粤中、粤西三大区域库，负责主设备集货与中转、部分配套物资和卡类的集中存储，负责主设备越库一体化配送；同时，广州粤中 RDC 仓库负责对终端物资和电商物资的存储与运营。

（3）21 个市库：负责暂存中转通用类工程物资、项目化工程物资和市场类、行政办公物、维护类及退网资产类实物，以及部分电子渠道物资；深度支撑地区网络建设、维护及市场一线的生产运营。

4. 基于物流信息系统库存核心，创新高效的物流业务运营机制

（1）控制库存增量：开发省级通用库 VOI 业务、减少地市库存。

为最大限度避免全省物资采购后形成呆滞的风险，减轻全省库存压力，利用广东移动大规模的实物采购需求优势，由省公司统一与部分通用设备供应商签订 VOI 供货协议，在 LIS 系统新开发通用库业务模块，通过省公司仓库对全省通用类通信设备进行实物备货，待市公司建设部门有实物生产需求时，项目建设人员按通用物资的领用流程向省公司进行申领，由省公司将物资集中配送至地市生产需求点。在整个通用物资申领流程完成后，地市公司再与相关设备供应商进行实物交易结算，有效避免地市提前采购而形成库存积压、呆滞的管理风险。广东移动通用库 VOI 模式业务运营示意见图 4。

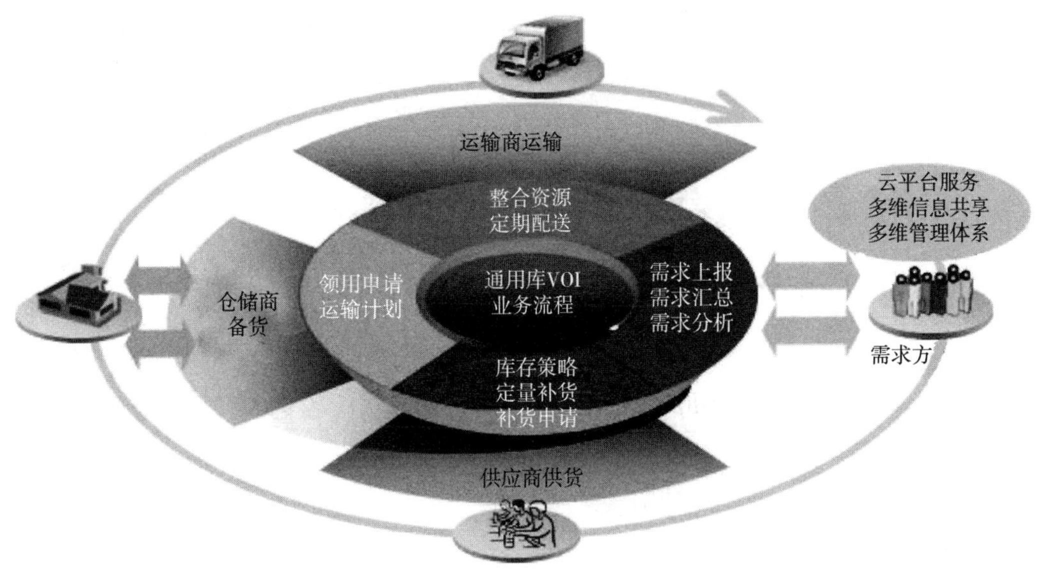

图4 通用库 VOI 模式业务运营示意

(2) 盘活库存存量：创建电商化的超市盘活业务，实行呆滞物资全省共享机制。

广东移动在供应链的各个环节均采用项目化管理模式，物资采购进入地市库后，因项目建设变更导致项目物资库存呆滞，急需建立地市之间、项目之间共享物资业务新机制。故此，广东移动依托公司现有的物流 LIS 系统（该系统与公司 ERP 系统接口），以物资库龄为业务运营主线，建立省、市两级超市闲置物资信息共享平台，实现库存物资全流程闭环管理。

例如，物资在库存闲置 4 个月后，将按流程进入市级超市平台实现本市公司“跨部门、跨项目”利用物资；在市级超市平台仍闲置 3 个月后，按流程进入省级超市平台实现全省大范围的“跨地市、跨部门、跨项目”利用物资；最后，若在全省范围超过 1 年时间仍无法盘活该物资需求，LIS 系统将自动触发报废环节业务流程，从而形成了实物信息虚拟集中、实物仍分散在各市公司的新型全省共享模式。物资超市业务运营主流程见图 5。

(3) 创建越库配送新模式，强化省市一体化配送的高度信息协同。

越库（cross docking），亦称直通型配送，是指货物从收货过程直接“流动”到出货过程，穿过仓库，货物从进货月台进货后，直接到出货月台至配送货车上出货，没有入库、储存、拣货等重复作业。其间用最少的搬运和存储作业，减少了收货到发货的时间，降低了仓库存储空间的占用。同时也降低了货物的保管成本。其主要特征是：接货、装运时间控制到最少；货物不放入仓库；信息系统支持来保证实物和信息的有效交换；需相关方人员高度业务协同。

广东移动针对省公司采购的物资，即供应商将物资发往省仓库存储的物资，如无线基站主设备，因该类物资价值高、技术含量高，引入“越库”作业新模式，将省公司主设备与市公司的配套设备协同完成配送工作。主要是在地市施工人员填写申领单时，明确施工现场接收地点和实物接收人，省公司在受理此类工单时，将“省仓—市仓”的车

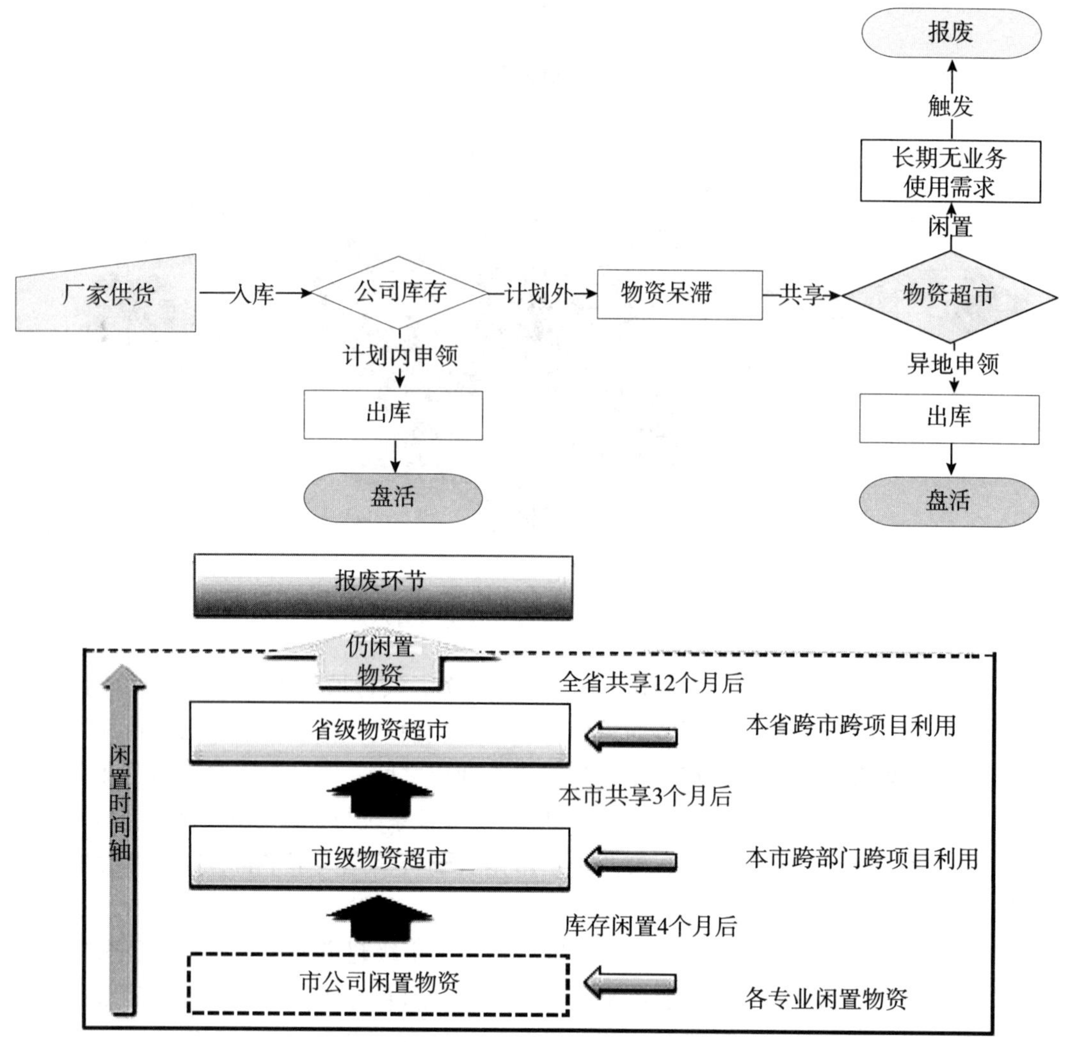

图5　物资库存闭环管理及物资超市运营示意

辆和人员信息，以及“市仓—需求点”的车辆和人员信息通过 LIS 系统进行有效关联，并由 LIS 系统全流程跟踪主设备物资配送的每一个环节信息，确保物资安全配送至最终需求点，最大限度地减少市公司层面的物流配送及仓储成本。广东移动主设备越库配送工作流程见图6。

（4）将公司物流信息系统支撑延伸至合作单位的供应链全程管理。

为解决“公司仓库—＞施工节点”中间环节“暂存点”的隐性管理问题，创新地在公司财务 MIS 系统和物流 LIS 系统中建立“施工队虚拟仓”任务节点，对因工程项目施工距离或业务临时调整原因，临时需在施工单位暂存点进行物资暂时存放的需求，在公司的 MIS 系统和 LIS 系统通过虚拟仓来进行信息化管理。这样可实现对从公司仓库出库后物资的实时、全流程的监控。具体操作流程见图7。

三、案例价值分析

（1）物流供应链集中信息化管理、节约大量人力成本：任何一个大企业在快速发展

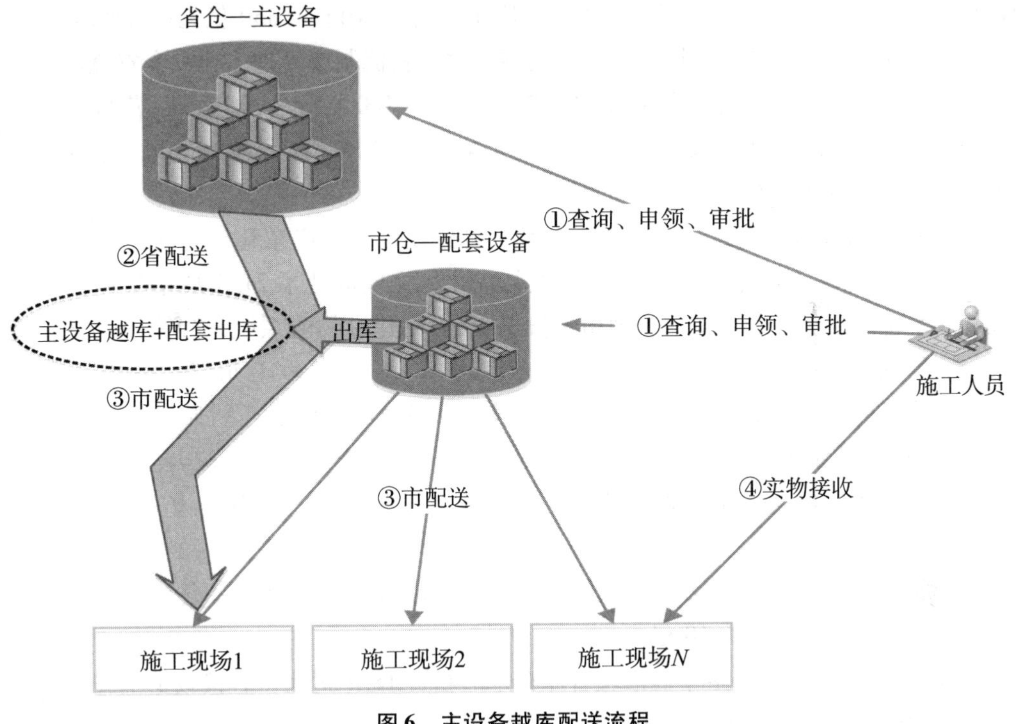

省仓—主设备
①查询、申领、审批
②省配送
市仓—配套设备
主设备越库+配套出库
出库
①查询、申领、审批
施工人员
③市配送
③市配送
④实物接收
施工现场1
施工现场2
施工现场N

图6　主设备越库配送流程

创建施工节点
财务MIS系统
工程主管
同步
仓库
物流LIS系统
生成虚拟仓
②物资暂存到施工队虚拟仓
①物资申领
LIS暂存点—施工队
项目虚拟仓
②物资发放到施工现场
施工人员
施工人员
施工人员
③在建项目物资调拨
施工现场1
施工现场2
施工现场3

图7　工程全过程物资管理流程

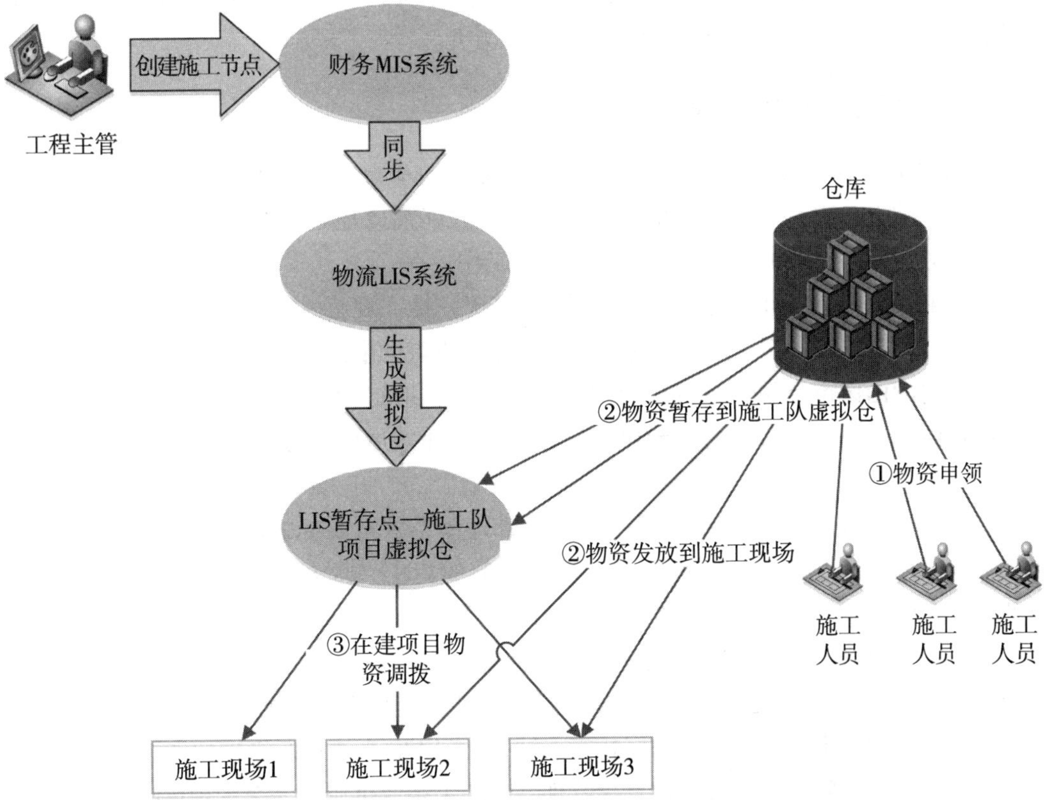

的过程中，均需物流供应链的高效支撑。在广东移动从 2011 年 350 亿元业务收入至 2016 年近 800 亿元 6 年间的高速发展期间，公司通过完善物流制度管理、建设全省统一标准化物流管理体系，从原来全省 150 名专职物流人员支撑 100 亿元实物生产运营量，跃升至 2016 年 200 名专职物流人员支撑 200 亿元实物运营量，物流供应人均价值效率提升 50%，借力企业物流信息化节约了大量人力资源。

（2）集中物流信息资源、节约企业大量平台建设资金：广东移动近 5 年每年投资约 100 万元进行省级物流信息系统新业务开发与优化，完成取替了 21 个地市公司自己投资建设物流系统的投资，以原来每个地市年投资 20 万元建设物流系统来计算，仅全省集中建设物流信息系统每年均节省 320 万元，6 年间累计节省约 2000 万元。

（3）信托信息系统，创新企业物流业务模式，高效的物流运营机制为企业带来巨大的间接利润：广东移动近 6 年创新业务模式，通过建设 VOI 供应模式、物资超市共享机制、省市“越库”配送、工程过程管理等多种业务机制的综合运营，物流主要运“赢”数据如下。

①全省库存月结从 2011 年 31 亿元高峰降至 2017 年历史低谷 7.3 亿元，全年平均每月减少库存实物占用资金约 10 亿元。

②物资超市从 2012 年至今盘活全省库存呆滞物资 18.2 亿元，直接减少全省各地市相同数量金额的采购，避免了公司物资新的闲置浪费。

③在物流运营量翻一倍的背景下，全省仓储面积从 2011 年 30 万平方米降至目前 19 万平方米，为公司年均减少仓储租金超过 3000 万元。

四、实施中的体会及经验

（1）物流信息系统是企业物流供应链业务运营的基石。在落实公司物流管理制度统一标准的基础上，唯有通过公司的物流信息系统才能高效地管理全省物流生产，提升全省物流业务规范，企业的供应链才有竞争性的工作效率。

（2）特大型企业务必重视物流供应链流程统一性、规范性。广东移动有 21 个市公司、约 4 万员工的特大型企业，有物流管理理念较先进的沿海市公司，也有物流管理一直以来较薄弱的山区市公司，在省公司统一全省物流供应链标准体系时，总会受到市公司的各种理由的推诿。但卓越的物流供应链是支撑企业发展的充分条件，只有全省建设卓越的、规范的物流供应链，企业才能得到快速发展。

（3）创新物流业务的运营，是物流集中管理体系的重要标志。集中物流管理体系，不仅仅是制度统一、信息系统集中或人员和仓储的集中，重要的是有业务流程的集中，有业务流程的集中后，必然就有省市业务的高度协同。

（4）企业物流信息系统不仅要满足企业内部生产运营，更要支撑供应链外部单位物资生产的协同工作。物流信息系统需建立对物流业务全流程的管控节点对象，广东移动是通信运营商中首个将施工单位物资暂存点纳入公司 LIS 系统进行管理的省级单位，实现了全省海量规模的物资全流程的信息化管理，降低了企业供应链安全管理风险。

中捷通信有限公司：基于物联网的供应链一体化智能物流仓储管理系统研发

一、应用企业简况

中捷通信有限公司（简称“中捷通信”）是中国通信服务股份公司（香港上市公司0552. HK、中国电信集团公司控股）的供应链服务专业公司。公司注册资金 1.2 亿元，收购并承接了广东省电信器材公司的优质资产和优良业务，是立足于信息通信业、面向现代大工业的商贸—物流—技术综合供应链服务企业。

面向信息通信业，以“全供应链服务”为理念，对供应链物资具有“全生命周期管理”的能力。公司业务跨越海内外，凭借遍布国内外的强大采购网络、分销网络和物流网络，为多家世界 500 强与国内 100 强企业，以及众多快速成长型企业，提供采购服务、产品分销、进出口服务、国际国内物流服务和技术支持等多项供应链综合服务。公司与中国电信、中国移动、中国联通等信息和媒体运营商结成多种业务战略合作关系，与众多国内国外信息通信产业链上下游企业开展广泛业务合作，帮助用户与业务伙伴节约成本、提高效率、创造价值，得到了业界的高度认可。

公司汇聚了一大批既熟悉通信产业专业技术，又精通国内外供应链管理实务的高素质人才，并以“更快　更专　更好”的服务理念、“诚于中，捷于行”的企业精神，始终为客户提供满意的产品和贴心的服务，致力于成为信息通信业供应链管理专家，保持持续健康发展的步伐。

二、系统立项背景

现代物流发展迅猛，关键在于信息技术的创新，信息化建设的深度、广度，以及定位的高度决定了未来企业的竞争力水平。随着技术的发展，物流信息化也进入物联网时代，利用 RFID 等技术，改变供应链流程和管理手段，提高物流效率与降低物流成本。

中捷通信有限公司与中国电信广东公司签订集约化物流服务协议，分阶段为广东电信逐步实现物资的集中管理，推进集中化的仓库设置，强化物资配送的规模化和一体化协同运作。虽然中捷公司在物流及供应链信息化领域做了诸多努力，先后开发并使用了物流系统及 ERP 物资管理模块并投入使用，但现有的物流及供应链运营还存在配送模式单一、仓储网络不健全、硬件设施差，物流信息支持系统缺失、难以掌控物资信息等问题。在整个物流环节中，订单服务中心只是起到了“二传手”的作用，对装卸、运输、保险、交验缺乏有效监控和实时对接，履约过程中缺乏与供应商的高效互动以及状态的实时监控。物资在流动过程中处于一种自由的、不可控状态，难以确保物资的及时到位。

因此，公司的下一阶段任务是基于物联网等新一代信息技术，突破关键技术，研发新型的供应链协同智能管理系统，提高物流仓储管理的智能化、网络化和信息化水平，并依托公司的各个物流集散中心，面向电信、供电、电子商务三大行业的上游企业与产品销售商，贯通原材料供应、产品制造、销售和市场拓展等多种业务渠道，提供供应链一体化协同管理的物流信息平台和应用服务。

三、系统实践

1. 订单处理系统（OMS）

OMS 处于信息化建设环节的前端，负责与客户系统对接，同步客户系统的发货计划生成初始出库通知单，在对初始出库通知单进行合并、拆分、编辑等处理后，生成正式出库通知单，下推到 WMS。目前，中捷公司为合作伙伴广东电信构建供应链全程可视化平台（SCV），通过引入客户、供应商、物流商等多节点的线下数据，实现了供应链全程的数据化展示及平台交互，并运用大数据分析模型进行数据挖掘与分析，力求为客户的供应保障业务提供个性化的日常运营及决策支撑。

（1）运营监控。SCV 通过多种途径纳入线下各环节的数据信息，以完善供应链全流程的可视化呈现（见图 1）。首先，加强对供应商、物流商的过程监控（如供应商排产进度及分批发货计划、物流商的在途跟踪等），提升物资交付效率；其次，加强对异常情况的预警，在 SCV 平台及时发布异常通报（如供应商产能不足、物流配送延迟，施工单位不具备收货条件等），以实现供应策略的敏捷与灵活调整，有效提升工作效率和管控能力。

图 1　供应链全程可视化管理平台

（2）智能备货。以历史采购供应数据为基础，结合物资采购需求及供应商的市场供应情况，针对进行采购物资在规格型号及数量等方面做出精准预测。同时结合该类物资的日常供应情况，及时调整采购备货的相关指标（如安全库存量、订货周期等）（见图 2）。

（3）移动互联。通过建立微信服务号实现供应链管理信息能够同步在 PC、iPad、手机等多屏显示，使操作人员及管理决策人员无论在途中、家里还是其他位置，都可随时

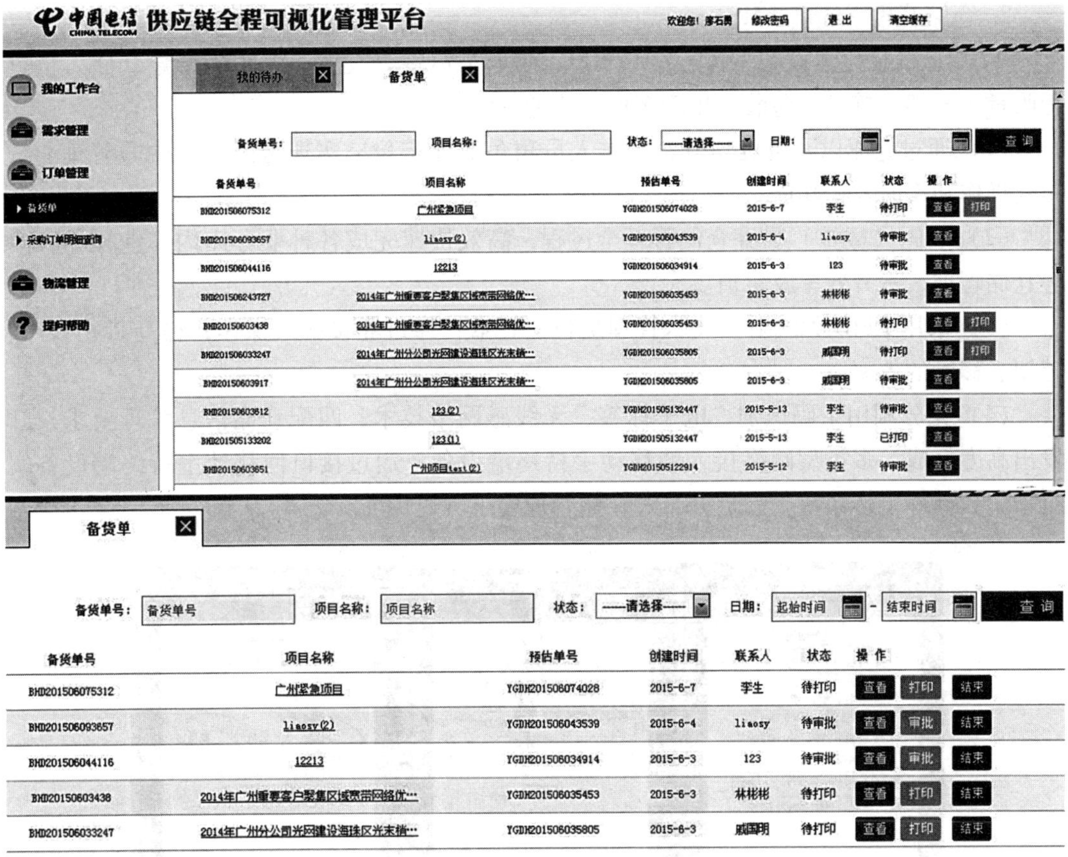

中国电信 CHINA TELECOM 供应链全程可视化管理平台

欢迎您！廖石勇 | 修改密码 | 退 出 | 清空缓存

我的工作台 | 需求管理 | 订单管理 | ▶ 备货单 | ▶ 采购订单明细查询 | 物流管理 | 提问帮助

我的待办 | 备货单

备货单号： 项目名称： 状态：——请选择—— 日期： - 查 询

备货单号	项目名称	预估单号	创建时间	联系人	状态	操 作
BHD201506075312	广州紧急项目	YGDH201506074028	2015-6-7	李生	待打印	查看 打印
BHD201506093657	liaosy(2)	YGDH201506043539	2015-6-4	liaosy	待审批	查看
BHD201506044116	12213	YGDH201506034914	2015-6-3	123	待审批	查看
BHD201506243727	2014年广州握要客户聚集区域宽带网络优…	YGDH201506035453	2015-6-3	林彬彬	待审批	查看
BHD20150603438	2014年广州握要客户聚集区域宽带网络优…	YGDH201506035453	2015-6-3	林彬彬	待打印	查看 打印
BHD201506033247	2014年广州分公司光网建设海珠区光末梢…	YGDH201506035805	2015-6-3	戚国明	待打印	查看 打印
BHD20150603917	2014年广州分公司光网建设海珠区光末梢…	YGDH201506035805	2015-6-3	戚国明	待审批	查看
BHD20150603812	123(2)	YGDH201505132447	2015-5-13	李生	待审批	查看
BHD201505133202	123(1)	YGDH201505132447	2015-5-13	李生	已打印	查看
BHD20150603651	广州项目test(2)	YGDH201505122914	2015-5-12	李生	待审批	查看

备货单

备货单号：备货单号 项目名称：项目名称 状态：——请选择—— 日期：起始时间 - 结束时间 查 询

备货单号	项目名称	预估单号	创建时间	联系人	状态	操 作
BHD201506075312	广州紧急项目	YGDH201506074028	2015-6-7	李生	待打印	查看 打印 结束
BHD201506093657	liaosy(2)	YGDH201506043539	2015-6-4	liaosy	待审批	查看 审批 结束
BHD201506044116	12213	YGDH201506034914	2015-6-3	123	待审批	查看 审批 结束
BHD20150603438	2014年广州握要客户聚集区域宽带网络优…	YGDH201506035453	2015-6-3	林彬彬	待打印	查看 打印 结束
BHD201506033247	2014年广州分公司光网建设海珠区光末梢…	YGDH201506035805	2015-6-3	戚国明	待打印	查看 打印 结束

图 2　备货订单状态查询功能

随地便捷地获取信息以及采取行动。同时，若运营状态出现异常变动，及时通过邮件、微信、短信等方式向相关操作人员、管理人员提示预警。图 3 为微信客户端供应链全程可视化平台。

图 3　微信客户端供应链全程可视化平台

2. 仓储管理系统（WMS）

WMS 是信息化建设的主体，结合 RFID 或电子标签等技术，由系统指导仓储人员进行收货、上架、拣货、包装、出库等库内作业。

（1）通过仓库以及货位划分，操作人员角色职能定位，实现跨区域集中式管理、分布式操作和实时监控功能。

（2）条码（标签）贯穿仓储管理全过程，高效快速完成各种业务库内作业操作，改进仓储管理，提升效率及价值。

（3）采用 RFID 无线射频技术管理货位、托盘，通过非接触式操作，提高货物入库、上架、移库的效率。

（4）充分利用条码识别、电子标签、无线感网络技术，匹配仓储信息管理要求，开发出高度集成、多类型网络接入的移动手持终端设备，通过接口使移动手持终端设备实时采集数据并上传系统，满足分布式仓储管理要求（见图 4）。

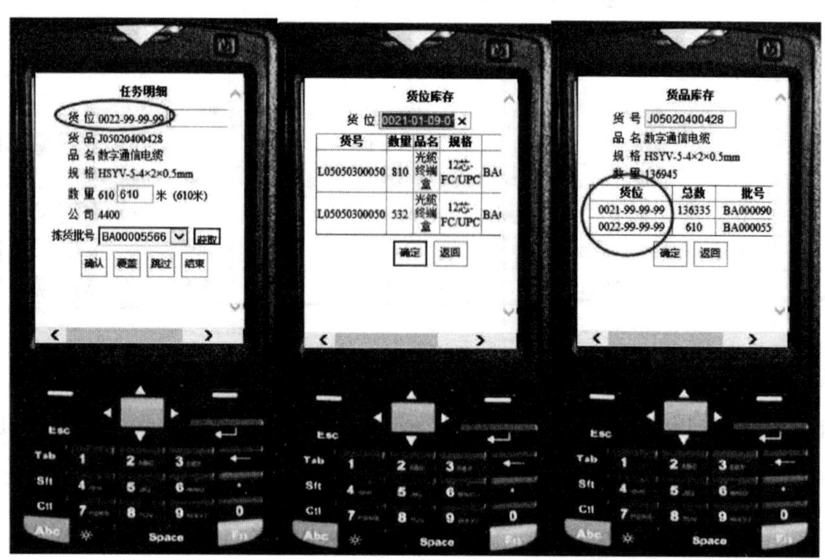

图 4　移动手持终端设备标识

（5）货物进出实时跟踪，库存系统精准实时反应，支持循环盘点，大大缩减盘点周期，及时反馈库存异常情况，实现对库存物品的可视化管理（见图 5）。

（6）以仓储信息管理为核心，为融合不同的行业客户及公众客户不同的业务需求，研发源头数据接入模式及反馈方式，满足移动互联网时代物流业务的快速响应和信息按需获取，解决多源信息集成，使供应链数据流畅运转，实现无障碍交互。具体体现在以下几方面。

①利用条码和数据工具、GPS 等现代管理工具与方法，令物流与信息流及时集成地反映给供应链各个需求、操作人员，实现数据实时透明化，促进业务快速周转。

②通过接口或数据导入的方式对源头数据归集、分析，形成统一有效的操作数据，将物流信息从分散到集中、从无序到有序、从产生到传播，对相关资源（人、车、货、承运商等）进行合理化配置。

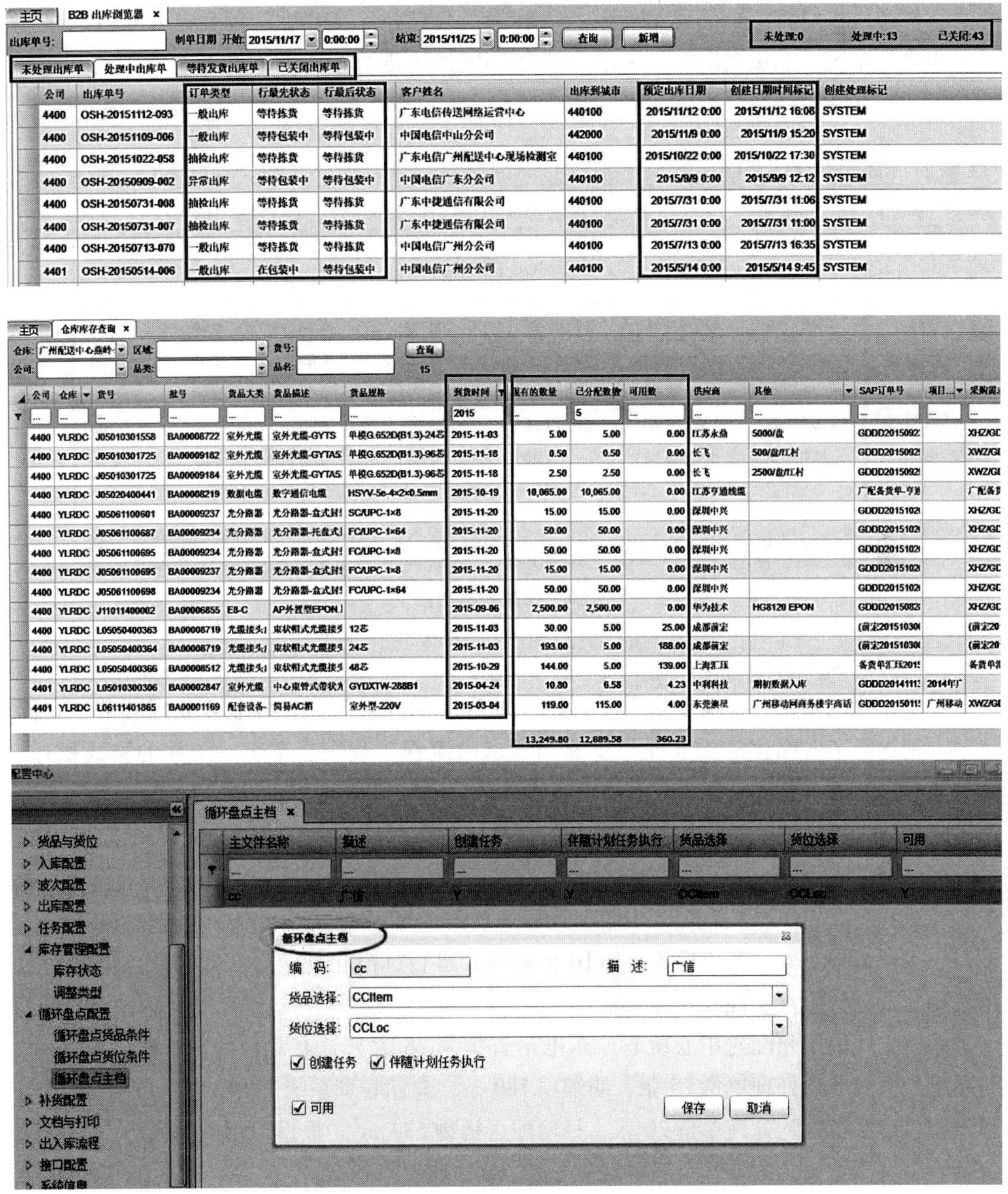

图 5　订单状态查询

③开发各种不同类型的报表，提供供应链各个层面用户查询，可为管理层评估运营能力，分析成本效益，了解物流服务水平和质量，考核员工工作强度与效率提供有力的依据。

3. 运输管理系统（TMS）

TMS 处于中捷信息化建设的末端，系统同步 WMS 下推的托盘包装信息，调度员对发货物资进行调度配载，结合 RF 和 GPS 技术，实时监控单据配送情况和车辆运输状况。

通过开发中捷可视化运输监控管理系统标准化接口与上游客户系统，实时交互订单信息，再通过接口将订单信息流转到仓库管理系统进行库内作业。配套开发中捷智能物流订单管理系统，承接上游配送需求，结合 GPS 技术进行车辆调度和在途监控。在途跟踪功能如图 6 所示。

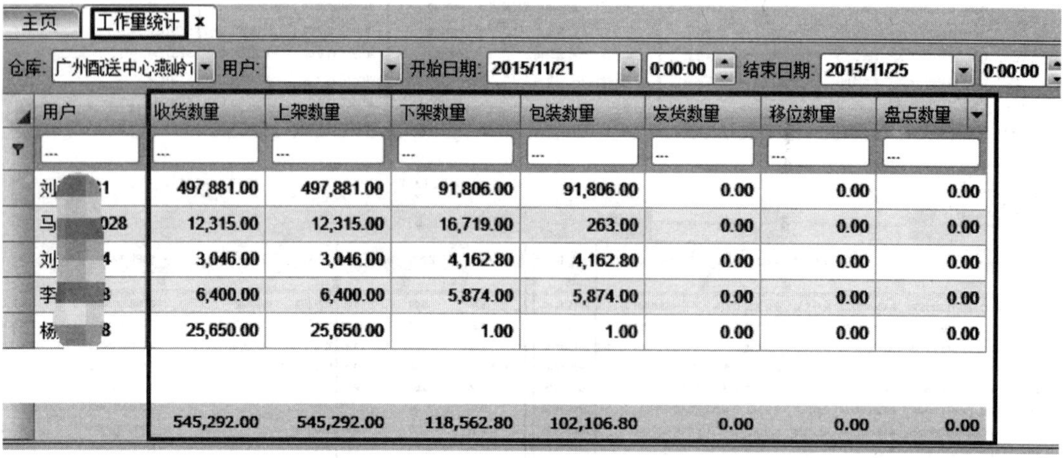

主页 | 工作量统计 ×

仓库: 广州配送中心燕岭1 用户: 开始日期: 2015/11/21 0:00:00 结束日期: 2015/11/25 0:00:00

用户	收货数量	上架数量	下架数量	包装数量	发货数量	移位数量	盘点数量
刘[illegible]1	497,881.00	497,881.00	91,806.00	91,806.00	0.00	0.00	0.00
马[illegible]028	12,315.00	12,315.00	16,719.00	263.00	0.00	0.00	0.00
刘[illegible]4	3,046.00	3,046.00	4,162.80	4,162.80	0.00	0.00	0.00
李[illegible]3	6,400.00	6,400.00	5,874.00	5,874.00	0.00	0.00	0.00
杨[illegible]8	25,650.00	25,650.00	1.00	1.00	0.00	0.00	0.00
	545,292.00	545,292.00	118,562.80	102,106.80	0.00	0.00	0.00

图 6　在途跟踪功能

4. 标准作业程序（SOP）

伴随系统的实施，中捷也启动了标准作业程序的建设工作，分业务处理环节、仓储环节、配送环节各岗位的标准操作步骤和要求以流程 + 程序、文字 + 图片的格式描述，用来指导和规范日常的工作。

5. 项目效益评估与实施经验

（1）标准化重构。基础数据方面（包括供应商、货主、客户、承运商、仓库等），业务操作流程（包括人员角色分工定位、操作环节衔接等），数据采集方式（包括纸质单据套打、条码编码方式、条码标签、RFID 标签等）进行标准化规定。有效保证数据处理的准确性，提高数据重用性及处理效率。

中捷公司的广州配送中心统管广东电信省集采 28 大类、上万种物资，系统应用后，订单管理系统日均处理单量 75 张，明细项 180 条，仓储管理系统日均处理单量 72 张，运输监控管理系统日均处理单量 20 张，日均配送货物 584 m^3。根据应用的深入推广，单据处理量将稳步上升。

本系统帮助广东电信广州配送中心获得“中国电信配送中心标准化建设达标单位”荣誉称号。未来可继续以以点带面的方式通过项目的实施，帮助广东电信各个地市分电库执行标准化建设，规范管理，全面提高仓库管理水平。

（2）资源合理分配。同一业务的数据在统一平台操作，利于整合现有资源（人、设备、车辆等），避免闲置资源产生，尤其是对承运商的管理上，信息的透明化大大提高了车辆调配的效率。不同业务都整合在一个平台上完成操作，更利于疏导各种闲置资源，使之趋于科学合理分配。

（3）物流与信息流统一。改变以往物流与信息流异步不对称的弊端，减少人为出错概率。目前已实现通过接口对接上游货主订单信息，审核后转化为仓库实操数据，并通过接口流转到调度配送，车辆绑定 GPS 定位跟踪设备，全程可以查看信息动态，跟踪物流的变化。

（4）标准化作业流程推进。伴随本项目的实施，中捷也启动标准化作业流程编制和推进工作，在订单响应、出入库作业、配送服务等环节确定作业标准，采取文字 + 图片、流程 + 规范的形式进行推广，取得良好的效果。物流业作为服务行业，如何制定服务标准并推广实施，以此提升客户满意度，一直是行业内研究的问题，中捷的这个项目为本问题作出了有效的尝试，为行业内提供了学习的标杆。

中外运空运发展股份有限公司：物流运输可视化服务平台

一、企业简介

1950 年中国对外贸易运输总公司成立，前身是中国海外运输公司和中国陆运公司。公司成立之后即开始承办航空、邮运业务，这也是中国航空货运业务的初期萌芽阶段。1987 年中国对外贸易运输总公司成立中国航空货运代理公司，从事航空货运代理业务，这是中外运空运发展股份有限公司的前身。

随着中国改革开放的深入发展，20 世纪 90 年代迎来了中国外运空运业务的突飞猛进大发展。中国外运先后与四家国际知名快件公司成立了合营公司。1997—1999 年，中国外运完成了华北、华东、东北、西南、西北、华南六大空运区域公司的组建。当年，中外运空运发展股份有限公司成立，作为中央企业中国外运长航集团旗下的专业空运公司、中国外运股份有限公司的控股子公司，注册资本 90548. 172 万元。公司于 2000 年在上海证交所上市，股票代码 600270，简称“外运发展”，是国内航空货运代理行业第一家上市公司，截至 2016 年 12 月 31 日市值 149. 77 亿元。

外运发展以专业化的航空物流为主营方向，主要经营航空货代、国际快件和与之密切相关的综合物流业务，同时积极开拓电商物流，并已开始探索物流的电商化，致力于成为具有专业能力的现代化物流网络运营商。

如今，外运发展在全国拥有 4 大区域，下辖 100 多家分支机构、300 多个物流网点、2000 多名员工，服务范围几乎覆盖境内所有省份，运营网络辐射全国。通过与 DHL 等国际物流巨头结成战略伙伴，先后在德国、美国、日本、阿拉伯联合酋长国、中国香港、中国澳门设立了分支机构，同时借助中国外运长航集团在 15 个国家设置的 40 余个办事处，利用自身遍布 65 个国家的强大代理网络，为客户提供了全球化全程物流服务，目前，公司在国际上的服务范围已覆盖全球 200 多个国家和地区。自 2006 年 9 月以来，外运发展通过与国航、东航、南航等航空公司及多家机场建立战略联盟，跨进了航空承运领域和机场核心作业领域，逐步发展成“天地合一”的整合物流供应商。外运发展还与惠普公司长期合作，开发出先进的全国货运和快运管理信息系统，信息化程度在业内名列前茅。近年来外运发展通过与华为、索尼、三星、海尔、上海大众、京东方等国内外行业领先客户的长期合作，积累了丰富的服务经验，也取得了客户的广泛认同。

二、实施背景

1. “部标”要求推动技术变革

2011 年 4 月 11 日由交通运输部、公安部、安全监管总局、工业和信息化部联合下发了《关于加强道路运输车辆动态监管工作的通知》(交运发〔2011〕80 号),通知要求所有运输管理机构必须执行《道路运输车辆卫星定位系统车载终端技术要求》(JT/T794—2011)和《道路运输车辆卫星定位系统平台技术要求》(JT/T796—2011)两项行业标准。从事道路运输车辆动态监控的企业监控平台及各级交通运输部门监管平台所属单位,需通过检测机构进行系统平台检测。

由于 GPS“部标”要求的产生,无论是开发 GPS 设备硬件还是开发应用软件,都会面临国家交通部发布的道路运输车辆卫星定位系统部标认证标准对原有 GPS 系统产生的技术变革。

2. 行业发展对“一站式”服务的客观需求

随着信息技术在物流领域的不断深入,作为交通运输业务管理、车辆轨迹跟踪的主要途径和手段,GPS 系统和 TMS 系统的自身发展已经比较完善,行业内也不乏各种提供相关服务的平台。但这些平台基本都是以单一服务为主,导致用户不得不将完整的物流信息链条分割为运输管理部分和运输轨迹跟踪等多个部分,然后再通过额外的定制开发将这些信息重新拼接起来组成完整的物流信息链,无形中增加了企业物流信息系统管理和运营的成本。不仅如此,各个系统平台服务商出于对自身技术的保护,也导致平台间的协作结果难以满足用户的原始期望。

3. 企业内部的客观需要

外运发展作为一家拥有全国性经营网络的上市物流公司,自身拥有大量的运输业务。随着用户对运输管理、轨迹跟踪需求的不断提升,仅仅依靠公司原有的 GPS 平台已经无法满足用户对供应链透明性提出的“实时、透明、在线”要求,将运输业务与轨迹跟踪有效结合起来已成为公司物流信息管理系统发展的必然趋势。凭借着对业务的深度思考,对创新的强烈追求,外运发展决定以广东供应链的华为运输项目为契机,将运输业务信息与轨迹跟踪信息有效结合起来,搭建基于互联网、物联网的物流运输可视化服务平台。

三、实施情况

1. 情况概述

物流运输可视化的概念是首先将运输业务和运输轨迹跟踪相结合,再通过可视化门户系统、手机 App 等渠道将信息传递并展示给最终用户,同时可以满足承运方(车队、司机)在运作过程中对系统交互性的需求。由于在前期进行需求调研时用户否定了市场上已有的所有平台和产品,所以外运发展无从借鉴,只能通过自主研发创造出一个全新的物流可视化服务产品来满足用户的需求。在这个过程中,外运发展通过深入行业了解情况,了解到物流运输可视化并不是某一家用户的特殊需求,而是随着信息技术进步与行业发展,物流行业对自身业务管理能力的提升已成为普遍愿望。基于这种行业发展趋势,外运发展秉持创新精神,凭借自身对物流信息化建设的深刻理解,打造出的物流运输可视化服务平台不仅满足客户需要与自身业务管理需要，还在物流服务的技术和模式上取得了质的飞跃。

2. 建设内容

（1）以“实时、透明、在线”为平台功能建设的总原则。整个可视化系统包含基础管理、承运商管理、客户管理、订单管理、运输管理、司机 App、客户 Portal、车辆与终端监控、运输基础数据管理、车辆轨迹管理、运单执行跟踪及报警、电子锁控制及状态查询、外部系统集成共 13 个一级模块、70 个二级模块。提供了客户端接入、门户接入、手机接入等多种接入方式，实现跨境进口运输业务、跨境出口运输业务、国内运输业务、终端派送业务的物流信息全生命周期管理和监控。

满足了专业领域客户对于全程供应链物流信息提出的“实时、透明、在线”的要求，并将运输和仓储管理的可视化作为营造企业核心竞争力的关键举措之一。

（2）依托物联网，将技术和经验转化为服务交付能力。外运发展充分利用自身多年深耕物流信息系统建设领域的优势，并结合对物流行业的理解和对物联网、互联网及通信技术的透彻把握，建设了能够适应市场新需求的物流运输可视化服务平台。该平台除了包含运输管理外，还涵盖了车辆与终端监控、运输基础数据管理、车辆轨迹管理、运单执行跟踪及报警、电子锁控制及状态查询等物流可视化业务的主要管理和操作功能，使物流可视化服务能力进一步得到提升。

（3）五层式系统架构。

①应用层：包括可视化门户系统（PORTAL）、订单管理系统（OMS）、运输管理系统（TMS）、运力管控系统（GPS）、车队移动系统（App）、司机移动系统（App）6 个应用子系统。

可视化门户系统（PORTAL）：包括在线下单、运单查询、运单跟踪、运单轨迹、运输执行车辆报警信息查询等功能模块。

订单管理系统（OMS）：包括客户档案的维护、客户运单（即物流订单）的录入导入，以及订单的查询、维护、处理等功能模块。

运输管理系统（TMS）：包括运输线路、路由节点设置、承运商管理、车辆资源管理、运输任务调度管理（包括物流公司统一调度或者承运商自主调度）、回单管理。

运力管控系统（GPS）：包括通信服务器以及运力管控应用系统。其中，运力监控应用系统包括运力监控中心、车辆轨迹、线路、电子围栏、电子锁控制，以及其他相关的车辆报警信息等功能模块。

车队移动系统（App）：包括车队任务接收、任务调度、任务执行跟踪等功能模块。

司机移动系统（App）：包括指令接收、指令拒绝、执行过程反馈、电子回单等功能模块。

②通信协议层：包括通信协议以及通信数据报文格式，是应用层与应用服务层的纽带。通信协议支持 Socket、HTTP、SOAP 等，采用 XML、JSON 等数据格式。

③应用服务层：包括业务系统应用服务（订单管理、运输管理）和运力管控系统（GPS）应用服务。

业务系统应用服务：包括基础应用服务、用户账户权限应用服务、订单业务应用服务、运输管理应用服务、可视化门户应用服务等。

运力管控应用服务：包括 GPS 通信服务、定位服务、报警服务、应用（线路、电子围栏、电子锁等）服务、地图服务等。

④数据存储层：包括业务系统（OMS 和 TMS）数据库以及运力管控数据库。

⑤平台接口服务层：包括与用户订单系统（OMS）、业务信息展示平台进行 EDI 对接等。

与用户订单系统（OMS）对接：OMS 系统下发运单信息，运输可视化平台接收运单信息。

与业务信息展示平台对接：运输可视化平台实时上报运单可视化数据（运单号、HTM 号、子运单号、车牌号、经度、纬度等信息），用户业务信息展示平台接收运单可视化数据。

3. 平台的主要技术特点

（1）“混合云”结构。外运发展物流可视化平台采用了基于 SaaS 结构的公有云与企业私有云结合的混合结构，并采用了基于云端的存储设备，使系统具备低成本、高可靠性、快速部署、简易维护的特性。

（2）支持多协议的标准接口通信产品。外运发展使用了已有的成熟产品来执行项目中所有的接口通信任务，该产品在外运发展生产环境中已被广泛采用，并经长期使用验证该产品具备良好的稳定性和可靠性。该产品已经实现了对 Socket、Soap、HTTP 等协议的支持。同时，该产品具备完善的监控功能，能够实现数据通信成功与否的实时监控，同时缓存日志信息，为通信服务的稳定可靠运行提供必要的保证。

（3）符合“部标”的 GPS 设备。在对车载、手持便携及开闭传感器等相关配套硬件设备的选择上，外运发展物流可视化平台支持符合“部标”相关标准（JT/T794—2011、JT/T796—2011）的产品。为产品的合法化使用及无障碍升级提供了基础。

4. 解决的主要问题及方式方法

全程供应链运营平台主要解决了以下问题。

（1）解决了业务信息与运输轨迹信息对接与联动的问题。在传统的可视化应用场景中，由于业务信息和运输轨迹信息分别来自不同的软件或系统，致使用户在使用时需要先从业务系统中取得业务数据，再根据取得业务信息到 GPS 系统中查询相应的运输轨迹信息。不仅操作繁杂而且人工操作也更容易出现误差，尤其是当 GPS 系统出现车辆运输状态的报警信息时，用户仅能立即获知是哪一辆车在运输途中出现了异常情况，然后再根据车辆信息到业务系统中反查问题车辆对应的运输业务，这些中间操作所消耗掉的时间往往令企业错失应对问题的最佳时机，从而被迫承担不必要的安全风险和经济损失。

外运发展打造的物流运输可视化服务平台完全摒弃了业务信息分项、单独管理的模式，将企业的业务管理作为平台服务的基本面，通过将运输业务系统和 GPS 运输轨迹跟踪系统有效地整合起来，很好地解决了业务单证、货物、车辆、司机、轨迹等运输业务关键信息的绑定和联动问题。在外运发展的物流运输可视化服务平台中，一旦发生运输状态预警，用户会在第一时间得知是哪一票业务、货主是谁、货物是什么、收货人是谁、哪一位司机驾驶的哪一辆车在什么时间、什么地点发生了什么情况，免去了用户二次甚至是多次查询才能获得完整相关信息所消耗的时间成本，使用户可以立即着手对运输异常情况进行有针对性的处置，减少甚至避免可能发生的业务风险。

（2）“一体化”服务理念有效降低用户的再开发成本。受制于传统可视化应用场景中信息来源比较分散的客观特性，用户若要将可视化信息完整地展示出来，则需要通过再次开发将相关信息汇集到一个展示系统中。众所周知，各个系统之间由于关注点不同，其信息构成与数据结构即使是通过 EDI 对接的方式也很难轻易地匹配和关联起来，为了能够满足业务管理需要，企业必将为此付出高额的对接、定制与研发费用。而外运发展“一体化”物流运输可视化服务平台不仅自身具备了运输业务管理、车辆与终端监控、运输基础数据管理、车辆轨迹管理、运单执行跟踪及报警、电子锁控制及状态查询等物流运输可视化业务的主要管理功能，免去用户为了关联各方信息所产生的研发成本，还在平台设计之初就充分考虑到了用户对业务信息展示的需要，通过专门的功能模块对汇聚后的数据进行多层面的呈现，免去了用户在数据整合及关联、呈现等方面投入的再次开发成本。

四、实施效果

1. 经济效益

（1）直接效益。在直接经济效益方面，外运发展物流运输可视化服务平台的“一体化”特性一方面可以有效地帮助用户节省数据整合、关联和呈现的定制开发与再开发成本；另一方面由于减少了业务管理中所涉及的系统数量，还可以帮助企业降低系统运维所投入的人工成本。

（2）间接效益。在间接经济效益方面，外运发展物流运输可视化服务平台在业务执行过程中可以第一时间提供完整的运输任务预警信息，帮助用户在第一时间掌握业务异常情况，使用户可以在最短的时间内对异常情况做出应对，从而帮助用户规避潜在的安全风险和不必要的经济损失。

2. 社会效益

（1）为物流运输可视化发展提供了新的思路。物流运输可视化服务作为物联网范畴的核心板块之一，是国家大力倡导并给予政策扶持的。我国目前在 GPS 定位技术、GPS 设备的研发和制造水平上已经步入国际先进行列，完全可以满足运输轨迹跟踪的市场需要，各种运输管理系统更是琳琅满目。但放眼市场，能够直接满足企业对运输全程可视化管理需求的平台却少之又少，其根本原因在于市场上的 GPS、TMS 产品商大部分是信息科技型企业，物流管理经验相对薄弱。外运发展着眼于企业对物流管理的真实需要，通过“一体化”物流运输可视化服务平台将企业的业务和运输轨迹等可视化信息无缝衔接在了一起，不仅完整地实现了企业自身的业务发展需求，还为物流运输可视化服务领域提供了一个全新的发展思路。

（2）改进运输可视化服务模式，满足社会需要。外运发展通过将“部标”GPS 跟踪定位设备、无线传感技术与运输管理有机地结合在一起，使业务单证、运力和货物信息运输轨迹无缝衔接，再通过图形等相关面向对象的直观展现方式，人性化地展现给最终用户，改进了传统运输可视化服务在面向最终用户时存在的多系统、多窗口的落后模式。

在满足用户使用需求、提升用户使用感受的同时，还帮助企业降低了系统管理和运维的成本。

五、未来规划

1. 立足物联网，拥抱互联网

外运发展物流运输可视化服务平台将以物联网服务为基础，引入互联网概念，利用公有云资源将现有物流运输可视化服务平台模块化、SaaS 化，使其最终发展成为一个面向社会提供服务的公共物流运输可视化服务平台。当平台完成向 SaaS 架构的转型，届时用户就可以免去以往系统部署、实施、运维的设备成本和人工成本，只需要在平台上注册一个企业账号，即可通过平台实现在物流运输可视化上的业务需求。不仅如此，用户还可根据自身对业务管理的侧重点不同，仅选择适合自身业务管理需要的功能模块使用，最大限度地帮助企业节省成本。

2. 引入传感技术，提供多元化服务

未来，外运发展物流运输可视化服务平台还将引入针对车辆运行状态监控、燃油监控、温度监控等与物流运输可视化相关的传感技术，将传感器所检测的数据与物流业务信息和运输轨迹信息结合起来，不仅使平台能够满足用户更为精细化的可视化服务需求，还能够满足生鲜冷链、医药试剂、化工产品等特殊领域对货物运输环境的监控及管理需求。

无车承运人

成都积微物联电子商务有限公司：积微运网无车承运人服务平台

一、应用企业概况

（一）企业简介

成都积微物联电子商务有限公司（简称“积微物联”）成立于2015年6月5日，注册资金1亿元，是攀钢集团成都投资管理有限公司（简称“攀钢成投”）投资10亿元打造的第三方全产业链电商平台。平台围绕钢铁交易、信息、物流、金融、仓储、加工六大功能定位，以达海物流园为基础，通过建设标准化的仓储管理体系、服务体系和信息化平台，打造了“信息平台+综合物流+金融服务”三网融合的钢铁服务新模式，实现了传统企业与“互联网+”的完美融合。

新常态下，攀钢成投主动以国有企业转型升级为主线，以“互联网+物流”为指导，以解决传统物流模式痛点为切入点，于2014年启动互联网物流服务平台即积微运网的建设，于2015年1月通过成都达海金属加工配送有限公司（简称“达海”）从线下正式开展无车承运业务。积微物联和达海同为攀钢成投下属的全资子公司，分别从线上积微运网平台、线下实体物流板块为客户提供一体化、全流程、全方位的高效物流服务，通过物流规模化运作降低物流成本，加速物流业转型升级。积微运网作为积微物联体系的重要组成部分，担负着满足电商平台集约化、多样化的物流需求，是实现商流、物流、信息流、资金流协同发展的重要支撑。积微运网通过无车承运的整合模式聚集社会运力资源，积微物联通过线上平台整合大量运输需求（货源），从而实现了商贸与物流一体化运作，实现了物流业务的高效、集约化运作，同时也促进了物流行业标准化、集约化、信息化发展。在开展无车承运业务之初就对标先进管理模式，在保持轻资产运作的同时，投入大量资金及技术，打造了集承运商管理、司机管理及货主管理功能于一体的无车承运平台；在运力端，积极与中小型物流企业展开合作，整合运力资源；在货源端，通过达海产业园和自建电商聚集大量货源。积微物联和达海分别从线上积微运网平台、线下实体物流板块为客户提供一站式整体解决方案。截至目前，平台承运商151家，累积运输量突破300万吨，真正实现了线上资源合理配置、线下物流高效运行。

2016年11月25日，积微物联正式被四川省交通运输厅和四川省人民政府口岸与物流办公室确定为无车承运人试点企业。以此为契机，积微物联正筹备成立独立的运营主体，全力打造积微运网无车承运平台，有效整合线下达海汽车运输业务及其他社会运力资源，将无车承运业务做大做强，最终发展成为四川乃至全国无车承运领域的标杆企业。

（二）企业发展规划

1. 企业定位：全产业链生态圈服务提供商

积微物联运用互联网、物联网、大数据、移动互联网等全新技术手段，以积微物联为线上平台，达海实体物流为线下基础，供应链金融为核心，产业链整合为抓手，建设各个产业相互依托，共生、共赢、共享的产业生态圈。最终实现打造以积微钢铁、积微运网、积微钒网、积微钛网、积微云采、积微化工、积微冷链等线上品牌，与线下达海产业园、成都零部件、重庆攀中伊红相结合，全产业链的O2O生态发展模式。

积微物联首创以达海产业园和积微物联电商为载体的CⅢ平台（即综合复合体Complex、客户Customer、现金Cash），着力打造以物流配送、智能仓储、剪切加工、供应链金融、电子商务为核心，以商务展示、总部基地及商务配套服务等为增值助力的CⅢ生态圈，为客户提供整体解决方案。

2. 发展规划

构建CⅢ产业生态圈，引领企业转型升级发展。重点发展积微物联和现代物流，持续优化完善积微物联、积微运网平台功能，实现电商、仓储、加工、物流、金融等多业务的集成与一体化运营，提升客户服务水平，构建以产业复合体、资金、客户为核心的CⅢ平台，形成完整包容的综合性产业生态体系。秉承在继承中创新、在创新中发展的指导思想，做大做强现代物流，解决产品交易过程中的运输痛点，提高整体产业运营效率和盈利能力，引领企业转型升级发展。

以积微运网为平台，整合区域运输资源。加强与本地区钢铁制造企业、建材经销商等的业务合作，以积微运网为平台，整合钢铁产业链前后端配送资源，聚集区域零散车辆资源，培养规模化、系统化的物流能力；同时以青白江区域土地资源和铁路资源为核心，打造陆路港和公路港互相支撑的铁公联营，发展多式联运，实现西南地区运输资源的有效整合。

（三）企业经营概况

积微物联秉承线上资源合理配置、线下物流高效运行的经营理念，上线以来线上交易量已达1600多万吨，交易额达600亿元，已发展成为西南地区最大、综合实力最强的互联网物流服务提供商。

（四）企业荣誉

积微物联自成立以来先后荣膺“青白江区2015年度先进企业科技创新奖”“互联网+钢铁电商创新发展论坛组委会运营模式创新奖”和“成都市2016年创新性电子商务示范企业”等奖项。2017年4月，积微物联荣登中国大宗商品电商百强企业榜第27位、钢铁电商第6位。

二、企业信息化实施背景

经济新常态环境下，国家实施了转变经济方式、调整产业结构、淘汰落后产能的一系列供给侧结构性改革举措。攀钢集团作为我国钢铁工业的重点企业积极响应国家号召，于2010年5月与鞍山钢铁集团公司联合重组，成立鞍钢集团公司。近年来，攀钢集团根据国家产业结构调整和化解钢铁过剩产能要求，逐步关停了攀钢集团成都投资管理有限公司的生产产能，主动实施企业转型发展。

攀钢集团成都投资有限公司勇担历史使命，创立成都积微物联电子商务有限公司，探索“互联网+、平台化”的发展模式，依托产业资源建设钢铁、钒、钛等工业品电商平台与线下服务平台的联动发展的新模式，以助推企业转型。经过3年创新发展，积微物联线上与线下平台已成长为四川地区最大的金属材料集散中心，并即将在重庆、昆明等地布局推广此模式。同时“积微钒网、积微钛网、积微运网”发展模式也得到了鞍钢集团领导的高度认同，初步确定了平台与鞍钢集团战略合作。积微运网无车承运人服务平台系统更是助推公司深化现有运作模式，是持续推进大型国企供给侧改革的迫切需要。

三、信息化解决方案

在我国国企改革如火如荼、企业转型升级轰轰烈烈的背景下，积微物联勇敢拥抱国家“互联网+”战略，经过改革创新华丽转型。公司依托物联网、云计算等技术，研发了CⅢ电商平台及积微运网平台，并建立了平台之间的联动关系，通过积微运网为线下货源资源和线上电商平台提供无车承运业务，以“小而精”起到了整合社会资源、降低社会物流成本的作用，正是积极响应国家“互联网+”战略并成功转型的示范。

（一）积微运网无车承运服务平台发展定位

1. 战略定位：产业供应链的智慧物流服务商

积微运网无车承运人服务平台依托物流基地网络和积微物联平台，集约整合和科学调度货源、承运商等零散物流资源，配套全程可视可追踪以及可监控的机制，发展成服务于产业供应链的智慧物流服务商，为用户提供一体化、全流程、全方位的高效物流服务。实现物流运输行业的标准化、体系化和信息化，助推物流业“降本增效”和供给侧结构性改革，并倒逼物流行业规则和秩序的建设，实现更高效的社会协同。

2. 功能定位

积微运网结合自身无车承运业务模式，打造以竞价抢单功能为特色、以承运商管理为核心、以全程运输监控为保障的无车承运人服务平台。平台通过PC端和移动端的双渠道联动，以及覆盖货主端、承运商端及司机端3大用户群体的功能应用，实现了无车承运业务全流程的信息化管理（见图1）。

积微运网无车承运人服务平台采用“6+5+2+3”的模块化设计理念（见表1），既保证了无车承运功能的完整性，又为平台预留了业务发展空间，为无车承运业务的日常经营提供了有效的保障，并为未来业务扩展预留了足够空间。

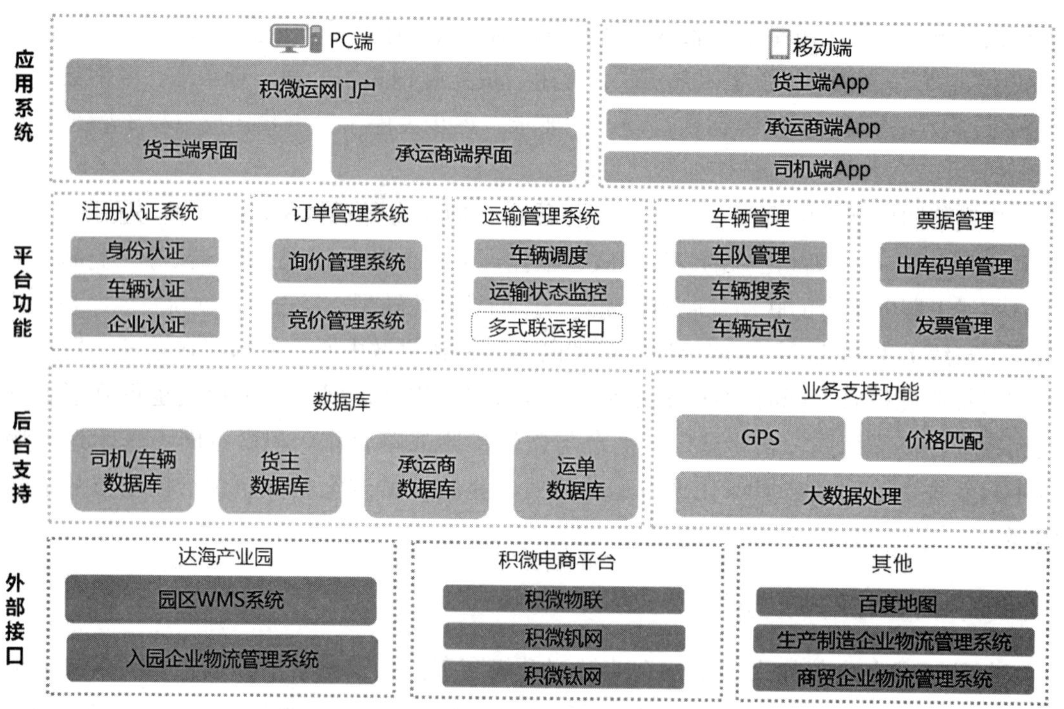

图1　积微运网无车承运人服务平台功能构架

表1　积微运网无车承运人服务平台"6+5+2+3"体系

模块	功能
六大应用系统	运网门户、PC 端货主功能、PC 端承运商功能及货主 App、承运商 App、司机 App
五大功能	注册认证、订单管理、运输管理、车辆管理及票据管理
两大支持体系	后台数据库及业务支持系统
三类外部接口	达海产业园接口、积微物联平台接口、其他外部接口

3. 发展目标

打造以无车承运业务为主线的物流资源整合平台。积微运网无车承运人服务平台将以无车承运业务为主线，充分发挥平台资源整合优势，聚集成都乃至四川区域内的社会运力资源和货源，配合集团战略布局，逐步向重庆、昆明等地扩展，实现西南地区的物流资源整合，并依托鞍钢集团庞大的网络布局，最终形成全国性的物流资源整合平台。

打造线上线下高度融合的无车承运服务平台。积微运网无车承运人服务平台将与积微物联平台实现联动式发展，服务于积微物联 CⅢ（Complex、Cash、Customer）平台，形成电商、仓储、加工、物流、金融等多业务的集成与一体化运营，提升客户服务水平，构建以产业复合体、资金、客户为核心，完整包容的综合性产业生态体系，最终形成线上贸易与线下物流业务高度融合的无车承运服务平台。

打造服务于供应链全流程的专业化无车承运平台。积微运网无车承运人服务平台将以达海产业园为基地，以物联网技术、大数据分析为技术支撑，不断加强与本地区钢铁制造企业、建材经销商等的业务合作，整合各环节货源及运力，打通制造型企业供应链各环节运输需求，形成服务于供应链全流程的专业化无车承运平台。

（二）平台信息化解决方案

1. 无车承运人服务平台系统建设：构建“1+3+N”运作模式

积微运网无车承运人服务平台紧贴市场需求，线上平台与实际业务的匹配度不断完善，线下与物流基地的合作不断推进，致力于持续打造“1+3+N”（1个大数据中心，托运人、承运商、司机3大服务系统，N个物流基地）运作模式（见图2），努力发展成为区域无车承运领域的标杆。

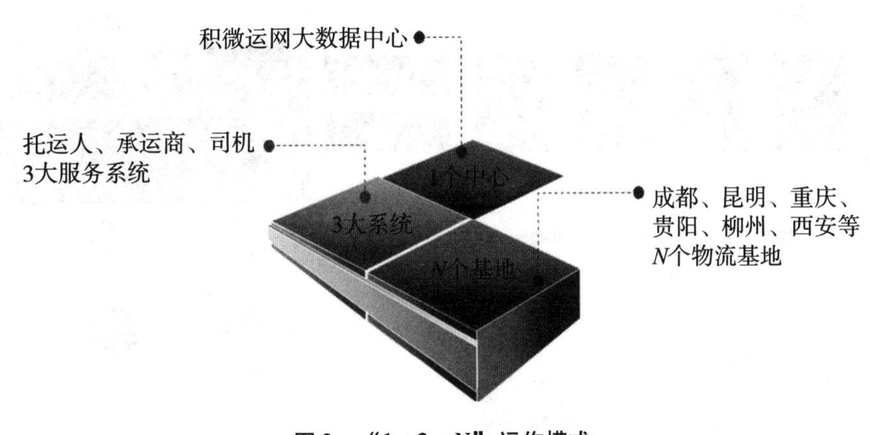

图2 “1+3+N”运作模式

平台可为托运人、承运商、司机提供运输信息发布、在线招投标、在线接单、物流跟踪等服务。同时，为方便用户使用，开发了托运人PC端、承运商PC端和承运人App、托运人App及承运商App。

表2 积微运网无车承运人服务平台端口开发情况及主要功能

用户	服务端口	主要功能
托运人	PC端、App	在线询价、询价确认、立即发货、运单管理、在线跟踪、确认收货等
承运商	PC端、App	货源信息查询、车源信息查询、中标管理、运输管理、在线跟踪、车辆管理等
司机	App	找货源、车源发布、添加车辆等

2. 积微运网无车承运人服务平台功能体系建设

积微运网无车承运人服务平台功能体系建设主要包括门户管理平台、货主端管理系统、承运商管理系统、司机端管理系统、后台管理系统、大数据展示平台，以及计划开发的在线支付模块、货主物流管理模块、承运商车队管理模块、多式联运模块等。已开发的管理平台和系统需要定期进行维护和升级，在线支付模块等计划开发功能模块则需要进一步进行投资和开发。

（1）门户管理平台。积微运网无车承运人服务平台门户管理平台包括在线询价、货源信息展示、车源/承运商信息展示、在途车辆信息展示、App下载等版块。其中，快速询价版块帮助货主快速了解运价；货源信息版块提供运输线路、产品种类、运输量及付款方式等信息展示；车源信息版块实时更新运输路线、车辆类型及运载能力等信息展示；

在途车辆信息展示版块可查看平台当前运输车辆的实时位置及分布状态；同时，平台提供货主端、承运商和司机端的App下载地址，助力用户实时掌控运输信息。

（2）货主端管理系统。货主端管理系统拥有PC端和App双系统，包括货源发布、运输管理、个人中心及服务中心等模块。提供在线询价、立即发货、运输管理、车辆跟踪及发票管理等功能。通过询价功能，货主可实时了解当前运输市场价格，及时调整运输计划；通过车辆跟踪功能，货主可实时了解运输业务动态，利于业务沟通（见图3）。

图3 货主PC端界面图及货主App界面

（3）承运商管理系统。承运商管理系统包括货源信息、运输管理、在线跟踪、车辆管理及车源搜索等版块。提供货源/车源信息查询、在线竞价/抢单、跟标管理、运输管理、在线接单、在线调度、物流跟踪、驾驶员管理及发票管理等功能。通过货源信息功能，承运商可查找货源进行竞价或抢单，主动承接运输业务。通过在线调度功能，承运商可灵活调度车辆，及时开展运输任务（见图4）。

（4）司机端管理系统。司机端管理系统包括待运输、找货、车源发布、我的积分、车辆添加等版块，提供运单智能推送、在线接单、在线找货、车源信息发布、地图导航、运输跟踪、驾驶员ABS定位、装卸货拍照等功能，实时反馈运输信息，提高司机的运输效率和收入（见图5）。

（5）后台管理系统。为保障运输业务的顺利进行，积微运网无车承运人服务平台后台管理系统配套货主管理、承运商管理、驾驶员管理、车辆管理、运单管理、调度管理、运输跟踪、数据统计等版块，对运输业务全程进行有序调节和调度，满足各方需求（见图6）。

（6）大数据展示平台。大数据展示平台主要包括在途车辆、在途运输量、线路车辆

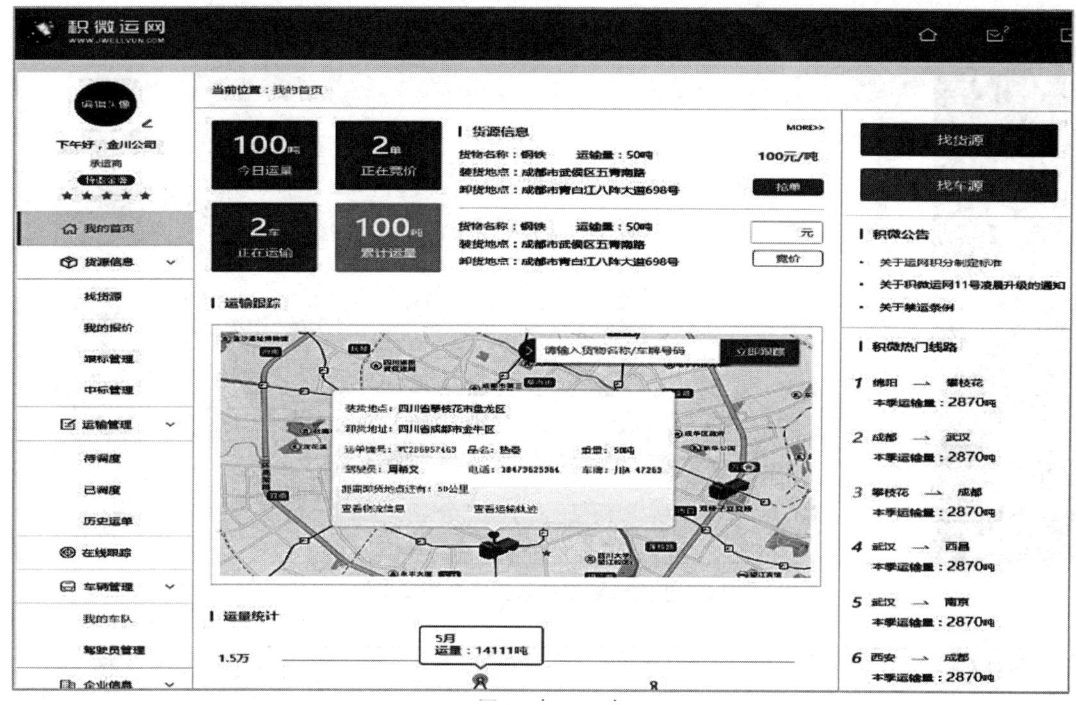

图 4　承运商 PC 端界面

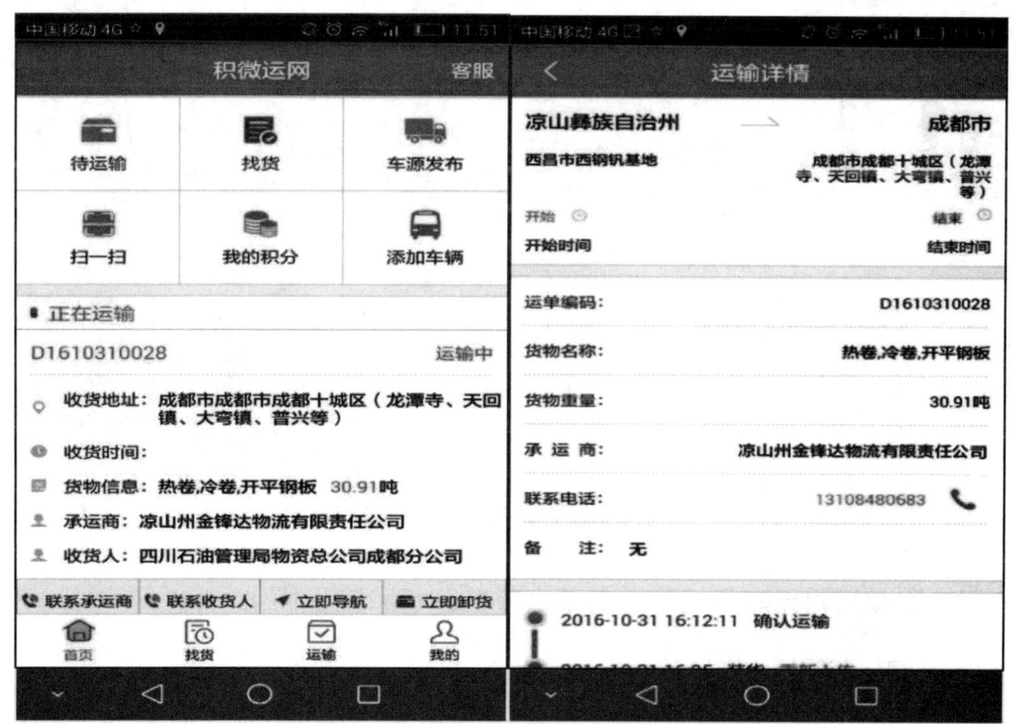

图 5　司机端 App 界面

追踪等版块，通过对货主及匹配的货源信息，司机及对应车型信息，运费交易数据等的积累，形成对运输全生命周期生态体系的管理（见图 7）。

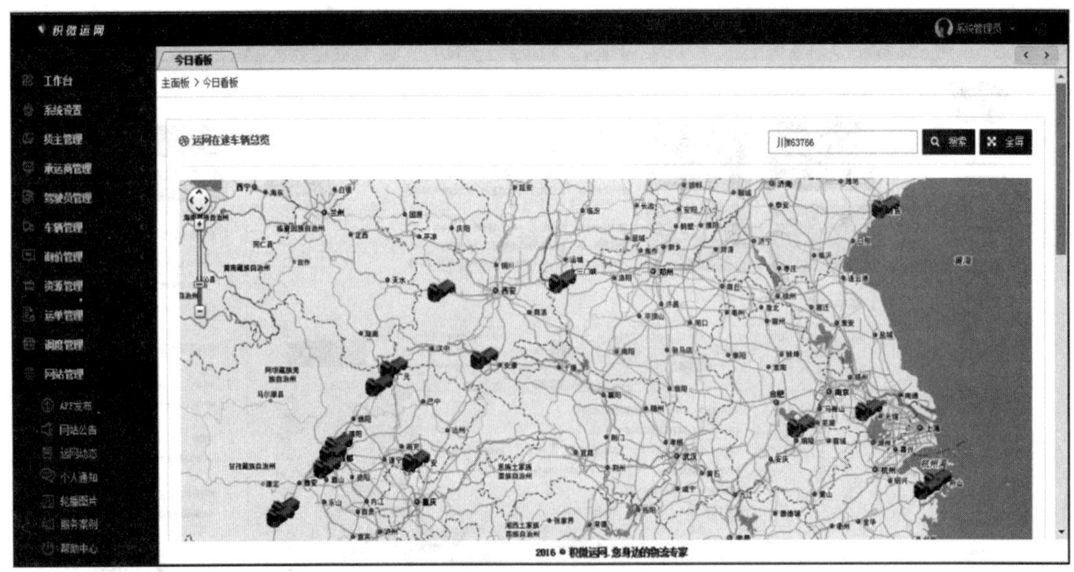

图6　积微运网无车承运后台管理系统

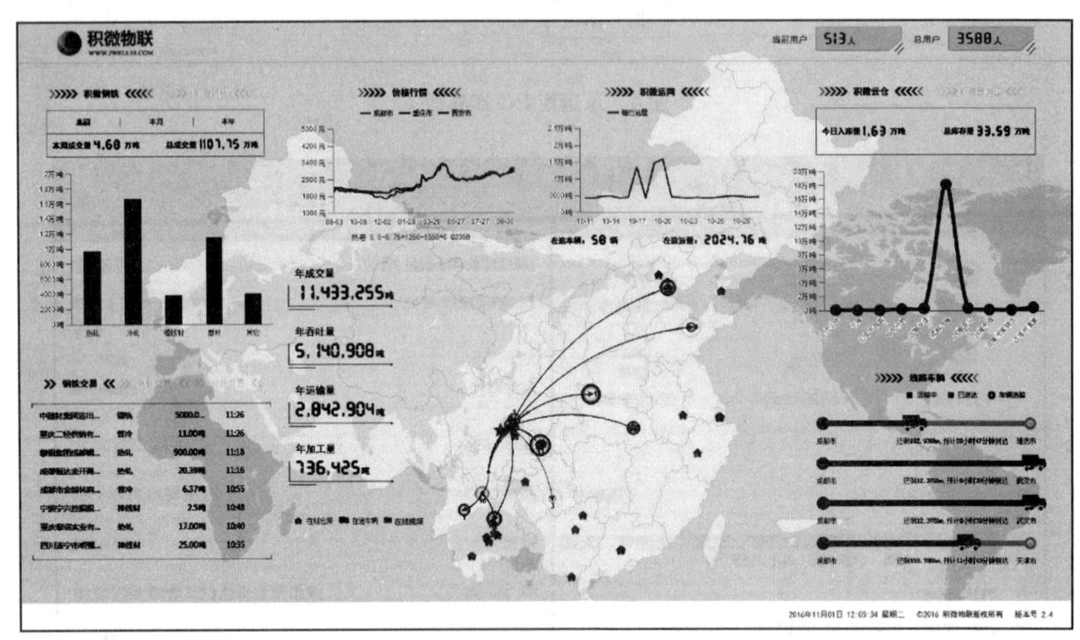

图7　积微运网无车承运大数据展示平台

四、积微运网无车承运人服务平台效益分析和流程优化

（一）平台总体经营效益情况

积微运网无车承运人服务平台自上线以来，已完成4个版本的迭代升级，平台累计在线运输量300多万吨，营业收入约2亿元，利润约720万元。截至目前，积微运网资源整合情况见表3。平台注册司机数量、签约承运商数量及平台货运总量高速增长，具体情况见图8。随着无车承运业务的深入推进，积微运网无车承运业务将迎来爆发式增长。平台签约承运商数量如图9所示，平台货运总量如图10所示。

表 3　2015—2016 年积微运网资源整合情况

资源	数量	备注
托运人	177 家	其中：大型企业 51 家，中小型企业 126 家
承运商	135 家	—
司机	9450 名	—
合作车辆	8288 辆	其中：承运商自有车辆 1416 辆，个体车辆 6872 辆

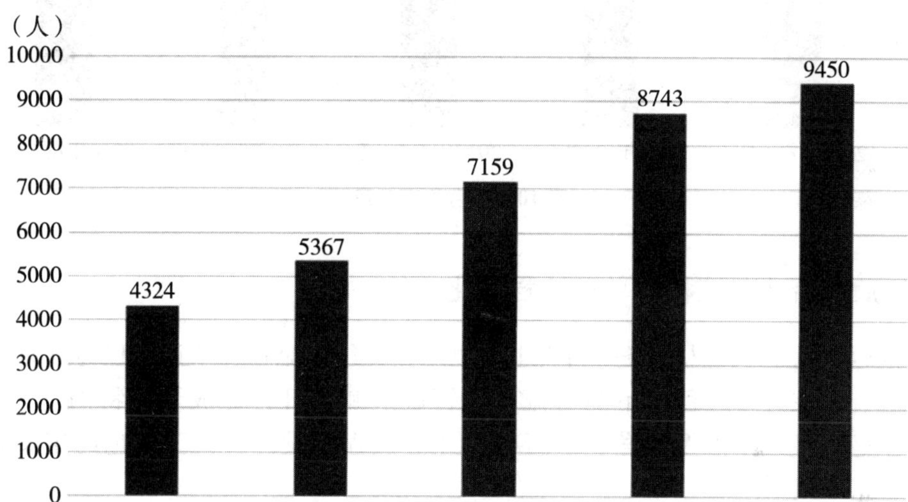

图 8　平台注册司机人数

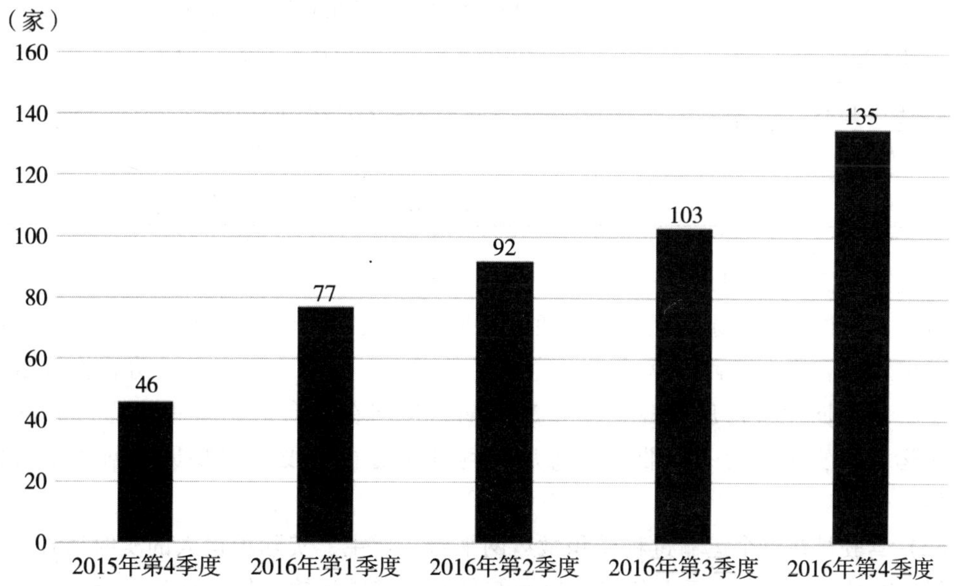

图 9　平台签约承运商数量

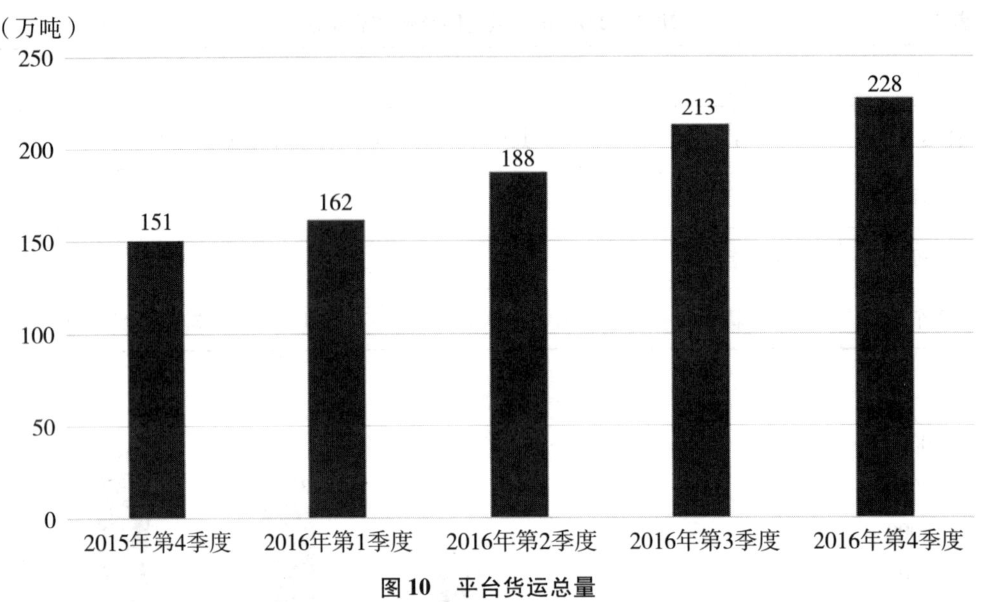

图 10　平台货运总量

（二）平台业务流程和单证流程优化

积微运网无车承运人服务平台自上线以来，在组织流程和单证流程等方面进行了系统设计，并在运行过程中不断对流程进行改造和提升，形成了独特的竞争优势。对无车承运人模式中涉及的角色进行相关业务流程的设计，关于角色的定义如表 4 所示。

表 4　积微运网流程角色及定义

角色	角色定义
货主	在积微运网平台上的货物运输发起者
积微运网	从事无车承运业务的物流运输服务平台
实际承运人	承接积微运网货物运输的承运方
司机	为积微运网运输货物的人员
收货人	有权通过司机提取货物的人

1. 业务总流程（见图 11）

（1）货主注册并登录积微运网，通过运网平台发布运输询价需求，运网收到货主询价需求后由客服向实际承运人发起竞价（抢单），竞价（抢单）成功后将价格推送至货主，货主同意价格后创建运单发起运输，运网在后台对运单审核通过后推送至实际承运人，实际承运人在收到信息后对驾驶员进行调度，驾驶员根据调度信息开始运输。

（2）驾驶员在整个运输过程受积微运网平台、货主、实际承运人的实时监控。驾驶员将货物准时送达收货点后上传签收单和卸货照片完成运输，货主确认收货后进入结算流程。

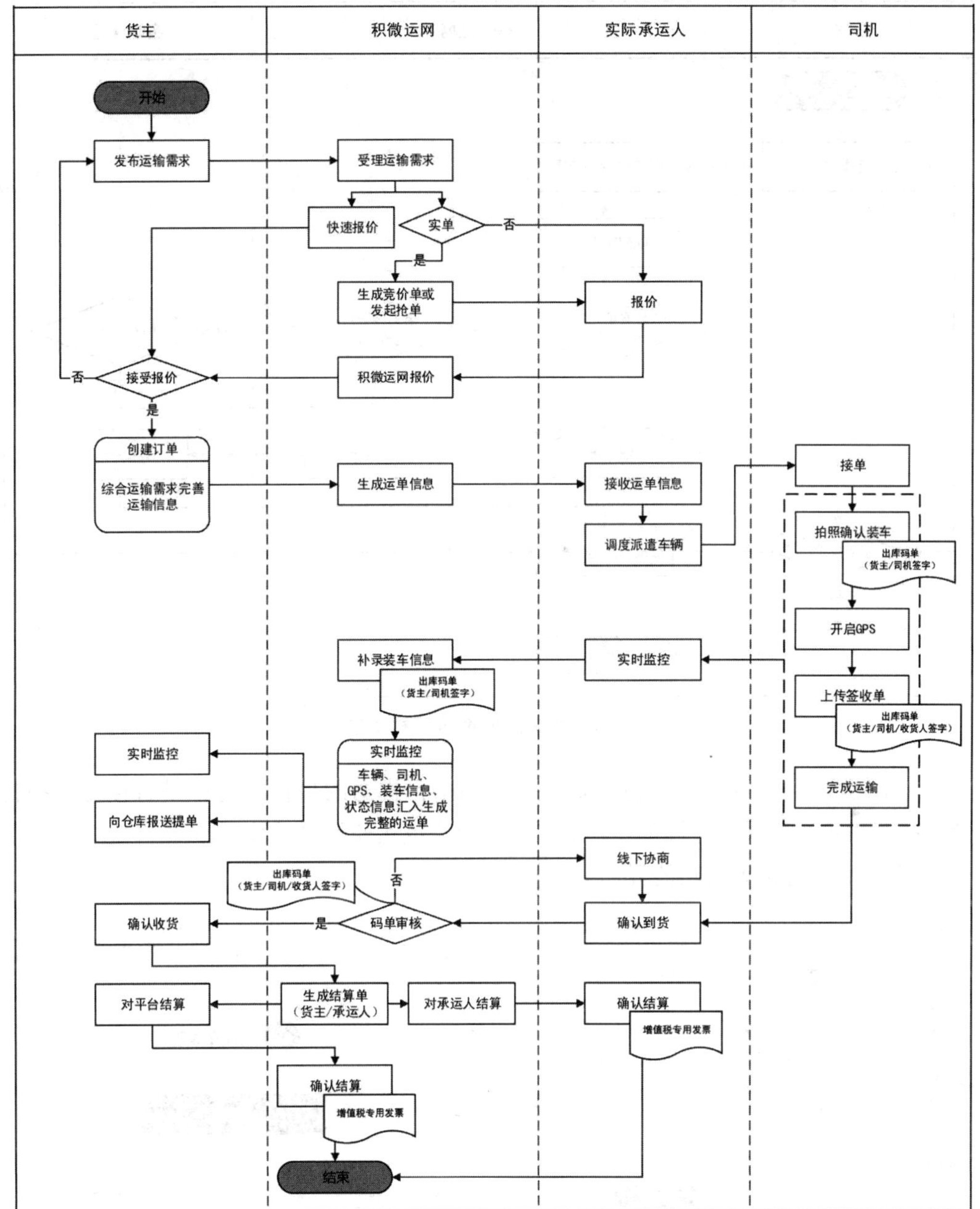

图 11　积微运网业务总流程示意

2. 货主询价流程（见图 12）

（1）匹配相同/相近线路信息：运网后台收到货主询价，自动匹配出相同或相近线路（省市区相同）的历史询价信息供客服人员参考。

（2）快速报价：平台在完成线路匹配后，若有相同的历史询价数据，客服人员参考历史数据实时为货主报价。

（3）生成竞价单：如果系统未发现相同的历史询价数据，但是存在相近历史询价数据，客服人员联系实际承运人询问是否同意承运，若实际承运人拒绝承运，运网客服人员根据货主的询价需求生成竞价单。

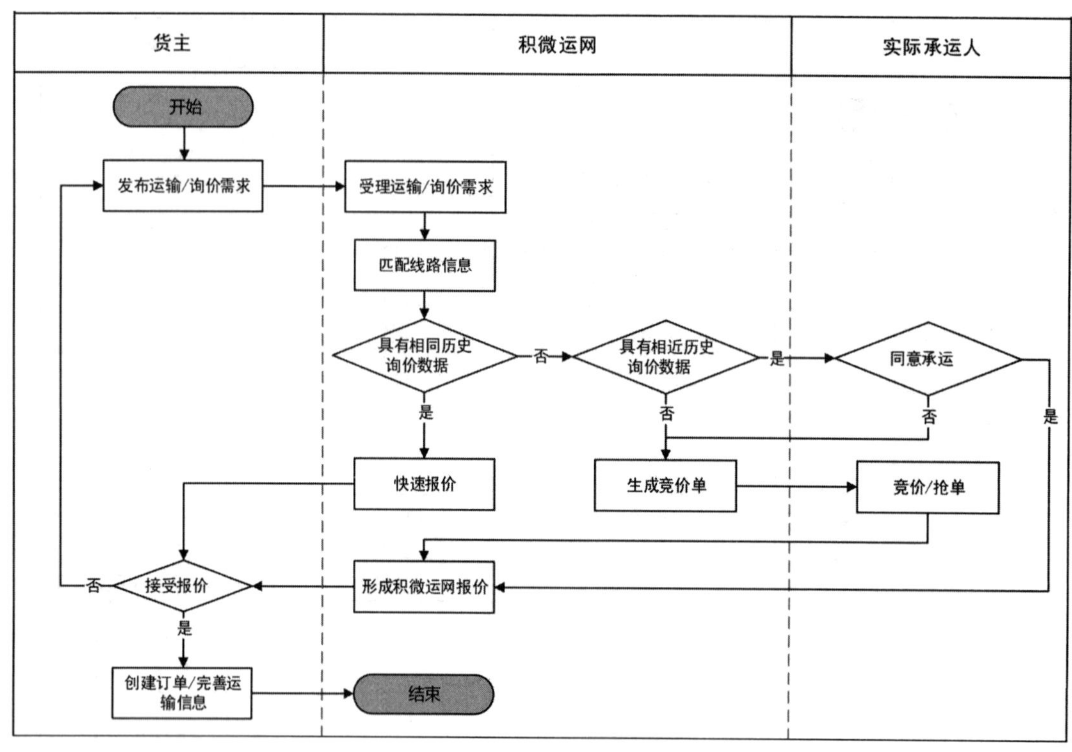

图 12　积微运网询价流程示意

（4）创建订单/完善运输信息：货主在收到平台推送的报价后选择是否接受该报价，若货主接受报价则选择创建订单并根据平台要求完成运输信息的填写。

图 13 为积微运网询价功能界面。

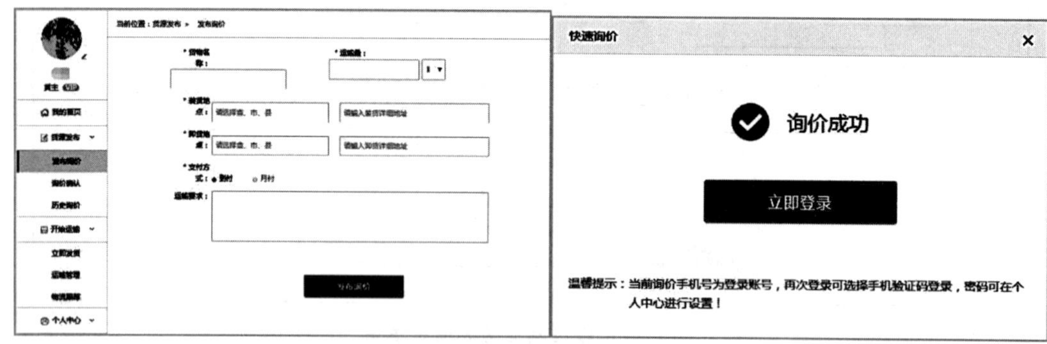

图 13　积微运网询价功能界面

3. 实际承运人竞价流程（见图 14）

（1）确定中标承运人：平台按照“投标分 = 报价 ×80% +（100 − 考评分）×20%”的计算公式得出投标实际承运人的投标分，得分低的实际承运人中标，若出现两者得分相同，则以该线路报价低者为中标实际承运人；报价在相同的情况下以系统报价时间先后顺序判定先报价者中标。

（2）运输招标无效：平台确定中标实际承运人后判断其中标价格高于系统设定的最高限价，则宣布该线路的运输招标无效。

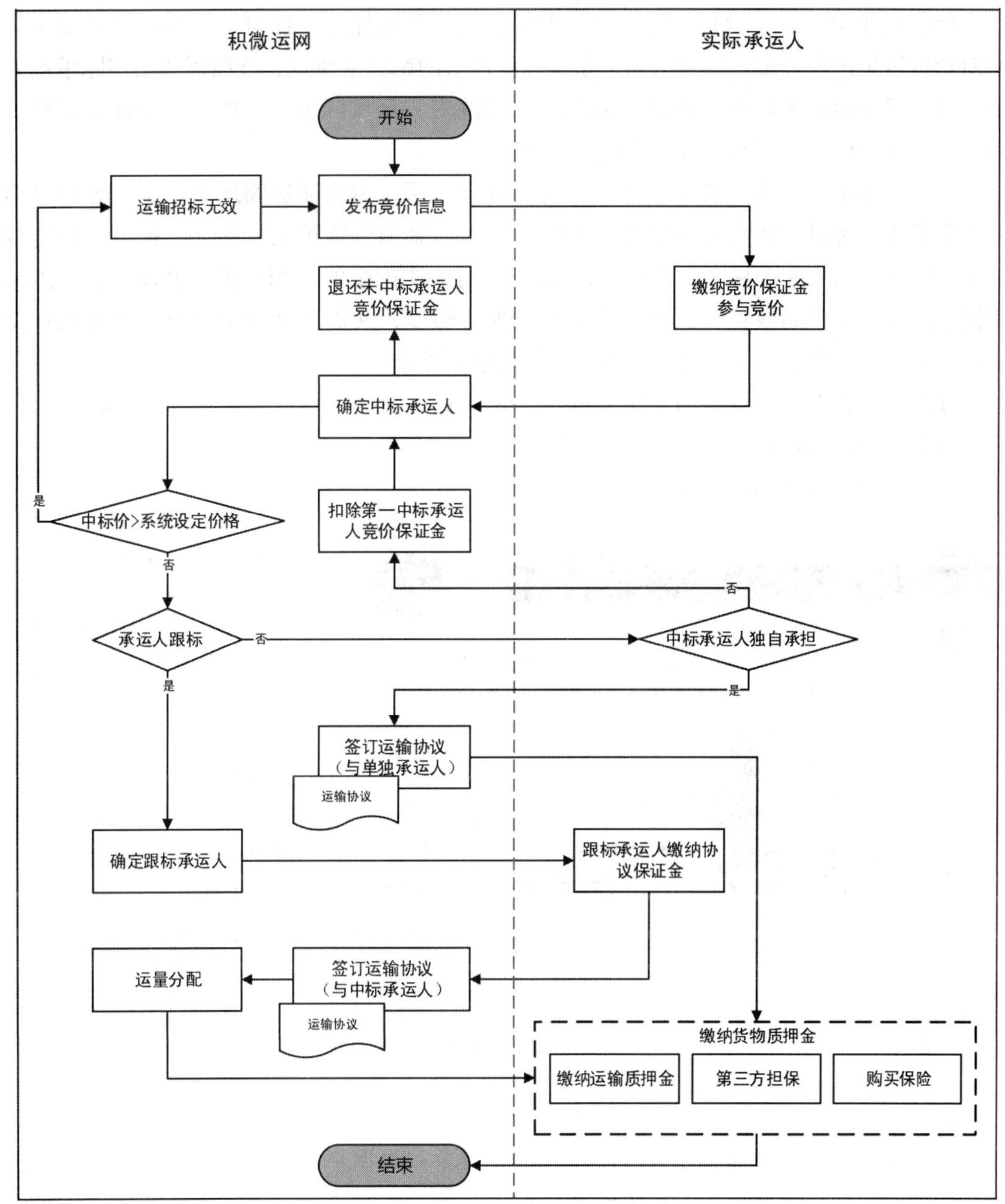

图 14　积微运网竞价流程示意

（3）确定跟标承运人：运网出于快速发运的需要来确定是否需要跟标承运人，对于运量较大线路或短期内货物集中准发的线路平台将会设定 1～3 名跟标承运人。平台按照评标的分数从低到高筛选确定跟标商。

（4）扣除第一中标承运人竞价保证金：平台若确定跟标后无实际承运人跟标，则由中标实际承运人独自承运，若中标实际承运人不愿独自承运，则扣除实际承运人在该线路的竞价保证金，按照该线路第二得分低者为中标实际承运人，再依次确认跟标实际承运人。

（5）跟标承运人缴纳协议保证金：平台在确定跟标承运人后新增中标承运人（跟标承运人），应在招标结束后 3 个工作日内缴纳 10 万元协议保证金。

（6）运量分配：平台在确定了第一中标承运人和跟标商，且与其均签订了运输协议后对货物运量进行分配。线路只需1家实际承运人的则独立承运；线路需2家实际承运人的，主中标方运量为65%，跟标方为35%；线路需3家实际承运人的，主中标方运量为50%，第一跟标方为30%，第二跟标方为20%。

（7）缴纳货物运输质押金：平台完成运量分配后，为保证货物运输安全，无论是第一中标承运人独自承运还是与跟标方共同承运均需缴纳货物运输质押金。新中标固定线路的实际承运人应在中标之后15天内完成货物运输质押金的缴纳或抵押办理工作。当某实际承运人在途产品数量金额达到或接近质押金额度，又需要增加运量时，在接到补交质押金的通知后应在1个工作日内补交货物运输质押金。

积微运网针对临时线路的竞价流程与上述流程存在一定的区别，在临时线路竞价过程中不需要确定跟标商。

图15为积微运网竞价与跟标功能界面。

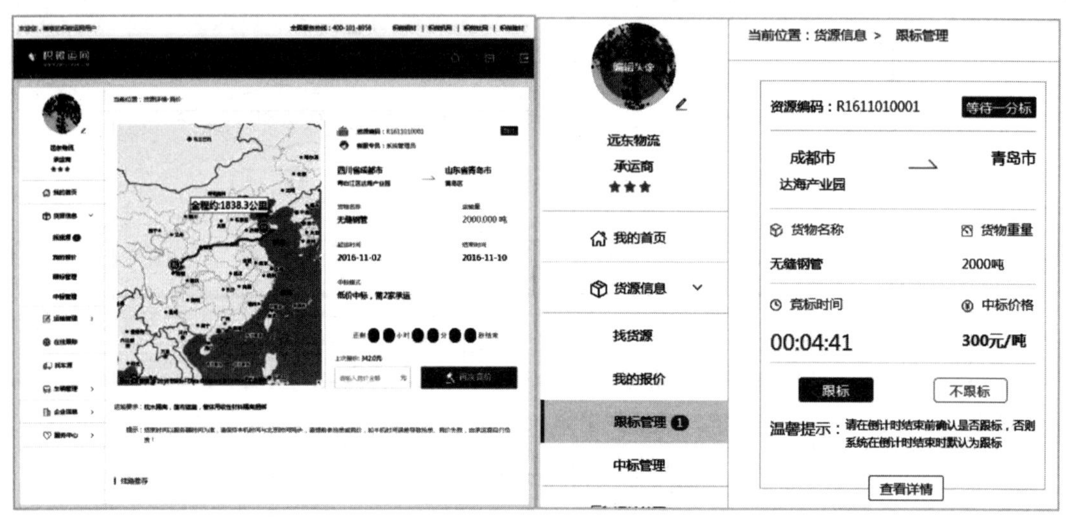

图15　积微运网竞价与跟标功能界面

4. 积微运网运输管理流程（见图16）

（1）创建订单：货主接受平台报价后创建订单，根据平台要求完善订单信息，平台根据货主完善的订单信息生成运单信息并推送至中标实际承运人处，中标实际承运人确认并接收平台推送的运单信息。

（2）调度派遣车辆：中标实际承运人根据其所接收的运单信息进行车辆安排。实际承运人在调度时可选择自己旗下车辆或批量选择平台上的车辆，实际承运人调度时需提前做好司机绑定操作，实际承运人也可撤销调度且司机无法接单。

（3）接单：实际承运人完成车辆调度派遣后，调度所指定的司机在登录移动客户端后可查看今日运单并选择接单，代表司机已收到运单信息，准备开始运输。司机接单后在运单规定的时间内到达取货点完成装货并拍照上传出库码单。司机在开始运输货物前需要开启车载GPS并接受平台的监控。

（4）到达收货地点：司机按照订单信息和调度信息，按照订单中规定的时间到达货

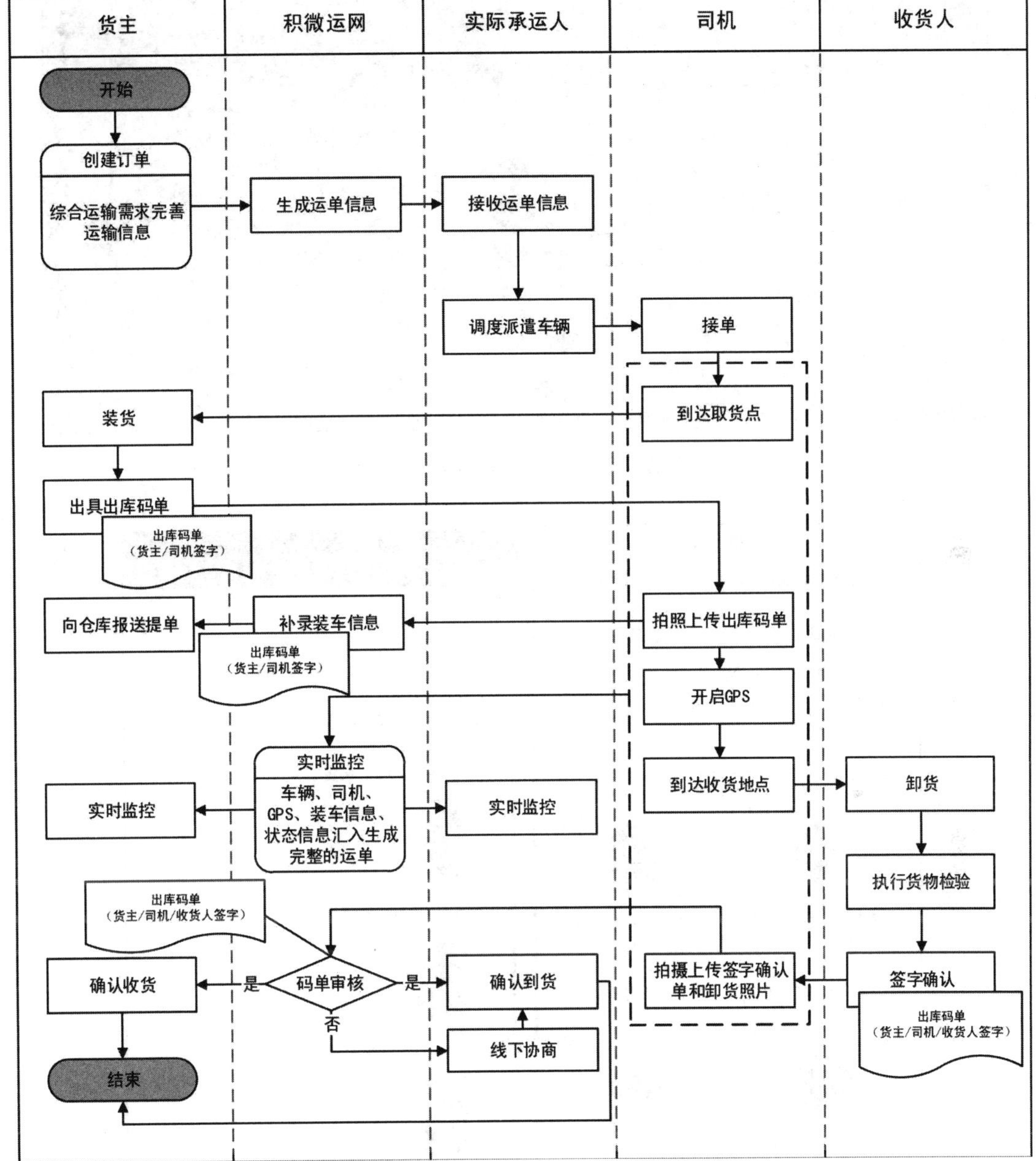

图 16　积微运网运输管理流程示意

主要求的收货地点，卸货完成后收货人对货物数量、质量等进行检验并在出库码单上签字确认。司机在收货人签字确认后对出库码单以及卸货过程进行拍照并上传至平台。

（5）码单审核：平台在接收到司机上传的卸货和签字确认单后对码单进行审核，平台将审核结果推送至实际承运人和货主，双方确认收货。平台若在码单审核过程中出现问题，则通过线下方式联系实际承运人进行协商处理。

（6）实时监控：平台从司机接单到完成运输的全过程进行监控，并在货主与实际承运人用户界面进行展示，使得货主与实际承运人均能实现对货车和司机的实时监控。具体如图 17 和图 18 所示。

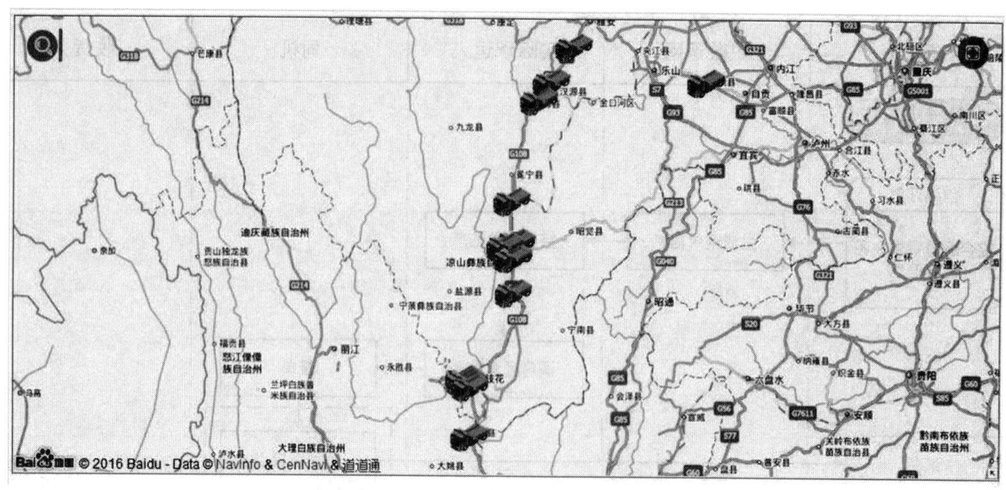

图 17　积微运网运输监控管理系统

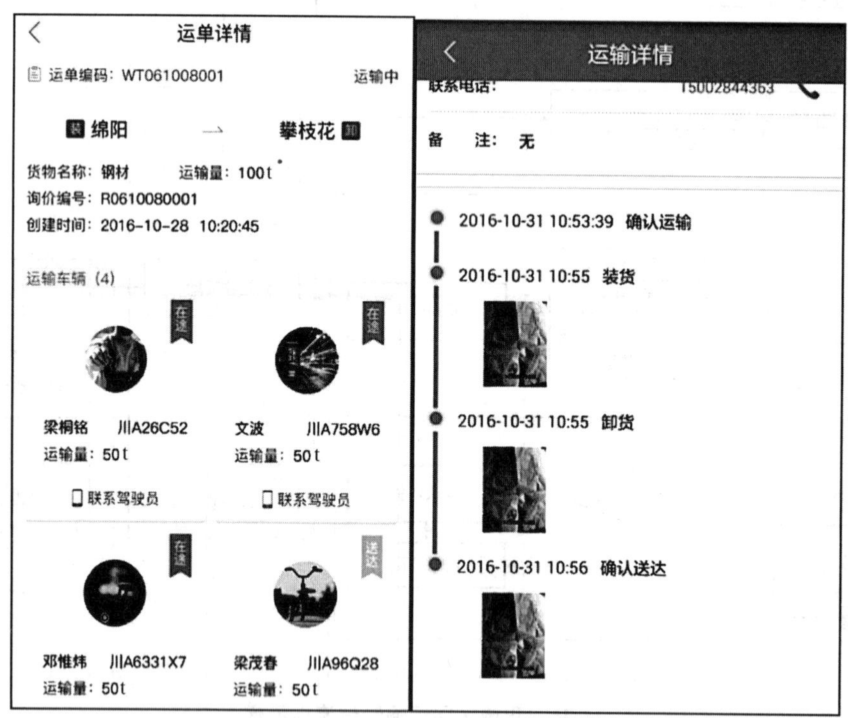

图 18　积微运网货主运输管理及司机运输管理界面

5. 结算流程（见图 19）

（1）确认到货：开始结算流程的前提是货主确认到货。

（2）生成对货主/实际承运人结算单：平台在收到货主确认收货信息后根据运单实际的调度信息，以车为单位核算出需要结算的费用，结算单生成后默认状态为未开票。平台在生成结算单后判断对货主和实际承运人的结算账期。

（3）货主/实际承运人确认结算单：若结算账期未到，平台将本次结算单分别推送给货主以及实际承运人，双方进行结算单确认操作；若结算账期已到，平台分别汇总对货主以及实际承运人的历史结算单。

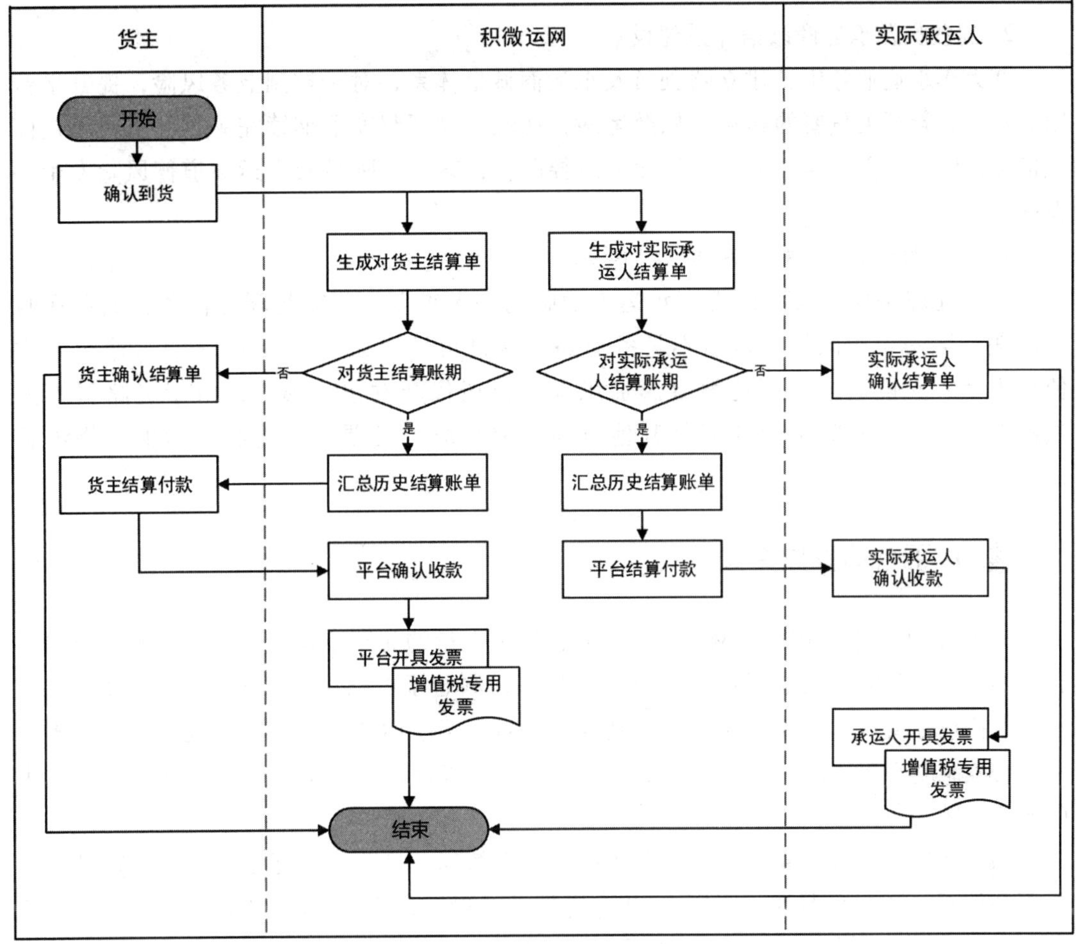

图 19　积微运网结算流程示意

(4) 结算付款：货主在收到平台推送的汇总历史结算账单后给平台结算付款；平台汇总实际承运人的历史账单后给实际承运人进行结算并付款。

(5) 确认收款：货主给平台结算并付款后平台进行确认收款操作；平台给实际承运人结算并付款后实际承运人进行确认收款。

(6) 开具发票：平台确认来自货主的付款后给货主开具 11% 的增值税专用发票；实际承运人确认来自平台的付款后给平台开具 11% 增值税专用发票。

五、积微运网无车承运人服务平台需探索解决的问题和推广意义

(一) 平台需探索解决的问题

1. 探索无车承运人保险体系

目前，国内保险公司尚无专门针对无车承运人的保险产品和统一的保险责任要求。介于这种情况，积微运网将结合自身业务实践，与保险公司开展业务合作，开发针对无车承运业务的保险产品，并对现有货物运输保险和物流责任险进行优化，不断探索无车

承运人保险体系。

2. 驾驶员及承运商诚信体系建设

在无车承运业务中，建立驾驶员及承运商诚信体系，对于控制业务风险，提升平台服务水平有着至关重要的影响。积微运网将在现有管理制度下继续完善驾驶员及承运商诚信考核体系，不断探索无车承运业务风控路径，减少驾驶员及承运商道德风险发生的概率。

3. 探索无车承运人税务制度

税务处理是现阶段我国无车承运人面临的一大难点。积微物联在税务方面存在两个问题。第一，积微物联目前不具备道路运输许可证，无法开具11%的运输业务增值税发票，只能通过成都达海金属加工配送公司代开发票。第二，由于过路费等无法冲抵增值税，实际承运商需从其他方面获取相应的发票进行抵扣，增加了物流总成本。

（二）平台的推广意义

自2015年以来，积微运网不断完善并积累了大量的无车承运业务实践经验。目前平台已形成了一套完整的承运商及车辆管理体系，制定了严格的承运商准入和分级制度，承运商招投标流程和车辆运输等管理制度，针对无车承运业务中存在的问题，平台不断完善相关制度平台。同时，平台功能日趋完善，可以保证平台应对无车承运业务中发生的各类问题。

积微运网以CⅢ电商为平台，以实体物流为基础，打造了高度专业化的物贸融一体化服务体系。①以贸易带动物流，以物流带动金融。以电商平台聚集货源，为货源贸易方提供实物的仓储、运输（无车承运）服务，有效衔接贸易和物流，提高响应速度；基于物流实体业务，为贸易方提供物流金融服务，以物流管理确保融资资金安全，解决贸易方现金流问题的同时为平台带来收益。②以物流促进贸易。积微运网为贸易方提供一体化快速、高效、安全、优质的物流线上线下服务，随着网络布局的进一步扩大，会聚集更多的贸易方通过CⅢ电商平台进行产品贸易，促进电商平台的持续发展，进而构建各产业相互依托、共生、共赢、共享的生态体系。此外，积微物联CⅢ电商平台与物流管理模式相融合的产业生态体系，可以为其他单纯做电商平台的企业提供物流管理服务，更可以将自身打造为电商平台的优质物流服务提供商，起到了试点的示范作用。因此，积微运网信息化系统平台在无车承运领域具有重要的推广意义。

六、下一步实施方案和设想

在无车承运人服务平台运行和完善过程中，积微运网无车承运人服务平台将严格按照主管部门要求定期汇报平台运营情况，同时，积极配合主管部门完成无车承运人试点工作任务，全力做好平台的试点建设工作。

表 5　　积微运网无车承运人服务平台下一步实施方案

实施方案主要内容	完成时间
货源与运力资源组织整合	
进一步整合成都货源与运力资源	2017 年 11 月（持续）
进一步整合重庆货源与运力资源	
进一步整合昆明货源与运力资源	
与鞍钢达成货源资源承运业务的合作	2017 年 4 月
挖掘家电、机电等龙头企业的货源资源	2017 年 11 月
无车承运人保险方案的谈判和险种开发	2017 年年底
增值服务的开发	
与大型轮胎公司洽谈承运车辆的轮胎优惠协议价	2017 年 5 月
与石油公司洽谈承运车辆汽油优惠协议价	2017 年 8 月
积微运网平台的优化及新增功能开发	
在线支付模块	2017 年 3 月
货主物流管理模块	2017 年 5 月
承运商车队管理模块	2017 年 8 月
多式联运模块	2017 年 11 月
积微运网平台及 App 功能优化	2017 年 11 月（持续）
平台维护、系统升级及新功能开发	持续

合肥维天运通信息科技股份有限公司：路歌“无车承运人”

一、企业基本情况

合肥维天运通信息科技股份有限公司成立于2002年，是国内服务于“互联网+物流”行业时间最长的公司之一。拥有3个技术研发基地及12个经营分支机构，服务网络遍布全国。

公司在创业之初，即选择了“通过各种信息化应用推动我国物流行业向现代物流演进”的战略发展方向——应用物联网技术架构体系以及移动互联网、云计算、大数据等先进信息技术，为物流行业的各类角色构建内部管理及外部协作、交易的信息化平台，提升整个行业的运转效率和服务水平。

公司自主开发、建设并运营的，集物流服务交易、物流过程管理和协作流程对接为一体的路歌“互联网+物流”平台，是目前国内规模最大的“无车承运”业务支撑平台，截至目前，该平台已拥有290多万从事干线营运的个体重卡会员，是市场上唯一将运力交易、业务管理、承运结算全流程打通，并发展出完整的“互联网+无车承运”业态的平台。在探索“无车承运人”业务模式的道路上，一直处于领先地位。

创业至今，公司一直秉承“求真、爱人、创新”的企业价值观，以“创造行业价值，实现企业发展”为宗旨，引领、推动中国物流行业的转型升级。

二、路歌“无车承运人”

为传统物流企业搭建“无车承运人”业务支撑平台。“无车承运人”是由美国track broker（货车经纪人）这一词汇演变而来的，是无船承运人在陆地的延伸。“无车承运人”指的是不拥有车辆而从事货物运输的个人或单位，其具有双重身份，对于真正的托运人来说，其是承运人；但是对于实际承运人而言，其又是托运人。“无车承运人”一般不从事具体的运输业务，只从事运输组织、货物分拨、运输方式和运输线路的选择等工作，其收入来源主要是规模化的“批发”运输而产生的运费差价。

由合肥维天运通信息科技股份有限公司自主开发、建设并运营的，集物流服务交易、物流过程管理和协作流程对接为一体的路歌“互联网+物流”平台自2012年起便开始探索如何成为支撑传统物流企业发展“无车承运”业务的信息化支撑平台，在探索“无车承运人”业务模式的道路上，一直处于领先地位。

2016年8月26日，交通运输部办公厅印发《关于推进改革试点加快无车承运物流创新发展的意见》（简称《意见》），至2017年12月，交通运输部将在全国开展道路货运无车承运人试点工作。在前不久公布的首批名单中，路歌“互联网 + 物流”平台根据《意见》规定要求，通过了国家严格审查，正式获得了“全国公路货运无车承运人试点企业”称号。

根据《意见》规定，路歌“互联网 + 物流”平台完全具备了以下申请试点企业的重点要求：

（1）具有较强的货源组织能力与货运车辆整合能力，运输经营组织化、集约化程度较高；

（2）具备较为完善的互联网物流信息平台和与开展业务相适应的信息数据交互及处理能力，能够通过现代信息技术对实际承运人的车辆运营情况进行全过程管理；

（3）具备健全的安全生产管理制度，经营管理规范，具备较高的经营管理水平和良好的社会信誉；

（4）具备较强的赔付能力，能够承担全程运输风险。

根据上述要求，我们不难发现，除了常规对物流企业业务发展能力的要求之外，特别对“具备较为完善的互联网物流信息平台和与开展业务相适应的信息数据交互及处理能力”有明确要求，明确了国家大力发展“互联网 + 物流”的趋势和决心。通过培育一批理念创新、运作高效、服务规范、竞争力强的无车承运人，引导货运物流行业的规模化、集约化、规范化发展，全面提升综合运输服务能力和水平，推动大数据、云计算等先进技术在物流领域的广泛应用，为经济社会发展提供安全、高效、绿色的物流运输保障。

对于传统物流企业来说，先天缺乏互联网因子是普遍硬伤，所以，如果想要进行“无车承运”模式改革，首先必须要加强自身互联网平台的建设，需要搭建一个基于业务发展基础之上的，集资源整合、业务管理及诚信建设为一体的信息化平台。

通过路歌“互联网 + 物流”平台发展无车承运业务的物流企业，相比其他企业具备以下几个方面的优势。

1. 社会运力资源的整合

经过十余年的发展，目前路歌平台上已经集结了基于真实交易留存的运力资源 290 万，这些资源不仅具备高度的业务活跃度，同时，由于经过长期业务交易的筛选和淘汰，具有更高的诚信度及运输能力。拥有这样的运力资源，将会给物流企业的业务发展带来更多积极的影响。

传统物流企业可以根据自身的业务需求，在路歌已有运力资源的基础上整合应用适合自己的运力资源（车、经纪人），通过优化中间链条、运力采购下沉、运力直采，积累项目匹配的熟运力，优先获取前端运输资源成本、采购过程透明化，信息可追溯，有效降低了物流运作成本。

2. 服务上游货主能力的提升

路歌平台通过 SaaS 系统连接上下游，可实现业务的全程可视跟踪。通过连接发货企业、无车承运人以及实际承运人，打通信息流，对车辆和司机进行全程监控。发货企业可以通过企业账号对各个网点和门店进行发货、在途监控、异常处理、统一税票结算等需求管理。同时，无车承运企业可通过平台及时向上游企业提供货物在途信息，便于更加方便、快捷地了解上游货主企业的需求，提升自身服务水平。成为一个不仅可以为货主企业提供货物运输，同时还能为客户提供系统化运输解决方案的物流企业。

3. 业务流程的管控

物流运输相比一般的货物流通而言，流程更加复杂。尤其是在中国这种90%以上货车均为个体户的环境下，想要实现每一次运输任务的全程透明化是一件困难的事。

路歌平台能够帮助物流企业从发布运输指令开始，直至完成运输任务及在线运费支付截止，实现全程业务流程透明化、可视化。每一步业务轨迹都将记录在平台系统中，企业可随时查看，及时发现问题并解决，避免了因为业务流程的不清晰带来的监管不力的现象和问题。

4. 业务的辅助和落地发展

“无车承运人”相比传统物流企业的一个显著优势在于，“轻资产”的业务模式有助于其业务的快速发展和扩张。但是，很多企业在扩张的过程中，出现了管控不到位的现象，无法及时发现子公司及项目出现的问题，既不利于业务发展，同时也容易产生企业内部腐败问题。

借助互联网平台，便可以实现所有项目均能按照统一的业务流程及规范实施运输任务，并且通过母账号可实现对所有子账号的集中管理，更加便于集团公司总部对分公司及项目的监管，尤其是财务监管。辅助企业在快速扩张的同时，能保持“多而不散、混而不乱”的局势。

路歌通过自己的解决方案，实现集团化管控的问题，各分子公司或项目业务独立、数据独立，集团公司在运营层面、客服层面、财务层面进行数据汇总与分析。

三、解决方案——基于路歌平台的系统及资源解决方案

（一）系统方案

1. 系统架构（见下图）

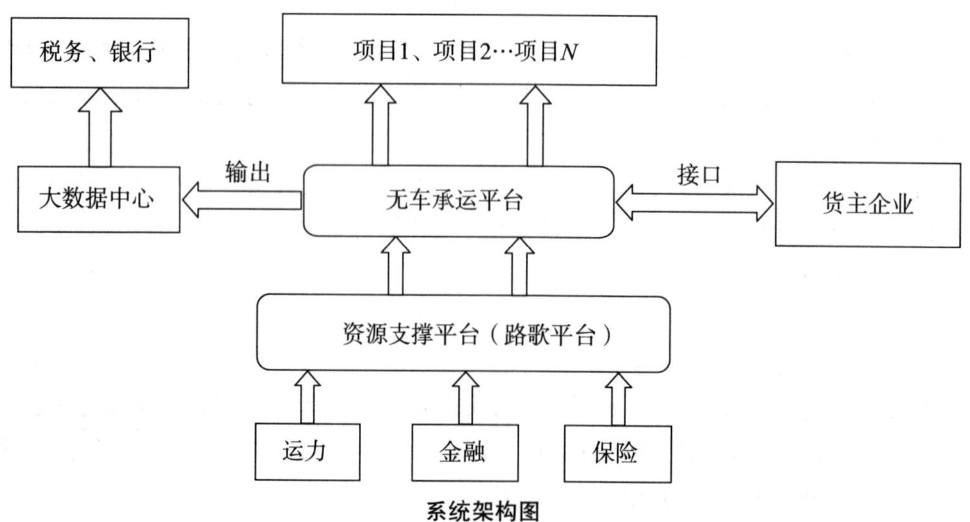

系统架构图

2. 功能模块

（1）运力管理。物流企业可以通过平台上“我的车队”功能模块，对已合作的车辆进行注册、认证及日常管理，便于在需要的时候及时调度。通过长期的熟关系运力的管理，形成相对固定的合作关系，尽可能降低企业的运输成本、提高运输效率。

（2）车辆调度。通过路歌平台可实现针对车辆及经纪人的调度。通过“运力直采”功能模块可实现直接到车的调度；通过“我的供应商”可实现到经纪人的调度。企业可根据不同的业务需求，选择不同的功能模块，最大程度地实现运输的智能化。

（3）支付结算。在“业务记录”模块，根据运输任务的完成情况，设计了不同时期的结算按钮，可在运输任务开始前及任务结束后分别实施线上结算，加强无车承运人对实际承运人的管理。并且用户还可根据业务需求，选择适合自己的金融保理产品，借助外部资金，降低自身资金压力，提高资金周转效率。对于实际承运人（司机）来说，线上结算减少了结算周期，规避了结算风险。

（4）在线保险。通过“货运保险”板块，企业可直接填写保单信息，选择合适投保险别。平台与保险公司系统实现对接，保单适时生成。可提供保单查询、在线打印电子保单、理赔资料下载服务。通过客服人员还可以申请保单在线批改、退保，真正意义上实现了高效、快捷的保险服务。

（5）线上客服。售前、售中、售后全程在线客服系统，帮助物流企业解决上游货主及下游司机的相关问题。比如：运输任务咨询、保险咨询管理等。

3. 业务流程

运力注册→运力认证→建立运单→启运→轨迹追踪→回单上传→申请支付→业务审核→支付完成→申请开票

（二）资源支撑方案

1. 运力资源

通过企业独立平台与路歌平台的后台数据对接，企业可通过自有平台共享路歌平台上的 290 万真实、诚信、高效的运力资源。

2. 增值服务资源

在企业业务发展过程中，不仅需要业务管控能力，同时还需要更多的增值服务资源的支撑。路歌平台通过与合作伙伴的配合，为企业在金融、保险等领域提供更多的资源支撑。

基于路歌电商平台的大数据，向银行提供数据支持，银行依此对物流公司进行信用判断及融资授信；通过路歌平台在线投保功能，可实现在线购买保单，简化投保流程，保单购买后即时有效，能有效地规避运输风险；理赔有专人负责对接保险公司和物流企业，全程协助，实现快速理赔；同时，基于路歌集团性采购，能为物流企业提供相对较低的保险费率，节约了运营成本。

3. 技术资源

既然是“互联网平台”，自然少不了技术支持。对于传统物流企业来说，单独组建一支技术团队是一件非常不划算的事。既存在很高的门槛，又需要投入大量的资金、人力。

路歌从 2002 年创业之初，便从事物流行业的信息化研究和开发，10 余年沉淀下来一支既了解行业发展，又具备高素质的技术力量的专业技术团队。可以为企业提供专业化的信息化平台定制服务，根据不同企业的业务模式开发针对性的平台功能模块，最大程度地满足企业的发展需求。

4. 大数据资源

专注于数据调查的咨询公司麦肯锡一针见血地指出："大数据将是堪比石油的重要资源"。路歌充分认识到在当今互联网和移动互联网蓬勃发展的阶段，大数据对各行各业经营及管理的重要作用；我们从以下方面通过大数据的应用，给无车承运人的运营和管理提供对应的方案，比如：业务分析、企业管理 KPI 报表、企业经营会计报表等。通过大数据分析，帮助他们发现问题、分析问题原因、提供解决方案、帮助解决，最后形成良性循环。

四、实践经验——招商局物流集团无车承运系统实施方案

2015—2016 年，路歌平台为招商局物流实施了基于无车承运人模式的项目解决方案，具体内容如下。

1. 建设目标

2016 年 6 月底前，所有整车业务 80% 全部上线（平台化操作），实现线上交易额 10 亿元。

2. 方案内容

利用路歌平台的互联网技术和资源支撑平台，实现了社会车辆的整合优化、定位追踪、证件核查、金融支付、网络车场等功能，有效提升招商局物流整体运营效益。在项目管理、人员配置、项目进度安排、风险应急预案等方面统筹、细致考虑，制订相应计划，同时分别在"互联网 + 应用""大数据应用""无车承运人""物流金融"方面给招商局物流提供进一步的提升方案。

3. 方案实施

（1）"互联网 + 应用"方案。在招商局物流现有相关物流管理系统基础上，通过联接、新建等方式，建立自己完善的外向型信息管理系统，引导招商局上下游建立一体化的信息管理手段，包括分包商、物流经纪人、承运司机采用实用、直接有效的信息化手段（PC、微信服务号），在黏性不强时，尽量少推出物流 App 的应用。

（2）"大数据应用"方案。路歌物流电商平台为招商局物流提供了包括但不限于以下方向的大数据支持方案：发货能力分析、服务监控数据、成本数据分析、业务数据分析、KPI 报表、企业经营报表等。

（3）运力资源优化方案。通过无车承运人解决方案，优化中间链条、运力采购下沉、运力直采，积累项目匹配的熟运力（车、经纪人），优先获取前端运输资源成本、采购过程透明化，信息可追溯，有效降低了物流运作成本。

最终，建立招商局物流专属的干线网上运力资源池，实现交易流程线上化、规范化，运费结算线上化、透明化，促成无车承运人交易的实现。通过路歌物流电商平台的资源、标准、数据输出，实现方案的落地执行。

（4）路歌物流金融方案。对招商局物流来说，施行了运力下沉，直接面向司机，存

在和原有结算体制矛盾的问题，即从月结模式转为单趟或其他更灵活的结算模式，原来的管理体制或系统不能响应这种业务需求；基于此，路歌为招商局物流提供面向司机的结算机制，即通过保理方式来实现这种随机、灵活的业务管理和结算。

路歌通过和银行、金融机构合作，对向路歌平台提出保理申请的物流公司，基于路歌电商平台的大数据，向银行提供数据支持，银行依此对物流公司进行信用判断，进行融资授信，授信额度从 10 万～100 万元不等，用于路歌平台中产生的该物流公司车费支付；物流公司只需按使用金额一定比例支付利息即可。

4. 效果呈现

通过合肥维天运通公司的上述解决方案，给招商局物流带来的改变如下。

（1）优化了承运商、货运部等中间环节，有效降低了物流运作成本，提高了公司盈利能力。

（2）运力直采，直接面对车主、司机、提供标准运力的经纪人，线上采集、公开透明，比价比服务，优先获取前端运输资源成本，提高业务竞争能力。

（3）使用熟运力，提高交易、运力运作各环节角色协同服务效率，积累企业级并与项目匹配的可控、可影响的运力资源，线上交易撮合，提高管理层可溯源管理。

（4）运输全过程管理透明、客户可视，提升了管理能力和客户体验。

（5）运作各环节系统控制，统一运作标准、提高执行检查，提升了运作标准化管理能力。

五、推广价值

当前，公路货运市场已经发生三大变化。一是规模增速放缓，从 2011 年开始进入陡峭的增速下滑通道，规模快速增长时期转入结构调整和创新时期；二是公路市场份额稳中趋少，公路的货运量、周转量已经开始下滑，运输结构部进入调整期；三是公路平均运距稳中趋短，公路运输干线放慢，短途运输比例上升，配送市场成为结构调整的热点。

公路货运市场将进入一个以结构调整为主的发展时代，也是一个依赖技术、模式、服务创新的发展时代，以及分工合作更加深入的时代。无车承运人的政策顺应了当前市场结构调整、快速变化的要求，促进了社会分工协作的深化，提升了分工中责任和风险控制的价值，是顺应我国市场化改革的重要举措。

其实，已有的传统物流企业 80% 以上实质已是“无车承运人”模式，但是由于前期没有明确的政策出台，导致该模式一直处于“地下”状态，现在可以基于互联网平台对无车承运人进行规范化管理，对于该模式在中国物流行业中的落地及长远发展具有重要意义。在这一模式的探索发展中，路歌已经形成了庞大的运力资源积累、技术积累、管理运作经验积累，这些对于“无车承运”业务模式的先期探索都可以通过“为传统物流企业搭建无车承运支撑平台”的方式为更多的中国无车承运人所用。

河南紫云云计算股份有限公司：紫云冷链物流云

一、应用企业情况

双汇集团成立于1958年7月，是以肉类加工为主的大型食品集团，在全国18个省市建设了加工基地，集团旗下子公司有：肉制品加工、生物工程、化工包装、双汇物流、双汇养殖、双汇药业、双汇软件等，总资产约200多亿元，员工65000人，是中国最大的肉类加工基地。双汇集团在2010年中国企业500强排序中列第160位，2010年中国最有价值品牌评价中，双汇品牌价值196.52亿元。2013年5月，双汇拟71亿美元收购世界最大生猪养殖企业美国史密斯菲尔德食品公司的全部股份，使双汇集团成为世界最大的肉类加工企业。2016年3月29日，公司发布财报，实现营业收入446.97亿元。

二、利用紫云冷链物流云无车承运人平台前的问题

（一）政府追溯体系监管问题

国家食药总局监管趋严，传统的监管方式效率低，为企业生产经营带来诸多不便，如何有效应对政府的监管是企业应继续解决的问题。

（二）冷链物流成本问题

食品药品生产企业无不被居高不下的冷链物流成本压得喘不过气。大型食品药品企业是自建物流，还是依靠第三方物流，冷链物流成本均吃掉企业大量利润。冷链物流一定程度上制约了食品药品等产业的发展。

（三）融资问题

企业普遍在供应链环节有大量的融资需求，融资难、成本高，企业如何才能快速、无抵押实现融资是亟待解决的问题。

（四）产品服务化问题

产品交付后，企业与最终消费者直接沟通渠道有限，如何告知消费者，产品如何使用效果最佳，造成消费者体验不好时误认为产品不好。

（五）大数据营销问题

企业大多获取不到终端用户信息，难以精准分析和策略调整。

（六）冷链产业链上下游之间协同困难

大量运输与仓储资源无法实现跨区域、跨行业共享，上游大量订单找不到运输资源，下游大量车、库资源找不到货源，资源利用率低。

三、紫云冷链物流云无车承运人解决方案

（一）平台核心技术应用

1. 区块链技术

供应链行业往往涉及诸多实体，包括物流、资金流、信息流等，这些实体之间存在大量复杂的协作和沟通。传统模式下，不同实体各自保存各自的供应链信息，严重缺乏透明度，造成了较高的时间成本和金钱成本，而且一旦出现问题（冒领、货物假冒等）难以追查和处理。

通过区块链各方可以获得一个透明可靠的统一信息平台，可以实时查看状态，降低物流成本，追溯物品的生产和运送整个过程，从而提高供应链管理的效率。当发生纠纷时，举证和追查也变得更加清晰和容易。

2. 物联网云平台

紫云冷链物流云服务平台基于云计算的设计理念，采用 Java EE 架构，基于虚拟化 Docker 技术、关系型数据库、非关系型大数据数据库技术、物联网硬件监控等技术。

（1）平台采用分层架构：应用层、服务层、数据层、管理层、分析层。

（2）对业务模块进行分割：按照业务/模块/功能特点进行划分。

（3）采用分布式集群部署技术：将应用分开部署，一个应用/模块/功能部署多份，通过负载均衡共同提供对外访问。

（4）系统数据访问缓存优化：采用 Redis、内存数据库等缓存技术，加快访问速度。

（5）业务异步调用：将同步的操作异步化，提高响应速度。客户端发出请求，不等待服务端响应，等服务端处理完毕后，使用通知或轮询的方式告知请求方。

（6）数据库冗余部署：增加副本，提高可用性、安全性与访问性能。

（7）系统安全：采用 SSL、HTTPS、WSS 等访问协议，确保应用系统的数据安全。

（8）运维部署、测试自动化：将重复的、不需要人工参与的事情，通过 Jenkins 等自动化部署构建技术，系统业务功能测试采用 Selenium 自动化测试技术，提高测试效率。

3. 智能车货匹配算法

平台深度分析订单详情、据点情况、车辆概况三个维度的信息；同时结合精度高达 92% 交通路况预测，四重维度分析保障方案。采用自主研发的路径优化算法，结合蚁群算法、剪枝算法，实现高速率高精度智能调配。主要采用了以下几个算法。

（1）路况预测算法：基于互联网实时路况信息、数据流形成的路况预测。

（2）路径规划算法：基于地图数据，集合划分树车辆路径优化算法。

（3）车货匹配算法：考虑车辆装载率、车辆位置、是否返程、货物信息、货主等多维特征，并收集相关道路实际距离、不同时段路况、天气状况等。

（4）调度配送算法：通过记忆搜索、迭代优化、整数规划等多种方法的融合，得到效率极高的算法。

（二）紫云冷链物流云无车承运人提供的解决方案

着眼食品药品行业物联网及智能制造发展趋势，切入双汇集团互联网 + 智慧物流业务，基于紫云物联网平台，研发有针对性的药安宝、食安宝、货安宝物联网软件产品，结合双汇集团现有设备、系统集成物联网传感器，为食品、药品、农副产品、餐饮、商超、商贸等提供全产业链追溯服务、物流无车承运服务、供应链金融服务、温湿度监控服务、竞争情报服务、物联网软件开发、物联网软硬件集成等服务。

四、双汇集团紫云冷链物流云无车承运人应用效果

（一）药品、食品安全追溯实现来源可查、去向可追、责任可究

在双汇集团全产业链流通追溯过程中，利用紫云冷链云追溯平台，以区块链技术的去中心化、交易透明化以及不可篡改等特性帮助企业建设追溯服务平台，通过食安宝、药安宝扫码辨伪、溯源，并向消费者推送相关用药禁忌或生活常识，提高产品服务能力，增强企业与消费者的黏性。

（二）温湿度监控实现了冷链货品全链质量管控

实时采集冷链物流过程中温湿度数据以及冷藏车运行轨迹数据，实现冷链货品从出厂、仓储、运输到销售终端的冷链物流全程数据追溯，真正解决“最后一公里”的质量管控难题。

对食品药品冷链冷藏车、冷柜、冷库、周转箱等冷链设备全程温湿度监控，实时采集在途温度、在库温度数据，实现装卸环节装载前车辆预冷、车厢预冷、车辆运输设备载体上的温度监控、车辆定位等追溯细节管控。监控者根据需要设置温湿度告警阈值，当环境温湿度超限或运输过程异常，系统及时发出告警，通知相关责任人处理，保证货品质量安全，避免出现不必要的损失。

（三）物流管理服务实现了安全、集约、高效、经济

实现冷链货品从出厂、仓储、运输到销售终端的冷链物流全程数据追溯，提供货物在线交接、在线交易支付，为用户提供“诚信、高效、省时、省心”的一站式物流服务。

紫云股份对货物的运输安全负全部责任，为货物购买责任险，并制定了完整的质量保障体系、安全生产保障体系，同时对入驻平台承运人进行严格的资格审核，按照政府规范要求执行承运。通过紫云冷链的企业版 App 全方位实时监控运行轨迹、温湿度状况、司机疲劳驾驶、货物装卸等情况，全面保障承运安全。

（四）供应链金融服务实现无抵押、在线、快速

紫云股份与湖南建行合作基于紫云冷链平台上的交易记录与信用记录，可以为双汇

集团产业链各方提供无抵押、在线、快速信用融资服务，为企业业务快速发展提供资金保障。由于紫云股份采用的是银行资金，资金成本较低，为食品药品供应链企业降低了一定的资金成本。

（五）竞争情报在线，商机永远无限

提供给集团企业及供应链企业招投标情报、竞争对手情报、品牌监测与行业政策服务，让企业及时、全面、准确了解行业需求、竞争对手，提高企业竞争力。

五、紫云冷链物流云无车承运人发展规划

为进一步扩大紫云冷链物流云服务平台的资源整合能力，紫云股份正积极与美国、日本、英国、德国、瑞典、印度等国际物流企业以及国际航空、海运等运输资源企业进行数据交换。

紫云冷链物流云服务追溯平台有望成为在全球范围内实现跨链业务协同、跨区资源共享的，国内唯一能提供追溯服务的大型无车承运服务商和冷链物联网软件开发及系统集成商，大力助推我国的食品药品质量安全追溯体系构建和食药制造业2025 物联服务。

振华东疆（天津）有限公司：集行网项目

一、企业简介

（一）项目公司介绍

振华东疆（天津）有限公司（以下简称振华东疆）是中集现代物流发展有限公司（以下简称中集物流）下属核心企业之一，于2013年3月成立，注册资本5000万元人民币（实缴资本1000万）。公司坐落于中国北方唯一的自由贸易试验区——中国（天津）自由贸易试验区核心区天津东疆保税港区，享有天津自由贸易试验区政策优势，是中集物流旗下“集行运输平台”的建设及运营单位。

公司拥有道路运输车辆60台，平台上的车辆资源超过700台，能够为客户提供普通货运、国际和国内集装箱运输、冷藏保温货物运输等运输服务；进出口代理、仓储、海关检疫查验、冷链物流、二手箱等一系列综合物流服务。本公司为LG、首农、丰田、德迅等客户提供集装箱运输、汽车零配件JIT配送、甩挂运输等服务。

振华东疆致力于“集行”平台的建设和运营，一直探索车联网、无车承运业务等先进运输组织模式。集行平台聚焦集装箱运输、汽车产前零配件物流等专业化领域，依托中集集团“制造+服务+金融”优势，提供包括运输服务、车辆管理、物流器具的研发、制造及租赁服务、保险、跨境服务等在内的服务内容，并致力于挖掘集团内部围绕运输的优势服务资源如车辆研发制造、物流器具研发制造、金融服务、跨境物流服务网络和多式联运等优势能力，扩大服务类型与服务品质，为客户提供具有中集物流特色的平台化运输服务。

（二）无车承运人资质

基于对行业发展、专业化、平台化的理解，以及自身在无船承运人领域的探索尝试，振华东疆最早提出了“无车承运人”的概念。随着互联网的迅速发展，以及运输行业日益凸显的结构性矛盾，交通运输部于2016年年底正式启动了“无车承运人”试点工作，振华东疆凭借多年来在无车承运领域的探索尝试，成功入选了第一批试点企业。

（三）母公司简介——中集物流现代发展有限公司

中集现代物流发展有限公司（简称中集物流）是中国国际海运集装箱（集团）股份有限公司的全资子公司，注册资本10亿元，旗下成员企业多达100余家。

中集物流拥有“振华物流”“柏坚国际”“南方服务”“上海东华”“宁波服务”“南方物流”“中世运”“凯通”等国内外知名品牌，共同构筑了中集物流的品牌优势。

中集物流积极融合物流装备制造和物流服务优势，深耕装备物流、集装箱系统服务、多式联运、跨境物流四个业务领域，现已成为中国5A级物流企业，主要提供的产品和服务包括物流装备制造及服务、集装箱全生命周期服务、国际船舶代理、工程项目物流、多式联运服务、产业物流、国际货运代理、集行运输平台、跨境电商、外贸综合服务等。

二、集行网项目背景

振华东疆属于传统的港口物流企业，以天津港为核心，提供综合的集装箱运输、飞翼车运输等专业性较强、标准化程度高的运输服务。

传统公路货运行业发展至今，面临诸如服务专业性不足，车辆专用化程度低，市场管理规范弱，货源、运力、场站资源缺乏集约配置和有效整合等亟待解决的问题。然而，随着国家大力推进物流业专业化发展、借助互联网转型升级，客户的专业化物流需求日益提高，物流技术装备和移动互联网信息技术等发展成熟，公路运输行业迎来了向“专业化”“平台化”发展的大好时机。

振华东疆基于自身的发展经验和对未来趋势的判断，启动了平台化发展的进程。

（一）市场发展驱动专业化趋势

未来，运输行业专业化发展将体现在服务个性化、装备专用化、管理一体化等方面。运输行业作为与社会各个领域深度交融的服务行业，随着各领域的专业化程度的提升而发展演变。任何运输领域随着运输供需双方合作不断加深，服务模式日趋完善，专业化的物流公司能够更加注重按照客户供应链的布局实施个性化的物流资源配置，提供个性化的物流解决方案。并且随着供应链管理在各行业的普及，供应商管理库存、循环取货、分销物流体系等一体化供应链模式在越来越多的企业得到应用。同时，从细分行业来看，如危化品、汽车、建筑、医药、冷链等领域，专用化、单元化物流装备已成为不可或缺的物流支撑。

（二）技术发展驱动平台化趋势

在互联网思维与信息技术的影响下，“互联网＋物流”迎来了爆发大增长，新兴互联网公司瞄准传统运输市场交易链条冗长、信息不对称、过程不可视等现状，跨界融合、大胆创新，探索新的商业模式。其中，在不同物流细分领域不乏存在一批优秀企业，如OTMS、罗计物流、卡行天下等。由此可见，公路运输行业迎来了借助信息化平台资源整合、转型提升的良好机会。

（三）无车承运人资质获批后的业务驱动

振华东疆公司成功申请的首批无车承运人资质，是集行平台发展的重要契机。无车承运人资质更为注重利用平台为手段，利用资质优势和扶持政策，更为有效地整合运力、货源资源，提供更为标准化、专业化的运输服务能力，同时支持国家的数据监管和传输要求，增强业务合规发展。

三、平台建设方案

（一）平台定位

集行网，是以运输平台为核心的中集协同平台。一方面为不同运输领域用户提供专业化运输管理服务，实现原有物流操作的平台化、信息的可视化，减少中间环节，降低物流成本，提升运输效益；另一方面，整合运力资源并建立运输后市场，充分利用中集在车辆、金融、装备、物流服务等领域的资源优势，通过平台进行车辆销售、租赁、维修保养，物流器具融资租赁、跨境物流等增值服务，促进不同资源之间的协同运作，互利共赢。

集行平台聚焦集装箱运输、汽车产前零配件物流等专业化领域，依托中集集团“制造＋服务＋金融”优势，提供包括运输服务、车辆管理、物流器具的研发、制造及租赁服务、保险、跨境服务等在内的服务内容，并致力于挖掘集团内部围绕运输的优势服务资源，如车辆研发制造、物流器具研发制造、金融服务、跨境物流服务网络和多式联运等优势能力，扩大服务类型与服务品质，为客户提供具有中集物流特色的平台化运输服务。

（二）平台总体建设目标

基于项目定位，集行网的总体建设目标为建立以网上服务层、平台运营层、业务执行层为主体框架的平台服务体系（见图1），网上服务层统一面向客户承接客户需求，提供运输、报关等专项服务入口，为客户提供标准化、可视化、专业的物流专项服务。平台层面实现统一接单、统一派单、统一结算，平台层面对供应商实现统一管理及统一运营，物流服务资源整合、集约。业务执行层面提供统一、标准的专项业务操作系统，承接平台派发订单的执行，支持物流服务能力的标准化能力提升。

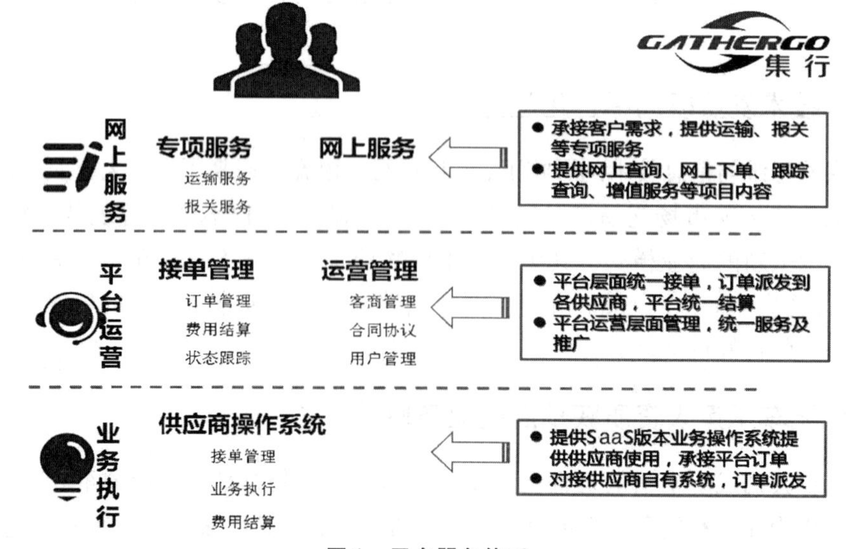

图1　平台服务体系

四、建设内容

（一）系统功能框架（见图2）

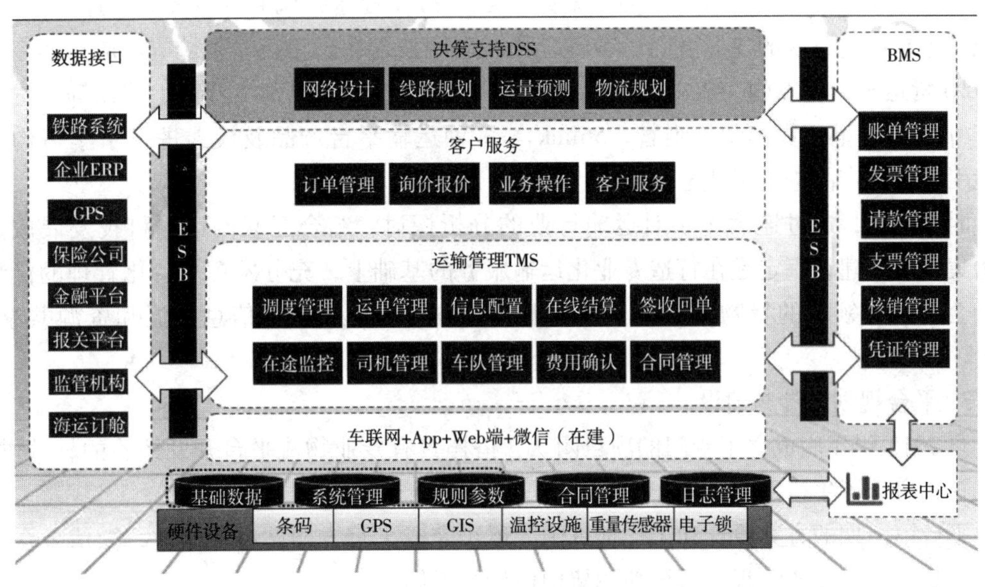

图2　系统功能框架

（二）平台对业务内容的支持及承载

1. 对运输业务的支持及承载

以运输管理系统（TMS）为核心，通过平台实现统一的接单、派单、司机执行、路线跟踪、回单签收，实现可视化跟踪。并结合以车辆服务、跨境服务、物流器具、保险服务等服务内容，共同构成一个完整的运输服务体系。支持集装箱运输业务类型，并扩展支持汽车产前配送、油气配送业务。

2. 对无车承运人信息平台的支持

支持无车承运业务开展，提供平台化运输服务及TMS管理系统，并支持无车承运人的数据对接及管理监管。

3. 充分拓展物流服务资源优势，承载报关业务开展

结合中集物流整体服务能力和资源优势，整合报关系统，将报关服务融入集行平台，扩充集行平台服务内容，完善服务体系，吸引更多用户群体。

（三）系统建设历程

1. 前期探索

我司最早在2012年就开始着手进行运输结构的调整改革，并对服务模式的创新进行积极探索，从成为首批甩挂运输试点单位，到运输平台走访调研，再到无车承运人资质的获批，经历了长期的探索阶段。

2. 运输平台探索分析

从2012年我们提出运输平台的概念起，开启了对创新运输服务模式的不断地探索。起初更多聚焦集装箱运输领域，自主开发新的集装箱运输管理系统，将自有集装箱业务上线运行。之后开始了对汽车产业、钢铁产业、现代农业及油气产业等不同运输领域需求的调研与业务分析，凭借自身多年服务于传统B2B货运领域的从业经验，逐步清晰地认识到走专业化路线的发展方向。2015年是互联网技术在公路运输领域广泛应用的一年，是O2O货运平台爆发的一年。对此，我们先后走访了宁波、上海、成都、郑州等地对oT-MS、卡哥、万里、货车帮、唯智、56link等多种运输平台产品及模式进行了学习沟通，并就引入部分产品进行了业务测试。

时至今日，通过连续多年对运输行业的分析探讨，结合互联网运输科技发展成熟，认为集行网的建设一定是在打造专业化运输服务的基础上，充分发挥平台化管理的优势，为社会上不同领域的货物资源、车辆资源、客户资源提供一个信息交流和资源共享的平台。

3. 平台规划设计与建设

自2015年年底成立了专门的项目团队，搭档具有专业物流平台开发经验的软件供应商，正式启动了集行网建设工作。

平台第一期的方案设计和工作推进中，逐步完成了官方网站设计制作、微信公众号、业务产品设计、业务流程、系统功能架构设计等工作。

五、平台效益评估

（一）经济效益分析

1. 发挥互联网优势开展无车承运

“集行网”致力于开展集装箱、汽车零部件领域内专业化的平台化无车承运业务，利用平台、TMS、App等信息化工具实现沟通效率提高、监管能力提高、风险控制能力提高。

2. 多式联运

“集行网”致力于发挥中集物流在海运、铁路、长江航运方面的资源优势，协同中集物流旗下的铁联物流、中集凯通、中世运等，开展公铁联运、海铁联运和水铁联运等多式联运模式。

3. 先进的物流组织方式

在汽车零部件领域，“集行”通过与国内的主机厂开展合作，为客户进行物流规划、调度管理，实现Milk-Run（循环取货）、甩挂运输等先进运输组织模式，并发挥中集物流在铁路物流领域内的资源优势，为客户提供汽车零部件公铁联运解决方案，利用铁路运量大、环保、运输成本低、稳定性高、异常天气影响低等优势，提高客户供应链稳定性，降低客户物流成本。

“集行”致力于将汽车物流领域内先进的物流组织方式如JIT/JIS、飞翼车、Milk-Run、Kanban（看板管理）等推广复制到更多的领域，为更广泛的客户提供高效、便捷、低成本的物流服务。

（二）社会效益分析

1. 提升运输行业规范性

通过与交通运输部无车承运人监管监测平台的对接，能够实现运输业务的规范化运行，通过逻辑校验、抽样检测等手段杜绝违法乱纪现象的出现。

2. 符合互联网发展趋势

“集行平台”在跨境物流领域，以进口解决方案、报关等作为发展核心，实现平台化的推广复制，符合国家“通关一体化”趋势、响应“互联网+”战略。

3. 提升物流行业标准化

“集行平台”核心运输业务为集装箱运输和汽车零部件运输（飞翼车、集装箱、带板运输），全面使用标准化物流器具，如1200mm×1000mm可循环使用的托盘与托盘箱，国际标准海运集装箱、铁路集装箱，并致力于发挥中集集团在物流装备研发、制造上的专业能力，为特定行业客户如矿类、能源、化工等提供适应其行业、货物特点的专业化、标准化、轻量化物流器具。

六、系统建设体会

（一）以战略为导向，以业务为中心，明确项目规划蓝图

任何信息系统的建设，都应与企业的战略及业务发展相匹配，顺应业务发展，顺应市场的变化和客户的需求，从整体规划，统筹布局，方能构建出符合企业发展需要、有价值的信息系统。在中集物流整体IT规划蓝图中，集行网是IT大厦中对外服务层重要的组成部分，有其明确的战略规划的业务导向，与中集物流已有的IT系统、服务能力、服务资源互相支持呼应，有效支撑起集行网的整体规划和业务落地。

（二）敏锐捕捉“互联网+”的发展方向，从自身实际出发，打造“互联网+中集物流”的特色平台服务

在“互联网+”的大潮风起云涌的当今，不盲从，认清自身的特点和发展需求，认真梳理在物流行业的多年积累，充分识别中集物流及振华东疆已有的业务资源和服务能力，结合自身实际和能力优势，适时提出“互联网+中集物流”的发展理念，借助互联网的转型思维，结合中集物流在集装箱运输、产前配送等方面的丰富资源和经验，使其得以充分发挥，打造具有特色鲜明、优势突出的特色平台服务模式。

七、下一步工作计划和设想

我们的发展思路是，依托中集集团强大货源优势与“制造+服务+金融”理念，借助互联网实现传统运输+互联网升级，发挥自身在专业运输领域内的优势，由第三方物流企业向专业化、互联网化、标准化的运输管理服务商转型。

第一步，进行专业物流管理与平台运营团队的建设发展，实现专业化运作，并针对

集装箱运输、油气运输、汽车运输、集装箱制造业运输等开发行业版平台系统，优化现有业务，不断升级。同时开展运力整合：完成现有业务下的运力资源平台化整合。实现内部业务平台化运营。

第二步，深化专业化运输管理能力与平台化资源整合能力。借助集团品牌优势、货源优势与网络布局，向其他区域客户群体推广复制。

第三步，在所进入的专业领域，客户满意度、成本与效率均处于领先地位。利用平台积累海量数据，挖掘数据价值，为客户提供基于数据分析的增值服务。利用平台运费资金沉淀和现金流量，借助集团金融服务能力拓展相关服务，提升平台竞争力。深度协同中集旗下现代物流、装备制造、中集车辆、联合卡车、融资租赁等多方，以及银行、保险、通信等社会资源，提供油气、保险、轮胎、车辆、装备、金融等全方位、一站式后市场服务。

浙江畅宇物流股份有限公司：cy56 物流管理系统

一、企业基本情况

浙江畅宇物流股份有限公司成立于2004年，隶属于浙江杭州大江东产业集聚区管辖。总部在杭州萧山区办公，注册资本1000万元人民币，性质为股份有限公司（非上市）。投资方由5名个人股东组成，股东均有全日制本科以上学历。

公司主营业务包括货运、货代、货运站场经营、仓储经营以及其他法定允许经营项目。一直为电器、食品类大中型企业提供运输、仓储、保管、装卸、配送、流通加工、信息处理、物流咨询等一体化的第三方物流服务工作，在华东、华中、华南、华北地区有一定影响力，在杭州、嘉兴、宁波、温州、南昌、赣州、武汉、无锡、苏州、镇江、扬州、合肥、芜湖、天津、佛山、珠海、中山、重庆、成都等地建立多个网点或办事处。核心员工100余人，70%以上具有大专以上学历。

2014—2016年，公司连续3年主营业务超2亿元。自有货车1辆，轻资产运作，几乎全部使用社会车辆，不加重股东投入成本。无自有仓库，无自有停车场，不多侵占社会管理资源。依靠不断提升管理能力、加强资源整合、提高信息化水平、保证服务质量、完善网点布局，走集约化发展路线。各网点情况如下表所示。

二、应用案例产生背景

物流行业是一个传统行业，现代物流业需要采用现代信息技术运营和管理，满足庞大的货流、信息流和资金流快节奏、高效率的管理要求。我司自2006年起启用物流管理系统，该系统涵盖运输管理、仓储管理、车辆管理、回单管理、物流损失管理、客户管理、人员管理、应收应付、资金管理、客户服务等全方位管理功能。

前系统使用多年，促进了公司2006—2013年迅猛发展。2014年我司业务量达2.4亿元，随着企业的发展壮大，前系统在一些方面距离发展需求有一定差距，集中表现如下。

（1）理念上。前系统基于理顺总部对各地业务管理，提倡以业务流程为中心，重心在内部管理。新系统立足于公司无车承运性质，倡导以资源为中心，重心移向对外部资源的采购、整合、运用与效率。

（2）思想上。前系统运行多年，管理理念固化，以致思想保守，不思进取。新系统提倡管理创新，挖掘发展活力。

各网点情况

网点	团队人数	地址	网点	团队人数	地址
财务、结算、行政、信息、保险中心	32	杭州市萧山区市心北路	上高办事处	2	宜春市上高县上高工业园
采购、调度、客服、内控中心	25	杭州市萧山区振宁路	芜湖办事处	3	芜湖市三山区
杭州办事处	6	杭州市萧山区振宁路	合肥办事处	2	合肥市高新区肥西
宁波办事处	4	宁波市江北区华业街	佛山办事处	7	佛山市顺德区
湖州办事处	3	湖州市长兴县五里桥	珠海办事处	2	珠海香洲区
无锡办事处	2	苏州相城国际物流园	武汉办事处	3	武汉市汉阳区珠山湖大道
扬州办事处	3	扬州市邗江区润扬广场	重庆南岸办事处	2	南岸区长生桥镇
南昌办事处	6	南昌市昌北经济开发区	重庆江津办事处	6	江津双福工业园区
青山湖办事处	4	青山湖区昌东大道	郑州办事处	2	郑州市高新区
德安办事处	2	九江市德安县宝塔工业园	天津办事处	3	天津市武清区福源
仓储中心	24	嘉兴市海宁市盐仓	赣州办事处	4	赣州市南康区

（3）资源上。多年沉淀下的资源慢慢固化，渠道狭隘，成本上涨，滋生腐败。出现业务量增加但利润下滑，自我感觉良好但客户满意度下降，里外一团和气但成本居高不下现象。我司作为无车承运物流企业，利润取决于对外部资源的整合。

（4）客户上。客户体验要求不断更新，前系统不能满足客户增长的体验需要。

（5）前系统内存承载量有限，系统反应速度慢。

目前，企业所处的时代背景与行业的竞争环境在不断改变，靠企业已有资源不可能有效地参与市场竞争，必须把经营过程中的有关各方如供应商、客户等纳入一个紧密的供应链中，优胜劣汰，持续更新，才能有效地安排企业的产、供、销活动，满足企业利用一切市场资源快速高效地进行生产经营的需求，以进一步提高效率和在市场上获得竞争优势。企业必须在全新的市场环境中迅速变革和创新，提高自身的竞争力，采用现代化的管理手段，向管理要效益，经营管理信息化与数字化是企业发展的必由之路。2014年8月起，我司在原业务系统基础上，研发出独立完整的cy56物流管理系统，且业务系统和新管理系统实现数据集成对接。

（1）改良前系统对业务流程管理核心模块，尊重我司行业性质和主营业务。如：订单管理、回单管理、结算管理、调度管理、损失管理、结算管理、报表查询。

（2）突出无车承运企业实际。

①改良客户体验。客户操作简单易行，给客户开放其关心的数据窗口，满足客户及时查询需求。

②重视资源整合。以资源采购为中心，倡导资源的持续更新。

③调度模块报价机制。主动筛选供应商，优化资源配置，降低成本支出。

④加强节点监控。对关键节点的梳理，以时间、频率等数据量化执行要求。如跟踪管理节点包括车到时间、出仓时间、卸货时间等。

⑤强化监测。突出物流损失管控，量化风险管控的时间、进度和要求。

三、信息化进程中遇到的问题和解决办法

我司信息化建设自上而下进行，有坚定的组织保障。同时，在氛围、员工使用基础以及技术开发能力上的优势，保证了信息化建设按时有效递进。实施过程中遇到的问题集中在以下几方面。

（1）短期资源供给不足。管理思路和模式调整，我司有计划地淘汰一部分不适合营运需要的外部资源。少数车源不接受新的管理模式的调整，主动流失。

（2）资金压力。开发需要投入资金。老合同车的合作关系解除需要结清余款。

（3）新老系统集成，数据对接不完整。

（4）人员的操作培训花费较多时间精力。

为此，我司专门成立采购部，出台配套奖励政策。

（1）派采购员驻各省会城市，定点采购车源，源源不断的新合同车纷至沓来，缓解了出货压力。

（2）通过增资和扩展股东，与客户协商提前对账结算回笼应收款等方式，引入资金，解决资金压力。

（3）信息部门增加开发实施力量，测试阶段多次召开需求对接会，及时解决问题，并适时展开应用操作培训。

四、效益分析与评估

（一）信息化实施前后的效益指标

第一，根据 2016 年对营运成本进行有效监管与跟踪数据看，使用新系统，通过对外部资源的运作，降低了运营成本。车辆直接运费成本支出减少 4 个百分点以上（以 3 月佛山运电器到南京为例，2014 年调车运费 11800 元，2015 年 11067 元，2016 年运费支出 10553 元）。支付给信息部的佣金较上年减少近 80 万元，相较内部员工异地采购差旅费用 50 万元支出，有力地创造了企业经济效益。

第二，改善企业内部管理。从 2016 年客户考核数据看，我司在多个客户出货率考核中拔得头筹，多次获得客户奖励和其他配套激励政策，构成公司纯利润（以美的厨卫顺德基地运输激励为例，1 月 23 日出货及时，奖励 40 元）。

第三，管理水平提高，管理成本下降，管理费用较上年降低 2% 左右。作为一个整合

企业内外资源的集成化管理信息系统，不仅能够实时动态提供整个企业经营管理等各个方面的信息，而且其集成的各种现代化管理工具，能极大地帮助管理者进行决策支持。

（二）信息化实施对企业业务流程改造与竞争模式的影响

资源整合能力提升。对资源的运作实现筛选—整合—使用—考核—淘汰循环，让组织保持足够的竞争力和发展力。组织的核心能力从业务管理向资源运作管理倾斜。通过对资源的管理，打破固化模式和小团体利益，实现成本控制，车源的淡旺季调节和价格稳定。通过资源运作能力提升，达到发展中居主导优势。

（三）信息化实施对提高企业竞争力的作用

成本控制预警能力。通过关联关系，搭建必然联系。比如，物流损失与结算余款的相关关联；延迟卸货天数与补贴关联；不诚信与黑名单关联，预付与余款的比例设定与支付行为关联；物流损失与收入比例考核关联，月度成本比例设定与结果达成关联等。一旦不满足足够的关联条件，管控给予预警提醒，同时结果反馈至业务系统。

五、系统的推广意义

我司的信息系统基于对第三方物流企业的充分了解，非常实用，适合推向同行同类企业。主要功能有运单管理、调度派车管理、货物跟踪、财务结算、客户对账、资金下拨、财务审批、车辆管理、回单管理、运费支付等。系统采用 B/S 架构，无须安装，促进物流企业内部管理。

中小型物流企业使用该系统，投入成本不大，能协助梳理流程，规范管理，短期即能从管理收益上收回成本。

规模稍大型企业优化管理上会有较大收益，尤其业务分段式管理。在运输业务上，系统在录单、派车、运费支付、回单接收、客户结算等，采用按岗位进行分段式管理，对物流各个环节形成环路。对所有协议车辆证件通过高拍仪等硬件设备进行附件上传，并对协议车辆进行每天三次定位。能够提高物流企业核心竞争力，减少物流损失。

所有为公司提供承运服务的车辆，通过 LBS 手机进行定位。改良客户体验，公司拥有自己的 Web 服务器，并有专人进行管理。数据在每天凌晨 3 点进行自动备份，并设有专门访问端口。目前上游企业可通过微信二维码，对所托运货物进行在途跟踪查询。下游承运商（专线公司、分包商），可接收畅宇物流的分包订单，派完车以后再提交到系统审核，完成系统的下游对接。财务在对运费支付完成后，分包商也可进行查询财务状况。有益于客户稳定，推进业务持续发展。

六、系统下一步的改进方案、设想、对物流信息化的建议

我司下阶段会实施互联改造，与平台型网站集成信息，即物流企业将订单数据上传到平台型网站，司机通过手机 App 查看物流公司发货情况，司机对有意向货物通过电话进行沟通，确认后在手机上完成叫车动作。在定好车以后，物流公司将承运协议上传到 ERP 系统，以便快速查找协议，防止丢失；同时通过 LBS 定位，也可查看司机的运行轨

迹，实时跟踪货物情况。物流公司在ERP系统上进行运费支付，直接对接银行接口，划账给司机。在收到回单以后，公司又通过高拍仪，将回单上传到ERP系统，并转发至平台。至此，整个业务流程，从叫车、订车、发运、跟踪、支付及订单数据上传等，都可透明化查看。

我司会配合国家交通运输物流公共信息平台管理中心，落实无车承运人道路运输电子单证系统接入工作。根据中心工作部署，对我司业务管理系统进行改造，实现与国家物流信息平台托运单信息、车辆调度信息、运输回单、货物在途状态信息的适时数据交换。

西安胜途汽车服务有限公司：驼峰平台

一、应用企业简况

（一）企业简况

西安胜途汽车服务有限公司（简称：胜途物流）成立于2012年4月，注册资金1000万元，公司类型是有限责任公司，主营国内公路、铁路运输业务的专业化物流公司。业务范围包括：无车承运、公路运输、铁路运输、公铁联运、劳务派遣、物流信息咨询服务、人工装卸服务等，公司拥有运营车辆100多辆，运力池储备可调配车辆近1000辆，胜途物流2014年营业额4200万元，纳税124万元，年运输趟次3943趟次；2015年营业额6400万元，纳税312万元，年运输趟次3215趟次；2016年营业额近10000万元，年营业额增长率超过50%。

我公司在物流运输行业已积累数年的物流经验，形成胜途特有的物流运输体系，成熟的物流运输模式。公司拥有专业的运营团队，秉承“定制式管家服务，我为人人，人人为我”的核心理念，以客户的托付为使命，坚持安全高于一切，以诚信立足，为客户量身定制物流方案，针对不同客户的需求制定个性化的物流解决方案，支持和满足客户需求。采购、整合最佳配套车型，优化运营成本，提供精准、安全、快捷的服务，助力客户创造最大的经营价值。

我公司于2017年通过相关部门的审核筛选，成为国家交通部认定的全国首批283家无车承运人试点企业之一。

目前公司主要客户有：中国邮政、中铁快运、上汽五菱、顺丰速递、百世快运、京东商城、安能众卡等，为其提供专业的物流服务，并建立了良好的合作关系。

（二）企业营销模式特点

始终以货源市场为中心，有的放矢，抢占份额。把重点放在满足货主的需要上，结合区域的综合优势，采取合理高效的运营方案，吸引、稳定货源。注重货源组织方式，合理利用运力池储备的运力，以优质的物流服务最大限度地满足货主需求，促进货源的增长，扩大市场占有率。

1. 建立战略合作伙伴关系，稳定基本货源

对于重点货主，采取战略合作营销方式，对其中各个环节予以重点保证，以此来留住货主，留住货源。已合作客户中主要代表客户有中国邮政、中铁快运等。

2. 差异化竞争，开发新货源

重点推介公司的现场作业能力，依靠运力池储备车辆充足的优势、现场管理的优势，以核心作业能力和优质服务吸引货主，已合作客户中主要代表客户有：京东商城、安能众卡供应链物流、百世快运、顺丰速运、外运物等。

3. 特色化营销，以诚相待留住货源

因为货主的需求多种多样，因此可将特色化营销策略作为主要方式，主要客户有合容电器、隆德物流园项目、德邦物流、天地华宇等。

（三）企业管理模式特点

1. 制度化的管理手段

我公司在管理模式上采用的是制度化的模式，对于各个部门日常工作规范及要求会有制度化、标准化的规定，且工作绩效考核采用规范的考核制度进行，特别是此类运输性质企业，对于安全的控制管理更为重要，而我公司在此方面制定了严格的安全生产规范和规程，以此来约束和管理运输过程安全，如安全生产业务操作规程、安全生产监督检查制度、奖励与处罚制度、车辆安全生产管理制度等。

2. 垂直化的管理模式

企业部门管理采用垂直化的管理方式，分管领导直接对口具体业务实现部门，且采用的是业绩捆绑的形式，推动管理者及业务部门最大程度地加强辅助协作，进一步促进该部门业绩的提升。

二、企业应用信息化前的突出问题

（1）各部门信息独立，部门之间的业务联动比较差，形成了企业内部的信息孤岛，经常性地导致因信息闭塞及沟通不畅而造成的业务拖延及客户投诉，降低了业务的运转效率，降低了客户服务满意度，并且抬高了公司运作成本。

（2）运力开发处于盲目的开发。由于我公司以无车承运的形式开展业务，这就要求保证企业有足够的运力资源来满足客户业务的运输需要，虽然我公司有运力开发专业人员进行日常的运力开发，但由于没有显性的数据支撑，导致运力开发是盲目进行的，开发出的运力与业务发展需要无法匹配，经常造成运力的临时性紧缺，同时有大量的冗余运力无法使用，运力匹配程度过于低。

（3）货源对于我公司是核心，在货源开发方面一直是我企业发展的重中之重，业务开发管理也是由高层领导直管的，前期的业务开发及过程追踪主要采用人工下发任务和汇报跟踪的形式，对于业务开发过程处于比较粗放的管理模式，更多地靠个别核心人员的工作主动性去提升业务，缺乏有效的管理激励办法制约业务开发人员。

（4）运输调度是无车承运人业务的关键点，但调度这个岗位角色又是整个物流环节中最难管控的，信息化手段应用之前，调度的工作主要靠极个别人的个人经验去实现，个人根据客户订单及调度部门手工登记的运力信息，通过逐一打电话的方式去协调运力，效率极低且经常造成调度匹配失误。且在调度过程中涉及运力商的利益问题，这个过程就会导致职位腐败的发生，部分司机及承运商为了更多获取利益，使用非常规办法搞好和调度人员的关系，以此来获取更多的运输机会，这也就是物流业务中常说的“调度黑洞”，此现象严重影响了公司的利益，进而可能降低公司的客户服务水平，长期下去对公司会造成严重的影响。

（5）运输过程管控长期以来都是我公司业务管理的痛点，虽然之前对于车辆采用了车辆定位装置，但此过程仅能管控车辆在途过程，对于从业务起点的客户下单到业务终点的客户签收整理过程一直没有办法去管控，导致业务运转效率一直相对较低，运输过程中的各种异常反馈跟踪做得比较差，客户满意度较低。

（6）早期人工化的财务对账模式一直困扰着财务人员，我公司财务对账既涉及与上游客户的财务对账，又涉及大量的下游车辆及承运商的对账，针对社会车辆的对账采用的基本都是按月对账的方式，但是每次运输过程中又会预先支付运输车辆部分油卡及现金，并且还会有车辆使用相关设备产生的设备押金等问题。由于车辆数目比较多，运输频次比较频繁，涉及的财务环节比较多，导致财务对账经常性地出现偏差，财务人员的工作量也十分大。

三、信息化实施过程的问题及解决措施

信息化实施的过程是一个循序渐进的过程，而驼峰平台的实施进度也是经历了多个阶段才一步步完善起来的。

最初的业务梳理及业务模型搭建过程是比较耗费精力的，无车承运人企业的运作模式有别于常规的货运企业，它是需要在我公司业务特点的基础上，结合无车承运人业务的相关属性，结合二者的共性去满足我公司日常业务的运转。下面几点是需求调研及平台设计时遇到的问题及后续的解决措施。

（1）我公司具有庞大的车辆资源，因此整合、合理利用这些资源成为无车承运人这一角色中最为重要也是最为困难的事情。

驼峰平台在处理这些庞大资源整合合理利用的过程中，结合我公司自身管理的特点，设计了以下元素：车辆管理、运输管理、平台 App 相结合。其中车辆管理中，主要是细致区分承运商、货运部、零散运力、车辆、司机，但又让他们之间有相互联系，完备的基础数据维护，保证了后期所有业务的数据准确性和可操作性；运输管理中，主要依托车辆管理的强大数据，支撑客户订单下发、调度调配车辆、监控平台车辆监控；云驼 App 的推广，成功消除了前期司机和运营中心消息沟通不及时的缺点，司机随时可以报备异常信息、提交运输申请，在 App 上签署运输电子合同，且 App 中的数据是和平台实时对接的，有效提升了工作效率。

（2）我公司由于在诸多客户的物流中心都设立有相应的工作现场，现场工作对于我公司来说至关重要，因为现场人员能得到客户的第一手信息指令，同时也是调度调派车辆后最先对接的人员，不仅如此，同时还要收发 GPS 设备、油卡、安全用品、运输单据等随车物品给司机，对于现场人员的支撑和相关设备的管理则成了系统推进的又一大难题。

经过分析后在平台中设计相对独立的现场管理模块，考虑存在多个现场的可能性，我们首先对模块使用权限设置做了较为合理的设计，让操作人员、客户经理等系统使用

者可以关注他们最优先关注的数据资料。其次，根据胜途物流自身的设备管理方案，设计了设备发放及回收的相应模块，系统会帮助使用者根据公司规定区分哪些车辆、哪次运输需要发放哪种设备或随车物品，也会根据运输状况和司机反馈信息区分哪些设备需要回收。系统也单独设计了一套专门的回单管理流程模块，现场人员可以根据自己掌握的回单信息操作系统，依托图片数据、文字描述、单据接收情况等达到回单管理的目的。最后，现场人员有时需要将客户的订单或车信息告知总部，之前大多使用电话、微信等通信手段告知运营中心，驼峰平台中现场人员也可以辅助客户下发订单。

（3）随着我公司自身不断地发展和业务拓展，财务部门对系统的要求特别严格，既要能够和业务数据结合，又不能让业务数据直接影响财务做账模式，这在调研过程中有很大阻力。

经过与财务人员的深入分析，向多位财务专家咨询，结合系统的设计理念，最终在财务与业务之间实现了巧妙的平衡。首先，就是一整套完善的费用申请、审核、驳回、对账、结算流程，在这之中结合我公司自身的财务结费模式设计了多种操作节点来辅助财务人员操作数据。其次，为了满足诸如一些运费月结承运商的运费预支，设计了承运商欠款这样的单独模块，并且财务可以在结算费用的时候使用承运商的欠款抵扣。最后，在上游运费的结算中，平台从客户下发订单时开始计算上游运费，考虑到一个订单或许会产生多车运输，系统智能地将运费分担到每次运输业务上，在财务对账结算的时候，平台中既体现当次应结算费用，也体现历史账期累积的未结算费用，从而可以精细管理每个客户的结账单。

（4）驼峰平台的使用者为多类角色，既涉及我公司内部各个部门的使用，又涉及外部承运商、司机、发货人等不同角色的使用，有别于常规的企业管理软件，这对于平台的设计开发提出了极高的要求。

驼峰平台登录分为承运商、平台人、发货人三个入口，不同角色有不同的需求，满足多种用户信息化需求，也更加切合胜途物流后期对于客户拓展、运力开发这些方面的扩展性，而且平台按照使用角色设计了10套不同的角色视图，这些视图中有专门为调度、现场、客服等实操人员设计的功能性视图，让他们随时可以通过视图追踪操作业务数据。也有专门为财务、销售、运营、领导等偏向管理的人员设计的大数据视图，用不同维度的数据，通过图表等一系列展现形式直观体现财务、销售及运营管理方面的数据和分析结果。更有为客户和承运商专门设计的业务和数据视图，让他们能够随时追踪订单信息、账务信息。

四、信息化实施的效益分析与价值

图1为驼峰平台某一角色工作台示例

（一）平台实施的效益分析

平台正式运行以来，给我公司带来了明显的效益提升：平台上线前常用合作车辆200辆左右，平台上线后提供的运力数据支撑，有效地为运力开发提供了数据保障，促进运

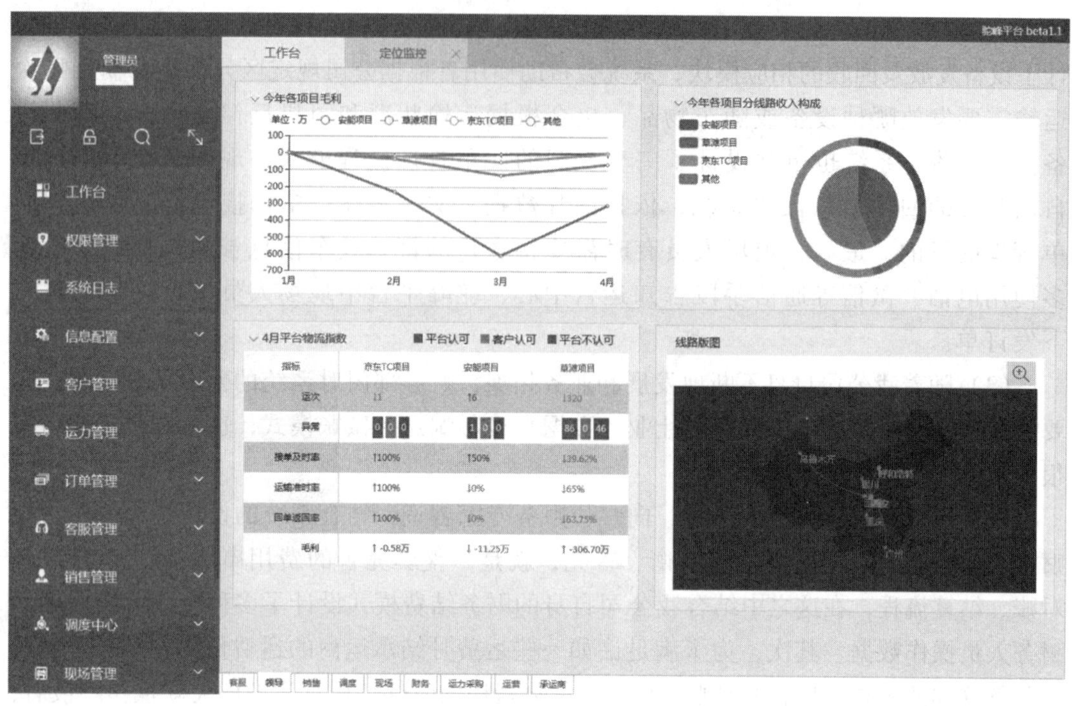

图1　驼峰平台某一角色工作台示例

力池的进一步扩大，常用合作车辆增加至350辆左右，运力资源提升了近75%。

根据我公司的运营管理要求，平台十分注重对调度效率、运输时效等的管控，通过平台设计的智能调度配载机制，使订单调度效率有了明显的提升，单一订单的调度配载耗时下降了40%，调度中心总体调度效率提升了35%，派单出错率下降到7%以内，通过对运输过程的管控及司机版App的投入使用，推进运输效率的进一步提升，整体运输到达及时率由平台上线前的75%迅速提升至91%，异常率由最初的8.7%下降至目前的5.4%，客户服务满意度由89%提升至95%。

（二）平台实施的价值

驼峰平台的实施及上线对于我公司所带来的价值，从我公司内部、外部两个方面来审视。

第一，对于我公司内部，信息化实施的过程首先就是对于当前业务运作、运营管理的一次再梳理、优化，从中找到最优方案实施于平台系统。很大程度上来说，这是在调研需求及开发设计的时候，通过对我公司不同部门的研讨、资料整理时一致通过的结果，所以具有完全的专业性和可靠性。

无车承运人是为效率而来，必将向“小而美”“专而强”的前景发展。因为在物流这个行业里，无论是司机还是中小物流企业，最大的特点还是小、散、乱、差，需要通过新的模式，将这些小而散的资源整合到一起，它所能体现出的价值和能量才能迸发出来。

从业务效益来具体分析，首先运力资源的一体化大数据，调度用车不再是大海捞针般的盲目寻找，在驼峰平台上，调度在操作任何一次派车之前，都能得到相当完备的评估数据，包含了承运商运输资质完整度、有没有相应的保险措施、承揽业务的次数，包含了司机的联系方式、业务水平、接单及时率、运输准时率、单据返回率，甚至民族，社会关系等一系列妥投率的指标，从而选出最合适的车、司机。其次，云驼 App 的大范围推广，使得调度、现场等诸多部门放下繁多的业务操作，从而转向数据监控、分析，且不影响业务的精细化管理。也使得原来需要多种通信方式沟通业务的物流方和司机方得以通过驼峰平台及 App 来传递信息，给物流及客户带来的是标准化的可视、可跟踪的信息体验。平台设计了全面的消息推送功能，让线下部门不再处于“信息孤立”状态，发现异常能及时处理，完结业务能及时结算。由此之后产生的一系列标准化模式，既能让物流内部运转效率更高，也能让承运商直接产生一定的良性竞争。

财务管理的标准化、透明化，也给予了下游承运商一定的保障，何时结算、怎样结算、结算多少、奖罚机制，承运商同样也可以通过平台自己查询进度，更大地激发出他们承揽业务的积极性及提升服务质量的自觉性。既降低了财务操作的复杂性，也提高了准确性。

第二，对于客户来说，我公司的客户主要有中国邮政、京东、顺丰等知名企业，且都已经是高度信息化的快递、电商企业。对于时效、服务质量、运输成本无疑都是相当看重的。驼峰平台是发货人—平台人—承运商三位一体的无车承运人信息平台，能够将三者间的业务数据以最快的速度传递，从而缩短时效；优选承运商配送，很大程度上提升了配送质量，降低了运输风险，降低了客户的间接成本，也是辅助物流履行企业社会责任的一种体现。

客户每当出现新的发货区域时，可能新的一轮物流服务商比较就开始了，每家不同的物流服务商可能都有自己擅长的线路或区域，驼峰平台的作业就是帮助无车承运人整合这个庞大的承运商资源，扩大业务区域的版图，从而协助无车承运人为客户提供标准化的出口物流一站式解决方案及服务。

五、信息化实施总结及意义

驼峰平台的使用对于无车承运企业是具有创新性意义的，打破了传统业务管理系统仅针对内部管控的壁垒，有效地串联起整个物流运输业务链条上的各个角色，打通了上下游的信息流转通道，为响应国家对物流行业业务监管提供了有力的平台支撑，也为无车承运下一步业务拓展提供了先进的支撑手段。

（1）驼峰平台解决了无车承运业务过程中内外部环节的衔接问题，避免了因业务信息不透明、上下游衔接不紧密而导致的协同效率低下的情况，让客户、承运商能深入地参与进整个无车承运业务环节，进而提升业务运转效率。

（2）通过驼峰平台完备的项目开发管理及运力开发管理，有助于无车承运人快速扩展资源，提升自身业务竞争力，提高服务的完备性，从而促进业务的快速发展。

（3）此平台能够帮助使用者建立标准化的统一的服务体系。

（4）平台内建有完善的各行业 KPI 考核体系，为企业提升内部运营管理提供支撑。

（5）平台提供的智能化配载模型、结合人工调度模式，可实现调度配载效率成本双优。

（6）平台 + App 模式，手机 App 利用碎片化时间完成各种业务闭环；在线投保，统一提升赔付能力，降低企业风险；电子合同，无纸化的合同既降低成本又提高效率。平台采用一些新型的技术手段与业务方式，真正响应“互联网＋物流”的号召。

六、系统进一步升级方向

在无车承运人试点业务开展期间，将再次对平台进行升级，在满足自身使用的同时体现开放性和共享性。开放性的平台能够提供丰富的对外接口，在此基础上不仅可以支持自身的更新、优化、改进，而且可以嫁接多元化的功能模块，向外延伸发散形成更为齐全的完善的网络架构。因此，平台的开放性实际上可保证系统的多元性、灵活性和动态性，从而实现无车承运人平台对整个物流过程的信息化、智能化管理。而共享性则使得平台能够对接物流业最广泛的受众，实现市场主体之间供需信息的汇聚和交换。

平台发展规划如图 2 所示。

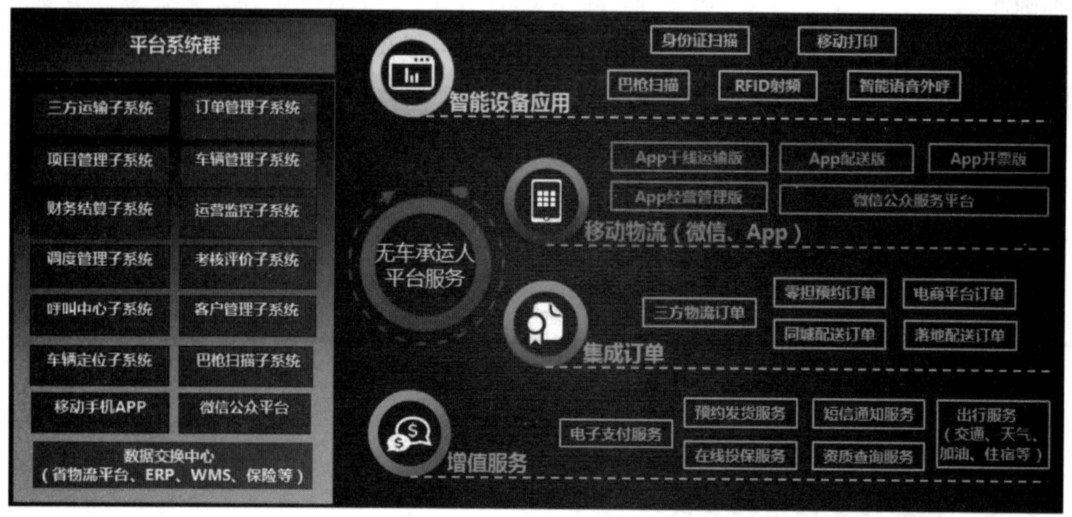

图 2　平台发展规划

驼峰平台目前已实现了平台框架及部分子系统的建设，下一步将根据平台发展规划和我公司业务的发展进程，逐步建设相关子系统，力求进一步提升平台对业务的支撑全面性，丰富业务管理手段。

西安货达网络科技有限公司：基于北斗系统的大宗商品无车承运项目

一、应用企业简况

西安货达网络科技有限公司（“货达网络”），成立于2015年2月，是陕西省首家“互联网+”煤炭物流企业，是中国物流与采购联合会货运分会理事单位，交通部公路科学研究院公路煤炭物流价格指数定点监测单位，与陕西煤炭交易中心、榆林煤炭交易市场达成了战略合作，曾荣获“中国B2B电商百强企业”“中国大宗商品电商50强”等称号。

公司下设技术、市场、运营、话务、人事、财务、企划等部门，拥有全职员工60余人。公司投入榆林市王则湾5000平方米停车场一处，组建合同车队百余辆，整合社会运力3万余名，自主研发了货达物流云平台（一期），货达物流TMS系统、销售管理系统、货主App、司机App等具有自主知识产权的互联网产品，并与安徽路歌、北京中交兴路等企业达成战略合作，逐步实现第三方渠道（手机基站、北斗系统）定位与自主定位结合与打通。

二、企业在实施信息化之前存在的问题

（一）管理：煤炭运输体量大，运力零散，不便管理

（1）三西（山西、陕西、蒙西）地区是中国最主要的煤炭产区，每年外运煤炭超过15亿吨，其中，近一半依赖汽运，如果以200元/吨的平均运费计算，年运费合计3000亿元。困扰煤炭行业的两个最大问题是销售渠道和物流，其中物流问题又更为迫切，物流能够解决，销售渠道自然拓宽。

（2）榆林市超过60%的煤炭物流依靠汽运，绝大部分为个体卡车，仅在榆林就有约10万辆拉煤车从事煤炭运输业务，榆林煤炭公路外运的煤炭车次达到了每天1万车，物流极其分散；配货主要依靠超过500家信息部，小、散、乱，效率低下。

（3）车辆管理上，政府管理职能事实上缺位，例如府谷注册3000辆卡车，只有20%在公司名下，其余均为个人经营。

（4）运输管理上，民间自发的信息部—小型车队—个体司机等承运单位组织化程度低下，难以管理，在落实重大政策过程中也容易产生不稳定。

（二）效率：数据缺失，运输低效

（1）煤矿、煤价、运价、贸易商、司机乃至加油站没有进行基础的数据化，没有进行大数据的整合。

（2）运力组织的低效导致了整个煤炭供应链的低效，削弱的榆林煤的品牌竞争力以及对外形象。

（三）税务：主体缺位，税收流失

（1）个体司机、小型车队、信息部无法开具增值税票。

（2）众多结算主体位于榆林以外，无法取得税收，也没有 GDP。

针对上述情况，我司着眼于打造一个开放、透明、高效的物流信息平台，通过加大车辆的整合力度，提高汽运环节的效率，提升物流的集约化，从而降低煤炭贸易的成本。具体措施如下。

1. 管理：整合运力，稳定司机

（1）运用技术手段，和 GPS 运营平台数据打通，实现零散车辆的监管。调配、管理资源的前提不一定是占有资源。

（2）利用保险、加油、维修等，按照线路吸引本地、外地司机形成车队，标准化、规范化、高效化管理，维护司机合理利益，凝聚强大运力，确保市场稳定。

2. 效率：数据中心，智能调度

（1）迅速建立煤矿、煤价、运价、贸易商、司机等行业要素的数据采集体系。

（2）通过市场开拓工作，逐步推广货达智能手机 App，建立服务下游贸易商的调车、结算、完税链条。

（3）积极与各省市大宗商品交易平台、厂矿、贸易商合作，将运输品牌化、规模化，逐步形成以榆林为核心、辐射晋陕蒙宁甘的大宗商品运输中心、结算中心、数据中心，扩大榆林煤的品牌影响力，将榆林煤送往全国各地。

3. 税务：结算落地，业务合一

（1）注册实体物流公司，统一业务/结算/税务，打通加油站—司机—货达平台—贸易商的运输链条，将 GDP、税源留在本地。

（2）响应中央政策，申报无车承运人，将府谷县作为大宗商品运输供给侧改革的试点。

三、信息化进程，实施中遇到的主要困难、问题与解决措施，企业信息化是如何推进、组织，一步一步深入的

中国的物流市场长期以来面临着“小、散、乱”的局面，主要的运输业务层层分包、转包，最后由底层的个体司机实际完成运输，组织效率十分低下。大宗商品在所有公路物流品类中，业务链条最短、业务逻辑最简单、辅助设施需求最少，导致大宗商品的承运主体比普货物流更加分散，绝大部分为个体司机承运，安全问题、效率问题十分突出。

2016 年国家多部委相继推出了三项在物流领域影响深远的政策，为未来 3 ~5 年大物流的发展理顺了格局。一是营改增，理顺了物流从业主体的税务身份；二是治理超载、超限，为物流市场的规范化发展打下了基础；三是建立在前两者基础上的无车承运人试点工作，旨在借助移动互联网技术，提升物流市场的集约化、组织化，打破 20 世纪 90 年代以来道路运输管理中“有多少车、运多少货、交多少税”的传统思路，赋予

“互联网+”物流的产业平台从业主体地位与税务主体地位，为整个物流市场的互联网化与供给侧改革指明了方向。

通过该项目的实施，一方面，依托互联网大数据平台，为货主提供一站式承运服务，逐步实现运输全流程在线化、数据化管理，实现货源、合同、运单、定位、支付、税票等服务模块的统一与贯通，有效解决了税源流失问题；另一方面，提升人、车、货的集约化、组织化，从而达到物流行业降本增效的目的，扩大输出榆林煤的品牌影响力，对榆林经济的转型升级具有重大的推动作用和战略意义。

企业信息化系统实施情况如下。

（一）平台架构

该平台为分布式架构。

（二）硬件

该分布式系统使用的主要服务器如下：均衡负载1台；ECS（云服务器）10台；RDS（数据库服务器）1台；对象存储（OSS）服务器1台；Redis（重申）服务器1台。

（三）软件

货达物流云TMS系统：后台数据库及操作系统，汇集价格管理、运单管理、信息审核、内部管理、登录信息管理、操作日志管理、基础数据、需求管理、统计报表、拜访管理、货源管理、司机管理、货主管理、服务管理、商户管理、支付管理、经纪人管理、油卡管理、定位管理等功能。

（1）货主管理。

（2）司机管理。

（3）货源管理。

（4）运单管理。

（5）运价管理。

（6）煤价管理。

（四）地推端（H5）

地推人员使用，汇集货主管理、司机管理、运单管理、货源管理等核心功能，完成从发货、接单、上传证件、审核等各个环节的工作。

（五）货主端（H5/PC端）

货主使用，汇集发货管理、运单管理、支付结算等核心功能，满足货主一站式调集车辆、运输管控以及支付结算、开具税票的需求。

（六）司机端（H5）

司机使用，汇集货源查询、订货源、上传证件、线上加油等核心功能。

（七）商户端（H5/PC端）

合作加油站以及维修点使用，帮助商户查询和管理交易记录。

（八）经纪人端（H5/PC端）

信息部使用，汇集货源查询功能，为司机预定以及其他操作。

四、信息化主要效益分析与评估

（一）信息化实施前后的效益指标对比、分析

官方统计显示，2016年榆林煤产销量超4亿吨，公路运输2.4亿吨，约600万车次（1.67万车次/天）。在榆林市登记专业从事煤炭运输车辆约3万辆，其他7万辆车以内蒙古、山西、河南、河北、山东等居多。按200元/吨运费计算，年运费规模超400亿元，物流相关税收应接近20亿元，而目前榆林市实现公路物流税收仅为此数额的1/20左右。

2017年1—3月，公司将继续深耕榆林市场，辐射河北、山东、山西、陕南、四川等主要方向，预计承运合同总额超过10亿元，纳税总额超过5000万元，平台司机数计划由目前约3万名增长至约5万名。

（二）信息化实施对企业业务流程改造与竞争模式的影响

货达公司经过短短一年半的迅速发展，利用自主研发的数据库、微信H5、呼叫中心，目前注册车主数量已达到30000人，占到整个榆林地区拉煤车的30%以上；自行组建车队超700辆；注册货主信息数量近2000人，日撮合成交近700车次（2.5万吨）；在超过100个煤矿派驻人员实现驻矿服务，辐射榆林各区县煤矿263家，下游卸货地站点1019个，发货路线逾2000条，成为了一张榆林煤炭运输的大数据地图。通过货达公司的数据分析，可以精准分析榆林煤的流向、流量、终端地。货达公司也是榆林市乃是陕西省唯一一家具备上述能力的公司。

公司主要通过技术手段对接厂矿企业及货运车辆，为上下游提供物流一站式承运服务，通过整合零散的个体司机，将原来碎片化和割裂的煤炭供应链打通，在煤矿、贸易商、中转地、司机、下游用户等供应链环节上实现信息流、资金流、票据流的统一，提升供应链上资金和货物的周转效率。

（三）信息化实施对提高企业竞争力的作用

通过企业信息化的开展和实施，公司引进了大量高技术人才，通过对企业应用平台的不断探索和研究，着力打造一站式承运服务。

1. 团队情况

项目管理人员：折大伟，榆林籍，公司CEO，本科毕业于北京理工大学，在美国纽约州立大学布法罗分校取得金融学硕士学位，是特许金融分析师（CFA）持有人，并且是特许管理会计师公会（CIMA）准会员。毕业后曾任北京蓝汛网络科技有限公司财务副

总裁，山东绿润食品有限公司首席财务官，西安市西蓝天然气有限公司财务副总裁。

市场总监解飞具有超过 10 年的互联网公司地推管理经验，曾任百度糯米西安市场负责人以及美团网昆山负责人。

运营总监徐茹和人力总监吴媛洁都有超过 10 年的互联网公司管理经验，之前均为阿里巴巴员工。

项目研发人员：首席技术官（CTO）杨博之前为用友软件首席架构师，对于行业 SaaS 研发具有丰富的经验；提供架构师庄爱平具有丰富的车辆网项目经验，负责过神州租车 10 万辆车辆网的项目。

2. 技术保障情况

研发队伍、科研成果、知识产权情况，工程技术人员及构成，计算机、软件、自动控制等信息化相关专业人员配备情况。

3. 研发队伍

技术总监：1 名，毕业于西安交通大学软件工程专业，曾担任用友软件首席架构师职位。

产品经理：1 名，毕业于中国地质大学设计学专业，曾就职苏宁易购。

架构师：1 名，毕业于西安理工大学计算机专业，曾就职 IBM 等名企。

高级软件开发工程师：1 名。

中级软件开发工程师：1 名。

初级软件开发工程师：2 名。

前端工程师：1 名。

测试工程师：2 名。

五、信息化实施过程中的主要体会、经验与教训、推广意义

（一）信息化实施过程中的主要体会与经验教训

虽然有许多大中型企业都实现了对于物流管理的一些主要环节（如平台管理、销售管理等）的计算机管理，但是真正实现物流信息化的企业却极少，主要有以下原因。

首先，企业实现对物流管理信息化的过程中，由于对所需财力、人才的认识不足或者企业经营环境的变化，不能保证对信息化工作的投入，物流管理信息化的工作往往半途而废或草草收兵。

其次，在实现物流管理信息化的初期处于摸索阶段，信息化实施过程中所触及的各个环节需要不断完善重建，这样一个烦琐的过程对技术研发人员的专业水准有一定的要求。

最后，物流管理信息化工作可能需要花费几年时间。计算机技术的飞速发展，往往会导致前期开发的系统所使用的平台和后期开发的系统所使用的平台不一致。如何使已经开发成功的部分物流管理信息系统和不同平台的新物流管理信息系统部分集成，是企业在发展、扩大物流管理信息化范围过程中存在的一个问题。

（二）推广意义

1. 榆林市煤炭公路物流现状及问题分析

煤炭是榆林市的支柱产业，公路运输是仅次于煤炭产业的第二大产业。官方统计显示，2016 年榆林煤产销量超 4 亿吨，公路运输 2.4 亿吨，约 600 万车次（1.67 万车次/天）。在榆林市登记专业从事煤炭运输车辆约 3 万辆，其他 7 万辆车以内蒙古、山西、河南、河北、山东等居多。按 200 元/吨运费计算，年运费规模超 400 亿元，物流相关税收应接近 20 亿，而目前榆林市实现公路物流税收仅为此数额的 1/20 左右。究其原因有以下两点。

第一，承运主体——个体司机不具备纳税的法律主体资格，同时也不愿意纳税。在营改增之后，运输行业实行 11% 的增值税，因此纳税的主体必须是一般纳税人。目前在榆林从事煤炭运输的 10 万辆车 90% 以上都是个体司机，他们不愿意也不能成为增值税的纳税主体。无论是本地车还是外地车，因为他们不是纳税主体，所以是无法让其纳税的。

第二，外省税收政策的优惠。运输行业的纳税主体是物流公司，而物流公司天然具有跨地域经营的特点。在榆林煤大部分的输出地，例如天津、河北、山东、江苏、安徽等，都针对物流企业出台了优惠政策，综合税负普遍低于我市，导致榆林市运输税收大量流失。

2. 利用无车承运模式解决税收问题的办法

无车承运人模式可以有效解决税收严重流失问题，即不需要政府投入财力、物力、人力的情况下，通过互联网高效调配的方式将不具备纳税主体资格的闲散社会运力（个体司机）进行有效整合，并通过承运人（平台型物流企业）足额合理向政府纳税。

在国家大力推进物流领域供给侧结构性改革的大背景下，无车承运人模式顺势而为，应时而生。早在 2013 年 6 月，国家交通运输部就发布了 349 号文《关于交通运输推进物流业健康发展的指导意见》，确定了“无车承运人”的法律地位。2016 年财税 36 号文又进一步对无车承运人进行了税收主体的认定。2016 年 9 月 1 日，交通部正式颁发了 115 号文《交通运输部办公厅关于推进改革试点加快无车承运物流创新发展的意见》，无车承运人试点正式开启。

无车承运人的根本出发点在于摆脱车辆所有权的限制，利用互联网手段，提升人、车、货的集约化、组织化；同时对运输过程进行全程管控，并为此承担责任，收取运费总额，缴纳物流相关税收，从而达到物流行业降本增效的目的。

滴滴打车就是一个以无车承运人模式有效运作的成功案例，滴滴不拥有一辆车，但是却以互联网方式整合了全国各地上百万辆的出租车和专车，并且为这些车辆给国家上缴税收（目前是按照专车司机收入的 2%，统一缴纳在滴滴专车的总部所在地北京）。煤炭货运也是同样的情况，通过互联网手段有效地将市场上散乱的现有运力整合起来（无论是本地车辆还是外地车辆），通过注册在榆林的运输公司统一承运，即可解决税源流失的问题。

具体到榆林市来讲，我们需要的是能够利用互联网手段，对个体司机进行整合、统一纳税的纳税主体。承运主体、结算主体注册在哪里，税收就留在哪里，关键并不是用本省还是外省的车，也并不是买更多的车，而是提升目前社会资源的组织效率，组织效率的提升是我国物流领域未来5年发展的大势所趋。

六、本系统下一步的改进方案、设想、对物流信息化的建议

（一）下一步的改进方案（见下表）

下一步改进方案

软件系统	开发起始	开发截止
货达物流云TMS系统：后台数据库及操作系统，汇集价格管理、运单管理、信息审核、内部管理、登录信息管理、操作日志管理、基础数据、需求管理、统计报表、拜访管理、货源管理、司机管理、货主管理、服务管理、商户管理、支付管理、经纪人管理、油卡管理、定位管理等功能	2015年2月	2018年12月
地推端（H5）：地推人员使用，汇集货主管理、司机管理、运单管理、货源管理等核心功能，完成从发货、接单、上传证件、审核等各个环节的工作	2016年6月	2018年12月
货主端（H5/PC端）：货主使用，汇集发货管理、运单管理、支付结算等核心功能，满足货主一站式调集车辆、运输管控以及支付结算、开具税票的需求	2017年1月	2018年12月
司机端（H5）：司机使用，汇集货源查询、预订货源、上传证件、线上加油等核心功能	2016年8月	2018年12月
商户端（H5/PC端）：合作加油站以及维修点使用，帮助商户查询和管理交易记录	2017年1月	2018年12月
经纪人端（H5/PC端）：信息部使用，汇集货源查询，为司机预定以及其他操作	2017年4月	2018年12月

（二）对物流信息化的建议

1. 领导重视，业务人员支持

从某种意义上讲，物流信息化建设就是对企业的人、财、物资源及产、供、销环节在信息处理、工作方式、管理机制和人们的思想和观念、习惯等方面进行一次大的创新和变革。企业应该充分认识到物流信息化建设是企业技术进步的一个极其重要的组成部分，两者相互促进、互为依托。

2. 建立企业物流信息系统和决策支持系统

建立企业物资信息系统是企业物流科学管理的基础。物流管理信息系统是企业信息

系统的一个组成部分，在处理物流信息的同时，应该注意营造综合数据环境。在此状态下，物流过程的所有技术数据和事务数据，对所有参与单位都具有高度可视性和可存取性。

建立相应的物流决策支持系统及数据仓库，是物流管理信息化的另一个重要内容。在物流管理信息系统的基础之上，根据库存模型、预测模型等管理决策模型，采用运筹学、人工智能等技术，解决半结构化和非结构化问题，实现物流决策支持系统，采集、利用好宏观信息、流通及价格信息等，提高企业的市场快速反应能力，提高企业决策的科学性和准确性。

3. 加强物流信息的网络化

随着我国计算机的普及、信息科学的发展和信息化建设工作的展开，加快企业物流信息化步伐已经成为物流领域刻不容缓的工作。如何利用物流信息化促进物流管理的发展和物流水平的提高，实现资源优化配置，增强企业的竞争实力，应该是物流部门需要认真思考的问题和努力的方向。

上海申丝企业发展有限公司：无车承运人信息化应用案例

一、应用企业简介

上海申丝企业发展有限公司（简称：上海申丝），以“无车承运人”轻资产模式实现平台化经营，是一家跨国经营的国有上市公司的控股企业。上海申丝前身创建于1996年，注册资本17882万元人民币。经过20年的快速发展，业务以公共路快运、仓储配送、电商调拨等为主导，以家电物流为平台，以货源车源整合为核心，以多级网络为依托，为客户提供专业化的一站式综合服务，是中国物流百强及AAAA级物流企业。

上海申丝现拥有遍布全国的50多个分支机构，上百条公路快运线路，近2万台可控车辆资源。公司贯彻严格的ISO质量控制体系，提供高品质的物流服务，采用先进的物流信息系统，定制一体化的综合物流解决方案。

在信息的互联网时代，上海申丝积极响应李克强总理的“互联网+物流”的战略部署规划，严格按现代物流操作流程进行标准化运作，在向客户提供专业高效的物流服务同时，斥资搭建先进的物流信息系统，包括ORACLE的OTM运输管理信息系统、仓储管理系统WMS、财务金蝶系统、OA协同办公系统、货物在途跟踪系统等整合信息系统。OTM运输管理信息系统前端对接微信，为客户、供应商提供了便利的查询服务，同时增加了供应商的黏性，为公司积累了海量的车源。这些信息化技术的专业应用，有效地满足了现代化物流查询、监控、跟踪、结算、配送等需求，实现与客户信息流的无缝对接。

2017年，上海申丝被选为上海市无车承运人试点单位，利用物流信息系统的优势对于无车承运人的模式进行探索和创新，将真实业务细化到每一车，全年10万单整车业务全部上线，提供给中国物流产业无车承运人的信息化的真实案例。

二、无车承运人信息化实施之前存在的问题

上海申丝是一家整车物流的干线长途运输，根据客户下达的发运计划进行车辆安排，在实际运作中存在较多的突发情况。紧急发运的计划客户均会优先发运，现场根据装货计划的增减单较为频繁，同时车辆安排的先后顺序也较为混乱。在管控社会车辆上，车辆黏性无法保障。上海申丝围绕自身的问题进行深度的思考，在物流平台信息化建设实施之前，存在如下问题。

1. 信息孤岛，无法形成整体调度能力

各个运营团队在自己的区域内独立运营，形成了信息孤岛，所有的信息不能汇集到一个有效的平台，导致车源信息不能有效的分享。所有的车源无法在整个运营团队中进行共享，导致各地的成本信息脱节，无法形成整体调度能力。

2. 车辆黏性差，结算周期长

信息化建设前，司机的核算周期很长，导致黏性很差，运营团队无法与司机进行有效的沟通交流。同时在结算方面周期较长，如果遇到突发事件，如：遇到车坏了需要修理费、家人病了需要住院费、孩子要上学了需要学费、家里要装修了需要装修费、要买房了需要首付、要买车需要资金、要结婚需要聘礼等。在资金使用上较为困难时，无法有效周转。

3. 财务的合规性与无车承运人法律风险

社会车辆进行运营后财务无法合规是物流行业内的一个通病，社会车主与物流企业之间的法律关系也不清晰。现物流行业下游个体车辆的供应商无法提供发票，已是行业内的通病。企业在进项方面存在较大的问题，同时社会车主的劳务费均无法缴纳。

三、信息化实施中遇到的主要困难与解决措施，以及信息化建设的组织、推进和深入

（一）信息化建设中遇到的主要困难

1. 企业内部管理流程重组

与司机直接对接，上海申丝面临着支付、司机服务等一系列新的课题。首先就是对于企业内部管理流程的重组，传统的物流企业，一般是各个网点支付各自供应商的运费，总部只负责审计，这种模式层级较多，同时在不同层级也会产生中间成本，从而提高了整体运输成本。

上海申丝在总部组建了金融平台部，利用建行银企直联网络和高效的信息系统，由总部统一结算所有供应商的运费。这一模式不仅有效解决了支付层级过多的问题，而且在公司内部统一了结算账期，闪电结算司机在线申请，总部审核后统一出账，解决了司机的燃眉之急。

为应对供应商在平台中的投诉与反馈，上海申丝也相应成立了供应商服务中心，通过微信群组、电话和网上在线等方式回访司机，并且回答司机提出的问题，帮助司机解决结算回款、回单邮寄、回货查询等一系列问题，并且给司机提供保险咨询等增值服务，使上海申丝平台中的活跃司机数量逐步增加。图 1 为申丝货运网总体规划。

2. 社会车主信息化程度

上海申丝集中于干线整车运输，注重轻资产运营模式。期间积累大量的社会车源，通过移动应用推广信息化建设，增强企业竞争力，公司在 2015 年年初进行市场调研。

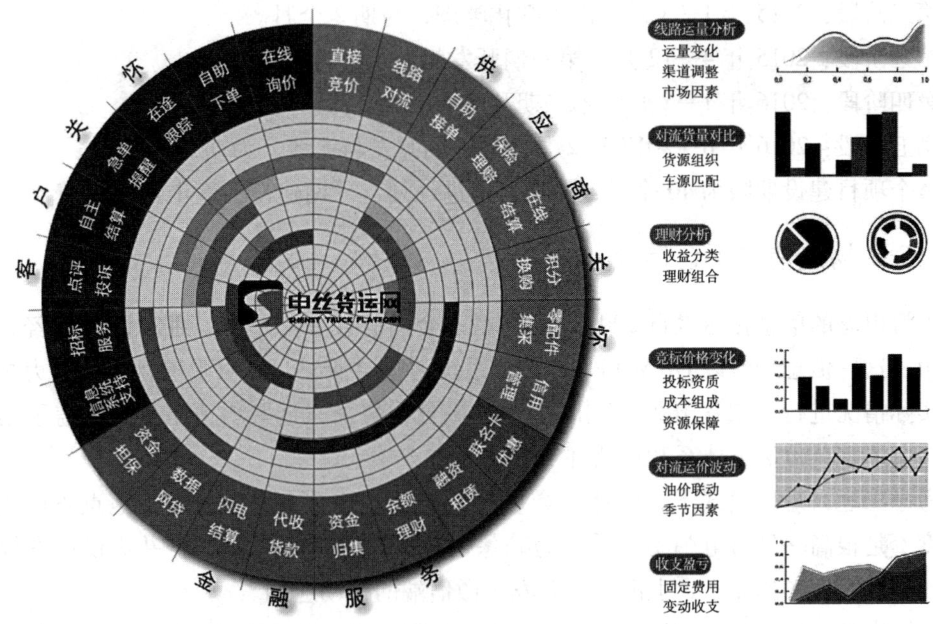

图1　申丝货运网总体规划

该调研主要集中在两个方面：①目前市场中车主驾驶员的智能化手机应用程度；②车主驾驶员对信息化的接受程度及想法。上海申丝在各分支机构对车主驾驶员通过调查问卷的形式进行了智能化手机应用程度的调研，在抽调的将近 2000 名司机中，有 70% 的车主驾驶员在使用智能手机，他们也在分享自己的朋友圈，融入互联网。

然而有 20% 的车主驾驶员表示愿意接受新的应用功能，因一直在路上奔波，智能手机的电量不能满足需求，方才未能使用智能手机。还有 10% 的司机为“70 后”，部分人员还未能接触和体会到互联网给他们带来的便捷。

3. 无车承运人税务与法务风险

对于物流公司而言，直接面对社会车主是最理想的业务模式，但是也存在几个核心问题需要解决，首先是财务合规的问题，社会车主无法开具发票，或者小规模纳税人的发票无法进项，只能作为成本列支。在营改增的大背景下，传统的白条模式会导致财务无法合规，企业无法做大，而开具小规模纳税人的模式又会导致税务成本畸高。其次是集中管控的问题，第三方物流所提供的服务一般是网络型的，各个网点之间如果无法集中管控，会导致各自为政，调度和业务经理权力过大会导致无效的交易费用，也会使改革寸步难行。最后是财务统筹的问题，如果没有银企直联和系统管控，没有大数据的支持，几万个司机每天各项的领用和支付都会是很大的问题。

（二）信息化实施步骤

项目建设划分为五个阶段。

第一阶段：2014 年 11—12 月，项目需求调研及立项，为期 2 个月。

第二阶段：2015 年 1—3 月，需求细化整理，为期 2 个月。

第三阶段：2015 年 4—12 月，第一期开发与上线，为期 8 个月。

第四阶段：2016 年 1—8 月，第二期开发与上线，为期 8 个月。

第五阶段：2016 年 8—2017 年 2 月，第三期开发与上线，为期 6 个月。

整个项目建设期限为 40 个月，按项目推进计划，分期建设，逐步到位。

（三）物流信息平台简介

上海申丝的信息化建设自 2003 年开始搭建全国信息平台开始，到 2015 年已经迭代了第四版，这一信息平台以 ORACLE 的 OTM 系统为底层框架，针对中国物流和运力短租模式的实际情况进行了二次开发，同时增加了撮合、集采、金融增值服务，覆盖了第三方物流企业的整个价值链体系和增值环节。

考虑到运力短租模式下，整体社会司机的流动性比较大，而且装货地点不固定，文化程度不是很高并且对电脑不熟悉，为确保司机的个人信息得到保护并为供应商提供可靠货源，以及客户的需求，上海申丝开发了微信端的移动应用。

上海申丝此次信息化建设共分 4 个阶段，分别是核心业务系统上线阶段、交易平台搭建阶段、集采与增值服务上线阶段、平台外延和下沉阶段，现在第二阶段已经完成，第三、第四阶段已经在开发阶段。前 3 个阶段是以申丝为核心搭建自身强大的信息系统，最后一个阶段是针对现有的第三方物流企业，做成 SaaS 的模式，推进中国第三方物流企业整体的信息化水平提升。图 2 为信息系统架构。

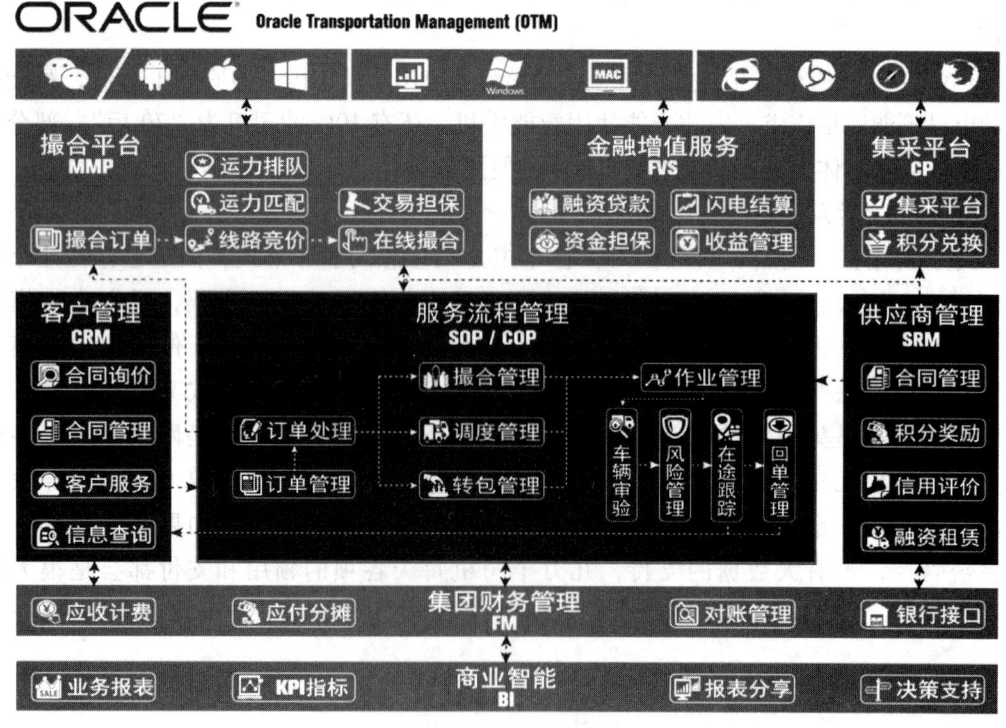

图 2　信息系统构架

四、信息化主要效益分析与评估

（一）无车承运人平台增值服务能力

申丝货运平台中设有客户平台，供客户以及供应商提出建议或者对不满意的地方进行投诉，或直接联系客服，客服人员会第一时间反馈以及解决问题；这里有上海申丝的公司简介，让关注的用户更加了解上海申丝的企业文化和企业状况。此外，还有招聘信息，有合适的岗位关注者可以相互传播，欢迎大家加入上海申丝，一同努力打造更好的上海申丝品牌。

图3为客户询价系统。

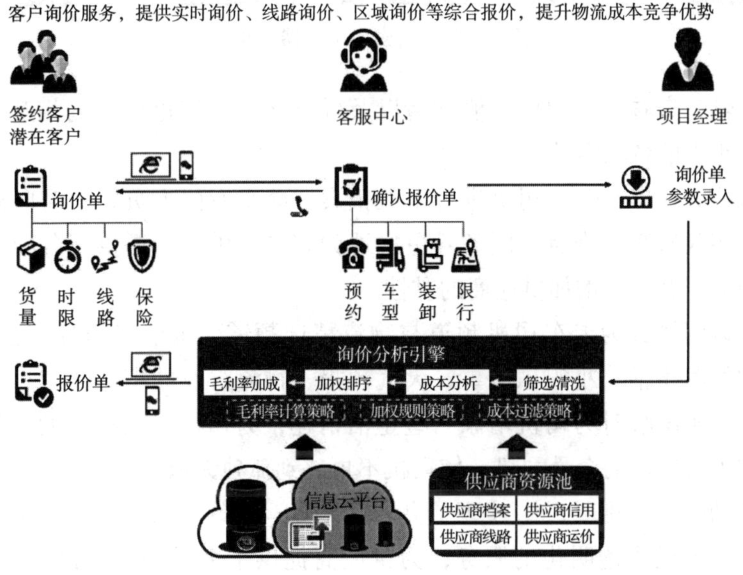

图3　客户询价系统

为了让会员车辆有更好的运输保障，上海申丝为会员车辆提供了投保服务，无论车辆保险是否到期，通过微信公众号随时随地可询问本年度任何险种的保险报价（团车价），出险后为会员司机排忧解难，并帮助会员司机进行快速理赔，车辆保险到期前一个月会有专人电话提醒服务，三大品牌保险（人保、平安、大地）及原投保保险公司价格对比，低价、理赔全力保障，同时建议最适合会员司机的投保险种，避免会员司机对投保险种不熟悉造成的错投的风险。

针对供应商的车主服务环节中设有货源大厅结算中心、个人中心和业务入口，货源大厅每日会实时更新货源信息，在这里会员司机可以第一时间寻找适合自己的货源。

图4为整车供应商运力撮合平台。

在在线结算中心，会员司机可以查看自己的结算信息有无出入，也可以看到自己的结算进程，在此处可以根据自身状况，在线提交进行闪电付的申请。

在供应商的个人中心，会员司机在这里注册、更改自己的结算信息，填写发运路线，

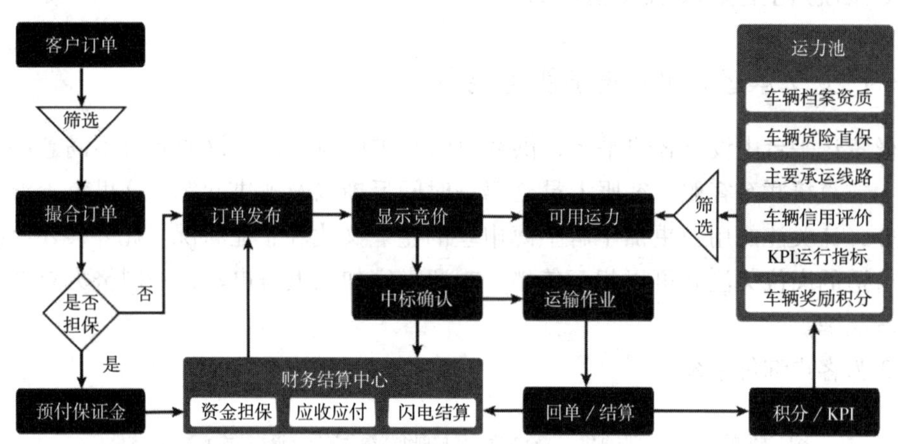

图4　整车供应商运力撮合平台

绑定自己的车辆，查看自己的里程值详情以及好友之间进行里程值的相互转赠，还可以参加上海申丝组织的各项活动。

司机进入业务入口，会员司机进行事故报案，会有专门人员第一时间解决处理，还可以进行回单签收管理、查看。服务号更好地为客户、供应商提供了各项周到的服务体验，更好地服务于客户，增加供应商的黏性。

上海申丝订阅号分为卡车司机频道与物流精选频道，每个工作日都会有文章发出，如卡车司机的及时生活、小娱乐故事、天气预报、物流行业的精选文章，丰富了司机的日常生活，在司机闲暇时为司机增添一些生活情趣，为司机提供贴心的天气提醒，将关怀送给每一位上海申丝的会员司机，使司机不再感到孤独无依。

微信端移动应用（见图5），实现了办公一体化，更好地服务客户，也增加了供应商的黏性，为客户提供了透明化的服务，为供应商提供了大量的货源以及关怀，更方便、简化了现场业务办公的流程，使数据及时准确地进入系统。

（二）无车承运人社会车辆平台结算体系

上海申丝在微信平台设计了闪电付的申请以及各种查询应用功能，克服了各种开发困难，以最简便操作的形式展现给司机，确保每位司机都可以在最需要的时候申请闪电付。

车主驾驶员根据签署协议将货物运输到指定地点后，将回单交付至相应项目组，有专职人员进行审核，核对无误后将提交制单流程。由项目经理审核通过后车主可在微信端车主服务栏结算中心看到此单据提交闪电付，上海申丝会在2个工作日内将余下的未结运费支付到车主注册信息的卡号内。

车主一旦申请闪电付，可实时查询闪电付的进程，闪电支付过程中，在各个环节都会给车主推送模板消息，让司机有更好的服务体验。

车主可以在发车时预约闪电付，也可以在回单审核后提交闪电付，所有的闪电付由司机自己的微信号操作提交，任何其他人无权操作闪电付，确保司机的资金安全。图6为

图5　微信系统界面

闪电付流程。

申请闪电付的协议在 OTM 业务系统中会显示在首位，进行优先处理，车主申请闪电付之后，上海申丝的各个审核节点人员会加快审核速度优先处理，各个节点审核无误之后，自发起之日算起将在 1 ~ 2 个工作日之内，将这些司机急需的钱款汇至车主在微信公众平台上注册的账户。

车主可在手机车主服务的结算中心中查看自己已经审核通过的协议，并点击申请闪电付，即可操作成功，简单快捷。闪电付 1 ~ 2 个工作日即可收到货款，不仅为急需资金的供应商提供了方便，帮助供应商及时渡过资金周转困难期，还更好地保证了供应商的权益。

此业务流程在上海申丝全国各项目组进行广泛推广，从企业内部看是一项十足的进步，在车主驾驶员方面对他们的结款又提供了一个便利的窗口。有了此项业务流程，各项目组的业务阻力减小，在承诺车主结款方面有了明确的态度及保障。图 7 为闪电付比例趋势。

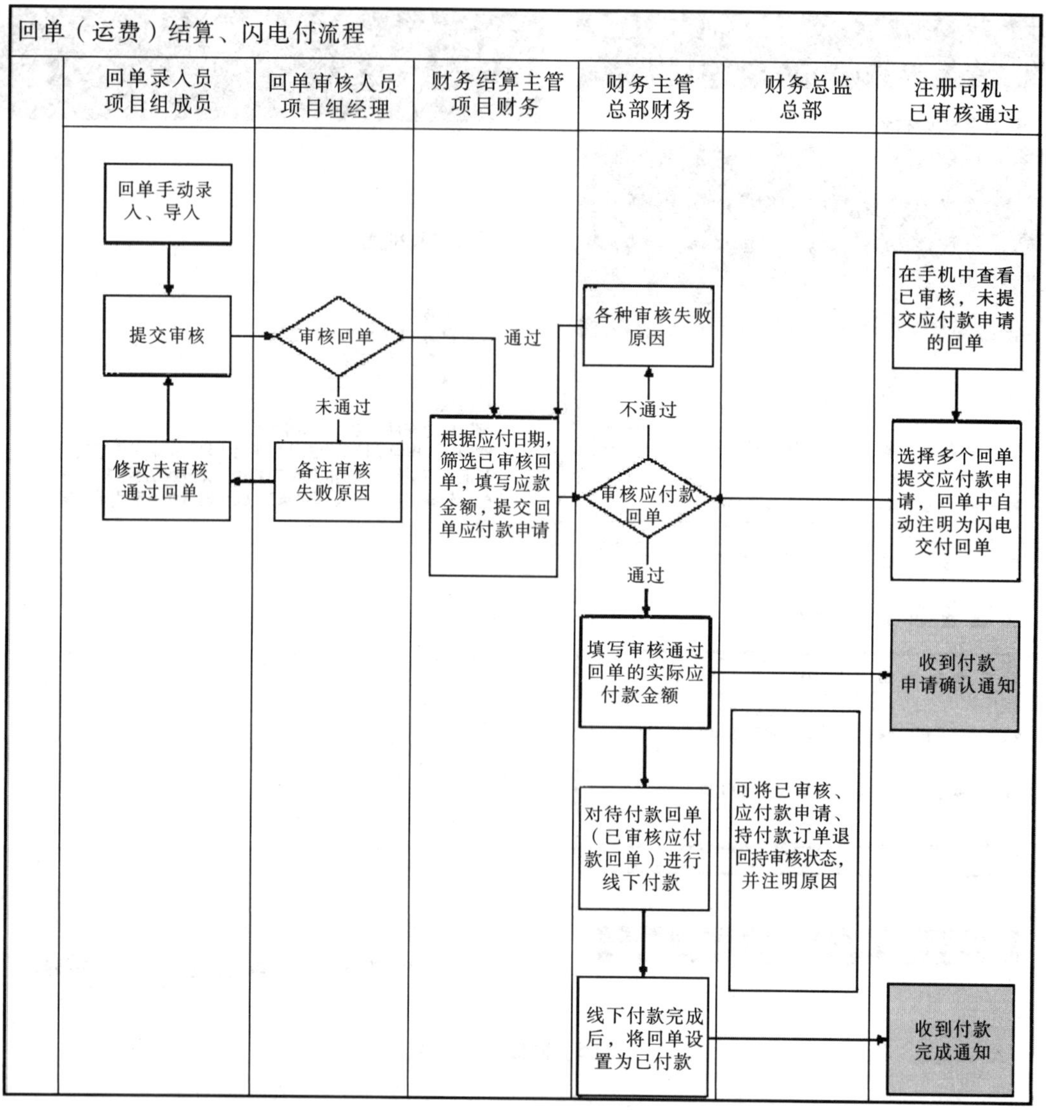

回单（运费）结算、闪电付流程
回单录入员
项目组成员
回单审核人员
项目组经理
财务结算主管
项目财务
财务主管
总部财务
财务总监
总部
注册司机
已审核通过
回单手动录入、导入
提交审核
审核回单
通过
未通过
备注审核失败原因
修改未审核通过回单
根据应付日期，筛选已审核回单，填写应款金额，提交回单应付款申请
各种审核失败原因
不通过
审核应付款回单
通过
填写审核通过回单的实际应付款金额
对待付款回单（已审核应付款回单）进行线下付款
线下付款完成后，将回单设置为已付款
可将已审核、应付款申请、持付款订单退回持审核状态，并注明原因
在手机中查看已审核，未提交应付款申请的回单
选择多个回单提交应付款申请，回单中自动注明为闪电交付回单
收到付款申请确认通知
收到付款完成通知

图6　闪电付流程

平台结算闪电结数据图
单位：百万
非闪电结金额
闪电结金额
闪电结比例
16
12
8
4
0
50%
56%
50%
40%
37%
47%
7月
8月
9月
10月
11月
12月
数据来源：申丝微信平台部结算数据
闪电付手续费
2%

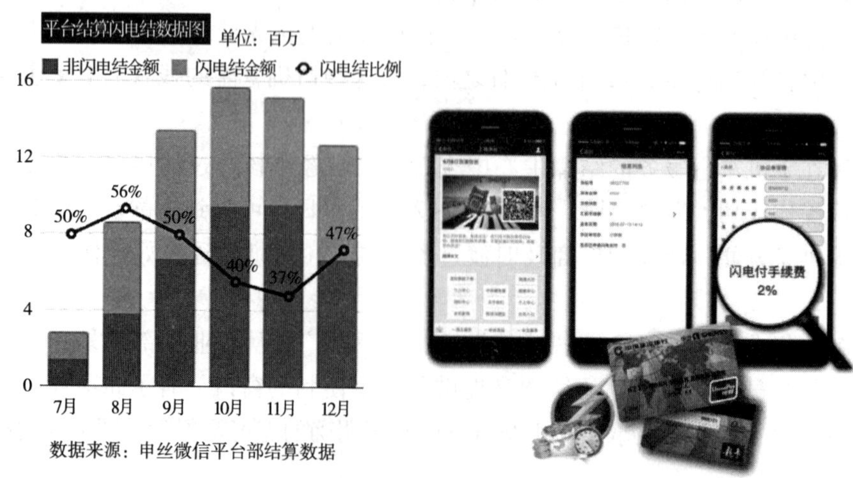

图7　闪电付比例趋势

（三）无车承运人模式推广

中国整车运力的90%掌握在个体车主手里。根据我们的调研，他们理想的物流公司是业务量均衡、结算迅速、价格从优、线路稳定。在这些选项中，他们的首选选项是结算迅速和业务量均衡。所以他们希望与物流公司形成长期的合作关系。而熟关系的形成过程中，也伴随着各种交易费用的产生，这些隐形的成本占整个物流费用的15% ~20%。往往司机为了维护熟关系，要拿出利润的50%甚至更多来打通关节，这些成本其实是无效的。

在互联网方兴未艾的今天，互联网的技术手段已经相当娴熟，完全能够为我所用，但作为物流公司，内部的管理整合尤为重要，运力短租模式的构建，首先是盈利模式和顶层架构的确立，其次是企业内部管理流程的重组，最后是信息系统的建设。

上海申丝90%的业务是整车运输物流业务。如何打通底层司机，与司机建立良好的互动关系，取消中间层，是上海申丝构建盈利模式的关键。现有的中间层主要是各类黄牛把持车价，利用信息的不对称性来谋取中间利益。所以必须通过结算环节的管控来取缔中间层，将结算费用直接打给司机，而不是打给中间黄牛。通过与司机的互动来提高司机的黏性，发现司机的痛点是资金的结算问题和诚信问题，上海申丝因势利导推出闪电结算，通过与建设银行的合作，发行了上海申丝联名卡，银企直连，解决了司机的现金流，使司机真正能够离开中间层，与上海申丝直接形成合作关系。图8为运力短租模式车辆费用构成对比。

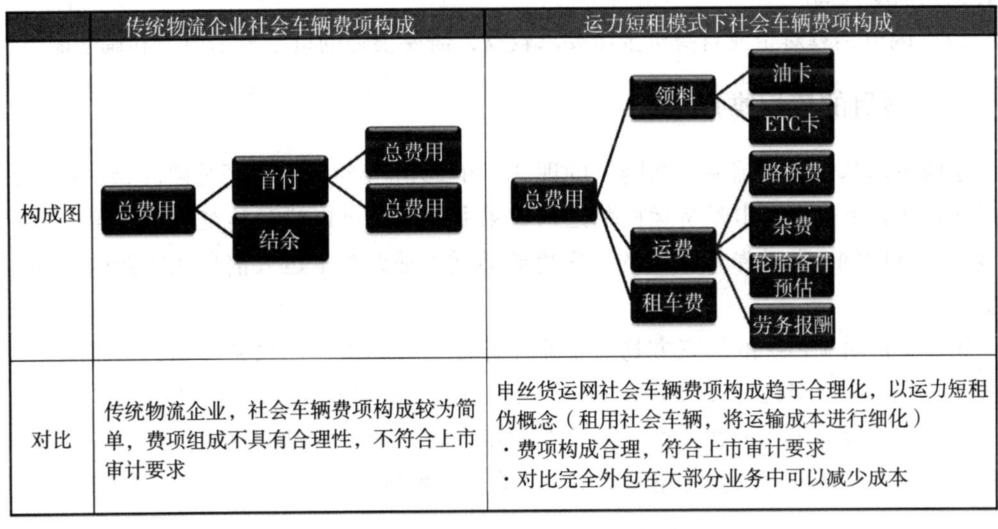

	传统物流企业社会车辆费项构成	运力短租模式下社会车辆费项构成
构成图	总费用 → 首付（总费用、总费用）、结余	总费用 → 领料（油卡、ETC卡）、运费（路桥费、杂费、轮胎备件预估、劳务报酬）、租车费
对比	传统物流企业，社会车辆费项构成较为简单，费项组成不具有合理性，不符合上市审计要求	申丝货运网社会车辆费项构成趋于合理化，以运力短租伪概念（租用社会车辆，将运输成本进行细化） ・费项构成合理，符合上市审计要求 ・对比完全外包在大部分业务中可以减少成本

图8　运力短租模式车辆费用构成对比

通过运力短租的模式，上海申丝真正将无车承运人的理念落地，通过油卡领料、ETC过桥过路费预付等方式，批量直接采购，以降低司机的综合成本，也使司机的收入有所上升。通过与司机进行联合投标的模式，迅速扩展业务。这种模式既规避了许多物流企业使用社会车辆进行运营后财务无法合规的通病，也明晰了社会车主与物流企业之间的法律关系，帮助车主缴纳劳务报酬的税费，使车主的收入合法合规。

五、无车承运人信息化过程中的主要体会、经验、教训

市场环境低迷，企业面临瓶颈，寻找利润源泉，助力公司转型。电子商务、快递的迅猛发展使得，传统的物流企业已不能够满足市场需求。为了公司能在市场存活，增强竞争力，只能将自身现有业务做到利润最大化，同时通过业务拓展增加市场份额。市场迫使我们寻求另一条道路，致使我们寻找新的利润源，创立新的管理模式。

通过无车承运人信息化的实践，我们认为有许多经验可以分享。

（1）运力短租模式可以有效减少中间环节，同时针对司机无法开票的情况，创新业务模式，使整个运作过程合规合法合理。

（2）运力短租模式能够通过油料集采、运力回程等模式，增加司机黏性，降低司机成本，与司机形成稳定的强合作关系。

（3）通过闪电结算，直击司机痛点，从而提升了司机的资金使用效率，让司机专注于自己的运营。

（4）通过申丝货运网，为司机提供保险、轮胎、保养等增值服务，创造新的服务空间。

（5）通过微信端的社交功能拉近与司机之间的距离，了解司机心声，帮助司机解决实际困难。

（6）司机的文化水平和知识水平都有限，在构建交易平台时，司机的基础数据的录入往往不够准确，导致一些司机首次体验较差，经过对基层业务人员培训，录入准确率已有很大幅度提高。

（7）闪电结算对企业自身资金链要求较高，需要很强的资金筹措能力和调配能力。

六、项目的应用推广意义

上海申丝基于“物流＋互联网”的理念，在2014年年底启动了战略转型。这一案例是基于此次转型过程及申丝货运网的运营成果所撰写，可以说是传统的大型第三方物流企业在“互联网＋”改革浪潮中的一次勇敢尝试，是无车承运人信息化实践的较为成功的案例。

这一案例对于传统的第三方物流企业业务转型起到很好的借鉴作用，对于利用互联网技术来减少物流交易环节的交易成本，减少信息不对称的现状，具有现实意义。

上海申丝致力于中国物流产业的产业改革，希望通过自身的努力，创出一条中国本土第三方物流企业的互联网之路，希望与众多中国物流企业共勉。

上海成达信息科技有限公司："货运中国网"无车承运服务

一、货运中国网平台介绍

（一）平台简介

"货运中国网"专注于为大宗商品行业提供"管理＋交易＋承运＋金融"的互联网物流平台及无车（无船）承运服务，构建一个服务于广大客户的物流与供应链电子商务生态系统，通过互联网的领先技术和创新模式，持续为客户创造非凡价值与客户体验。平台的运营将为货主彻底解决寻车困难，降低运输成本，提升承运司机揽货机会，增加业务收益。

（二）平台理念

在面向大宗商品熟交易形态时，货运中国网帮助企业搭建互联网物流管理和协同平台，实现与物流合作伙伴之间的"连接"和"透明"。

在面向大宗商品生交易形态时，货运中国网构建"物流交易竞价平台"，为货主、物流公司、个体车辆等不同角色提供多模式的运力在线交易。

在为面向大宗商品在线物流生态圈的各个角色提供各种增值服务的同时，强化用户的黏性，促进业务持续发展。如提供在线支付、卡车销售和相关金融服务、汽柴油分销、ETC 路桥费代收代付、在线保险、在线保理、备件和维修服务代理等增值服务。

在为面向大宗商品在线物流生态圈提供互联网平台、交易竞价平台及各类增值服务的同时，我们作为平台承运服务人以无车（无船）承运人的角色直接承接客户的物流服务委托，提供优质物流承运服务，也支持优质物流公司成为互联网模式下的平台承运服务人。

"货运中国网"的推出响应国家可持续发展战略，旨在通过实现中国物流的"互联网＋"模式，将"货运中国网"打造成为中国唯一的大宗商品物流"管理＋交易＋承运＋金融"的综合性平台。

（1）"成为中国大宗商品行业最大的平台承运服务商"是我们的发展愿景。

（2）"打造大宗商品行业互联网物流生态圈，帮助企业透明化供应链管理，持续降低物流成本"是我们的使命。

（3）商业的本质是为客户创造价值，这将促使我们牢记我们的愿景和使命。

（三）平台介绍

为广大货主与承运人提供一个集“价格”+“时效”+“真实”+“安全”四位一体的直营式物流运力交易电商平台。

1. 为货主带来的益处

价格：通过平台车辆竞价，免去中间环节，降低运输成本。

时效：通过平台海量车源，经过云计算技术及核心算法能够第一时间实现车货资源的精准定位与智能匹配。

真实：通过平台严格的资质审核机制和保证金制度，承诺所有车源信息真实、准确、可靠。

安全：与保险公司紧密合作创建货运电商保险机制，为用车人承诺运输过程的货物安全与意外赔偿；平台业务管理系统及客服中心帮助平台实现管理流程与运输过程的可视化，对整个运输过程的控制、服务、运费结算与协调进行一体化管理。

2. 为承运人带来的益处

价格：提供有价格竞争力的货源信息。

时效：通过平台海量货源可在途预约货物或直接接单，免除到停车场找货的烦恼，节省找货时间。

真实：通过平台严格的资质审核机制和保证金制度，承诺所有货源信息真实、准确、可靠。

安全：与保险公司紧密合作创建货运电商保险机制，提供运输过程中货物保险与意外赔偿；见回单商定时限内现款结算、数据透明、全程护航。

（四）平台优势

完美生态：深度链接发货人、物流公司、司机、船长、收货人；同一平台、统一口径管理；货运中国网引导物流系统逐渐演化为完善生态圈。

资源掌控：货运中国网平台提供公有云、私有云、混合云模式服务，平台中的车源、用户都是通过大客户熟交易积累起来的，运力稳定可靠；同时能够形成行业上下游客户链条，为客户带来新的业务量；另外，平台中掌握的港口资源，也能够为客户提供更多的货物运输、货物中转路线的选择。目前货运中国平台拥有 4 万辆车、百余艘船舶、数十家货主客户，与多个港口进行了合作。这些资源为我们的业务发展提供了有力保障。

互联网 + 货物运输：利用云计算及大数据支撑，“互联网 + 物流”创新模式，将物流电子平台与物流承运服务结合，整合物流公司数百家，车辆四万辆，有效组织运力资源，快速反映运输需求，提高运输效率，提升服务质量。

金融衍生服务：为在线物流生态圈的各个角色提供金融衍生服务，如：互联网 + 卡车销售、在线保险、在线保理、在线支付等服务。提供增值服务、加强用户黏性，持续发展。

复合型平台：货运中国网是针对大宗商品行业唯一的涵盖“管理 + 交易 + 承运 + 金

融”的复合型平台。

经验丰富：核心管理团队来自世界500强，具有20年的企业服务、管理咨询和互联网从业经历，专注煤炭、钢铁、化工、矿石等大宗商品行业，服务过百家大型集团客户。

综合的产品和服务：为物流熟交易提供SaaS服务，为生交易提供竞价、撮合和承运服务，两种模式互为补充；目前已在多家大货主企业落地试点平台承运服务模式。

（五）平台特点

1. 功能免费，平台共享

平台整合现有优秀互联网产品功能，为货主与承运人提供抢单、团购、朋友圈、语音服务等各种功能应用，除此之外，平台还引入线下“竞价模式”，让货主与承运人在线上也可以讨价还价。

我们的平台对外共享，支持其他优质物流公司成为互联网模式下的平台承运服务人，通过平台进行竞价并签订物流运输合同，提供物流承运服务。

2. 剔除中间环节，确保效益最大化

货运中国网整合了大量知名企业、物流公司、散车车主等的货源车源信息，并通过大数据及云计算支撑，进行精准发布与推送。

货运中国网作为平台承运服务人及为直营式物流运力交易电商平台，实现货主车主点对点交易，没有中间代理环节，确保双方效益最大化。

3. 信息翔实，安全可靠

平台开放式的会员纳入体系及严格的资质审核机制，确保平台推广的同时保证所有车、货信息的真实与可靠。

4. 全程保障，无后顾之忧

货运中国网履行“平台承运服务人”角色，针对物流从交易到交收闭环的各个环节，对存在的风险点通过特定的技术方案进行管控，负责整个运输过程的流程管理、呼叫、调度、运输过程跟踪监控、风险把控与承担、大额运费的融资协调与结算；除此之外，平台与保险公司紧密合作创建货运电商保险机制，为货主承诺运输过程的货物安全与意外赔偿，免去后顾之忧。

5. 多版本、多应用的强大权限管理

平台在应用方面采用的多组织、多权限、多角色设计，严格进行权限管理，在提供PC终端功能强大、页面美观应用的同时，也提供界面简化、操作便捷的手机App应用，包括：货主版、承运版、收货版、司机版、船长版、高管版。

（六）平台功能架构（见图1）

功能介绍：

（1）发货人询价管理：发货人发布物流询价信息，选择承运商，生成物流订单；

（2）承运商报价管理：承运商对发货人的询价进行报价；

（3）物流合同管理：发货人与承运商签订物流运输合同，并形成电子合同，进行合

图1　功能架构

同明细管理；

（4）订单管理：发货人管理物流订单，分派承运商；

（5）承运订单：物流公司查询所有承运订单，对订单进行拆分、分包、派车、派船等操作；

（6）运单查询：发货人，承运商查询运单的记录；

（7）应收对账：承运商对承运订单的物流费用进行确认，和发货人或上级承运商对账；

（8）应付对账：发货人或承运商对订单的物流费用进行核对，和承运商或分包商确认对账金额；

（9）运费支付：发货人或承运商支付运费给承运商或分包商，承运商或分包商支付给司机或船东，整个过程可实现在线支付，既便捷又安全；

（10）回单拍照：司机/船员 App 功能，上传回单；

（11）按线路估价功能：结合运输货物特性及收发货两地间的历史运单价格，平台自动给出建议运价区间，供发货人及承运商参考；

（12）支持联运、拆单、拼车、拼船管理：平台通过运输方式来区分汽运、船运、火车以及多式联运的物流订单，同时提供拆单功能，能够将多式联运的物流订单拆分成单一运输方式的物流订单并进行管理，托运人通过订单查询功能，能够一目了然地了解当前订单货物的流转方向和运输工具；

（13）数据分析预测功能：通过物流数据分析与预测技术，帮助货主制定不同的发货决策，帮助承运司机获得线路热门货物的货量预报，提前做好承运准备，真正为客户提供创造性的物流服务与体验。

（七）平台技术架构（见图2）

平台技术架构介绍：

（1）底层环境：整个货运中国网平台搭建在阿里云服务平台上，包括数据库、操作系统以及硬件服务。所采用的运行服务中间件是 Tomat。

图2　平台技术架构

（2）云部署：业务应用及后台处理模块部署在云服务平台（Paas）上，采用虚拟机方式进行部署。

（3）基础和应用技术服务：为了提高系统的可集成性、可扩展性，让业务模块开发人员更加专注。平台在 JAVA 开发框架的基础上建立了基础服务和应用技术服务框架，包括身份认证、单点登录、组织机构管理、权限管理等通用服务，并与业务应用模块实现良好集成。

智能应用：为了便于平台对内的平台运营以及对外的业务运营，建立了数个智能应用模块，包括自动部署、版本管理、智能监控、自动化运维等。

二、无车（无船）承运服务应用企业实施背景

神华集团有限责任公司（简称神华集团）是于 1995 年 10 月经国务院批准设立的国有独资公司，是中央直管国有重要骨干企业，是以煤为基础，电力、铁路、港口、航运、煤制油与煤化工为一体，产运销一条龙经营的特大型能源企业，是我国规模最大、现代化程度最高的煤炭企业和世界上最大的煤炭经销商。主要经营国务院授权范围内的国有资产，开发煤炭等资源性产品，进行电力、热力、港口、铁路、航运、煤制油、煤化工等行业领域的投资、管理；规划、组织、协调、管理神华集团所属企业在上述行业领域内的生产经营活动。神华集团总部设在北京。由神华集团独家发起成立的中国神华能源股份有限公司分别在中国香港、上海上市。

电子商务是神华集团目前多项销售创新策略的重要手段之一，销售集团作为神华集团电子商务平台首批使用单位，在煤炭、化品销售环节均取得了良好的成绩，销售业务发展趋势良好。在此基础上集团销售管理部根据集团领导的要求，在全集团推广实施电

子商务平台，开展全方位线上销售交易业务，发挥央企行业带头作用，引领煤炭、油化品市场的发展。

在现有市场环境下，为进一步开拓市场，需在神华集团煤炭交易网增加并打通金融、物流、手机 App 功能，在销售、物流、金融等增值业务上为客户提供服务，增加客户黏性，挖掘潜在市场，扩大市场份额。

为配合神华集团煤炭交易网在物流环节的增值服务，并进行风险管控，集团公司销售管理部提出与第三方物流服务平台服务商进行合作。在集团电子商务平台优化及高栏港试点实施项目上，第三方物流服务平台与神华集团煤炭交易网进行物流供应商、物流合同、订单、运单等相关信息的免费集成，并在神华集团煤炭交易网物流竞价过程中第三方物流服务平台供应商能够提供该平台物流竞价服务，向神华集团煤炭交易网反馈竞价结果，并由第三方物流平台与神华集团客户签订物流承运合同，作为无车（无船）承运人为神华集团客户提供物流服务。

三、项目实施中重点关注的问题与解决措施，以及项目实施的组织、推进和深入

（一）项目实施中重点关注问题与解决措施

1. 合同模板、标准

物流承运合同与神华集团管理部门进行商讨，共同制订符合神华集团要求的物流承运合同模板，与客户进行线下签订物流承运合同，并对重要合同信息进行线上管理，过程中根据合同模板标准制订，可实现将签订合同环节前段环节形成的数据信息自动带入合同模板中，如：物流订单、询价、报价单上的数据。

2. 业务规则

竞价反馈：货运中国网通过物流竞价平台组织进行竞价，并将竞价信息根据神华集团的要求免费反馈给神华煤炭交易网。

保证金缴纳/释放：客户和承运商在形成物流承运服务交易之前需要缴纳询价/报价保证金，如客户在发布物流承运询价前应缴纳保证金，承运商报价前应缴纳保证金，询价/报价保证金在竞价环节结束后根据竞价结果释放保证金；在形成物流承运合同后承运商需缴纳货物保证金，物流承运服务结束后承运商通过手机 App 将回单上传平台，货物保证金退回。

运费结算/支付：运费由客户支付给平台，物流运输合同确定后，客户需支付运费一定比例的预付款，客户收货后根据合同签订的结算条款及结算信息支付尾款。

货损处理：货损细则将在合同中设定条款，如超出规定范围，根据合同条款由承运方负责赔偿。

3. 平台数据信息管理

收发货地址：平台提供中国标准城市列表，具体地址需要货主手工编辑录入，对于各城市下标准区域及具备特殊功能的大型地点可以完善，补充选择项，如车站、港口。

物流询价单、报价单状态：报价单包括已报价、已成交、未成交和已生成订单、询

价单：新建、询价中、已完成、流标。

单据信息维护：相关单据上的数据可根据前段业务形成的数据自动带到后端业务产生的单据上，不需要手工重复填报。

（二）项目实施步骤及保障措施

1. 实施步骤

第一阶段：2016 年 8 月，项目需求调研及成立组织，为期 1 个月。

第二阶段：2016 年 9 月，项目平台集成开发、测试，为期 1 个月。

第三阶段：2016 年 10 月，船运试运行，为期 2 个月。

第四阶段：2016 年 11 月，汽运试运行，为期 1 个月，船运正式运行。

第五阶段：2016 年 12 月，汽运正式运行。

第六阶段：时间待定，推广运行。

2. 平台集成实施方法（见图 3）

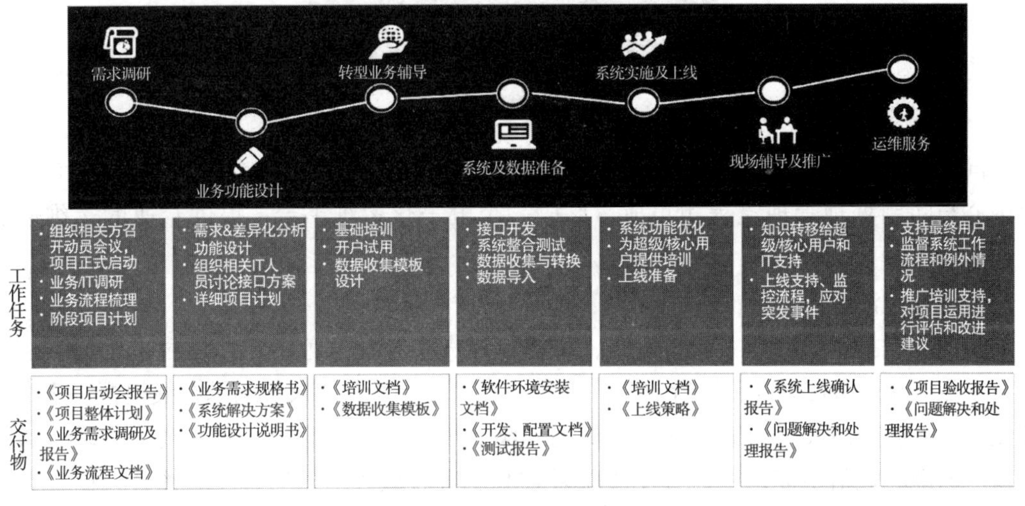

图 3　平台集成实施方法

基于“成熟产品 + 标准实施”路线和方法，组织推进本次的平台集成实施工作，快速部署上线。

3. 质量控制管理

（1）人员保障：保证充足的人员，保证充足的时间，确保关键用户和实施顾问原则上要全部工作时间参与到项目中来。

（2）问题跟踪：发现问题并解决问题以保证项目顺利实施，每天对项目过程中发现的问题进行统计，处理状态跟踪，及时反馈管理层。

（3）高效沟通：为了确保项目信息合理收集和传输，以及最终处理所需实施的一系列过程，利用多种沟通方式进行沟通交流，如：会议、邮件、电话、访谈、社交软件等。

（4）风险管理：从项目工期、计划安排、实施进度、方案制订、业务配合等角度进行风险识别，对于影响项目进度和质量的重大问题进行风险提报、跟踪，由用户和实施顾问共同商讨，制订解决方案，上报项目管理层进行决策，最大程度降低风险。

4. 上线后支持保障

（1）运维体系保障（见图4）。

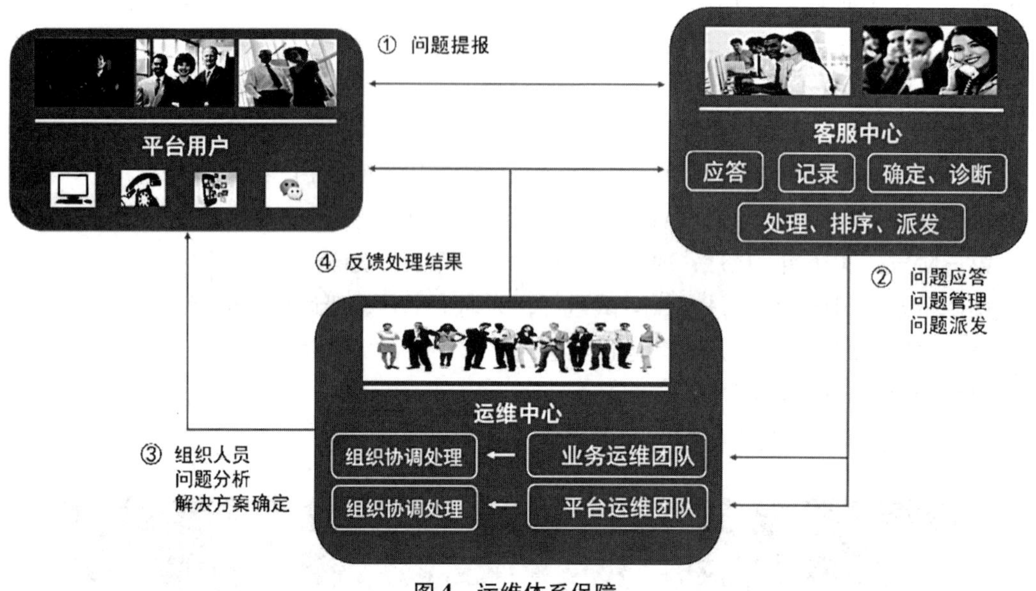

图4 运维体系保障

问题处理流程：以客服中心作为响应各地客户问题提报、处理服务请求的入口，客服中心与问题处理管理流程相集成，形成一个电子化运维平台，提供专业的运维服务工作。

问题处理流程说明：

①问题提报，平台货主、承运商、司机、收货人等各角色用户可通过电脑终端、电话、手机App、微信方式，进行业务、平台、技术、操作、异议等问题在线提报。用户操作便捷、客服反应及时，最大程度提高用户满意度。如：货运中国网移动客户端，微信公众号的即时通信功能，用户可在线联系客服中心客服人员，通过发送图片、语音聊天及文字描述等方式提报问题。

②问题管理，客服中心收到用户提报问题，首先进行应答，了解问题并进行记录，然后由运维经理对问题进行确认、诊断问题类型并按优先级排序，最后进行问题派发，根据问题类型分别派发给运维中心的业务运维团队和平台运维团队。

③问题处理，运维中心的业务运维团队和平台运维团队，在收到问题处理任务后，组织协调运维人员进行问题处理，制订解决方案，并与客户进行沟通，确定解决方案，问题处理操作。

④问题处理结果反馈，用户提出的问题解决后，将问题处理结果和状态返回给用户及客服中心进行问题状态更新及问题关闭。

运维服务相关制度：遵守神华集团信息化相关管理办法，并制定、遵守如下管理办法：

①货运中国网保密管理办法；

②货运中国网系统备份管理办法；

③货运中国网问题分析评审管理办法；

④货运中国网问题处理管理办法；

⑤货运中国网问题记录和分类变更管理办法。

运维主要工作内容：问题、投诉管理及处理（车辆信息不符、时间地点信息有误、车辆未按计划执行运输、破损货差、偏离计划路线、结算信息异议等）、系统备份、系统运行支持。

（2）组织机构及人员配置保障。

（3）设神华集团运维经理 1 名。

（4）在珠海、天津、安徽、内蒙古、山西、河北、山东、辽宁、陕西等所在地物流公司的客服中心和运维中心，配备相应客服和运维人员，负责现场支持，具体包括市场营销部，市场营销人员 1 名，操作人员 2 名；财务部会计 1 名；客服中心，2 名；运营部，运营人员 2 名；在北京和上海各设总部客服中心，由上海客服中心进行总协调。

（5）北京公司作为二线实施支持。

（6）上海总部作为三线产品支持。

（三）平台集成方案

1. 平台集成架构（见图 5）

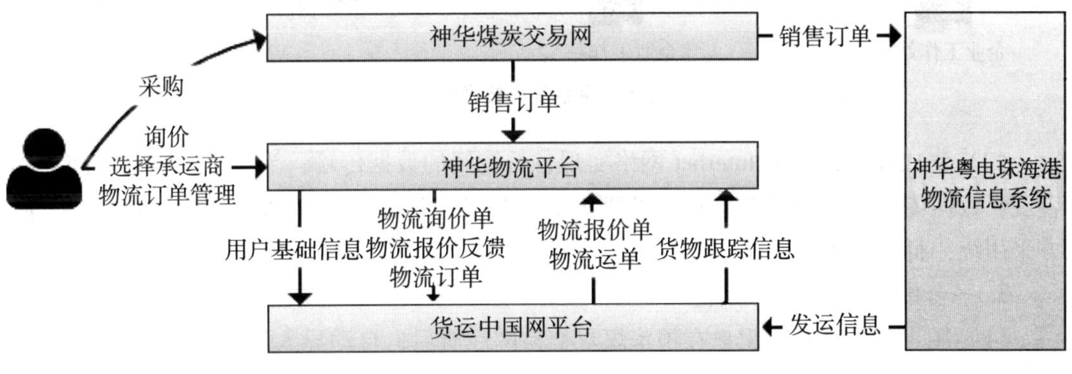

图 5　平台集成架构

通过平台集成功能，将货运中国网与神华煤炭交易网物流平台、神华粤电珠海港物流信息系统进行接口对接，在神华煤炭交易网物流业务开展后，货运中国网获取物流询价需求，通过物流竞价将竞价结果反馈给神华煤炭交易网，提供平台物流竞价服务，并支持与神华客户签订物流承运合同，为神华客户提供物流服务。同时，货运中国网与神华粤电珠海港物流信息系统进行对接，获取货物实际发运信息，进行物流运输全程信息管理，物流供应商、客户、询价单、报价单、物流合同、物流订单、物流运单、在途信息平台间共享。

2. 平台集成技术框架（见图 6）

（1）集成系统：平台需要集成的周边系统包括各企业内部经营管控系统和生态云（生态主体包括司机、船东、船长、船主、车主、货主、承运商等）。

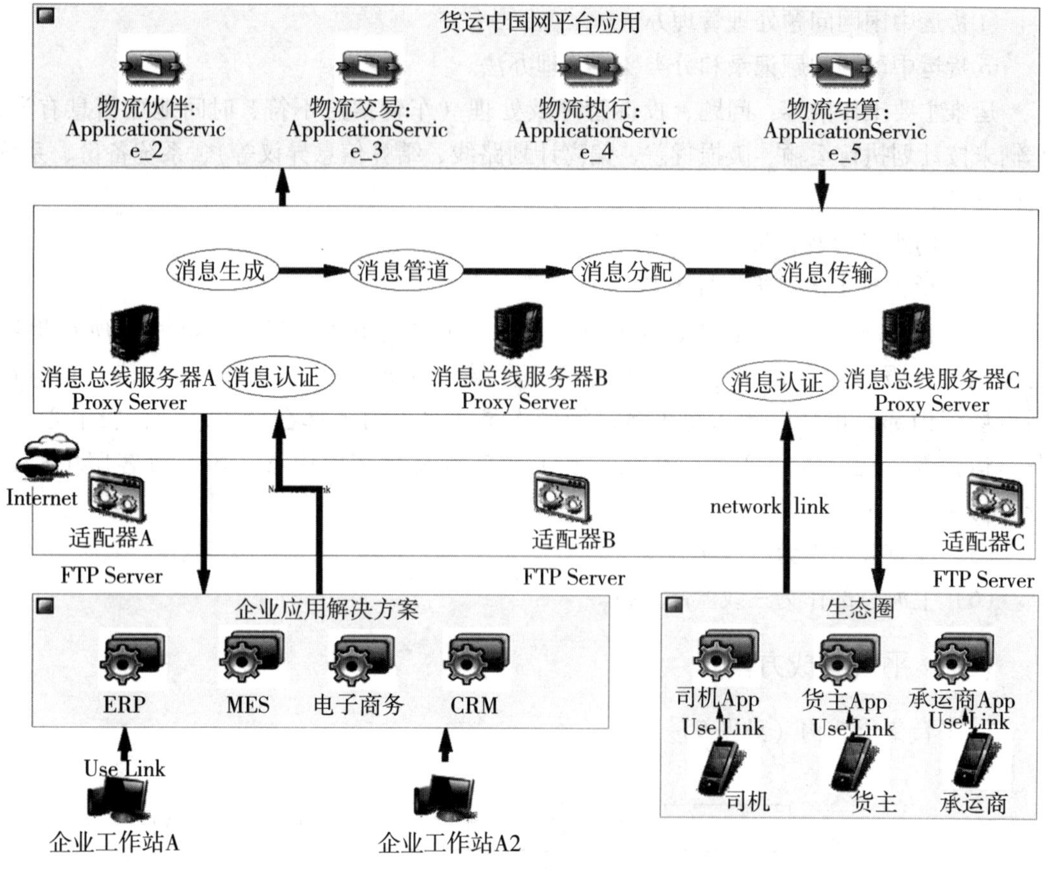

图6 平台集成技术框架

（2）集成技术：通过Internet网络实现各系统间的数据传输；为了减少各系统间的耦合度，数据传输方式采用消息总线处理方式；为了保证数据传输的安全性，对数据来源方采用统一身份认证方式。

3. 平台集成信息

（1）用户基础信息：用户在神华煤炭交易网注册后，自动导入货运中国网平台。

（2）物流询价单：用户在神华煤炭交易网成交后，神华物流平台自动创建物流询价单，自动导入货运中国网平台。

（3）物流报价单：承运商在货运中国网平台对询价单进行报价，自动导入神华物流平台。

（4）物流报价反馈：用户在神华物流平台选择承运商，将选择结果（选中、未选中）导入货运中国网平台。

（5）物流订单：用户在神华物流平台选中承运商后，自动生成物流订单，导入货运中国网平台。

（6）物流运单：承运商在货运中国网平台安排车辆/船舶，生成物流运单后导入神华物流平台。

（7）货物跟踪信息：神华物流平台在物流运单后提供链接，用户点击链接，自动弹出货物跟踪轨迹页面。

（8）发运信息：承运商在港口提货称重完成后，港口系统将实际装货的发运信息导入货运中国网。

四、项目实施主要效益分析与评估

（一）项目实施效益分析

1. 降低物流管理成本投入

无车（无船）承运人项目实施后，企业物流管理成本逐步降低，企业销售合同形成后由统一的第三方无车（无船）承运人负责对接企业、客户、物流公司、司机，整体负责货物运输组织，协调工作，为企业及企业客户服务，降低企业及企业客户的物流管理成本投入，实现降本增效。

2. 提高物流信息化程度

企业电商平台与货运中国网对接，衔接业务及数据，信息互通，实现货物运输全程可视化，能够让企业及企业客户在企业电商平台中看到货物运输过程中全部数据和信息，同时也为物流公司及司机提供了物流运输管理工具，全面提高物流运输过程全角色管理信息程度，提高货物运输效率，提高货物运输安全、风险控制能力。

3. 客户满意度提高

通过无车（无船）承运服务项目实施，减少企业、企业客户、物流公司及司机之间烦琐的沟通工作，由第三方无车（无船）承运人统一为企业与企业客户进行对接沟通，整体组织、协调货物运输工作，提供货物运输全过程全角色服务，降低沟通成本，提高安全、风险管控能力，为企业提供产品销售后市场服务手段，为企业客户提供安全保障运输服务，为物流公司及司机提高运行效率，增加收入，逐步提升货物运输全过程全角色的满意度。

（二）项目实施对企业业务流程改造与服务模式的影响

1. 有效提升管理精度

本项目实施，引进第三方无车（无船）承运人，改变了传统的物流运输管理服务模式，通过物流运输业务各环节的实施，实现货物运输全过程的管理和监控，提升了管理精度，提高了货物运输安全及风险管控的能力。

2. 有效提升信息共享、服务能力

货运中国网与企业电子商务平台集成，能传递货物出库信息、在途信息、收货信息、结算支付信息，在企业、企业客户、物流公司、司机承运商、物流商和司机厂之间搭建起高效沟通的桥梁，大大提高了货物运输过程信息传递的效率，更快捷、更准确。

（三）无车（无船）承运服务的实施对提高企业核心竞争力的作用

无车（无船）承运服务的实施，实现了企业货物运输全过程可视化跟踪管理，提供了产品销售后市场拓展手段，为企业客户提供优质服务，同时通过平台对接，实时为各角色提供管理、沟通工具，大大提高了各角色之间的沟通效率，降低了企业沟通管理成本，实现降本增效，提升公司整体服务水准，提升企业核心竞争力，赢得客户长久信赖。

五、项目实施过程中的主要体会、经验、教训

随着无车（无船）承运服务项目实施，我公司在无车（无船）承运服务领域的建设和发展已经卓有成效。回顾整个无车（无船）承运服务业务及物流信息化建设过程，主要的经验体会有以下几个方面。

1. 逐步打破传统物流运输业务模式，引导客户进行转变

中国传统物流运输业务模式在大部分企业中根深蒂固，对于无车（无船）承运服务新的物流运输模式还处于尝试阶段，并没有完全接纳，所以在项目实施过程中存在一定的困难，对于企业引进无车（无船承）承运服务模式时，应分部实施、循序渐进、逐步转变传统物流运输业务模式，让企业能够有时间、有空间去适应新的无车（无船）承运服务模式，过程中无车（无船）承运人要积极、正确引导客户，配合客户逐步转变，降低业务模式的转变对客户业务带来的影响，让企业平稳地渡过磨合期。

2. 紧密围绕用户需求是平台成功的基础

在进行需求调研时，客户企业与我公司项目负责人共同对用户需求进行提炼，并综合考虑未来业务模式逐步转变可能发生的变化，从而在平台设计、平台集成设计时进行全方位衡量，使得平台的功能设计、操作流程能满足用户需求，平台界面设计简洁、操作简易，且具有拓展性。在平台试运行时，就体现出良好的性能，获得业务部门的高度评价。

六、项目的应用推广意义

无车（无船）承运模式发展优势如下。

1. 无车（无船）承运能够提高运输效率

“无车（无船）承运人”拥有发达的信息化网络，掌握庞大的货源信息，并能通过对实体资源的有效整合，实现虚拟与实体网络的有效结合，实现物流的网络化和规模化运营，系统整合和集成社会零散物流资源，提高货运市场物流运作的整体效率。

2. 无车（无船）承运能够降低物流成本

无须购买运输车辆，其轻资产运营的特点，在很大程度上降低了企业运营和扩张成本。另外，“无车（无船）承运人”可以根据市场供求变化，灵活调整自己的发展策略，有效控制不确定性因素对物流运作成本的影响，降低企业转型成本。

3. 无车（无船）承运能够提高物流专业化水平

对于有车（有船）承运人来说，重资产运营使得其将有限的精力投入到“运输”环节，而无车（无船）承运人工作重点是关注市场运力、货源信息和有组织调配市场资源，实现资源的高效应用，进一步促进了社会分工，提高了物流专业化水平。

4. 无车（无船）承运可以提高物流行业抗风险能力

无车（无船）承运人有效掌握了市场信息，对于市场有较强的反应能力，在物流行业中抗风险能力较强。

无车（无船）承运人实施的必要性。目前，我国已经成为世界第二大经济体，是世

界经济最活跃的地区，但是，受海外需求疲软、国内人力流通成本增加及通货膨胀影响困扰，我国经济蹒跚而行的局面已持续多月，出现经济乏力现象。无车（无船）承运能够降本增效，促进节能减排，加快经济的进一步健康发展，主要体现在以下几方面。

1. 有利于促进物流业的健康发展

现代道路运输专业化分工越来越精细，大型运输企业和第三方物流企业将更多精力放在运输业务的组织上，正逐步减少自备车辆的数量。“无车（无船）承运人”拥有较强的低成本扩张能力，能够快速扩大其在货运市场的辐射范围。道路运输企业向“无车（无船）承运人”的转变，可以使企业在更大范围内整合资源，提高物流效率，推动物流业的转型升级，促进物流业的繁荣发展。

2. 有利于规范道路货运市场

目前，我国道路货运代理企业既可以作为契约承运人赚取差价，又可以作为托运人的代理人从承运人处赚取佣金，容易导致法律责任上的含混不清。无车承运归交通运输主管部门管理，极大地方便了道路货运市场的规范。另外，无车承运采用保证金作为准入条件，有利于规范企业的经营行为，有效防范和减少欺诈行为，保护当事人的合法权益，促进我国道路运输经营活动的健康发展。

3. 有利于维护托运人权益

“货运代理人”作为纯粹的代理人，对货物在运输过程中出现的经济损失并不负有赔偿责任；而“无车（无船）承运人”作为货主的第一承运人，对货物在运输、仓储等环节中的损失承担直接的赔偿责任。这样一来，“无车（无船）承运人”较之“货运代理人”更加重视整个运输过程中各环节的安全性、时效性，从而有效保护托运人的权益。

4. 有利于经济的健康发展

无车（无船）承运能够有效降低物流成本，继而降低社会生产成本，必将进一步提高我国的产品和服务的竞争优势，推动经济又好又快发展。

5. 有利于促进社会就业

无车（无船）承运作为新兴的行业，必将吸引大量的人才涌入，有效促进社会就业。

6. 有利于促进节能减排

无车（无船）承运能够实现货源信息与运力信息的高效收集与匹配，提高运输车辆的实载率和满载率，实现行业的节能减排。

泉州市闽运兴物流有限责任公司：无车承运人管理系统

一、应用企业简况

泉州市闽运兴物流有限责任公司位于福建省晋江市，是一家以大宗货物干线运输 + 第三方物流作为自己的核心领域的专业物流公司。主要以汽运、船运、铁路运输为主，配套大型停车场、仓储中心、配货中心、运输车队、修车、食宿等为一体的现代物流服务企业。在山东淄博、武汉、广州、合肥、成都、滁州、芜湖设立全国分拨中心。无论货主何时下单，下达订单 24 小时内均可进行发货。2016 年公司实现销售额 4 亿元，为 2 万余名长途司机车辆提供调度服务，为 2000 余个生产制造企业提供全程物流服务。

公司自成立之初，就不断加大在信息化方面的投入，截至 2016 年年底，公司累计完成了数千万元的信息化投入，信息化管理涵盖公司 90% 以上的业务，并取得了丰硕的成果。闽运兴物流有限公司自成立以来，受到各政府部门、行业协会、相关企业和其他单位的一致认可，在 2017 年被泉州市政府评为“2016 年度十大智慧城市建设优秀项目”、2016 年被交通部列为福建省无车承运人试点单位、2014 年被中国物流与采购联合会评为“AAA 物流企业”、荣获 2016 中国物流与采购联合会科技创新三等奖、2016 中国交通运输信息化智能化建设优秀项目、2015 中国（小谷围）“互联网 +”运输创客大赛三等奖等诸多奖项。

二、信息化实施之前存在的问题

闽运兴物流在无车承运人系统实施之前，存在如下问题：①发货时间长；②跟踪不及时；③配载时效长。

目前国内干线运输市场的情况如下。

（1）市场上的信息监管几乎没有，大量的真与假并存，导致很多的社会车辆在选择上无从下手，甚至上当受骗；市场上经常发现很多物流公司、信息部、黄牛发布虚假信息，骗取物流中介费用。

（2）信息不能实现共享，车与货与信息不匹配，很多的干线运输运力出现浪费，空驶率过高，导致物流成本居高不下，尤其是不对称的货流与价格的竞争，导致干线运输市场比较混乱，信息不对称。

（3）市场交易上的诚信度需要在很长时间内才能建立，由于该运作是最为简单最为原始的物流交易，加上所处的环境，更多的生意都是“一锤子买卖”，导致中间很多的诚信度缺失，出现拉跑货、扣钱，甚至出现监守自盗等现象，这些关于诚信体系的建立是需要所有干线运输企业包括运力资源共同参与、共同建立的。

（4）散小的单一的干线模式依然是主体，集约化的趋势还未形成，随着市场的发展和规范，增值税发票不能有效取得，导致不规范的行为经常发生。

三、信息化实施中遇到的主要困难与解决措施，以及信息化建设的组织、推进和深入

（一）信息化实施中遇到的主要困难与解决措施

1. 司机和货主使用系统积极性不高

龙易配致力于为全社会实现“减能增效”的目标，与福州大学数学与计算机科学学院达成校企合作，共同打造龙易配平台大数据分析，实现全国车源、货源提前配货，智能匹配，目前最新上线的“预配货”功能就是为司机和货主打通沟通障碍，通过大数据分析为司机减少空放，更容易找到合适的货源；为货主降低物流成本。其实现方式如下：

第一步，将待配载货源信息录入龙易配的货源平台；

第二步，龙易配的货源平台在收到待配载货源的信息后启动“易配货”模块；

第三步，配载处理模块根据所录入的待配载货源信息计算确定符合配载条件的物流车辆；

第四步，“龙易配”平台根据司机 App 或基站或北斗定位信号，查询待配载货源地附近的符合配载条件的物流车辆，按司机距离的从近至远、司机的星级从高至低、途径地等依次发出启运的 App 信息或 3G、4G 短信，直至有物流车辆响应承诺；

第五步，“龙易配”平台根据物流车辆返回的接单信息形成运单，并将最佳货运方案及货运导航信息发送至物流车辆；

第六步，物流车辆通过车载装置对整个承运过程进行记录，待将所配载货源送至目的地后向物流平台传送相关凭证，通过“龙易配”平台的司机验证后，完成物流环节。

2. 跟踪难，无法实时定位

目前我国物流定位跟踪主要通过车载 GPS 设备结合通信运营商网络（GPRS 或 3G 技术），由物流企业自建或租用的车辆调度中心实现。但是完成大量货物运输的车辆，并不接受物流企业的直接管理，不会安装使用固定服务于某一物流企业或货主的定位设备。这就容易造成物流全程跟踪的困难。

“龙易配”则提供了一种实现货物运输全程实时跟踪的方法，通过物联网技术实现货物运输过程的全程实时跟踪，通过“龙易配”实现跟踪信息的实时交互。步骤如下：

第一步，货主或物流企业通过“龙易配”发布货物信息；

第二步，司机通过“龙易配”进行接单，货主或物流企业与司机完成了线上的接单动作，司机领取货主的运输相关单据之后，进行装货；

第三步，货主或物流企业通过“龙易配”对运单设置启运提醒，货物离开始发地会发出短信通知，超出预设时间范围仍未启运，同样会发出短信通知；

第四步，运输过程中，货主或物流企业通过“龙易配”实时查询货物及车辆位置；

第五步，货主或物流企业通过“龙易配”对货物设置到达提醒，货物到达目的地会发出短信通知，超出预设时间范围仍未到达，同样会发出短信通知；

第六步，货物到达目的地签收后，货主或物流企业回收相关单据及货物，通过“龙易配”上传回单，运输完成。

（二）信息化实施步骤

项目建设划分为五个阶段。

第一阶段：2015 年 8 月，项目需求调研及立项，为期 1 个月。

第二阶段：2015 年 9—10 月，需求细化及确认、业务流程设计、系统架构设计、系统流程设计及确认，为期 2 个月。

第三阶段：2015 年 11—2016 年 3 月，开发方进行系统程序编写与系统功能测试，为期 5 个月。

第四阶段：2016 年 4 月，用户测试、用户培训、系统试运行环境部署、基础数据导入，为期 1 个月。

第五阶段：2016 年 5—10 月，系统试运行，为期 6 个月。

整个项目建设期限为 15 个月，按项目推进计划，分期建设，逐步到位。

（三）系统简介

龙易配——车好找，货好配，物流轻松不再累。龙易配不仅解决了司机找货源的问题，同时也解决了货主找司机车源等一系列问题。方便快速找到货源车源的同时，还实现了定位系统，对于货源的动向更是有了一定的保障。

系统管理业务范围如下图所示。

功能介绍：

（1）货主微信公众号：发布货源信息，比价，同时还可以自己寻找车源。在司机的允许下，可以对司机进行定位管理，快速了解货源动态。

（2）车主 App：自主搜索货源，对货源进行比较，找到满意信息后，可直接电话联系货主。也可以主动发布空车信息，等待货主上门。

（3）物流公司 App：发布货源信息，及时了解车辆货运价格。发布自己的物流专线，寻找适合自己的车源货源，扩大网上揽货业务。信息部可以同时发布货源及车源，等待车主货主的主动上门，实行线上线下统一运行，更加完善地做好第三方工作。

四、信息化主要效益分析与评估

（一）信息化实施前后的效益指标对比分析

1. 有利于降低物流成本，减少车辆空载率

通过近一年的运营，司机等待发车时间从原来的 2 ~ 3 天，缩短至 1 ~ 2 天，时间效率提升了 50%；司机月平均接单数从原来的 5 单，增加到 7 单以上，运载效率提升约 40%；车辆空驶率降低 20%。

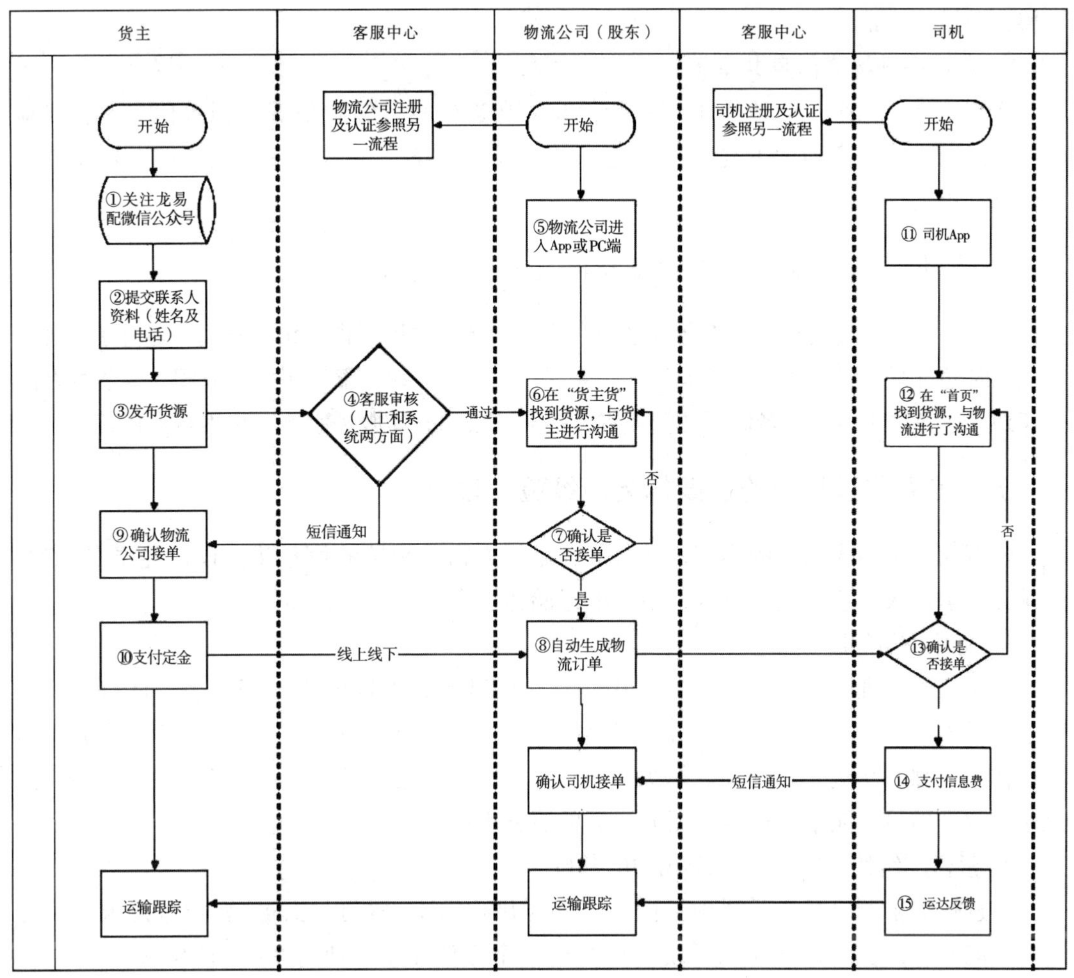

系统管理业务范围

2. 减少物流成本，提升物流跟踪效率

系统导入前，安排专人分别对应物流信息跟踪，使用纸质单据记录和手工建立电子台账；导入后，通过系统可以进行GPS定位及预配货功能，大大提升了跟踪效率，降低了物流成本。

3. 客户满意度提高

台账准确率提高，异常得到及时跟踪和处理，不仅让闽运兴物流与各承运商之间的运输任务执行过程监控更全面，也通过按计划节点完成订单，为货主的销售订单能高效完成提供基础保障，客户满意度不断提升。

（二）信息化实施对企业业务流程改造与竞争模式的影响

无车承运人系统的实施给企业运作带来了巨大影响。

1. 有效提升管理精度

本项目通过物流管理系统的应用，改变了传统的手工管理模式，通过在货物经过的各个节点进行系统实时确认，实现物流全过程的管理和监控，提升了管理精度，保证了销售订单及时完成。

2. 有效提升物流信息共享度

无车承运人系统，能传递工厂提货信息、在途信息、签收情况、回单信息，在供应商、承运商、物流商和货主之间搭建起高效沟通的桥梁，大大提高了供应链上信息传递的效率，更快捷更准确。

（三）信息化实施对提高企业核心竞争力的作用

闽运兴物流通过实施无车承运人系统，实现物流全过程可视化跟踪管理，提升了管理精度，同时通过系统将信息共享最大化，大大提高了物流效率，缩短了发货时间，为货物及时按计划送达各销售门店，降低了物流成本，提升了公司整体服务水准，赢得客户信赖。

五、信息化过程中的主要体会、经验、教训

随着无车承运人系统的实施，我公司在第三方物流领域的信息化建设已经卓有成效。回顾无车承运人信息化建设过程，主要的经验体会有以下几个方面。

1. 提升我司的服务水平

我司物流管理经验丰富，且有运用信息化的基础，管理模式已获得多方认可。物流管理参考大量同行经验，并进行了适当调整。对于系统功能设计及流程设计，业务部门和操作人员都欣然接受且很快能熟练操作。虽然无车承运人系统是一个新项目、新系统，但通过改进项目，能很大程度上提升我司的服务水平。

2. 紧密围绕用户需求是系统成功的基础

在进行需求调研时，我司项目团队共同对用户需求进行提炼，并综合考虑未来业务增长可能发生的变化，从而在系统设计时进行全方位衡量，使得系统的功能设计、操作流程能满足用户需求，系统界面设计简洁、操作简易，且具有拓展性。在系统试运行时，就体现出系统良好的性能，获得业务部门的高度评价。

六、项目的应用推广意义

根据平台运作一年的效果来看，主要对以下两方面进行了优化。

1. 有利于节能减排，促进可持续发展

根据平台统计，在平台运行的车辆空驶率降低，同时减少了二氧化碳排放 50t，节约燃油 500t，节约物流成本 2000 万元。

2. 有利于带动就业，促进经济发展

通过近一年的运营，平台规划 150 个物流节点城市，已签约 106 家城市联盟代理商，2016 年全年完成增值税约 100 万元，企业所得税约 25 万元，共计利税约 125 万元；平台预计在 3 年内将突破 5000 家用户，平台交易额突破 500 亿元，税收突破 1 亿元；对全国主要省市区的省内网络运输承运商完成一定整合。每个城市实施落地，都将可能新增上百家承运商企业和小微货主企业，为每个城市提供上千个工作岗位，带动经济发展。

江苏钢流现代物流有限公司：基于钢牛交易平台和物流信息网的“无车承运人”物流共享平台

一、企业基本情况

江苏钢流现代物流有限公司是基于钢牛网以及钢流物流运力系统的整合后，于2016年重组成立，总部位于中国不锈钢名镇——戴南，于2017年获得江苏省无车承运人试点单位。

（一）钢牛网

钢牛网是江苏钢流旗下专业从事不锈钢交易的平台，主要从事不锈钢线上线下B2B2C和P2P（个人与个人之间的小额借贷交易）物贷仓储交易、资讯发布，涉及矿石、原料、生产、流通，集产品展示、商务活动、网上交易、戴南不锈钢展会等多功能服务于一体，为不锈钢货主企业提供全方位、多层面的信息化服务，经过3年时间的深耕，2016年钢牛网平台的交易额已超30亿元，并获得江苏省诚信龙头单位荣誉称号。

（二）钢流物流信息网

钢流物流运力系统是江苏钢流旗下物流信息网站，主要为货主方、承运方提供物流服务供需信息的交互服务，目前每日发布的货源与运力相关信息已超5万条，极大地提高了本地物流行业车辆调度速度和资源充分利用的效率，在当地物流行业有着很大的影响力和使用率。

（三）钢流物流平台

钢流物流平台是基于前两者的基础上，同时根据“无车承运人”模式，由江苏钢流自主研发、建设和运营的，集业务流程、节点管理、结算支付等功能为一体的“无车承运”业务平台。钢流平台由移动App端、微信端、PC端、后台组成，分为货主版、物流业主版和司机版，为平台内所有群体提供互联网物流服务。

自公司成立伊始，江苏钢流一直秉持“创新、分享、合作、共赢”的理念，坚持贯彻钢流人“让天下物流人活得更精彩”的使命，投身中国物流行业智能化、标准化的建设事业中。

二、案例实施背景

（一）宏观经济环境下，钢铁行业需要降本增效

钢铁行业目前处于产能严重过剩、市场需求大幅下降的状态，而钢铁作为基础原

材料，支撑着经济平稳发展和下游用钢行业消费需求。随着我国经济发展步入速度变化、结构优化、动力转换的新常态，国内钢铁消费开始进入峰值弧顶下行期，预计今后相当长时期，国内粗钢消费需求将在平均 7 亿吨以下，化解过剩产能是适应需求变化所必需的。

2016 年以来，钢铁工业以化解过剩产能为突破口，大力推进供给侧结构性改革，多措并举，依靠创新追求更低的成本、合理的利润，实现产业转型升级。

物流的本质就是去库存。江苏钢流的管理者在运营钢牛网时，便将目光盯在不锈钢的物流环节，从原材料的采购、加工，到成品分销运输等环节，降低运输成本、提高运输效率，通过江苏钢流物流平台可以达到这样的效果。

（二）物流行业市场巨大，信息化水平低，平台企业缺乏盈利点

据数据统计，2016 年社会物流总费用高达 11.1 万亿元，全国货车规模达 2000 万辆，司机规模达 3300 万名，但传统物流行业存在承运人规模小、数量多、分布散、管理乱、信息化水平差的痛点，导致货主与承运人信息不匹配，车主回程时严重依赖中介。

近几年，我国物流行业进入一个新的阶段，各路资本大批量进入“互联网 +”物流市场，一个个“互联网 +”物流平台兴起，想尝试整合物流行业这庞大的市场。据不完全统计，2016 年起共上线 500 多个大大小小的物流 App，这个数字还在不断地被刷新，但现在在运营的不过百十家，且大多数的物流平台企业似乎都在求生存中度过。同时，“互联网 +”物流市场中，各类物流 App 或配货网同质现象特别严重，绝大多数都是信息展示和车货匹配模式，商业模式过于单一，缺乏足够的竞争力。缺乏货源和车源的整合能力、缺乏足够的盈利点对于物流平台企业来说是致命的。

江苏钢流在运营钢牛网和钢流物流信息网的基础上研发出的江苏钢流物流平台，不再是单纯的信息展示和车货匹配功能的物流平台，它实现了货主方在平台有效的直采可控运力、承运方在平台承接这几年沉淀下来的优质客户的货源，同时，完善各个物流流程节点，包括提供保险赔付、定位跟踪、开具发票等各项功能。

（三）国家“无车承运人”政策的推动及趋势

物流行业作为基础产业，国家政策密集发布从而支持物流行业创新、转型、发展。陆续发布《物流业发展中长期规划（2014—2020 年）》《关于智慧物流配送体系建设的实施意见》《关于推进供给侧结构性改革促进物流业“降本增效”的若干意见》来支持物流行业发展，又比如 2015 年国务院 72 号文正式承认了“互联网 +”的无车承运人市场主体地位。近两年国家发布的鼓励互联网物流行业发展的主要文件有：国办发〔2015〕72 号文、财税〔2016〕36 号文、国办发〔2016〕24 号文、国办发〔2016〕43 号文、省交运〔2016〕115 号文。

2016 年 8 月，国家交通运输部办公厅印发《关于推进改革试点加快无车承运物流创新发展意见》，并在全国范围内开展无车承运人试点工作的评选。

无车承运人模式的出现与发展，将物流行业带入另一个发展的阶段，行业渐趋扁平化，信息中介黄牛处境会越发困难。江苏钢流运用自身技术研发物流平台，旨在紧抓无

车承运人发展机遇，打造真实、透明、高效的物流环境。

三、案例解决方案

（一）基于物流信息网沉淀下的运力管理

广大司机是运力系统的重要组成部分，这个群体最关心的是如何快速接到更多的货源订单，所以车货匹配平台有利于吸引更多的卡车司机注册加入。经过近几年的运作，沉淀了一批“熟车”，稳定、信用好、资质齐全的司机，或有资质的物流企业，在打造无车承运人平台时，我们将这批熟车进行再运作，与平台签订合作协议，作为我们无车承运物流平台运作的首批获益者。

无车承运模式要求具备较强的货源和车源组织能力，平台不仅仅作为连接货主企业和物流业主的中间桥梁，更是整个交易的参与方，这个要素也是平台盈利能力的重要保障。钢流 App 平台允许发布货源者选择信息发送的对象，既可以发送给实际承运的物流业主，也可以直接发送到车货匹配平台上以供司机查看（见图 1）。

图 1　钢流 App 平台

（二）基于钢牛网组织上游货主能力（见图 2）

江苏钢流不仅为上游货主提供交易的平台（钢牛网），更旨在帮助不锈钢货主推广其产品，构建推广产品的渠道。连续 3 年线下举办中国戴南不锈钢产品大型展销会，每次参展人数达 10 万人以上。同时，钢流 App 也同步开通展会功能，让不锈钢货主更便捷地展示自己的产品。

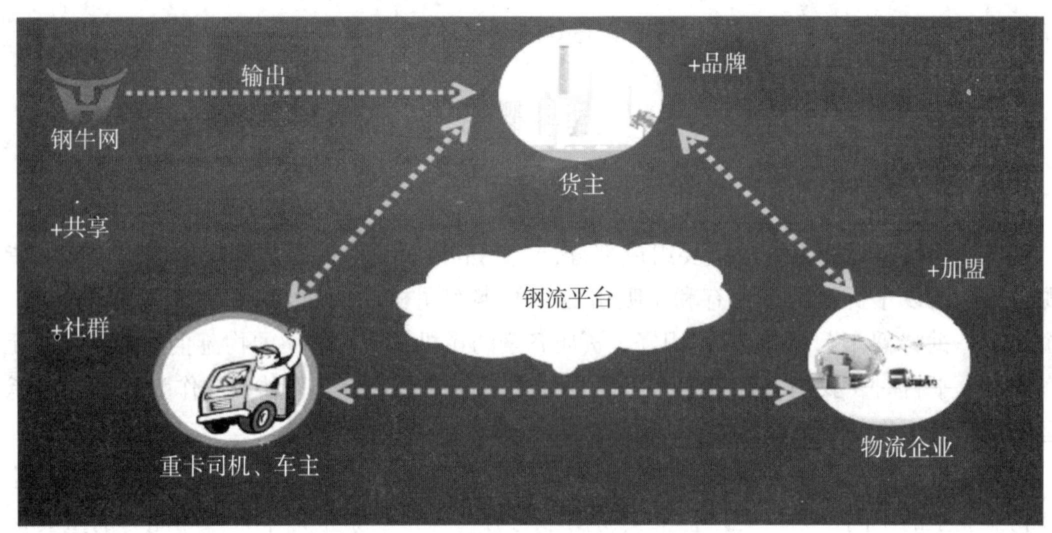

图 2　基于钢牛网组织上游货主能力

作为无车承运人平台，我们对车辆进行定位跟踪，建立异常处理机制与相对应的售后客服，制定了 50 多大类问题的标准化处理方案，提供 24 小时全天候服务，用以提升货主/物流企业对车辆和司机的掌控，以及平台的服务水平。同时，平台的货物快速理赔能力体现着一个现代化物流公司的运营模式，凡是经过我们平台交易且符合条件的货损问题，我们承诺一律先赔付再行追偿。

（三）钢流 App 平台数据与 Web 版/微信同步对接

江苏钢流无车承运物流平台前端为 App，但是为了让用户有更方便、快捷的体验，我们将 App 平台数据与 Web 版以及微信系统进行对接，实现了信息数据同步对接（见图 3）。

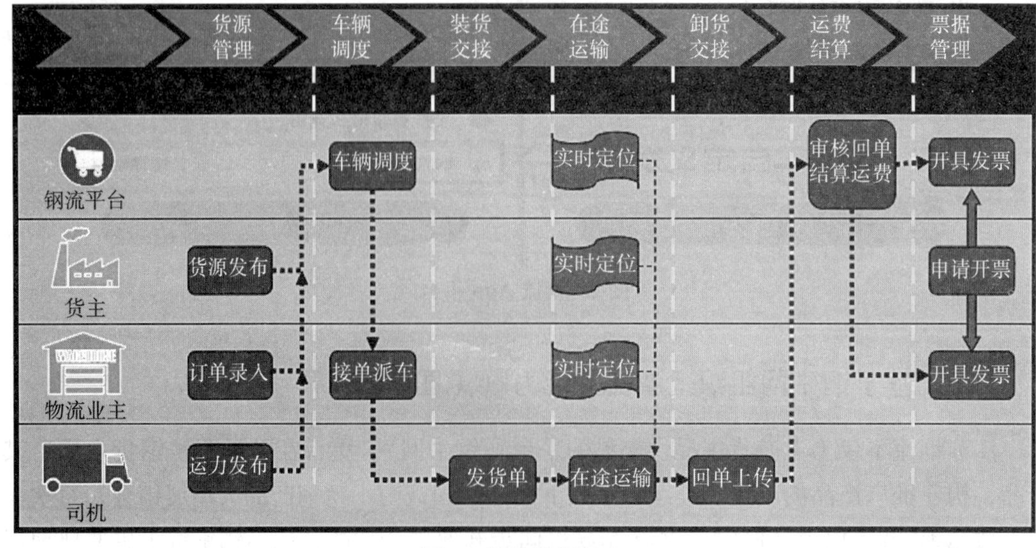

图 3　信息数据同步

四、推广价值

2016 年对于物流行业来说是特殊的一年，也是物流产业转型升级继续深化的一年。2016 年大经济环境条件下，物流行业也步入了另一个发展阶段，虽然物流创新在 2015 年已经迈开了步子，但总体上看，物流创新对全社会物流效率提升的带动作用还不强。

物流还存在着以下现象和趋势：物流成本越来越高；物流企业多、小、散、弱；物流平台概念被炒烂；物流全面进入红海时代；物流首尾仍在痛，格局变化快。由此可见，物流产业创新驱动发展的效应尚未显现，才刚刚开始。

江苏钢流物流平台是基于“互联网 + 物流”的理念，充分利用大数据、移动互联网技术整合线下的资源，经过近几年的发展和创新，建立了高效的平台运营机制和管理机制。在物流平台满地开花、一味追求用户数字甚至不惜数字造假、烧钱，钢流平台坚信只有持续、稳定、长期的货源和可控的运力才能给平台带来真正的价值，才能解决物流环节中存在的问题，也正是怀有这样的发展理念，江苏钢流建立了适合自己发展的商业模式，具有行业代表性和实践性。江苏钢流将永远秉持“创新　分享　合作　共赢”的理念，为客户提供更加优质的服务，为物流行业的发展做出努力。

湖南天骄物流信息科技有限公司：牛运无车承运交易保障平台

一、企业基本简况

（一）企业概况

我公司于2007年5月成立，注册资本1250万元，注册地：长沙高新区尖山路39号中电软件园总部大楼7楼，注册类型：有限责任公司，拥有办公面积约1000平方米。

我公司是一家横跨电子商务和现代物流两个领域，专注于物流行业公共信息服务系统建设及互联网增值业务开发的高科技企业。公司涉及经营范围：第二类增值电信业务中呼叫中心服务和信息服务业务；第二类增值电信业务中信息服务业务；软件开发；信息技术咨询服务；科技信息咨询服务；数据处理和存储服务；信息系统集成服务；信息电子技术服务；数字内容服务；普通货物运输；道路货物运输代理；交通运输咨询服务；物流代理服务。

公司自成立以来，一直致力于建设高效、实用、专业的信息化公共服务平台建设与推广，用信息化推动物流产业资源整合与优化，从而为全社会提供最优质的物流、信息、产品、技术等服务。在物流电子商务平台推广应用中已成为全省物流信息服务平台的龙头企业，在电子商务领域中占有一席之地。

（二）企业目前拥有的主要产品

通过公司研发团队的共同努力和刻苦攻关，公司研发的“天骄快车”“牛运网”“天骄动车”“车车网”“园区信息化管理系统”“物流查询系统”“中小型物流企业信息系统”“诚信担保系统”等主要产品，受到了市场的高度认可与广泛应用，市场占有率达到95%以上。目前，注册企业用户达23000多家，会员用户企业达16870多家。相关产品获得软件著作权13项。

其中，旗下的“天骄快车”是目前国内物流行业唯一跨省的自主经营收费平台，客户覆盖湖南、贵州、云南、江西、湖北等省，平台每天200多万条即时货运信息，全天24小时滚动刷新，信息发布后第一个来电的时间小于10秒，信息发布到成交所需的时间平均为5分钟，用户每天在线时长6小时左右，平台每天物流日成交额超过两亿元，年交易额近千亿元。

（三）企业荣誉

作为一种社会化的公共物流信息平台的运营模式，经过近几年的实践与成长，取得了显著的经济效益和社会效益，也获得了政府和行业的高度认可，天骄科技曾获得“中国物流与采购联合会科技进步奖二等奖”，被评为“电子商务先进企业”“国家工业和信息化部运行形势指数企业”，担任“中国物流与采购联合会常务理事单位”“湖南省物流与采购联合会常务理事单位”“湖南现代物流职业教育集团副理事长单位”“长沙市物流行业协会副会长单位”，通过湖南省电子信息产业厅的“双软”认证，是国家创新基金和湖南省政府物流发展基金的扶持项目、湖南高新技术企业、高新技术项目。天骄与湖南交通职业技术学院和湖南现代物流职业技术学院联合办学，成为培训物流人才的教育实践基地。

天骄科技秉承“同享共赢、高效创新”的企业精神，深入研究行业发展趋势，深度理解行业发展需求，运用最新的物联网、云计算等先进 IT 技术，打造全新的物流公共信息服务体系，为中国物流产业的迅猛发展提供巨大的推力，为全社会提供最低成本、最高品质的物流服务。

（四）企业管理模式

公司采取现代化的企业管理模式，以制度化管理为基础，通过搭建系统的管理架构，导入企业文化管理、业务流程管理、目标管理、成果管理、现代人力资源管理、客户关系管理、风险控制管理、市场预决策管理等，构建起企业新的科学的、现代的、可执行的经营管理体系架构，促使企业内部形成自动扩张与成长机制。

（五）营销模式

1. 建立“联盟体”，塑造统一价值品牌

以从事物流的信息部个体进行切入，把他们组织起来，建立有效的机构，帮助他们从个体转为企业集团化运作，在利益、事业共同体内，充分激活每个信息部的能量和价值，引领行业以“联盟体”的模式进行品牌化、差异化服务，构建物流行业“互联网 + 圈子 + 联盟 + 培训”的生态的生意营销圈模式。

2016 年 11 月 12 日，牛运在长沙组建了第一个无车承运联盟，取名“天太”。这个联盟的成立非常迅速，前后不到一个月，效果远远超出预期。他们第一次有了自己的组织，有了共同的品牌、共同的事业目标，抱团谋发展，积极性空前高涨。

2. 利益牵引，共建共享

牛运拥有全国最大、唯一跨省的地网平台天骄快车，区域内所有信息部都是合作 10 年以上的忠实用户，他们在天骄快车上享受了物流的黄金 10 年，对平台非常信任和感激，这种情感纽带后来者很难跨越。同时，平台上的货源量非常庞大，区域内货运资源无人能及。共享是物流新利润的最大源泉。联盟组建为合作共享提供了组织支持，联盟的制度为共享提供了机制支持，联盟的培训、分享提供了文化及思路的支持。引领行业走向抱团合作、共享共赢的行业健康生态。

公司把营业收入的 15% 分到平台（这个 15% 是已经将投入和风险剥离给团队的税前利润）。而我们把所有的投入和风险分解到市场、技术、运营管理三个模块，再逐级分配到每个模块的每个成员，按照约定的方式承担。同时，他们也享受总收入中约定比例的部分。这种制度决定了每个成员都是老板，既对收入负责，也对成本和风险负责。每个环节成本最低，控制随意烧钱的风险，更便于精细化、量化管理。

3. 通过系统培训，形成高效的营销模式传播

信息部这个群体从来都被定义为多、小、散、乱、差，习惯了单打独斗，现在既要发挥他们专业负责的老板能量，又要引导他们组建团队，抱团合作，培训是必不可少的。培训他们在行业里被大部分人认为是不可能的。而我们认为，越难越是机会，不管多难，一定要找到解决之道。为此我们坚持不懈，到目前为止累计举办了 43 期行业实战培训，培养了 2000 多名行业精英，很多都成为独当一面的优秀老板，也成功打磨出了有效的培训模式，形成高效专业的无车承运经纪人生产线。总结这种独特的培训模式，塑造企业独特的营销模式。

二、信息化平台应用之前的现状

（一）过度的低价竞争，导致行业利润越来越薄

适度的低价竞争对产业是有利的，它可以帮助挤掉行业的不合理的暴利和中间环节。但过度的低价竞争会挤掉行业的合理利润，导致服务品质大幅度下降，最终伤及客户的根本利益，对行业是有害的。

不管是公路零担还是公路整车，这个行业一直在低价竞争的旋涡中没有出来。几十年的发展，依然是一个不被客户满意的行业。2013 年开始，各种不同的平台都涌进来试图拯救这个产业，不曾想把口子撕开后，所有人尤其是司机也进入上游参与价格竞争，原本微薄的利润更是雪上加霜，惨烈的低价竞争让整个行业到了全面亏损的边缘。而平台自身在市场博弈中也是伤痕累累，不仅烧了很多钱，看不到盈利的希望，还成了客户利益的破坏者，满身骂名，越走越迷茫。

（二）行业整体服务水平不高

物流行业小、散、乱、脏、差等现象始终没有得到有效改善，物流行业诚信体系不够健全，从事物流货运带来的风险抵御防范能力较差，个体组织的经济基础、物流管理、危机处理等服务手段还比较薄弱，这就导致了物流行业无法从根本上提高物流服务水平。

（三）物流需求不断发生新的变化

物流行业发展到现阶段，随着市场竞争的日趋激烈，物流价格的竞争优势逐渐被削弱，取而代之的是在物流运输过程中的其他因素的比例有所提升，比如：时间成本、物流安全、专业服务、服务意识以及以满足个性化需求为目的的物流解决方案等。

（四）车与货是一种跷跷板的关系

货运行业有个特点，车和货永远不平衡，永远是一对跷跷板，有时车多货少，有

时货多车少。这种不平衡是由不同区域的经济、文化、地理优势、人口、交通状况、市场规模或成熟度等发展因素的不平衡造成的。如上海—长沙，一天100车货，但长沙—上海，一天可能只有60车货，这种发货量的不平衡势必让一部分回程的车没饭吃。

三、牛运无车承运平台解决的问题

（一）改变以“低价竞争”为核心的物流服务模式

长期以来，无序的低价格竞争使得从事该行业的从业者越来越难以赚取更多的利润，同时随着信息技术、互联网、移动通信等现代技术的应用与推广，原来那种在信息不对称下赚取暴利的时代已经不复存在。只有把过度低价竞争转为价值竞争才能促使行业健康发展。价值竞争是以满足个性化需求为目的的竞争手段，在市场的体现是品牌化，不盲目追求低价，更强调差异化。

（二）改变物流“中间化”生存模式

随着移动互联网的冲击，去中间化从表面上看好像是降低成本的有效途径之一。不可否认，去中间化在一定程度上是降低了成本。但从物流行业特性来讲，单纯的去“中间化”是不能有效降低物流成本的。很多平台一开始认为通过“去中间化”可以甩开信息部（所谓的黄牛）这个环节，但事实证明信息部非但不是毫无价值的中间环节，反而是产业不可或缺的枢纽、桥梁或润滑剂。目前的中间环节所发挥的作用或者创造的价值还有待挖掘和提高。中间化的生存模式不能仅仅局限于“车货匹配”过程中的交易撮合，而是要深入物流各个环节节点，为物流企业提供运力分析、运价指导、货物运输安全监控、物流解决方案等；提升其自身的品牌价值，改变目前单一的生存模式。

（三）组建联盟，塑造品牌，改变传统单兵作战模式

组织单个信息部成立联盟组织，抱团取暖。依托信息平台作为联盟品牌的核心载体，运用互联网思维激活单个个体，把他们组织起来，建立有效的机构，帮助他们从个体转为集团化运作，在事业共同体内，充分激活每个黄牛的能量和价值，引领行业以全新的模式进行品牌化、差异化服务，构建行业互联网＋圈子＋联盟＋培训的生态圈模式。

四、无车承运平台推进思路

（一）专业化分工，精细化合作

引领行业根据信息部单个个体的资源侧重不同，进行专业分工。把主要服务厂家的信息部转化为专业三方物流公司，提升服务厂家的综合能力和意识；把主要以“司机”为资源的信息部转化为无车承运经纪人，让其更贴心地服务司机，并为其提供优质的业

务来源；同时从中遴选出行业领袖，成为行业新模式的推广者，我们称为“物流助手”。

（二）转型升级，成立无车承运联盟

将无车承运经纪人组织起来，成立多家覆盖全国的无车承运联盟，共享并优化他们的个性化运力及上下游生意圈，制定统一的服务公约及考评标准，建立优胜劣汰机制。以联盟为载体，成立合伙制集团公司。按照规范化的合伙制企业管理架构，依托平台保障其信息共享、服务质量、安全运营、风险赔付等；形成独创的、经纪人为事业主体的集团化无车承运品牌。

（三）以“物流助手”为抓手，创新推广模式

物流助手是这一新商业模式推广的中坚力量，也是这一模式的一大创新。他们来自信息部，在资源、专业、勤奋、意愿、成本、榜样诸多方面具备无法比拟的优势，同时，非常巧妙地解决了平台地推成本和管理的难题。

五、无车承运平台实施中的难点与解决措施

主要难点是：如何深度整合和激活物流行业中的数以万计的信息部个体，即黄牛。我们提供了以下解决措施。

（一）创造更多的受益，而不是利益收买

现在很多平台采用的都是免费加补贴的烧钱模式，不得不说在某些领域或行业取得了成功（比如出行领域）。但纵观物流行业，是否也可以采取这种“免费 + 补贴”的方式进行快速的物流资源整合呢？我们认为会起到一定的影响或者效果，但总体取得成果或想要达到的预期是差强人意的；原因是货运和出行行业不同，前者是 2B，后者是 2C。乘客是消费者，典型的 C，但司机看起来是个人，事实上是商家，是隐藏的 B。消费者会因为补贴而养成新的出行习惯，但商家更重视的是业务，不会因为补贴而形成新的做生意的习惯。所以不能简单地用烧钱的方式来收买，必须在其自身的货运业务上提供支持，为其创造更多的利益，让其充分受益才会形成新的业务依赖。

（二）资源共享，提供强大的平台的支持

牛运拥有全国最大、唯一跨省的地网平台天骄快车，区域内所有信息部（黄牛）都是合作 10 年以上的忠实用户，他们在天骄快车上享受了物流的黄金 10 年，对平台形成了依赖、信任和感激，这种情感纽带后来者很难跨越。同时，平台上的货源量非常庞大，区域内货运资源无人能及。

（三）科学的利益分配机制，促使其自动自发

营业收入的 50% 是分给市场的，信息部（黄牛）个体来自市场，他们既是市场的主体，又是市场的参与者，更是市场的受益者；这种分配机制决定了每个成员都是老板，

既对收入负责，也对成本和风险负责。每个环节成本最低，控制随意烧钱的风险，更便于精细化、量化管理。另外，从投资的角度看，综合成本最低，风险最小，价值最大化，同时能有效激励团队成员，股权激励的重要性将极大弱化。同时，这种模式兼容黄牛的加入，这就是我们可以将地推的人员主体定位成黄牛的制度保证。

六、无车承运平台的推广意义

（一）对自身平台的意义

这种模式的特点并不强调平台自己预设的业务模式，强调的是客户自选的业务模式。黄牛进入组织，其业务、运力以及业务模式都带入组织，同时，只要他们能更好地做生意，其他平台用得上的功能和资源都可以大胆使用。这种模式下，平台与黄牛是事业共同体，利益深度捆绑，巧妙解决了其他模式地推成本高、管理难、市场不确定、客户抵触大、盈利困难、风险高的难题。

（二）对联盟成员的意义

联盟内业务共享，联盟外吸引更多业务对接；业务成倍增长；统一品牌，统一标准，大力提升服务车和货的核心竞争力；联盟内不竞争，最大化避免了同行撬货和同质化恶性竞争；优质资源强强联手，增加了每个联盟成员的竞争力和信誉度；联盟成员互相学习，取长补短，更专业、更轻松；联盟壮大后，将成为国内运力最强的无车承运集团，联盟成员都是集团股东、合伙人。

（三）对货源方的意义

减少调车的麻烦，有更多精力服务自己的主业；为其创造更大的利润空间；方便更广泛高效地选择优质专线调车资源；方便获悉各个流向专业、准确的运价行情，放心承接更广泛的业务；降低货主和第三方的人力资源成本和管理费用。

（四）对司机的意义

提供更稳定可靠的货源，提高优先权和确定性，减少因虚假信息导致的经济损失，避免了司机间恶性低价竞争，提升收益，降低成本。

七、无车承运平台产生的经济价值

目前，货运及相关市场规模庞大。公司通过牛运无车承运平台，实现了上下游资源的整合与对接，形成无车承运生意链，降低物流成本，提高物流运行效率，及时调配物流运力资源，全面掌握物流运价波动行情，它通过线上物流信息共享、匹配，线下物流交易撮合、管控；实现上游托运企业与下游承运人的互联互通，数据共享，交易互动。无车承运平台将涉及税票开具、卡车后服务、保险、油卡、ETC、维修保养、支付等众多纵深层次业务，取得的经济价值将是巨大的。根据测算，到 2019 年年底，平台将达到 13.5 亿元的经济收益（见下图）。

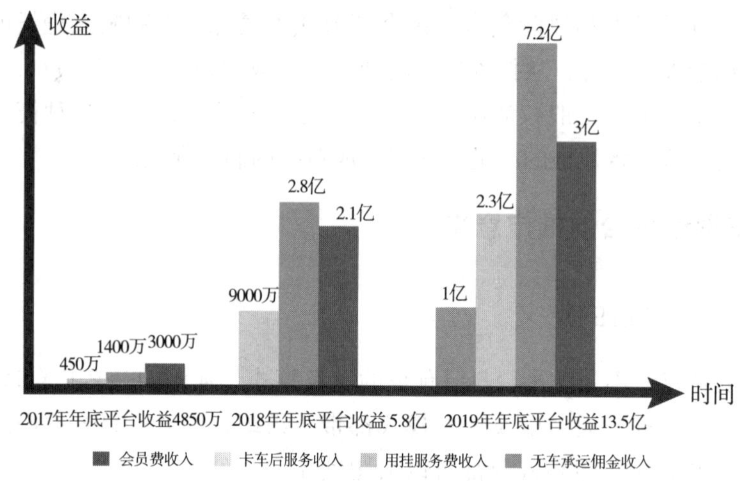

平台收益

八、无车承运平台下一步改进方向

平台自身容量要进行升级。平台采取的是后台＋手机App/浏览器承载形式。随着项目产品的推广，客户的需求会发生变化，用户量会逐渐增大，因此，为满足客户的需求和高通量访问，平台要易于扩展增加服务模块，具有比较大的并发量，后续要做好服务器的更新和维护，保证客户在最短的时间内获取所需要的信息。

平台交易保障要运行起来。无车承运平台的核心是把线下交易移到线上来，在一个公平的、透明的环境里进行交易，把物流成本中的灰色部分有效去掉，才能让这个物流行业更好地健康发展。

平台要涉及纵深业务领域。通过平台集聚效应和资源洼地效应，进入物流金融、保险、消费、卡车后服务等领域，拓宽平台盈利点，形成一个闭环的生态产业链。

在每一步中，公司实际上所做的是对产业转型实施引导，转型过程中顺便轻松推广平台使用，最终，公司将回到专业的物流全行业、全链条公共服务平台领域上来。

九、平台下一步推广设想

第一步：无车承运联盟模式的推广。

长沙推广→湖南（全省）推广→周边省（市）推广→全国推广。无车承运联盟成立（4～5个），并引导行业进入互联网＋圈子＋联盟＋培训的生态圈模式。开发以无车承运联盟为核心的相关软件，长沙全市货运导入车库模式，司机注册用户达3万人，无车承运联盟成员300名，合格物流助手总人数多达100多名。预计在2年内完成第一步战略，在此期间同时推广园区联盟方式和在湖南试点三方联盟方式，为第二步战略业务的开展打好基础。

第二步：三方联盟模式的推广。

三方联盟方式为：将有一手货黄牛转型到专业服务货主，过去黄牛由于能力有限，主要以整车业务为主，零担业务基本放弃，转型之后，将增加零担业务，在此过程中，引导物流园转型成为综合物流服务商。

杭州传化货嘀科技有限公司：易货嘀风豹系统、E－cargo系统

一、应用企业概况

（一）关于易货嘀

易货嘀（杭州传化货嘀科技有限公司）成立于2014年7月，隶属于传化物流，也是传化集团、上市公司传化智联（股票代码：002010）旗下公司。

作为G20（20国集团）杭州峰会指定城市配送服务商，易货嘀一直致力于打造国内“专业的城市物流无车承运人”。立足“一个基础，两类服务”，以“优质社会运力为底座”，打造针对小微客户的“网约货车服务”，针对企业级客户的“KA－SDS定制化解决方案”，最终为小微客户和企业级客户提供确定性的城配服务。

无论是零担专线、第三方物流、中小制造企业、电子商务，还是商场超市、专业市场，只要有城市货运的需求，都可以通过企业级定制化服务，获得专业、便捷的运输体验。

目前，易货嘀业务已覆盖各大主要城市，服务近10万家小微物流企业（零担专线）及全国多家顶尖3PL、制造业、电商等，如德邦、天地华宇、百世、传化化工、顺丰速运、京东、苏宁易购等。

（二）关于客户——北京拜克洛克科技有限公司

北京拜克洛克科技有限公司（ofo共享单车）致力于解决大众交通出行问题，让大家随时随地有车骑，总部位于北京。

北京拜克洛克科技有限公司的主要产品有共享单车服务、校内共享出行、自行车等。

北京拜克洛克科技有限公司推出了标志性的“小黄车”——车体颜色统一涂刷为黄色。用户以一辆自行车的所有权换取所有ofo共享单车的免费使用权。骑车人对单车只有使用权，而没有所有权。这种共享方式不仅可以省钱，而且有助于缓解交通拥堵，减少空气污染，降低对能量的依赖性，发展前景极为广阔。

北京拜克洛克科技有限公司以“共享经济＋智能硬件”的方式，解决最后几公里出行问题。

二、信息化实施之前存在的问题

拜克洛克科技公司主要存在以下物流供应链问题。

（1）物流费用居高不下。共享单车的快速布局对投放以及安装的时效提出了很高的要求，且数量巨大，由此带来的运输成本居高不下。

（2）调度计划工作繁杂。自行车覆盖的网店多且散，调度工作占比高。

（3）调度过程不透明度，协同性较差。全手动的排车计划和操作模式，使得整体作业流程效率低。

（4）仓配一体需求，仓储压力大。

三、信息化实施中遇到的主要困难与解决措施，以及信息化建设的组织、推进和深入

（一）信息化实施中遇到的主要困难与解决措施

困难：系统上线的时间比较紧迫，需要短时间内完成系统测试、上线、应用。

措施：对该系统进行优先排期，成立专项组，集中优势力量完成系统的开发。建立一线人员和研发人员直接交流微信群，降低沟通成本。

（二）信息化实施步骤

1. 实际需求调研

根据客户业务实际情况，梳理实际业务流程；编写需求文档。

2. 系统个性化需求开发

根据客户实际需求，开发标准产品暂时无法实现的功能。

3. 参数配置及系统测试

根据客户实际业务配置系统参数，维护基础数据，测试环境进行数据测试。

4. 试点上线

正式库数据测试，测试完成后正式使用。

（三）系统简介

1. 易货嘀风豹系统

“风豹”系统由智能调度中心、会员管理中心、用户体验中心和数据管理中心四大板块组成。智能调度中心主要功能是订单监控、车辆监控、订单派发、在途监控、司机监控、车辆调度、异常受理、交易检测、基础管理。意在提升城市物流整体效率。会员管理中心将普通客户、企业级客户、司机、车队等统一纳入会员管理体系，进行严格的资质认证和考核；用户体验中心通过对一系列服务指标的监控，实现对运营全过程的质量管理和风险管理，保证用户的服务体验；数据管理中心对所有基础数据和业务数据进行分析处理，通过若干经营报表、运营报表、结算报表为智能调度中心提供决策支持。整个风豹系统综合应用了云计算、智能派单算法、大数据、LBS、电子围栏等先进技术。

风豹系统的核心亮点是对货源和运力的实时监控，将所有的动态资源通过地图和图表进行展示，做到资源可视化管理。通过八个维度来展现，分别是：货物流向图、分时货物发布图、运输货物类型统计、实时货源热力分布图、实时货车分布图、车型占比图、货车运输时长分布统计、货车运输里程统计。

2. 易货嘀 E－cargo 系统

易货嘀 E－cargo 致力于成为同城货运极致运力服务提供商，具有信息化管理、财务管理、运单管理、LBS 校验、智能排线等产品功能，同时为车队提供一键代收、保理、融资租赁、社保代缴、保险、车后市场等增值服务。

四、信息化主要效益分析与评估（实施前后对比）

（一）信息化实施前后的效益指标对比分析

1. 风豹系统

（1）货物流向图可实时体现城市各商贸圈、工业圈、物流圈的货源分布和流向，便于运力的合理调度和配置，后期经过数据沉淀，对城市规划具有帮助。

（2）分时货物发布图通过分时段来展示货源热度，进而更合理地调度车辆来满足潮汐需求。

（3）运输货物类型统计通过业务数据的分析，找出货源结构、货物品类的占比和规律，进而匹配更合理的车型。

（4）实时货源热力分布图直观体现了实时需求，便于平台及时满足货主的运力需求，对货源热力分布的长期统计积累，也可以做到提前对货源的预测。

（5）实时货车分布图不仅可以监控车辆位置，还可以知道车辆的状态，如空驶、等待、满载等，便于更合理地调度车辆。

（6）车型占比图体现出了城市车辆分布和运力需求，新能源车、栏板车、厢式车等不同车型可运载的货物类型不同，便于平台优化各车型比例。

（7）货车运输时长分布统计通过对所有车辆的运输时长进行分析，找出城市货运需求的规律。例如：一小时内到达占比，两小时内到达占比，进而更加合理地配置车源运力池，挖掘优质运力，淘汰劣质运力。

（8）货车运输里程统计实现对每辆车的每日、每周、每月的运输里程统计汇总，找出同城货运距离的规律。例如：10km 以内、30km 以内、60km 以内的占比，进而制定更加合理的定价体系。

2. 易货嘀 E－cargo 系统

（1）整合行业中小车队资源，提高车辆利用率 20% 以上，助力中小微物流企业发展。

（2）全流程信息化管理，实时监控车辆，就近调度，提升客户体验。

（3）智能排线，大数据计算，云服务支持，减少车辆行驶里程，为绿色物流服务。

（二）信息化实施对提高企业核心竞争力作用

物流信息化为企业带来的价值：

（1）物流及供应链运营成本降低；

（2）流程优化资源整合；

（3）订单处理速度加快，执行效率提高；

（4）信息在上下游之间准确传达；

（5）更加准时、可靠地配送；

（6）更好的质量管控、流程管控；

（7）主数据维护数据标准化；

（8）增强企业竞争力。

五、信息化过程中的主要体会、经验、教训

（1）信息化的发展不是闭门造车的过程，需要明确客户需求，才能最大限度地帮助客户实现降本增效。

（2）信息化的发展、系统的成功上线不仅仅是研发团队的事情，而是相关团队合力完成的事情。

亮才商务咨询（上海）有限公司：亮才 TMS 系统

一、应用企业简况

艾仕得涂料系统（上海）有限公司，原杜邦高性能涂料（上海）有限公司，是一家全球领先的生产和销售涂料的企业，总部位于美国费城。公司在世界五大区域，即北美、拉美（包括墨西哥）、中国、东亚和南亚以及欧洲、中东和非洲地区都设有分部。

作为一家全球领先的涂料企业，艾仕得涂料系统致力于开发、生产以及销售液体和粉末涂料。产品经久耐用，美观高效。企业向轻型汽车和商用车制造商、汽车修补售后市场以及众多工业应用领域提供各种高性能和运输涂料。企业的创新型产品与服务包括液体涂料、粉末涂料、配色工具、应用技术以及客户培训支持与业务管理系统等。企业进入涂料行业已有 150 年之久，在“2015 年世界十大涂料制造商排行榜”中排名第 4 名。

在中国，艾仕得涂料系统建立有完善而全面的生产以及物流网络。艾仕得拥有两家生产工厂（分别位于长春和上海嘉定），数十个配套 CDC（中央配送中心），RDC（区域配送中心），以及加工厂，为全国的汽车生产商和成千家车身修理厂生产高品质涂料，提供最优质的销售以及物流服务。2014 年，艾仕得涂料系统荣获“2014 中国汽车及零部件行业发展创新大奖——最具竞争力奖”。

企业应用信息化的部分，主要为国内制造业物流，委托第三方物流供应商承运。应用企业的物流作业，通过每月对未来销售业务量进行预测作为基础来进行。同时，应用企业也采用延迟物流策略——物流延迟的营销模式。根据货量情况，在不同仓库和配送中心之间进行货物调动。

亮才商务咨询（上海）有限公司，是东方海外集团成员，专注于提供物流信息化方面的产品及解决方案。公司由一群年轻的物流 IT 精英组成，集丰富物流信息系统和行业经验，以数字物流理念为导向，运用移动互联、大数据、云计算技术为客户提供全面的物流数字化解决方案和相关咨询服务，帮助企业提升物流服务质量和管理水平，推动物流行业数字化进程，迈向数字物流新时代。

亮才拥有超过 200 名高素质的物流信息化人员，60% 来自国内一流大学，20% 拥有 15 年以上物流相关业务经验，在上海、香港、珠海设有产品研发中心，拥有通过 ISO/IEC 27001 安全认证的数据中心，以超过 20 年的物流信息化经验和高度可配置化的产品为诸多世界 500 强企业提供先进的数字物流解决方案。

亮才运输管理系统（TMS）利用移动互联网技术，将客户、承运商、司机等纳入作业流程中，互动形成运单分派、执行、反馈、签收、评价的全过程闭环管理；利用流程规则引擎与复杂事件处理机制，对运输过程进行自动化管理，根据反馈状态自动侦测问题；利用物流过程反馈数据进行大数据分析挖掘，形成对承运商、司机的量化考核，辅助流程优化。

二、物流管控模式的现状

实施数字化之前，应用企业没有一个兼顾各方的物流运输系统。几乎所有的运输流程和订单生命周期的管理，都通过 Excel 台账、电话邮件沟通的模式管理。

（一）传统物流作业流程

企业传统物流作业流程主要分为以下几个环节。

1. 派单环节

客服部门接受客户订单，通知物流部门下单。物流部门按照路线规划派发订单。派单内容标注温控、危险品要求等信息；如果产品需要产品分析证明文件（COA），则附加分析证明文件，发送给承运商和仓库。仓库负责备货，准备提货箱单，并发送给承运商。承运商整合收到的信息，把信息录入台账，并打印相应文件。

2. 运输跟踪环节

承运商根据要求到货时间，去仓库提货。对于长途订单，承运商每天录入跟踪表，并把跟踪表发送给企业物流部门。企业物流部门跟踪货物情况。客服部门通过和物流部门交流，了解及时货物情况。

3. 文件归档环节

承运商定期整理客户签单。按要求，承运商向企业上报回单文件，温度信息和 GPS 信息。企业物流部门收集文件，并归档。

4. 对账环节

每月底，承运商在规定的 Excel 格式中，录入每票订单的单价、重量和应收等信息。企业物流部门收集对账单，提供财务预提费用报表，并进行费用核查。核查完毕，经过内部审批，提交财务付款。

（二）物流数字化提升方向

1. 自动化的日常运输管理

作为化工行业的大型企业，应用企业对于日常操作安全非常重视。企业期待一个 TMS 系统，可以帮助它增强对于承运商及其分包商的监控，特别是对于运输安全要求、温控要求的合规管理。

2. 完善服务商生态系统

数字化的推行，并不单单有利于应用企业内部的管理提升，而是呈现一种互利共赢的局面。承运商在帮助货主企业提供信息的同时，其自身的企业管理和效率也得到了提升。

3. 提升客户体验

优秀的客户体验，不只在于为客户提供优质的产品，而是全过程的客户体验。物流是客户体验的一个重要环节。应用企业希望通过可视化平台，帮助其物流部门和承运商及时了解货物的提送货、追踪等货物情况，从而提高客户满意度。

4. 决策支持，持续改进

通过完整的订单追踪信息，准确、准时的账单、业务报表等大数据，企业期待以数据驱动的方式调整和优化日常运营，驱动的成本意识，提升运输管理的多重技能，制定战略方向。

三、物流数字化探索进程

（一）物流数字化理解

数字化（Digital）是最近一两年内各个行业内特别是世界500强企业里最热门的概念之一。我们认为，数字化不仅仅是一种信息化手段，更是一种区别于传统意义的新的企业方法论，从这个意义上来说“数字化”实际上可以看作是“数字化时代的思维方式和行事方法”的缩写。数字化的核心理念包括：

①追求业务与IT敏捷，强调业务与信息系统随需而变，这是一种思想或者说是方法论的变化；

②关注客户体验，不仅仅是某一时刻或者产品的客户体验，更是强调客户全过程的体验；

③利用物联网技术，提升系统的感知能力，这是实现人工智能的基石；

④建立链接，通过平台思维形成产品生态，聚焦自己的核心业务，通过链接和平台思维打通上下游合作伙伴之间的业务与数据交换，形成生态圈的竞争力；

⑤通过大数据，以数据驱动的方式调整和优化日常运营，制定战略方向。

我们期望通过数字化信息平台的五个部分，与数字化的五个核心理念一一对应，从而构建数字化物流体系（见图1）。数字化信息平台从内部信息化开始，到构建客户体验平台、合作伙伴生态平台、物联网设备平台，最终实现大数据分析。

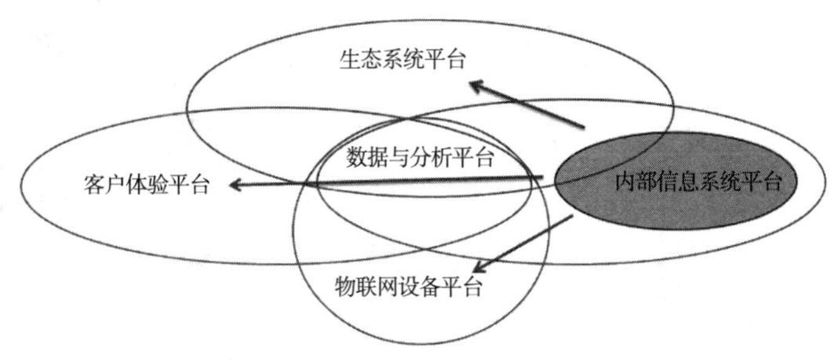

图1　数字化物流体系

①内部信息系统平台，支持企业内部的日常运营与操作，比如ERP系统和核心业务系统；

②客户体验平台，支持和客户直接交流与互动的平台以及各种应用；

③物联网设备平台，连接物理的设备，比如GPS、温控等设备，持续地采集数据并集成到核心的业务数据，优化和控制核心业务的日常运营；

④生态系统平台支持和合作伙伴（比如供应商和客户）系统的数据对接与交换；

⑤数据与分析平台具有信息管理与分析能力，包含数据挖掘与分析算法对数据进行分析与发现，指导企业的决策。

（二）物流数字化产品模型

就运输领域的数字化而言，我们认为可以大致分为四个层次：数字化1.0无纸化，解决业务流程的数字化；数字化2.0自动化，解决企业知识的数字化；数字化3.0协同化，解决外部协作的数字化；数字化4.0智能化，解决决策分析的数字化（见图2）。

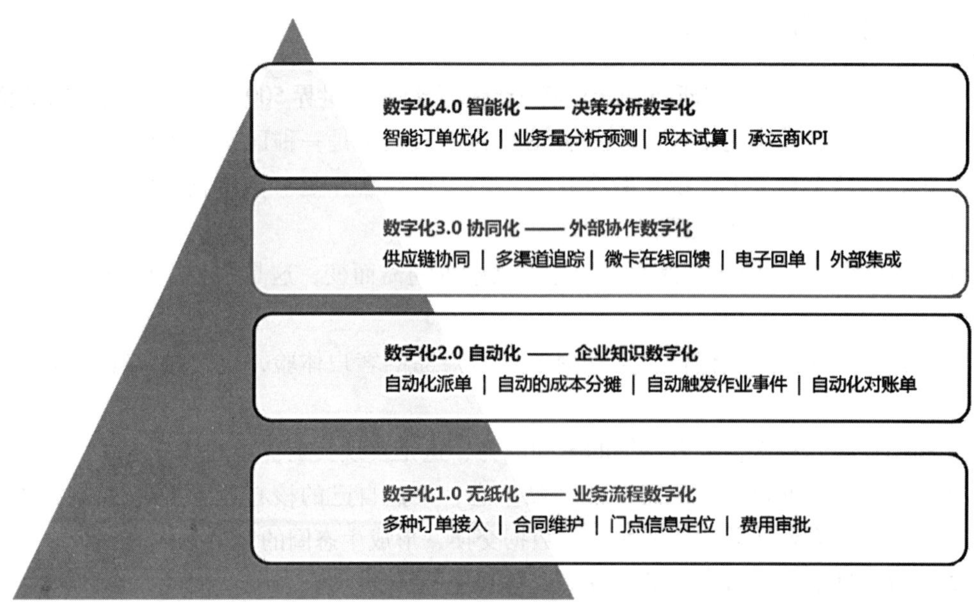

图2　物流数字化产品模型的四个层次

基于运输数字化模型，亮才TMS提供了具体的数字化解决方案（见图3）。

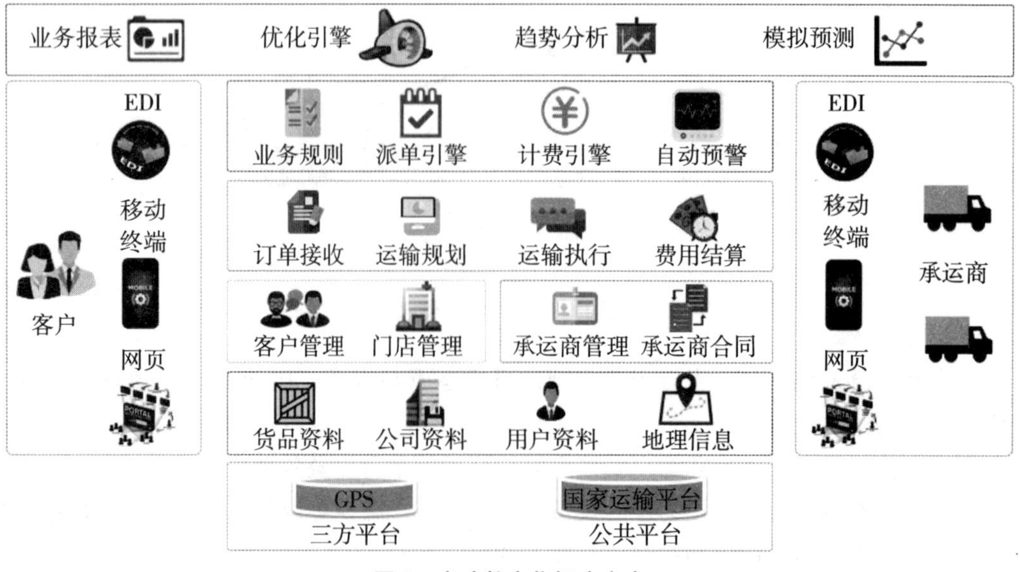

图3　亮才数字化解决方案

根据应用企业业务，以及讨论确认的业务流程调整，亮才实施人员为应用企业选定了亮才 TMS 的部分功能，来帮助企业实现数字化。

①派单环节。与 ERP 系统对接，自动接收订单信息。根据预设的派单规则，自动配置订单运输指示，把订单派发给相应的承运商，并附上相应提货箱单等文件。

②运输跟踪环节：承运商通过移动设备，或通过统一平台汇报提货、在途、送货等重要运输节点时间信息。如果运输过程中有异常发生，承运商及时上报运输异常。企业物流部门以及客服部门统一平台，追踪运输情况。

③文件归档环节：承运商在客户签单后，通过移动设备或统一平台，及时上传客户签单、温度信息等规定文件。

④对账环节：系统根据预设的运费信息，为每单计算运费情况。企业物流操作人员和承运商，在统一平台交流对账。对账确认后，物流部门通过系统提请审批，由拥有权限的负责人在系统完成对账单审批，提交财务部门付款。

⑤承运商管理：承运商管理流程，以及承运商资质管理信息化。系统根据日常订单信息记录情况，自动生成 KPI 数据。

⑥决策中心：系统提供可视化报表，帮助数据分析。

（三）物流数字化的主要工作

根据客户在数字化体系中的痛点，结合我们对于数字化的理解，亮才 TMS 提供针对性的信息化服务，为客户持续创造价值。

1. 全方位的安全管控

对于化工企业而言，运输各环节的安全管理，始终是操作的重中之重。对此，系统提供了全方位的安全管控方案。

首先，是对运输车辆的管控。由于货物的特殊性，很多化工品承运车辆需要具备特殊的运营资质。对此，系统提供了车辆、司机危险品资质等各类信息的备案与核查，保证了进入系统备案车辆的合法合规。

其次，是对货品资料的属性维护，物流系统与公司主数据系统实时对接，更新货品资料信息，不仅减轻了人员操作压力，更主要的是保障了货品运输属性的准确性，系统在派单和运输的过程中，对于具有特殊属性（如危险货物）的货物操作自动识别，在派车以及拼单的过程中加以控制，保证所派车辆满足货物运输要求，不同安全要求的货物进行不同拼装，杜绝了人为操作的失误。

最后，在运输全过程利用设备进行位置监控，并与预设线路进行匹配，对于偏移预设线路的情况实时提出预警，提醒人为介入纠偏。同时系统还支持司机通过手机端拍摄照片反馈，对各种异常情况的实时状况进行第一手材料的记录。

2. 自动智能的派单计费

效率始终是物流过程中考虑的关键因素，如何高效、合理地将货物运输到目的地不仅能够节省成本，也能够提升客户的满意度。

应用方案从企业的实际情况出发，提供了自动智能的优化派单和计费功能。

首先，系统维护了一整套承运商派单规则，对于不同线路、货品属性、整车零担等因素，维护了数百条的承运商派单规则。

其次，在系统接受订单后会自动监测订单信息，根据承运商派单规则选择合适的承运商，通过系统对接、承运商窗口以及邮件短信等方式把订单派发给对应的承运商。自动化的派单流程，节省了物流部门查看订单的时间，提高了沟通效率，对于承运商而言也能够更早的接到运输指令，同时，避免了人为派单可能造成的错误风险。目前艾仕得已经实现了超过95%以上订单的自动分派。

最后，除了直接分派以外，系统还专门针对接到的订单进行优化拼单工作，对于相近目的地、相容货品类型且运输时效能够满足的货物，在考虑时间、地点、货量等各方面条件的前提下，智能推荐优化的订单合并，帮助用户决策，将小单拼成大单，大单拼成整车，充分利用阶梯运价的优势。系统的自动优化推荐，不仅能最优化成本，也能避免错误合并带来的风险。

3. 优化客户体验

客户服务水平是企业的核心竞争力之一，物流作为与客户直接接触的一环已经对客户服务水平起到了越来越大的作用。系统方案主要从两个方面入手，提升客户体验。

一是提升物流过程的透明度，系统的生态系统平台为司机、承运商提供移动解决方案。运输过程中的节点信息更新、操作异常均可以实时、准确地收集到物流系统中。企业物流部门可以监测承运商操作，及时、有针对性地处理订单情况，同时将运输过程信息开放给客户，为客户提供快递式的物流过程透明体验。

二是提供客户参与和反馈窗口，在物流过程中，用户不仅能通过企业微信公众号实时查询到物流信息，在货物到达交接时更能对交接货物情况以及物流服务体验进行反馈评价，有利于企业掌握客户的满意度，不断调整与提升客户服务水平。

四、数字化主要效益分析与评估

企业物流经过数字化改造后，通过近一年的磨合和应用，产生了比较明显的效益和提升。主要分成两个方面，可量化的成本与效益指标和无形的业务模式改变及竞争力的提升。

（一）量化效益指标分析

对于无须人工参与判断的内容，系统可以通过自动化计算的方式代替员工的工作，一方面使员工可以把精力放在更能产生效益、发挥价值的事情上，另一方面也减少了人工操作带来的出错风险（见表1）。

表1　量化效益指标分析

流程	应用前流程	应用后流程	成本节省
订单派单和跟踪	每日通过 E-mail 派单	系统自动派单	1.5 人
	整理不同承运商的 E-mail 回馈结果	在系统统一平台查看	
对账	月底统一检查承运商计费和申请检查承运商合并订单结果	每单及时检查费用 承运商申请费用计入系统流程	0.5 人

续　表

流程	应用前流程	应用后流程	成本节省
对账	承运商合并订单	系统自动合并订单	70 万/年
	承运商计费，存在出错风险	系统自动计费	25 万/年
报表	整理 Excel 跟踪表，整合数据，做出分析表	系统自动生成报表	0.5 人

（二）管理与竞争力的提升

通过流程改造，应用企业的管理得到了改进。企业的竞争模式，从实物、产品的竞争，提升到优化管理、为客户提供优质服务的理念的深层次竞争（见表2）。

表2　　管理与竞争力的提升

流程	应用前流程	应用后流程	管理改进
订单派单	手工派单，存在漏单风险	系统订单统一管理，自动派单	减少操作不合规的风险业务流程优化和标准化
订单跟踪	整理不同承运商的 E－mail 回馈结果	系统统一平台跟踪，实时跟踪车辆情况	
对账	承运商合并订单	系统自动推荐合并订单	
全流程	线下操作，流程不统一，存在不当操作风险	系统监控，避免出错	
报表	手工制作报表，数据分析量有限	通过大数据分析的帮助，持续改进供应链流程	数据分析更深入和精确

首先，应用企业内部基础数据信息得到了统一的检查和梳理。规范的基础数据有利于企业提高信息传输的质量和效率，进而帮助其提升生产经营的效率。

其次，应用企业的流程实现了自动化和规范化，使得管理的过程更加顺畅，效率更高，进而使管理成本得到了降低。

同时，通过大数据分析平台，应用企业以系统业务数据为依据，分析业务，对于工厂、仓库选址，路线选定等方面进行调整，帮助企业实现对各种资源的统一调配。

最后，通过生态系统平台，客户货物的在途情况、到货时间等，都能及时地反映给客户。客户的意见和建议，也可以通过信息化的渠道快速传达给应用企业，应用企业也可以及时给予反馈，客户满意度得到提高。

五、数字化实施过程中几点体会

（一）数字化是企业理念的转变，应自上而下推行

数字化并不是简单地运用一套软件解决问题。它围绕和服务于企业的实际业务，目的在于解决切实的业务需求。每个企业在长期的运行过程中，都有自己的独特之处。数

字化过程并不是全盘否定已有的企业管理模式，而是应该基于企业的业务特点进行优化，转变企业传统固化的理念。

实现数字化的过程中，各部门不再是职能部门，而是流程中的一部分；部门成员的工作可能从之前的单一工作，转向更多面性的工作。人们对于已经熟知的流程改变，在未来不明朗的时候，都有抵触情绪。在数字化实施的过程中，不但需要物流部门的参与，也需要其他受到业务影响的部门代表的参与。通过一个开放的沟通交流渠道，更好地管理变革。通过自上而下的推行，让项目顺利实施。

（二）数字化是一个落地的项目，要充分考虑方案的可操作性

数字化不是一个理想、空泛的概念。如果仅仅是强行推行流程的改变，而不能切实地为企业解决问题，那么必定是失败的。因此，在流程设计和实施的过程中，应该结合实际业务、工作量等各方面考虑方案的可操作性。

（三）数字化是一个长期的战略方向，应边实施边改进

在项目初期的业务流程整理，规则整理，很大程度上基于操作人员的经验总结。对于主要业务的覆盖比较全面，但是一些小的业务流程在叙述的过程中有遗漏。在测试的过程中，项目组发现了一些很少发生的业务模式在初期没有被考虑在内；一些数据的逻辑结构也与预想的不一致。

在初期预估时，对于业务流程改变所造成的影响，容易忽略一些业务细节，而往往正是这些业务细节造成了业务上的阻碍。比如，对于系统推荐的自动合并订单，在初期预估的理想情况下，没有考虑不同运输时间上的业务差异。

基于上述经验，项目组认为，数字化不是一蹴而就的，它是一个长期的战略方向。项目组也采用了敏捷的工作方式，根据流程的主次重要性，把数字化的过程分为几步。对于重要的流程，应用企业可以尽早操作并且给予反馈。基于反馈结果，项目组及时评估，做出系统、流程上的改进，最终实现可落地的数字化。

在艾仕得数字化物流一期实施完成后，我们已经在考虑进一步的持续改进方向。

1. 利用智能设备，提高运输过程细节透明度

除了一般的定位设备外，可以在运输途中采用更多的智能设备，如温控设备采集温湿度信息、车载设备采集司机行为习惯、智能锁采集开关门信息，可以帮助应用企业掌握运输过程的细节，为管控和优化进行分析。

2. 外延型数字化推广

运输系统通过与外部信息平台合作获取外围运输环境情况信息结合不同货物的运输要求。

3. 进一步的运输数据分析和持续改进

在系统应用一段时间之后，可以基于系统积累的数据进行分析，为应用企业在数据中找到潜在优化点，寻求改进机会，对于应用企业的物流持续改进提供帮助。

青岛瑞通高新科技有限公司：生鲜加工配送管理系统

一、应用企业介绍

利群集团是一家综合性大型商业集团（股票代码：601366），业务涉及百货零售连锁、物流配送、酒店连锁、药品物流和药店连锁、房地产开发、高新科技、电子商务、旅游、金融等多个领域。截至目前，利群集团拥有分公司100余个，已开业上万平方米以上的商厦近50座，大型物流园区3处，星级酒店15家，连锁药店60余家，便利店300余家，总经营面积150余万平方米，年销售额超过230亿元。

利群集团现拥有青岛、胶州、文登三处大型物流园基地，完成了物流基地的山东半岛布局，拥有仓储面积近30万平方米，自主运输车辆近260辆（其中，冷链配送车辆30辆），配送能力已辐射整个山东省。利群物流是山东省乃至国内投入运营规模最大、现代化程度最高的第三方商业物流企业。

二、项目介绍

随着食品安全问题日益受到关注，为消费者提供更具有特色的生鲜产品，保证生鲜商品的品质、卫生标准的一致性，2010年利群集团斥巨资建造的农产品冷链及生鲜物流加工配送中心正式投入运营。该物流中心具备生产、加工、验收、仓储、分拣、配送、信息处理等功能，设计符合HACCP（危害分析的临界控制点）要求，可满足50家左右一万平方米以上门店及1000家便利店的生鲜配送需求。该中心借助青岛瑞通科技的生鲜加工配送物流管理系统，在全国首家实现了针对生鲜物流各环节的科学管理，包括采购、销售、库存、生产加工、包装、贴标、出库、分拣直至配送等；搭建了数据实时高效精确处理大集中平台，实现对加工车间的产能、绩效及产品的工艺、配方、原料、损耗、毛利等进行充分的量化与管理。

三、信息化实施中遇到的主要困难与解决措施以及信息化建设的组织、推进和深入

（一）遇到的主要困难

1. 生鲜产品运输途中耗损大，物流成本高

（1）运输途中耗损大。

生鲜产品属于变质食品，要想生鲜产品的质量达到最佳就必须在运输过程中有专业

的运输装备及物流技术，而利群集团在配送过程中是由供应商与超市本身来完成，在产品运输途中不能很好地控制生鲜产品的质量。

（2）物流成本高。

首先是由于生鲜商品自身特点以及物流技术薄弱、冷链系统缺乏造成的生鲜商品物流损耗高。其次，中间环节多，多种运输方式之间缺少良好衔接也是生鲜商品物流成本高的主要原因。最后，超市尤其是连锁经营超市的规模效应不明显，自建生鲜配送中心投入产出比小，在第三方物流缺乏的情况下，主要依靠供应商自送的方式，造成物流成本居高不下。而利群集团在运输方式的衔接上做得不好，且运输方式多样，这就造成了配送物流成本居高不下。

2. 物流技术薄弱

对于生鲜农产品而言不仅要求尽可能缩短物流时间，同时还要求物流保鲜技术高，保证生鲜商品在整个物流过程中不发生品质下降。我国的物流技术起步较晚，缺乏专业的物流技术人才，这些都制约了利群集团生鲜物流配送的发展。

3. 没有专业的生鲜加工物流配送中心

对于配送环节而言，配送中心的建立是至关重要的，但是利群集团只在青岛胶州有配送中心，但也不是专门的生鲜物流配送中心，生鲜配送中心可以对蔬果进行简单的加工处理及对肉类进行排酸处理，提高毛利及销量。

4. 没有专门的生鲜物流配送管理模式

利群集团的配送模式适用于大多数的产品，但对于生鲜产品而言对于时效性的要求很高，一般的配送方式都不能很好地保证在配送途中生鲜产品的质量，生鲜产品的易损耗也决定了物流配送的时间上限，如果没有专门的生鲜配送模式，物流时间无法保证，成本也无法控制。

（二）解决方案及解决措施

1. 平台支持复杂的配送业态

瑞通科技物流供应链平台除支持对客户订单的分析、下达生产计划、采购计划、库内作业指令外，还支持越库配送（TC）、流通存货（DC）、生产加工（PC）等复杂的配送形态。特别是平台支持多货主管理，全面支撑企业发展标准化的第三方物流（3PL）；同时，平台支持多仓库运作、仓库间调拨、仓库内移动等。

2. 瑞通科技物流供应链平台全面支持生鲜生产加工 ERP

为解决生鲜加工过程中库存的转移、成本的转换，系统中提供了分解型配方（由一到多的分解类加工，如畜、禽等）及组合型配方（由多到一的组合类加工，如熟食、面包、水饺等）加工任务。例如，在加工中选择好要加工的配方后，操作人员根据系统指示的地点、货品及数量取加工原料（见图 1）；实际加工完成后，操作人员根据实际用掉的原料数量、实际生产的成品数量录入系统；系统根据以上信息自动计算该产品的进价、成品批价、成品的售价等，以提供参考。系统提供对阶段数据的汇总分析，将生鲜加工中的损耗管理得更趋于明晰，并为商品核算提供数据参考（见图 2）。

仓库	BOM单号	工艺路线	BOM类型	版本	BOM产品	BOM原料	单位	规格	工序	原料类型	产量/用量
06	B0000001	000001面包加工制作	1-组合型	1.00	01289413 黑米吐司		袋	420g/袋			1.0000
06	B0000001	000001面包加工制作	1-组合型	1.00	01289413 黑米吐司	01255207 福兴金鹏高级黄油15KG	箱	15000	6-面包加工领料	0主料	22.5600
06	B0000001	000001面包加工制作	1-组合型	1.00	01289413 黑米吐司	01255242 福兴燕子高糖酵母5...	箱	10000	6-面包加工领料	1辅料	3.1000
06	B0000001	000001面包加工制作	1-组合型	1.00	01289413 黑米吐司	01255248 福兴鸡蛋（面包加工）	500g	500	6-面包加工领料	0主料	14.1000
06	B0000001	000001面包加工制作	1-组合型	1.00	01289413 黑米吐司	01255209 福兴PA-33面包改...	箱	10000	6-面包加工领料	0主料	1.4100
06	B0000001	000001面包加工制作	1-组合型	1.00	01289413 黑米吐司	01255219 福兴烘焙奶粉25KG	袋	25000	6-面包加工领料	0主料	8.4600
06	B0000001	000001面包加工制作	1-组合型	1.00	01289413 黑米吐司	01255218 福兴面包专用盐500...	箱	25000	6-面包加工领料	1辅料	3.3800
06	B0000001	000001面包加工制作	1-组合型	1.00	01289413 黑米吐司	01255229 福兴黑米粉25KG	袋	25000	6-面包加工领料	0主料	28.2000
06	B0000001	000001面包加工制作	1-组合型	1.00	01289413 黑米吐司	01255228 福兴马头500面包粉...	袋	25000	6-面包加工领料	0主料	300.3200
06	B0000001	000001面包加工制作	1-组合型	1.00	01289413 黑米吐司	01255230 福兴白砂糖50KG	袋	50000	6-面包加工领料	0主料	30.0400
06	B0000002	000001面包加工制作	1-组合型	1.00	01289412 汉堡胚		个				1.0000
06	B0000003	000001面包加工制作	1-组合型	1.00	01289411 奶油吉士排		个				1.0000
06	B0000004	000001面包加工制作	1-组合型	1.00	01289409 瓜子排包		个				1.0000
06	B0000005	000001面包加工制作	1-组合型	1.00	01289410 花生面包		个				1.0000

图1 生产配方管理（BOM）

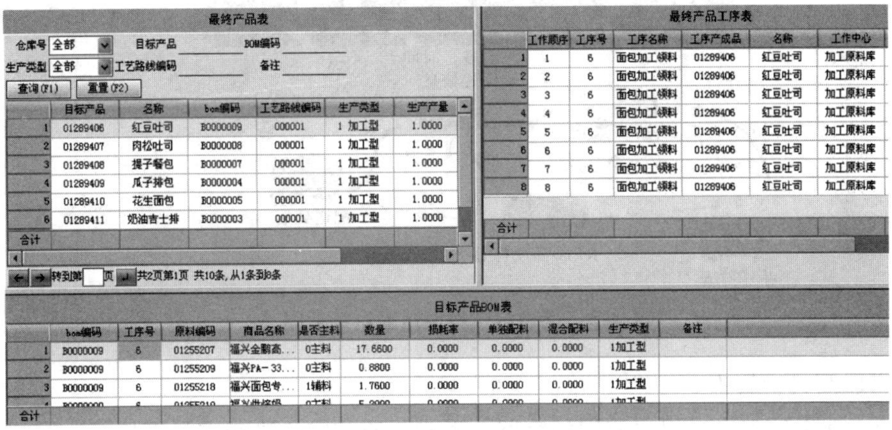

最终产品表

仓库号 全部　目标产品　BOM编码
生产类型 全部　工艺路线编码　备注
查询(F1)　重置(F2)

	目标产品	名称	bom编码	工艺路线编码	生产类型	生产产量
1	01289406	红豆吐司	B0000009	000001	1 加工型	1.0000
2	01289407	肉松吐司	B0000008	000001	1 加工型	1.0000
3	01289408	提子餐包	B0000007	000001	1 加工型	1.0000
4	01289409	瓜子排包	B0000004	000001	1 加工型	1.0000
5	01289410	花生面包	B0000005	000001	1 加工型	1.0000
6	01289411	奶油吉士排	B0000003	000001	1 加工型	1.0000
合计						

转到第　页　共2页第1页 共10条，从1条到8条

最终产品工序表

	工作顺序	工序号	工序名称	工序产成品	名称	工作中心
1	1	6	面包加工领料	01289406	红豆吐司	加工原料库
2	2	6	面包加工领料	01289406	红豆吐司	加工原料库
3	3	6	面包加工领料	01289406	红豆吐司	加工原料库
4	4	6	面包加工领料	01289406	红豆吐司	加工原料库
5	5	6	面包加工领料	01289406	红豆吐司	加工原料库
6	6	6	面包加工领料	01289406	红豆吐司	加工原料库
7	7	6	面包加工领料	01289406	红豆吐司	加工原料库
8	8	6	面包加工领料	01289406	红豆吐司	加工原料库
合计						

目标产品BOM表

	bom编码	工序号	原料编码	商品名称	是否主料	数量	损耗率	单独配料	混合配料	生产类型	备注
1	B0000009	6	01255207	福兴金鹏高...	0主料	17.6600	0.0000	0.0000	0.0000	1加工型	
2	B0000009	6	01255209	福兴PA-33...	0主料	0.8800	0.0000	0.0000	0.0000	1加工型	
3	B0000009	6	01255218	福兴面包专...	1辅料	1.7600	0.0000	0.0000	0.0000	1加工型	
合计											

图2 工艺路线管理

3. 系统与自动化设备实现兼容对接

信息平台自动采集客户订单及价格信息，生成计量包装贴标指令，发送至包装机，下达包装计量贴标任务，在物流中心中完成了生鲜精包装类产品的生产，门店直接陈列销售。

应用无线网络、条码、RF等数据采集技术，使得现场数据获取准确、及时，能适应物流大量化和高速化生产要求，提升了加工配送中心的自动化程度，提高运营效率，减少了门店的工作量。

4. 系统记录，透析损耗黑洞

生鲜品的损耗是不可避免的，所以在管理过程中，只能尽可能通过规范操作降低损耗率。但是，这部分依然是个黑洞，知道损耗多少，但是不知道在哪个环节损耗了多少。为了能够对采购、库存、加工过程中的损耗进行统计和分析，系统对损耗进行记录。比如，对入库的生鲜品记录数量后，加工过程损耗，分拣货时损耗（如对新鲜青菜整捆进货，分捆包扎时产生的损耗）等。通过以上数据，就可以知道这一批生鲜品各个环节损耗量是多少，以及各批次的对比，也可以分析出本次采购的生鲜品的质量如何。

5. 看板管理的支持

指可视化的现场作业状态，如冷库上架工作量统计。

6. 运输调度管理

高效使用车辆，是配送中心的重要管理内容之一。车辆管理包括合理规划行车路线、提高装车容积率、提高排车与调度效率、对车辆运营过程进行全面监控、控制车辆运营成本、科学考核驾驶员及搬运绩效等。通过一系列科学管理方法，使管理人员及配送中心详细掌握车辆运营各环节，并最终提高车辆运营效率。

瑞通科技供应链平台可以对运输过程进行严格的控制。比如在冷链运输中，车门的每次打开都会传输到信息中心，由于生鲜对温度的要求很高，中间停车次数、开门次数，都会对产品造成影响，需要严格地对流程进行记录，以便追溯。系统实时读取并记录在途车厢内温度变化，客户可以将该数据作为优良履约度依据，实现车辆制冷设备故障的及时发现与调度（见图3）。

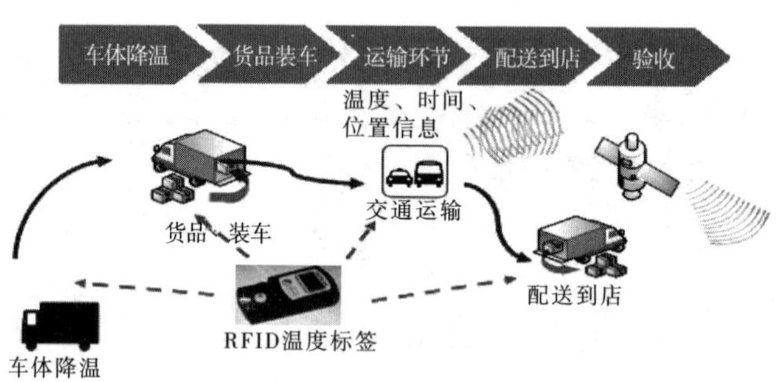

图3　瑞通科技冷链运输系统蓝图

7. 容器及月台管理

系统管理生鲜配货过程中使用的容器，做到物流与客户进行有效衔接。

送货车辆进入园区进行登记，然后系统自动分析月台与车型的匹配度，包括月台繁忙程度、车型、月台尺寸、温度要求等，根据月台使用情况及系统信息，送货司机根据指令到指定月台送货或在指定月台排队，然后开始卸货，卸货完毕月台释放，送货车离开园区。

（三）信息化实施步骤

项目建设划分为五个阶段。

第一阶段：2014 年 8 月，项目需求调研及立项，为期 1 个月。

第二阶段：2014 年 9—10 月，需求细化及确认，业务流程设计，系统架构设计，系统流程设计及确认，为期 2 个月。

第三阶段：2014 年 11 月—2015 年 3 月，开发方进行系统程序编写与系统功能测试，为期 5 个月。

第四阶段：2015 年 4 月，用户测试、用户培训、系统试运行环境部署、基础数据导入，为期 1 个月。

第五阶段：2015 年 5—8 月，系统试运行，为期 3 个月。

整个项目建设期限为 12 个月，按项目推进计划，分期建设，逐步到位。

（四）系统简介

瑞通科技生鲜加工配送系统主要遵循 J2EE 标准，中间件使用 WAS/Weblogic，数据库使用 IBM DB2/Oracle 等，系统架构保证了系统的规范性、可扩展性、健壮性；系统引入 SOA 的思想，全面支持流程定制等功能，提高了系统质量与业务灵活扩展性。

四、信息化主要效益分析与评估

（一）信息化实施前后的效益指标对比分析

1. 实现冷库管理精细化

系统提供物流运作各业务环节的预警机制，如安全库存预警、超储预警、短缺预警、近效期预警、保质期预警等。依据系统设计的管理区域、库别、库区、库位、类别和编码，实现了对货物的出库、入库、调拨、移库等的数据统计，监督控制管理商品的盘点、分拣、包装和加工生产过程（见图4）。

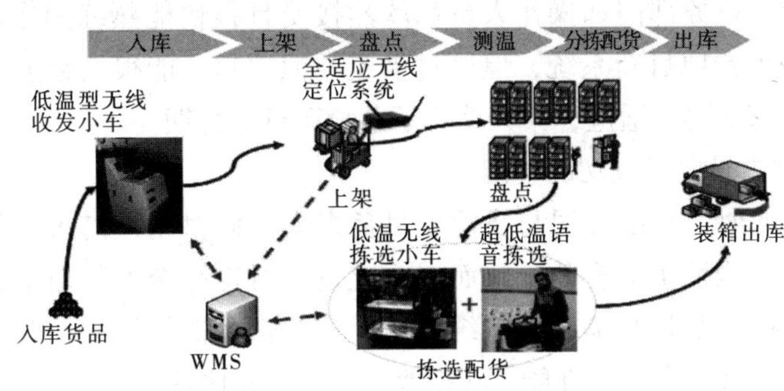

图4 冷链加工储藏

2. 物联网技术在生鲜物流配送过程中得到应用

利用RFID感知技术对冷库的温湿度进行智能监控与传输，在全国率先将RFID等物联网技术在生鲜物流成功落地，使公司科学智慧的管理模式走在了全国同行业的前列。

3. 客户满意度提高

台账准确性提高，异常得到及时跟踪和处理，不仅让储运与加工之间的衔接更科学有序，也通过按计划节点完成采购订单及时补充备件库存，为销售订单能高效完成提供基础保障，客户满意度不断提升。

（二）信息化实施对企业业务流程改造与竞争模式影响

1. 生鲜加工配送系统与各系统的高效衔接

生鲜品对鲜度管理要求非常高，借助瑞通科技平台，生鲜加工配送中心实现了与总部管理、客户管理系统一体化应用，构筑数据实时大集中平台，实现信息传输、汇总、反馈、分析、指令等信息处理高效准确。

2. 越库类商品作业效率大幅提升

对蔬菜、水果、日配低温奶、糕点等越库类商品，采用RF终端出入库配合后台自动生成单据的模式，从而实现了无纸化作业，在提高工作效率的同时，降低了差错率，减少了手工单据差异和相关环节的费用支出。

（三）信息化实施对提高企业核心竞争力作用

利群集团通过实施生鲜加工配送系统，实现生鲜产品储存、领料、加工全过程可视化跟踪管理，提升了管理精度，同时通过系统将各作业节点实绩与计划对比，大大提高了异常追溯效率，缩短了异常处理时间，为生鲜原料及时按计划送达加工库，满足采购实际需求提供了高效保障，提升了公司整体服务水准，赢得客户长久信赖。

五、信息化过程中的主要体会、经验、教训

回顾利群生鲜加工信息化建设过程，主要的经验体会有以下几个方面。

1. 借鉴以往成功经验，可极大缩短系统运行磨合期

我司供应链管理经验丰富，且仓储管理系统 WMS、TMS 运行成熟，管理模式已获得多方认可。生鲜加工配送管理参考常温仓储管理模式，并进行了适当调整。对于系统功能设计及流程设计，业务部门和操作人员都欣然接受且很快能熟练操作。虽然生鲜加工配送管理系统是一个新项目新系统，但通过借鉴类似项目，能很大程度上降低现场部门的抵触情绪，让大家能更快适应，大大缩短了系统运行磨合期。

2. 以用户需求为导向是成功的基础

在进行需求调研时，系统公司与我司项目负责人共同对用户需求进行提炼，并综合考虑未来业务增长可能发生的变化，从而在系统设计时进行全方位衡量，使得系统的功能设计、操作流程能满足用户需求，系统界面设计简洁、操作简易，且具有拓展性。在系统试运行时，就体现出良好的性能，获得业务部门的高度评价。

3. 做好服务与做好产品同等重要

做好产品是满足用户需求的第一步，随着客户业务的发展，需求将不断变化，怎么持续做好服务，在较长时间内伴随其客户成长，不断优化产品，无论对于客户还是供应商来说都是非常重要的。

六、项目的应用推广意义

生鲜加工配送系统结合运用以物联网技术及物流信息管理系统研发为突破口，加快物流信息化技术的研发与应用，大力推进与发展智慧的流通模式，提高优质服务水平，在增强企业竞争力方面做出了有益探索。肉菜追溯二维码识别、RFID、无线、RF、看板管理等物联网感知技术在利群集团成功应用，是全国同行业率先实现利用二维码识别、物联网技术实现仓库智能作业，使公司科学智慧的管理模式走在了全国同行业的前列。

生鲜加工配送系统作为利群集团重点打造的物流信息化平台的一部分，立足于当前利群集团的业务特点，采用先进的管理理念和技术将利群集团打造为国内先进的物流信息化平台，使利群集团所有配送中心和门店可以在同一个网络运营，实现系统的集中部署和管控。

我司实施的生鲜加工管理系统，能对生鲜配送中心生鲜产品库存、领料、包装、称重、加工等全过程实现全方位跟踪，管理范围全面，管理理念先进，且已进行了有益的技术研发及应用实践，对同性质企业及同类型应用场景具有借鉴意义和推广价值。

锐特信息技术有限公司：新粤沥青物流系统解决方案

一、锐特简介

锐特信息技术有限公司（Sino Services）是业界领先的物流供应链信息化服务商，借助云计算、大数据及互联网+等信息技术，为各行业的企业打造一体化、精细化、集约化、移动化的供应链混合云解决方案，服务的企业包括电商（跨境电商）、冷链（食品、餐饮、药品）、家电家居、沥青、商贸零售、危化、大宗商品、快运快递、整车汽配、第四方物流等领域的跨国公司及行业领军企业，如DHL（敦豪航空货运公司）、SCHENKER（全球国际货运代理（中国）有限公司）、APL（美集物流）、中外运、国药物流、太古冷链、美的、TCL、顺丰速运、欧尚、永辉超市等。

锐特信息成立十余年来，目前在厦门、上海、深圳、北京、西安设有分公司，在广州、成都、宁波、乌鲁木齐等地设有销售分支机构，在新加坡、美国圣何塞和英国伦敦等地设有海外办事处。锐特信息在厦门、西安和上海设有三个大型的产品和技术研发基地，结合超过10年的行业经验积累，已经拥有一支具备国际视野和行业化服务的运营团队。

十年磨一剑，今朝试锋芒，锐特信息秉承专注发展、专业服务的一贯作风，已经成为物流供应链信息化服务的示范企业，在业界拥有优秀的口碑。

二、新粤沥青简介

广州新粤沥青有限公司成立于1999年6月，注册资金7.75亿元，是广东省交通集团境外融资窗口和高科技研发中心——新粤有限公司（香港）的全资子公司，是广东省交通集团内唯一的沥青专营公司，是集沥青贸易、仓储、加工、配送、改性和乳化沥青系列产品的研发与生产、道路特殊材料推广、沥青混凝土生产、路桥投资以及相关技术咨询服务为一体的广东省重点企业。

三、项目背景

广州新粤沥青有限公司主要从事进口沥青贸易、沥青产品研发、生产、仓储、销售等服务，现企业为了更高效的管理，节省人力、物力，需通过一套智能物流管理平台对到船、质量、仓储、物流环节进行整合，实现各业务信息的及时获取及各业务流程的控制。

四、关键需求

第一，需满足货物信息登记及满足第三方对货物的监控要求。实现货物来源、数量、质量数据、采购合同信息登记。

第二，需满足对仓库、储罐的货物信息的实时查询以及对货物智能的监控。实现自有、外租仓库库容、罐号登记、仓库租赁期限、仓库租赁合同信息登记。

第三，需满足采购人员沥青货物送第三方进行加工的货物监控及数量结算。

第四，需实现项目发货信息登记及对相关人员的推送，设置发货审批程序；实现运输计划推送，以及承运公司运输车辆安排信息登记；设置储罐封条开启程序；实现运输车辆装车信息登记；实现上批次已发出但未到达货物与新发货计划的对接，避免重复发货。

第五，需实现全部准运车辆及运输合同单价信息登记及审核，建立运输车辆电子标签；实现装车车辆信息登记及电子标签数据上传；实现封条安装及核对信息的登记，实现运输途中 GPS 全程监控，超时停留、路线偏离报警，货物到达信息的推送。

五、解决方案

（一）采购管理

对货物来源、数量、质量登记，并将相关信息推送至货主及相关第三方；实现卸船入库后提单数与商检数的校对，确定入库数量。

（二）仓储管理

对存储货物信息进行登记，包括货物来源、运输船号、型号、产地、数量、质量，每日温度登记；实现定期、不定期盘点或抽检的数据登记，对抽检、盘点的信息进行推送，并对抽检、盘点异常情况设置处理流程；实现储罐各进出口封条登记，设置封条开启审批程序；设置转罐审批程序，转罐数据登记及货物跟踪；实现货物退回仓库登记；实现储罐信息电子标签管理，实现储罐进出口电子锁管理；实现仓库库容、货物数量、储罐等信息即时统计等。

（三）加工管理

实现对转运至加工厂货物信息登记，自加工厂提取货物登记，加工后货物数量结转；实现仓库和加工厂同处一地，直接管道连接加工设备情况下，以加工产品反推货物数量的结算，以及对货物流向的监控。

（四）发货管理

将储罐、运输信息推送至出仓储、运输管理，实现对整个发货进行管理与监控。

（五）运输管理

运输途中 GPS 全程监控，超时停留、路线偏离报警，货物到达信息的推送；到达目的地货物签收信息录入，签收数量异常情况报警，卸货延时警报；满足一车货物多地卸货签收、退货、调货的需求，实现货物实时跟踪，各项数据自动调整；根据运输距离、重量及延时卸货补偿等条件实现运输费用结算。

（六）报表管理

实现了到船损耗表、质检报表、库存报表、温度记录表、运输损耗表、运输评比表、运输结算表、运输在途车辆表、车辆调度表、各项目供应报表；针对不同报表特性设置各种直观模式。

六、项目特性

（一）RFID 技术移动应用

1. 描述

通过在阀门增加阀门智能锁（或在阀门上增加电子封签），通过 PDA 可远程、快速读取 RFID 进行加锁解锁，来实现物流安全管控；降低人员与管理成本，提高对客户服务水平，形成标准的管理流程。

2. 应用场景

（1）沥青储罐阀门，提高沥青存储安全管理。

（2）沥青储罐车上下出入口，提高运输过程安全管理。

（3）其他物流场景应用。

整理和补充货物：装有移动阅读器的运送车自动对货物进行整理，根据计算机管理中心的指示自动将货物运送正确的位置，同时将计算管理中心的存货清单更新。

入库和检验：当贴有射频标签的货物运抵配送中心时，入口处的阅读器将自动识读标签，根据得到的信息，管理系统会自动更新存货清单。

订单填写：通过 RFID 系统，存货和管理中心紧密联系在一起，而在管理中心的订单填写，将发货、出库、验货、更新存货目录整合成一个整体。

货物出库运输：应用 RFID 技术后，货物运输将实现高度自动化。当货品在配送中心出库，经过仓库出口处阅读器的范围时，阅读器自动读取货品标签上的信息，不需要扫描，可以直接将出库的货物运输到零售商手中，而且由于前述的自动操作，整个运输过程速度大为提高。

（二）流程监控

流程监控包括接船计划全流程跟踪、发货计划各环节监控、运输过程全程监控。

（三）图表可视化

主要指 App 图表可视化，如项目库存报表可视化。

（四）GPS 跟踪

主要指 App 可对车辆定位、轨迹回放。

（五）移动办公

1. 管理人员 App

部门经理图表监控、项目经理发货、加工管理、运输调度员选择承运商，如图 1 所示。

图 1　管理人员 App

2. 驻库、驻工地人员 App（PDA）

驻库人员收发货管理、储罐加解锁、巡罐、车辆加解封、待办等操作；驻工地人员签收（见图 2）。

3. 司机 App

运输公司下发车辆、司机运输接单、异常上报（见图 3）。

七、应用效益

通过计划管理、仓储管理、运输管理等模块，实现企业内部管控，建立高效的仓储和配送中心，降低成本和库存，改善服务质量，促进企业的稳定发展。

通过系统报表数据采集、分析等功能，大大提升整个物流过程的效率，并保证数据准确性。

通过固化及优化作业流程，减少对人员经验的依赖性，提高人员业务和管理能力，实现标准化作业和规范化管理，有效提升企业形象，扩大企业知名度，支持企业业务拓展并创造良好的社会效益。

图 2　驻库、驻工地人员 App

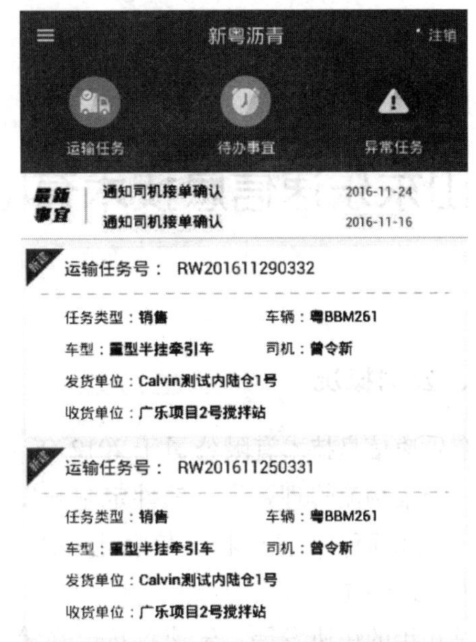

图 3　司机 App

山东乐速信息技术有限公司：配送管理系统

一、公司概况

山东乐速信息技术有限公司于2012年7月成立于山东省济南市，注册资本3000万元，是一家集物流管理咨询、软件定制开发与实施、系统运维、系统集成等为一体的专业IT服务提供商，专注于物流信息化解决方案。现拥有五大开发平台，八大系列产品，在行业内遥遥领先。

经过几年的快速发展，乐速科技已在第三方物流、零担运输、冷链物流、医药、电器、直销、快消等行业积累了丰富的开发经验，获得社会的广泛认可。

乐速科技以“智慧让物流更简单”为使命，以“物流领域科技服务的领航者，专业人士的梦想舞台”为愿景，为各领域客户提供专业的物流信息化解决方案。公司致力于通过严谨深入的、基于客户实际的需求分析，提供流程优化设计和系统需求咨询服务，为客户量身定制符合业务流程的信息系统，助力业务的稳定快速发展。

乐速的主要产品有网链、云仓、易运、速配、车行天下、智慧安防、云客服、悦办公等，具体如图1所示。

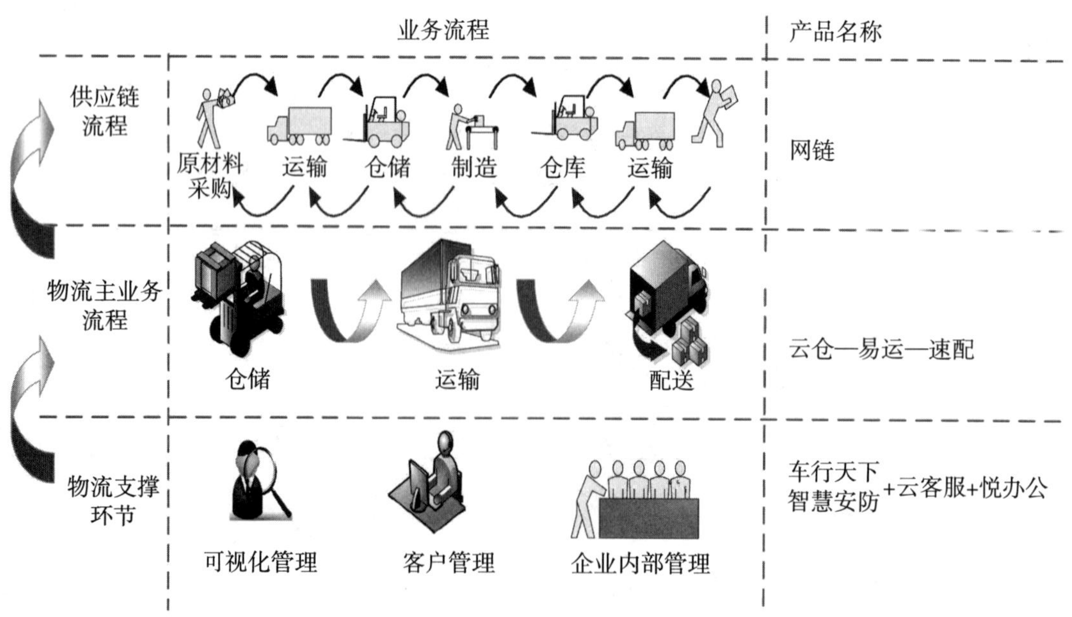

图1　产品模型

此文主要就大多数物流公司在配送过程中遇到的实际问题加以说明。

二、面临的挑战及解决方案

物流信息化是现代物流发展的关键，是物流系统的灵魂，更是主要的发展趋势，在21世纪，我国确定了实现以信息化带动工业化，以工业化促进信息化的方针，为了推动我国的物流业、制造业和商贸流通业的发展，必须大力提升我国物流信息化水平，进而带动制度创新、物流科技创新与商业模式创新。

物流贯穿其生产销售始终，即从原材料的采购开始，到零部件的生产加工、产品的最后完成，一直到最后进入各级销售渠道，面对最终用户，物流即意味着企业的生产、流通的全部。

物流信息化因此是企业间和企业内部物流过程中所产生数据的全部记录。物流配送中心建设信息系统应充分支持管理者制订物流运作计划和实际的业务操作。尽管现代物流配送中心日趋向多样化和全面化发展，但构成其核心竞争能力或有助于其获得竞争优势的还是其核心业务，如汇集客户的订货信息、从供应商处采购货物、组织货物的入库、配货、分拣、储存、出库、配送等。

通过对问题的深入研究分析，我们得出相应的解决方案如图2所示，对应的功能模块如图3所示。

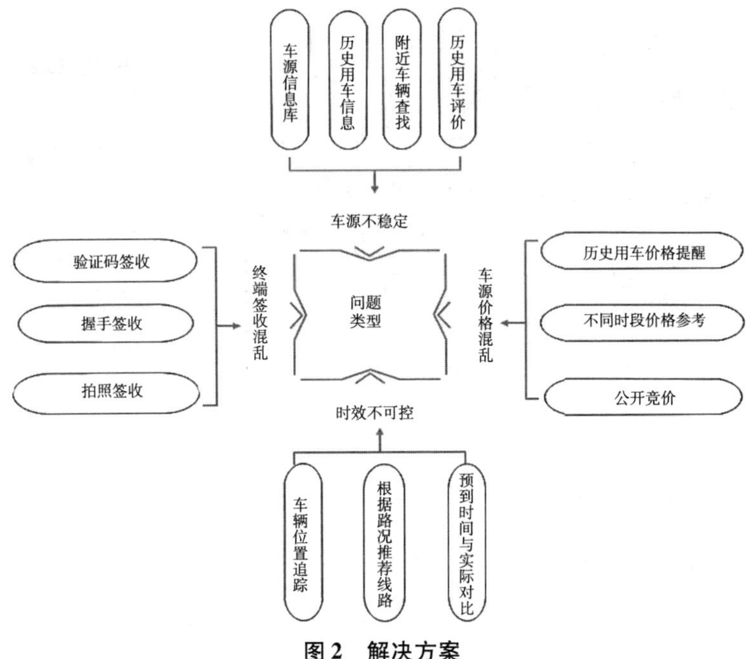

图2　解决方案

三、×××公司配送管理系统简介

×××公司是一家终端配送公司，其秉承服务标准化，标准产品化的运营理念，为专线零担快运企业提供落地分流业务，为经销商类客户提供仓配一体解决方案，运用信息技术与互联网平台，整合社会运力资源，实现共同配送，提高配送效率，降低社会物

图3 功能模块

流总成本。

其系统流程如图4所示，系统架构如图5所示。

四、×××公司配送管理系统功能介绍

此配送系统可以实现五大功能：车辆需求管理、配送管理、异常反馈、逆向物流、财务报表。

各系统功能简述如下。

1. 车辆需求管理

准确了解车辆的真实位置和运行轨迹，变被动管理为主动管理，优化行车路线，降低运营成本。同时可为业务管理层提供此系统的全方位动态信息，实现管理决策的科学化，提高整体车队的经济利益（见图6）。

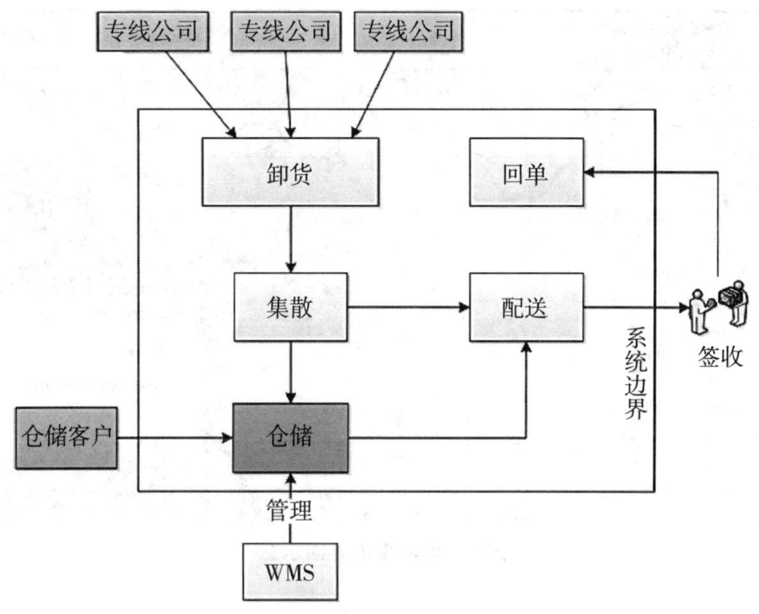

图4　系统流程

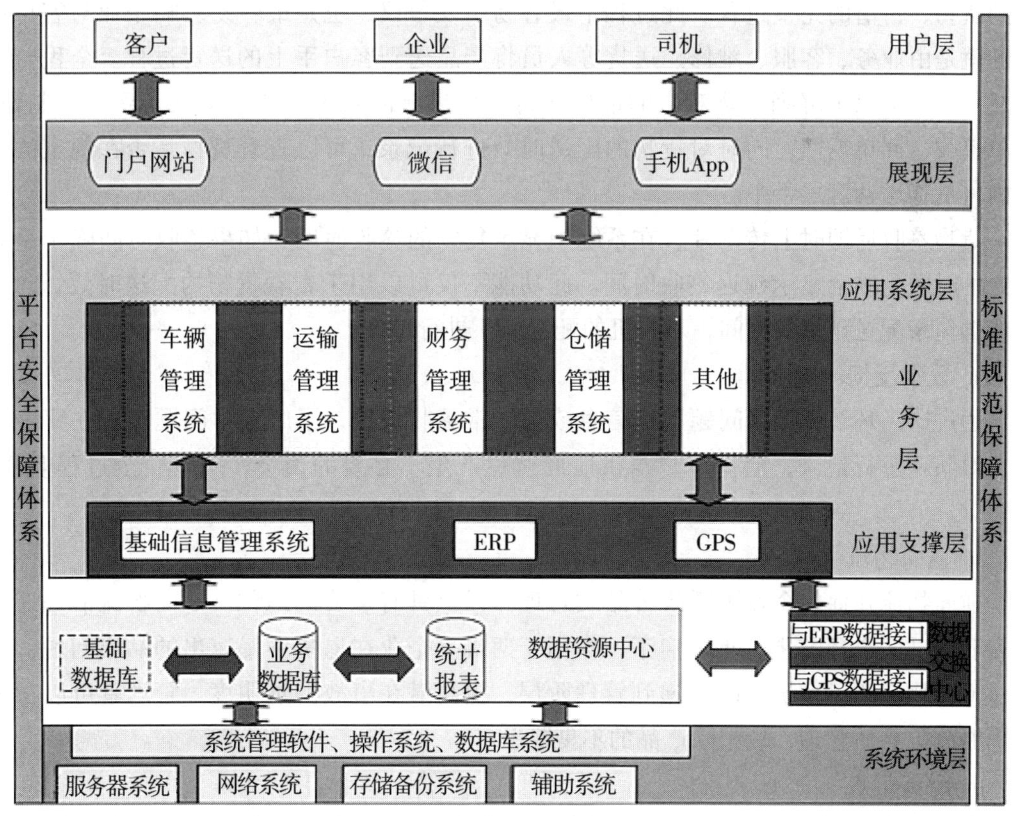

图5　系统架构

此功能主要是实时跟踪车辆的状态及轨迹，并显示车辆的具体位置，其所在地的天气情况等，并对车辆的轨迹进行回放。

图6　车辆需求界面示意

2. 配送管理

为了提升供应链管理系统的效能，企业必须完全掌握产品、服务等订单输入到客户收到货物、付清的完整过程。此过程中最容易引发争议，也是最容易影响企业与客户关系的就是由业务、客服、维修、送货等人员将产品送到客户手上的送货过程。全程监控在此界面，可以了解到货物对应的运单在每一个环节的状态，从运单录入到协议制作、运单签收、回单返回，同时对货物的配送时效进行记录，可以查看货物是否在规定的时效内将货物送达客户手中。

货物签收后即时上传图片，在系统中显示货物的签收时间，如果签收时间晚于系统规定的时间，则会显示延迟签收时间。此功能不仅可以用于查看货物的配送时效，同时也能够记录配送延迟的时间，对司机的配送 KPI 进行考核。

3. 异常反馈

通过这一环节，记录问题货运信息或者异常签收情况，了解异常问题出现在哪个环节，对问题进行记录，使得客户与供应商避免产生不必要的误会，对签收全过程监督、反馈。

4. 逆向物流

逆向物流在促使企业不断改善品质管理体系上具有重要的地位。逆向物流恰好处于检查和改进两个环节上，承上启下，作用于两端。企业在退货中暴露出的品质问题，将透过逆向物流资讯系统不断传递到管理阶层，提高潜在事故的透明度，管理者可以在事前不断改进品质管理，以根除产品的不良隐患。

5. 财务报表

在财务报表界面上，可以查询客户配送收入情况，了解每车货物、每票货物的收入、成本情况，还可以透明化地了解公司对供应商结费情况明细，便于统计分析整个公司的收入、成本、毛利情况。通过配送时效来提高物流配送质量，从而提升服务满意度。

五、效益评估与分析

×××公司已有1000多位司机安装此配送系统的App，大幅提升了车源的稳定性、配送的及时性以及货物签收的准确性，主要表现在以下几个方面。

第一，在物流公司需要使用临时车辆时，可以在系统中发布用车需求，并将此需求推送至每一位安装App的司机手中，司机根据需求进行竞价，大大提升了车源的稳定性，公司找车的速度由原来40分钟/车提升至10分钟/车。

第二，通过使用此系统，可以随时对货物的配送情况以及配送时效进行监控，同时也对配送人员的KPI考核提供准确的数据支持，货物配送的及时率由原来的85%提升至99%。

第三，通过此系统的订单签收，可以查看每一票货物签收的照片，保证每一票货物能够准确无误的送达客户手中。

物流配送的许多环节都造成巨大的成本、人力、时间浪费，物流企业必须重视物流配送系统的信息化管理，来降低物流成本。并且具备易操作性，配送中心的信息系统必须简洁易操作，以便系统管理人员操作使用，提升工作效率。信息系统提供的信息必须精确地反映配送中心处理货物的当前状况，以衡量配送中心的整体业务运作水平，它有处理异常情况的能动性和主动性，要利用系统去识别需要配送中心的管理者引起注意的方向，使得管理人员能够把他们的精力集中在最需要引起注意的情况或者能提供的最佳机会来改善配送服务或降低运营成本的情况。

上海乘风企业管理咨询有限公司：L6 冷链物流管理系统

一、企业简况

1. 应用企业简况

波隆冷链物流有限公司创建于 2006 年，致力于冷冻冷藏运输、生物制药、食品与连锁餐饮企业的冷链物流解决方案与服务，目前在全国拥有 9 家子公司，分布在北京、天津、上海、广州、武汉、南京、苏州、杭州、宁波，为国内广大食品、乳品、水产、果蔬企业提供低、恒温产品运输，为低温食品企业提供系统的全程温度安全保障，全程 GPS 实时温度控制，为更多的食品生产、贸易、零售企业低成本开拓全国市场做物流后勤保障，彻底克服国内大部分地区低温食品企业配送难的问题，同时解决餐饮连锁企业偏远开店困难。

上海波隆冷链物流有限公司合作的品牌客户有统一，星巴克，必胜客，KFC（肯德基），中粮，芭比馒头，DHL，吉祥馄饨，东航美心，俏江南，一茶一坐，味知香，上海创造，亚太蔬菜。为食品与餐饮企业提供绿色农产品及运输配送服务，同时为餐饮连锁食品企业提供一对一配送，目前已为江、浙、沪、皖、京、广州等地 170 多家知名餐饮食品企业提供服务，全国日配送达 2800 多家门店。

2. 软件开发商——上海乘风企业管理咨询有限公司

乘风咨询成立于 2006 年，专业从事物流信息化服务，自主研发的 Linkpoint 物流运输管理系统 L8、L6、L3 已在多个物流领域成熟使用，为物流产业链上的所有主体提供方便、快捷、安全的解决方案。自主研发的货来货往是一个链接物流企业的 SaaS 化信息平台，基于互联网的物流交易为上下游多方提供信息交换，是集成了 PC、App、微信、PDA 等多终端的 B2B 企业物流平台，实现了货主企业、第三方物流、干线运输商、配送企业、货车司机、收货人在整个运输环节的货物跟踪、对账结算无缝链接。

目前货主生产企业 68 家，第三方物流企业 300 多家，专线运输公司 150 多家，网络派送企业 600 多家，涵盖服装、医药、食品、冷链、化工、电子机械、汽车汽配、煤炭能源、贵金属、奢侈品等多个行业。

二、信息化实施之前存在的问题

①冷链物流对运输要求高，车辆成本也高，纸质人为的派送安排对调度经验依赖度非常高，无法避免不出错及漏单。

②冷藏货物要求对车辆温湿度实时监控，没有运输系统就无法将这些数据实时回传

至系统，实现信息即时共享。

③内部信息孤岛严重，空运、陆运、供应链项目独立运作无法统一控制，货物异常率高，客服人员被动式查货，导致企业负担大量赔偿款项。

④客服被动查货，无法第一时间收到运输信息及需维护货量较大，无法避免能将所有货物详细跟踪。

⑤多仓分配模式，需要将货物、库存及车辆信息共享，实现真正的多仓网络化管理。

⑥司机提或派送过程中缺少工具将签收回单信息第一时间反馈，电话沟通成本较高，效率低。

⑦财务收支明细不精细，对财务月底对账、核算成本提供不了完整的费用信息。

⑧签收单及回单管理混乱，丢失破损、返回不及时，整理耗时耗力，影响结算周期。

⑨客户个性化需求众多，无有效工具进行管理，导致工作开展困难，增加物流成本。

⑩总部与各分公司账务管理混乱，实际资金收支与账目不符，资金支付由于没有完善的内部控制流程而出现资金损失，影响企业的正常经营。

三、信息化解决方案

①系统无纸化管理，各环节使用标准单据，操作记录查询。

②对接车辆温度监控设备，关联运输单据，记录温度轨迹并作预警。

③客服可进行货物全程监控，对各阶段异常随时控制。

④可视化地图派送安排，根据区域勾选安排车辆任务并显示看板。

⑤微信 App 查询货物信息、运输轨迹，提升客户体验。

⑥完整的司机考核，对车辆时效、配载、及时率、货损率进行有效评估。

⑦冷链货物运输中需容器包装，管控容器在途及回收。

⑧货物精确到单件管理，可以根据各环节的扫描确认货物的到达及遗漏情况。

⑨一站式货物查询，异常信息自动推送，减少货物异常及客户投诉。

四、信息化实施步骤

实施模式采用项目经理负责制，由专业咨询队伍组成，并要求客户方成立相应的项目组织，共同组成项目实施小组，以保证项目的顺利进行。实施控制包括项目实施计划控制、问题跟踪与报告机制、沟通机制、变动控制机制和项目实施档案管理，保证了项目的质量和风险的控制，实现了项目的预期效益。提供上门/现场服务、电话/传真服务、信件/电子邮件服务以及在线服务等服务途径，即时响应客户的服务需求，快速、及时解决客户的问题。项目实施流程如图 1 所示。

五、系统功能介绍

冷链物流的关键是要实现全程温度控制，确保降低货品的损耗，最大限度保证品质，以满足消费者需求。乘风运输管理系统运输管理解决方案提供运输过程实施跟踪监控功能，对接 GPS 后系统还可以显示车辆位置及运行轨迹，减少与司机间的沟通成本，避免被动式跟踪，提高服务质量与客户体验。图 2 为波隆物流业务流程。

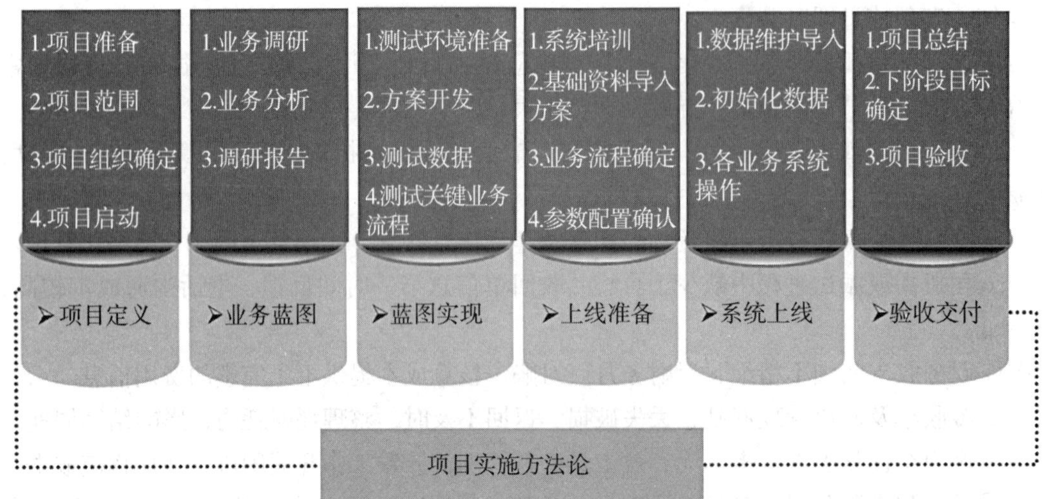

图1　项目实施流程

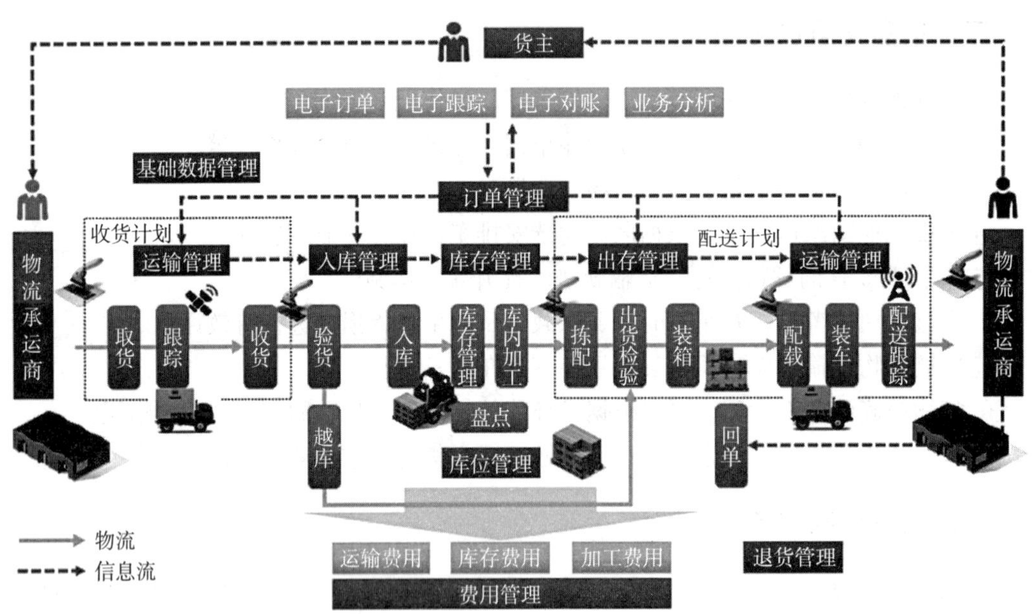

图2　业务流程总览

1. 权限管理

实现对访问权限的控制，功能包括：用户管理、角色管理、功能管理、模块管理；权限的精细划分可针对项目组、客服人员管理单据、费用、核算等信息，保证各司其职及信息安全保密性。

2. 基础管理

公司资料：公司基本信息、LOGO（商标）、域名、网站等信息管理；

发货人档案：管理客户相关发货信息、结算信息及联系信息；

收货人档案：管理收货客户收货信息；

供应商档案：承运商选择、运输类型划分、运力维护等；

派送区域维护：区域名称、车辆、地址关键字等信息。

3. 业务逻辑

运单录入，运单导入，简易录单，运单对接，终端现场开单；前端订单的预处理、转运单等，对冷链运输各关键环节进行管控，图 3 为冷链物流管控环节。

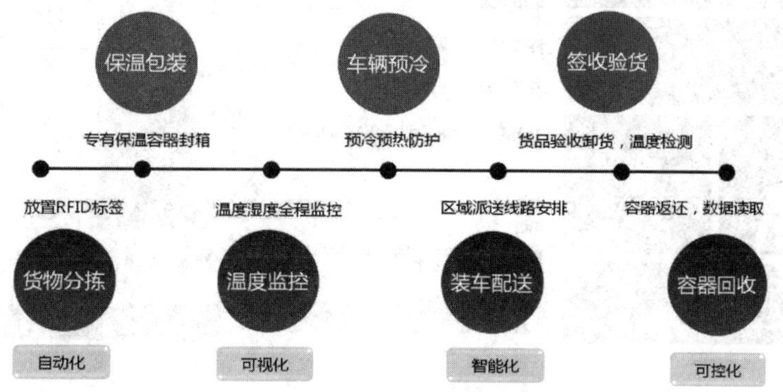

图 3　冷链物流管控环节

4. 设备集成

可与运输环节中多种终端设备集成数据，采集各环节跟踪状态，见图 4。

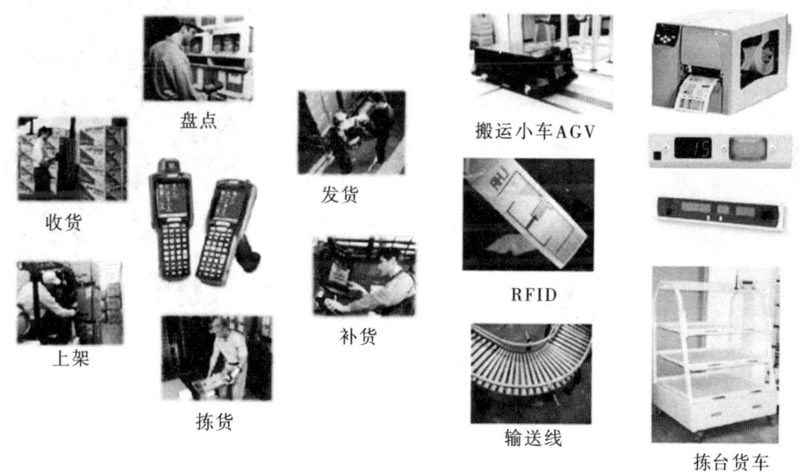

图 4　多终端设备集成

支持发货人、收货人、司机等各角色通过手机 App、微信实现下单、跟踪、签收、回单操作，见图 5。

5. 调线管理

调线后，可给对应司机发送短信，也可以在手持终端接受该调线任务，并通过终端开始派送任务及签收回单，全程记录时间及位置信息并回传系统，对运输全程做温度监控。

6. 提货派送管理

多地图标注及司机 App 应用让车辆调度清晰灵活即时，司机实时反馈车辆信息，货物签收回单及跟踪，节省沟通成本，调度无须“活地图”便可合理调配车辆资源，见图 6。

图 5 手机 App、微信应用

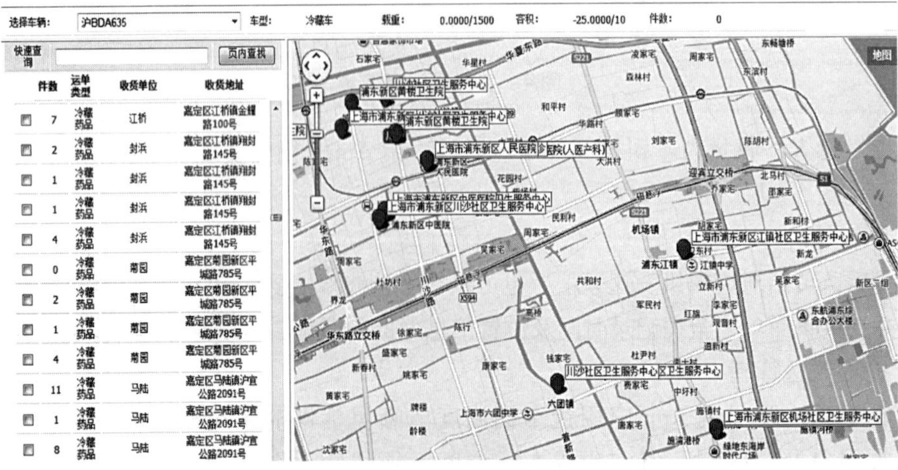

图 6 地图车辆派送示意

7. 单据流转

实现单据的查询、打印功能，包括运单管理、提货单管理、运输单管理、派送单管理等。

8. 策略管理

对各种出路由安排策略进行管理，针对固定线路预先配置执行日期，运单明细，路由信息，系统会根据规则定时自动执行生成线路，如图 7 所示。

定时订单配置查询

搜索结果

名称	模板列	周一	周二	周三	周四	周五	周六	周日	执行日	复制运单运费	复制主单运费	复制订单	复制路由
肯德基-1号线	B00324050								1,3,5,8,12,13,15,17,19,20,22,24,26,27,29,31	是	是	是	是
肯德基-2号线	B00324220						是			是	是	是	是
肯德基-3号线	B00324270								2,7,9,11,12,14,16,18,19,21,23,25,26,28,30	是	是	是	是
肯德基-4号线	B00324430								1,3,5,6,8,10,13,15,17,19,20,22,24,26,27,29,31	是	是	是	是
肯德基-5号线	B00324610								2,4,5,7,9,11,12,14,18,19,21,23,25,26,28,30	是	是	是	是
肯德基-6号线	B00324780								1,3,6,8,10,12,13,15,17,19,20,22,24,26,27,29,31	是	是	是	是

图 7　固定线路配置

9. 统计报表

实现各种统计报表，功能包括：各种客户发货量统计报表、出货量统计报表、收入报表、支出报表、运单利润报表等。

10. 跟踪追溯

包括条码跟踪、作业跟踪、货物跟踪、防窜货跟踪、装箱跟踪，实现运输全程可视化跟踪。

11. 软硬件环境

乘风运输管理系统生产管理解决方案网络设备包含数据库服务器、应用服务器和 Web 服务器。

通过安装中间件独立服务器链接运营平台，保证系统安全性，图 8 为系统安全性架构。

图 8　系统安全性架构

六、信息化主要效益分析与评估

直接人员成本降低 30%；货损及遗失率降低 70%；客户投诉率降低 100%；准点率提高 20%；客户查货电话月减少 1800 人次；增加药品运输项目。

七、项目价值

乘风运输管理解决方案以运输业务流程为中心，支持多种复杂业态，提供灵活性业务流程建模工具；全过程支持条码技术和 RFID 技术，能够高效、快捷地对提货、派送、签收等业务进行处理，避免人为输入错误，同时极大地提高了执行效率，降低了人力成本；提供开放的接口，实现与财务、ERP、OMS 等外部系统的接口。

在业务上，使得冷链物流在满足客户即时变动的需求过程中，更准确、更快、更优质的对应；在管理上，使得冷链运输更具可见性、自我调整性；在信息传递上，更准确、更实时、更具深度，最大程度上便利冷链运输上下游，实现跨企业的运作。图 9 为信息化价值体现。

图 9 信息化价值体现

通过运输系统帮助物流企业实现对货物流转全过程、各冷链运输环节的信息无缝监控、跟踪、查询及资源调度工作。协助冷链物流企业进行物流供应链的 IT 系统规划及管控设计、业务流程重组、需求分析、行业解决方案设计、信息化应用咨询、信息化招投标等，提升冷链物流企业竞争力及标准化操作。

上海卡行天下供应链管理有限公司：货运圈系统

一、应用企业简介

卡行天下是一家为中小物流企业提供服务的交易网络平台。在线上用信息系统连接物流需求主体，使成员在系统内交易、结算、监督、评价；线下建立城市物流节点，利用社会运力，建设全国运输网络，以线下网络支持线上交易，并融合手机App、金融扶持、保险理赔、卡车服务、培训支持等产品，与物流各载体共同构建行业生态圈，推动中小微物流企业发展，担负起助力全产业链健康发展的社会责任。

卡行平台链接更多物流伙伴，共同全面打造高效物流运输网络。截至2017年4月，卡行共有枢纽59个，园区26个，加盟成员数量超10000，网络覆盖21个省，1个自治区，4个直辖市，280多个地市，2300多个县区。

二、物流行业现状分析（信息化实施之前存在的问题与解决措施）

1. 全球

网络覆盖全球化，物流配送货物种类越来越齐全，配送能力越来越强大。美国两大快递业巨头UPS（联合包裹速递服务公司）和联邦快递垄断国际物流；服务创新个性化，国际物流的新增业务和增值服务增多，国际物流市场竞争加剧，西欧物流行业整合，市场集中度增加。

2. 国内

根据国家发改委和统计局联合发布的数据，2014年中国社会物流总费用与GDP的比率为16.6%。虽比2013年下降0.3个百分点，但和美国等发达国家相比，中国物流费用占GDP的比重明显偏高。

近年来，随着资本进入、互联网渗透，物流业在变革调整中蹒跚前行。物流领域里这种技术标准的多方面差异和缺陷，不仅导致物流系统作业环节增加，物流速度降低，物流事故增加，而且制约了物流的协调运作，整个电子化的物流网络相互之间难以做到兼容，数据难以交换。

信息难以共享，使得商品从生产、流通到消费等各个环节难以形成完整通畅的供应链，严重影响了中国物流行业的管理基础信息和公共服务平台发展缓慢。

目前，我国物流基础信息和公共服务平台的建设与应用尚不如意。据调查，GPS、GIS技术服务在大型企业的应用比例为23%，在大型物流企业的应用仅有12.5%，在中小企业基本上是空白，基础研究技术服务应用比例过少，整个行业的整合就相对困难。

3. 政策支持

物流是国家经济运作的核心基础。全国物流行业整体规模达4.5万亿元，年增速6%～8%；目前全国有物流从业人员7000万人，运输车辆3000万辆，年货物运输量3550亿吨，建设有1200多家、200多万亩物流园区。国家在标准化、集约化与信息化等方面改革提速，推进物流业进入政策红利期。

根据物流业的产业特点和物流企业一体化、社会化、网络化、规模化发展要求，统筹完善有关税收支持政策，切实减轻物流企业税收负担。加大对物流基础设施投资的扶持力度，对符合条件的重点物流企业的运输、仓储、配送、信息设施和物流园区的基础设施建设给予必要的资金扶持。积极引导银行业金融机构加大对物流企业的信贷支持力度，加快推动适合物流企业特点的金融产品和服务方式创新，积极探索抵押或质押等多种贷款担保方式，进一步提高对物流企业的金融服务水平。完善融资机制，进一步拓宽融资渠道，积极支持符合条件的物流企业上市和发行企业债券。

2016年9月26日国务院办公厅转发了国家发展改革委《物流业降本增效专项行动方案（2016—2018年）》，部署降低企业物流成本、提高社会物流效率工作，大力推进物流业转型升级和创新发展。开展物流业降本增效工作是推进供给侧结构性改革和降低实体经济企业成本的重要内容，对促进投资和消费，提高国民经济运行质量和效率具有重要意义。要以创新体制机制为动力，以推广应用先进技术和管理手段为支撑，以完善落实物流管理支持政策为路径，加快补齐软硬件短板，大力发展新模式新业态，优化物流资源配置，建立现代物流服务体系。

4. 行业需求

根据国务院发布数据，全国每年有4.5万亿元的公路运输费用，这些费用主要由94%的中小生产企业、商贸企业所提供，而承担运输的企业又是由97%的中小物流运输企业所承运，像德邦物流等公路运输巨头所占的市场份额也没有超过1%。中国公路运输市场规模庞大，从业人员众多，以小微个体经营为主体，经营状态相对落后；全国有5000万家生产商贸企业，而运输企业仅2000万家。由此得出结论：运输市场规模庞大，经营状态相对落后。

从全球市场趋势来看，中国物流业处于集中阶段的初期，欧洲、美国等发达国家已经处于高度集中阶段。与欧美发达国家相比，中国的物流行业提升空间巨大，集约化、联盟化、平台化是大势所趋。

物流需求层次不同，不同生产商贸企业间的物流理念以及物流需求层次差异性很大，庞大是市场需求与中小微物流碎片化散装经营运作形成尖锐的矛盾。

互联网与运输网络有异曲同工之处。每一家小微企业就好像互联网上的一个节点，赋予小微企业强大的物流能力。像网购一样去采购物流服务——货物要发往哪个方向、什么时候发货、路径怎么走、定什么样的价格，全都在线上配置完成。物流信息化是物流行业发展最终的趋势。

三、货运圈产品介绍（信息化主要效益分析与评估）

（一）产品模式

“线上＋线下”，打造网络交易平台（见图1）。卡行天下目前在国内打造了“线上＋线下”相结合的模式，在线上，通过互联网线上交易平台连接所有物流需求的各个主体，帮助物流需求的各个主体找到适合自己的产品，并在系统中进行线上交易、结算、监督、评价；在线下，在各个城市自建物流节点，组织中小物流企业建设全国运输网络。

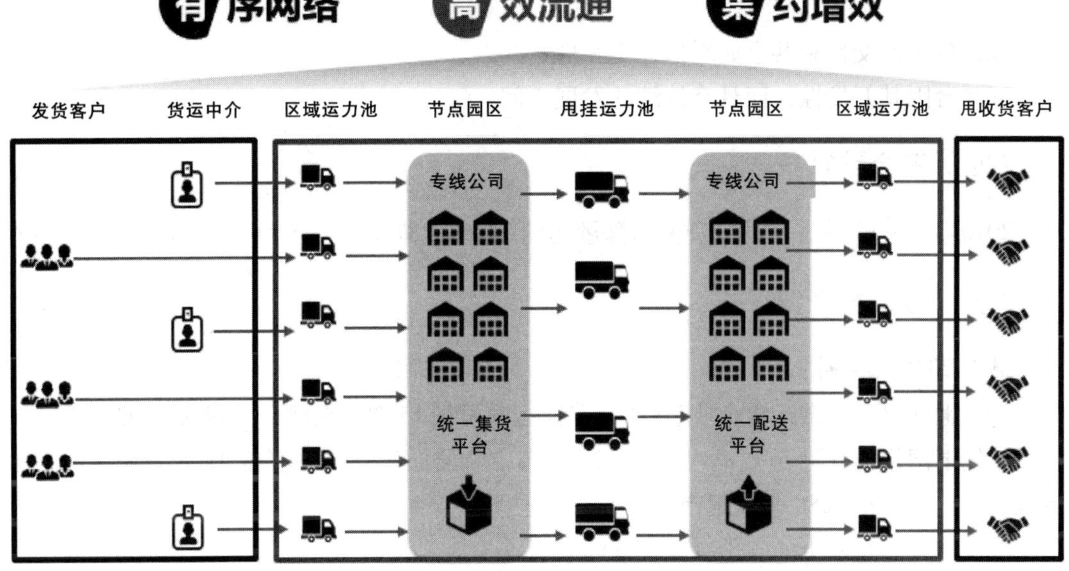

图1　网络交易平台

（二）交易链路

货运圈用信息系统把供应链不同的公司整合到一个平台内，组建优质的运输网络，使之对外形成市场强有力的竞争力；运用互联网技术将供应链执行环节上所有的节点，人员和设备进行链接，形成完整的数据链，使全程货物运作的节点透明化；货物运作的价格信息透明化。

（三）平台价值

①统一的信息管理平台，统一结算，打通各运输成员的信息流和资金流，提供一站式服务（见图2）；

②在途可视化，操作标准化，提高用户体验度；

③资源整合能力，使价格更具优势；

④精准获取所需信息，减少搜寻和交易成本；

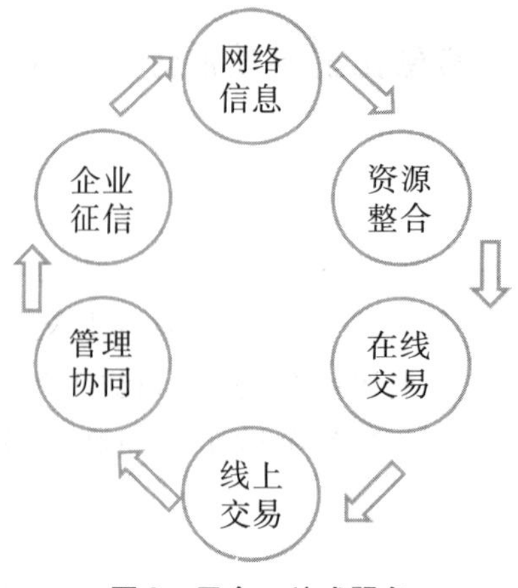

图2　平台一站式服务

⑤信息资源交换和共享而增值，交互性；

⑥平台因其开发性，而具有持续的发展空间。

（四）资金结算量

2016 年 3—12 月，移动端资金结算量达到 572663287 元。

（五）成员数介绍

截至 2016 年 4 月：

①线上交易：小微运输企业 7000 余家；运输司机 150000 余辆；发货人 500000 余人。

②线下网络：51 个节点枢纽中心，23 个节点物流园区；网络覆盖 21 个省份，1 个自治区，4 个直辖市，280 多个地市，2300 多个县城。

③成员分布量前十的省份（见图 3）。

省份	成员数
山东省	1303
江苏省	914
浙江省	786
广东省	775
四川省	605
北京市	598
河南省	526
湖北省	437
辽宁省	411
河北省	396

图3　成员分布量前十的省份

（六）社会效益

1. 行业提升

响应国家号召，整合高效专线公司，保留他们的优势，将他们编织成全国网络，迅速提升行业组织化程度。

2. 节能减排

减少无序中转，推进直达发车，降低碳排放。

3. 整合运力

组织分散的中小微跨公司、跨联盟的高标准化和信息化提升与合作，发展共同配送。

4. 诚信评价

信息平台提供物流动向指标，通过小微物流企业诚信资质和质量评价数据，建设物流社会化公共信用评价体系。

5. 增加税收

黏附众多中小物流企业集中控税，减少虚开代开。

6. 行业监管

为政府对行业的指导、监管等需求，提供一个良好的切入口。

四、技术产品分析（信息化主要效益分析与评估）

（一）产品框架

产品框架如图 4 所示。

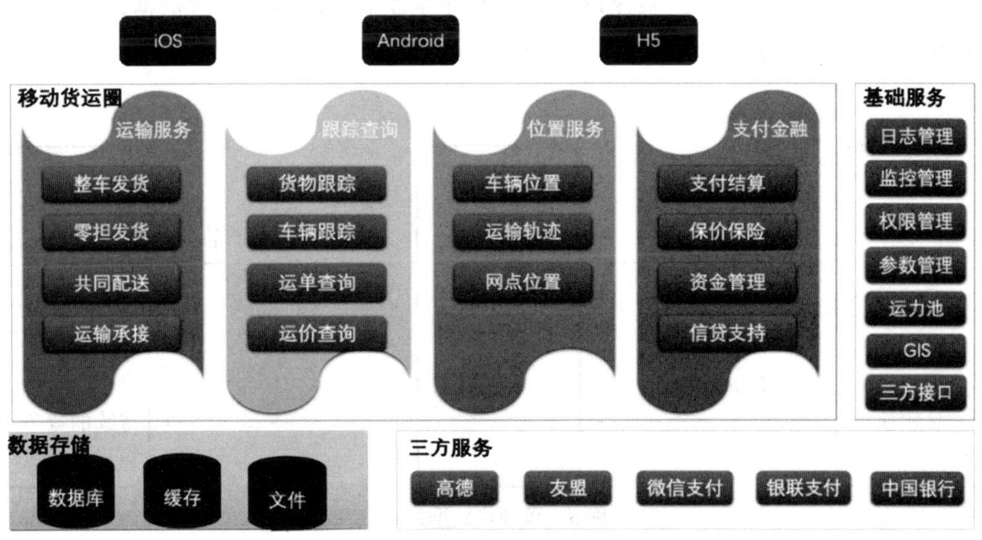

图 4　产品框架

（二）在途可视化

定位方式多样化，单纯的手机 App 定位，无法全覆盖卡行运力车辆，需要多种全方位的车辆定位，以此来满足成员对车辆精准定位的需求；通过成员对车辆定位的需求，让成员来填写司机的信息，运营人员根据司机的信息进行营销活动，吸引司机加入卡行。进而提高成员管理效率，车辆跟踪方便成员管理和掌握车辆在途情况；提升货主体验，货主能随时看到货物的在途情况，实时了解货物情况；客服工作量大幅下降，给公司节省人力成本。

（三）电子回单

为满足成员和枢纽在运输过程中记录每个业务节点对回单的操作，从而完成对回单的管理；替代原始普运回单，电子化回单上传节约回单时效，提高客户满意度。

（四）线上贷款

为广大小微物流企业提供了便利的在线申请方式，解决成员企业发展中的资金瓶颈问题。

①银票：卡行金服推出的一款小额免息信贷产品，期限60天，日利率0.05%，逾期日利率0.08%。每笔最低支用金额100元，不限笔数，款项放款至定期授信仓，不可提现转账，仅用于支付结算。还款方式：到期一次性还本付息，支持提前还款。

②随借随还：卡行金服推出的一款无抵押信用贷款产品，期限90天，日利率0.05%，逾期日利率0.08%。款项放款至定期授信仓，不可提现转账，仅用于支付结算。按日计息，支持提前还款。

（五）评价可视化

平台建立起透明化、公开化的信用数据系统，不仅促进行业成员彼此监督形成口碑效应，还能推动行业的诚信体系建设，也为银行等金融机构带来参考依据，达成三方共赢的局面，为进一步拓展平台业务提供支撑（见图5）。在货运圈交易中的各环节实现互评（见图6）。

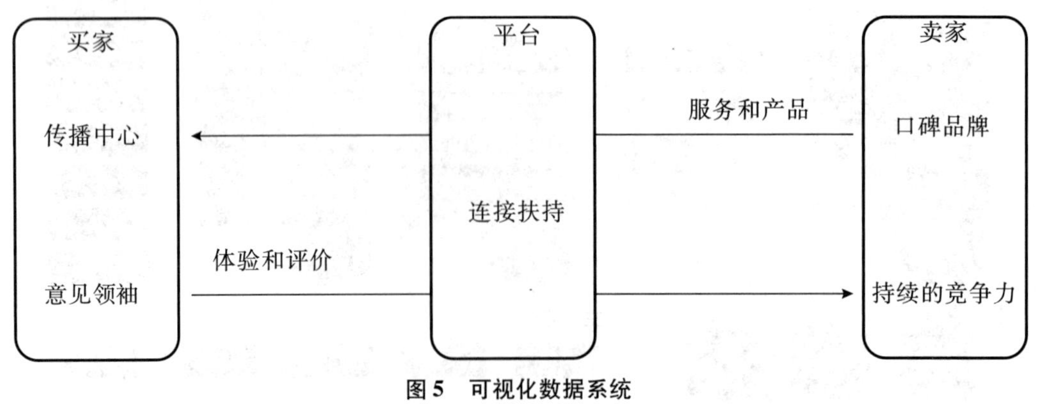

图5　可视化数据系统

（六）大数据卡星云图

大数据卡星云图能够清晰统计出各地区的交易总额、年吨量走势、月度运单量、实时运单量、年吨量、年体积等数据。

图6　交易环节的相互评价

（七）大数据的应用

卡行天下希望借助平台力量，进一步整合线上线下资源，加快提升网络运输的质量，加强平台的保障能力，加快线上大数据与线下快速转运中心建设，以便形成更大的集约，更优化的路径，更自动、标准的操作，在更完善的物流体系中，提升平台上所有成员的竞争力。

大数据的应用将改变干线运输的路由；直营物流公司时效平均途经6个枢纽，需要5天才能到达，通过卡行巨大的物流链，结合大数据分析最佳路由，小城市到小城市，减少4个枢纽的操作，即减少8次装卸、4次分拨，与直营公司相比，时效提升36~48小时。

五、信息化过程中的主要体会、经验、教训

我们在做一个改变传统物流行业的伟大盛事，很多事情都是摸着石头过河，前无学者、后无来者。当我们每一次新功能推出，有众多响应者、拥护者时，我们感觉很欣慰。当我们出现困难，出现差错时，用户更多给的是包容和谅解，更加督促我们要继续做得更好。技术团队在整个产品设计、系统研发、测试、运维的过程中，表现强有力的团队精神。在整个项目建设的过程中几乎没有听到抱怨的声音，大家团结一致为目标奋斗的行动，一直深深地印在每一位卡行人的脑海中，这是我们成功的一件作品，是我们可以引以为豪的人生经历!

六、项目的应用推广意义

物流需要信息化的手段进行整合，将传统的纸质单据升级为电子化的单据，易于存储、传递，避免过去单据丢失的问题。在大数据领域，可以将物流数据化，进行商业分析，思考整个行业改进的可能。携手中小微物流企业，一起将物流插上互联网的翅膀，让物流改变世界。